실생활 융합 예제로 배우는

파이썬 마스터

지은이 **김종훈** jkim0858@naver.com

제주대학교 교육대학 초등컴퓨터교육전공 교수로, 교육기부 프로그램인 '창의컴퓨터교실'을 운영하였으며 소프트웨어 교육 관련 온라인 커뮤니티인 '소프트웨어 교육 카페'를 운영하고 있다. 2016년과 2018년에 세계인명사전인 '마르퀴즈 후즈후(Marquis Who's Who)'의 컴퓨터과학 분야에 이름이 등재되었다. 저서로는 『중학교 정보 교과서』, 『소프트웨어 세상을 여는 컴퓨터 과학』, 『프로그래밍 언어론』, 『1등 코딩, 스크래치 3.0』 등 30여 권이 있다.

지은이 **김동건** dgjkim0858@gmail.com

제주과학고등학교를 졸업하였고 현재 한국과학기술원(KAIST)에 재학 중이다. 초등학교 시절 스크래치로 코딩을 시작하여 공개소프트웨어대회 주니어 부문에서 전국 1위를 수상하였고, 한국정보올림피아드 경시 부문 전국대회에서 은상을 받은 경력이 있다. 최근에는 소프트웨어 교육 멘토로 활동하며 데이터 과학과 딥러닝 분야의 연구를 진행하고 있다. 더 나은 세상과 건강한 사회를 만들기 위하여 노력 중이다. 저서로는 『챗GPT와 함께 배우는 엔트리 마스터하기』가 있다.

실생활 융합 예제로 배우는 파이썬 마스터

초판발행 2025년 1월 17일
2쇄발행 2026년 1월 23일

지은이 김종훈, 김동건 / **펴낸이** 전태호
펴낸곳 한빛아카데미(주) / **주소** 서울시 서대문구 연희로2길 62 한빛아카데미(주) 2층
전화 02-336-7112 / **팩스** 02-336-7199
등록 2013년 1월 14일 제2017-000063호 / **ISBN** 979-11-7340-001-8 93000

총괄 박현진 / **기획·편집** 안비단 / **교정** 윤미현
디자인 표지 박정우 내지 이아란 / **전산편집** 이소연 / **삽화** 임의영 / **제작** 박성우, 김정우
영업 김성삼, 이정훈, 임현기, 이성훈, 김주성, 심지연

이 책에 대한 의견이나 오탈자 및 잘못된 내용은 출판사 홈페이지나 아래 이메일로 알려주십시오.
파본은 구매처에서 교환하실 수 있습니다. 책값은 뒤표지에 표시되어 있습니다.
홈페이지 www.hanbit.co.kr / 이메일 question@hanbit.co.kr

Published by HANBIT Academy, Inc. Printed in Korea

로그램의 흐름을 제어하는 방법, 리스트와 문자열로 간단한 데이터를 처리하는 방법과 딕셔너리와 배열로 구조화된 데이터를 관리하는 방법까지 익힐 수 있습니다. 또한 데이터를 분석하여 인사이트를 도출하는 과정, 머신러닝과 딥러닝을 활용해 인공지능 모델을 구현하는 고급 기술도 학습할 수 있습니다. 나아가 반복적인 작업을 자동화하고 설문조사의 결과를 분석하거나 지도 위에 그리는 실용적인 프로그램을 제작할 수 있습니다.

집필 과정에서 다음과 같은 점을 특히 신경 썼습니다.

❶ **실생활과 연관된 예제 제공:** 설문 데이터를 분석하거나 지도를 시각화하는 등 실질적이고 흥미로운 예제를 통하여 파이썬 프로그래밍의 실용성을 체감하도록 구성하였습니다.

❷ **프로그램의 동작 과정 시각화:** 다양한 그림을 활용하여 복잡한 개념도 쉽게 이해할 수 있도록 효과적으로 설명하였습니다.

❸ **기초에서 고급 주제로의 단계적 확장:** 초보자가 기초를 탄탄히 다질 수 있도록 기본적인 개념에서 시작하여 데이터 분석, 머신러닝, 딥러닝 등의 고급 주제로 확장하였습니다.

❹ **다양한 형식의 문제:** 기초적인 문법을 확인하는 문제부터 창의적 사고를 요구하는 문제까지 다양한 난이도의 연습문제와 프로그래밍 문제를 제공하여 학습 효과를 높였습니다.

❺ **커뮤니티를 통한 학습 지원:** 온라인 커뮤니티(https://cafe.naver.com/scratchprogramming)에서 질문하고 예제 코드와 자료를 다운로드할 수 있도록 지원합니다. 이 커뮤니티는 독자들 간의 소통 공간으로도 활용할 수 있습니다.

인공지능이 코드를 생성해 주는데도 여전히 프로그래밍을 배워야 할까요?

인공지능의 시대에도 문제를 정의하고 요구사항을 설계하거나 생성된 코드를 검증하고 최적화하는 작업은 여전히 인간의 몫입니다. 프로그래밍의 작동 방식을 이해함으로써 맞춤형 솔루션을 설계하는 능력과 창의적인 아이디어를 구현하는 능력을 갖출 수 있습니다. 이 책은 실습 중심의 학습을 통해 독자들이 기술을 주도적으로 활용하는 역량을 기르는 데에 도움을 줄 것입니다.

지은이 김종훈, 김동건

파이썬의 개념을 마스터할 수 있는 알찬 구성!

문자열 연결하기

문자열 연결 연산자인 +로 문자열과 문자열을 연결할 수 있습니다.

| Syntax | 문자열 연결 연산자 +

```
문자열1 + 문자열2
```

'문자열1'과 '문자열2'를 연결한다.

다음은 + 연산자를 이용해서 두 개의 문자열 'Hi! '와 'Python'을 연결해서 출력하는 프로그램입니다. 문자열에 대한 상세한 내용은 '6장 문자열'에서 살펴보겠습니다.

코드 2-14

```
print('Hi! ' + 'Python')
```

```
Hi! Python
```

LAB 다양한 자료형

다음은 문자열형, 정수형, 부동소수점수형 데이터를 다루는 프로그램입니다. 먼저 어떤 결과가 나올지 예측해 보고 실행 결과와 같은지 확인하기 바랍니다.

[Syntax]
직관적인 설명으로 파이썬의 주요 문법을 간결하게 보여줍니다.

[코드]
파이썬의 주요 문법을 적용한 예제입니다. 구글 코랩에서 직접 프로그램을 작성하며 개념을 이해할 수 있습니다.

[LAB 및 플러스 예제]
본문에서 배운 내용을 활용하는 실생활 예제입니다. 상세한 그림을 통하여 동작 과정을 직관적으로 이해할 수 있습니다.

[요약]
각 장이 끝날 때 핵심 내용을 요약하여 정리합니다.

01 변수는 프로그램이 실행되는 동안 값을 저장하는 공간이며, 다음과 같은 형식으로 변수를 생성합니다.

```
변수명 = 값
```

02 자료형의 종류는 다음과 같습니다.

06 다음은 a의 값을 소수점 이하 두 자리로 반올림하여 출력하는 프로그램입니다. 빈칸을 채워 코드를 완성하시오.

```
a = 1.2345
print(f'[          ]')
```

```
1.23
```

04 다음 조건을 만족하는 입장료 계산 프로그램을 작성하시오.

[조건]

- 기본 입장료는 5000원
- 8세 미만 입장료는 기본 입장료의 50%
- 60세 이상 입장료는 기본 입장료의 60%
- 입력 예시

```
8세 미만 인원 수: 2
8세 이상 60세 미만 인원 수: 2
60세 이상 인원 수: 1
```

HINT 79쪽 '주문 금액 계산기' 프로그램을 참고하세요.

[연습문제]
각 장의 개념을 잘 이해했는지 점검하는 문제입니다. 다양한 유형의 문제를 풀며 학습을 마무리할 수 있습니다.

[프로그래밍 문제]
주어진 조건에 맞도록 프로그램을 작성하는 문제입니다. 문제를 모두 해결한 후에는 관심 분야의 프로그램을 스스로 설계해 봅니다.

1+2 구성의 [플러스 예제]로 파이썬 프로그래밍을 마스터하자!

2.6 플러스 예제 주문 금액 계산기

[플러스 예제]
본문에서 배운 내용을 활용하여 실생활의 문제를 해결하는 예제입니다.

파이썬 그룹스터디를 하기 위해 카페에 모여서 음료 가격을 현금으로 결제했는데 거스름돈이 정확하지 않은 것 같습니다. 주문한 음료 가격을 합해서 금액을 계산하는 프로그램을 만들어봅시다.

1 주문 금액 계산기 I

다음과 같은 가격으로 음료를 판매하는 카페에서 주문한 음료 가격의 합계 금액을 계산하는 프로그램을 만들어보겠습니다.

아메리카노 2000원
라떼 3000원
녹차 2500원

각 음료의 주문 수를 입력받아 변수에 저장합니다. 아메리카노의 주문 수를 저장하는 변수명은 americano이고, 라떼는 latte, 녹차는 greentea입니다. input 함수로 주문 수를 입력받아 int 함수를 사용하여 정수로 변환하고 각 변수에 저장합니다.

```
americano = int(input('아메리카노 주문 수: '))
latte = int(input('라떼 주문 수: '))
greentea = int(input('녹차 주문 수: '))
```

전체 주문 금액을 계산해서 sum에 저장하려고 합니다. 아메리카노 주문 수에 아메리카노 가격을 곱한 값, 라떼 주문 수에 라떼 가격을 곱한 값, 그리고 녹차 주문 수에 녹차 가격을 곱한 값을 더하면 전체 주문 금액이 됩니다.

```
sum = americano*2000 + latte*3000 + greentea*2500
```

전체 주문 금액인 sum을 출력합니다.

```
print('주문 금액:', sum)
```

쌍둥이 문제

음료 가격이 다음과 같을 때, 주문 금액을 계산하는 프로그램을 작성하세요.

```
아메리카노 주문 수: 2
라떼 주문 수: 3
녹차 주문 수: 2
주스 주문 수: 1
주문 금액: 20800
```

음료	가격
아메리카노	2000원
라떼	3000원
녹차	2500원
주스	2800원

[쌍둥이 문제]
플러스 예제와 비슷한 상황에서 프로그램을 처음부터 작성하는 변형 문제입니다.

[도전 문제]
여러 개념을 순차적으로 적용하거나 스스로 한 번 더 생각해야 풀 수 있는 응용 문제입니다.

도전 문제

버스 요금이 다음과 같을 때, 전체 요금을 계산하는 프로그램을 작성하세요.

```
일반 인원: 2
청소년 인원: 0
어린이 인원: 3
전체 요금: 3950
```

구분	요금
일반	1300원
청소년	1000원
어린이	450원

■ 강의 보조 자료

한빛아카데미 홈페이지에서 '교수회원'으로 가입한 분은 인증 후 교수용 강의 보조 자료를 제공받을 수 있습니다. 한빛아카데미 홈페이지 상단의 〈교수전용공간〉 메뉴를 클릭하세요.

https://www.hanbit.co.kr/academy

■ 연습문제 안내

본 도서는 대학 강의용 교재로 개발되었으므로 연습문제 해답을 제공하지 않습니다.

■ 실습 환경

- **운영체제**: 운영체제 무관(윈도우 10 이상 또는 MacOS 권장)
- **웹 브라우저**: 구글 크롬(Chrome)
- **편집기**: 구글 코랩에서 소프트웨어 설치 없이 실습 가능

  https://colab.research.google.com

■ 실습 자료

실습에 필요한 데이터 및 예제 소스는 다음 주소에서 다운로드할 수 있습니다.

https://www.hanbit.co.kr/src/41001

■ 학습 커뮤니티

저자가 직접 운영하는 온라인 학습 커뮤니티에서도 실습 자료를 다운로드할 수 있습니다. 질의응답 게시판도 운영하니 실습에 어려움이 있을 때 이용하세요.

https://cafe.naver.com/scratchprogramming

■ 강의계획표

16주 강의를 기준으로 강의계획표를 다음과 같이 구성하였습니다.

주	해당 장	강의 내용	학습 날짜
1	01장~02장	프로그래밍과 파이썬, 변수	(/)
2	02장	자료형, 입출력, 연산자	(/)
3	03장	선택 구조, 함수	(/)
4	04장	반복 구조	(/)
5	05장	리스트	(/)
6	06장	문자열	(/)
7	07장	딕셔너리	(/)
8	중간고사		
9	08장	데이터 시각화	(/)
10	09장	넘파이 배열	(/)
11	10장	객체	(/)
12	11장	판다스, 데이터 파일 입출력	(/)
13	12장	설문 데이터 분석, 지도 시각화	(/)
14	13장	머신러닝	(/)
15	14장	딥러닝	(/)
16	기말고사		

PART 01 파이썬 기초

CHAPTER 01 | 프로그래밍과 파이썬

CHAPTER 02 | 변수와 연산자

CHAPTER 04 | 반복 구조

PART 02 파이썬 심화

CHAPTER 05 | 리스트

CHAPTER 06 | 문자열

CHAPTER 07 | 딕셔너리

CHAPTER 09 | 배열

CHAPTER 10 | 객체

PART 03 파이썬 데이터 분석

CHAPTER 11 | 데이터 분석

CHAPTER 14 | 딥러닝

Python Master

PART 01

파이썬 기초

CHAPTER 01

프로그래밍과 파이썬

학습목표

- 프로그래밍의 개념을 설명할 수 있습니다.
- 파이썬의 특징을 설명할 수 있습니다.
- 코랩에서 파이썬 프로그램을 작성하고 실행할 수 있습니다.
- 문자열을 출력하는 프로그램을 작성할 수 있습니다.
- 간단한 연산을 하는 프로그램을 작성할 수 있습니다.

Preview

파이썬은 프로그램을 작성할 때 사용하는 프로그래밍 언어로, 최근 가장 많이 사용되고 있는 언어입니다. 이번 장에서는 프로그래밍의 개념과 프로그래밍 언어의 종류를 알아보고 파이썬의 특징에 대해 알아봅니다. 그리고 파이썬 프로그램을 작성하고 실행하는 개발 환경인 코랩(Colab)의 기본 사용법을 익힌 후 간단한 파이썬 프로그램을 작성해 봅니다.

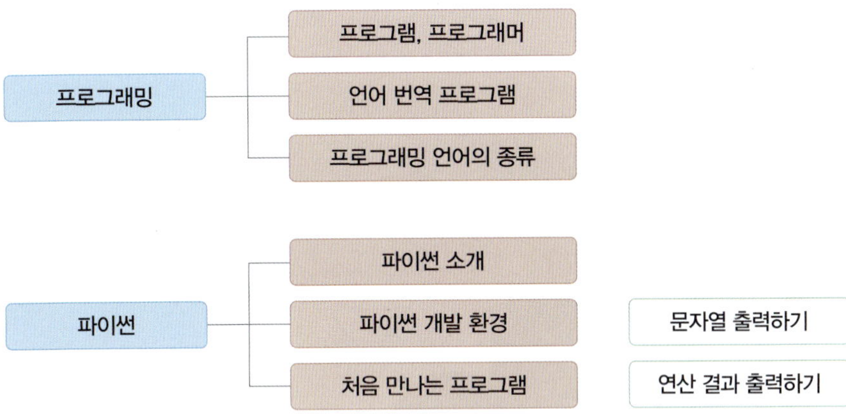

1.1 프로그래밍 언어

1 프로그래밍의 이해

컴퓨터를 이용하면 복잡하고 어려운 계산 문제나 반복 작업을 빠르고 정확하게 처리할 수 있습니다. 하지만 컴퓨터는 스스로 문제를 해결할 수 없고 오직 사람이 지시하는 순서에 따라 명령을 처리할 뿐입니다. 따라서 컴퓨터를 이용하여 문제를 해결하려면 컴퓨터에 명령을 내려야 합니다.

프로그램program이란 컴퓨터로 문제를 해결하기 위해 작성하는 명령어의 모음입니다. 우리가 일상적으로 사용하는 윈도 운영체제, 워드프로세서, 스프레드시트, 웹 브라우저가 모두 프로그램의 일종입니다. 프로그래밍programming은 이러한 프로그램을 작성하는 과정을 말하며, 프로그래머programmer는 프로그램을 작성하는 사람 또는 직업을 가리킵니다.

TIP 코딩(coding)이란 프로그래밍 언어의 명령문을 사용해 작업의 흐름에 따라 프로그램을 작성하는 것을 말합니다. 프로그래밍과 같은 의미로 사용됩니다.

그림 1-1 프로그램, 프로그래밍, 프로그래머의 개념

2 프로그래밍 언어의 종류

프로그램을 작성할 때 사용하는 언어를 **프로그래밍 언어**programming language라고 합니다. 해외에 가면 그 나라 언어를 사용하듯이 사람이 컴퓨터와 소통하려면 프로그래밍 언어를 사용해야 합니다.

저급 언어와 고급 언어

프로그래밍 언어는 저급 언어와 고급 언어로 나눌 수 있습니다. 저급 언어low level language는 기계 중심 언어, 즉 하드웨어 지향적인 언어입니다. 저급 언어에는 0과 1로만 작성되어 컴퓨터가 프로그램을 직접 이해할 수 있는 기계어와 기계어를 간단한 문자로 변환한 어셈블리어가 있습니다. 그런데 현실적으로 사람이 기계어나 어셈블리어로 프로그램을 작성하기란 쉽지 않습니다. 이러한 어려움을 극복하고자 고급 언어가 만들어졌습니다. 고급 언어high level language는 프로그램을 작성할 때 사람이 이해하기 쉬운 일상적인 언어와 기호를 사용하는 언어입니다. 파이썬, C 언어, 자바 등이 고급 언어에 해당합니다.

최초의 프로그래밍 언어는 어셈블리어이고, 1950년대에 개발되었습니다. 이후에 포트란, 코볼, 베이직, 파스칼, C, C++, 자바, 파이썬 등 다양한 언어가 발표되었습니다.

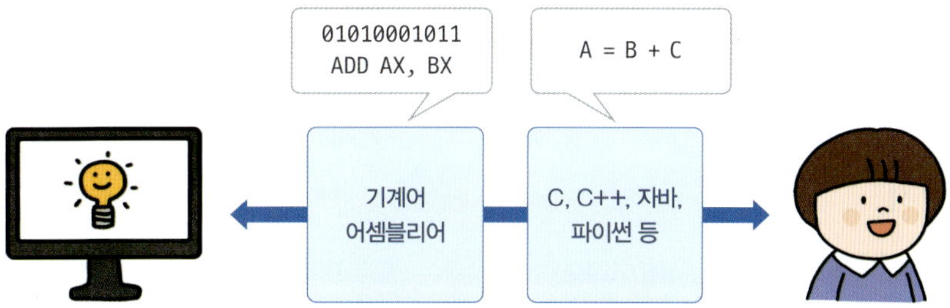

그림 1-2 저급 언어와 고급 언어

언어 번역 프로그램

고급 언어로 작성된 프로그램은 컴퓨터 내부에서 실행되기 전에 기계어로 번역하는 과정을 거쳐야 합니다. 이때 번역을 담당하는 소프트웨어를 언어 번역 프로그램이라고 합니다. 언어 번역 프로그램에는 프로그램 전체를 한꺼번에 기계어로 번역한 후 실행하는 **컴파일러**compiler와 프로그램을 한 행씩 읽어 번역한 후 실행하는 **인터프리터**interpreter가 있습니다.

그림 1-3 언어 번역 프로그램의 역할

1.2 파이썬의 개념

1 파이썬의 탄생

파이썬Python은 네덜란드계 소프트웨어 엔지니어인 귀도 반 로섬Guido van Rossum이 1991년에 개발한 프로그래밍 언어입니다. 파이썬이라는 이름은 귀도 반 로섬이 좋아하는 코미디 쇼인 《Monty Python's Flying Circus》의 제목을 참고해서 지었습니다.

그림 1-4 귀도 반 로섬 © gvanrossum.github.io

2 파이썬의 인기

TIOBE 인덱스(https://www.tiobe.com/tiobe-index/)는 프로그래밍 언어의 인기도를 측정하는 지수입니다. 2024년 1월 기준으로 파이썬이 1위, C가 2위, C++가 3위를 차지했습니다. [그림 1-5]를 보면 파이썬은 2021년 후반부터 꾸준히 1위를 차지하고 있으며 현재까지 가장 많은 인기를 얻고 있는 프로그래밍 언어라는 것을 확인할 수 있습니다.

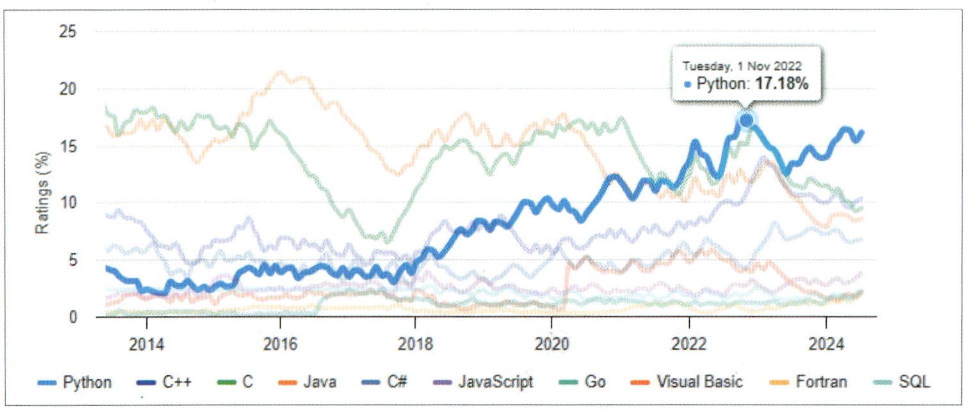

그림 1-5 프로그래밍 언어의 순위 © TIOBE

TIP TIOBE 인덱스는 구글, 야후, 위키피디아 등 검색 엔진에서 검색된 횟수, 뉴스 기사 개수 등을 기준으로 산출됩니다.

3 파이썬의 특징

파이썬이 인기 있는 이유는 여러 가지가 있지만 대표적인 두 가지에 대해 살펴보겠습니다.

첫째, 다른 프로그래밍 언어에 비해 문법 구조가 간결하고 읽기 쉽습니다. 그래서 파이썬은 프로그래밍 언어를 처음 접하는 초보자들도 배우기가 쉽습니다. [표 1-1]은 대표적인 프로그래밍 언어인 C 언어, 자바, 파이썬을 이용하여 '안녕하세요!'를 출력하는 코드를 비교한 것인데, 파이썬 코드가 가장 쉽고 간결함을 알 수 있습니다.

표 1-1 대표적인 프로그래밍 언어의 코드 비교

언어	코드

C 언어	`#include <stdio.h>`
	`int main()`
	`{`
	` printf("안녕하세요!");`
	` return 0;`
	`}`

자바	`public class Hello {`
	` public static void main(String[] args) {`
	`    System.out.println("안녕하세요!");`
	` }`
	`}`

파이썬	`print('안녕하세요!')`

둘째, 다양한 라이브러리를 활용할 수 있습니다. **라이브러리**library란 프로그램에서 자주 사용되는 부분 프로그램들을 모아 놓은 것을 말합니다. 파이썬에는 다양한 분야에 사용 가능한 여러 종류의 라이브러리가 있어서 프로그램을 더욱 간결하고 쉽게 작성할 수 있습니다. 특히 최근에 가장 많은 관심을 받는 분야인 데이터 과학과 인공지능 관련 라이브러리가 다양하게 제공되고 있어서 더욱 많은 인기를 끌고 있습니다. [표 1-2]는 이 책에서 이용할 데이터 과학과 인공지능 관련 라이브러리입니다.

표 1-2 데이터 과학과 인공지능 관련 라이브러리

라이브러리	설명
맷플롯립(Matplotlib) matplotlib	파이썬의 강력하고 인기 있는 데이터 시각화 라이브러리로, 데이터로부터 차트를 생성하거나 이미지를 출력할 때 사용한다. 과학자, 공학자, 데이터 과학자 등 다양한 분야의 전문가들이 활용하고 있다.

넘파이(NumPy)	'Numerical Python'의 줄임말인 넘파이(NumPy)는 고성능 수치 계산을 위해 제작되었으며, 특히 벡터 및 행렬 연산에 편리하게 사용할 수 있다. 빠른 속도가 중요한 데이터 과학과 인공지능 분야에서 많이 사용된다.
판다스(Pandas)	데이터를 처리하거나 데이터를 분석할 때 사용하는 라이브러리로, 대용량의 데이터들을 관리하고 처리하는 데 매우 편리하다. 숫자 테이블과 시계열 처리를 위한 데이터 구조와 연산을 제공한다.
사이킷런(Scikit-learn)	파이썬에서 사용하는 가장 대표적인 머신러닝용 라이브러리로, 분류·회귀·군집화 등 다양한 머신러닝 알고리즘을 제공한다.
케라스(Keras)	대표적인 딥러닝 전용 라이브러리로, 사용자가 손쉽게 딥러닝 모델을 개발하고 활용할 수 있도록 인터페이스를 제공한다.
텐서플로(TensorFlow)	구글(Google)이 2015년에 공개한 딥러닝과 머신러닝용 라이브러리로, 현재는 가장 인기 있는 딥러닝 라이브러리가 되었다. 텐서플로2에서는 케라스를 라이브러리로 지원하고 있어서 텐서플로 사용자가 손쉽게 케라스를 활용할 수 있다.

1.3 파이썬 개발 환경

1 구글 코랩

코랩Colab은 구글에서 제공하는 개발 환경으로, 웹 브라우저에서 파이썬 프로그램을 작성하고 실행시켜 줍니다. 코랩의 장점은 다양한 라이브러리가 기본으로 설치되어 있으며 사용자가 작성한 프로그램이 구글 드라이브에 저장된다는 것입니다. 또한 여러 사람이 하나의 프로그램을 공유하여 동시에 접속해서 작업할 수도 있습니다.

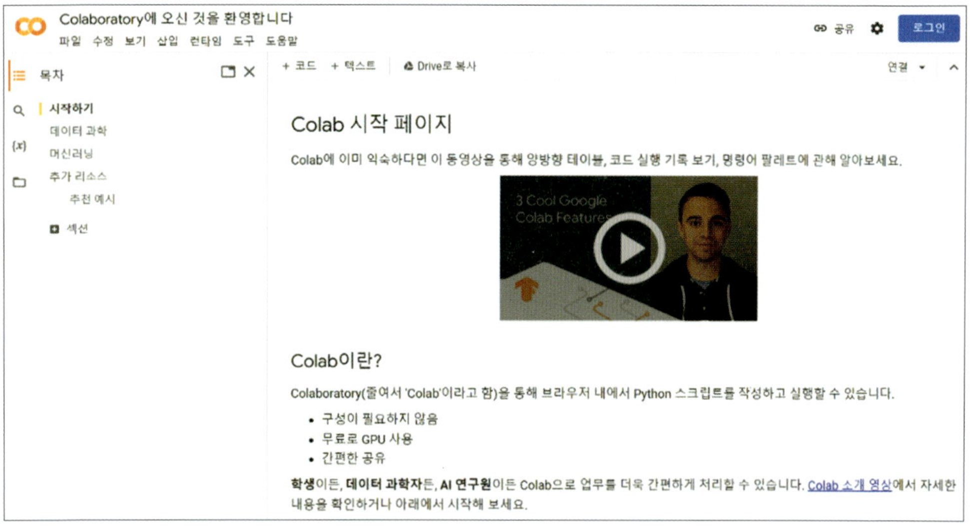

그림 1-6 구글 코랩 시작 페이지

2 구글 코랩 접속하기

구글 코랩에 접속하고 화면이 어떻게 구성되어 있는지 살펴보겠습니다.

01 구글 계정에 로그인합니다. 웹 브라우저는 가능하면 크롬을 이용하기 바랍니다.

02 구글 코랩(https://colab.research.google.com)에 접속하고 팝업 창 왼쪽 아래의 [새 노트] 버튼을 클릭합니다.

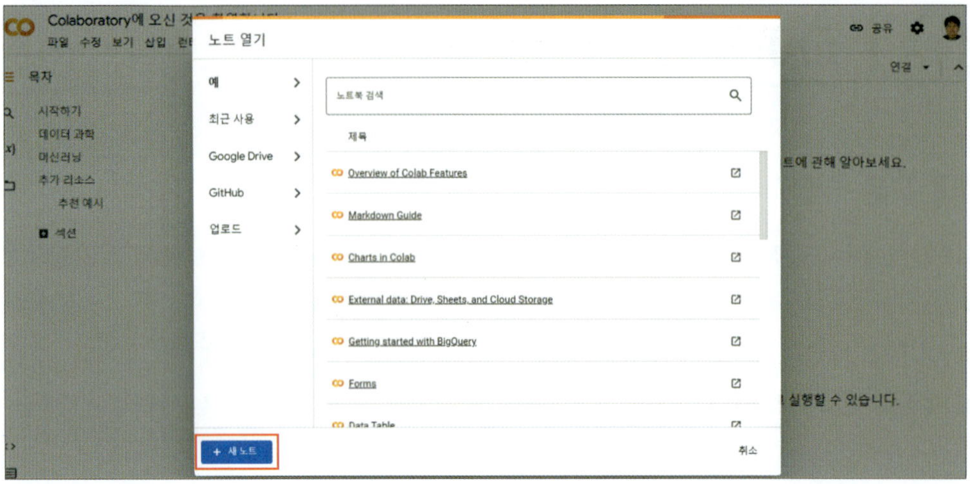

그림 1-7 코랩 새 노트 생성

03 'Untitled0.ipynb'라는 제목으로 새로운 화면이 열립니다. 이 화면을 코랩 노트 또는 코랩 메모장이라고 부르는데, 여기서 프로그램을 작성하고 실행할 수 있습니다. 코드 셀에 코드를 입력하고 왼쪽의 [셀 실행] 버튼(▶)을 클릭하거나 단축키 Ctrl + Enter 를 누르면 입력한 코드가 실행됩니다.

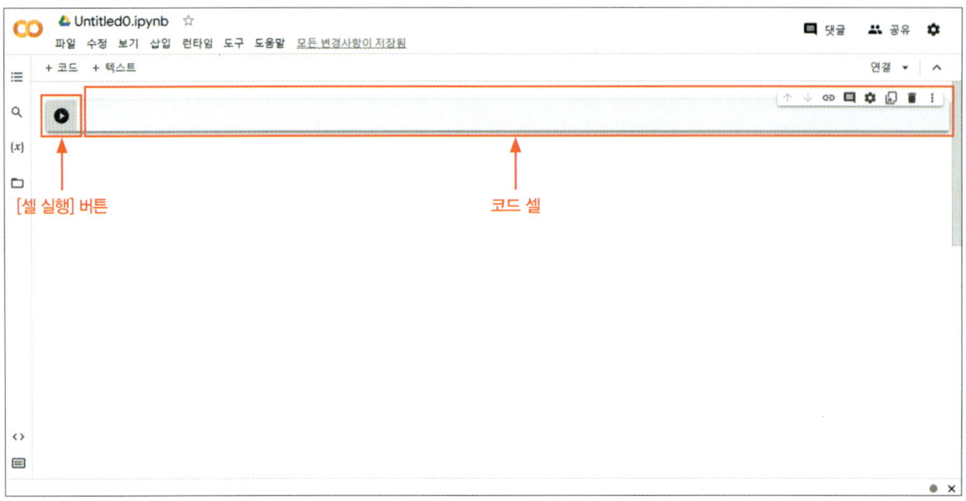

그림 1-8 코랩 메모장의 코드 셀과 [셀 실행] 버튼

1.4 처음 만나는 프로그램

1 프로그램 작성하고 실행하기

코랩에서 짧은 프로그램 하나를 작성하고 실행해 보겠습니다.

01 코드 셀에 다음과 같은 코드를 입력합니다. print 함수를 이용해서 '반갑습니다. 파이썬입니다.'라는 문자열을 출력하는 코드인데, print 함수는 '4 프로그램 이해하기(34쪽)'에서 자세히 살펴보겠습니다.

```
print('반갑습니다. 파이썬입니다.')
```

그림 1-9 코드 셀에 코드 입력

02 코드 셀 왼쪽에 있는 [셀 실행] 버튼(▶)을 클릭하거나 Ctrl + Enter 를 눌러 코드를 실행하면 결과가 코드 셀 아래에 나타납니다.

그림 1-10 코드 셀 실행 결과

TIP 이 책에 나오는 모든 프로그램을 직접 작성하고 실행하기 바랍니다. 눈으로 보기만 하면 프로그래밍 실력은 향상되지 않습니다.

TIP 코드를 실행했을 때 원하는 실행 결과가 나오지 않거나 오류가 발생할 수 있습니다. 그러면 당황하지 말고 코드 셀 아래에 표시된 오류 메시지를 읽어보고 오류가 발생한 부분을 수정한 다음 다시 실행합니다.

03 새로운 코드 셀을 추가하고 싶으면 코드 셀 위쪽에 있는 [+ 코드] 버튼을 클릭합니다. 또는 코드 셀 위쪽 라인과 아래쪽 라인에 마우스 커서를 위치시키면 자동으로 [+ 코드] 버튼이 나타납니다.

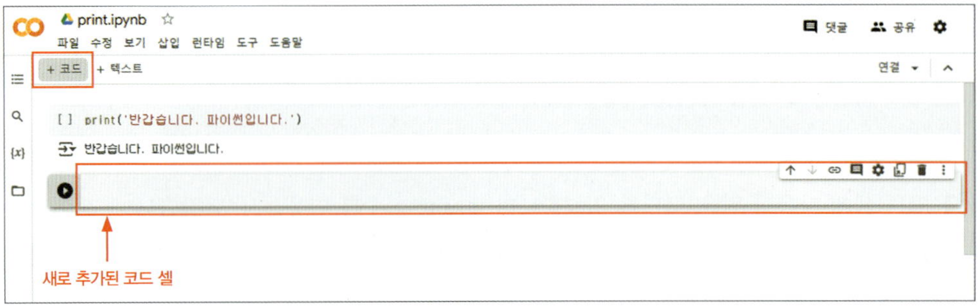

그림 1-11 코드 셀 추가

TIP 단축키 Ctrl + M + B 를 눌러도 코드 셀을 추가할 수 있습니다.

2 노트 파일 다루기

앞에서 작성한 프로그램은 구글 드라이브에 'Untitled0.ipynb'라는 이름으로 자동 저장됩니다. 그런데 'Untitled'라는 파일 이름만 봐서는 어떤 동작을 하는 프로그램인지 알 수 없습니다. 그러므로 이름을 명확하게 지정해 주는 것이 바람직합니다.

Untitled0.ipynb 이름을 마우스로 클릭한 후 'Untitled0'을 'print'로 변경합니다. 그러면 구글 드라이브에 있는 파일 이름이 'print.ipynb'로 바뀝니다.

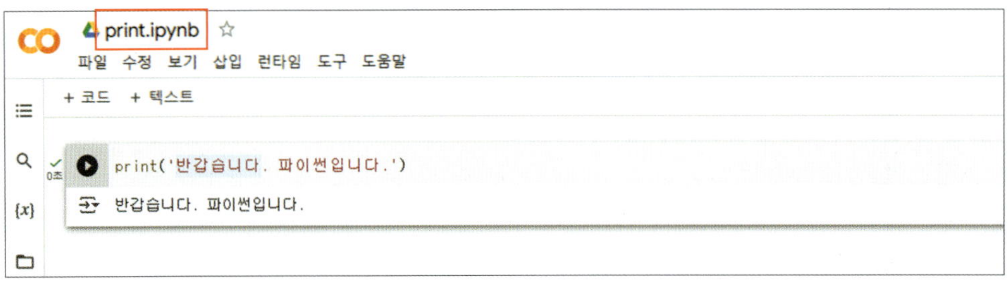

그림 1-12 파일 이름 변경

3 파일 불러오기

코랩 노트는 구글 드라이브의 [내 드라이브]-[Colab Notebooks] 폴더에 저장됩니다. 저장된 print.ipynb를 불러오는 두 가지 방법을 알아보겠습니다.

구글 드라이브에서 불러오기

01 구글 드라이브(https://drive.google.com)의 [내 드라이브]-[Colab Notebooks] 폴더로 이동합니다.

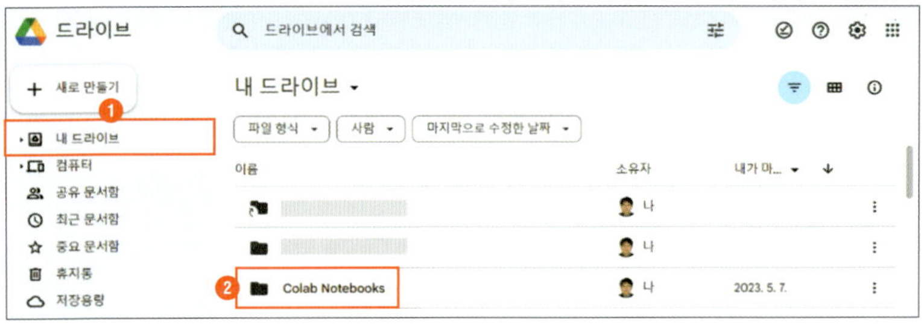

그림 1-13 구글 드라이브의 [Colab Notebooks] 폴더

02 print.ipynb를 더블클릭하면 구글 코랩에서 코랩 노트 print.ipynb가 열립니다.

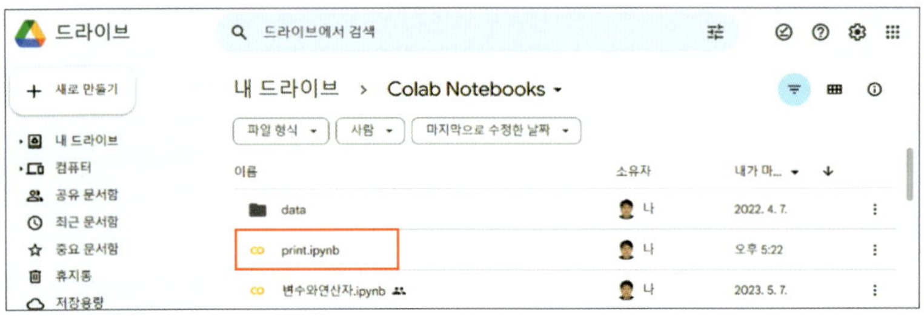

그림 1-14 코랩 노트 열기

코랩에서 불러오기

01 구글 코랩(https://colab.research.google.com)에 접속하면 팝업 창에 최근에 사용한 파일 목록이 나타납니다.

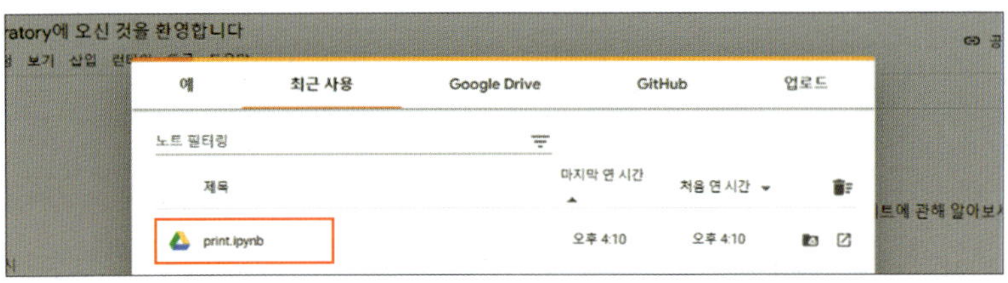

그림 1-15 최근에 사용한 파일 목록

02 print.ipynb를 클릭하면 print.ipynb 코랩 노트가 열립니다.

4 프로그램 이해하기

앞에서 작성한 프로그램의 동작에 대해서 자세히 알아보겠습니다.

```
print('반갑습니다. 파이썬입니다.')
```

이 코드는 print 함수를 이용해서 '반갑습니다. 파이썬입니다.'라는 문자열을 화면에 출력합니다. 작은 따옴표('') 또는 큰 따옴표("")로 둘러싼 문자들을 '문자열'이라 합니다. print 함수는 파이썬에서 기본적으로 제공하는 것으로, 괄호 안에 있는 값을 화면에 출력합니다.

| Syntax | **print() 함수**

```
print(값)
```

'값'을 화면에 출력한다.

TIP 함수(function)란 특별한 작업을 수행하도록 만들어진 코드입니다. 함수는 파이썬에서 기본적으로 제공하는 함수와 사용자가 직접 만들어 사용하는 함수로 구분할 수 있는데, 사용자가 직접 만들어 사용하는 함수에 대해서는 '3장 선택 구조'에서 살펴보겠습니다.

만약 여러 개의 값을 출력하려면 값들을 콤마(,)로 구분하여 나열하면 됩니다. 다음은 '반갑습니다.'와 '파이썬입니다.'라는 두 개의 문자열을 출력하는 코드입니다.

```
print('반갑습니다.', '파이썬입니다.')
```

```
반갑습니다. 파이썬입니다.
```

다음과 같이 두 개의 print 함수를 이용하면 '반갑습니다.'를 출력한 후에 줄바꿈을 하고 '파이썬입니다.'를 출력합니다.

```
print('반갑습니다.')
print('파이썬입니다.')
```

```
반갑습니다.
파이썬입니다.
```

프로그램은 위에서부터 아래로 한 문장씩 실행됩니다. 그러므로 두 개의 print 함수를 이용했을 때 '반갑습니다.'가 먼저 출력된 다음 '파이썬입니다.'가 출력됩니다.

실행 순서

```
print('반갑습니다.')
print('파이썬입니다.')
```

print 함수 안에 문자열이 아닌 수식이 있으면 수식의 연산 결과가 출력됩니다. 다음을 실행하면 3×7의 연산 결과인 21이 출력됩니다. 이때 주의할 점은 수식을 '3*7'과 같이 따옴표로 감싸면 안 된다는 것입니다. 따옴표로 감싼 수식은 문자열로 인식하기 때문입니다.

```
print(3*7)
```

```
21
```

```
print(3*7)
```

연산 결과

TIP *는 곱셈 연산자입니다.

1.5 플러스 예제 문자열 출력

다음은 print 함수를 이용해서 문자열을 출력하는 프로그램입니다.

```
print('홍길동님, 안녕하세요!')
```

```
홍길동님, 안녕하세요!
```

동작 과정

1 print 함수의 소괄호(()) 안에 위치한 값을 출력합니다.

```
print('홍길동님, 안녕하세요!')
```

← 값: '홍길동님, 안녕하세요!'

쌍둥이 문제

다음과 같이 문자열을 출력하는 프로그램을 작성하세요.

```
홍길동님,
안녕하세요!
```

힌트 두 개의 print 함수를 이용합니다.

도전 문제

다음과 같이 출력하는 프로그램을 작성하세요.

```
****************************************
한빛대학교 소프트웨어학과 홍길동
****************************************
```

1.6 플러스 예제 연산 결과 출력

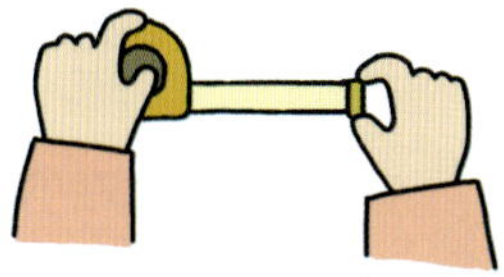

print 함수를 이용해서 수식의 연산 결과를 출력하는 프로그램의 예시를 살펴보겠습니다. 다음 프로그램은 5미터를 센티미터 단위로 변환해서 출력합니다.

```
print(5*100)
```

```
500
```

01 수식 5×100의 연산 결과인 500을 출력합니다.

동작 과정

1 print 함수의 소괄호(()) 안에 위치한 내용이 수식이면 연산 결과를 출력합니다.

```
print(5*100)
```

쌍둥이 문제

제곱미터 단위의 넓이를 평 단위로 변환해서 출력하는 프로그램을 작성하세요. 다음은 59제곱미터를 평 단위로 변환한 결과입니다.

```
17.8475
```

힌트 1제곱미터는 0.3025평입니다.

도전 문제

원의 반지름을 이용해서 원의 넓이를 구하는 프로그램을 작성하세요. 다음은 반지름이 5인 원의 넓이를 계산한 결과입니다.

```
78.5
```

요약

01 프로그래밍 관련 용어는 다음과 같습니다.

- **프로그램**(program): 컴퓨터로 문제를 해결하기 위해 작성하는 명령어의 모음이다.
- **프로그래밍**(programming): 프로그램을 작성하는 과정을 의미한다.
- **프로그래머**(programmer): 프로그램을 작성하는 사람 또는 직업을 가리킨다.
- **프로그래밍 언어**(programming language): 프로그램을 작성할 때 사용하는 언어를 의미한다.

02 프로그래밍 언어는 다음과 같이 분류합니다.

- **저급 언어**(low level language): 하드웨어 지향의 기계 중심 언어로, 기계어와 어셈블리어가 있다.
- **고급 언어**(high level language): 사람이 이해하기 쉬운 일상 언어와 기호를 사용해 프로그램을 작성하는 언어로 파이썬, 자바, C 언어 등이 있다.

03 파이썬 프로그램을 작성하고 실행하는 개발 환경인 구글 코랩(colab)의 URL은 https://colab.research.google.com/입니다.

04 임의의 값을 화면에 출력할 때 사용하는 `print` 함수의 형식은 다음과 같습니다.

```
print(값)
```

연습문제

01 파이썬의 특징을 조사해 보시오.

02 다음 코드의 실행 결과를 예측해 보시오.

```
print('반갑습니다.')
print(7+12-5)
print('1+2=', 1+2)
```

03 다음 코드를 실행하면 오류가 발생합니다. 오류의 원인을 생각해 보고 수정하시오.

(1)

```
print('안녕하세요)
```

(2)

```
print("파이썬')
```

(3)

```
print('3+7=' 3+7)
```

04 3+7의 연산 결과인 10을 출력하기 위해 다음과 같이 코드를 작성했지만 원하는 결과가 나오지 않았습니다. 원인을 생각해 보고 수정하시오.

```
print('3+7')
```

05 다음은 '파이팅! 대한민국!'을 출력하는 코드입니다. 빈칸을 채우시오.

```
[          ]('파이팅! 대한민국!')
```

```
파이팅! 대한민국!
```

06 3톤을 킬로그램 단위로 변환하려면 3×1000을 연산하면 됩니다. 다음은 수식 3×1000의 연산 결과를 출력하는 코드입니다. 빈칸을 채우시오.

```
print([          ])
```

```
3000
```

프로그래밍 문제

01 다음과 같이 출력하는 프로그램을 작성하시오.

```
안녕하세요.
한빛대학교 소프트웨어학과 홍길동입니다.
```

02 '3인치:', 3*2.54, '센티미터'를 이용해서 다음과 같이 출력하는 프로그램을 작성하시오.

```
3인치: 7.62 센티미터
```

HINT 1인치는 2.54센티미터입니다.

03 문자열 또는 수식의 연산 결과를 출력하는 프로그램을 작성하시오.

CHAPTER 02

변수와 연산자

학습목표

- 변수의 개념을 설명할 수 있습니다.
- 자료형의 개념과 종류를 설명할 수 있습니다.
- 대입 연산자와 산술 연산자에 대해 설명할 수 있습니다.
- 다양한 형태의 자료를 입력받아 처리한 후 결과를 출력할 수 있습니다.
- 변수와 연산자를 이용하여 프로그램을 작성할 수 있습니다.

Preview

변수는 프로그램이 실행되는 동안 값을 저장하는 공간을 말하고, 연산이란 덧셈, 뺄셈 등과 같이 일정한 규칙에 따라 계산하는 것을 말합니다. 이번 장에서는 변수와 자료형의 개념을 알아보고 데이터의 입력과 출력에 대해서도 알아봅니다. 그리고 대입 연산자와 산술 연산자에 대해 알아본 후 시간 단위 변환 프로그램, 주문 금액 계산 프로그램을 작성해 봅니다.

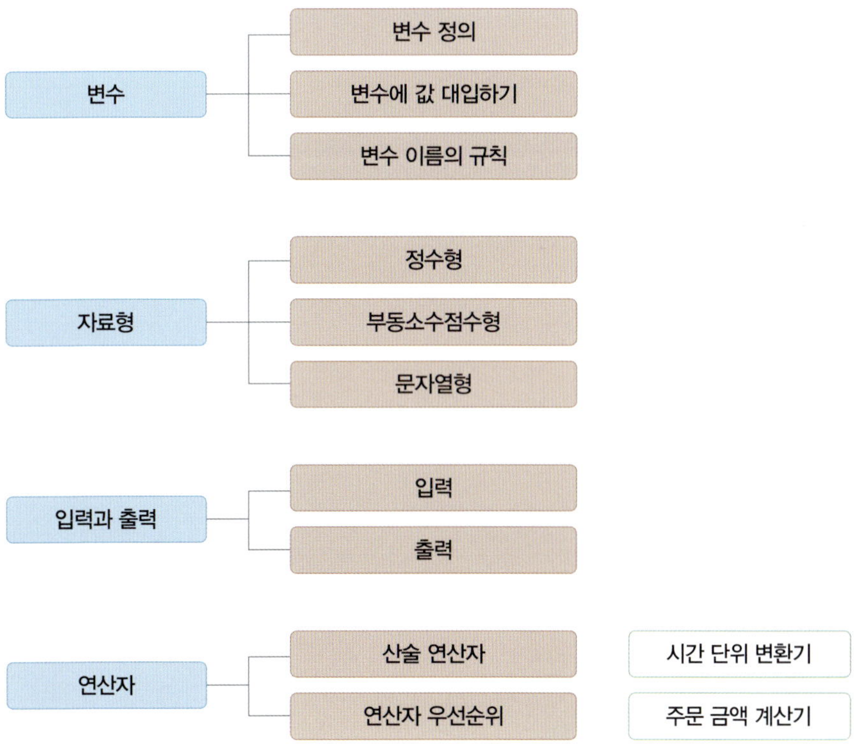

2.1 변수

1 변수의 개념

변수variable는 프로그램이 실행되는 동안 값을 저장하는 공간입니다. 하나의 프로그램에서 여러 개의 변수를 만들어 사용할 수 있으며, 각 변수를 구분하기 위해 변수마다 이름을 붙여 관리합니다. 변수에는 언제든지 새로운 값을 저장할 수 있습니다.

변수를 만드는 형식은 다음과 같으며, 특별히 변수를 만드는 과정을 '변수 정의'라 부릅니다. '변수이름' 변수에 '값'을 저장하는 순간 변수가 생성됩니다.

| Syntax | **변수 정의**

```
변수이름 = 값
```

'변수이름' 변수가 만들어지고 '값'이 저장된다.

다음은 age라는 변수에 20을 저장하는 코드입니다. 변수에 값만 저장하면 변수가 자동으로 생성됩니다.

```
age = 20
```

[그림 2-1]은 이 코드를 도식화한 것으로 age라는 이름의 변수에 20이라는 값이 저장된다는 의미입니다.

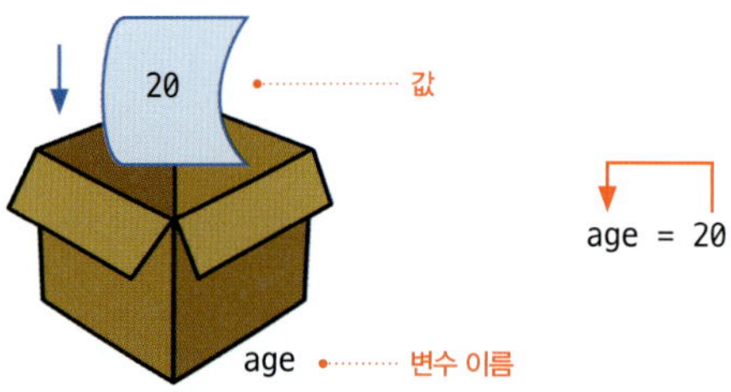

그림 2-1 age 변수에 값 저장

1장에서 문자열이나 숫자와 같은 값을 출력할 때 print 함수를 사용했습니다. 변수에 저장된 값을 출력할 때도 print 함수를 사용하는데 그 형식은 다음과 같습니다.

| Syntax | **print() 함수**

```
print(변수)
```

'변수'에 저장된 값을 출력한다.

변수에 값을 저장하고 출력하기

다음은 age 변수에 20을 저장한 후 출력하는 프로그램으로, 이 프로그램을 실행하면 age에 저장된 값인 20이 출력됩니다.

코드 2-1

```
01 age = 20
02 print(age)
```

```
20
```

02 age 변수에 저장된 값인 20을 출력합니다.

```
print(age)
```
age에 저장된 값을 출력

그런데 다음 [코드 2-2]의 02행과 같이 'age'를 따옴표로 감싸면 번역 프로그램이 age를 변수로 인식하지 않고 문자열로 인식하여 'age'라는 문자열 그 자체가 출력됩니다. 따라서 변수에 저장된 값을 출력하려면 따옴표로 감싸면 안 됩니다.

코드 2-2

```
01 age = 20
02 print('age')
```

```
age
```

02 문자열 'age'를 출력합니다. 문자열 'age'와 변수 age는 전혀 다른 결과를 보입니다.

각 변수에는 하나의 값만 저장할 수 있으며 새로운 값을 저장하면 기존 값은 지워집니다. 다음은 이를 확인하는 예로, 03행에서 20을 저장하고 있는 age 변수에 21을 저장하면 기존 값인 20은 지워지고 21이 저장됩니다.

코드 2-3

```python
01 age = 20
02 print(age)
03 age = 21
04 print(age)
```

```
20
21
```

01 age 변수에 20을 저장합니다.

02 age 변수에 저장된 값인 20을 출력합니다.

03 age 변수에 21을 저장합니다. 기존 값인 20은 삭제되고 21이 저장됩니다.

04 age 변수에 저장된 값인 21을 출력합니다.

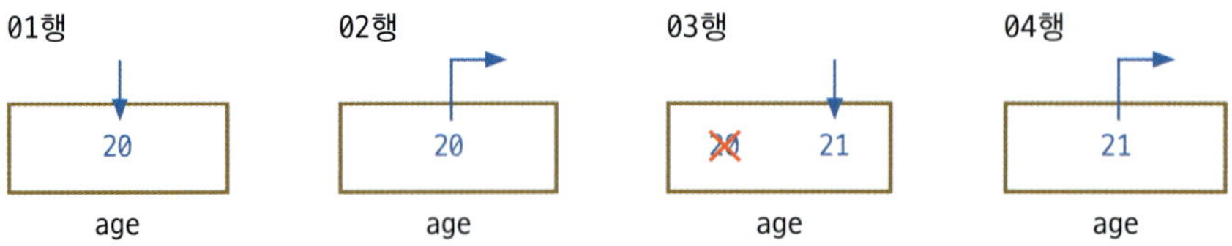

그림 2-2 age 변수에 값을 저장하고 출력하기

2 변수에 값 대입하기

앞에서 = 기호를 사용해서 변수에 값을 저장하는 과정을 살펴보았습니다. 이때 = 기호 오른쪽의 값을 = 기호 왼쪽의 변수에 저장하게 됩니다.

대입 연산자

= 기호를 **대입 연산자** 또는 **할당 연산자**라 합니다. 지금부터는 변수에 값을 저장할 때 '대입한다'는 표현을 사용하겠습니다.

| Syntax | 대입 연산자

```
변수이름 = 값
```

'변수이름' 변수에 '값'을 대입한다.

다음은 name 변수에 '홍길동'을 대입하고 age 변수에 18을 대입한 후 출력하는 프로그램입니다.

코드 2-4

```
01 name = '홍길동'
02 age = 18
03 print(name, '나이:', age)
```

```
홍길동 나이: 18
```

01 name 변수에 '홍길동'을 대입합니다. 작은 따옴표('')로 감싼 데이터를 '문자열'이라고 합니다.

02 age 변수에 18을 대입합니다. 이때 18과 '18'은 다른 값입니다. 18은 정수이고 '18'은 문자열이기 때문입니다.

03 name 변수에 저장된 값인 '홍길동', 문자열 '나이:', age 변수에 저장된 값인 18을 순서대로 출력합니다.

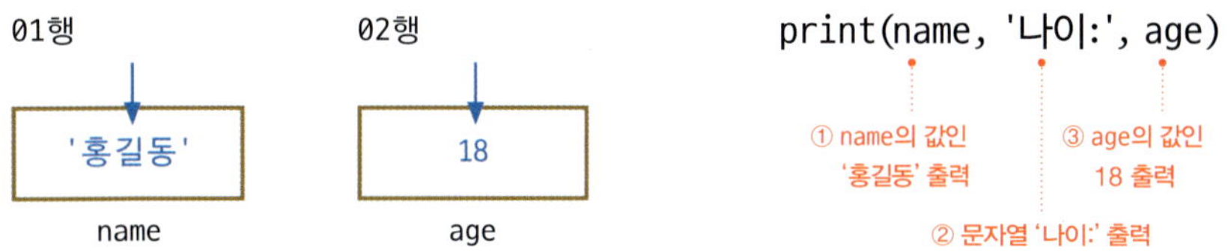

그림 2-3 대입 연산자의 동작과 변수의 값 출력

여러 변수에 값 대입하기

파이썬에서는 다음과 같은 형식을 이용해서 여러 개의 변수에 같은 값을 대입할 수 있습니다. 가장 오른쪽에 있는 =부터 시작합니다. [그림 2-4(a)]를 보면 ①과 같이 7을 c에 대입하고 이 식의 값인 7을 ②와 같이 b에 대입합니다. 이 식의 값 역시 7이 됩니다. 마지막으로 ③과 같이 7을 a에 대입합니다. 결국 a, b, c 모두에 7이 저장됩니다.

```
a = b = c = 7
```

그리고 파이썬에서는 코드 한 줄에서 여러 개의 변수에 각각 다른 값을 한꺼번에 대입할 수 있습니다. [그림 2-4(b)]를 보면 a에 7이, b에 11이, c에 19가 한꺼번에 저장됩니다.

```
a, b, c = 7, 11, 19
```

(a) 여러 변수에 같은 값 대입　　(b) 여러 변수에 각각 다른 값 대입

그림 2-4 여러 변수에 값 대입

복합 대입 연산자

다음은 a 값에 7을 더한 값을 다시 a에 대입하는 문장입니다. 즉, a 값이 5라 가정할 때 5에 7을 더한 12를 다시 a에 대입하게 됩니다.

```
a = a + 7
```

(a) 더한 값을 대입　　(b) 변수 값 변경

그림 2-5 복합 대입 연산자

이 문장을 += 기호를 이용해서 다음과 같이 나타낼 수 있습니다.

```
a += 7
```

이와 같이 연산한 값을 다시 대입하는 연산자를 **복합 대입 연산자**라 합니다. 대표적인 복합 대입 연산자는 [표 2-1]과 같습니다.

표 2-1 복합 대입 연산자

연산자	설명	예시	결과
+=	왼쪽 값에 오른쪽 값을 더한 결과를 다시 왼쪽에 대입	a, b = 2, 3 a += b print(a)	5

-=	왼쪽 값에서 오른쪽 값을 뺀 결과를 다시 왼쪽에 대입	a, b = 2, 3 a -= b print(a)	-1
*=	왼쪽 값에 오른쪽 값을 곱한 결과를 다시 왼쪽에 대입	a, b = 2, 3 a *= b print(a)	6
/=	왼쪽 값을 오른쪽 값으로 나눈 결과를 다시 왼쪽에 대입	a, b = 3, 2 a /= b print(a)	1.5
//=	왼쪽 값을 오른쪽 값으로 나눈 몫을 다시 왼쪽에 대입	a, b = 7, 3 a //= b print(a)	2
%=	왼쪽 값을 오른쪽 값으로 나눈 나머지를 다시 왼쪽에 대입	a, b = 7, 3 a %= b print(a)	1

다음은 복합 대입 연산자를 사용한 예입니다. 어떤 결과가 나올지 먼저 예측해 보고 실행 결과와 같은지 확인하기 바랍니다.

코드 2-5

```
01 a = 100
02 a += 10
03 print(a)
04 a *= 2
05 print(a)
06 a //= 7
07 print(a)
08 a %= 7
09 print(a)
```

```
110
220
31
3
```

02 a의 값인 100에 10을 더한 결과인 110을 a에 대입합니다.

04 a의 값인 110에 2를 곱한 결과인 220을 a에 대입합니다.

06 a의 값인 220을 7로 나눈 몫인 31을 a에 대입합니다.

08 a의 값인 31을 7로 나눈 나머지인 3을 a에 대입합니다.

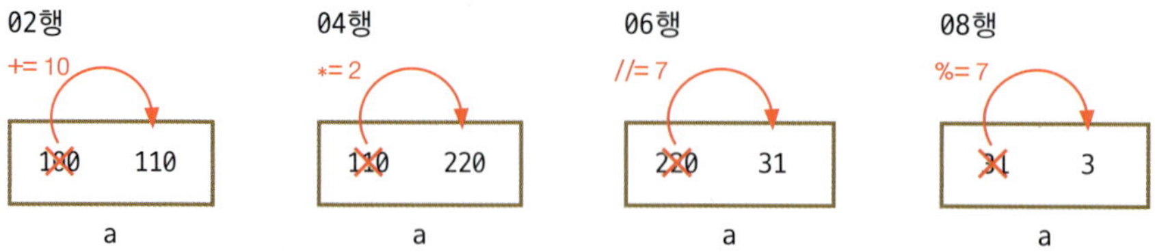

그림 2-6 복합 대입 연산자의 동작

3 변수 이름의 규칙

변수 이름을 만들 때 그 변수가 어떤 용도로 쓰이는지 잘 설명하는 이름으로 만드는 것이 좋습니다. 그렇다고 무작정 만드는 것이 아니라 다음과 같은 규칙을 지켜서 만들어야 합니다.

- 첫 번째 글자는 문자 또는 밑줄(_)이어야 하고, 나머지 글자는 문자, 숫자, 밑줄(_)이어야 합니다.
- 영문 대문자와 영문 소문자는 구분합니다.
- 키워드(예약어)를 변수 이름으로 사용할 수 없습니다. **키워드**keyword란 프로그래밍 언어에서 사용하기 위해 쓰임새를 미리 정해 놓은 단어를 의미하는데, 파이썬의 키워드에는 다음과 같은 것들이 있습니다.

False	None	True	and	as	assert
break	class	continue	def	del	elif
else	except	finally	for	from	global
if	import	in	is	lambda	nonlocal
not	or	pass	raise	return	try
while	with	yield			

LAB 두 변수의 값 교환하기

다음은 a의 값인 7과 b의 값인 11을 교환하는 프로그램입니다.

코드 2-6

```
01  a = 7
02  b = 11
03  temp = a
04  a = b
05  b = temp
06  print(a, b)
```

```
11 7
```

동작 과정

1 01, 02행에서 a에 7을, b에 11을 저장합니다.

2 03행에서 a의 값인 7을 temp에 저장합니다.

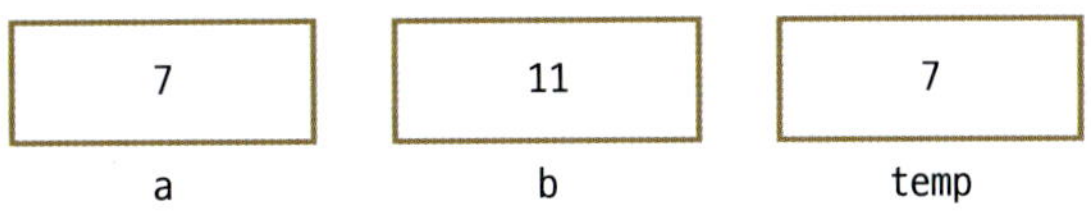

3 04행에서 b의 값인 11을 a에 저장합니다. 변수에 새로운 값을 저장하여 이전 값은 지워집니다.

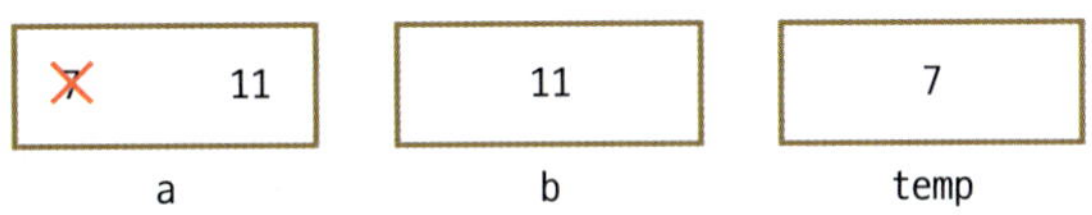

4 05행에서 temp의 값인 7을 b에 저장합니다. a와 b 변수 값이 교환되었습니다.

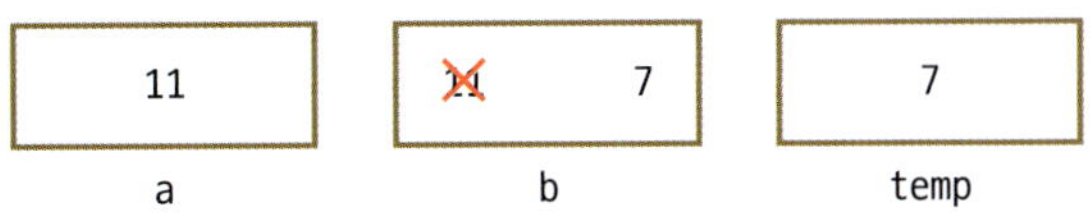

여기에서 a와 b 변수의 값을 교환하는 동작을 다음 코드의 03행과 같이 한 문장으로 나타낼 수 있습니다.

코드 2-7

```
a = 7
b = 11
a, b = b, a
print(a, b)
```

```
11 7
```

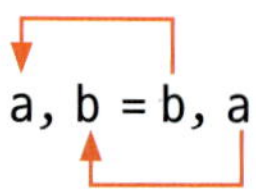

그림 2-7 a와 b 변수의 값 교환

LAB 배수 구하기

다음은 복합 대입 연산자 += 기호를 이용해서 3의 배수 중 처음 네 개를 구하는 프로그램입니다.

코드 2-8

```
a = 3
print(a)
a += 3
print(a)
a += 3
print(a)
a += 3
print(a)
```

```
3
6
9
12
```

동작 과정

1 01행에서 a에 3을 저장합니다.

2 03행에서 a 값 3에 3을 더한 값인 6을 a에 저장합니다. 즉, a 값을 3만큼 증가시킵니다.

3 05행에서 a 값 6에 3을 더한 값인 9를 a에 저장합니다.

4 07행에서 a 값 9에 3을 더한 값인 12를 a에 저장합니다.

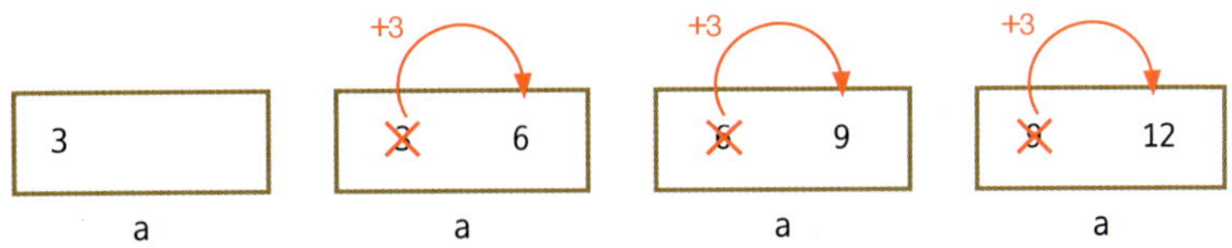

2.2 자료형

1 자료형의 개요

앞에서 프로그램을 작성할 때 20과 같은 **정수**integer와 '홍길동'과 같은 **문자열**string을 사용했습니다. 이외에도 3.14159265와 같이 소수점이 있는 수인 **부동소수점수**floating point number, True(참), False(거짓)와 같은 **불**bool 데이터를 사용할 수 있습니다. 정수, 부동소수점수, 문자열, 불 등을 모두 **자료형**data type이라 합니다. 파이썬에서 사용할 수 있는 자료형은 [그림 2-8]과 같은데, 이번 장에서는 기본 자료형에 대해 살펴보고 구조적 자료형에 대해서는 다음에 살펴보겠습니다.

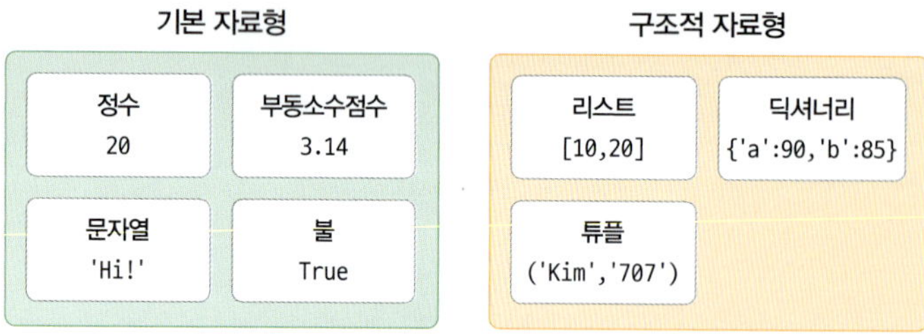

그림 2-8 파이썬에서 사용 가능한 자료형의 종류

데이터의 자료형을 확인할 때 사용하는 함수는 type입니다.

| Syntax | **type() 함수**

```
type(데이터)
```

'데이터'의 자료형을 알려준다.

다음은 type 함수를 이용해서 다양한 데이터에 대한 자료형을 확인하는 예입니다. 실행 결과에서 int는 'integer'의 줄임말로 정수를 의미하고 float는 'floating point number'의 줄임말로 부동소수점수를 의미합니다. str은 'string'의 줄임말로 문자열을 의미하며 bool은 'boolean'의 줄임말입니다.

코드 2-9

```
print(type(2024))
print(type(3.14))
```

```
print(type('Python'))
print(type(True))
```

```
<class 'int'>
<class 'float'>
<class 'str'>
<class 'bool'>
```

2 정수형

정수형은 20이나 2025와 같이 소수점이 없는 수를 의미하며 10진수, 8진수, 16진수, 2진수가 있습니다. 8진수는 0o또는 0O으로 시작하고 16진수는 0x나 0X로, 2진수는 0b 또는 0B로 시작합니다. 파이썬에서는 10진수 외의 진수는 잘 사용하지 않습니다. [표 2-2]는 모두 10진수 161을 각각의 진수로 표현한 것입니다.

표 2-2 정수형

정수형	설명	예
10진수	0, 1, 2, 3, 4, 5, 6, 7, 8, 9의 10개를 사용해서 표현하는 수	161
8진수	0, 1, 2, 3, 4, 5, 6, 7의 8개를 사용해서 표현하는 수	0o241
16진수	0, 1, 2, 3, 4, 5, 6, 7, 8, 9, A, B, C, D, E, F의 16개를 사용해서 표현하는 수	0xA1
2진수	0, 1의 2개를 사용해서 표현하는 수	0b10100001

다음은 a에 10진수 20을, b에 8진수 34를, c에 16진수 A1을, d에 2진수 1110을 저장한 후 출력하는 프로그램입니다. 실행 결과는 모두 10진수입니다.

코드 2-10

```
a = 20
b = 0o34
c = 0xA1
d = 0b1110
print(a, b, c, d)
```

```
20 28 161 14
```

02 8진수 34는 $3 \times 8+4$이므로 28을 b에 저장합니다.

03 16진수 A1은 $A \times 16+1$, 즉 $10 \times 16+1$이므로 161을 c에 저장합니다.

04 2진수 1110은 $1 \times 2^3+1 \times 2^2+1 \times 2$ 이므로 14를 d에 저장합니다.

3 부동소수점수형

부동소수점수형은 소수점 표현 방식과 지수 표현 방식이 있습니다. 3.14는 소수점 표현 방식이고 1.23e5는 지수 표현 방식으로 1.23×10^5을 의미합니다. 다음은 a에 3.14를 저장하고 b에 1.23e5를 저장한 후 출력하는 프로그램입니다.

코드 2-11

```python
a = 3.14
b = 1.23e5
print(a, b)
```

```
3.14 123000.0
```

4 불형

불형은 True(참), 또는 False(거짓) 값을 나타내는 자료형으로, 수식이 참인지 거짓인지 파악할 때 사용됩니다. 다음 프로그램에서 10>20은 거짓이므로 변수 a에 False를 저장한 다음 출력합니다.

코드 2-12

```python
a = 10>20
print(a)
```

```
False
```

5 문자열형

문자열은 0개 이상의 문자를 의미하며, 프로그램에서 작은 따옴표('') 또는 큰 따옴표("")로 감싸 표현합니다. 다음은 문자열 'Python'을 변수 a에 저장한 후 출력하는 프로그램입니다.

코드 2-13

```
a = 'Python'
print(a)
```

```
Python
```

문자열 연결하기

문자열 연결 연산자인 +로 문자열과 문자열을 연결할 수 있습니다.

| Syntax | **문자열 연결 연산자 +**

```
문자열1 + 문자열2
```

'문자열1'과 '문자열2'를 연결한다.

다음은 + 연산자를 이용해서 두 개의 문자열 `'Hi! '`와 `'Python'`을 연결해서 출력하는 프로그램입니다. 문자열에 대한 상세한 내용은 '6장 문자열'에서 살펴보겠습니다.

코드 2-14

```
print('Hi! ' + 'Python')
```

```
Hi! Python
```

LAB 다양한 자료형

다음은 문자열형, 정수형, 부동소수점수형 데이터를 다루는 프로그램입니다. 먼저 어떤 결과가 나올지 예측해 보고 실행 결과와 같은지 확인하기 바랍니다.

코드 2-15

```
print('convergence' + 'programming')
print(23 - 25)
print(1.23 + 12.3e-1)
```

```
convergenceprogramming
-2
2.46
```

동작 과정

1 01행에서 문자열 'convergence'와 'programming'을 연결해서 출력합니다. 만약 두 단어 사이에 공백이 들어가게 하려면 다음과 같이 문자열 사이에 공백을 추가해야 합니다.

```
print('convergence ' + 'programming')
```

TIP 공백(' ')도 하나의 문자입니다.

2 02행에서 23에서 25를 뺀 값인 -2를 출력합니다.

3 03행에서 1.23과 12.3e-1을 더한 값을 출력합니다. 12.3e−1, 즉 12.3×10^{-1}은 1.23이므로 출력되는 결과는 2.46입니다.

12.3e−1 : 12.3×10^{-1}

2.3 입력과 출력

1 입력

사용자로부터 데이터를 입력받을 때 input 함수를 사용합니다. input 함수는 안내문을 출력하고 사용자 입력을 기다립니다. 사용자가 입력하면 입력 데이터를 문자열 형식으로 반환합니다.

| Syntax | **input() 함수**

```
변수 = input(안내문)
```

화면에 '안내문'을 출력하고, 사용자로부터 데이터를 문자열 형식으로 입력받아 반환한다.

문자열 입력받기

다음은 사용자로부터 이름을 입력받아 name에 저장하고 나이를 입력받아 age에 저장하여 출력하는 프로그램입니다.

코드 2-16

```
01  name = input('이름: ')
02  age = input('나이: ')
03  print(name, '나이:', age)
```

```
01  이름: 홍길동
02  나이: 20
03  홍길동 나이: 20
```

01 '이름: '이라는 안내문을 출력하고 사용자 입력을 기다립니다. 사용자가 문자열 '홍길동'을 입력하면 name에 값을 저장합니다.

02 '나이: '라는 안내문을 출력하고 사용자 입력을 기다립니다. 사용자가 20을 입력하면 age에 값을 저장합니다.

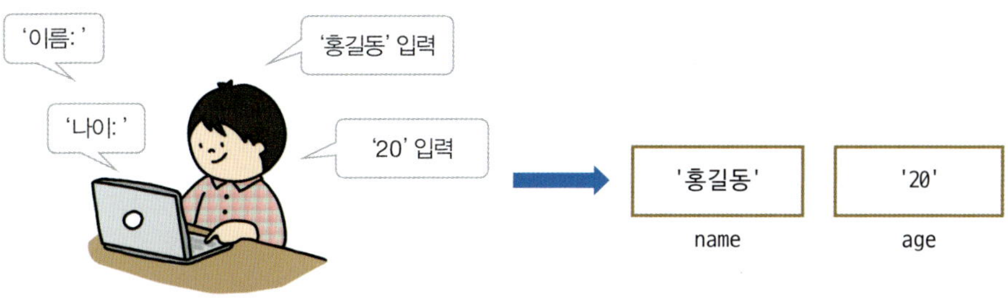

그림 2-9 사용자가 입력한 값을 변수에 저장

사용자로부터 두 정수 9와 5를 입력받아 뺄셈한 후 출력하는 프로그램을 작성하면 다음과 같습니다. 그런데 원하는 결과인 4가 나오지 않고 오류가 발생합니다.

코드 2-17

```
a = input('정수: ')
b = input('정수: ')
print(a-b)
```

```
정수: 9
정수: 5
---------------------------------------------------------------------------
TypeError                                 Traceback (most recent call last)
<ipython-input-1-0235c3194ade> in <module>
      1 a = input('수: ')
      2 b = input('수: ')
----> 3 print(a-b)
TypeError: unsupported operand type(s) for -: 'str' and 'str'
```

오류의 원인은 자료형입니다. input 함수를 통해서 입력받은 데이터는 정수가 아닌 문자열 형식입니다. 문자열 '9'에서 문자열 '5'를 빼는 연산은 불가능하므로 오류가 발생한 겁니다.

정수 형식의 문자열 입력받기

해결책은 문자열 '9'와 '5'를 정수로 변환하는 것입니다. 정수 형식의 문자열을 정수로 변환하는 함수는 int입니다.

| Syntax | **int() 함수**

```
int(정수 형식의 문자열)
```

'정수 형식의 문자열'을 정수로 변환한다.

다음은 input 함수로 입력받은 정수 형식의 문자열을 int 함수를 사용하여 정수로 변환하는 프로그램입니다. 이번에는 오류 없이 원하는 결과가 나오는 것을 확인할 수 있습니다.

코드 2-18

```
01 a = int(input('정수: '))
02 b = int(input('정수: '))
03 print(a-b)
```

```
정수: 9
정수: 5
4
```

01 사용자로부터 입력받은 정수 형식의 문자열을 int 함수를 사용하여 정수로 변환하여 a에 저장합니다.

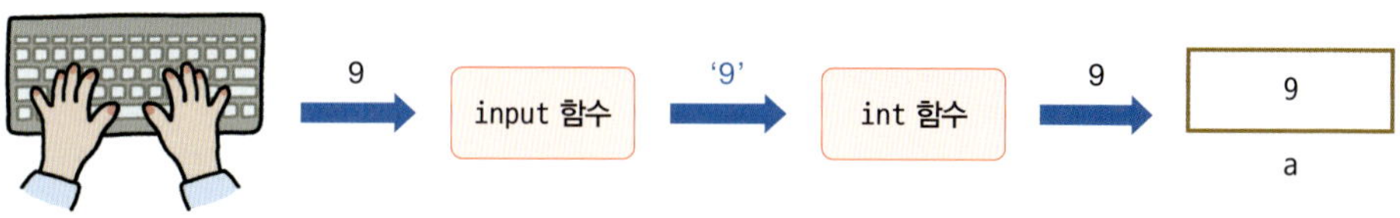

그림 2-10 정수 형식의 문자열을 정수로 변환

부동소수점수 형식의 문자열 입력받기

만약 사용자로부터 부동소수점수를 입력받으려면 문자열을 부동소수점수로 변환하는 float 함수를 사용하면 됩니다.

| Syntax | **float() 함수**

```
float(부동소수점수 형식의 문자열)
```

'부동소수점수 형식의 문자열'을 부동소수점수로 변환한다.

다음은 부동소수점수로 된 분 단위 시간을 입력받아 초 단위로 변환하는 프로그램입니다.

코드 2-19

```
minute = float(input('분 단위 시간: '))
second = minute * 60
print(second, '초')
```

```
분 단위 시간: 5.5
330.0 초
```

01 사용자로부터 입력받은 부동소수점수 형식의 문자열인 '5.5'를 float 함수를 사용하여 부동소수점수로 변환하여 minute에 저장합니다.

02 minute에 저장된 5.5에 60을 곱해 초 단위 시간으로 변환한 330.0을 second에 저장합니다.

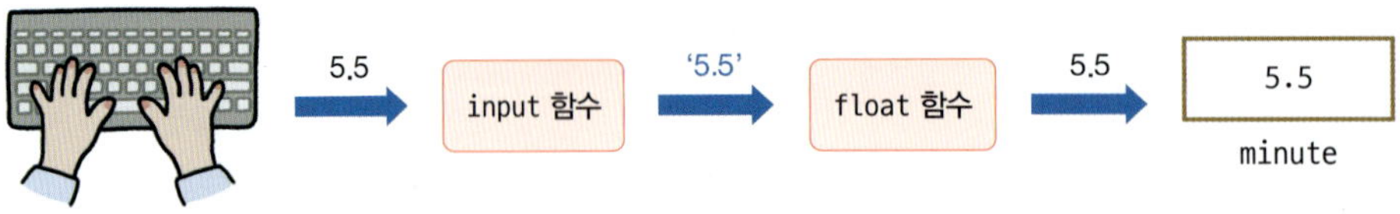

그림 2-11 부동소수점수 형식의 문자열을 부동소수점수로 변환

2 출력

값을 모니터 화면에 출력할 때 print 함수를 사용합니다. 여러 개의 값을 출력하려면 콤마(,)로 구분한 값들을 나열하면 됩니다.

| Syntax | **print() 함수**

```
print(값1, 값2, …, 값n)
```

여러 개의 값을 모니터 화면에 출력한다.

다음은 print 함수를 이용해서 값을 출력하는 프로그램입니다.

코드 2-20

```
01  print('반갑습니다.')
02  score = 99
03  print('성적은', score, '입니다.')
```

```
반갑습니다.
성적은 99 입니다.
```

01 문자열 '반갑습니다.'를 출력합니다.

03 '성적은' 문자열과 score 값인 99, '입니다.' 문자열을 순서대로 출력합니다. 'score'와 같이 변수명을 따옴표로 감싸면 변수로 인식하지 않고 문자열로 인식한다는 점에 주의해야 합니다.

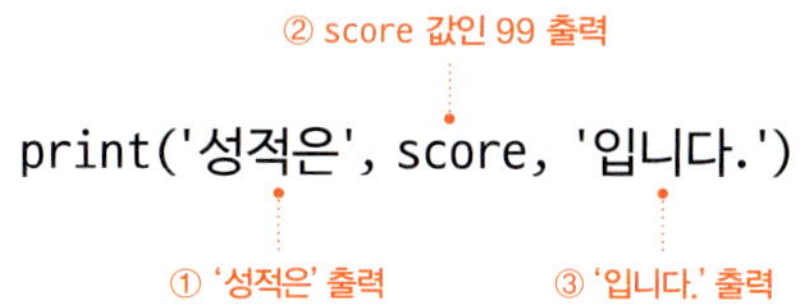

그림 2-12 문자열과 변수 값 출력

print 함수가 여러 개일 때 출력 결과 확인하기

다음은 print 함수 2개를 이용해서 a와 b 값을 출력하는 프로그램인데, a 값을 출력한 후에 다음 줄로 넘어가서 b 값이 출력되는 것을 확인할 수 있습니다.

코드 2-21

```
01  a = 25
02  b = 42
03  print(a)
04  print(b)
```

```
25
42
```

03 a 값을 출력하고 다음 줄로 넘어갑니다.

print 함수를 이용해서 임의의 값을 출력하고 나면 기본적으로 다음 줄로 넘어갑니다. 만약 다음 줄로 넘어가는 대신 공백이 출력되기를 원하면 출력할 마지막 값의 오른쪽에 end=' '를 넣으면 됩니다.

코드 2-22

```
01  a = 25
02  b = 42
03  print(a, end=' ')
04  print(b)
```

```
25 42
```

03 a 값을 출력한 후 다음 줄로 넘어가지 않고 공백(' ')을 출력합니다.

다음 프로그램의 02행과 같이 출력 값이 없는 print()를 실행하면 빈 줄이 출력됩니다.

코드 2-23

```
01  print('안녕!')
02  print()
03  print('파이썬')
```

```
안녕!

파이썬
```

02 빈 줄을 출력합니다.

f-문자열

print 함수에서 콤마(,)를 이용해서 여러 개의 값을 출력하면 값 사이에 공백이 들어갑니다. 다음 프로그램의 실행 결과를 자세히 살펴보면 '이름은 ' 문자열, name 값, '이고 나이는 ' 문자열, age 값, '입니다.' 문자열을 차례대로 출력하는데, 값과 값 사이에 공백을 확인할 수 있습니다.

이름은 ␣␣홍길동␣이고␣나이는 ␣␣20␣입니다.

코드 2-24

```
name = '홍길동'
age = 20
print('이름은 ', name, '이고 나이는 ', age, '입니다.')
```

```
이름은  홍길동 이고 나이는  20 입니다.
```

불필요한 공백을 없애려면 print 함수 안에 f-문자열을 입력합니다. **f-문자열**f-string은 문자열 앞에 소문자 f 또는 대문자 F를 붙이고 문자열 안의 변수를 중괄호({})로 감싸서 표현하는 것입니다.

| Syntax | **print 함수 안에 f-문자열 사용하기**

```
print( f'... {변수} ...' )
```

문자열과 변수의 값을 출력했을 때 값과 값 사이에 공백이 없어진다.

다음은 앞의 프로그램을 f-문자열을 사용해서 나타낸 것인데 실행 결과의 값과 값 사이에 공백이 없어진 것을 확인할 수 있습니다.

코드 2-25

```python
01 name = '홍길동'
02 age = 20
03 print(f'이름은 {name}이고 나이는 {age}입니다.')
```

```
이름은 홍길동이고 나이는 20입니다.
```

03 f-문자열 형식으로 변수 값을 출력할 때 {name}, {age}와 같이 중괄호로 감쌉니다.

그림 2-13 f-문자열을 이용한 출력

f-문자열을 이용하면 변수 값이 출력되는 형식을 지정할 수 있는데 [표 2-3]과 같이 변수명 옆에 콜론(:)을 넣고 그 다음에 형식을 지정합니다. 표에 있는 코드에서 중괄호 안의 d는 정수를 의미하고, f는 부동소수점수를 의미합니다.

표 2-3 f-문자열 출력 형식을 지정하는 예

코드	실행 결과	설명
name = '홍길동' age = 20 print(f'{name:5}:{age:3}')	홍길동␣␣:␣20	name 값 홍길동을 왼쪽으로 붙여 다섯 자리에 출력하고, age 값 20을 오른쪽으로 붙여 세 자리에 출력한다. 문자열은 왼쪽에 붙여 출력하고 정수는 오른쪽으로 붙여 출력한다.
a = 25 b = 1234 c = 4 print(f'{a:5d}') print(f'{b:5d}') print(f'20{c:02d}')	␣␣␣25 ␣1234 2004	a 값 25를 오른쪽으로 붙여 다섯 자리에 출력하고, b 값 1234를 오른쪽으로 붙여 다섯 자리에 출력한다. c 값 4를 오른쪽으로 붙여 두 자리에 출력하되 앞의 빈 곳은 0으로 채운다. d는 정수로 출력하라는 의미이다.
a = 3.14159265 print(f'{a}, {a:.3f}') print(f'{a:7.3f}')	3.14159265, 3.142 ␣␣3.142	{a:.3f}는 a 값을 소수점 이하 세 자리로 반올림하여 출력한다. {a:7.3f}는 a 값을 소수점 이하 세 자리로 반올림하여 전체 일곱 자리에 출력한다. f는 부동소수점수로 출력하라는 의미이고, 부동소수점수 역시 오른쪽으로 붙여 출력한다.

TIP 실행 결과에서 ␣는 공백을 의미합니다.

LAB 원의 넓이 구하기

다음은 원의 반지름을 입력받아 원의 넓이를 구하는 프로그램입니다.

코드 2-26

```
01 pi = 3.14159265
02 radius = int(input('원의 반지름: '))
03 area = pi * radius * radius
04 print(f'원의 넓이: {area:.3f}')
```

```
원의 반지름: 7
원의 넓이: 153.938
```

동작 과정

1 02행에서 사용자로부터 입력받은 원의 반지름인 7을 int 함수를 사용하여 정수로 변환해 변수 radius에 저장합니다. 만약 반지름이 부동소수점수라면 int 함수가 아닌 float 함수를 사용하여 형식을 변환해야 합니다.

2 03행에서 원의 반지름이 radius, 즉 7인 원의 넓이를 구해 area에 저장합니다.

3.1415...	7	153.93...
pi	radius	area

3 04행에서 f-문자열을 사용해서 '원의 넓이:'와 area 값인 153.938을 출력합니다. area 값은 소수점 이하 세 자리로 반올림하여 출력합니다.

부동소수점수

```
print(f'원의 넓이: {area:.3f}')
```

소수점 이하 세 자리로 반올림

2.4 연산자

1 연산자의 종류

연산operation이란 덧셈, 뺄셈 등과 같이 일정한 규칙에 따라 계산하는 것을 말하는데, 연산자에는 산술 연산자, 비교 연산자, 논리 연산자 등이 있습니다. 이번 절에서는 산술 연산자에 대해 살펴보고 비교 연산자와 논리 연산자는 '3장 선택 구조'에서 살펴보겠습니다.

산술 연산자

덧셈, 뺄셈, 곱셈, 나눗셈 등 산술 연산을 한다.
`=, -, *, /, //, %, **`

비교 연산자

두 값을 비교한 결과가 True인지 False인지 판단한다.
`==, !=, >, <, >=, <=`

논리 연산자

True와 False 데이터에 대한 논리 동작을 다룬다.
`and, or, not`

그림 2-14 연산자의 종류

2 산술 연산자

산술 연산자는 덧셈, 뺄셈, 곱셈, 나눗셈 등 산술 연산을 수행하는 연산자로 종류는 [표 2-4]와 같습니다. /는 나누기 연산자이고 연산 결과는 부동소수점수가 됩니다. //는 나눈 몫을 구하는 연산자입니다. 그리고 %는 나눈 나머지를 구하는 연산자로 '나머지 연산자'라고 합니다.

표 2-4 산술 연산자

연산자	설명	예시	예시 결과
+	더하기	print(6+4)	10
–	빼기	print(6-4)	2
*	곱하기	print(6*4)	24
/	나누기	print(6/4)	1.5
//	나눈 정수 몫	print(6//4)	1
%	나눈 나머지	print(6%4)	2
**	거듭제곱	print(6**4)	1296

두 수의 산술 연산 출력하기

다음은 입력받은 두 수를 산술 연산하는 프로그램입니다.

코드 2-27

```
01 a = int(input('정수: '))
02 b = int(input('정수: '))
03 print(f'{a} + {b} = {a+b}')
04 print(f'{a} - {b} = {a-b}')
05 print(f'{a} * {b} = {a*b}')
06 print(f'{a} / {b} = {a/b}')
07 print(f'{a} // {b} = {a//b}')
08 print(f'{a} % {b} = {a%b}')
09 print(f'{a} ** {b} = {a**b}')
```

```
정수: 6
정수: 4
6 + 4 = 10
6 - 4 = 2
6 * 4 = 24
6 / 4 = 1.5
6 // 4 = 1
6 % 4 = 2
6 ** 4 = 1296
```

01~02 사용자로부터 입력받은 정수 형식의 문자열을 int 함수를 사용하여 정수로 변환하여 a와 b에 저장합니다.

03 {a+b} 위치에는 a+b 연산 결과가 출력됩니다. {} 안에 변수 명뿐만 아니라 수식도 들어갈 수 있습니다.

06~07 a를 b로 나눈 결과, a를 b로 나눈 정수 몫, a를 b로 나눈 나머지, a^b를 계산한 결과를 각각 출력합니다.

정수 3개의 평균 구하기

3개의 정수 70, 80, 90의 평균을 계산하기 위한 프로그램을 작성해 보겠습니다.

코드 2-28

```
ave = 70 + 80 + 90 / 3
print(ave)
```

```
180.0
```

그런데 실행 결과가 엉뚱하게 나왔습니다. [그림 2-15]의 (a)처럼 +보다 연산 우선순위가 높은 /를 먼저 연산해 90/3인 30을 얻은 후에 70, 80, 30을 더해 180이라는 결과가 나온 겁니다. 평균을 얻으려면 세 수 70, 80, 90의 합을 3으로 나누어야 합니다. 나누는 연산보다 더하는 연산을 먼저 계산하려면 다음과 같이 먼저 연산하고 싶은 부분을 소괄호(())로 묶으면 됩니다.

코드 2-29

```
01  ave = (70 + 80 + 90) / 3
02  print(ave)
```

```
80.0
```

01 괄호에 묶인 70+80+90 연산 결과 240을 3으로 나눈 80을 ave에 저장합니다.

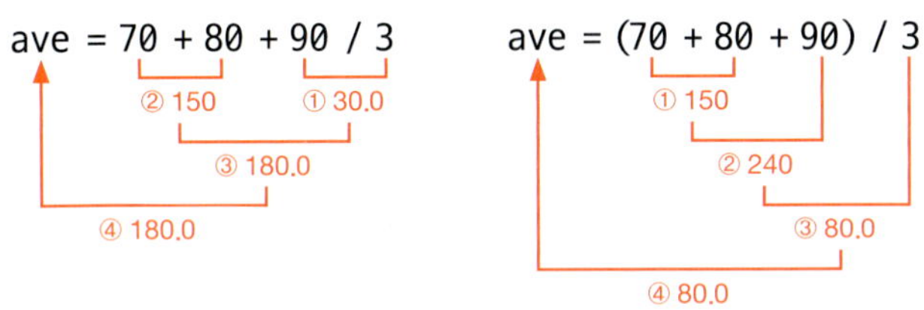

(a) 잘못된 연산 순서　(b) 올바른 연산 순서

그림 2-15 연산 순서에 따라 달라지는 결과

3 연산자 우선순위

여러 개의 연산자로 이루어진 식에서는 어떤 연산자가 먼저 연산되느냐가 중요합니다. 연산 순서에 따라 결과가 달라지기 때문입니다.

a가 2, b가 3, c가 4일 때 다음 식을 살펴보겠습니다.

```
a + b * c
```

a + b를 먼저 연산하면 결과는 20이 됩니다. 반면 b * c를 먼저 연산하면 결과는 14가 됩니다. 이렇게 연산 순서에 따라 전혀 다른 결과를 얻게 됩니다.

(a) 덧셈을 먼저 연산　　(b) 곱셈을 먼저 연산

그림 2-16 연산 순서에 따라 다른 연산 결과

이런 이유로 대부분의 프로그래밍 언어는 연산자에 우선순위를 부여하여 우선순위가 높은 연산자를 먼저 계산합니다. [표 2-5]는 자주 사용하는 연산자의 우선순위를 나타낸 것입니다.

표 2-5 연산자 우선순위

우선순위	연산자	설명
1	**	거듭제곱 연산자
2	+, -	양수, 음수를 나타내는 단항 연산자
3	*, /, //, %	곱셈, 나눗셈, 나눈 몫, 나머지
4	+, -	덧셈, 뺄셈
5	<, <=, >, >=	비교 연산자
6	==, !=	동등 연산자
7	=, +=, -=, /=, //=, %=, **=	대입 연산자
8	not	논리 연산자
9	and	논리 연산자
10	or	논리 연산자

다음 식에서 a가 2, b가 3, c가 4일 때 연산자 우선순위에 따라 **, *, + 순으로 연산하고, 결과는 164입니다. 다음 그림을 보면 ① b**c가 먼저 연산되어 81이 되고, ② 81*a를 연산하여 162가 됩니다. 그런 다음 ③ a+162를 연산하여 결과는 164가 됩니다.

```
a + b ** c * a
```

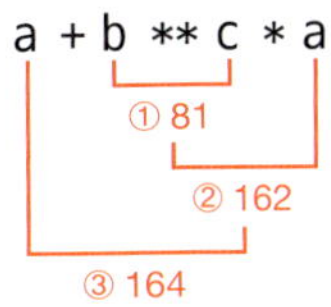

그림 2-17 우선순위에 따른 연산

그러면 우선순위가 같은 연산자가 여러 개인 경우를 생각해 봅시다. 다음 식에서 a가 1, b가 2, c가 3이라고 하겠습니다.

```
a - b + c
```

왼쪽의 a - b를 먼저 연산하면 나머지 계산 결과는 2입니다. 그리고 만약 오른쪽의 b + c를 먼저 연산하면 계산 결과는 −4입니다.

(a) 왼쪽을 먼저 연산 (b) 오른쪽을 먼저 연산

그림 2-18 우선순위가 같은 연산자 여러 개의 연산

같은 우선순위의 연산자라 하더라도 연산되는 순서에 따라 결과가 전혀 달라지므로 규칙을 정해 놓았습니다. 우선순위가 같은 연산자가 여러 개 있는 경우 거듭제곱 연산자를 제외한 연산자는 왼쪽에서부터 오른쪽으로 연산을 진행합니다. 그러므로 앞의 식에서는 왼쪽에서 오른쪽으로 연산을 진행하고 그 결과는 2가 됩니다.

괄호로 연산 순서 정하기

우선순위와 관계없이 연산의 순서를 정하려면 괄호를 사용합니다. 다음 식에서 a가 1, b가 2, c가 3일 때 괄호 안의 a - b를 먼저 연산해서 계산 결과는 −3입니다.

```
(a - b) * c
```

모든 연산자의 연산 순서를 괄호로 표현하면 우선순위를 기억할 필요가 없습니다. 그러나 괄호를 너무 많이 사용하면 식을 작성하기 지루해지고 가독성이 떨어져서 식을 이해하기 어려워지는 단점이 있으므로 괄호를 적절히 사용해야 합니다.

LAB 남녀 비율 계산하기

다음은 남성 지원자 수와 여성 지원자 수를 입력받아 전체 지원자 중에서 남성이 차지하는 비율과 여성이 차지하는 비율을 구하는 프로그램입니다.

코드 2-30

```
01 male_num = int(input('남성 지원자 수: '))
02 female_num = int(input('여성 지원자 수: '))
03 total = male_num + female_num
04 print(f'남성 비율: {male_num/total:.2f} 여성 비율: {female_num/total:.2f}')
```

```
남성 지원자 수: 173
여성 지원자 수: 217
남성 비율: 0.44 여성 비율: 0.56
```

동작 과정

1 01~02행에서 사용자로부터 입력받은 남성 지원자 수인 173을 `male_num`에 저장하고, 여성 지원자 수인 217을 `female_num`에 저장합니다.

2 03행에서 남성 지원자 수와 여성 지원자 수를 더한 전체 지원자 수 390을 `total`에 저장합니다.

3 남성 비율은 전체 지원자 수인 `total`에 대한 남성 지원자 수인 `male_num`의 크기로 다음과 같이 구합니다.

$$\text{남성 비율} = \frac{\texttt{male\_num}}{\texttt{total}}$$

04행에서 남성 비율과 여성 비율을 구해 소수점 이하 두 자리로 반올림하여 출력합니다.

LAB 길이 단위 변환하기

다음은 사용자로부터 입력받은 센티미터 단위의 길이를 미터와 센티미터 단위로 변환하는 프로그램입니다.

코드 2-31

```
01 cm = int(input('센티미터 단위 길이: '))
02 m = cm // 100
03 cm = cm % 100
04 print(f'{m}미터 {cm}센티미터')
```

```
센티미터 단위 길이: 234
2미터 34센티미터
```

동작 과정

1 01행에서 사용자로부터 입력받은 234를 cm에 저장합니다.

2 234센티미터는 2미터 34센티미터입니다. 2미터의 2는 234를 100으로 나눈 몫입니다. 02행에서 cm//100 연산으로 미터에 해당하는 값을 구해 m에 저장합니다.

3 2미터 34센티미터에서 34는 234를 100으로 나눈 나머지입니다. 03행에서 cm % 100 연산으로 센티미터에 해당하는 값을 구해 cm에 저장합니다.

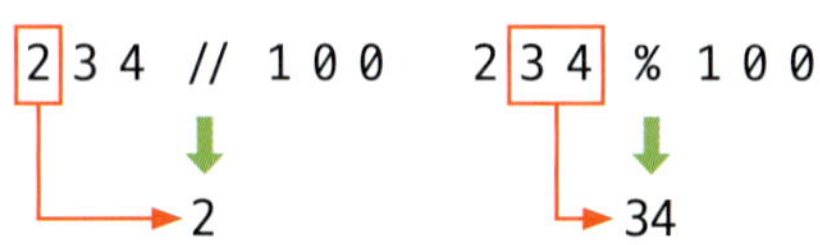

2.5 플러스 예제 시간 단위 변환기

넷플릭스에서 영화를 보려고 합니다. 영화 재생 시간이 총 114분이라고 표시되어 있는데 몇 시간 몇 분인지 바로 파악할 수가 없습니다. 분 단위 시간을 시간과 분 단위로 변환하는 프로그램을 만들어보겠습니다.

1 분 단위 시간을 시간과 분 단위로 변환하기

78분을 시간과 분 단위로 나타내면 1시간 18분입니다. 이번 절에서는 분 단위 시간을 시간과 분 단위로 변환하는 프로그램을 만들어보겠습니다.

먼저 분 단위 시간을 입력받아 `min`에 저장합니다.

```
min = int(input('분 단위 시간: '))
```

코드를 생각하기 전에, 사람이 분 단위 시간을 시간과 분 단위로 나누는 과정을 떠올려봅시다. 78분 중 60분은 1시간에 해당하고 남는 시간은 18분입니다. 145분 중 120분은 2시간에 해당하고 남는 시간은 25분입니다.

78분 → 1시간 18분　　145분 → 2시간 25분

그렇다면 분 단위 시간에서 시간과 분 값을 어떻게 구할 수 있을까요?

표 2-6 분 단위 시간의 변환

분 단위 시간	시간과 분 단위 시간	
	시간	분
78	1	18
145	2	25

78을 60으로 나눈 몫은 1이고 나머지는 18입니다. 그리고 145를 60으로 나눈 몫은 2이고 나머지는 25입니다. [표 2-6]을 보면 몫이 시간에 해당하고 나머지가 분에 해당하는 것을 알 수 있습니다. 즉, 분 단위 시간을 60으로 나눈 몫은 시간이 되고 나머지는 분이 됩니다.

분 단위 시간을 저장한 min 변수를 60으로 나눈 몫, 즉 시간에 해당하는 값을 hour에 저장합니다.

```
hour = min // 60
```

그리고 min 변수를 60으로 나눈 나머지, 즉 시간을 제외한 분에 해당하는 값을 min에 저장하면 시간과 분 단위 시간으로의 변환이 완성됩니다. 복합대입연산자를 활용해 봅니다.

```
min = min % 60
```

■ 전체 프로그램

```
01  min = int(input('분 단위 시간: '))
02  hour = min // 60
03  min = min % 60
04  print(f'{hour}시간 {min}분')
```

01 분 단위 시간을 입력받아 int 함수를 사용하여 정수로 변환하고 min에 저장합니다.
02 분 단위 시간인 min을 60으로 나눈 몫, 즉 시간에 해당하는 값을 hour에 저장합니다.
03 분 단위 시간인 min을 60으로 나눈 나머지, 즉 시간을 제외한 분에 해당하는 값을 min에 저장합니다.
04 시간 hour와 분 min을 출력합니다.

```
분 단위 시간: 78
1시간 18분
```

동작 과정

1 01행에서 입력받은 분 단위 시간인 78을 min에 저장합니다.

2 02행에서 분 단위 시간인 min을 60으로 나눈 몫인 1을 hour에 저장합니다.

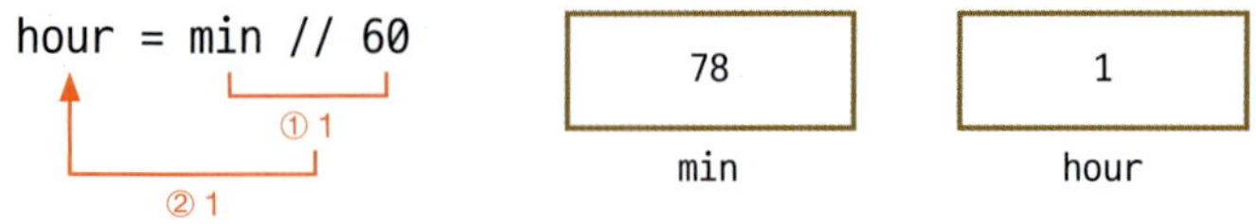

3 03행에서 분 단위 시간인 `min`을 60으로 나눈 나머지인 18을 `min`에 저장합니다.

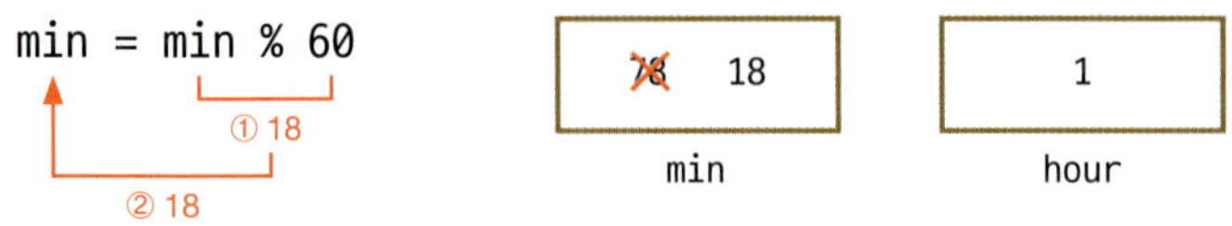

2 초 단위 시간을 시간, 분, 초 단위로 변환하기

이번 절에서는 초 단위 시간을 시간, 분, 초 단위로 변환하는 프로그램을 만들어보겠습니다.

먼저 초 단위 시간을 입력받아 second에 저장합니다.

```
second = int(input('초 단위 시간: '))
```

8750을 입력받았다고 가정하고 8750초를 시간, 분, 초 단위로 나타내면 2시간 25분 50초입니다.

초 단위 시간	시간과 분, 초 단위 시간		
	시간	분	초
8750	2	25	50

8750을 3600(1시간을 초로 나타낸 값)으로 나눈 몫이 2이고 나머지가 1550입니다. 표와 비교해 보면 몫인 2는 시간에 해당합니다. 그리고 나머지인 1550을 다시 60(1분을 초로 나타낸 값)으로 나눈 몫이 25이고 나머지가 50입니다. 표에서 몫 25는 분에 해당하고, 나머지 50은 초에 해당합니다.

이 과정을 코드로 나타내 보겠습니다. 우선 초 단위 시간인 second를 3600으로 나눈 몫을 hour에 저장하고 나머지를 second에 저장합니다. 그러므로 second에서는 hour만큼의 시간이 빠집니다.

```
hour = second // (3600)
second = second % (3600)
```

hour에 해당하는 시간이 빠진 second를 60으로 나눈 몫을 min에 저장하고 나머지를 second에 저장합니다. 그러면 초 단위의 시간이 시간, 분, 초 단위 시간으로 변환됩니다.

```
min = second // 60
second = second % 60
```

■ 전체 프로그램

```
01  second = int(input('초 단위 시간: '))
02  hour = second // 3600
03  second = second % 3600
04  min = second // 60
05  second = second % 60
06  print(f'{hour}시간 {min}분 {second}초')
```

01 초 단위 시간을 입력받아 int 함수를 사용하여 정수로 변환하고 second에 저장합니다.

02 초 단위 시간인 second를 3600으로 나눈 몫, 즉 시간을 구해 hour에 저장합니다.

03 초 단위 시간인 second를 3600으로 나눈 나머지, 즉 시간 단위를 제외한 초 단위 시간을 second에 저장합니다.

04 second를 60으로 나눈 몫, 즉 분을 구해 min에 저장합니다.

05 second를 60으로 나눈 나머지, 즉 초를 구해 second에 저장합니다.

06 시간 hour, 분 min, 초 second를 출력합니다

```
초 단위 시간: 8750
2시간 25분 50초
```

동작 과정

1 01행에서 입력받은 초 단위 시간인 8750을 second에 저장합니다.

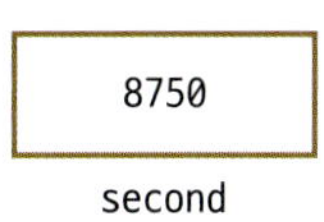

2 02행에서 초 단위 시간인 second을 3600으로 나눈 몫인 2를 hour에 저장합니다. 여기서 3600은 1시간을 초로 나타낸 값입니다.

3 03행에서 초 단위 시간인 second를 3600으로 나눈 나머지인 1550을 second에 저장합니다. 과정 **2**와 비교하면 hour에 저장된 시간을 초로 환산해 second에서 뺀 것과 같습니다.

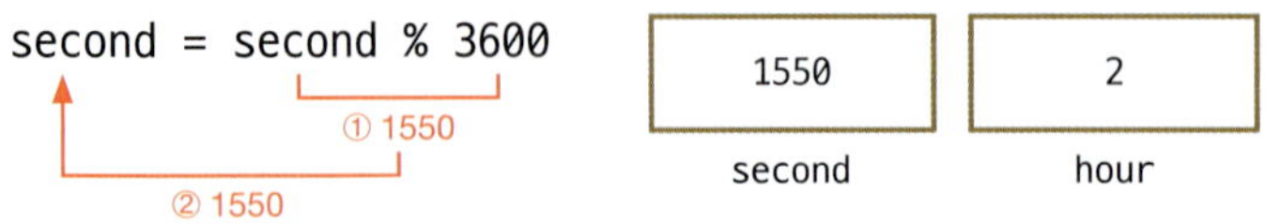

4 04행에서 second를 60으로 나눈 몫인 25를 min에 저장합니다. 여기서 60은 1분을 초로 나타낸 값입니다.

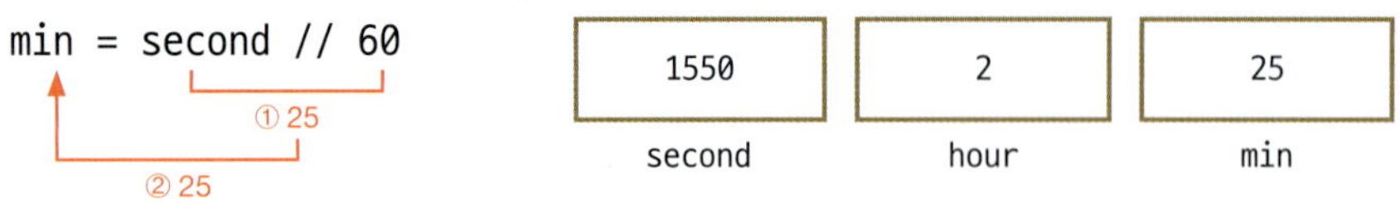

5 05행에서 second를 60으로 나눈 나머지인 50을 second에 저장합니다.

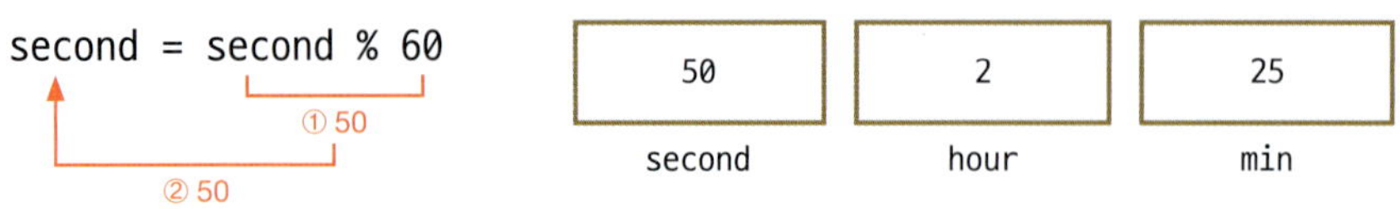

쌍둥이 문제

분 단위 시간을 일, 시간, 분으로 변환하는 프로그램을 작성하세요.

```
분 단위 시간: 2345
1일 15시간 5분
```

도전 문제

B(바이트) 단위의 데이터를 MB, KB, B 단위로 변환하는 프로그램을 작성하세요.

```
바이트 단위 데이터: 2345678
2MB 242KB 718B
```

힌트 1KB는 1024B이고 1MB는 1024KB입니다.

2.6 플러스 예제 주문 금액 계산기

파이썬 그룹스터디를 하기 위해 카페에 모여서 음료 가격을 현금으로 결제했는데 거스름돈이 정확하지 않은 것 같습니다. 주문한 음료 가격을 합해서 금액을 계산하는 프로그램을 만들어봅시다.

1 주문 금액 계산기 I

다음과 같은 가격으로 음료를 판매하는 카페에서 주문한 음료 가격의 합계 금액을 계산하는 프로그램을 만들어보겠습니다.

아메리카노	2000원
라떼	3000원
녹차	2500원

각 음료의 주문 수를 입력받아 변수에 저장합니다. 아메리카노의 주문 수를 저장하는 변수명은 americano이고, 라떼는 latte, 녹차는 greentea입니다. input 함수로 주문 수를 입력받아 int 함수를 사용하여 정수로 변환하고 각 변수에 저장합니다.

```
americano = int(input('아메리카노 주문 수: '))
latte = int(input('라떼 주문 수: '))
greentea = int(input('녹차 주문 수: '))
```

전체 주문 금액을 계산해서 sum에 저장하려고 합니다. 아메리카노 주문 수에 아메리카노 가격을 곱한 값, 라떼 주문 수에 라떼 가격을 곱한 값, 그리고 녹차 주문 수에 녹차 가격을 곱한 값을 더하면 전체 주문 금액이 됩니다.

```
sum = americano*2000 + latte*3000 + greentea*2500
```

전체 주문 금액인 sum을 출력합니다.

```
print('주문 금액:', sum)
```

■ 전체 프로그램

```
01  americano = int(input('아메리카노 주문 수: '))
02  latte = int(input('라떼 주문 수: '))
03  greentea = int(input('녹차 주문 수: '))
04
05  sum = americano*2000 + latte*3000 + greentea*2500
06
07  print('주문 금액:', sum)
```

01 아메리카노 주문 수를 입력받아 int 함수를 사용하여 정수로 변환하고 americano에 저장합니다.

02 라떼 주문 수를 입력받아 int 함수를 사용하여 정수로 변환하고 latte에 저장합니다.

03 녹차 주문 수를 입력받아 int 함수를 사용하여 정수로 변환하고 greentea에 저장합니다.

05 아메리카노 주문 수인 americano 값에 아메리카노 가격 2000을 곱한 값, 라떼 주문 수인 latte 값에 라떼 가격 3000을 곱한 값, 그리고 녹차 주문 수인 greentea 값에 녹차 가격 2500을 곱한 값을 모두 더해 sum에 저장합니다.

07 전체 주문 금액인 sum 값을 출력합니다.

```
아메리카노 주문 수: 3
라떼 주문 수: 2
녹차 주문 수: 1
주문 금액: 14500
```

동작 과정

1 01~03행에서 각 음료의 주문 수를 입력받아 각 변수에 저장합니다. 3, 2, 1이라 가정합시다.

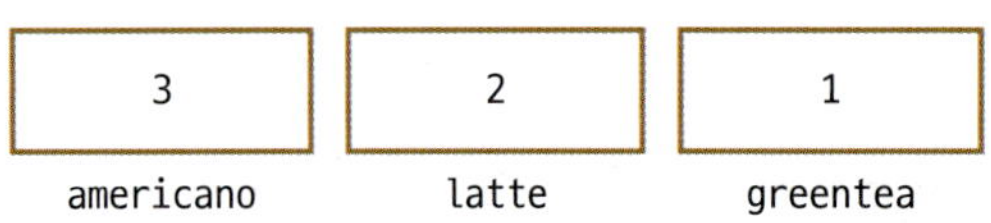

2 05행에서 총 금액을 계산해서 sum에 저장합니다. +보다 *이 우선순위가 높으므로 * 연산을 먼저 한 후 * 연산한 값들을 더해 sum에 저장합니다.

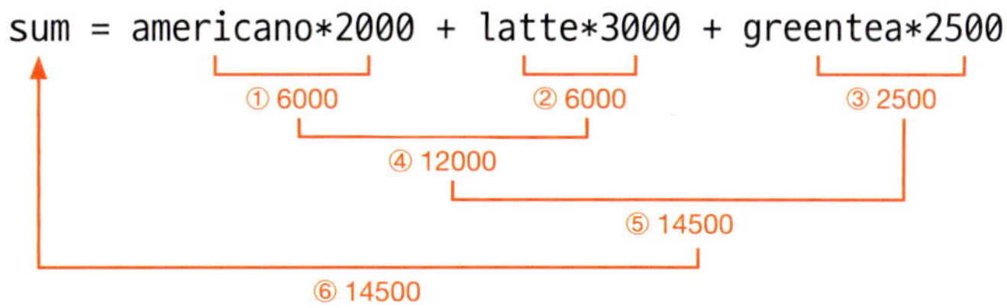

2 주문 금액 계산기 II

다른 방법으로 프로그램을 작성해 보겠습니다. 음료 가격을 변수에 저장합니다. 음료 가격이 변경될 경우 변수에 저장될 값만 바꾸면 되므로 프로그램 관리가 간편해집니다.

```
americano_price = 2000
latte_price = 3000
greentea_price = 2500
```

주문 금액을 저장할 sum 변수에 0을 저장합니다.

```
sum = 0
```

아메리카노 주문 수를 입력받아 americano_num에 저장한 다음, 아메리카노 주문 수인 americano_num과 아메리카노 가격인 americano_price를 곱한 값만큼 sum 값을 증가시킵니다.

```
americano_num = int(input('아메리카노 주문 수: '))
sum += americano_num * americano_price
```

라떼와 녹차도 같은 동작을 수행합니다. 결국 sum에는 모든 음료의 주문 금액이 저장됩니다.

```
latte_num = int(input('라떼 주문 수: '))
sum += latte_num * latte_price

greentea_num = int(input('녹차 주문 수: '))
sum += greentea_num * greentea_price
```

■ 전체 프로그램

```
01 americano_price = 2000
02 latte_price = 3000
03 greentea_price = 2500
04
05 sum = 0
06
07 americano_num = int(input('아메리카노 주문 수: '))
08 sum += americano_num * americano_price
09
10 latte_num = int(input('라떼 주문 수: '))
11 sum += latte_num * latte_price
12
13 greentea_num = int(input('녹차 주문 수: '))
14 sum += greentea_num * greentea_price
15
16 print('총 금액:', sum)
```

01~03 아메리카노, 라떼, 녹차 가격을 americano_price, latte_price, greentea_price에 저장합니다.

05 전체 주문 금액을 저장할 sum 변수에 0을 저장합니다.

07 아메리카노 주문 수를 입력받아 int 함수를 사용하여 정수로 변환해 americano_num에 저장합니다.

08 아메리카노 주문 수인 americano_num 값에 아메리카노 가격인 americano_price를 곱한 값만큼 sum 값을 증가시킵니다.

10~11 라떼 주문 금액만큼 sum 값을 증가시킵니다.

13~14 녹차 주문 금액만큼 sum 값을 증가시킵니다.

16 전체 주문 금액인 sum 값을 출력합니다.

```
아메리카노 주문 수: 3
라떼 주문 수: 2
녹차 주문 수: 1
총 금액: 14500
```

동작 과정

1 05행에서 전체 주문 금액을 저장할 sum에 0을 저장합니다. 이 문장이 왜 필요한지 알아보겠습니다.

a 값을 10만큼 증가시키는 다음 코드를 실행시키면 a+10 식에서 a가 정의되지 않았다는 오류가 발생합니다.

```
a = a + 10
print(a)
```

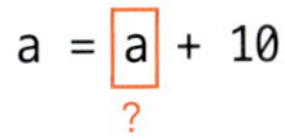


```
NameError: name 'a' is not defined
```

변수 정의는 변수 생성과 유사한 뜻인데 변수에 값을 배정해야 변수가 정의됩니다. 그런데 a+10 식에서 a에는 값이 배정되지 않은 상태이므로 오류가 발생하는 것입니다. 이런 문제를 해결하려면 다음 코드와 같이 a를 먼저 정의해서 값을 배정해야 합니다.

```
a = 0
a = a + 10
print(a)
```

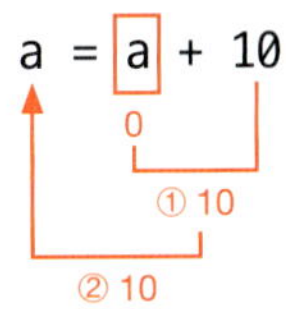

2 08행에서 아메리카노 주문 금액만큼 sum 값을 증가시킵니다. 아메리카노 주문 금액은 americano_num * americano_price를 연산한 값입니다. 08행은 다음 코드와 동일한데 05행에서 sum에 0을 저장해서 이미 sum이 정의되었기 때문에 오류 없이 동작합니다.

```
sum = sum + americano_num * americano_price
```

다음은 americano_num에 3이 저장되어 있을 때의 수행 순서입니다.

3 11행에서 latte_num * latte_price로 구한 라떼 주문 금액만큼 sum 값을 증가시킵니다. 다음은 latte_num에 2가 저장되어 있을 때의 수행 순서입니다.

```
sum = sum + latte_num * latte_price
```

① 6000
② 12000
③ 12000

4 14행에서 `greentea_num * greentea_price`로 구한 녹차 주문 금액만큼 `sum` 값을 증가시킵니다. 이렇게 해서 `sum`에 모든 음료의 주문 금액이 저장됩니다. 다음은 `greentea_num`에 1이 저장되어 있을 때의 수행 순서입니다. `sum`에는 14500이 저장되는데, 실행결과에서 마지막 행의 주문 금액으로 확인할 수 있습니다.

```
sum = sum + greentea_num * greentea_price
```

① 2500
② 14500
③ 14500

쌍둥이 문제

음료 가격이 다음과 같을 때, 주문 금액을 계산하는 프로그램을 작성하세요.

```
아메리카노 주문 수: 2
라떼 주문 수: 3
녹차 주문 수: 2
주스 주문 수: 1
주문 금액: 20800
```

음료	가격
아메리카노	2000원
라떼	3000원
녹차	2500원
주스	2800원

도전 문제

버스 요금이 다음과 같을 때, 전체 요금을 계산하는 프로그램을 작성하세요.

```
일반 인원: 2
청소년 인원: 0
어린이 인원: 3
전체 요금: 3950
```

구분	요금
일반	1300원
청소년	1000원
어린이	450원

요약

01 변수는 프로그램이 실행되는 동안 값을 저장하는 공간이며, 다음과 같은 형식으로 변수를 생성합니다.

```
변수명 = 값
```

02 자료형의 종류는 다음과 같습니다.

기본 자료형	정수, 부동소수점수, 문자열, 불
구조적 자료형	리스트, 튜플, 딕셔너리

03 `input` 함수는 사용자로부터 데이터를 입력받을 때 사용하며, 형식은 다음과 같습니다.

```
변수 = input(안내문)
```

04 `print` 함수는 임의의 값을 모니터 화면에 출력할 때 사용하며, 형식은 다음과 같습니다.

```
print(값1, 값2, …, 값n)
```

05 연산자의 종류는 다음과 같습니다.

종류	설명	연산자
산술 연산자	덧셈, 뺄셈, 곱셈, 나눗셈 등 산술 연산을 한다.	+, -, *, /, //, %, **
비교 연산자	두 값을 비교하여 True인지 False인지 판단한다.	==, !=, >, <, >=, <=
논리 연산자	True와 False에 대해 논리 동작을 다룬다.	and, or, not

06 산술 연산자의 종류는 다음과 같습니다.

연산자	설명	예시	예시 결과
+	더하기	print(6+4)	10
-	빼기	print(6-4)	2
*	곱하기	print(6*4)	24
/	나누기	print(6/4)	1.5
//	나눈 몫	print(6//4)	1
%	나눈 나머지	print(6%4)	2
**	거듭제곱	print(6**4)	1296

연습문제

01 다음 코드의 실행 결과를 예측하시오.

(1)

```
age = 21
print('age')
print(age)
```

(2)

```
a = 50
a += 30
print(a)
a *= 2
print(a)
a //= 6
print(a)
a %= 7
print(a)
a /= 2
print(a)
```

(3)

```
print('Python ' + 'programming')
print(7 - 14)
print(12.3 + 1.23e2)
```

02 다음 코드를 실행하면 오류가 발생합니다. 오류의 원인을 설명하고 수정하시오.

(1)

```
20 = a
print(a)
```

(2)

```
a = 3
a =* 3
print(a)
```

(3)

```
a = Python
print(a)
```

(4)

```
a = input('정수: ')
b = input('정수: ')
print(a/b)
```

(5)

```
a = 25
print(f{a})
```

03 변수 a의 값인 20을 출력하려고 다음 코드를 작성했지만 코드를 실행했을 때 원하는 결과가 나오지 않았습니다. 그 원인을 설명하고 수정하시오.

```
a = 20
print('a')
```

04 a 값과 b 값의 평균을 구하기 위해 다음 코드를 작성했지만 코드를 실행했을 때 원하는 결과가 나오지 않았습니다. 그 원인을 설명하고 수정하시오.

```
a = 15
b = 23
print(a+b/2)
```

05 실행 결과가 다음과 같도록 a와 b를 이용하여 빈칸을 채우시오.

```
a = 10
b = 20
print(                )
```

```
10 + 20 = 30
```

06 다음은 a의 값을 소수점 이하 두 자리로 반올림하여 출력하는 프로그램입니다. 빈칸을 채워 코드를 완성하시오.

```
a = 1.2345
print(f'[          ]')
```

```
1.23
```

HINT f 문자열을 이용합니다.

07 변수 b의 값을 변수 a로, 변수 c의 값을 변수 b로, 변수 a의 값을 변수 c로 이동시키는 방법이 두 가지 있습니다. 빈칸을 채워 코드를 완성하시오.

```
a ← b, b ← c, c ← a
```

(1)

```
a = 10
b = 20
c = 30
[          ]
[          ]
[          ]
[          ]
print(a, b, c)
```

(2)

```
a = 10
b = 20
c = 30
[          ]
print(a, b, c)
```

```
20 30 10
```

08 다음은 사용자로부터 정수를 두 개 입력받고 두 정수를 산술 연산하는 프로그램입니다. 사용자가 20과 8을 입력했을 때 다음과 같은 실행결과가 나타나도록 빈칸을 채워 코드를 완성하시오.

```
a = [          ]
b = [          ]
print(f'{a}+{b}={[          ]}')
print(f'{a}-{b}={[          ]}')
print(f'{a}*{b}={[          ]}')
print(f'{a}/{b}={[          ]}')
print(f'{a}//{b}={[          ]}')
print(f'{a}%{b}={[          ]}')
```

```
20+8=28
20-8=12
20*8=160
20/8=2.5
20//8=2
20%8=4
```

09 다음은 삼각형의 밑변과 높이를 입력받아 삼각형의 넓이를 구하는 프로그램입니다. 사용자가 7과 5를 입력했을 때 다음과 같은 실행결과가 나타나도록 빈칸을 채워 코드를 완성하시오.

```
base = [          ]
height = [          ]
area = [          ]
print(f'삼각형의 넓이: [          ]')
```

```
삼각형의 넓이: 17.5
```

10 다음은 주행할 거리와 연비를 이용해서 필요한 연료량을 계산하는 프로그램입니다. 빈칸을 채워 코드를 완성하시오. 단, 연료량은 소수점 이하 두 자리로 반올림하여 출력합니다.

```
distance = int(input('주행거리(km): '))
fuel_efficiency = float(input('연비(km/l): '))
fuel_amount = [                ]
print(f'필요한 연료량: {[                ]}l')
```

```
주행거리(km): 75
연비(km/l): 18.5
필요한 연료량: 4.05l
```

HINT 주행거리와 연비를 이용해서 연료량을 구하는 식은 다음과 같습니다.

$$연료량 = \frac{주행거리}{연비}$$

11 다음은 사용자가 입력한 cm 단위 길이를 km, m, cm 단위로 변환하는 프로그램입니다. 사용자가 2345678을 입력했을 때 다음과 같은 실행결과가 나타나도록 빈칸을 채워 코드를 완성하시오.

```
cm = int(input('cm 단위 길이: '))
km = [                ]
m = [                ]
cm = [                ]
print(f'{km}km {m}m {cm}cm')
```

```
23km 456m 78cm
```

프로그래밍 문제

01 다음은 a의 값과 b의 값을 교환하는 프로그램입니다. 03~05행을 한 문장으로 수정하시오.

```
01  a = 7
02  b = 11
03  temp = a
04  a = b
05  b = temp
06  print(a, b)
```

```
11 7
```

02 다음 프로그램을 거듭제곱 연산자를 이용하여 같은 동작을 하도록 수정하시오.

```
a = 3
a *= 3
a *= 3
a *= 3
print(a)
```

```
81
```

HINT 거듭제곱 연산자는 **이므로 a**b는 a^b을 의미합니다.

03 사용자로부터 입력받은 제곱미터(m^2) 단위의 넓이를 평 단위로 변환하는 프로그램을 작성하시오.

$1m^2$ = 0.3025평

04 다음 조건을 만족하는 입장료 계산 프로그램을 작성하시오.

[조건]

- 기본 입장료는 5000원
- 8세 미만 입장료는 기본 입장료의 50%
- 60세 이상 입장료는 기본 입장료의 60%
- 입력 예시

```
8세 미만 인원 수: 2
8세 이상 60세 미만 인원 수: 2
60세 이상 인원 수: 1
```

HINT 79쪽 '주문 금액 계산기' 프로그램을 참고하세요.

05 변수와 연산자를 활용하여 교과 융합 프로그램을 작성하시오.

프로그램 이름	
학교급 및 관련 교과	*(예시) 대학교 일반물리학*
프로그램 설명	
프로그램 소스	

CHAPTER 03

선택 구조

학습목표

- 비교 연산자와 논리 연산자에 대해 설명할 수 있습니다.
- 선택 구조의 개념을 설명할 수 있습니다.
- 함수의 개념을 설명할 수 있습니다.
- 선택 구조를 이용하여 프로그램을 작성할 수 있습니다.
- 함수를 이용하여 프로그램을 작성할 수 있습니다.

Preview

선택 구조란 조건에 따라 문장을 선택적으로 실행하는 구조를 말하며, 주로 비교 연산자나 논리 연산자와 함께 사용됩니다. 그리고 함수는 특정한 기능을 수행하도록 미리 만들어 놓은 것으로 필요할 때마다 호출하여 사용할 수 있는 일련의 코드를 말합니다. 이번 장에서는 선택 구조에 대해서 알아보고, 크기를 비교할 때 사용하는 비교 연산자, 참과 거짓의 논리 동작을 다루는 논리 연산자에 대해서도 알아봅니다. 그리고 함수에 대해서 알아본 다음 온도 변환 프로그램, 두 도형의 넓이 비교 프로그램을 작성해 봅니다.

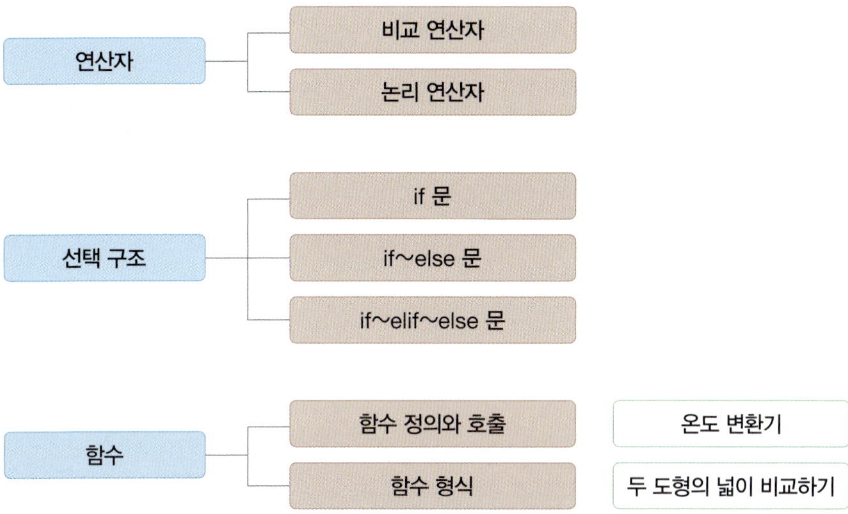

3.1 비교 연산자

1 비교 연산자의 개념

비교 연산자는 크기를 비교할 때 사용하는 연산자를 말하며, 연산 결과는 참인 True, 또는 거짓인 False입니다. 비교 연산자 중 == 연산자는 양쪽 값이 같은지를 판단하는데, 변수에 값을 대입하는 = 연산자와는 관계가 없으므로 혼동하지 말아야 합니다. 비교 연산자의 종류는 [표 3-1]과 같습니다.

표 3-1 비교 연산자

연산자	설명	예시 코드	예시 코드의 실행 결과
==	같다	print(10==20)	False
!=	같지 않다	print(10!=20)	True
>	크다	print(10>20)	False
<	작다	print(10<20)	True
>=	크거나 같다	print(10>=20)	False
<=	작거나 같다	print(10<=20)	True

다음은 비교 연산자의 동작을 살펴보는 간단한 예제입니다. 어떤 결과가 나올지 스스로 예측해 보고 실행 결과와 같은지 확인하기 바랍니다.

코드 3-1

```python
a, b, c = 10, 20, 20
print(f'{a}=={b}: {a==b}')
print(f'{a}!={b}: {a!=b}')
print(f'{a}>{b}: {a>b}')
print(f'{b}<{c}: {b<c}')
print(f'{a}>={b}: {a>=b}')
print(f'{b}<={c}: {b<=c}')
```

```
10==20: False
10!=20: True
10>20: False
20<20: False
10>=20: False
20<=20: True
```

01 a에 10, b에 20, c에 20을 저장합니다.

02 a==b, 즉 '10과 20이 같다'는 거짓이므로 False가 출력됩니다.

03 a!=b, 즉 '10과 20이 같지 않다'는 참이므로 True가 출력됩니다.

04 a>b, 즉 '10이 20보다 크다'는 거짓이므로 False가 출력됩니다.

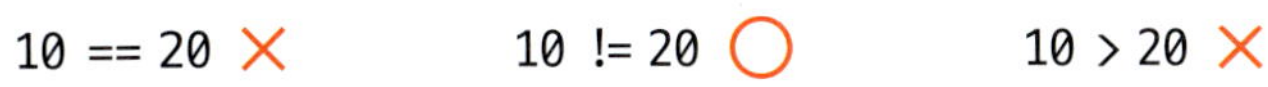

그림 3-1 비교 연산(1)

05 b<c, 즉 '20이 20보다 작다'는 거짓이므로 False가 출력됩니다.

06 a>=b, 즉 '10이 20보다 크거나 같다'는 거짓이므로 False가 출력됩니다.

07 b<=c, 즉 '20이 20보다 작거나 같다'는 참이므로 True가 출력됩니다.

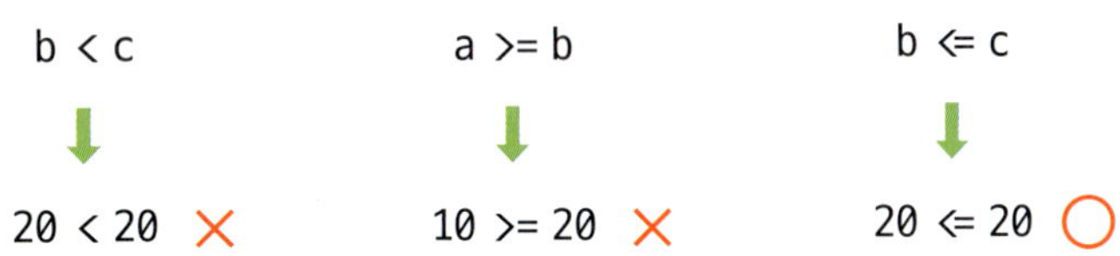

그림 3-2 비교 연산(2)

이번에는 프로그램이 무작위로 선택한 수를 사용자가 맞히는 프로그램을 작성하겠습니다. 먼저 난수(무작위 수)를 생성하는 방법을 알아봅시다. 난수를 생성하기 위해서는 random 라이브러리를 불러와야 하는데, 라이브러리를 불러올 때는 import 키워드를 사용합니다.

```
import random
```

TIP random 라이브러리를 random 모듈이라고도 합니다. 라이브러리가 모듈보다 규모가 크다고 생각하면 되는데, 일반적으로 모듈과 라이브러리는 용어를 구분하지 않고 사용합니다.

random 라이브러리를 불러오면 random 라이브러리에 포함된 다양한 변수와 함수를 이용할 수 있습니다. random 뒤에 마침표(.)를 붙이고 나서 사용할 함수 이름을 적으면 됩니다.

```
random.함수이름()
```

random 라이브러리의 randint 함수는 시작 값부터 끝 값까지의 정수 중 하나를 무작위로 선택합니다.

| Syntax | **randint() 함수**

```
import random
random.randint(시작 값,끝 값)
```

'시작 값'부터 '끝 값'까지의 정수 중 하나를 무작위로 선택한다.

다음은 1부터 5까지의 정수 난수를 생성하고 사용자가 맞히는 프로그램입니다. 만약 사용자가 답을 맞히면 `True`를, 맞히지 못하면 `False`를 출력합니다.

코드 3-2

```
01  import random
02
03  a = random.randint(1,5)
04  answer = int(input('선택한 수를 맞혀보세요(1~5): '))
05  print(a == answer, '선택한 수는', a)
```

```
선택한 수를 맞혀보세요(1~5): 3
False 선택한 수는 1
```

01 random 라이브러리를 불러옵니다.

03 1부터 5까지의 정수 중 하나를 무작위로 선택해서 a에 저장합니다. 무작위로 선택된 수가 1이라 가정하겠습니다.

04 사용자로부터 정수를 입력받아 answer에 저장합니다. 3을 입력했다고 가정하겠습니다.

05 a==answer, 즉 '1과 3은 같다'라는 명제가 거짓이므로 False가 출력됩니다.

a == answer

↓

1 == 3 ×

그림 3-3 비교 연산자로 정답 확인

LAB 몫과 나머지 퀴즈

다음 예제는 무작위로 정수 두 개를 생성한 다음에 한 정수를 다른 정수로 나누어 몫과 나머지를 출력하는 프로그램입니다. 이 프로그램에서는 비교 연산자 ==를 이용해서 사용자가 답을 맞혔는지 틀렸는지를 확인합니다.

코드 3-3

```
01 import random
02
03 a = random.randint(10,50)
04 b = random.randint(2,9)
05 my_quotient = int(input(f'{a}를 {b}로 나눈 몫: '))
06 print(a//b == my_quotient)
07 my_remainder = int(input(f'{a}를 {b}로 나눈 나머지: '))
08 print(a%b == my_remainder)
```

```
42를 4로 나눈 몫: 12
False
42를 4로 나눈 나머지: 2
True
```

동작 과정

1 03행에서 10부터 50까지의 정수 중 하나를 무작위로 선택해서 a에 저장합니다. 무작위로 선택된 수가 42라고 가정하겠습니다.

2 04행에서 2부터 9까지의 정수 중 하나를 무작위로 선택해서 b에 저장합니다. 무작위로 선택된 수가 4라고 가정하겠습니다.

3 05행에서 사용자로부터 값을 입력받아 my_quotient에 저장합니다. 사용자가 42를 4로 나눈 몫은 12라 답변했다고 가정하겠습니다.

4 06행에서 a//b의 연산 결과인 10과 my_quotient의 값 12가 같은지 판단합니다. 같지 않으므로 False가 출력됩니다.

42	4	12
a	b	my_quotient

a//b == my quotient
↓
10 == 12 ✕

5 07행에서 사용자로부터 값을 입력받아 my_remainder에 저장합니다. 사용자가 42를 4로 나눈 나머지는 2라 답변했다고 가정하겠습니다.

6 08행에서 a%b의 연산 결과인 2와 my_remainder의 값 2가 같은지 판단합니다. 같으므로 True가 출력됩니다.

a%b == my_remainder
↓
2 == 2 ○

3.2 선택 구조

1 프로그램 구조

프로그램의 구조는 순차 구조, 선택 구조, 반복 구조로 분류할 수 있습니다. **순차 구조**는 위에서부터 아래로 순차적으로 실행되는 구조로, 지금까지 살펴본 예제가 모두 순차 구조에 해당합니다. **선택 구조**는 조건에 따라 문장을 선택적으로 실행하는 구조로, 조건이 참(True)인지 거짓(False)인지에 따라 실행되는 문장이 달라집니다. **반복 구조**는 임의의 문장을 반복해서 실행하는 구조입니다.

[그림 3-4]는 프로그램 구조에 대한 설명과 순서도입니다.

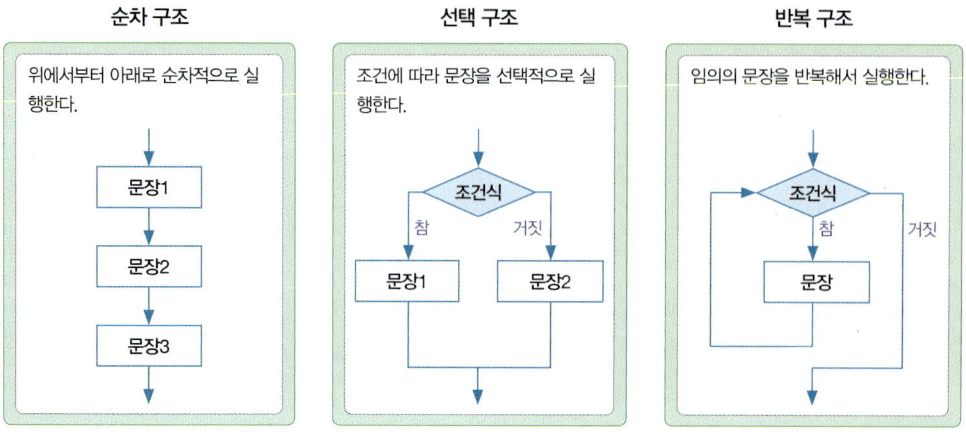

그림 3-4 프로그램 구조

TIP 순서도(flowchart)는 어떤 일을 처리하는 과정을 알기 쉽게 기호와 도형으로 도식화한 것입니다. 특히 컴퓨터 프로그래밍에서 순서도를 많이 사용합니다.

이번 절에서 살펴볼 선택 구조는 `if` 문, `if~else` 문, `if~elif~else` 문의 세 가지 유형입니다.

2 if 문

`if` 문은 조건식이 참이면 문장을 실행하고 거짓이면 문장을 실행하지 않습니다. 조건식 오른쪽에 콜론(:)이 위치하고 참인 경우 실행될 문장은 반드시 들여쓰기indentation 해야 합니다.

| Syntax | **if 문**

```
if 조건식:
    문장
```

'조건식'이 참이면 '문장'을 실행하고 거짓이면 '문장'을 실행하지 않는다.

if 문을 순서도 형식으로 나타내면 [그림 3-5]와 같습니다.

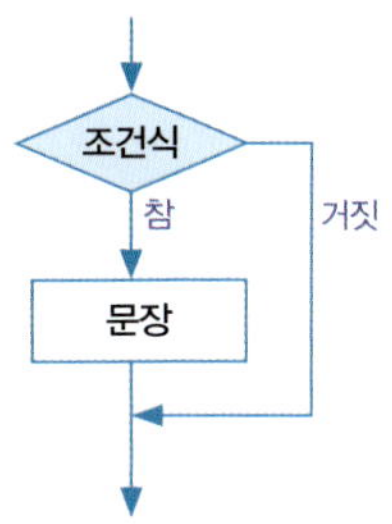

그림 3-5 if 문의 순서도

무작위로 생성한 두 정수를 큰 수, 작은 수 순으로 출력하는 프로그램을 만들어봅시다. random 라이브러리를 불러오고 1부터 100까지의 난수를 생성해서 a와 b에 저장합니다.

```
import random
a = random.randint(1,100)
b = random.randint(1,100)
```

a 값과 b 값 중 큰 수를 a에 저장하고 작은 수를 b에 저장하여 a, b 순으로 출력하려고 합니다. 그런데 정수를 무작위로 생성했기 때문에 a와 b 중 어느 쪽의 값이 큰지 알 수 없습니다. 해결 방법은 a와 b를 비교해서 a가 b보다 작으면 두 변수 값을 교환하고 그렇지 않으면 교환하지 않으면 됩니다. 결국 a가 b보다 크거나 같은 결과가 됩니다.

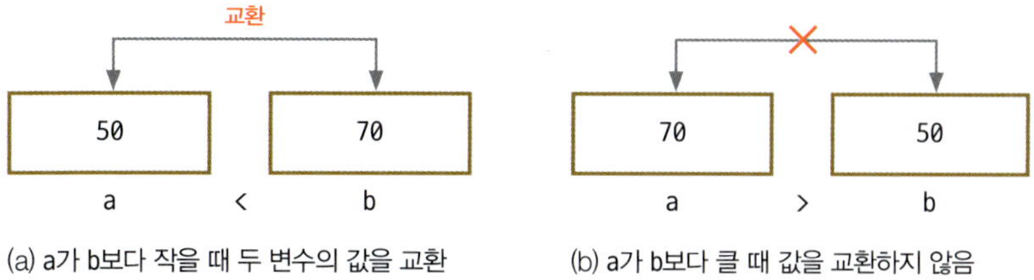

그림 3-6 항상 a가 b보다 크거나 같도록 하는 방법

이 동작을 if 문을 사용해서 작성할 수 있는데, 코드는 다음과 같습니다.

```
if a<b:
  a, b = b, a
```

완성한 프로그램은 다음과 같습니다.

코드 3-4

```
01 import random
02 a = random.randint(1,100)
03 b = random.randint(1,100)
04 if a<b:
05   a, b = b, a
06 print(a, b)
```

```
86 78
```

01 random 라이브러리를 불러옵니다.

02~03 1부터 100까지의 정수 중 무작위로 하나를 생성해서 a에 저장하고, 다시 한 번 무작위 수를 생성해서 b에 저장합니다. 생성한 수가 78과 86이라 가정하겠습니다.

04 if 조건식인 a<b가 참인지 거짓인지 판단합니다. 이 경우에는 78<86이 참이므로 05행의 교환 작업을 실행합니다. 만약 a<b가 거짓이면 05행을 실행하지 않습니다.

(a) a 변수와 b 변수의 값

(b) 조건식이 참일 때 두 변수 값을 교환

그림 3-7 if 문의 작동 과정

06 a 값과 b 값을 출력합니다. a 값이 b 값보다 크므로 큰 수, 작은 수 순으로 출력됩니다.

3 if~else 문

if~else 문은 조건식이 참이면 문장1을 실행하고, 거짓이면 문장2를 실행합니다. 조건식 오른쪽에 콜론(:)이 위치하고 else 오른쪽에는 조건식 없이 콜론(:)이 위치합니다. 문장1과 문장2는 반드시 들여쓰기 해야 합니다.

| Syntax | **if~else 문**

```
if 조건식:
    문장1
else:
    문장2
```

'조건식'이 참이면 '문장1'을 실행하고 거짓이면 '문장2'를 실행한다.

if~else 문을 순서도 형식으로 나타내면 [그림 3-8]과 같습니다.

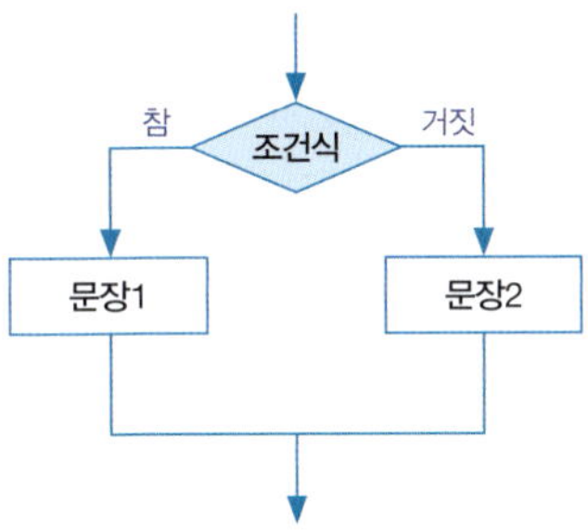

그림 3-8 if~else 문의 순서도

이번에는 두 학생의 키 차이를 구하는 프로그램을 만들어봅시다. 먼저 사용자로부터 두 학생의 키를 입력받아 height1과 height2에 저장합니다.

```
height1 = int(input('키: '))
height2 = int(input('키: '))
```

height1이 height2보다 크면 키 차이는 height1- height2이고, height1이 height2보다 크지 않으면 키 차이는 height2- height1입니다. 이렇게 조건에 따라 실행되는 문장이 다른 경우에 if~else 문을 사용하면 됩니다. if~else 문을 사용해서 작성한 코드는 다음과 같습니다.

```
if height1 > height2:
    print('키 차이:', height1-height2)
else:
    print('키 차이:', height2-height1)
```

완성한 프로그램은 다음과 같습니다.

코드 3-5

```python
01 height1 = int(input('키: '))
02 height2 = int(input('키: '))
03 if height1 > height2:
04   print('키 차이:', height1-height2)
05 else:
06   print('키 차이:', height2-height1)
```

```
키: 168
키: 175
키 차이: 7
```

01~02 두 학생의 키를 정수로 입력받아 `height1`과 `height2`에 저장합니다. 입력받은 키가 168과 175라 가정하겠습니다.

03 `if` 조건식인 `height1 > height2`가 참인지 거짓인지 판단합니다. 참이면 04행을 실행하고 거짓이면 06행을 실행합니다. 이 경우에는 168>175가 되어 거짓이므로 06행을 실행합니다.

```python
if height1 > height2:                      # 조건식
  print('키 차이:', height1-height2)       # 조건식이 참이면 실행될 문장
else:
  print('키 차이:', height2-height1)       # 조건식이 거짓이면 실행될 문장
```

그림 3-9 if~else 문의 구조

04 03행의 조건식인 `height1 > height2`가 참이면 04행이 실행됩니다.

06 03행의 조건식인 `height1 > height2`가 거짓이면 06행이 실행됩니다.

4 if~elif~else 문

`if~elif~else` 문은 조건식1이 거짓인 경우에 또 다른 선택 구조를 연결하는 구조입니다. `if~elif~else` 문에서 조건식1이 참이면 문장1을 실행하고, 조건식1이 거짓이면서 조건식2가 참이면 문장2를 실행하고, 두 조건식 모두 거짓이면 문장3을 실행합니다. `elif`는 `else if`의 줄임말입니다. 조건식1과 조건식2 오른쪽, 그리고 `else` 오른쪽에 콜론(:)이 위치하고 문장1, 문장2, 문장3은 반드시 들여쓰기 해야 합니다.

| Syntax | **if~elif~else 문**

```
if 조건식1:
    문장1
elif 조건식2:
    문장2
else:
    문장3
```

'조건식1'이 참이면 '문장1'을 실행하고,
'조건식1'이 거짓이면서 '조건식2'가 참이면 '문장2'를 실행하고,
두 조건식 모두 거짓이면 '문장3'을 실행한다.

`if~elif~else` 문을 순서도 형식으로 나타내면 [그림 3-10]과 같습니다.

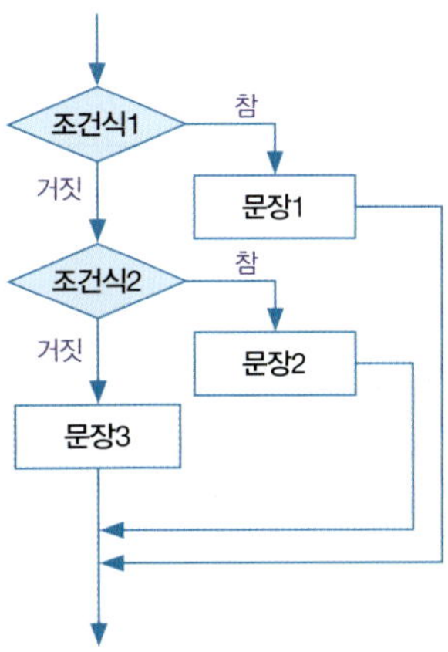

그림 3-10 `if~elif~else` 문의 순서도

이번에는 놀이공원 기본 입장료가 5,000원이고 나이에 따른 할인율이 다음과 같은 경우, 나이를 입력받아 입장료를 구하는 프로그램을 만들어봅시다.

나이	입장료
8세 미만	기본 입장료의 30% 인하
8세 이상 60세 미만	기본 입장료
60세 이상	기본 입장료의 20% 인하

기본 입장료 `5000`을 `fee`에 저장하고 나이를 입력받아 `age`에 저장합니다.

```
fee = 5000
age = int(input('나이: '))
```

age가 8보다 작으면 입장료가 30% 할인되고, age가 8 이상이면서 60 미만이면 기본 입장료이고, age가 60 이상이면 입장료가 20% 할인됩니다. 이렇게 판단을 여러 번 하는 경우 if~elif~else 문을 사용하면 됩니다. if~elif~else 문을 사용한 코드는 다음과 같습니다.

```
if age < 8:
  print('입장료:', fee*0.7)
elif age < 60:
  print('입장료:', fee)
else:
  print('입장료:', fee*0.8)
```

완성한 프로그램은 다음과 같습니다.

코드 3-6

```
01 fee = 5000
02 age = int(input('나이: '))
03 if age < 8:
04   print('입장료:', fee*0.7)
05 elif age < 60:
06   print('입장료:', fee)
07 else:
08   print('입장료:', fee*0.8)
```

```
나이: 21
입장료: 5000
```

01~02 기본 입장료 5000을 fee에 저장하고 입력받은 나이 21을 age에 저장합니다.

03~08 03행 조건식 age<8이 참이면 04행을 실행하고, 거짓이면서 05행 조건식 age<60이 참이면 06행을 실행합니다. 두 조건식 모두 거짓이면 08행을 실행합니다. 이 경우에는 age가 21이므로 03행의 조건식은 거짓이고 05행 조건식은 참이 되어 06행을 실행합니다.

```
if age < 8:
  print('입장료:', fee*0.7)
elif age < 60:
  print('입장료:', fee)
else:
  print('입장료:', fee*0.8)
```

- `age < 8` : 조건식1
- `print('입장료:', fee*0.7)` : 조건식1이 참이면 실행될 문장
- `age < 60` : 조건식2
- `print('입장료:', fee)` : 조건식1이 거짓이고 조건식2가 참이면 실행될 문장
- `print('입장료:', fee*0.8)` : 조건식1과 조건식2가 모두 거짓이면 실행될 문장

그림 3-11 if~elif~else 문의 구조

04 기본 입장료의 30% 할인가는 fee*0.7입니다.

05 조건식을 8<= age<60으로 해도 되지만 05행을 수행한다면 03행의 조건식이 거짓임이 전제되기 문에 age가 8 이상이라는 조건식은 넣지 않아야 바람직합니다. 만약 age가 8 이상이라는 조건을 넣게 되면 해당 조건을 판단하느라 수행 시간이 불필요하게 길어집니다.

```
elif 8 <= age < 60:
```

`8 <= age` : 03행의 age<8이 거짓인 경우에만 elif 조건식을 판단하게 되므로 이미 8<=age는 참이다. 그러므로 8<=age의 참 거짓 여부를 판단할 필요가 없다

08 기본 입장료의 20% 할인가는 fee*0.8입니다.

LAB 10,000원 이상 구매하면 5% 할인

다음은 입력받은 가격이 10,000원 이상일 때 판매가에서 5% 할인해 주고 그렇지 않으면 할인하지 않는 프로그램입니다.

코드 3-7

```
price = int(input('가격: '))
if price >= 10000:
  price *= 0.95
print('판매가:', price)
```

```
가격: 12500
판매가: 11875.0
```

동작 과정

1 01행에서 사용자로부터 입력받은 가격인 12500을 price에 저장합니다.

2 02행에서 if 조건식 price>= 10000이 참인지 거짓인지 판단합니다. 이 경우에는 12500>=10000이 참이므로 03행을 실행합니다. 만약 거짓이면 03행을 실행하지 않습니다.

3 03행은 복합 대입 연산자를 사용한 식으로 price = price * 0.95와 같은 의미를 지니며, price 값이 기존 값에 0.95를 곱한 값으로 변경되므로 결국 5% 줄어듭니다.

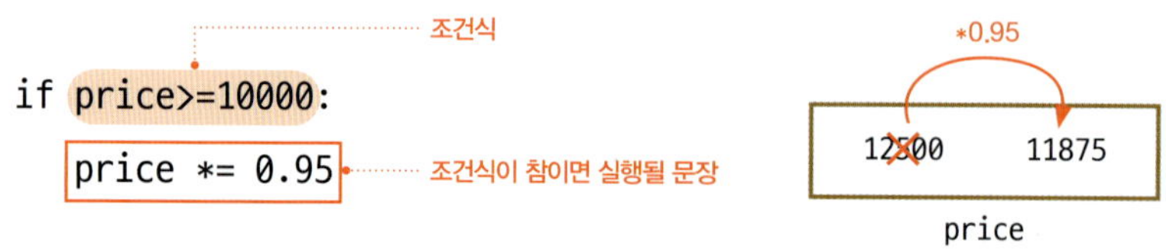

LAB 짝수와 홀수 판별하기

다음은 사용자로부터 입력받은 정수가 짝수인지 홀수인지 판별하는 프로그램입니다.

코드 3-8

```
01 num = int(input('정수: '))
02 if num%2 == 0:
03   print(f'{num}: 짝수')
04 else:
05   print(f'{num}: 홀수')
```

```
정수: 7
7: 홀수
```

동작 과정

1 01행에서 사용자로부터 입력받은 7을 num에 저장합니다.

2 02행에서 if 조건식 num%2 == 0이 참인지 거짓인지 판단합니다. 이 경우에는 7%2==0, 즉 1==0이 되어 거짓이므로 05행을 실행합니다. 만약 참이면 03행을 실행합니다. 양쪽 값이 같은지를 판단할 때는 대입 연산자인 =가 아닌 비교 연산자인 ==를 사용하는 것에 주의합니다.

```
if num%2 == 0:                  ·········· 조건식
    print(f'{num}: 짝수')       ·········· 조건식이 참이면 실행될 문장
else:
    print(f'{num}: 홀수')       ·········· 조건식이 거짓이면 실행될 문장
```

LAB 주사위 굴리기

다음 예제는 두 개의 주사위를 굴려서 어느 주사위 눈이 큰지 판별하는 프로그램입니다.

코드 3-9

```
01 import random
02
03 dice1 = random.randint(1,6)
04 dice2 = random.randint(1,6)
05 print(f'주사위1: {dice1} 주사위2: {dice2}')
06
07 if dice1 > dice2:
08   print('주사위1 승')
09 elif dice1 < dice2:
10   print('주사위2 승')
11 else:
12   print('무승부')
```

```
주사위1: 2 주사위2: 4
주사위2 승
```

동작 과정

1 01행에서 random 라이브러리를 불러옵니다.

2 03~04행에서 1부터 6까지의 정수 중 두 개를 무작위로 생성해서 dice1과 dice2에 저장하는데, 이 값이 주사위의 눈이 됩니다. 값이 2와 4라고 가정하겠습니다.

2	4
dice1	dice2

3 07행 조건식 dice1>dice2가 참이면 08행을 실행하고, 거짓이면서 09행 조건식 dice1<dice2가 참이면 10행을 실행합니다. 두 조건식 모두 거짓이면 12행을 실행합니다. 이 경우에는 dice1이 2이고 dice2가 4이므로 07행 조건식은 거짓이고 09행 조건식은 참이므로 10행을 실행하여 '주사위2 승'이 출력됩니다.

```
if dice1 > dice2:          # 조건식1
    print('주사위1 승')     # 조건식1이 참이면 실행될 문장
elif dice1 < dice2:        # 조건식2
    print('주사위2 승')     # 조건식1이 거짓이고 조건식2가 참이면 실행될 문장
else:
    print('무승부')         # 조건식1과 조건식2가 모두 거짓이면 실행될 문장
```

LAB 스포츠스태킹 개인 기록 정하기

스포츠스태킹 경기에서 한 선수는 3번 시도할 수 있고 3번의 기록 중 가장 빠른 기록이 그 선수의 개인 기록이 됩니다. 다음 예제는 입력받은 3개의 수 중 가장 작은 수를 찾아 개인 기록으로 정하는 프로그램입니다.

코드 3-10

```
try1 = int(input('첫 번째 기록(초): '))
try2 = int(input('두 번째 기록(초): '))
try3 = int(input('세 번째 기록(초): '))

if try1 < try2:
  if try1 < try3:
    print('선수 기록:', try1)
  else:
    print('선수 기록:', try3)
else:
  if try2 < try3:
    print('선수 기록:', try2)
  else:
    print('선수 기록:', try3)
```

```
첫 번째 기록(초): 17
두 번째 기록(초): 21
세 번째 기록(초): 19
선수 기록: 17
```

동작 과정

1 01~03행에서 세 개의 기록을 입력받아 try1, try2, try3에 저장합니다. 17, 21, 19라 가정합니다.

17	21	19
try1	try2	try3

2 05~14행은 한꺼번에 구조를 이해해야 합니다. 05행의 조건식1이 참이면 06~09행을 실행하고 거짓이면 11~14행을 실행합니다. 조건식1이 참이거나 거짓일 때 실행될 문장이 또 다른 if~else 문입니다.

```
if try1 < try2:
  if try1 < try3:
    print('선수 기록:', try1)
  else:
    print('선수 기록:', try3)
else:
  if try2 < try3:
    print('선수 기록:', try2)
  else:
    print('선수 기록:', try3)
```

- `try1 < try2` : 조건식1
- 첫 번째 if~else 상자: 조건식1이 참이면 실행될 문장
- 두 번째 if~else 상자: 조건식1이 거짓이면 실행될 문장

3 05행의 조건식1이 참이면 06행의 조건식2를 판단합니다. 조건식2인 try1<try3이 참이라는 것은 try1<try2와 try1<try3 모두 참이라는 의미이므로 try1이 선수 기록이 됩니다. 조건식2가 거짓이라는 것은 조건식1인 try1<try2는 참이지만 try1<try3은 거짓이라는 의미이므로 try3이 선수 기록이 됩니다.

```
if try1 < try2:
  if try1 < try3:
    print('선수 기록:', try1)
  else:
    print('선수 기록:', try3)
else:
  if try2 < try3:
    print('선수 기록:', try2)
```

- `try1 < try2` : 조건식1
- `try1 < try3` : 조건식2
- `print('선수 기록:', try1)` : 조건식1이 참이고 조건식2가 참이면 실행될 문장
- `print('선수 기록:', try3)` : 조건식1이 참이고 조건식2가 거짓이면 실행될 문장

4 05행의 조건식1이 거짓이면 11행의 조건식3을 판단합니다. 조건식3인 try2<try3이 참이라는 것은 try1<try2는 거짓이고 try2<try3은 참이라는 의미이므로 결국 try2가 선수 기록이 됩니다. 조건식3이 거짓이라는 것은 try1<try2와 try2<try3이 모두 거짓이라는 의미이므로 try3이 선수 기록이 됩니다.

```
if try1 < try2:                    조건식1
  if try1 < try3:                  조건식2
    print('선수 기록:', try1)
  else:
    print('선수 기록:', try3)
else:
  if try2 < try3:                  조건식3
    print('선수 기록:', try2)      조건식1이 거짓이고
                                   조건식3이 참이면 실행될 문장
  else:
    print('선수 기록:', try3)      조건식1이 거짓이고
                                   조건식3이 거짓이면 실행될 문장
```

3.3 논리 연산자

1 논리 연산자의 개념

논리 연산자는 참과 거짓의 논리 동작을 다루는 연산으로, 선택 구조에서 여러 조건을 조합할 때 주로 사용합니다. 논리 연산자의 종류는 [표 3-2]와 같습니다.

표 3-2 논리 연산자

연산자	설명	예시 코드	예시 코드 실행 결과
and	왼쪽 식과 오른쪽 식 모두 참인 경우에만 True	a=25 print(a>=8 and a<60)	True
or	왼쪽 식과 오른쪽 식 중 하나라도 참이면 True	a=70 print(a<8 or a>=60)	True
not	오른쪽 식이 참이면 False이고, 거짓이면 True	a=20 print(not a==20)	False

기본 배송비가 2천 원인데, 우수 고객이거나 2만 원 이상 구매하면 배송비가 무료인 쇼핑몰이 있다고 가정합시다. 이 쇼핑몰의 회원 등급과 구매액을 입력받아 최종 결제 금액을 계산하는 프로그램을 만들어보겠습니다.

코드 3-11

```
delivery_fee = 2000
level = input('회원 등급(우수 또는 일반): ')
price = int(input('구매액: '))

if level=='우수':
  print('결제금액:', price)
elif price>=20000:
  print('결제금액:', price)
else:
  print('결제금액:', price+delivery_fee)
```

```
회원 등급(우수 또는 일반): 일반
구매액: 19000
결제금액: 21000
```

우수고객인 경우와 구매액이 2만 원 이상인 경우 둘 다 배송비가 무료입니다. 이 두 조건을 하나의 큰 조건으로 묶어 배송비가 무료이거나 배송비가 2천 원인 두 가지 경우로 분류할 수 있습니다. 이런 경우에 논리 연산자를 사용하면 되는데, 우수고객이거나 또는 구매액이 2만 원 이상인 경우 배송비가 무료이므로 '또는'을 의미하는 연산자인 or를 사용해서 하나의 조건식으로 나타낼 수 있습니다.

(a) 조건 두 개를 따로 확인 (b) 두 조건을 연산자 or로 확인

그림 3-12 배송비가 무료인 두 조건을 확인하는 방법

논리 연산자 or를 사용해서 수정한 프로그램은 다음과 같습니다. 앞에서 if~elif~else 문을 사용한 프로그램보다 구조가 훨씬 이해하기 쉬워졌습니다.

코드 3-12

```
delivery_fee = 2000
level = input('회원 등급(우수 또는 일반): ')
price = int(input('구매액: '))

if level=='우수' or price>=20000:
  print('결제금액:', price)
else:
  print('결제금액:', price+delivery_fee)
```

배수 판별하기

다음은 논리 연산자 and를 사용한 예로, 3의 배수면서 5의 배수인지 판별하는 프로그램입니다.

코드 3-13

```
a = int(input('정수: '))
if a%3==0 and a%5==0:
  print('3과 5의 배수')
else:
  print('3과 5의 배수 아님')
```

```
정수: 45
3과 5의 배수
```

01 정수 하나를 입력받아 a에 저장합니다. 입력받은 수가 45라 가정하겠습니다.

02 a를 3으로 나눈 나머지가 0이면 a는 3의 배수이고, a를 5로 나눈 나머지가 0이면 a는 5의 배수입니다. 이 두 조건을 모두 만족하면 a는 3의 배수면서 5의 배수인데, 이것을 and 연산자로 나타낸 식입니다. 이 경우에는 45%3==0과 45%5==0 둘 다 참이므로 전체 조건식이 참이 되어 03행을 실행합니다.

```
if a%3==0 and a%5==0:
```

a가 5의 배수인 조건

a가 3의 배수인 조건

그림 3-13 if 문의 조건식

LAB 윤년 판별하기

다음은 사용자로부터 입력받은 연도가 윤년인지 평년인지 판별하는 프로그램입니다. 400의 배수인 해, 또는 4의 배수면서 100의 배수가 아닌 해가 윤년에 해당합니다.

조건식1 조건식2

400의 배수인 해 또는 4의 배수면서 100의 배수가 아닌 해

코드 3-14

```
01 year =int(input('연도: '))
02 if (year%400==0) or (year%4==0 and year%100!=0):
03     print('윤년')
04 else:
05     print('평년')
```

```
연도: 2024
윤년
```

동작 과정

1 01행에서 사용자로부터 입력받은 연도인 2024를 year에 저장합니다.

2 02행에서 year가 윤년인지 판별합니다. 윤년은 400의 배수인 해, 또는 4의 배수면서 100의 배수가 아닌 해입니다. 다음 그림에서 year가 400의 배수인 해는 조건식1이고 4의 배수인 해는 조건식2, 100의 배수가 아닌 해는 조건식3입니다. 조건식1이 참이면 전체 조건식이 참이고, 조건식2와 조건식3 모두 참이어도 전체 조건식이 참입니다. 이

경우에는 조건식1인 2024%400==0은 거짓이지만 조건식2인 2024%4==0과 조건식3인 2024%100!=0이 참이므로 전체 조건식이 참이 되어 03행을 실행합니다.

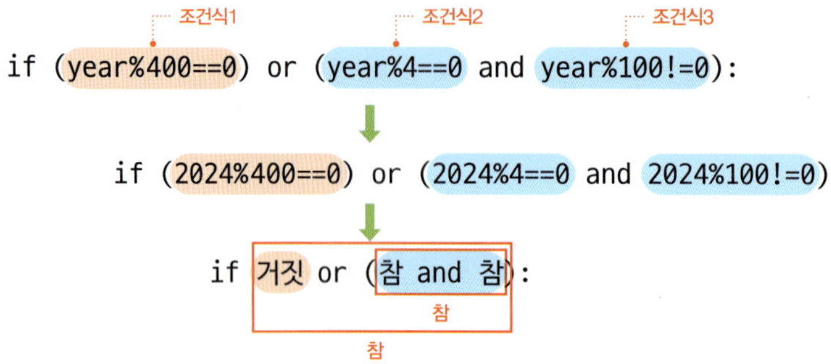

LAB 가위바위보 게임

다음은 사용자와 컴퓨터가 가위바위보 게임을 하는 프로그램으로, 게임 결과를 판별하는 부분인 15, 17, 19행에서 and 연산자를 사용하고 있습니다.

코드 3-15

```
01 import random
02 
03 user = input('가위, 바위, 보: ')
04 com_rand = random.randint(1,3)
05 if com_rand == 1:
06   computer = '가위'
07 elif com_rand == 2:
08   computer = '바위'
09 else:
10   computer = '보'
11 print(f'나:{user} 컴퓨터:{computer}')
12 
13 if user == computer:
14   print('무승부')
15 elif user=='가위' and computer=='보':
```

```
16    print('승')
17  elif user=='바위' and computer=='가위':
18    print('승')
19  elif user=='보' and computer=='바위':
20    print('승')
21  else:
22    print('패')
```

```
가위, 바위, 보: 바위
나:바위 컴퓨터:보
패
```

동작 과정

1 03행에서 사용자로부터 가위, 바위, 보 중 하나를 입력받아 user에 저장합니다. '바위'라 가정하겠습니다.

2 04행에서 1부터 3까지의 정수 중 하나를 무작위로 선택해서 com_rand에 저장합니다. 3이라 가정하겠습니다.

3 05~10행에서 com_rand 값에 따라 computer에 가위, 바위, 보 중 하나를 저장합니다. com_rand 값이 1이면 '가위'를, 2면 '바위'를, 3이면 '보'를 computer에 저장합니다. 이 경우에는 com_rand가 3이므로 computer에는 '보'가 저장됩니다. 결국 컴퓨터 역시 가위, 바위, 보 중 하나를 무작위로 선택하게 됩니다.

'바위'	3	'보'
user	com_rand	computer

4 13~22행에서 가위바위보 게임의 결과를 출력합니다.

① 13행에서 user와 computer가 같으면 14행에서 '무승부'를 출력합니다.

② user가 승리하는 세 가지 경우를 코드로 나타낸 부분이 15~20행입니다. 다음에 표시된 15행은 user가 '가위'인 조건과 computer가 '보'인 조건을 둘 다 만족해서 user가 승리하는 경우입니다. 두 조건 모두 만족해야 하므로 and 연산자를 사용합니다.

조건식1 (user=='가위'), 조건식2 (computer=='보')

```
elif user=='가위' and computer=='보':
```

③ 무승부도 아니고 user가 승리하지 않으면 21~22행이 실행되어 user가 패했다는 결과를 출력합니다.

3.4 함수

1 함수의 개념

함수function는 특정한 기능을 수행하도록 미리 만들어 놓고, 필요할 때마다 호출하여 사용할 수 있는 일련의 코드입니다. 우리는 이미 앞에서 몇 가지 함수를 살펴봤습니다. 값을 출력하는 print 함수와 사용자로부터 데이터를 입력받는 input 함수가 있었습니다. 이와 같이 파이썬에서 기본적으로 제공하는 함수를 **내장 함수**라 합니다. 이 밖에 사용자가 직접 함수를 만들어서 사용할 수도 있는데 이런 함수를 **사용자 정의 함수**라 합니다.

함수

내장 함수
파이썬에서 기본으로 제공하는 함수

사용자 정의 함수
사용자가 직접 만들어서 사용하는 함수

그림 3-14 함수의 종류

사용자가 직접 함수를 만들어서 사용하는 사용자 정의 함수에 대해 살펴보겠습니다. 다음은 무작위로 생성한 두 정수의 덧셈을 두 번 연산하는 프로그램입니다.

코드 3-16

```
import random

a = random.randint(1,100)
b = random.randint(1,100)
answer = int(input(f'{a}+{b}= '))
if answer==a+b:
  print('맞혔습니다.')
else:
  print('틀렸습니다.')

a = random.randint(1,100)
b = random.randint(1,100)
answer = int(input(f'{a}+{b}= '))
if answer==a+b:
```

```
15     print('맞혔습니다.')
16 else:
17     print('틀렸습니다.')
```

```
54+3= 57
맞혔습니다.
41+30= 70
틀렸습니다.
```

한 행씩 차례로 읽어보면 프로그램 내용을 이해하는 데 어려움이 없으나 03~09행과 11~17행의 코드가 같다는 점이 아쉽습니다. 만약 덧셈 연산을 두 번 하는 것이 아니라 열 번, 스무 번 반복한다면 코드 길이가 훨씬 더 길어져 프로그램을 이해하기 어려워질 겁니다.

이처럼 같은 기능을 반복적으로 실행할 때 이 기능을 하나의 단위로 만들고 이 단위를 실행하도록 명령을 내리면 전체 프로그램이 간결해지고 이해하기도 쉬워집니다.

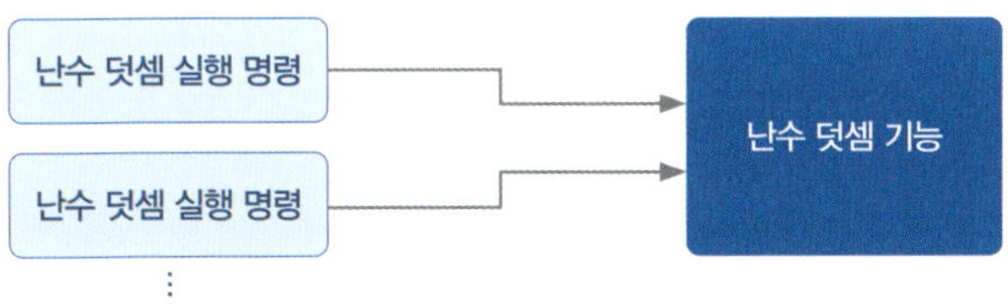

그림 3-15 기능을 단위로 만들어 실행

함수는 특정한 기능을 수행하도록 만들어진 일련의 코드입니다. 함수를 이용하려면 함수가 미리 만들어져 있어야 합니다. 함수가 실행할 내용이 무엇인지 정의하는 것을 **함수 정의**라 하고 함수를 실행하도록 명령하는 것을 **함수 호출**이라 합니다. 사용자 정의 함수가 있는 프로그램의 실행 과정은 [그림 3-16]과 같습니다. 프로그램은 위에서부터 아래로 순차적으로 명령을 실행하다가(❶) '함수 호출' 부분을 만나면 '함수 정의' 부분으로 가서(❷) 함수를 실행하고(❸), 함수 실행이 끝나면 호출한 프로그램으로 되돌아와(❹) 명령을 이어서 실행합니다(❺).

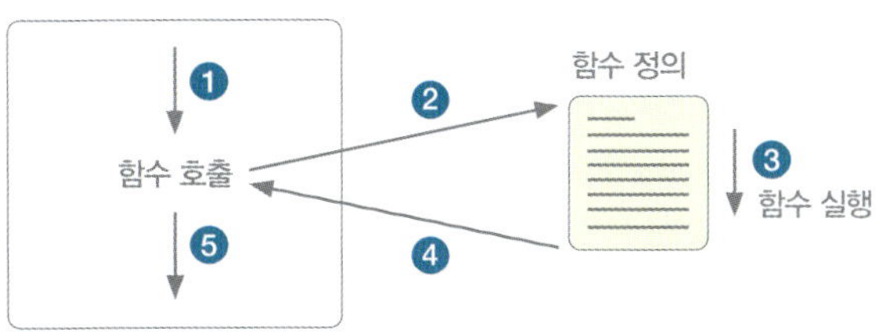

그림 3-16 사용자 정의 함수가 있는 프로그램의 실행 순서

함수를 이용할 때의 장점은 다음과 같습니다.

- 여러 번 호출해서 다시 사용할 수 있으므로 프로그램이 간결해진다.
- 기능별로 함수를 만들기 때문에 읽고 이해하기가 쉽다.
- 다른 프로그램에서 정의한 함수도 불러와 사용할 수 있다.

앞에서 살펴본 덧셈을 두 번 연산하는 프로그램을 다시 함수를 이용해서 작성하면 다음과 같이 코드 길이가 짧아지고 이해하기도 쉬워집니다. 03~10행이 rand_add 함수를 정의한 부분이고 12행과 13행이 rand_add 함수를 호출하는 명령입니다. 뒤에 자세히 설명하겠습니다.

코드 3-17

```
01 import random
02
03 def rand_add():
04   a = random.randint(1,100)
05   b = random.randint(1,100)
06   answer = int(input(f'{a}+{b}= '))
07   if answer==a+b:
08     print('맞혔습니다.')
09   else:
10     print('틀렸습니다.')
11
12 rand_add()
13 rand_add()
```

2 함수 정의와 호출

프로그램에서 함수를 사용하려면 해당 함수가 미리 정의되어 있어야 하고 이 함수를 호출하는 부분이 있어야 합니다. 다음은 함수 정의에 대한 형식입니다. 매개변수를 통해서 값을 전달받고 호출한 곳으로 반환값을 보낼 수 있는데, 매개변수와 반환값은 선택적입니다. 즉, 매개변수나 반환값이 없는 함수도 정의할 수 있습니다.

| Syntax | **함수 정의**

```
def 함수이름(매개변수1, 매개변수2, …):
    문장
    return 반환값
```

'함수이름'으로 함수를 정의한다. 매개변수를 통해서 값을 전달받고 호출한 곳으로 '반환값'을 보낸다.

함수는 매개변수와 반환값 유무에 따라 [표 3-3]과 같이 4가지 형식으로 분류할 수 있습니다.

표 3-3 함수의 형식

구분	반환값 없음	반환값 있음

매개변수 없음	def 함수이름():
	    문장
		def 함수이름():
		    문장
		    return 반환값

매개변수 있음	def 함수이름(매개변수1, 매개변수2, …):
	    문장
		def 함수이름(매개변수1, 매개변수2, …):
		    문장
		    return 반환값

정의된 함수는 자동적으로 실행되는 것이 아니라 호출 명령에 의해 실행됩니다.

| Syntax | **함수 호출**

```
함수이름(매개변수1, 매개변수2, …)
```

'함수이름' 함수를 호출한다. 매개변수를 통해서 값을 전달한다.

■ 매개변수와 반환값이 없는 함수

다음은 '함수입니다.'를 출력하는 간단한 함수 func를 정의하고 이를 호출하는 프로그램입니다.

코드 3-18

```python
def func():
  print('함수입니다.')

print('함수 호출 전입니다.')
func()
print('함수 호출 후입니다.')
```

```
함수 호출 전입니다.
함수입니다.
함수 호출 후입니다.
```

실행 순서를 살펴보겠습니다. 04행을 먼저 실행하고 05행에서 func 함수를 호출하면 01~02행의 func 함수 정의 부분을 실행합니다. 함수 정의 부분을 모두 실행한 후 06행을 실행합니다.

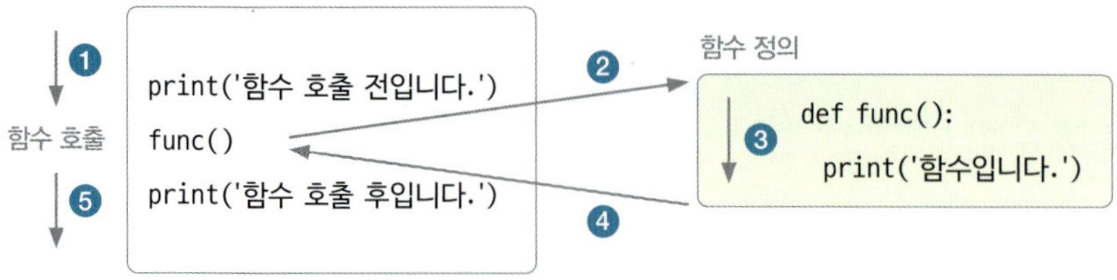

그림 3-17 함수 func이 있는 프로그램의 실행 순서

■ 매개변수가 있고 반환값이 없는 함수

다음의 add 함수는 매개변수가 두 개 있는 함수이고 전달받은 두 수의 합을 출력합니다.

코드 3-19

```
def add(x, y):
  print(x+y)

a = int(input('정수: '))
b = int(input('정수: '))
add(a, b)
```

```
정수: 7
정수: 4
11
```

add 함수를 호출할 때 두 개의 값을 전달해야 하며 전달된 값은 add 함수의 x와 y에 저장됩니다. 만약 a가 7이고 b가 4라 가정하면 add 함수를 호출할 때 x에 7이 저장되고 y에 4가 저장되어 동작합니다.

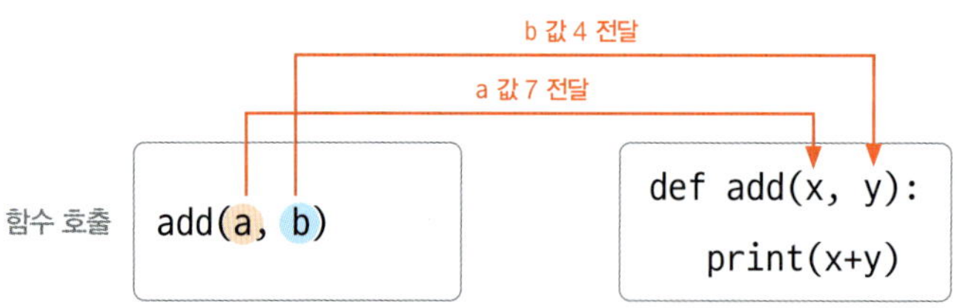

그림 3-18 매개변수 전달

■ **매개변수와 반환값이 있는 함수**

다음의 add 함수는 매개변수 두 개와 반환값이 있는 함수이고 전달받은 두 수의 합을 반환합니다.

코드 3-20

```
def add(x, y):
  return x+y

a = int(input('정수: '))
b = int(input('정수: '))
print(add(a, b))
```

```
정수: 7
정수: 4
11
```

만약 add 함수를 호출할 때 전달한 값이 7과 4라면 7은 x에, 4는 y에 저장되고 x+y 연산 결과인 11을 호출 문장으로 반환합니다. 결국 반환받은 11이 출력됩니다.

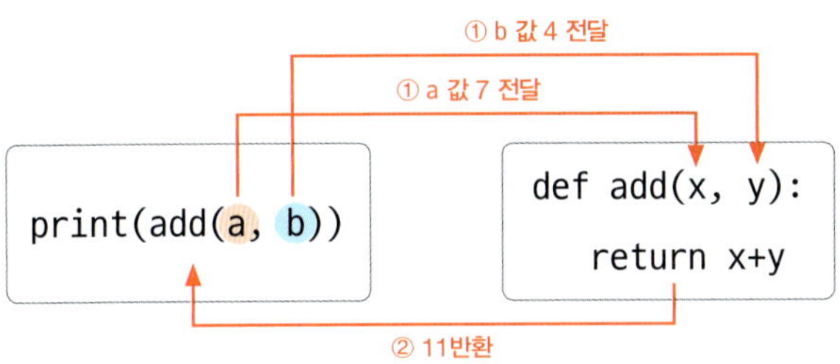

그림 3-19 매개변수와 반환값 전달

함수가 여러 개의 값을 반환할 수도 있습니다. 다음 프로그램에서 bigsmall 함수는 전달받은 두 수의 크기를 비교해서 큰 수, 작은 수 순으로 반환합니다.

코드 3-21

```
import random

def bigsmall(x, y):
  if x>y:
```

```
05      return x, y
06    else:
07      return y, x
08
09  a = random.randint(1, 100)
10  b = random.randint(1, 100)
11  a, b = bigsmall(a, b)
12  print(a, b)
```

```
76 60
```

05행 또는 07행에서 x 값과 y 값을 반환하면 11행의 a와 b에 저장됩니다. 결국 두 수 중 큰 수는 a에, 작은 수는 b에 저장됩니다.

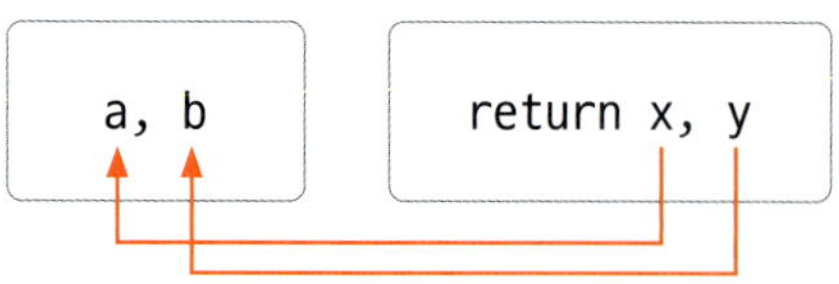

그림 3-20 반환값 전달

LAB 함수를 이용해서 사칙연산하기

다음은 add, sub, mul, div 함수를 이용해서 덧셈, 뺄셈, 곱셈, 나눗셈을 연산하는 프로그램입니다.

코드 3-22

```
def add(x, y):
  return x+y

def sub(x, y):
  return x-y
```

```
06
07 def mul(x, y):
08   return x*y
09
10 def div(x, y):
11   return x/y
12
13 a = int(input('정수: '))
14 b = int(input('정수: '))
15 print(f'{a}+{b}={add(a,b)}')
16 print(f'{a}-{b}={sub(a,b)}')
17 print(f'{a}*{b}={mul(a,b)}')
18 print(f'{a}/{b}={div(a,b)}')
```

```
정수: 15
정수: 6
15+6=21
15-6=9
15*6=90
15/6=2.5
```

동작 과정

1 15행에서 add 함수를 호출할 때 a 값 15와 b 값 6을 전달하면 add 함수의 x에 15가, y에 6이 저장됩니다. 그런 다음 x+y 연산 결과인 21이 호출 문장으로 반환되어 21이 출력됩니다. sub 함수, mul 함수, div 함수도 유사하게 동작합니다.

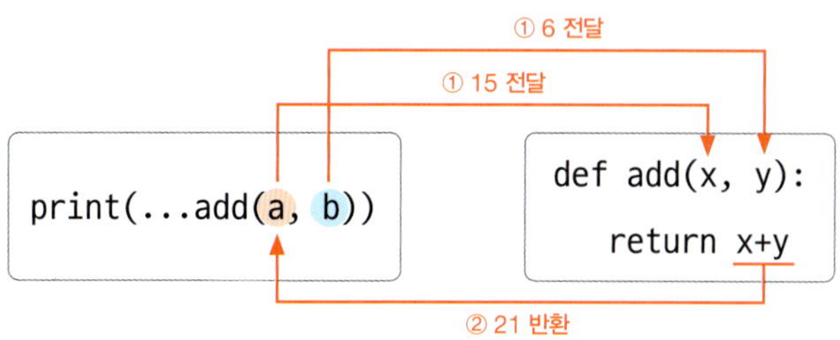

LAB 함수 하나로 몫과 나머지 반환하기

다음은 여러 개의 값을 반환하는 함수 기능을 이용해서 나눗셈의 몫과 나머지를 구하는 프로그램입니다.

코드 3-23

```
01 def div(x, y):
02   return x//y, x%y
03 
04 a = int(input('정수: '))
05 b = int(input('정수: '))
06 quotient, remainder = div(a, b)
07 print(f'{a}를 {b}로 나눈 몫은 {quotient}이고 나머지는 {remainder}')
```

```
정수: 41
정수: 3
41를 3로 나눈 몫은 13이고 나머지는 2
```

동작 과정

1 02행에서 x를 y로 나눈 몫인 x//y와, x를 y로 나눈 나머지인 x%y 값을 반환하면 06행의 quotient와 remainder에 저장됩니다.

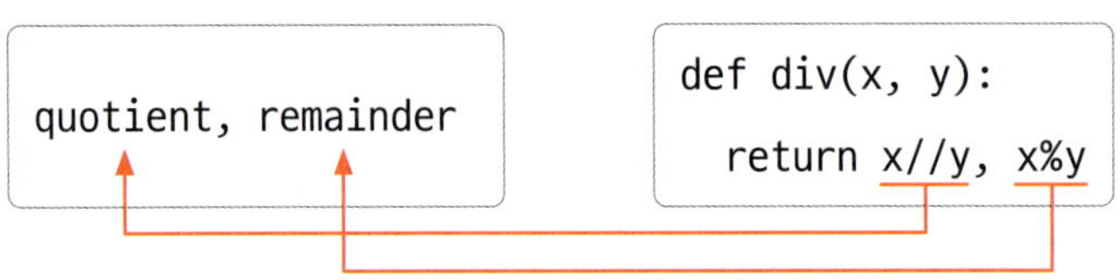

3.5 플러스 예제 온도 변환기

교류 학생의 자격으로 미국 대학의 기숙사에 있었던 시절에 방 온도계가 70도로 되어 있어서 온도계를 교체해 달라고 했습니다. 그런데 기숙사 관리인이 온도계가 고장 난 것이 아니라 화씨 온도계라서 그런 것이라고 알려주었습니다. 섭씨 온도를 화씨 온도로 변환하고, 화씨 온도를 섭씨 온도로 변환하는 프로그램을 만들어 보겠습니다.

1 섭씨 온도를 화씨 온도로 변환하기

섭씨 온도계는 물의 어는점을 0도, 끓는점을 100도로 정하고 두 점 사이를 100등분하여 온도를 나타냅니다. 그리고 화씨 온도계는 1기압에서 물의 어는점을 32, 끓는점을 212로 정하고 두 점 사이를 180등분하여 온도를 나타냅니다. 섭씨 온도를 화씨 온도로 변환하는 수식은 다음과 같은데, 이 수식을 이용해서 섭씨 25도를 화씨로 바꾸면 77도입니다.

$$\text{화씨온도} = \text{섭씨온도} \times \frac{9}{5} + 32$$

섭씨 온도를 화씨 온도로 변환하는 프로그램을 만들어보겠습니다. 먼저 섭씨 온도를 입력받아 celsius에 저장합니다.

```
celsius = int(input('섭씨 온도: '))
```

섭씨 온도 celsius를 화씨 온도로 변환하는 수식을 코드로 나타내면 다음과 같습니다.

```
celsius*9/5+32
```

■ 전체 프로그램

```
01  celsius = int(input('섭씨 온도: '))
02  print('화씨 온도', celsius*9/5+32)
```

01 섭씨 온도를 입력받아 int 함수를 사용하여 정수로 변환해 celsius에 저장합니다.

02 섭씨 온도인 celsius를 화씨 온도로 변환해 출력합니다.

```
섭씨 온도: 25
화씨 온도 77.0
```

동작 과정

1 01행에서 입력받은 섭씨 온도인 25를 celsius에 저장합니다.

2 02행에서 섭씨 온도를 화씨 온도로 변환해서 출력합니다. 연산 순서는 다음과 같습니다.

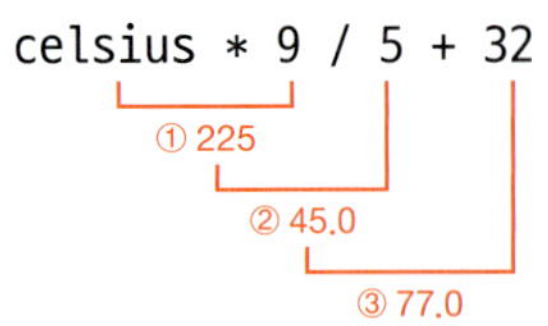

2 화씨 온도를 섭씨 온도로 변환하기

화씨 온도를 섭씨 온도로 변환하는 수식은 다음과 같은데, 이 수식을 이용해서 화씨 77도를 섭씨로 바꾸면 25입니다.

$$섭씨온도 = (화씨온도 - 32) \times \frac{5}{9}$$

화씨 온도를 섭씨 온도로 변환하는 프로그램을 만들어보겠습니다. 먼저 화씨 온도를 입력받아 fahrenheit에 저장합니다.

```
fahrenheit = int(input('화씨 온도: '))
```

화씨 온도 fahrenheit를 섭씨 온도로 변환하는 위 수식을 코드로 나타내면 다음과 같습니다.

```
(fahrenheit-32)*5/9
```

■ 전체 프로그램

```
01  fahrenheit = int(input('화씨 온도: '))
02  print('섭씨 온도', (fahrenheit-32)*5/9)
```

01 화씨 온도를 입력받아 int 함수를 사용하여 정수로 변환해 fahrenheit에 저장합니다.

02 화씨 온도인 fahrenheit를 섭씨 온도로 변환해 출력합니다.

```
화씨 온도: 77
섭씨 온도 25.0
```

동작 과정

1 01행에서 입력받은 화씨 온도인 77을 fahrenheit에 저장합니다.

2 02행에서 화씨 온도를 섭씨 온도로 변환해서 출력합니다. 연산 순서는 다음과 같습니다.

```
(fahrenheit-32) * 5 / 9
```

① 45

② 225

③ 25.0

3 온도 변환기

섭씨 온도를 화씨 온도로 변환하는 프로그램과 화씨 온도를 섭씨 온도로 변환하는 프로그램을 하나의 프로그램으로 묶어보겠습니다. 사용자로부터 온도 종류와 온도를 입력받아 kind와 temp에 저장합니다.

```
kind = input('온도 종류(섭씨 또는 화씨): ')
temp = int(input(kind+' 온도: '))
```

온도 종류인 kind가 '섭씨'면 온도 temp를 화씨 온도로 변환하고, 그렇지 않으면 온도 temp를 섭씨 온도로 변환합니다. 이때 if~else 문을 사용합니다.

```
if  kind == '섭씨' :
    # 섭씨 온도 temp를 화씨 온도로 변환
else:
    # 화씨 온도 temp를 섭씨 온도로 변환
```

TIP 위 코드에서 # 이후의 내용은 주석으로 처리됩니다. 주석은 프로그램 실행에는 영향을 미치지 않으며 프로그램을 설명하기 위해 사용합니다.

■ 전체 프로그램

```
01 kind = input('온도 종류(섭씨 또는 화씨): ')
02 temp = int(input(kind+' 온도: '))
03
04 if kind == '섭씨':
05   print(f'화씨 온도 {temp*9/5+32}')
06 else:
07   print(f'섭씨 온도 {(temp-32)*5/9}')
```

01 온도 종류를 입력받아 kind에 저장합니다.

02 온도를 입력받아 temp에 저장합니다. kind가 '섭씨'면 섭씨 온도를 입력받고, '화씨'면 화씨 온도를 입력받습니다.

04 kind가 '섭씨'면 05행을 실행하고 아니면 07행을 실행합니다.

05 섭씨 온도인 temp를 화씨 온도로 변환해 출력합니다.

07 화씨 온도인 temp를 섭씨 온도로 변환해 출력합니다.

```
온도 종류(섭씨 또는 화씨): 화씨
화씨 온도: 68
섭씨 온도 20.0
```

동작 과정

1 01~02행에서 사용자로부터 입력받은 온도 종류인 '화씨'와 온도인 68을 kind와 temp에 저장합니다.

2 04행에서 kind가 '섭씨'인지 판별합니다. 만약 '섭씨'면 05행을 실행하고, 그렇지 않으면 07행을 실행합니다. 이 경우에는 kind가 '화씨'이므로 07행을 실행합니다.

```
if kind == '섭씨':                          조건식
    print(f'화씨 온도 {temp*9/5+32}')       조건식이 참이면 실행될 문장
else:
    print(f'섭씨 온도 {(temp-32)*5/9}')     조건식이 거짓이면 실행될 문장
```

3 07행은 kind가 '섭씨'가 아닌 경우, 즉 '화씨'면 실행되는데, 화씨 온도인 temp를 섭씨 온도로 변환해서 출력합니다. kind가 '화씨'이므로 이 문장이 실행되어 20.0을 출력합니다.

```
(temp-32) * 5 / 9
```

① 36
② 180
③ 20.0

쌍둥이 문제

실수형 온도를 입력받아 처리하는 온도 변환 프로그램을 작성하세요.

[실행 예]

```
온도 종류(섭씨 또는 화씨): 섭씨
섭씨 온도: 23.5
화씨 온도 74.3
```

도전 문제

제곱미터 또는 평 단위 넓이를 상호 변환하는 프로그램을 작성하세요.

[실행 예]

```
넓이 단위(제곱미터 또는 평): 제곱미터
넓이: 84
평 넓이 25.41
```

힌트 제곱미터는 0.3025평입니다.

3.6 플러스 예제 두 도형의 넓이 비교하기

사각형, 삼각형, 원 모양의 종이를 여러 장 두고 2장만 뽑아 어느 종이의 넓이가 큰지 맞히는 게임을 진행하려 합니다. 도형의 넓이를 비교하는 프로그램을 만들어보겠습니다

먼저 사각형의 가로와 세로를 입력받아 사각형의 넓이를 구해 반환하는 square 함수를 정의합니다.

```
def square():
  width = int(input('사각형의 가로: '))
  height = int(input('사각형의 세로: '))
  return width*height
```

삼각형의 밑변과 높이를 입력받아 삼각형의 넓이를 구해 반환하는 triangle 함수를 정의합니다.

```
def triangle():
  base = int(input('삼각형의 밑변: '))
  height = int(input('삼각형의 높이: '))
  return base*height/2
```

원의 반지름을 입력받아 원의 넓이를 구해 반환하는 circle 함수를 정의합니다. 원주율은 math 라이브러리의 pi 변수를 사용합니다.

```
import math

def circle():
  radius = int(input('원의 반지름: '))
  return math.pi*radius*radius
```

첫 번째 도형의 종류를 입력받아 shape_type1에 저장합니다.

```
shape_type1 = input('도형의 종류(사각형, 삼각형, 원): ')
```

첫 번째 도형의 종류인 shape_type1이 '사각형'이면 square 함수를, '삼각형'이면 triangle 함수를, '원'이면 circle 함수를 호출합니다. 각 함수는 도형의 넓이를 계산해서 반환하는데 그 값을 area1에 저장합니다.

```
if shape_type1 == '사각형':
  area1 = square()
elif shape_type1 == '삼각형':
  area1 = triangle()
else:
  area1 = circle()
```

두 번째 도형에 대한 코드도 유사하게 동작합니다. 넓이를 area2에 저장한 후, if~elif~else 문을 사용해서 두 도형의 넓이인 area1과 area2를 비교합니다.

```
if area1 > area2:
  # 도형1이 도형2보다 넓음
elif area1 < area2:
  # 도형2가 도형1보다 넓음
else:
  # 두 도형의 넓이가 같음
```

■ 전체 프로그램

```
import math

def square():
  width = int(input('사각형의 가로: '))
  height = int(input('사각형의 세로: '))
  return width*height

def triangle():
```

```python
09     base = int(input('삼각형의 밑변: '))
10     height = int(input('삼각형의 높이: '))
11     return base*height/2
12 
13 def circle():
14     radius = int(input('원의 반지름: '))
15     return math.pi*radius*radius
16 
17 shape_type1 = input('도형의 종류(사각형, 삼각형, 원): ')
18 if shape_type1 == '사각형':
19     area1 = square()
20 elif shape_type1 == '삼각형':
21     area1 = triangle()
22 else:
23     area1 = circle()
24 
25 shape_type2 = input('도형의 종류(사각형, 삼각형, 원): ')
26 if shape_type2 == '사각형':
27     area2 = square()
28 elif shape_type2 == '삼각형':
29     area2 = triangle()
30 else:
31     area2 = circle()
32 
33 if area1 > area2:
34     print(f'도형1(넓이:{area1})이 도형2(넓이:{area2})보다 {area1-area2}만큼 넓습니다.')
35 elif area1 < area2:
36     print(f'도형2(넓이:{area2})가 도형1(넓이:{area1})보다 {area2-area1}만큼 넓습니다.')
37 else:
38     print(f'두 도형의 넓이는 {area1}로 같습니다.')
```

01 math 라이브러리를 불러옵니다.

03~06 사각형의 가로와 세로를 입력받아 사각형의 넓이를 반환하는 square 함수를 정의합니다.

08~11 삼각형의 밑변과 높이를 입력받아 삼각형의 넓이를 반환하는 triangle 함수를 정의합니다.

13~15 원의 반지름을 입력받아 원의 넓이를 반환하는 circle 함수를 정의합니다.

17 첫 번째 도형의 종류를 입력받아 shape_type1에 저장합니다.

18~23 첫 번째 도형의 종류인 shape_type1이 '사각형'이면 square 함수를, '삼각형'이면 triangle

함수를, '원'이면 circle 함수를 호출합니다. 호출된 함수에서 반환한 도형의 넓이를 area1에 저장합니다.

33~38 두 도형의 넓이인 area1과 area2를 비교해서 두 도형의 넓이, 즉 어느 도형의 넓이가 얼마나 더 넓은지를 출력합니다.

```
도형의 종류(사각형, 삼각형, 원): 사각형
사각형의 가로: 4
사각형의 세로: 5
도형의 종류(사각형, 삼각형, 원): 삼각형
삼각형의 밑변: 7
삼각형의 높이: 7
도형2(넓이:24.5)가 도형1(넓이:20)보다 4.5만큼 넓습니다.
```

동작 과정

1 17행에서 사용자로부터 입력받은 도형의 종류인 '사각형'을 shape_type1에 저장합니다.

2 18행 조건식인 shape_type1 == '사각형'이 참이므로 19행에서 square 함수를 호출합니다. square 함수는 사각형의 넓이를 구해 호출한 곳으로 반환합니다. square 함수가 반환한 값인 20은 area1에 저장합니다.

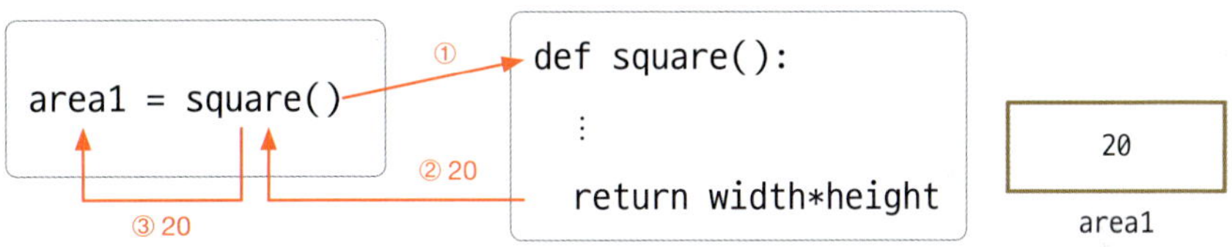

3 25행에서 입력받은 두 번째 도형의 종류인 '삼각형'을 shape_type2에 저장하면 28행의 조건식이 참이 되어 29행에서 triangle 함수를 호출합니다. triangle 함수가 삼각형의 넓이인 24.5를 반환하면 area2에 저장합니다.

4 33~38행에서 area2가 area1보다 크므로 35행 조건식이 참이 되어 36행을 실행합니다.

```
if area1 > area2:
    # 도형1이 도형2보다 넓음   ← area1이 area2보다 크면 실행될 부분
elif area1 < area2:
    # 도형2가 도형1보다 넓음   ← area2가 area1보다 크면 실행될 부분
else:
    # 두 도형의 넓이가 같음   ← 두 도형의 넓이가 같으면 실행될 부분
```

쌍둥이 문제

사각형이나 삼각형 또는 원, 이렇게 3개의 도형 중에서 가장 넓은 도형을 출력하는 프로그램을 작성하세요.

[실행 예]

```
도형의 종류(사각형, 삼각형, 원): 사각형
사각형의 가로: 4
사각형의 세로: 5
도형의 종류(사각형, 삼각형, 원): 삼각형
삼각형의 밑변: 7
삼각형의 높이: 7
도형의 종류(사각형, 삼각형, 원): 원
원의 반지름: 4
도형3(넓이:50.26548245743669)이 가장 넓습니다
```

도전 문제

두 사람의 몸무게와 키를 입력받아 체질량지수를 구해 비교하는 프로그램을 작성하세요. 체질량지수BMI, Body Mass Index를 구하는 공식은 다음과 같은데, 몸무게 단위는 kg이고 키 단위는 m입니다.

$$체질량지수 = \frac{몸무게}{키 \times 키}$$

[실행 예]

```
키: 175
몸무게: 80
키: 173
몸무게: 70
사람1(체질량지수:26.122)이 사람2(체질량지수:23.389)보다 체질량지수가 높습니다.
```

요약

01 비교 연산자의 종류는 다음과 같습니다.

연산자	설명	예시	예시 결과
==	같다	print(10==20)	False
!=	같지 않다	print(10!=20)	True
>	크다	print(10>20)	False
<	작다	print(10<20)	True
>=	크거나 같다	print(10>=20)	False
<=	작거나 같다	print(10<=20)	True

02 조건에 따라 문장을 선택적으로 실행하는 구조인 선택 구조는 세 가지 유형으로 분류할 수 있습니다.

if 조건식: 문장	조건식이 참(True)이면 문장을 실행하고 거짓(False)이면 문장을 실행하지 않는다.

if 조건식:
  문장1
else:
  문장2
	조건식이 참(True)이면 문장1을 실행하고 거짓(False)이면 문장2를 실행한다.

if 조건식1:
  문장1
elif 조건식2:
  문장2
else:
  문장3
	조건식1이 참(True)이면 문장1을 실행하고, 조건식1이 거짓(False)이면서 조건식2가 참(True)이면 문장2를 실행하고, 두 조건식 모두 거짓(False)이면 문장3을 실행한다.

03 논리 연산자의 종류는 다음과 같습니다.

연산자	설명
and	왼쪽 식과 오른쪽 식 모두 참인 경우에만 True이다.
or	왼쪽 식과 오른쪽 식 중 하나라도 참이면 True이다.
not	오른쪽 식이 참이면 False이고, 거짓이면 True이다.

04 함수는 어떤 기능을 하는 일련의 코드를 하나의 단위로 만든 것입니다. 함수를 정의하고 호출하는 형식은 다음과 같습니다.

함수 정의	def 함수이름(매개변수1, 매개변수2, …):
	  문장
	  return 반환값

함수 호출	함수이름(매개변수1, 매개변수2, …)

05 함수는 매개변수와 반환값 유무에 따라 다음의 4가지 형태로 구분할 수 있습니다.

구분	반환값 없음	반환값 있음

매개변수 없음	def 함수이름():
	  문장
		def 함수이름():
		  문장
		  return 반환값

매개변수 있음	def 함수이름(매개변수1, 매개변수2, …):
	  문장
		def 함수이름(매개변수1, 매개변수2, …):
		  문장
		  return 반환값

연습문제

01 다음 코드의 실행 결과를 예측하시오.

(1)

```
a, b, c = 30, 20, 20
print(a==b)
print(a!=b)
print(a>b)
print(b<c)
print(a>=b)
print(b<=c)
```

(2)

```
a, b = 10, 20
if a != b:
  print('a와 b는 같지 않습니다.')
else:
  print('a와 b는 같습니다.')
```

(3)

```
a, b = 20, 20
if a >b or a==b:
  print('a는 b보다 크거나 같습니다.')
else:
  print('a는 b보다 작습니다.')
```

(4)

```
def func(x, y):
  if x > y:
    return x-y
  else:
    return y-x

a = func(7, 11)
print(a)
```

02 **다음 코드를 실행하면 오류가 발생합니다. 오류 원인을 설명하고 수정하시오.**

(1)

```
a = 10
if a == 10
  print('a 값은 10입니다.')
```

(2)

```
a = 10
if a == 10:
  print('a 값은 10입니다.')
else if a > 10:
  print('a 값은 10보다 큽니다.')
else:
  print('a 값은 10보다 작습니다.')
```

(3)

```
a, b = 10, 20
if a>b, a==b:
  print('a 값은 b 값보다 크거나 같습니다.')
else:
  print('a 값은 b 값보다 작습니다.')
```

(4)

```
def func()
  print('함수입니다.')

func()
```

(5)

```
def func():
  return x*2

a = func(10)
print(a)
```

03 a 값이 10과 같은지 판별하는 코드를 다음과 같이 작성했는데, 실행해 보니 원하는 결과가 나오지 않습니다. 원인을 설명하고 수정하시오.

```
a = 20
if a = 10:
  print('a 값은 10입니다.')
else:
  print('a 값은 10이 아닙니다.')
```

04 다음은 한글 계절 이름을 영어로 표현하는 프로그램입니다. 빈칸을 채워 사용자가 '가을'을 입력했을 때 실행 결과가 오른쪽과 같이 나타나도록 코드를 완성하시오.

```
season = input('계절(봄, 여름, 가을, 겨울): ')
[          ] season == '봄':
  print('spring')
[          ] season == '여름':
  print('summer')
[          ] season == '가을':
  print('autumn')
[          ] season == '겨울':
  print('winter')
[          ] :
  print('잘못 입력했습니다.')
```

```
계절(봄, 여름, 가을, 겨울): 가을
autumn
```

05 나이에 따른 공원 입장료는 다음 표와 같습니다. 빈칸을 채워 사용자로부터 나이를 입력받아 입장료를 구하는 프로그램을 세 가지 모두 완성하시오.

나이	입장료
8세 미만	2000원
8세 이상 60세 미만	5000원
60세 이상	2000원

방법1

```
age = int(input('나이: '))
if [          ] :
  print('입장료:', 2000)
elif [          ] :
  print('입장료:', 5000)
else:
  print('입장료:', 2000)
```

방법2

```
age = int(input('나이: '))
if [          ] :
  print('입장료:', 5000)
else:
  print('입장료:', 2000)
```

방법3

```
age = int(input('나이: '))
if [          ] :
  print('입장료:', 2000)
else:
  print('입장료:', 5000)
```

```
나이: 61
입장료: 2000
```

06 다음은 사용자로부터 입력받은 정수가 3의 배수 또는 7의 배수인지 판별하는 프로그램입니다. 사용자가 21을 입력했을 때 실행결과가 오른쪽과 같도록 빈칸을 채워 코드를 완성하시오.

```
num = int(input('정수: '))

if [          ] :
  if [          ] :
    print('3의 배수면서 7의 배수')
  else:
    print('3의 배수')
else:
  if [          ] :
    print('7의 배수')
  else:
    print('3과 7의 배수 아님')
```

```
정수: 21
3의 배수면서 7의 배수
```

07 다음은 두 개의 물체에 대한 이동 거리와 이동하는 데 걸린 시간을 입력받아 둘 중 어느 물체가 더 빠른지 알려주는 프로그램입니다. 실행결과가 예시와 같도록 빈칸을 채워 코드를 완성하시오.

$$\text{물체의 속력} = \frac{\text{거리}}{\text{시간}}$$

```
a_distance = int(input('1번 물체가 이동한 거리(미터): '))
a_time = int(input('1번 물체가 이동하는 데 걸린 시간(초): '))
b_distance = int(input('2번 물체가 이동한 거리(미터): '))
b_time = int(input('2번 물체가 이동하는 데 걸린 시간(초): '))

a_speed = [          ]
b_speed = [          ]
if [          ] :
  print('1번 물체가 더 빠릅니다')
elif [          ] :
  print('두 물체의 속력이 같습니다')
else:
  print('2번 물체가 더 빠릅니다')
```

```
1번 물체가 이동한 거리(미터): 100
1번 물체가 이동하는 데 걸린 시간(초): 25
2번 물체가 이동한 거리(미터): 350
2번 물체가 이동하는 데 걸린 시간(초): 70
2번 물체가 더 빠릅니다
```

08 함수를 사용해서 초 단위 시간을 시간, 분, 초 단위로 변환하는 다음 코드의 빈칸을 채우시오.

```
def time_conversion(second):
  hour = second // (60*60)
  second = second % (60*60)
  min = second // 60
  second = second % 60
  [          ] hour, min, second

time = int(input('초 단위 시간: '))
[          ] = [          ]
print(f'{h}시간 {m}분 {s}초')
```

```
초 단위 시간: 8750
2시간 25분 50초
```

HINT 함수는 return을 사용해서 값을 반환합니다.

프로그래밍 문제

01 다음 프로그램을 if~elif~else 문을 포함하되 기능이 같도록 수정하시오.

```
age = int(input('나이: '))
if age < 8:
  print('3000원')
if 8 <= age < 60:
  print('5000원')
if age >= 60:
  print('무료')
```

[실행 예]

```
나이: 23
5000원
```

02 다음 프로그램을 논리 연산자와 if~else 문을 포함하되 기능이 같도록 수정하시오.

```
gender = input('성별(m 또는 f): ')
age = int(input('나이: '))
if gender == 'f':
  print('3000원')
elif age < 8:
  print('3000원')
else:
  print('5000원')
```

[실행 예]

```
성별(m 또는 f): m
나이: 21
5000원
```

HINT 여성이거나 8세 미만이면 3000원이고, 그렇지 않으면 5000원입니다.

03 네 개의 함수를 이용해서 사칙연산을 하는 다음 프로그램을 하나의 함수를 이용한 프로그램으로 수정하시오.

```
def add(x, y):
  return x+y

def sub(x, y):
  return x-y

def mul(x, y):
  return x*y

def div(x, y):
  return x/y

a = int(input('정수: '))
b = int(input('정수: '))
n1 = add(a,b)
n2 = sub(a,b)
n3 = mul(a,b)
n4 = div(a,b)
print(f'{a}+{b}={n1}')
print(f'{a}-{b}={n2}')
print(f'{a}*{b}={n3}')
print(f'{a}/{b}={n4}')
```

[실행 예]

```
정수: 15
정수: 6
15+6=21
15-6=9
15*6=90
15/6=2.5
```

HINT 함수에서 덧셈, 뺄셈, 곱셈, 나눗셈 결과를 한꺼번에 반환하게 합니다.

04 **체질량지수(BMI, Body Mass Index)를 구하는 식은 다음과 같습니다. 몸무게의 단위는 kg이고 키의 단위는 m입니다.**

$$\text{체질량지수} = \frac{\text{몸무게}}{\text{키} \times \text{키}}$$

또한 체질량지수에 따른 비만도 판정 기준은 다음과 같습니다. 사용자로부터 키와 몸무게를 입력받아 비만도를 판정하는 프로그램을 작성하시오.

체질량지수	판정
~ 18.5 미만	저체중
18.5 이상 ~ 23 미만	정상
23 이상 ~ 25 미만	과체중
25 이상 ~ 30 미만	1단계 비만
30 이상 ~ 35 미만	2단계 비만
35 이상	고도비만

HINT 키와 몸무게로 계산한 체질량지수를 이용해서 비만도를 판정합니다. 비만도 판정은 `if~elif~else` 문을 사용합니다.

05 **`get_result(score1, score2, score3)` 함수를 이용해서 3개의 성적 평균이 70점 이상이면 '합격'을 출력하고, 그렇지 않으면 '불합격'을 출력하는 프로그램을 작성하시오.**

[실행 예]

```
성적1: 65
성적2: 80
성적3: 88
합격
```

HINT `get_result` 함수에서 직접 결과를 출력하도록 구현하거나 `get_result` 함수에서 결과를 반환하도록 구현합니다.

06 선택 구조를 활용한 교과 융합 프로그램을 작성하시오.

프로그램 이름	
학교급 및 관련 교과	*(예시) 대학교 일반물리학*
프로그램 설명	
프로그램 소스	

CHAPTER 04

반복 구조

학습목표

- 반복 구조의 개념을 설명할 수 있습니다.
- for 문을 이용하여 프로그램을 작성할 수 있습니다.
- while 문을 이용하여 프로그램을 작성할 수 있습니다.

Preview

반복 구조란 임의의 문장을 반복해서 실행하는 구조입니다. 이번 장에서는 반복 구조의 개념, 정해진 횟수만큼 반복해서 문장을 실행하는 `for` 문, 조건식이 참인 동안 문장을 반복해서 실행하는 `while` 문에 대해 알아봅니다. 그리고 숫자 맞히기 게임 프로그램, 번역기 프로그램을 작성해 봅니다.

4.1 for 문

1 반복 구조와 반복문

반복 구조iteration란 임의의 문장을 반복해서 실행하는 구조를 말하며, 순서도로 나타내면 [그림 4-1]과 같습니다.

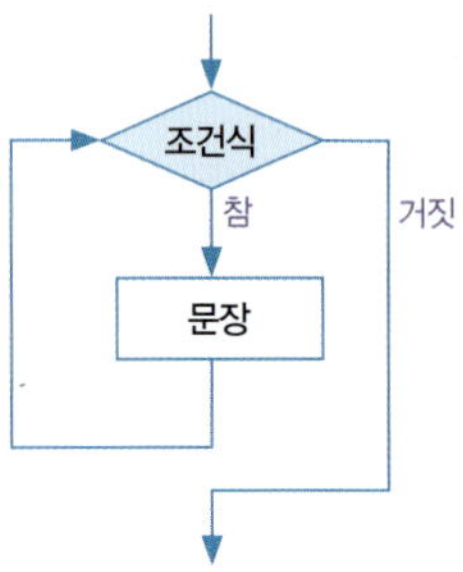

그림 4-1 반복 구조의 순서도

다음 예제는 1부터 100까지의 난수를 5번 출력하는 프로그램입니다.

코드 4-1

```
01 import random
02
03 print(random.randint(1,100))
04 print(random.randint(1,100))
05 print(random.randint(1,100))
06 print(random.randint(1,100))
07 print(random.randint(1,100))
```

```
92
89
65
8
99
```

01 random 라이브러리를 불러옵니다.

03 1부터 100까지의 정수 중 하나를 무작위로 선택해서 출력합니다.

이 프로그램에서 print(random.randint(1,100)) 행이 5번 반복됩니다. 그런데 만약 난수를 5개 생성하는 것이 아니라 100개, 1,000개 생성해야 한다면 이와 같은 방법으로 프로그램을 작성하는 것은 한계가 있습니다. 이런 경우에 임의의 문장을 반복해서 실행하기 위한 반복문으로 for 문과 while 문을 사용합니다. 반복문을 이용한 프로그램 구조를 반복 구조라 합니다.

반복문

for 문	while 문

for 변수 in 셀 수 있는 것:
    문장
	while 조건식:
	    문장

그림 4-2 반복 구조인 for 문과 while 문

다음은 앞의 코드를 for 문으로 바꿔 작성한 것으로, 만약 난수를 5개가 아닌 100개 생성해야 한다면 03행의 5를 100으로 바꾸기만 하면 됩니다. 코드 내용은 아직 몰라도 됩니다. 곧 알게 될 겁니다.

코드 4-2

```
01  import random
02
03  for i in range(5):
04    print(random.randint(1,100))
```

2 for 문의 활용

for 문은 정해진 횟수만큼 반복해서 문장을 실행합니다. 마치 피아노 곡을 연습할 때 연주를 한 번 마칠 때마다 포도알을 하나씩 색칠하는 것과 같습니다. 연주를 시작하기 전에 포도알을 미리 그려놓듯이 for 문에 '셀 수 있는 것'을 설정해 놓고 문장을 반복하게 합니다.

| Syntax | for 문

```
for 변수 in 셀 수 있는 것:
  문장
```

'셀 수 있는 것'의 수만큼 반복해서 '문장'을 실행한다.

'셀 수 있는 것'의 오른쪽에는 콜론(:)이 위치하고, 반복해서 실행할 '문장'은 반드시 들여쓰기indentation 해야 합니다. 셀 수 있는 것에는 범위, 문자열, 리스트, 딕셔너리 등이 들어갈 수 있습니다. for 문에서는 이 중에서 범위가 가장 많이 사용됩니다. 범위는 **range 함수**를 통해 만들 수 있습니다.

| Syntax | range() 함수

```
range(시작값, 종료값, 증가값)
```

'시작값'으로 시작해서 '증가값'만큼 증가하며 '종료값' 바로 전까지의 정수를 생성한다. '증가값'을 입력하지 않으면 기본 증가값은 1이고, '시작값'을 입력하지 않으면 기본 시작값은 0이다.

range 함수는 입력하는 매개변수의 개수에 따라 세 가지 형식으로 구분됩니다. range 함수에는 종료값만 입력해도 되고, 시작값과 종료값을 입력하거나 시작값, 종료값, 증가값 모두 입력할 수 있습니다.

표 4-1 range 함수의 3가지 형식

형식	설명	예시	결과
range(종료값)	0으로 시작해서 1씩 증가하며 종료값 전까지의 정수를 생성한다.	range(5)	0, 1, 2, 3, 4
range(시작값, 종료값)	시작값으로 시작해서 1씩 증가하며 종료값 전까지의 정수를 생성한다.	range(2, 7)	2, 3, 4, 5, 6
range(시작값, 종료값, 증가값)	시작값으로 시작해서 증가값만큼 증가시키면서 종료값 전까지의 정수를 생성한다.	range(2, 11, 3)	2, 5, 8

문자열 출력을 반복하는 프로그램

다음은 for 문에서 범위를 사용한 예인데, '안녕!'을 3번 출력합니다. 01행의 range(3)은 0, 1, 2를 의미하므로 for 문은 a가 0일 때 첫 번째, a가 1일 때 두 번째, a가 2일 때 세 번째 반복을 함으로써 총 3번 반복합니다. 반복할 때마다 02행을 실행합니다.

코드 4-3

```
01 for a in range(3):
02   print('안녕')
```

```
안녕
안녕
안녕
```

- **첫 번째 반복** a는 0이고 반복 문장인 02행을 실행합니다.
- **두 번째 반복** a는 1이 되고 반복 문장인 02행을 실행합니다.
- **세 번째 반복** a는 2가 되고 반복 문장인 02행을 실행합니다. for 문이 종료됩니다.

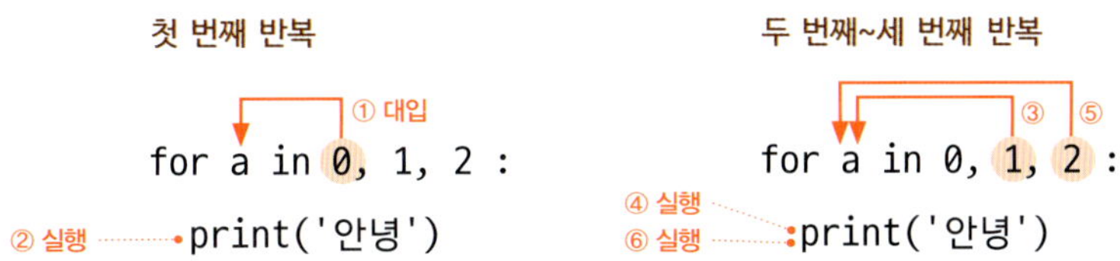

그림 4-3 [코드 4-3] for 문의 반복 과정

for 문의 값이 변하는 변수

다음 예제를 통해 a에 어떤 값이 저장되는지 확인해 봅시다.

코드 4-4

```
01 for a in range(2, 5):
02   print(a)
```

```
2
3
4
```

01 range(2, 5)는 2, 3, 4를 의미하며 for 문은 총 3번 반복합니다. 반복할 때마다 a에 2, 3, 4가 각각 대입됩니다.

표 4-2 반복 횟수에 따른 변수의 값

반복 횟수	range(2, 5)	a
1	**2**, 3, 4	2
2	2, **3**, 4	3
3	2, 3, **4**	4

- **첫 번째 반복** a는 2이고 반복 문장인 02행이 실행되어 2가 출력됩니다.
- **두 번째 반복** a는 3이 되고 반복 문장인 02행이 실행되어 3이 출력됩니다.
- **세 번째 반복** a는 4가 되고 반복 문장인 02행이 실행되어 4가 출력됩니다.

그림 4-4 [코드 4-4] for 문의 반복 과정

range 함수에서 증가값이 음수인 경우

다음은 range 함수의 세 번째 매개변수인 증가값을 음수로 지정한 경우입니다. [코드 4-5]에서 range(10, 1, -3)은 10으로 시작해서 -3만큼 증가, 즉 3만큼 감소시켜 1 바로 전의 정수까지의 범위를 의미하므로 10, 7, 4가 됩니다. 결국 for 문에서 a에 10, 7, 4 순으로 대입되어 총 3번 반복합니다. 종료값인 1은 포함되지 않는다는 것을 꼭 기억하기 바랍니다.

코드 4-5

```
01  for a in range(10, 1, -3):
02    print(a)
```

```
10
7
4
```

01행의 range(10, 1, -3)은 10, 7, 4를 의미하므로 for 문은 총 3번 반복하며, 반복할 때마다 a에 이 값들이 대입됩니다

표 4-3 반복 횟수에 따른 변수의 값

반복 횟수	range(10, 1, -3)	a
1	**10**, 7, 4	10
2	10, **7**, 4	7
3	10, 7, **4**	4

정수의 합을 구하는 프로그램

다음은 1부터 5까지의 합을 구하는 프로그램을 작성해 보겠습니다. 가장 쉽게 생각할 수 있는 방법은 다음과 같습니다.

코드 4-6

```
sum = 1+2+3+4+5
print(sum)
```

```
15
```

만약 1부터 5까지의 합이 아니라 1부터 10,000까지의 합을 계산해야 한다면 이와 같은 방법으로 프로그램을 작성하는 것은 한계가 있습니다. for 문을 사용하면 이런 문제를 간단히 해결할 수 있는데, for 문을 사용하기에 앞서 다음 코드를 살펴보겠습니다. 이 코드 역시 1부터 5까지의 합을 구하는 것임을 어렵지 않게 알 수 있습니다.

코드 4-7

```
01 sum = 0
02 sum += 1
03 sum += 2
04 sum += 3
05 sum += 4
06 sum += 5
07 print(sum)
```

02~06 sum에 더해지는 수만 다르고 형식이 동일합니다. 이런 경우에 for 문을 사용해서 a 값이 1, 2, 3, 4, 5가 되게 하고 sum += a를 5번 반복해서 실행하면 됩니다. 그렇다면 [그림 4-5]에서 for 문의 x, y에 어떤 수가 들어가야 할지 생각해 봅시다.

```
sum += 1
sum += 2
sum += 3        for a in range(x,y):
sum += 4          sum += a
sum += 5
```

그림 4-5 형식이 동일한 부분을 for 문으로 변경

a 값이 1, 2, 3, 4, 5가 되게 하려면 x는 1로, y는 6으로 지정하면 됩니다. 완성된 프로그램은 다음과 같습니다.

코드 4-8

```
01 sum = 0
02 for a in range(1, 6):
03     sum += a
04 print(sum)
```

```
15
```

01행에서 sum에는 0이 저장됩니다. 02행의 첫 번째 반복에서 a는 1이 되고, 03행의 sum += a에 의해 sum은 1이 되어 다음 반복을 실행하게 됩니다. 이런 동작 과정을 다음과 같이 정리할 수 있는데, 결국 sum은 15가 됩니다.

표 4-4 반복 횟수에 따른 변수의 값

반복 횟수	a	03행 실행 내용	sum
0	값 없음	03행 실행 전	0
1	1	sum에 0+1 대입	1
2	2	sum에 1+2 대입	3
3	3	sum에 3+3 대입	6
4	4	sum에 6+4 대입	10
5	5	sum에 10+5 대입	15

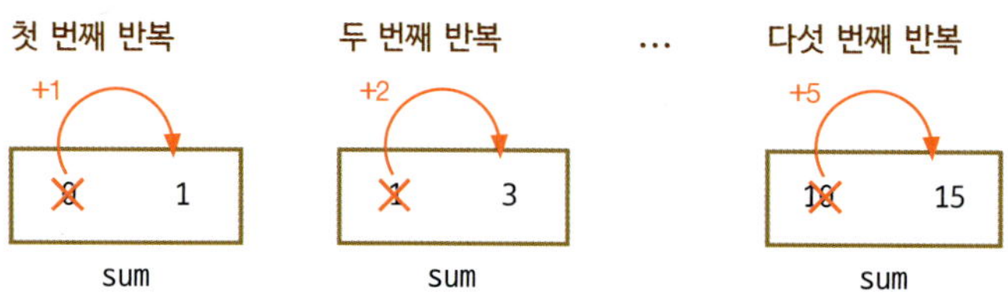

그림 4-6 반복 횟수에 따른 sum 변수 값의 변화

약수를 구하는 프로그램

다음으로 약수를 구하는 프로그램을 작성해 보겠습니다. 어떤 수의 약수란 그 수를 나누어 떨어지게 하는 수입니다. 6의 약수를 구하는 과정을 살펴봅시다. 6을 1로 나누었을 때 나누어 떨어지므로 1은 6의 약수입니다. 다음으로 6을 2로 나누었을 때 나누어 떨어지므로 2는 6의 약수입

니다. 마찬가지 방법으로 3 역시 6의 약수입니다. 그러나 4와 5는 6을 나누어 떨어지게 하는 수가 아니므로 약수가 아닙니다. 마지막으로 6을 6으로 나누면 나누어 떨어지므로 6은 6의 약수입니다.

표 4-5 6의 약수

피제수	제수	나머지	약수
6	1	0	○
6	2	0	○
6	3	0	○
6	4	2	×
6	5	1	×
6	6	0	○

TIP '피제수'는 나눠지는 수를 의미하고 '제수'는 나누는 수를 의미합니다. 예를 들어 6 나누기 2에서 6은 피제수이고 2는 제수입니다.

이 과정을 코드로 정리해 보겠습니다. 약수를 구하고 싶은 수가 num이라면 제수인 a를 1부터 1씩 증가하면서 num이 될 때까지 반복하면서 num을 a로 나눈 나머지가 0인지 판단하면 a가 num의 약수인지 알 수 있습니다.

```
for a in range(1, num+1):
    if num%a == 0:
        # a는 약수
```

완성한 프로그램은 다음과 같습니다.

코드 4-9

```
01 num = int(input('정수: '))
02 for a in range(1, num+1):
03   if num%a == 0:
04     print(a, end=' ')
```

```
정수: 18
1 2 3 6 9 18
```

02 a가 1로 시작해서 1씩 증가하며 num이 될 때까지 반복합니다.

03 num을 a로 나눈 나머지가 0이라는 것은 a가 num의 약수임을 의미합니다.

LAB 전 직원의 월급 총액 구하기

어느 회사의 직급별 월급이 다음과 같다고 가정할 때, 전체 직원의 직급과 본봉을 이용해서 월급 총액을 구하는 프로그램을 만들어보겠습니다. 프로그램에서 employee_num은 전체 직원 수를 저장하는 변수이고 total은 월급 총액을 저장하는 변수입니다.

표 4-6 직급별 월급

직급	월급
2급 이상	본봉 + 상여금(본봉의 30%)
2급 미만	본봉 + 상여금(본봉의 20%)

코드 4-10

```
01 employee_num = 3
02 total = 0
03 
04 for i in range(employee_num):
05   rank = int(input('직급: '))
06   basic_salary = int(input('본봉: '))
07   if rank>=2:
08     bonus = basic_salary*0.3
09   else:
10     bonus = basic_salary*0.2
11   salary = basic_salary + bonus
12   total += salary
13 print('월급총액:', total)
```

```
직급: 1
본봉: 250
직급: 2
본봉: 150
직급: 1
본봉: 200
월급총액: 735.0
```

동작 과정

1 02행에서 월급 총액을 저장할 total 변수에 0을 저장합니다.

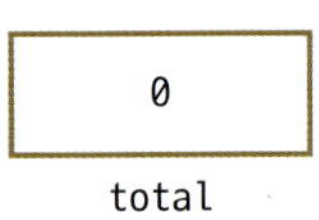

2 04행에서 employee_num이 3이므로 range(employee_num)에 의해 for 문은 3번 반복합니다. for 문을 반복할 때마다 각 직원의 월급을 계산해서 total에 추가합니다.

3 **첫 번째 반복**의 05~06행에서 첫 번째 직원의 직급과 본봉을 입력받아 rank와 basic_salary에 저장합니다. 일단 1과 250이라 가정합니다.

0	1	250
total	rank	basic_salary

4 07행의 조건식 rank>=2가 거짓이므로 10행을 실행하여 bonus는 250×0.2, 즉 50이 됩니다.

0	1	250	50
total	rank	basic_salary	bonus

5 11행에서 salary는 300이 되고, 12행에서 total은 300이 됩니다. 첫 번째 직원의 월급이 월급 총액에 더해집니다.

300	1	250	50	300
total	rank	basic_salary	bonus	salary

6 for 문의 **두 번째 반복**에서는 두 번째 직원에 대한 월급을 계산해서 total에 추가합니다. rank와 basic_salary를 2와 150으로 가정하면 bonus는 45가 되고 salary는 195가 됩니다. 결국 total은 495입니다.

495	2	150	45	195
total	rank	basic_salary	bonus	salary

7 **세 번째 반복**에서는 세 번째 직원에 대한 월급을 계산해서 total에 추가합니다. rank와 basic_salary를 1과 200으로 가정하면 bonus는 40이 되고 salary는 240이 됩니다. 결국 total은 735입니다.

735	1	200	40	240
total	rank	basic_salary	bonus	salary

LAB 경진대회 평가 점수 구하기

다음은 제시한 [조건]에 따라 경진대회 작품의 평가 점수를 구하는 프로그램입니다. sum은 모든 심사 위원들의 평가 점수의 합을, max_score는 최고 점수를 저장하는 변수입니다.

[조건]

- 심사 위원 5명이 심사에 참여한다.
- 심사의 공정성을 기하기 위하여 작품 평가 점수는 심사 위원의 평가 점수 가운데 최고 점수를 뺀 나머지 점수들의 평균이다.

코드 4-11

```
01 judge_num = 5
02 sum = 0
03 max_score = 0
04
05 for i in range(judge_num):
06   score = int(input(f'심사위원{i+1} 평가 점수: '))
07   sum += score
08   if score>max_score:
09     max_score = score
10 sum -= max_score
11 print('작품 평가 점수:', sum/(judge_num-1))
```

```
심사위원1 평가 점수: 70
심사위원2 평가 점수: 100
심사위원3 평가 점수: 90
심사위원4 평가 점수: 100
심사위원5 평가 점수: 80
작품 평가 점수: 85.0
```

동작 과정

1 02~03행에서 평가 점수의 합을 저장할 sum에 0을, 최고 점수를 저장할 max_score에 0을 저장합니다.

2 05행에서 전체 평가 위원 수인 judge_num이 5이므로 range(judge_num)에 의해 for 문은 5번 반복합니다. for 문을 반복할 때마다 각 평가 위원의 점수를 sum에 추가하고 최고 점수를 파악하기 위한 일을 수행합니다.

3 **첫 번째 반복**의 06행에서 첫 번째 심사 위원의 평가 점수를 입력받아 score에 저장합니다. 점수가 70이라 가정하겠습니다.

0	0	70
sum	max_score	score

4 07행에서 sum 값을 첫 번째 심사 위원의 평가 점수만큼 증가시킵니다.

70	0	70
sum	max_score	score

5 08행의 조건식 score>max_score가 참이므로 09행을 실행하여 max_score는 70이 됩니다. max_score는 입력받은 평가 점수 중 가장 큰 값을 저장하는 변수로, 전체 평가 점수 합에서 뺄 값입니다.

70	70	70
sum	max_score	score

6 **두 번째 반복**의 06행에서 두 번째 심사 위원의 평가 점수인 100을 입력받아 score에 저장합니다.

70	70	100
sum	max_score	score

7 07행에서 sum 값을 score인 100만큼 증가시키고, 08행의 조건식이 참이므로 09행에서 max_score에 score 값인 100을 저장합니다. 지금까지 평가 점수 중 가장 큰 점수가 max_score에 저장됩니다.

170	100	100
sum	max_score	score

8 같은 동작을 모든 평가 위원들에 대해 반복합니다.

9 10행에서 평가 점수의 합인 sum에서 최고 점수가 저장되어 있는 max_score를 뺍니다. 그리고 11행에서 평가 점수 평균을 구해 출력합니다.

LAB 적정 심박수 구하기

안전하게 운동하기 위해서는 적절한 운동 강도를 설정해야 합니다. 카르보넨 공식은 나이와 안정 시 심박수를 이용해서 설정한 운동 강도에 해당하는 목표 심박수를 계산하는 공식입니다. 공식에서 (220−나이)는 예상되는 최대 심박수입니다.

목표 심박수 = (((220−나이)−안정 시 심박수)*강도)+안정 시 심박수

다음은 나이와 안정 시 심박수를 이용해서 최대 운동 강도의 40%부터 50%, 60%, 70%, 80%에 해당하는 목표 심박수를 계산하는 프로그램입니다. 04행의 intensity는 운동 강도를 의미하고, 05행의 resting_HR은 안정 시 심박수, target_HR은 목표 심박수를 의미합니다.

코드 4-12

```
01 age = int(input('나이: '))
02 resting_HR = int(input('안정 시 심박수: '))
03 for a in range(40, 81, 10):
04   intensity = a/100
05   target_HR = (((220-age)-resting_HR)*intensity)+resting_HR
06   print(f'강도:{a}% 목표 심박수:{target_HR}bpm')
```

```
나이: 25
안정 시 심박수: 70
강도:40% 목표 심박수:120.0bpm
강도:50% 목표 심박수:132.5bpm
강도:60% 목표 심박수:145.0bpm
강도:70% 목표 심박수:157.5bpm
강도:80% 목표 심박수:170.0bpm
```

동작 과정

1. 01~02행에서 나이와 안정 시 심박수를 입력받아 age와 resting_HR에 저장합니다. 나이가 25이고 안정 시 심박수가 70이라 가정하겠습니다.
2. 03행에서 range(40, 81, 10)은 40, 50, 60, 70, 80을 의미하므로 for 문을 5번 반복합니다.

3 **첫 번째 반복**은 운동 강도가 40%인 경우이므로 `intensity`에 `0.4`가 저장되고, 카르보넨 공식을 이용해 목표 심박수를 구한 다음 `target_HR`에 저장합니다. 과정 **1**과 같이 입력했다면 목표 심박수는 `120`입니다.

25	70	0.4	120
age	resting_HR	intensity	target_HR

4 **두 번째 반복**에서는 운동 강도가 `0.5`인 경우의 목표 심박수를 구하고, 세 번째 반복에서는 운동 강도가 `0.6`인 경우의 목표 심박수를 구합니다. 이와 같은 동작을 강도가 `0.7`, `0.8`인 경우에 대해 반복합니다.

4.2 while 문

1 while 문의 활용

while 문의 형식은 다음과 같습니다. 조건식이 참인 동안 문장을 반복해서 실행하고 거짓이면 while 문을 종료합니다.

| Syntax | **while 문**

```
while 조건식:
    문장
```

'조건식'이 참인 동안 '문장'을 반복해서 실행한다.

다음 예시에서 while 문이 어떻게 동작하는지 살펴보겠습니다.

코드 4-13

```
01  a = 1
02  while a<=3:
03      print(f'{a}회 반복')
04      a += 1
```

```
1회 반복
2회 반복
3회 반복
```

01 a에 1을 저장합니다.

02 while 조건식인 a<=3이 참인지 판단합니다. 참이므로 03~04행을 실행합니다.

- **첫 번째 반복** 03행에서 '1회 반복'을 출력합니다. 04행을 실행하면 a는 2가 됩니다.
- **두 번째 반복** 02행으로 돌아가서 조건식이 참인지 판단합니다. 이번에도 참이므로 다시 03~04행을 실행합니다. 03행에서 '2회 반복'을 출력합니다. 04행을 실행하면 a는 3이 됩니다.
- **세 번째 반복** 02행으로 돌아가서 조건식이 참인지 판단합니다. 이번에도 참이므로 다시 03~04행을 실행합니다. 03행에서 '3회 반복'을 출력합니다. 04행을 실행하면 a는 4가 됩니다.

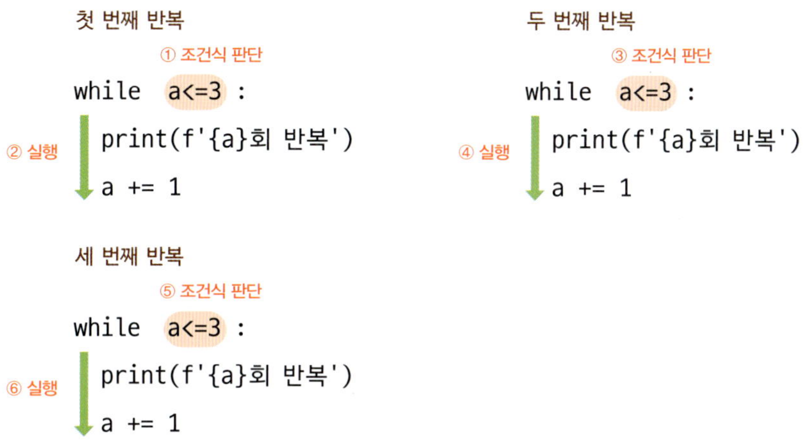

그림 4-7 [코드 4-13] while 문의 반복 과정

02행으로 돌아가서 조건식인 a<=3이 참인지 판단하는데 이번에는 거짓이므로 while 문을 더 이상 반복하지 않고 종료합니다.

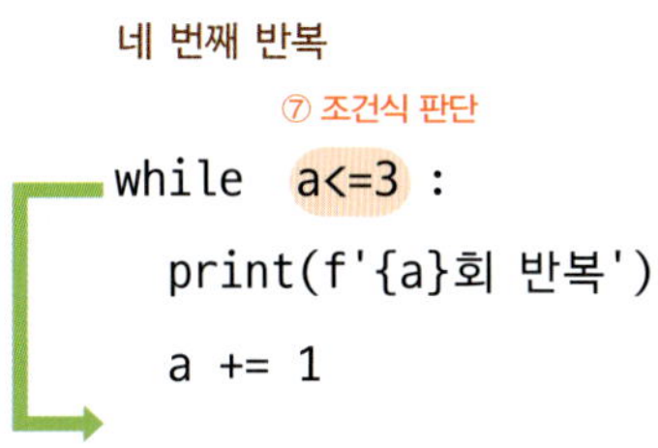

정수의 합을 구하는 프로그램

다음은 while 문을 이용해서 1부터 5까지 정수의 합을 구하는 프로그램입니다.

코드 4-14

```
sum = 0
a = 1
while a<=5:
  sum += a
  a += 1
print(sum)
```

```
15
```

01~02 sum에 0을 저장하고 a에 1을 저장합니다.

03 while 조건식인 a<=5가 참인지 판단합니다. 참이므로 04~05행을 실행합니다.

- **첫 번째 반복** sum은 1이 되고 a는 2가 됩니다.
- **두 번째 반복** 03행으로 돌아가 조건식이 참인지 판단합니다. 이번에도 참이므로 04~05행을 다시 실행합니다. 이번에 sum은 3이 되고 a는 3이 됩니다.

이와 같은 동작을 반복하다가 03행의 조건식인 a<=5가 거짓이 되면 while 문을 종료합니다. 결국 sum에는 1부터 5까지의 합이 저장됩니다.

① 조건식 판단

② 실행

```
while  a<=5 :
    sum += a
    a += 1
```

그림 4-8 [코드 4-14] while 문의 반복 과정

입력한 값에 따라 다르게 동작하는 프로그램

이번에는 사용자가 입력한 값에 따라 다르게 동작하는 프로그램을 작성해 보겠습니다. 문자열로 이름을 입력받고 숫자로 나이를 입력받아야 하며, '종료'라는 문자열을 입력받으면 프로그램을 종료합니다. 이 프로그램에서는 입력받은 내용이 숫자 형식인지를 판별하는 과정이 필요한데 이때 isdigit 함수를 사용하면 됩니다.

| Syntax | **isdigit() 함수**

```
문자열.isdigit()
```

'문자열'이 숫자 형식인지 판별한다. 숫자 형식이면 True를, 그렇지 않으면 False를 반환한다.

TIP print 함수와 isdigit 함수의 사용 형식에는 차이가 있습니다. print는 함수 이름만으로 호출하는 반면, isdigit는 독립적으로 호출하지 못하고 문자열 뒤에 마침표(.)를 찍고 함수 이름을 연결하여 호출합니다. isdigit와 같은 함수를 메서드라 하는데 사용 형식은 다음과 같습니다.

```
객체.메서드()
```

이 책에서는 함수와 메서드를 구분하지 않고 함수라고 말할 것이고, 객체와 메서드에 대한 상세한 내용은 '10장 객체'에서 살펴보겠습니다.

반복문을 빠져나올 때는 break 키워드를 사용합니다.

| Syntax | **break 키워드**

```
break
```

반복문을 빠져나온다.

바로 전체 프로그램을 살펴보겠습니다.

코드 4-15

```
01 while True:
02   answer = input('이름 or 나이 or 종료: ')
03   if answer == '종료':
04     print('종료하겠습니다.')
05     break
06   elif answer.isdigit():
07     print(f'{answer}세이군요')
08   else:
09     print(f'{answer}님! 반갑습니다.')
```

```
이름 or 나이 or 종료: 홍길동
홍길동님! 반갑습니다.
이름 or 나이 or 종료: 19
19세이군요
이름 or 나이 or 종료: 종료
종료하겠습니다.
```

01 while 조건식에 True만 있으므로 조건식이 항상 참이 되어 무한히 반복됩니다.

① 조건식 판단

```
while True :
    answer = input('이름 or 나이 or 종료: ')
    if answer == '종료':
```

② 실행

- **첫 번째 반복** 사용자로부터 입력받은 내용을 answer에 저장합니다. 이제부터는 answer 값이 '종료', 나이, 이름 중 무엇인지에 따라 다르게 동작합니다.

```
만약 answer가 '종료'면
    종료
그렇지 않고 answer가 나이면
    나이 출력
그렇지 않으면
    이름 출력
```

사용자가 '**홍길동**'을 입력했다고 가정하겠습니다. answer의 값이 '**종료**'도 아니고 숫자 형식도 아니므로 09행을 실행하여 '**홍길동님! 반갑습니다.**'를 출력합니다.

- **두 번째 반복** 01행으로 올라가서 조건식인 True가 참인지 판단해야 하는데 참이므로 02~09행을 실행합니다. 두 번째에는 사용자가 '19'를 입력했다고 가정하겠습니다. answer 값 '19'는 숫자 형식의 문자열이므로 06행의 answer.isdigit()이 참이 되어 07행에서 '**19세 이군요**'를 출력합니다.
- **세 번째 반복** 01행으로 올라가서 조건식인 True가 참인지 판단해야 하는데 참이므로 02~09행을 실행합니다. 세 번째에는 사용자가 '**종료**'를 입력했다고 가정하겠습니다. 조건식 answer == '**종료**'가 참이므로 04~05행을 실행합니다. 04행에서 '**종료하겠습니다.**'를 출력하고 05행의 break로 while 문을 종료합니다.

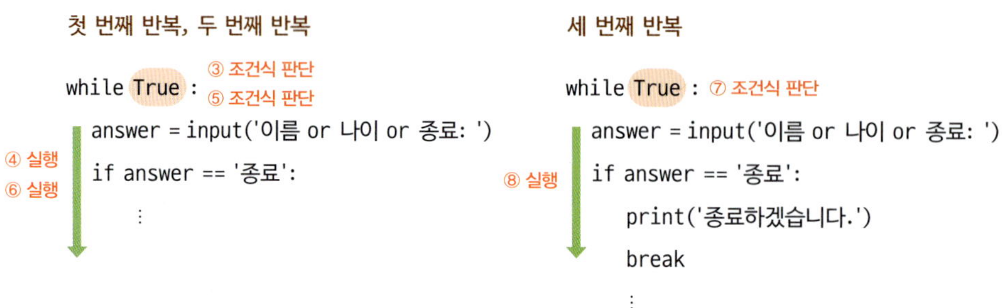

그림 4-9 [코드 4-15] while 문의 반복 과정

LAB 5만 원 모으기

다음은 첫째 날에 100원, 둘째 날에 200원, 셋째 날에는 300원, …과 같은 식으로 저금할 경우 5만원을 모으기까지 며칠이 걸리는지 구하는 프로그램입니다. 프로그램에서 sum은 저금한 총액을, money는 일자별로 저금하는 금액을, day는 저금한 일수를 저장하는 변수입니다.

코드 4-16

```
01 sum = 0
02 money = 100
03 day = 0
04 while sum<50000:
05     sum += money
06     day += 1
07     money += 100
08 print(day)
```

```
32
```

동작 과정

1 01~03행에서 저금 총액을 저장할 sum에 0을, 일자별로 저금하는 금액을 저장하는 money에 100을, 저금한 일수를 저장하는 day에 0을 저장합니다.

2 04행의 while 조건식인 sum<50000이 참인지 판단합니다. 참이므로 05~07행을 실행합니다.

조건식 판단

```
while sum<50000:
    sum += money
    day += 1
    money += 100
```

실행

3 05~07행에서 sum은 0+100을 대입해 100이 되고, money는 100+100을 대입해 200이 되고, day는 0+1을 대입해 1이 됩니다.

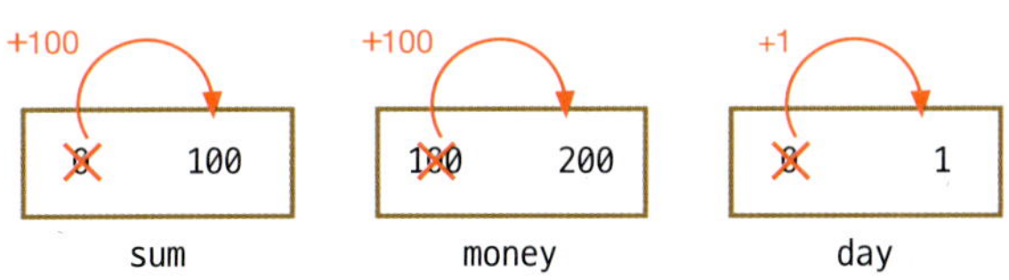

4 04행의 while 조건식인 sum<50000이 참이므로 05~07행을 실행합니다.

5 05~07행에서 sum은 300이 되고, money는 300이 되고, day는 2가 됩니다.

6 이와 같은 동작을 반복하다가 04행의 while 조건식인 sum<50000이 거짓, 즉 sum이 50000 이상이 되면 while 문을 종료합니다. 결국 day에는 sum이 50000 이상이 될 때의 날짜 수가 저장됩니다.

LAB 자릿수의 합 구하기

다음은 정수 각 자릿수의 합을 구하는 프로그램입니다. 예를 들어 234의 각 자릿수의 합은 2+3+4이므로 9입니다.

코드 4-17

```
01 num = int(input('정수: '))
02 sum = 0
03 while num>0:
04   sum += num%10
05   num = num//10
06 print(sum)
```

```
정수: 234
9
```

동작 과정

1 01행에서 입력받은 정수인 234를 num에 저장하고, 02행에서 자릿수의 합을 저장할 sum에 0을 저장합니다.

2 03행의 while 조건식인 num>0이 참이므로 04~05행을 실행합니다.

04행에서 sum 값을 num%10인 4만큼 증가시킵니다. 그리고 05행에서 num//10인 23을 num에 저장하고 03행으로 돌아갑니다.

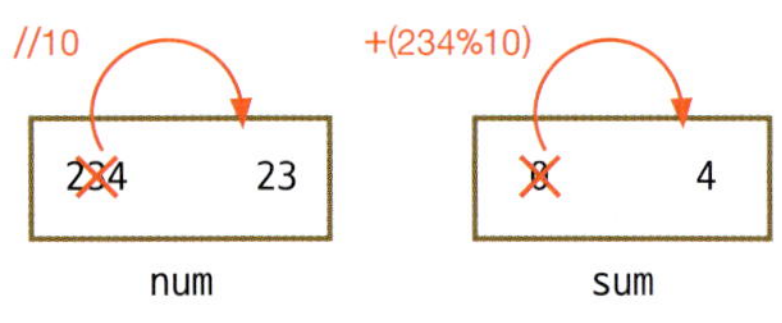

TIP num%10은 정수 num의 일의 자리 숫자를 의미합니다.

3 03행의 조건식이 참이므로 04~05행을 실행합니다. 04행에서 sum 값을 num%10인 3만큼 증가시킵니다. 이제 sum에는 일의 자리 숫자와 십의 자리 숫자의 합이 저장되었습니다. 05행에서 num//10인 2를 num에 저장하고 03행으로 돌아갑니다.

4 03행의 조건식이 참이므로 04~05행을 실행합니다. 04행에서 `sum` 값을 `num%10`인 `2`만큼 증가시킵니다. 이제 `sum`에는 일의 자리 숫자와 십의 자리 숫자, 백의 자리 숫자의 합이 저장되었습니다. 05행에서 `num//10`인 `0`을 `num`에 저장하고 03행으로 돌아갑니다.

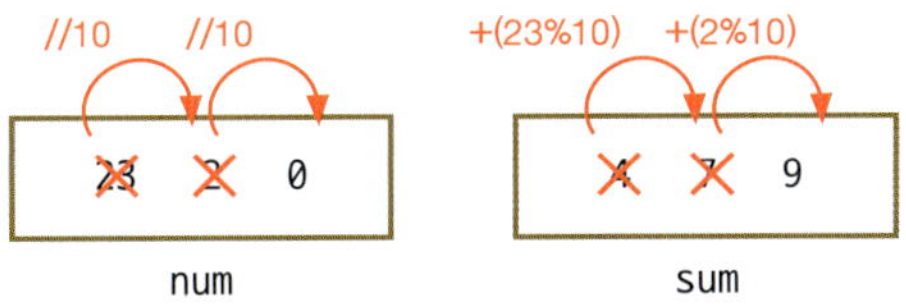

5 03행 조건식인 `num>0`이 거짓이므로 `while` 문을 종료합니다. 결국 06행에서 모든 자리 숫자의 합인 `sum` 값 `9`를 출력합니다.

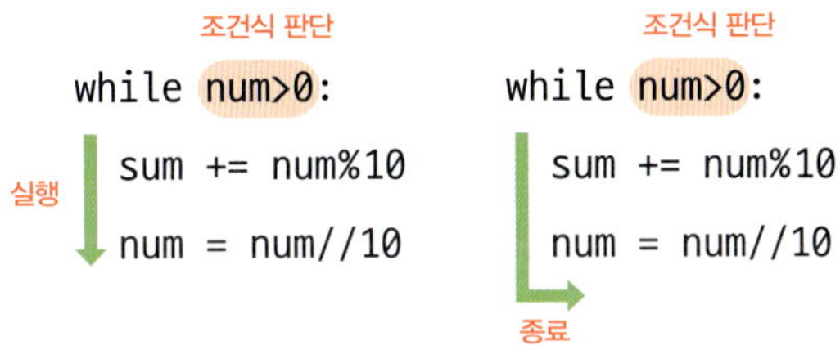

4.3 플러스 예제 숫자 맞히기 게임

학과 엠티에서 상대방이 생각한 수를 맞히는 게임을 하면서 컴퓨터 프로그램이 생각한 수를 사용자가 맞히는 프로그램을 만들면 재미있겠다고 생각했습니다. 컴퓨터가 무작위로 생성한 정수를 사용자가 맞히고, 사용자가 생각한 정수를 컴퓨터가 맞히는 게임을 만들어보겠습니다.

1 컴퓨터가 선택한 수 맞히기

컴퓨터가 무작위로 생성한 정수를 사용자가 맞히는 프로그램을 만들어봅시다. 먼저 1부터 100까지의 정수 중 한 개를 무작위로 생성해서 answer에 저장합니다. 사용자가 이 수를 맞혀야 합니다.

```
import random
answer = random.randint(1, 100)
```

전체적인 구조는 다음과 같습니다. 사용자가 맞힐 때까지 반복해야 하므로 while 문을 사용합니다. if~elif~else 문을 이용해서 사용자가 답한 수인 user와 프로그램이 선택한 수인 answer를 비교하며 동작합니다.

```
while True:
  user = int(input('1~100 숫자 입력: '))
  if user == answer:
    # 맞힌 경우
  elif user < answer:
    # 사용자가 선택한 수보다 큰 경우
  else:
    # 사용자가 선택한 수보다 작은 경우
```

■ 전체 프로그램

```
01 import random
02
03 print('1부터 100까지의 수 하나를 정했습니다.')
04 print('이 숫자를 맞혀보세요.')
05
06 answer = random.randint(1, 100)
07 times = 0
08
09 while True:
10   user = int(input('1~100 숫자 입력: '))
11   times += 1
12   if user == answer:
13     break
14   elif user < answer:
15     print(f'{user}보다 큽니다.')
16   else:
17     print(f'{user}보다 작습니다.')
18
19 print(f'정답입니다! {times}회 만에 맞혔습니다.')
```

01 random 라이브러리를 불러옵니다.

06 1부터 100까지의 정수 중 한 개를 무작위로 생성해서 answer에 저장합니다.

07 사용자가 시도한 횟수인 times에 0을 저장합니다.

09 True는 참을 의미하므로 while 조건식은 항상 참이 되어 무한 반복됩니다.

10 사용자가 선택한 수를 user에 저장합니다.

11 사용자가 시도한 횟수인 times를 1만큼 증가시킵니다.

12~13 user와 answer가 같으면 while 문을 종료합니다.

14~15 user보다 answer가 크면 사용자가 선택한 수보다 크다고 출력합니다.

16~17 user보다 answer가 작으면 사용자가 선택한 수보다 작다고 출력합니다.

19 몇 회만에 맞혔는지 출력합니다.

```
1부터 100까지의 수 하나를 정했습니다.
이 숫자를 맞혀보세요.
1~100 숫자 입력: 50
```

```
50보다 큽니다.
1~100 숫자 입력: 88
88보다 작습니다.
1~100 숫자 입력: 77
정답입니다! 3회 만에 맞혔습니다.
```

동작 과정

1 06행에서 1부터 100까지의 정수 중 한 개를 무작위로 생성해서 answer에 저장합니다. 77이라 가정합니다. 07행에서 사용자가 시도한 횟수인 times에 0을 저장합니다.

77	0
answer	times

2 09행의 True는 참을 의미하므로 while 조건식은 항상 참이 되어 무한 반복됩니다.

① 조건식 판단

```
while True:
    user = int(input('1~100 숫자 입력: '))
    times += 1
```

② 실행

3 10행에서 사용자가 선택한 수를 user에 저장하는데, 50이라 가정합니다. 11행에서 times 값을 1 증가시킵니다.

1	50
times	user

4 12행의 조건식은 거짓이고 14행의 조건식인 user<answer는 참이 되어 15행에서 사용자가 선택한 수보다 크다고 출력합니다.

5 09행으로 올라가서 while 조건식을 판단하는데 참이므로 10~17행을 실행합니다.

③ 조건식 판단

```
while True:
    user = int(input('1~100 숫자 입력: '))
    times += 1
```

④ 실행

6 10행에서 사용자가 선택한 수인 88을 user에 저장합니다. 11행에서 times 값을 1 증가시킵니다.

2	88
times	user

7 12행의 조건식과 14행의 조건식이 거짓이므로 17행에서 사용자가 선택한 수보다 작다고 출력합니다.

8 09행으로 올라가서 while 조건식을 판단하는데 참이므로 10~17행을 실행합니다.

⑤ 조건식 판단

⑥ 실행

```
while True:
    user = int(input('1~100 숫자 입력: '))
    times += 1
```

9 10행에서 사용자가 선택한 수인 77을 user에 저장합니다. 11행에서 times 값을 1 증가시킵니다.

3	77
times	user

10 12행의 조건식인 user == answer가 참이므로 13행에서 break에 의해 while 문을 종료합니다. 19행에서 3회만에 맞혔다고 출력합니다.

2 사용자가 생각한 수 맞히기

사용자가 생각한 정수를 컴퓨터가 예측하고, 사용자가 그보다 작은 수인지 큰 수인지를 답하면서 사용자가 생각한 수를 컴퓨터가 찾아가는 프로그램을 만들어봅시다. 먼저 1부터 100까지의 수 중 한 개를 정하라는 메시지를 출력합니다. 사용자가 생각한 이 수를 컴퓨터가 맞혀야 합니다.

```
print('1~100 중 숫자 하나를 정하세요.')
```

low에 1을 저장하고, high에 100을 저장합니다. low는 찾고자 하는 수의 범위에서 가장 작은 수를 저장하는 변수이고 high는 찾고자 하는 수의 범위에서 가장 큰 수를 저장하는 변수인데 이 프로그램에서 중요한 변수이니 꼭 기억하기 바랍니다.

```
low = 1
high = 100
```

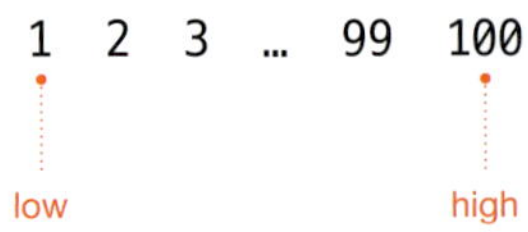

전체적인 구조는 다음과 같은데, 컴퓨터가 맞힐 때까지 반복해야 하므로 while 문을 사용합니다. 사용자는 본인이 생각한 수가 컴퓨터가 선택한 수인 num과 같으면 'OK'를, 컴퓨터가 선택한 수보다 크면 'UP'을, 컴퓨터가 선택한 수보다 작으면 'DOWN'을 입력해서 answer에 저장합니다. if~elif~else 문을 이용해서 answer 값을 비교하며 적절한 동작을 합니다.

```
while True:
  answer = input(f'{num}인가요? OK/UP/DOWN ')
  if answer == 'OK':
    # 맞힌 경우
  elif answer == 'UP':
    # 컴퓨터가 선택한 수보다 큰 경우
  elif answer == 'DOWN':
    # 컴퓨터가 선택한 수보다 작은 경우
  else:
    # 입력 오류 메시지 출력
```

컴퓨터는 찾고자 하는 수의 범위인 low부터 high까지의 수 가운데에 있는 수를 선택해 num에 저장합니다.

```
num = (low+high)//2
```

만약 low가 1이고 high가 100이면 num은 50입니다.

사용자가 생각한 수가 컴퓨터가 선택한 수인 num보다 크면 다음 반복에서는 num보다 큰 수들의 범위에서 찾아야 합니다. 그러므로 찾고자 하는 수의 범위에서 가장 작은 수를 저장하는 low에 num+1을 저장합니다.

```
elif answer == 'UP':
    low = num+1
```

low가 1이고 high가 100인 상태에서 사용자가 생각한 수가 num인 50보다 크면 low는 num+1인 51이 됩니다.

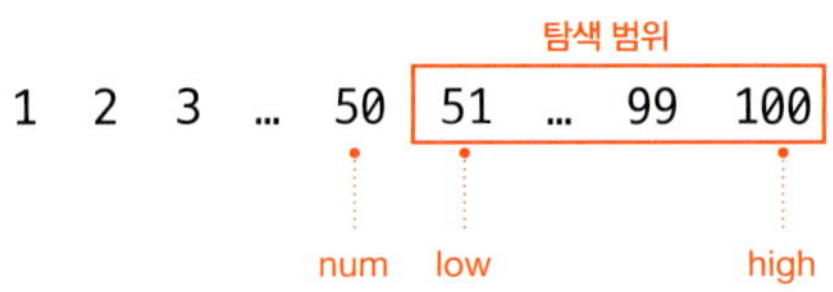

사용자가 생각한 수가 컴퓨터가 선택한 수인 num보다 작으면 다음 반복에서는 num보다 작은 수들의 범위에서 찾아야 합니다. 그러므로 찾고자 하는 수의 범위에서 가장 큰 수인 high에 num-1을 저장합니다.

```
elif answer == 'DOWN':
    high = num-1
```

low가 1이고 high가 100인 상태에서 사용자가 생각한 수가 num인 50보다 작으면 high는 num-1인 49가 됩니다.

■ 전체 프로그램

```
print('1~100 중 숫자 하나를 정하세요.')
print('이 숫자를 맞혀보겠습니다.')

low = 1
high = 100
times = 0

while True:
```

```
09      num = (low+high)//2
10      answer = input(f'{num}인가요? OK/UP/DOWN: ')
11      times += 1
12      if answer == 'OK':
13          break
14      elif answer == 'UP':
15          low = num+1
16      elif answer == 'DOWN':
17          high = num-1
18      else:
19          print('잘못 입력했습니다.')
20
21  print(f'{times}회 만에 맞혔습니다.')
```

01~02 사용자에게 하나의 수를 생각하라고 안내합니다.

04~05 찾고자 하는 수의 범위에서 가장 작은 수를 저장하는 변수인 low에 1을 저장하고, 찾고자 하는 수의 범위에서 가장 큰 수를 저장하는 변수인 high에 100을 저장합니다.

06 컴퓨터가 시도한 횟수인 times에 0을 저장합니다.

08 True는 참을 의미하므로 while 조건식은 항상 참이 되어 무한 반복됩니다.

09 찾고자 하는 수의 범위에서 가운데에 위치한 값을 num에 저장합니다. 컴퓨터가 선택한 수가 됩니다.

10 컴퓨터가 선택한 수인 num이 맞는지 묻습니다.

11 컴퓨터가 시도한 횟수인 times를 1 증가시킵니다.

12~13 컴퓨터가 선택한 수가 맞으면 while 문을 종료합니다.

14~15 사용자가 생각한 수가 컴퓨터가 선택한 수인 num보다 크면 low에 num+1을 저장합니다.

16~17 사용자가 생각한 수가 컴퓨터가 선택한 수인 num보다 작으면 high에 num-1을 저장합니다.

18~19 입력 오류 메시지를 출력합니다.

21 몇 회 만에 맞혔는지 출력합니다.

```
1~100 중 숫자 하나를 정하세요.
이 숫자를 맞혀보겠습니다.
50인가요? OK/UP/DOWN: DOWN
25인가요? OK/UP/DOWN: UP
37인가요? OK/UP/DOWN: OK
3회 만에 맞혔습니다.
```

동작 과정

1 01~02행에서 사용자가 37을 생각했다고 가정합니다.

2 04~06행에서 `low`에 1을, `high`에 100을, `times`에 0을 저장합니다.

low	high	times
1	100	0

3 08행의 `True`는 참을 의미하므로 `while` 조건식은 항상 참이 되어 무한 반복됩니다.

① 조건식 판단

② 실행

```
while True:
    num = (low+high)//2
    answer = input(f'{num}인가요? OK/UP/DOWN: ')
          ⋮
```

4 09행에서 컴퓨터가 선택한 수를 `num`에 저장하는데, 이 값은 찾고자 하는 수의 범위인 1부터 100까지의 범위에서 가운데에 위치한 값으로 50이 됩니다.

low	high	times	num
1	100	0	50

5 10행에서 컴퓨터가 선택한 수인 `num`이 사용자가 생각한 수인지 묻습니다. 사용자가 생각한 수가 더 작으므로 `'DOWN'`을 입력하고 `answer`에 저장됩니다. 11행에서 `times` 값을 1 증가시킵니다.

low	high	times	num	answer
1	100	1	50	'DOWN'

6 12행의 조건식과 14행의 조건식은 거짓이고 16행의 조건식이 참이 되어 17행에서 `high`에 `num-1`인 49를 저장합니다. 다음 반복에서 컴퓨터는 `low`인 1부터 `high`인 49까지의 수에서 답을 찾습니다.

low	high	times	num	answer
1	49	1	50	'DOWN'

7 08행으로 올라가서 다음 반복을 시작합니다. 09행에서1부터 49까지의 범위 가운데에 위치한 수인 25를 `num`에 저장하고, 10행에서 컴퓨터가 선택한 수인 `num`, 즉 25가 사

용자가 생각한 수인지 묻습니다. 사용자가 생각한 수가 더 크므로 'UP'을 입력하고 answer에 저장됩니다. 11행에서 times 값을 1 증가시킵니다.

1	49	2	25	'UP'
low	high	times	num	answer

8 12행의 조건식은 거짓이고 14행의 조건식이 참이 되어 15행에서 low에 num+1인 26을 저장합니다. 다음 반복에서 컴퓨터는 low인 26부터 high인 49까지의 수에서 답을 찾게 됩니다.

26	49	2	25	'UP'
low	high	times	num	answer

9 08행으로 올라가서 다음 반복을 시작합니다. 09행에서 컴퓨터가 선택한 수인 num에 37을 저장하고, 10행에서 컴퓨터가 선택한 수인 num, 즉 37이 사용자가 생각한 수인지 묻습니다. 사용자가 생각한 수가 맞으므로 'OK'를 입력하고 answer에 저장됩니다. 11행에서 times 값을 1 증가시킵니다.

26	49	3	37	'OK'
low	high	times	num	answer

10 12행의 조건식이 참이므로 13행에서 break에 의해 while 문을 종료합니다. 21행에서 3회 만에 맞혔다고 출력합니다.

쌍둥이 문제

컴퓨터1이 선택한 수를 사용자와 컴퓨터2가 번갈아 가며 맞히는 프로그램을 작성하세요.

```
1부터 100까지의 수 하나를 정했습니다.
이 숫자를 맞혀보세요.
사용자 선택: 50
50보다 큽니다.
컴퓨터2 선택: 75
75보다 큽니다.
사용자 선택: 85
85보다 큽니다.
```

```
컴퓨터2 선택: 92
정답입니다!
```

도전 문제

다음과 같이 동작하는 참참참 게임 프로그램을 작성하세요.

동작 과정

1. 컴퓨터가 좌 또는 우를 무작위로 선택한다.
2. 컴퓨터가 선택한 방향을 맞히기 위해 사용자가 좌 또는 우를 선택한다.
3. 컴퓨터와 사용자 방향이 같으면 **'방어 실패'**를, 다르면 **'방어 성공'**을 출력한다.
4. 과정 **1~3** 동작을 10번 반복한다.

```
선택(좌 또는 우): 좌
방어 성공(컴퓨터:우, 사용자:좌)
선택(좌 또는 우): 좌
방어 실패(컴퓨터:좌, 사용자:좌)
⋮
```

4.4 플러스 예제 번역기

친구들과 여행을 다녀왔는데 언어를 몰라 고생을 해서 언어 번역 프로그램의 필요성을 느꼈습니다. 문장을 입력하면 원하는 국가의 언어로 번역하는 프로그램을 만들어보겠습니다.

1 영어와 일어로 번역하기

번역 기능을 사용하려면 구글 번역기 라이브러리인 googletrans를 설치해야 합니다. 구글 코랩에서는 다음과 같이 설치합니다.

```
!pip install googletrans==4.0.0-rc1
```

설치가 완료되면 googletrans 라이브러리를 불러오고 googletrans 라이브러리의 Translator 함수 실행 결과를 translator에 저장합니다.

```
import googletrans
translator = googletrans.Translator()
```

'반갑습니다'를 영어로 번역하는 코드는 다음과 같습니다. dest는 번역될 언어(도착어)를 지정하는 속성으로 'en'은 영어를 의미합니다.

```
dest = translator.translate('반갑습니다', dest='en')
print(dest.text)
```

```
Nice to meet you
```

translate('반갑습니다' , dest='en')

번역할 내용 / 도착어

구글 번역기 라이브러리를 이용하면 다양한 국가의 언어를 번역할 수 있는데, 번역 가능한 언어와 언어 코드를 확인하는 코드는 다음과 같습니다. 실행 결과를 보면 일본어Japanese의 언어 코드는 'ja'임을 알 수 있습니다. 책에는 지면이 한정되어 있으니 실행 결과를 생략해서 표시하겠습니다.

```
print(googletrans.LANGUAGES)
```

```
{'af': 'afrikaans', 'sq': 'albanian', 'am': 'amharic', ..., 'en': 'english', ..., 'fr':
'french', ..., 'de': 'german', ..., 'ja': 'japanese', ..., 'ko': 'korean', ..., 'yo': 'yoruba',
'zu': 'zulu'}
```

이 기능을 이용하면 사용자로부터 입력받은 문장을 영어와 일본어로 번역하는 프로그램을 어렵지 않게 만들 수 있습니다.

■ 전체 프로그램

```
01 !pip install googletrans==4.0.0-rc1
02 import googletrans
03
04 translator = googletrans.Translator()
05 src = input('번역할 내용을 입력하세요: ')
06 dest = translator.translate(src, dest='en')
07 print(f'영어: {dest.text}')
08 dest = translator.translate(src, dest='ja')
09 print(f'일본어: {dest.text}')
```

01 구글 번역기 라이브러리인 googletrans를 설치합니다.

02 googletrans 라이브러리를 불러옵니다.

04 googletrans 라이브러리의 Translator 함수 실행 결과를 translator에 저장합니다.

05 번역할 내용을 입력받아 src에 저장합니다.

06 번역할 내용인 src를 'en', 즉 영어로 번역해서 dest에 저장합니다.

07 번역한 문장인 dest.text를 출력합니다.

08 번역할 내용인 src를 'ja', 즉 일본어로 번역해서 dest에 저장합니다.

09 번역한 문장인 dest.text를 출력합니다.

```
번역할 내용을 입력하세요: 반갑습니다
영어: Nice to meet you
일어: お会いできて嬉しいです
```

동작 과정

1 05행에서 번역할 내용을 입력받아 src에 저장합니다. 입력받은 내용이 '**반갑습니다**'라 가정하겠습니다.

2 06행의 translate 함수를 이용해서 번역한 결과를 dest에 저장합니다. 번역할 내용은 src이고 번역을 원하는 언어는 'en', 즉 영어입니다.

```
translate( src ,  dest='en' )
```

번역할 내용 (src) / 도착어 ('en')

2 번역기

도착어와 번역할 내용을 입력받아 번역하는 동작을 반복적으로 하는 번역기를 만들어보겠습니다.

구글 번역기 라이브러리인 googletrans를 설치합니다.

```
!pip install googletrans==4.0.0-rc1
```

설치가 완료되면 googletrans 라이브러리를 불러오고 googletrans의 Translator 함수의 실행 결과를 translator에 저장합니다.

```
import googletrans
translator = googletrans.Translator()
```

'**종료**'를 입력할 때까지 반복하므로 전체적인 구조는 다음과 같습니다. 도착어로 '**종료**'를 입력하면 while 문을 종료하고, '**영어**', '**일본어**', '**독일어**'를 입력하면 번역을 진행합니다.

```
while True:
  lang = input('도착어 선택(영어, 일본어, 독일어, 종료): ')
  if lang=='종료':
    # while 문 종료
  elif lang=='영어':
    # 도착어가 영어인 경우
  elif lang=='일본어':
    # 도착어가 일본어인 경우
  elif lang=='독일어':
    # 도착어가 독일어인 경우
  else:
    # 입력 오류 메시지 출력
    # 다음 반복으로 이동
  src = input('번역할 내용을 입력하세요: ')
  # 번역해서 출력
```

그런데 도착어 입력을 잘못한 경우에는 입력 오류 메시지를 출력하고 다음 반복으로 넘어가야 하는데 이때 continue 키워드를 사용합니다.

| Syntax | **continue 키워드**

```
continue
```

현재 반복을 중단하고 다음 반복으로 넘어가 계속합니다.

■ 전체 프로그램

```
!pip install googletrans==4.0.0-rc1
import googletrans

translator = googletrans.Translator()
while True:
  lang = input('도착어 선택(영어, 일본어, 독일어, 종료): ')
  if lang=='종료':
    print('종료합니다.')
    break
```

```
10    elif lang=='영어':
11      lang = 'en'
12    elif lang=='일본어':
13      lang = 'ja'
14    elif lang=='독일어':
15      lang = 'de'
16    else:
17      print('잘못 입력했습니다.')
18      continue
19    src = input('번역할 내용을 입력하세요: ')
20    dest = translator.translate(src, dest=lang)
21    print(dest.text)
```

01 구글 번역기 라이브러리인 googletrans를 설치합니다.

02 googletrans 라이브러리를 불러옵니다.

04 googletrans 라이브러리의 Translator 함수 실행 결과를 translator에 저장합니다.

05 True는 참을 의미하므로 while 조건식은 항상 참이 되어 무한 반복됩니다.

06 도착어를 입력받아 lang에 저장합니다.

07~09 lang이 '종료'면 while 문을 종료합니다.

10~15 lang이 '영어'면 lang에 'en'을, '일본어'면 lang에 'ja'를, '독일어'면 lang에 'de'를 저장합니다.

16~18 입력 오류 메시지를 출력하고, continue에 의해 다음 반복을 시작하러 04행으로 이동합니다.

19 번역할 내용을 입력받아 src에 저장합니다.

20 번역할 내용인 src를 lang 언어로 번역해서 dest에 저장합니다.

21 번역한 문장인 dest.text를 출력합니다.

```
도착어 선택(영어, 일본어, 독일어, 종료): 영어
번역할 내용을 입력하세요: 반갑습니다
Nice to meet you
도착어 선택(영어, 일본어, 독일어, 종료): 일본어
번역할 내용을 입력하세요: 서울을 방문하고 싶어요
ソウルに行きたいです
도착어 선택(영어, 일본어, 독일어, 종료): 독일어
번역할 내용을 입력하세요: I love you
Ich liebe dich
```

```
도착어 선택(영어, 일본어, 독일어, 종료): 종료
종료합니다.
```

동작 과정

1 05행의 `while` 조건식 `True`는 항상 참이므로 반복문이 무한 반복됩니다.

① 조건식 판단

```
while True:
    lang = input('도착어 선택: ')
        ⋮
```

② 실행

2 06행에서 도착어를 입력받아 `lang`에 저장합니다. '영어'라 가정하겠습니다.

3 07행의 조건식은 거짓이고 10행의 조건식 `lang=='영어'`는 참이므로 11행에서 영어의 언어 코드인 `'en'`을 `lang`에 저장합니다.

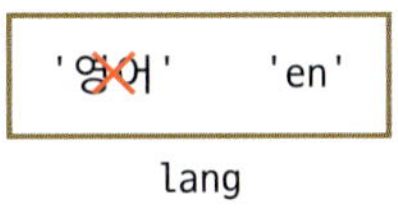

4 19행에서 번역할 내용을 입력받아 `src`에 저장합니다. '반갑습니다'라 가정하겠습니다.

5 20행의 `translate` 함수를 이용해서 번역한 결과를 `dest`에 저장합니다. 번역할 내용은 `src` 값인 '반갑습니다'이고 도착어는 `lang` 값인 `'en'`, 즉 영어입니다.

```
translate( src , dest=lang )
```

번역할 내용 (src) / 도착어 (lang)

6 21행에서 번역한 문장인 `dest.text`를 출력하고, 05행으로 이동해서 다음 반복을 진행합니다.

쌍둥이 문제

사용자에게 입력받은 문장을 구글 번역기 라이브러리를 이용하여 번역하는 번역기 프로그램을 작성하시오. 단, 선택할 수 있는 도착어는 영어, 일본어, 독일어, 프랑스어입니다.

[실행 예]

```
도착어 선택(영어, 일본어, 독일어, 프랑스어, 종료): 영어
번역할 내용을 입력하세요: 반갑습니다
Nice to meet you
도착어 선택(영어, 일본어, 독일어, 프랑스어, 종료): 프랑스어
번역할 내용을 입력하세요: I love you
Je t'aime
도착어 선택(영어, 일본어, 독일어, 프랑스어, 종료): 종료
종료합니다.
```

힌트 프랑스어의 언어 코드는 'fr'입니다.

도전 문제

사용자가 한국어 단어와 영어 단어를 함께 입력하면, 한국어 단어를 영어로 번역하여 입력한 영어 단어와 일치하는지 확인하는 프로그램을 작성하시오.

[실행 예]

```
한국어 단어 입력(또는 종료): 사자
영어 단어 입력: lion
맞았습니다.
한국어 단어 입력(또는 종료): 호랑이
영어 단어 입력: cat
틀렸습니다.
한국어 단어 입력(또는 종료): 종료
```

요약

01 임의의 문장을 반복해서 실행하는 반복문은 for 문과 while 문으로 분류할 수 있습니다.

반복문	설명
for 변수 in 셀 수 있는 것: 문장	'셀 수 있는 것'의 수만큼 반복해서 '문장'을 실행한다.
while 조건식: 문장	'조건식'이 참인 동안 '문장'을 반복해서 실행한다.

02 범위를 만드는 range 함수는 세 가지 유형으로 구분할 수 있습니다.

형식	설명	예시	결과
range(종료값)	0으로 시작해서 1씩 증가시켜 '종료값' 전까지의 정수를 생성한다.	range(5)	0, 1, 2, 3, 4
range(시작값, 종료값)	'시작값'으로 시작해서 1씩 증가시켜 '종료값' 전까지의 정수를 생성한다.	range(2, 7)	2, 3, 4, 5, 6
range(시작값, 종료값, 증가값)	'시작값'으로 시작해서 '증가값' 만큼 증가시켜 '종료값' 전까지의 정수를 생성한다.	range(2, 11, 3)	2, 5, 8

03 break와 continue는 반복문에서 사용되는 키워드입니다.

키워드	설명	예시	예시 결과

break	반복문을 빠져나온다.	for a in range(1, 6):
		 if a==3:
		  break
		 print(a, end=' ')
			1 2

continue	다음 반복을 시작한다.	for a in range(1, 6):
		 if a%2==0:
		  continue
		 print(a, end=' ')
			1 3 5

연습문제

01 다음 코드의 실행 결과를 예측하시오.

(1)

```
for a in range(5):
  print(a, end=' ')
```

(2)

```
for a in range(5, 10):
  print(a, end=' ')
```

(3)

```
for a in range(2, 10, 2):
  print(a, end=' ')
```

(4)

```
for a in range(12, -4, -3):
  print(a, end=' ')
```

(5)

```
a = 2
while a<=8:
  print(a, end=' ')
  a += 2
```

(6)

```
a = 0
while a<8:
  a += 2
  print(a, end=' ')
```

(7)

```
a = 15
while a>=0:
  print(a, end=' ')
  a -= 3
```

02 다음 코드를 실행하면 오류가 발생합니다. 오류 원인을 설명하고 수정하시오.

(1)

```
for a range(5):
  print(a)
```

(2)

```
while b<=10:
  print(b)
  b += 1
```

03 2, 4, 6, 8, 10을 출력하기 위해 다음과 같이 코드를 작성했지만 원하는 결과가 나오지 않았습니다. 원인을 설명하고 수정하시오.

```
for a in range(2, 10, 2):
  print(a)
```

04 1부터 10까지의 정수를 출력하기 위해 다음과 같이 코드를 작성했지만 원하는 결과가 나오지 않았습니다. 원인을 설명하고 수정하시오.

```
b = 1
while b<=10:
  print(b)
b += 1
```

05 1부터 20까지의 수 중 3의 배수를 출력하는 다음 2가지의 코드에서 빈칸을 채우시오.

방법1

```
for a in range(1, 21):
  if [          ] :
    print(a, end=' ')
```

```
3 6 9 12 15 18
```

방법2

```
for a in range([          ]):
  print(a, end=' ')
```

HINT 방법1에서는 if 문을 이용해서 a가 3의 배수인 경우에 출력하도록 하고, 방법2에서는 range 함수를 이용해서 3의 배수로 이루어진 범위가 되도록 합니다.

06 1부터 100까지의 수 중 짝수의 합을 구하는 다음 코드에서 빈칸을 채우시오.

방법1	방법2

sum = 0
for a in range(1, 101):
  if [　　　　　] :
    sum += a
print(sum)
	sum = 0
	[　　　　　]
	while a<=100:
	  sum += a
	  [　　　　　]
	print(sum)

```
2550
```

HINT 방법1에서는 a가 짝수인 경우에 sum 값을 a만큼 증가시킵니다. 방법2에서는 while 문을 실행하기 전에 a에 초깃값을 설정하고 while 문에서 다음 반복을 진행하기 전에 a 값을 2만큼 증가시킵니다.

07 두 수의 공약수를 구하는 다음 코드에서 빈칸을 채우시오.

```
num1 = int(input('정수: '))
num2 = int(input('정수: '))
for a in range(1, num1+1):
  if [          ]:
    print(a, end=' ')
```

```
정수: 18
정수: 24
1 2 3 6
```

HINT a가 num1의 약수이면서 num2의 약수이면 a는 num1과 num2의 공약수입니다.

08 소수 prime number를 판별하는 다음 코드에서 빈칸을 채우시오.

```
num = int(input('2 이상의 정수: '))
a = [          ]
is_prime = True
while a < num:
    if [          ] :
        is_prime = False
        break
    a += 1
if is_prime:
    print('소수')
else:
    print('소수아님')
```

```
2 이상의 정수: 1231
소수
```

HINT 2부터 자기 자신-1까지의 수로 나누어 떨어지지 않는 정수를 '소수'라 합니다.

프로그래밍 문제

01 다음 프로그램을 for 문을 포함하는 프로그램으로 수정하시오.

```
print('안녕하세요')
print('안녕하세요')
print('안녕하세요')
print('안녕하세요')
print('안녕하세요')
```

```
안녕하세요
안녕하세요
안녕하세요
안녕하세요
안녕하세요
```

02 다음 프로그램을 while 문을 포함하는 프로그램으로 수정하시오.

```
print('안녕하세요')
print('안녕하세요')
print('안녕하세요')
print('안녕하세요')
print('안녕하세요')
```

```
안녕하세요
안녕하세요
안녕하세요
안녕하세요
안녕하세요
```

03 다음 프로그램을 while 문을 포함하는 프로그램으로 수정하시오.

```
for a in range(2, 11, 2):
  print(a**2, end=' ')
```

```
4 16 36 64 100
```

HINT while 문을 실행하기 전에 a에 초깃값을 설정하고 while 문에서 다음 반복을 진행하기 전에 a 값을 2만큼 증가시킵니다.

04 반복 구조를 이용해서 다음 수식의 계산 결과를 출력하는 프로그램을 작성하시오.

s = 1 - 2 + 3 - 4 + 5 - 6 … + 99 – 100

```
-50
```

HINT 반복 변수 값이 홀수면 s 값을 변수 값만큼 증가시키고, 짝수면 s 값을 변수 값만큼 감소시킵니다.

05 다음은 섭씨 온도를 화씨 온도로 변환하는 수식입니다.

$$화씨온도 = 섭씨온도 \times \frac{9}{5} + 32$$

반복 구조를 이용해서 섭씨 −10, 0, 10, 20, 30도를 화씨 온도로 출력하는 프로그램을 작성하시오.

```
섭씨 -10 : 화씨 14.0
섭씨 0 : 화씨 32.0
섭씨 10 : 화씨 50.0
섭씨 20 : 화씨 68.0
섭씨 30 : 화씨 86.0
```

06 반복 구조를 활용한 타 교과 융합 프로그램을 작성하시오.

프로그램 이름	
학교급 및 관련 교과	*(예시) 대학교 일반물리학*
프로그램 설명	
프로그램 소스	

Python Master

PART 02

파이썬 심화

CHAPTER 05

리스트

학습목표

- 리스트의 개념을 설명할 수 있습니다.
- 리스트를 생성하고 특정한 항목에 접근할 수 있습니다.
- 리스트에 항목을 추가하고 리스트 항목을 삭제할 수 있습니다.
- 리스트 항목을 재배열하고 리스트를 탐색할 수 있습니다.
- 리스트를 무작위로 다루고 기초 통계 처리를 할 수 있습니다.
- 리스트를 이용하여 프로그램을 작성할 수 있습니다.

Preview

리스트란 여러 개의 데이터를 저장하는 공간으로 고급 프로그램을 작성할 때 자주 사용됩니다. 이번 장에서는 리스트의 개념을 알아보고, 리스트 생성, 항목 접근, 항목 추가, 항목 삭제 등 리스트를 다루는 다양한 방법에 대해 알아봅니다. 그리고 조선 왕 계보 프로그램, 원소 검색 프로그램을 작성해 봅니다.

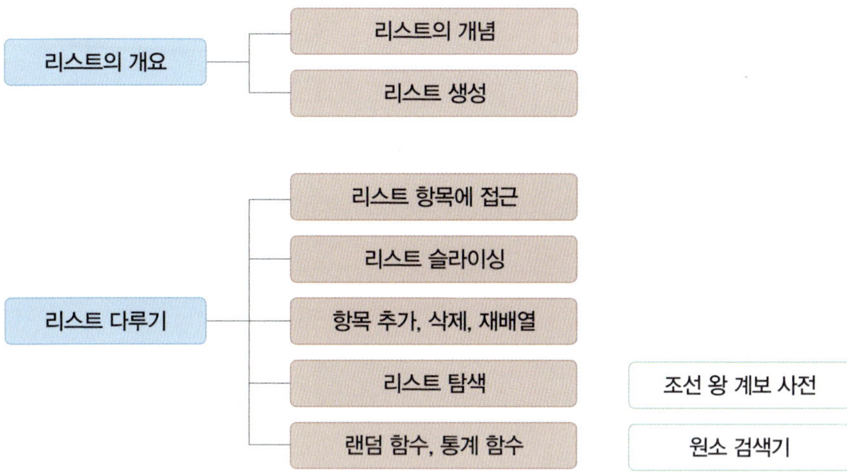

5.1 리스트의 개요

1 리스트의 개념

리스트list는 여러 개의 데이터를 저장하는 공간입니다. 값을 5개 저장하려면 변수를 5개 만들어야 하지만, 리스트를 1개 만들면 값 5개를 한꺼번에 저장할 수 있습니다.

예를 들어, 상품 5개를 판매하는 가게에서 상품 가격을 프로그램으로 관리한다고 했을 때 상품 가격을 저장할 변수 5개가 필요합니다.

그림 5-1 5개의 상품 가격을 위한 5개의 변수

5개의 변수에 각 상품의 가격을 저장하는 코드는 다음과 같습니다.

```
price1 = 1500
price2 = 3200
price3 = 2500
price4 = 4000
price5 = 5500
```

이후에 상품 가격이 5% 인상되었다면 이를 반영하여 가격을 5% 인상하는 코드는 다음과 같습니다.

```
price1 = price1 + price1*0.05
price2 = price2 + price2*0.05
price3 = price3 + price3*0.05
price4 = price4 + price4*0.05
price5 = price5 + price5*0.05
```

상품 5개의 가격을 출력하는 코드는 다음과 같습니다.

```
print(price1)
print(price2)
print(price3)
print(price4)
print(price5)
```

만약 상품이 5개가 아니라 100개라면 더 많은 변수가 필요하고, 가격을 저장하거나 가격을 인상하는 코드도 그만큼 길어질 겁니다. 이렇게 역할이 비슷한 변수를 여러 개 사용해서 프로그램이 복잡해지는 경우에 리스트를 이용합니다. 리스트는 여러 개의 데이터를 저장하는 공간이라고 생각하면 됩니다. 변수에 5개의 가격을 저장하려면 5개의 변수를 만들어야 하지만, 리스트를 사용하면 한 개의 리스트에 상품 5개의 가격을 모두 저장할 수 있습니다. 그리고 변수에도 이름이 있듯이 리스트에도 이름이 있어야 합니다.

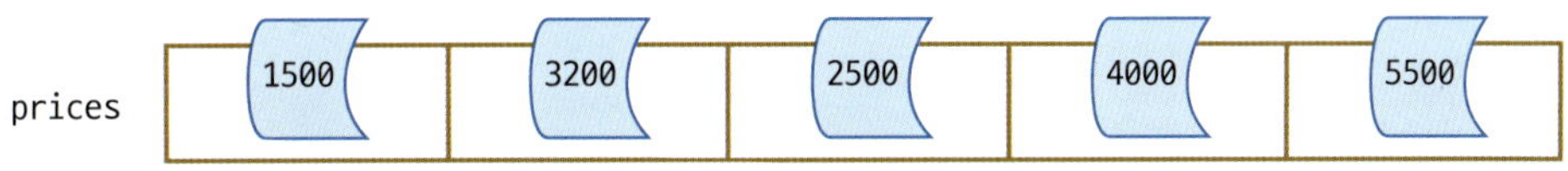

그림 5-2 prices 리스트와 저장된 값

상품 5개의 가격을 저장하는 prices 리스트를 생성해 봅시다. 먼저 대괄호([]) 안에 데이터를 콤마(,)로 구분하여 입력하는데, 각 데이터를 **항목**item 또는 **요소**element라 부릅니다.

```
prices = [1500, 3200, 2500, 4000, 5500]
```

prices 리스트를 도식화하면 다음과 같습니다. 각 항목은 prices[0], prices[1]과 같이 나타내는데 대괄호([]) 안에 들어가는 0, 1과 같은 숫자를 **인덱스**index라고 합니다. 여기서 리스트의 인덱스는 1이 아니라 **0부터 시작**된다는 점을 주의해야 합니다.

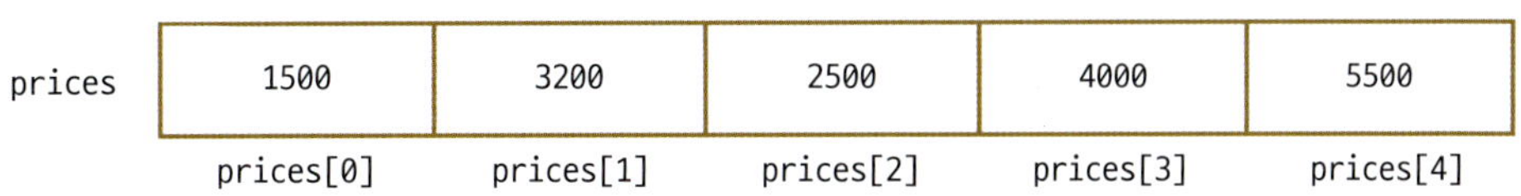

그림 5-3 prices 리스트의 인덱스

각 상품의 가격을 5% 인상하고 인상된 가격을 출력하는 코드를 수정하면 다음과 같습니다.

```
for i in range(len(prices)):
  prices[i] = prices[i] + prices[i]*0.05

print(prices)
```

변수를 이용할 때보다 코드가 짧아진 것을 알 수 있습니다. 아직 코드 한 줄 한 줄의 의미를 이해하지 못해도 괜찮습니다.

이와 같이 유사한 데이터를 여러 개 사용하는 경우 리스트를 사용하면 변수를 사용할 때보다 프로그램이 간단해지고 데이터를 효율적으로 관리할 수 있게 됩니다.

2 리스트 생성하기

리스트는 대괄호([])를 이용해서 생성합니다. 대괄호 안의 항목들을 콤마(,)로 구분합니다.

| Syntax | 리스트 생성

```
리스트이름 = [항목1, 항목2, …]
```

항목1, 항목2, …을 저장한 '리스트이름' 리스트를 생성한다.

값을 입력하여 리스트 생성하기

3개의 메뉴를 저장한 menus 리스트를 생성하고 출력하는 예는 다음과 같습니다.

```
menus = ['자장면', '짬뽕', '볶음밥']
print(menus)
```

```
['자장면', '짬뽕', '볶음밥']
```

menus 리스트를 도식화하면 다음과 같습니다.

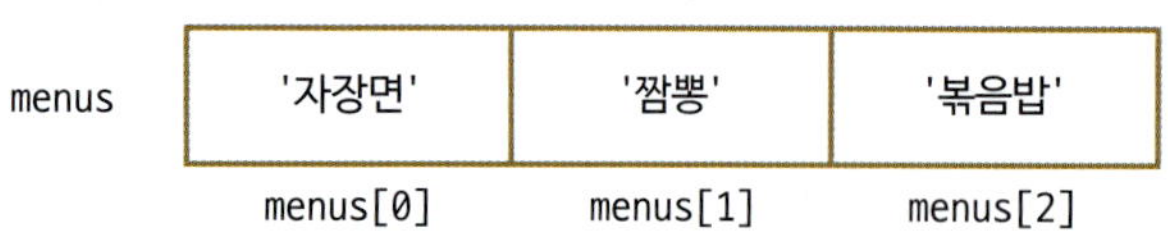

그림 5-4 menus 리스트와 저장된 값

빈 리스트에 값 추가하기

빈 리스트를 생성한 후 항목을 추가하는 방식으로도 리스트를 만들 수 있습니다. 빈 리스트를 만드는 방법은 다음과 같습니다.

| Syntax | **빈 리스트 생성**

```
리스트이름 = []
```

항목이 없는 빈 리스트인 '리스트이름'을 생성한다.

그리고 리스트에 값을 추가하는 함수는 append 함수입니다.

| Syntax | **append() 함수**

```
리스트.appned(값)
```

리스트의 맨 끝에 '값'을 추가한다.

menus라는 빈 리스트를 생성한 후에 append 함수를 이용해서 3개의 메뉴를 추가하는 코드는 다음과 같습니다.

```
menus = []
menus.append('자장면')
menus.append('짬뽕')
menus.append('볶음밥')
```

반복문으로 리스트 생성하기

다음은 1부터 10까지의 정수를 세제곱한 수를 cubes 리스트에 저장하는 프로그램입니다.

코드 5-1

```
cubes = []
for x in range(1, 11):
  cubes.append(x**3)
print(cubes)
```

```
[1, 8, 27, 64, 125, 216, 343, 512, 729, 1000]
```

01 빈 리스트 cubes를 생성합니다.

02 x는 1부터 1씩 증가하며 10이 될 때까지 03행을 반복합니다.

- **첫 번째 반복** x는 1이므로 1을 세제곱한 1을 cubes 리스트에 추가합니다.
- **두 번째 반복** x는 2이므로 2를 세제곱한 8을 cubes 리스트에 추가합니다.
- **세 번째 반복** x는 3이므로 3을 세제곱한 27을 cubes 리스트에 추가합니다. 이와 같은 방법으로 1부터 10까지의 수를 세제곱하여 cubes 리스트에 저장합니다.

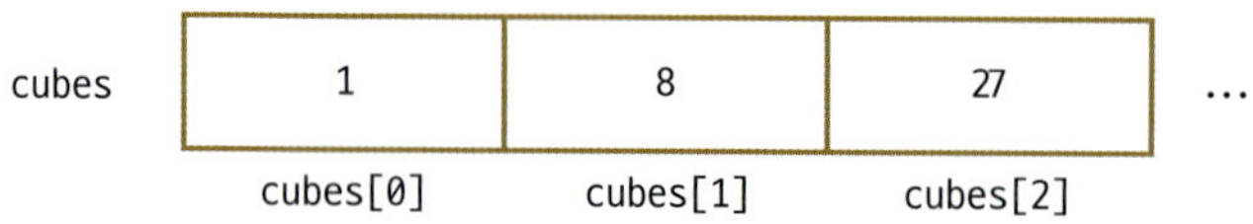

그림 5-5 cubes 리스트와 저장된 값

리스트 내포

cubes 리스트를 다음과 같이 한 줄로 생성할 수도 있습니다. 이렇게 대괄호([]) 안에 for 문과 조건문을 내포시켜 리스트를 한 줄로 생성하는 구문을 **리스트 내포**list comprehension라 합니다.

```
cubes = [x**3 for x in range(1, 11)]
```

리스트 내포의 형식은 다음과 같은데 if 조건식은 생략할 수 있습니다.

| Syntax | **리스트 내포**

```
[식 for 변수 in 반복 가능한 것 if 조건식]
```

대괄호([]) 안에 for 문과 if 문을 내포시켜 리스트를 생성한다.

다음은 1부터 100까지 수 중 7의 배수를 sequence 리스트에 저장하는 프로그램입니다.

코드 5-2

```
sequence = []
for x in range(1, 101):
  if x%7 == 0:
    sequence.append(x)
print(sequence)
```

```
[7, 14, 21, 28, 35, 42, 49, 56, 63, 70, 77, 84, 91, 98]
```

01 빈 리스트 sequence를 생성합니다.

02 x는 1부터 1씩 증가하며 100이 될 때까지 03~04행을 반복합니다.

- **첫 번째 반복** x는 1이므로 1을 7로 나눈 나머지가 0이 아니므로 04행을 실행하지 않습니다.
- **두 번째 반복** x는 2이므로 2를 7로 나눈 나머지가 0이 아니므로 04행을 실행하지 않습니다. 마찬가지로 세 번째, 네 번째, …, 여섯 번째 반복에서는 x를 7로 나눈 나머지가 0이 아니므로 04행을 실행하지 않습니다.
- **일곱 번째 반복** x는 7이고 7을 7로 나눈 나머지는 0입니다. x 값인 7을 sequence 리스트에 추가합니다. 여덟 번째, 아홉 번째, …, 열세 번째 반복에서는 x를 7로 나눈 나머지가 0이 아니므로 04행을 실행하지 않습니다.
- **열네 번째 반복** x는 14이므로 14를 7로 나눈 나머지가 0이므로 x 값인 14를 sequence 리스트에 추가합니다. 이와 같은 방법으로 100회 반복하여 1부터 100까지의 수 중 7의 배수를 sequence 리스트에 저장합니다.

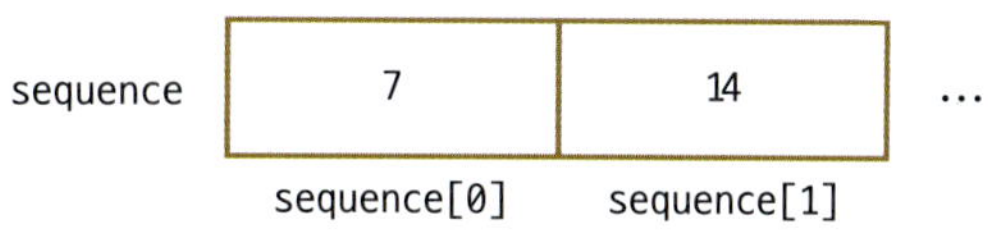

그림 5-6 sequence 리스트와 저장된 값

다음은 리스트 내포를 이용해서 sequence 리스트를 생성하는 코드입니다.

```
sequence = [x for x in range(1, 101) if x%7==0]
```

일반적인 반복 구조를 이용해서 리스트를 생성하는 코드와 비교해 보면 차이점을 이해할 수 있을 겁니다.

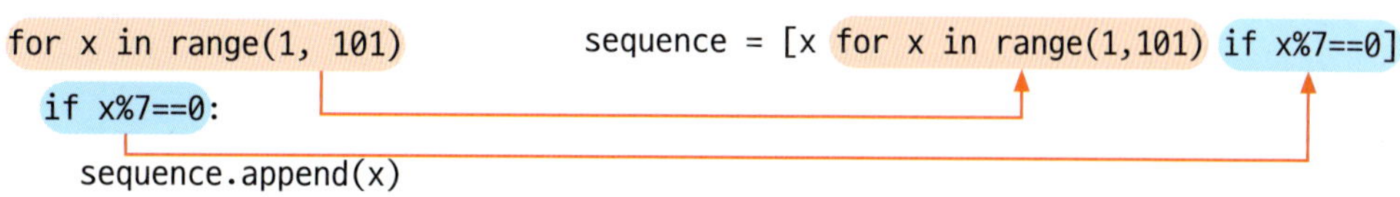

그림 5-7 if 조건식을 이용하는 리스트 내포

리스트 내포에 if~else 문을 사용하는 예를 살펴보겠습니다. 다음은 성적이 70점 이상이면 '합격'이고 그렇지 않으면 '불합격'인 리스트를 생성하는 코드입니다.

코드 5-3

```python
score = [71, 80, 60, 90, 65]
result = []

for a in score:
  if a >= 70:
    result.append('합격')
  else:
    result.append('불합격')
print(result)
```

```
['합격', '합격', '불합격', '합격', '불합격']
```

이 프로그램을 리스트 내포를 이용해서 구현해 보면 다음과 같습니다. for, if, else의 순서를 확인하기 바랍니다.

코드 5-4

```python
score = [71, 80, 60, 90, 65]
result = ['합격' if a>=70 else '불합격' for a in score]
print(result)
```

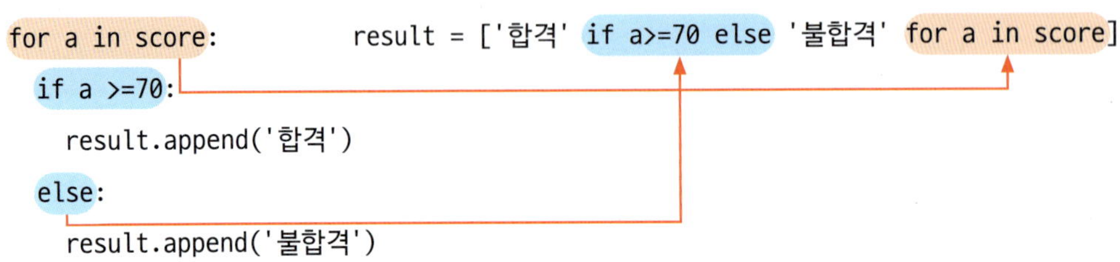

그림 5-8 if~else 조건식을 이용하는 리스트 내포

5.2 리스트 다루기

1 리스트 항목에 접근하기

리스트의 각 항목에 접근할 때는 항목의 위치인 인덱스를 사용합니다. 다음 예시의 menus 리스트에서 '자장면'은 menus[0]으로, '짬뽕'은 menus[1]로, '볶음밥'은 menus[2]로 접근할 수 있는데, 인덱스는 1이 아닌 0으로 시작된다는 점을 다시 한 번 기억하기 바랍니다. 이와 같이 인덱스를 사용해서 리스트의 특정 위치에 있는 항목에 접근하는 것을 **인덱싱**indexing이라 합니다.

인덱싱할 때는 적정한 범위에 포함된 수인지를 신경써야 합니다. 이 예에서는 인덱스를 0, 1, 2만 사용할 수 있습니다. 만약 적정한 범위를 벗어나 접근하려 하면 오류가 발생하므로 주의해야 합니다.

```
menus = ['자장면', '짬뽕', '볶음밥']
```

그림 5-9 menus 리스트와 저장된 값

menus 리스트의 인덱스가 1인 항목인 '짬뽕'을 출력하는 코드는 다음과 같습니다.

```
print(menus[1])
```

```
짬뽕
```

인덱스를 이용해서 리스트의 항목을 변경할 수 있습니다. 다음은 menus 리스트에서 인덱스가 2인 항목을 '기스면'으로 변경하는 코드입니다.

```
menus[2] = '기스면'
print(menus)
```

```
['자장면', '짬뽕', '기스면']
```

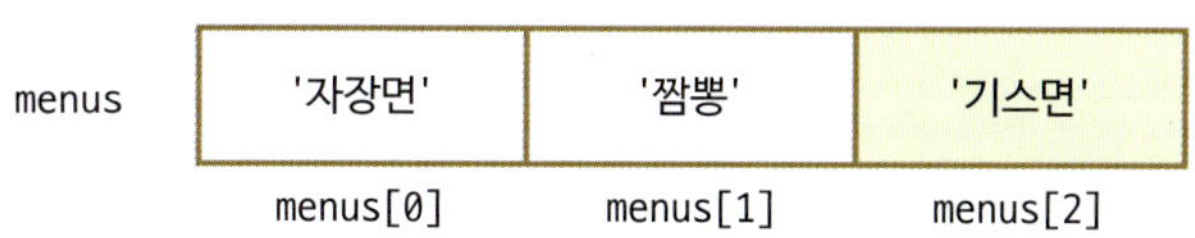

그림 5-10 menus 리스트의 항목 변경

음수 인덱싱

리스트의 인덱스로 음수를 사용할 수 있습니다. 리스트의 마지막 항목의 인덱스는 -1이고, 바로 앞 항목의 인덱스는 -2가 됩니다. 다음은 음수 인덱스를 이용해서 리스트의 항목을 뒤에서부터 하나씩 출력하는 코드입니다.

```
menus = ['자장면', '짬뽕', '기스면']
print(menus[-1])
print(menus[-2])
print(menus[-3])
```

```
기스면
짬뽕
자장면
```

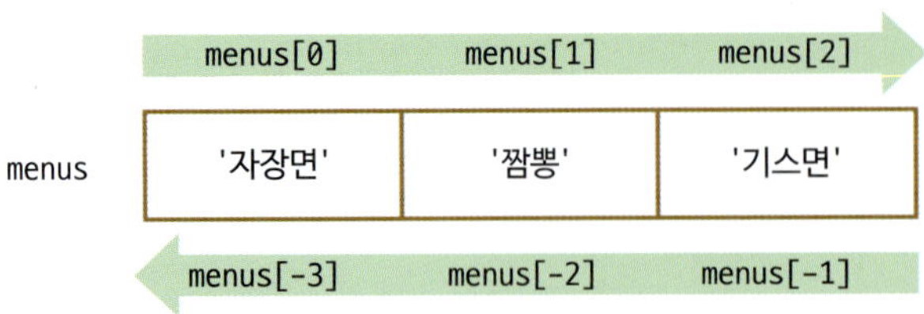

그림 5-11 menus 리스트의 음수 인덱싱

리스트 출력

앞에서 이미 보았던 코드이지만, menus 리스트에 저장된 모든 항목을 한번에 출력하는 방법은 다음과 같습니다.

```
print(menus)
```

```
['자장면', '짬뽕', '기스면']
```

그렇다면 이번에는 리스트 항목을 한꺼번에 출력하는 것이 아니라 항목에 한 개씩 접근하면서 출력하는 세 가지 방법을 살펴보겠습니다.

■ 인덱스와 반복 구조 이용하기

0부터 시작해서 마지막 항목까지 인덱스를 변경하면서 리스트 항목 개수만큼 반복해 각각의 항목에 접근하여 출력합니다.

이 방법을 이용한 코드는 다음과 같습니다. 02행의 range(3)은 [0, 1, 2]이므로 i는 0부터 1씩 증가하며 2가 될 때까지 반복하는데 이 i를 인덱스로 사용하여 menus[0], menus[1], menus[2] 순으로 항목을 출력합니다.

코드 5-5

```
01 menus = ['자장면', '짬뽕', '볶음밥']
02 for i in range(3):
03     print(menus[i])
```

```
자장면
짬뽕
볶음밥
```

이 경우에는 menus 리스트의 항목 수가 3이므로 range(3)을 사용해도 되지만 항목 수가 달라져도 코드가 동작하도록 하려면 리스트의 길이를 알려주는 len 함수를 사용하는 것이 바람직합니다.

| Syntax | len() 함수

```
len(리스트)
```

리스트의 길이, 즉 전체 항목의 개수를 알려준다.

다음과 같이 3을 len(menus)로 변경하면 menus 리스트의 항목 개수가 달라져도 문제없이 동작합니다.

코드 5-6

```
menus = ['자장면', '짬뽕', '볶음밥']
for i in range(len(menus)):
    print(menus[i])
```

```
자장면
짬뽕
볶음밥
```

동작 과정

1 02행에서 `len(menus)`는 3이므로 `range(len(menus))`는 `[0, 1, 2]`가 되어 결국 03행을 3번 반복합니다.

2 **첫 번째 반복**에서 `i`가 `0`이므로 `menus[0]`인 `'자장면'`을 출력합니다.

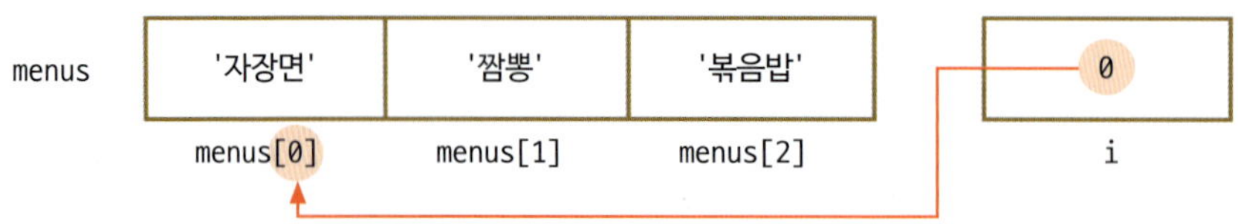

그림 5-12 리스트 항목에 한 개씩 접근하면서 출력

3 **두 번째 반복**에서 `i`가 `1`이므로 `menus[1]`인 `'짬뽕'`을 출력합니다.

4 **세 번째 반복**에서 `i`가 `2`이므로 `menus[2]`인 `'볶음밥'`을 출력합니다. 결국 `menus` 리스트에 저장된 항목들이 한 개씩 출력됩니다.

■ **인덱스 없이 for 문과 리스트 이용하기**

리스트의 크기만큼 문장을 반복하면 리스트의 첫 번째 항목부터 마지막 항목까지 접근하여 출력할 수 있습니다.

| Syntax | **for 문**

```
for 변수 in 리스트:
  문장
```

리스트의 길이만큼 반복한다. 반복할 때마다 '변수'에 리스트의 항목이 순서대로 저장된다.

다음은 이 방법을 이용해서 리스트 항목을 한 개씩 출력하는 예입니다. `for` 문은 `menus` 리스트의 크기만큼 3번 반복하는데 **첫 번째 반복**에서는 `a`에 첫 번째 항목인 `'자장면'`이 저장되고, **두 번째 반복**에서는 `a`에 두 번째 항목인 `'짬뽕'`이 저장되고, **세 번째 반복**에서는 `a`에 세 번째 항목인 `'볶음밥'`이 저장되어 결국 모든 항목을 출력합니다.

코드 5-7

```python
menus = ['자장면', '짬뽕', '볶음밥']
for a in menus:
  print(a)
```

```
자장면
짬뽕
볶음밥
```

■ **enumerate 함수**

인덱스와 항목을 모두 반환하는 enumerate 함수를 사용하여 리스트 항목에 접근할 수 있습니다.

| Syntax | **enumerate() 함수**

```
for 인덱스, 항목 in enumerate(리스트):
  문장
```

리스트의 길이만큼 반복한다. 반복할 때마다 '인덱스'에는 인덱스가, '항목'에는 항목이 순서대로 저장된다.

다음은 enumerate 함수를 이용해서 리스트 인덱스와 항목을 한 개씩 출력하는 예입니다.

코드 5-8

```python
menus = ['자장면', '짬뽕', '볶음밥']
for i, a in enumerate(menus):
  print(i, a)
```

```
0 자장면
1 짬뽕
2 볶음밥
```

for 문은 menus 리스트의 크기만큼 3번 반복합니다.

- **첫 번째 반복** i에 첫 번째 항목의 인덱스인 0이, a에는 첫 번째 항목인 '자장면'이 저장됩니다.
- **두 번째 반복** i에 두 번째 항목의 인덱스인 1이, a에는 두 번째 항목인 '짬뽕'이 저장됩니다.
- **세 번째 반복** i에 2가, a에 '볶음밥'이 저장됩니다.

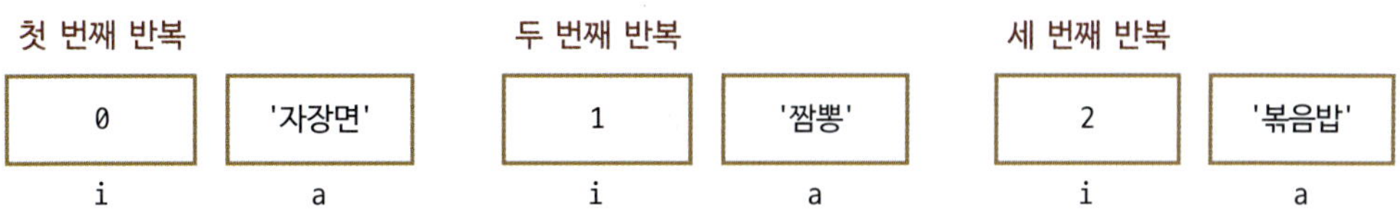

그림 5-13 enumerate 함수를 이용해 리스트 인덱스와 항목을 한 개씩 출력

2 리스트 슬라이싱

슬라이싱slicing은 대괄호와 콜론([:])을 이용해서 리스트의 일부 항목을 추출하는 것을 말합니다. 콜론(:) 왼쪽에는 추출되는 항목의 시작 인덱스가 오고, 콜론 오른쪽에는 종료 인덱스가 옵니다.

| Syntax | **슬라이싱**

```
리스트[시작 인덱스:종료 인덱스]
```

리스트에서 '시작 인덱스' 항목부터 '종료 인덱스' 바로 전 인덱스 항목까지 추출한다.

다음 letters 리스트를 이용해서 슬라이싱에 대해 살펴보겠습니다.

```
letters = ['A', 'B', 'C', 'D', 'E']
```

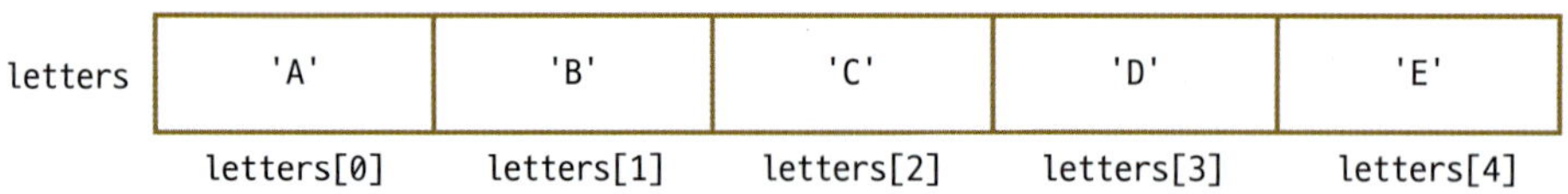

그림 5-14 letters 리스트와 저장된 값

letters[1:3]은 인덱스 1인 항목부터 인덱스 3 바로 전인 인덱스 2 항목까지 추출한다는 뜻으로 결과는 ['B', 'C']입니다. 인덱스가 3인 항목은 포함되지 않는다는 것에 주의합니다.

```
letters = ['A', 'B', 'C', 'D', 'E']
print(letters[1:3])
```

```
['B', 'C']
```

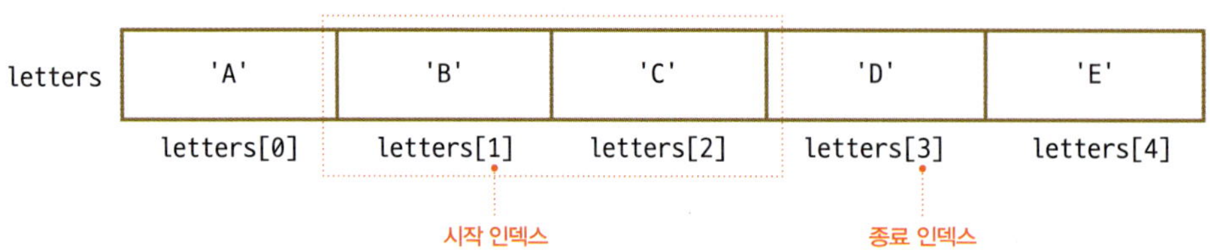

그림 5-15 리스트 슬라이싱 letters[1:3]

letters[0:4]는 인덱스 0인 항목부터 인덱스 4 바로 전인 인덱스 3 항목까지 추출한다는 뜻으로 결과는 ['A', 'B', 'C', 'D']입니다.

```
letters = ['A', 'B', 'C', 'D', 'E']
print(letters[0:4])
```

```
['A', 'B', 'C', 'D']
```

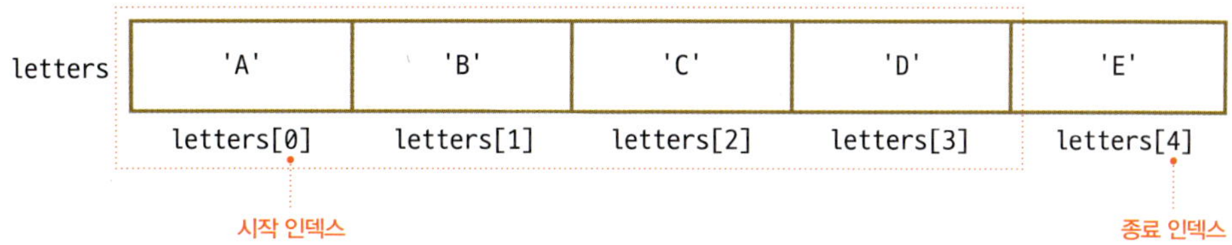

그림 5-16 리스트 슬라이싱 letters[0:4]

슬라이싱 인덱스 생략

콜론(:) 왼쪽의 시작 인덱스를 생략하면 리스트의 첫 번째 항목부터 시작함을 의미합니다. 그러므로 시작 인덱스를 생략한 letters[:4]와 letters[0:4]는 동일한 의미입니다.

```
letters = ['A', 'B', 'C', 'D', 'E']
print(letters[:4])
```

```
['A', 'B', 'C', 'D']
```

콜론(:) 오른쪽의 인덱스를 생략하면 마지막 항목까지 추출하는 것을 의미합니다.

```
letters = ['A', 'B', 'C', 'D', 'E']
print(letters[2:])
```

```
['C', 'D', 'E']
```

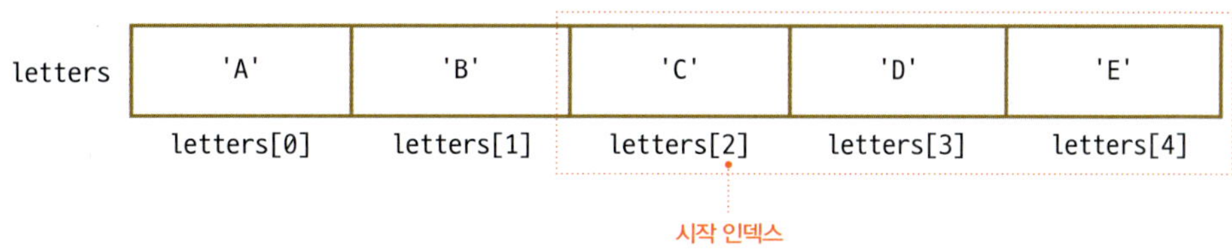

그림 5-17 종료 인덱스를 생략한 리스트 슬라이싱 letters[2:]

음수 인덱싱을 이용한 슬라이싱

letters[1:-1]은 인덱스 1인 항목부터 인덱스 -1인 항목 바로 전 항목까지 추출한다는 뜻으로 결국 첫 번째 항목과 마지막 항목을 제외한 항목들을 추출하게 됩니다.

```
letters = ['A', 'B', 'C', 'D', 'E']
print(letters[1:-1])
```

```
['B', 'C', 'D']
```

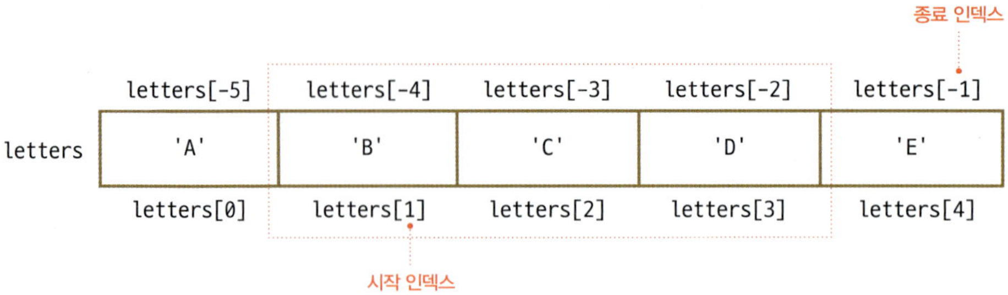

그림 5-18 음수 인덱싱을 이용한 슬라이싱 letters[1:-1]

3 리스트 관련 함수

지금부터는 리스트를 다루는 다양한 함수(메서드)를 소개하겠습니다.

항목 추가하기

변수를 생성한 뒤에 값을 자유롭게 바꿀 수 있듯이 리스트를 생성한 뒤에 항목을 자유롭게 추가할 수 있습니다. 항목을 추가하는 위치와 추가할 항목의 성격에 따라 append 함수, insert 함수, extend 함수 중 적절한 것을 선택해서 사용합니다.

■ append 함수

| Syntax | append() 함수

```
리스트.appned(값)
```

리스트의 맨 끝에 값을 추가한다.

다음은 pl이라는 빈 리스트를 생성한 후에 append 함수를 이용해서 2개의 프로그래밍 언어를 추가하는 코드입니다.

코드 5-9

```
pl = []
pl.append('파이썬')
pl.append('C')
print(pl)
```

```
['파이썬', 'C']
```

02 빈 리스트 pl에 문자열 '파이썬'을 추가합니다.

03 문자열 'C'를 pl 리스트의 맨 끝에 추가합니다.

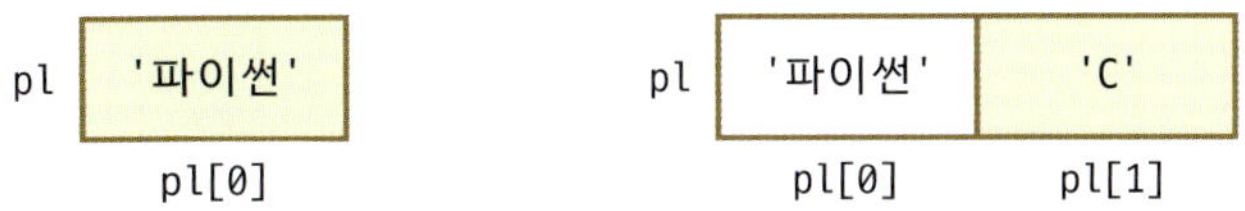

그림 5-19 append 함수로 리스트 항목 추가

▪ insert 함수

| Syntax | **insert() 함수**

```
리스트.insert(위치, 값)
```

지정한 리스트의 위치에 값을 추가한다.

다음 코드는 insert 함수를 이용해서 pl 리스트의 인덱스 1 위치에 'C'를 추가합니다.

코드 5-10

```
01  pl = ['파이썬', '자바']
02  pl.insert(1, 'C')
03  print(pl)
```

```
['파이썬', 'C', '자바']
```

01 pl 리스트와 항목을 생성합니다.

02 pl 리스트의 인덱스 1 위치에 'C'를 추가합니다.

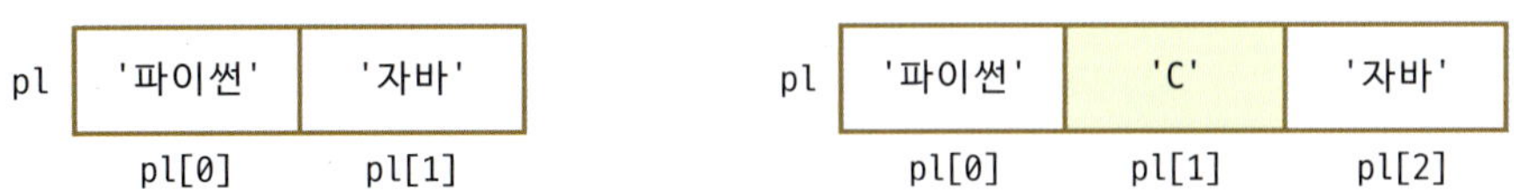

그림 5-20 insert 함수로 리스트 항목 추가

▪ extend 함수

| Syntax | **extend() 함수**

```
리스트1.extend(리스트2)
```

'리스트1' 뒤에 '리스트2'의 항목을 추가한다.

다음은 extend 함수를 이용해서 pl 리스트 뒤에 ['C++', '자바'] 리스트의 항목을 추가하는 코드입니다. 리스트 자체가 추가되지 않고 리스트에 들어 있는 항목이 추가됩니다.

코드 5-11

```
01 pl = ['파이썬', 'C']
02 pl.extend(['C++', '자바'])
03 print(pl)
```

```
['파이썬', 'C', 'C++', '자바']
```

01 pl 리스트와 항목을 생성합니다.

02 pl 리스트 뒤에 ['C++', '자바'] 항목들을 추가합니다.

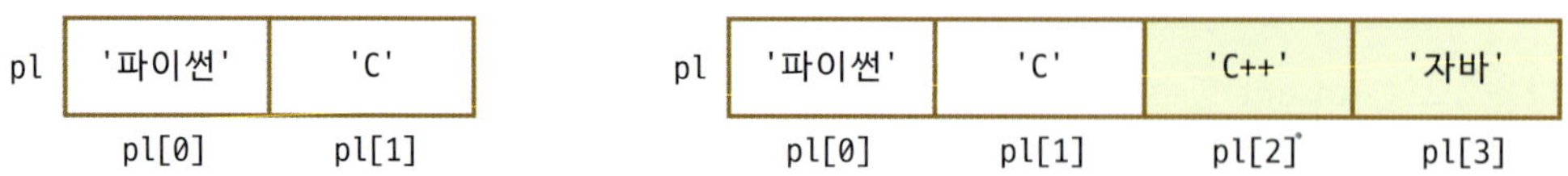

그림 5-21 extend 함수로 리스트 항목 추가

항목 삭제하기

리스트에서 항목을 삭제할 수 있는 여러 가지 방법이 있습니다.

■ pop 함수

| Syntax | **pop() 함수**

리스트.pop(인덱스)

리스트의 '인덱스' 위치에 있는 항목을 삭제하고 반환한다. 만약 '인덱스'를 생략하면 마지막 항목을 삭제하고 반환한다.

다음은 반려동물 종류를 저장한 pets 리스트에서 pop 함수를 이용해서 항목을 삭제하는 예입니다.

코드 5-12

```
pets = ['dog', 'cat', 'hamster', 'hedgehog', 'parrot', 'lizard']
select1 = pets.pop(3)
print(select1)
```

```
04  select2 = pets.pop()
05  print(select2)
06  print(pets)
```

```
hedgehog
lizard
['dog', 'cat', 'hamster', 'parrot']
```

01 pets 리스트를 생성합니다.

02 pop 함수를 이용해서 인덱스 3 항목인 'hedgehog'를 리스트에서 삭제하고 반환하여 select1에 저장합니다.

04 인덱스를 생략한 pop 함수를 이용해서 pets 리스트의 마지막 항목인 'lizard'를 리스트에서 삭제하고 반환하여 select2에 저장합니다.

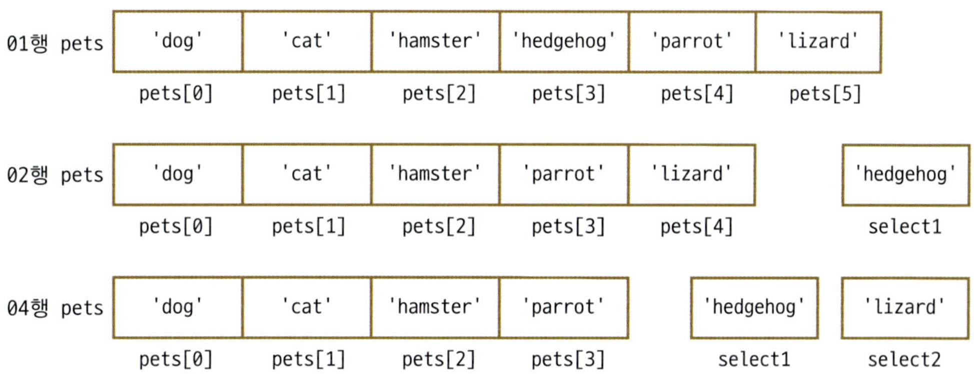

그림 5-22 pop 함수를 이용한 리스트 항목 삭제

■ del 키워드

pop 함수는 삭제한 항목을 반환하는 반면 del 키워드는 삭제한 항목을 반환하지 않습니다.

| Syntax | **del 키워드**

```
del 리스트[인덱스]
```

리스트에서 지정한 인덱스의 항목을 삭제한다.

다음은 del을 이용해서 항목을 삭제하는 예로, 인덱스 3인 항목과 인덱스 -1인 마지막 항목을 삭제합니다.

코드 5-13

```python
01 pets = ['dog', 'cat', 'hamster', 'hedgehog', 'parrot', 'lizard']
02 del pets[3], pets[-1]
03 print(pets)
```

```
['dog', 'cat', 'hamster', 'parrot']
```

01 pets 리스트를 생성합니다.

02 del을 이용해서 pets[3]인 'hedgehog'와 pets[-1]인 'lizard'를 pets 리스트에서 삭제합니다.

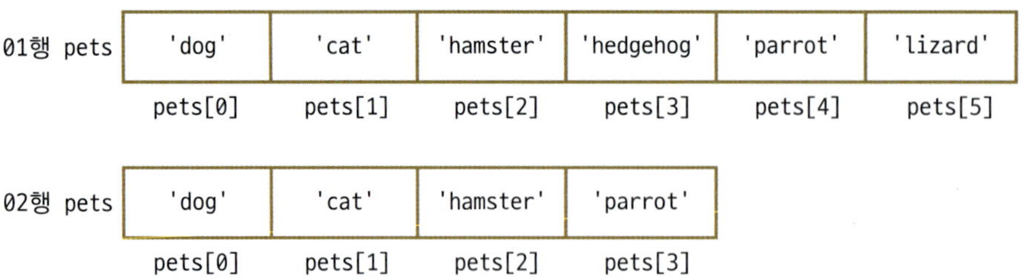

그림 5-23 del 키워드를 이용한 리스트 항목 삭제

▪ remove 함수

remove 함수를 이용하면 지정한 값을 리스트에서 삭제할 수 있습니다. 만약 지정한 값이 리스트에 여러 개 있다면 인덱스가 가장 작은 값 하나만 삭제됩니다.

| Syntax | **remove() 함수**

```
리스트.remove(값)
```

리스트에서 첫 번째 위치의 '값'을 삭제한다.

다음은 remove 함수를 이용해서 'hedgehog' 항목을 삭제하는 예인데, 만약 리스트에 여러 개의 'hedgehog'가 있다면 첫 번째 'hedgehog'만 삭제됩니다.

코드 5-14

```python
pets = ['dog', 'cat', 'hamster', 'hedgehog', 'parrot', 'lizard']
pets.remove('hedgehog')
print(pets)
```

```
['dog', 'cat', 'hamster', 'parrot', 'lizard']
```

02 'hedgehog'를 pets 리스트에서 삭제합니다.

■ clear 함수

| Syntax | **clear() 함수**

```
리스트.clear()
```

리스트의 모든 항목을 삭제한다.

다음은 clear 함수를 이용해서 pets 리스트의 모든 항목을 삭제하는 예입니다.

코드 5-15

```
pets = ['dog', 'cat', 'hamster', 'hedgehog', 'parrot', 'lizard']
pets.clear()
print(pets)
```

```
[]
```

항목 재배열하기

리스트 항목의 값은 그대로 두면서 순서만 재배열할 수 있습니다.

■ reverse 함수

| Syntax | **reverse() 함수**

```
리스트.reverse()
```

리스트 항목을 역순으로 뒤집는다.

다음은 reverse 함수를 이용해서 nations 리스트의 모든 항목을 역순으로 뒤집는 예입니다.

코드 5-16

```
nations = ['한국', '미국', '영국', '일본']
nations.reverse()
print(nations)
```

```
['일본', '영국', '미국', '한국']
```

■ sort 함수

sort 함수는 기본적으로 항목을 오름차순으로 정렬하는데 만약 내림차순으로 정렬하려면 reverse=True로 설정하면 됩니다.

| Syntax | sort() 함수

```
리스트.sort([옵션])
```

리스트 항목을 정렬한다. reverse=True 옵션을 설정하면 내림차순으로 정렬한다.

다음은 sort 함수를 이용해서 nations 리스트의 항목들을 정렬하는 예입니다.

코드 5-17

```
01  nations = ['한국', '미국', '영국', '일본']
02  nations.sort()
03  print(nations)
04  nations.sort(reverse=True)
05  print(nations)
```

```
['미국', '영국', '일본', '한국']
['한국', '일본', '영국', '미국']
```

01 nations 리스트를 생성합니다.

02 sort 함수를 이용해서 nations 리스트의 항목들을 오름차순(가나다순)으로 정렬합니다.

04 sort 함수를 이용해서 nations 리스트의 항목들을 내림차순(가나다 역순)으로 정렬합니다. sort 함수의 reverse 매개변수를 True로 설정하면 내림차순으로 정렬합니다.

그림 5-24 리스트 항목 정렬

리스트 탐색하기

in 연산자는 리스트에 특정 값이 있는지를 알려줍니다. 또한 **index** 함수는 리스트에 특정 값이 있으면 해당 항목의 인덱스를 알려줍니다.

| Syntax | **in 연산자**

```
값 in 리스트
```

리스트에 '값'이 있으면 True를 반환하고 없으면 False를 반환한다.

| Syntax | **index() 함수**

```
리스트.index(값)
```

리스트에 '값'이 있으면 해당 항목의 인덱스를 알려준다.

다음은 in과 index 함수를 이용해서 영어로 된 월 이름이 숫자로 몇 월인지 알려주는 예입니다.

코드 5-18

```
01 months = ['January','February','March','April','May','June',
02           'July','August','September','October','November','December']
03 answer = input('월(영어): ')
04
05 if answer in months:
06   print(months.index(answer)+1)
07 else:
08   print('잘못 입력했습니다.')
```

```
월(영어): March
3
```

01~02 months 리스트를 생성합니다.

03 영어로 된 월 이름을 입력받아 answer에 저장합니다. 'March'를 입력했다고 가정하겠습니다.

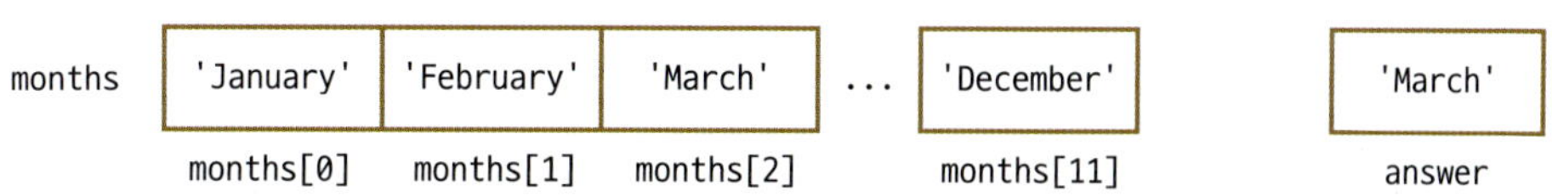

그림 5-25 months 리스트와 저장된 값

05 answer의 값인 'March'가 months 리스트에 있는지 확인합니다. 있으면 06행을 실행하고 없으면 08행을 실행합니다.

06 영어로 된 월 이름 answer를 숫자로 출력해야 합니다. 예를 들어 answer가 'January'면 1월이므로 숫자 1을 출력해야 하는데, 1은 months 리스트에서 'January'의 인덱스인 0에 1을 더한 값입니다. 그리고 answer가 'February'이면 months 리스트에서 'February'의 인덱스인 1에 1을 더한 2를 출력합니다. 결국 출력할 숫자 월은 answer 값과 같은 months 리스트 항목의 인덱스에 1을 더한 값으로 answer에 해당하는 월의 숫자는 months.index(answer)+1과 같습니다.

표 5-1 months 리스트 항목의 인덱스와 월(숫자)

(인덱스 +1 → 숫자 월)

answer	months 리스트	인덱스	숫자 월
'January'	months[0]	0	1
'February'	months[1]	1	2
'March'	months[2]	2	3
	⋮		

리스트와 랜덤

random 라이브러리에 있는 함수를 이용해서 리스트를 무작위로 다루는 방법을 살펴보겠습니다.

■ 랜덤 선택

random 라이브러리의 choice 함수는 리스트의 항목 한 개를 무작위로 선택합니다.

| Syntax | **random.choice() 함수**

```
random.choice(리스트)
```

리스트에서 항목 한 개를 무작위로 선택한다.

random 라이브러리의 sample 함수는 설정한 개수만큼 리스트에서 항목을 중복 없이 무작위로 선택합니다.

| Syntax | **random.sample() 함수**

```
random.sample(리스트,개수)
```

리스트에서 항목을 '개수'만큼 중복 없이 무작위로 선택한다.

random 라이브러리의 choices 함수는 리스트에서 항목을 설정한 개수만큼 중복을 허용해 무작위로 선택합니다.

| Syntax | random.choices() 함수

```
random.choices(리스트,k=개수)
```

리스트에서 항목 k개를 중복을 허용해 무작위로 선택한다.

다음은 random 라이브러리의 choice, sample, choices 함수를 이용해서 항목을 무작위로 선택하는 예입니다.

코드 5-19

```
01 import random
02 
03 colors = ['ivory', 'lavender', 'lightcyan', 'lightyellow', 'palegreen']
04 print(random.choice(colors))
05 print(random.sample(colors,3))
06 print(random.choices(colors,k=3))
```

```
lavender
['lightcyan', 'palegreen', 'lavender']
['ivory', 'ivory', 'lavender']
```

04 colors 리스트에서 항목 한 개를 무작위로 선택합니다.

05 colors 리스트에서 3개의 항목을 중복 없이 무작위로 선택합니다.

06 colors 리스트에서 3개의 항목을 중복을 허용해 무작위로 선택합니다.

■ 랜덤 재배열

| Syntax | random.shuffle() 함수

```
random.shuffle(리스트)
```

'리스트' 항목들을 무작위로 재배열한다.

다음은 shuffle 함수를 이용해서 colors 리스트의 항목을 무작위로 재배열한 후에 앞에서부터 세 개의 항목을 출력하는 프로그램입니다. 무작위로 재배열되기 때문에 같은 코드를 입력하더라도 여러분의 실행 결과는 다를 수 있습니다.

코드 5-20

```
01  import random
02
03  colors = ['ivory', 'lavender', 'lightcyan', 'lightyellow', 'palegreen']
04  random.shuffle(colors)
05  print(colors[:3])
```

```
['lavender', 'lightcyan', 'ivory']
```

03 colors 리스트를 생성합니다.

04 colors 리스트를 무작위로 재배열합니다.

05 colors 리스트의 첫 번째 항목부터 인덱스 3인 항목까지 ['lavender', 'lightcyan', 'ivory']를 추출하여 출력합니다.

03행 colors	'ivory'	'lavender'	'lightcyan'	'lightyellow'	'palegreen'
	colors[0]	colors[1]	colors[2]	colors[3]	colors[4]

04행 colors	'lavender'	'lightcyan'	'ivory'	'palegreen'	'lightyellow'
	colors[0]	colors[1]	colors[2]	colors[3]	colors[4]

그림 5-26 리스트 무작위 재배열

리스트 통계 구하기

[표 5-2]는 리스트에 적용 가능한 대표적인 통계 관련 내장 함수입니다.

표 5-2 통계 관련 내장 함수

함수	설명	사용 형식
max()	리스트 항목들 중 최댓값을 알려준다.	max(리스트)
min()	리스트 항목들 중 최솟값을 알려준다.	min(리스트)
sum()	리스트 항목들의 합을 구한다.	sum(리스트)

다음은 리스트 통계 함수인 max, min, sum 함수를 사용하는 예입니다.

코드 5-21

```
01  scores = [85, 95, 70, 75, 99, 93, 88]
02
03  print('최댓값:', max(scores))
04  print('최솟값:', min(scores))
05  print('합:', sum(scores))
06  print('평균:', sum(scores)/len(scores))
```

```
최댓값: 99
최솟값: 70
합: 605
평균: 86.42857142857143
```

03 scores 리스트 항목들 중 최댓값을 찾아 출력합니다.

04 scores 리스트 항목들 중 최솟값을 찾아 출력합니다.

05 scores 리스트 항목들의 합을 구해 출력합니다.

06 scores 리스트 항목들의 평균을 출력합니다. 평균은 항목들의 합을 항목 개수로 나누어 구합니다.

LAB 리스트 항목 정렬하기

3개의 이름을 입력받아 names 리스트에 저장하고 정렬하여 출력해 봅시다.

```
names = []
for i in range(3):
  names.append(input('이름: '))
names.sort()
print(names)
```

```
이름: 철수
이름: 길동
이름: 순이
['길동', '순이', '철수']
```

동작 과정

1 01행에서 빈 리스트 names를 생성합니다.

2 02~03행에서 이름 3개를 입력받아 names 리스트에 저장합니다.

3 04행에서 sort 함수를 이용해서 names 리스트를 오름차순으로 정렬합니다.

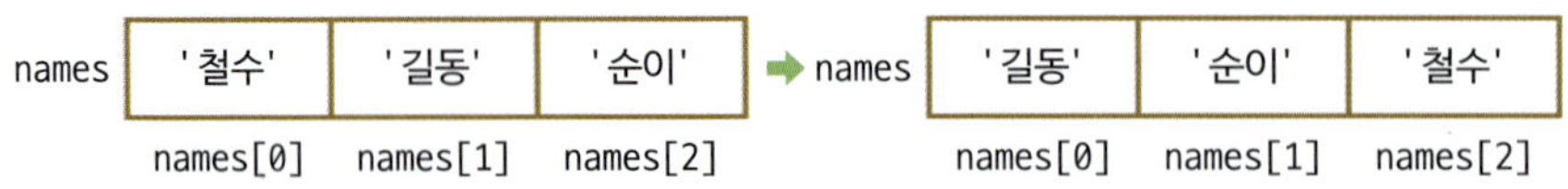

4 05행에서 names 리스트 항목을 출력합니다.

LAB 리스트 항목 거꾸로 출력하기

pl 리스트에 프로그래밍 언어 3개를 저장하고 각 항목을 거꾸로 한 개씩 출력해 봅시다. len(pl)-1을 그냥 2로 해도 이 경우에는 문제없지만 리스트에 저장된 항목 수와 상관없이 동작하도록 하기 위해서는 len(pl)-1로 하는 것이 바람직합니다.

```python
01  pl = ['python', 'C', 'java']
02  for i in range(len(pl)-1, -1, -1):
03      print(pl[i])
```

```
java
C
python
```

동작 과정

1 01행에서 pl 리스트를 생성합니다.

2 02행에서 len(pl)은 3이므로 range(2, -1, -1)과 같습니다. 이 리스트는 [2, 1, 0]이므로 for 문은 3번 반복합니다. **첫 번째 반복**에서는 i가 2이므로 pl[2]인 'Java'를 출력합니다.

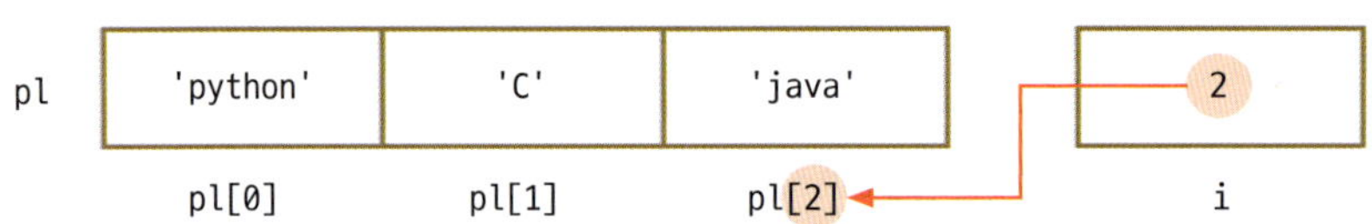

3 **두 번째 반복**에서는 i가 1이므로 pl[1]인 'C'를 출력합니다.

4 **세 번째 반복**에서는 i가 0이므로 pl[0]인 'python'을 출력합니다.

LAB 학생 명단에서 무작위로 두 명 선택하기

입력받은 학생 수만큼 학생 이름을 입력받아 names 리스트에 저장한 다음 두 명을 무작위로 선택해 봅시다.

```
01 import random
02
03 names = []
04 num = int(input('학생 수: '))
05
06 for i in range(num):
07     names.append(input('학생 이름: '))
08 print(random.sample(names,2))
```

```
학생 수: 4
학생 이름: 길동
학생 이름: 영희
학생 이름: 철수
학생 이름: 순이
['길동', '철수']
```

동작 과정

1 03행에서 빈 리스트 names를 생성합니다.

2 04행에서 학생 수를 입력받아 num에 저장합니다. 4를 입력했다고 가정하겠습니다.

3 06~07행에서 이름 num개를 입력받아 names 리스트에 저장합니다.

names	'길동'	'영희'	'철수'	'순이'
	names[0]	names[1]	names[2]	names[3]

4 08행에서 random 라이브러리의 sample 함수를 이용해서 names 리스트에 저장된 2개의 이름을 중복 없이 무작위로 선택하여 출력합니다.

5.3 플러스 예제 조선 왕 계보 사전

주말 TV 예능 프로그램에서 진행한 '조선 왕조 계보 완성하기' 미션은 경기장 곳곳에 숨겨진 왕의 이름표를 찾아서 순서대로 배열하는 게임입니다. 조선 왕 계보를 알려주는 프로그램을 만들어 보겠습니다.

1 조선 왕 계보 순서대로 출력하기

[표 5-3]의 조선 왕 계보를 참고하여 리스트에 저장된 조선 왕조의 계보를 순서대로 출력해 보겠습니다.

표 5-3 조선 왕 계보

순번	묘호	순번	묘호	순번	묘호	순번	묘호	순번	묘호	순번	묘호
1	태조	6	단종	11	중종	16	인조	21	영조	26	고종
2	정종	7	세조	12	인종	17	효종	22	정조	27	순종
3	태종	8	예종	13	명종	18	현종	23	순조		
4	세종	9	성종	14	선조	19	숙종	24	헌종		
5	문종	10	연산군	15	광해군	20	경종	25	철종		

조선 왕 27명의 묘호를 순서대로 리스트에 저장합니다. 리스트 이름은 dynasties로 하겠습니다.

```
dynasties = ['태조','정종','태종','세종','문종','단종','세조','예종','성종',
             '연산군','중종','인종','명종','선조','광해군','인조','효종',
             '현종','숙종','경종','영조','정조','순조','헌종','철종','고종','순종']
```

dynasties 리스트에 저장된 항목을 순서대로 출력합니다. 이때 몇 대 왕인지도 함께 출력합니다. i+1로 하는 이유는 첫 번째 인덱스가 1이 아닌 0이기 때문입니다.

```
for i in range(len(dynasties)):
  print(f'{i+1}대: {dynasties[i]}')
```

■ 전체 프로그램

```
01 dynasties = ['태조','정종','태종','세종','문종','단종','세조','예종','성종',
02              '연산군','중종','인종','명종','선조','광해군','인조','효종',
03              '현종','숙종','경종','영조','정조','순조','헌종','철종','고종','순종']
04
05 for i in range(len(dynasties)):
06   print(f'{i+1}대: {dynasties[i]}')
```

```
1대: 태조
2대: 정종
3대: 태종

… 중략 …

26대: 고종
27대: 순종
```

01~03 27명의 조선 왕 묘호를 순서대로 dynasties 리스트에 저장합니다. 리스트는 대괄호([]) 안에 데이터를 콤마로 구분하여 표현합니다.

05~06 dynasties 리스트에 저장된 왕 묘호와 몇 대 왕인지를 함께 출력합니다. len(dynasties)는 dynasties 리스트의 항목 수이므로 27입니다.

동작 과정

1 dynasties 리스트를 도식화하면 다음과 같습니다.

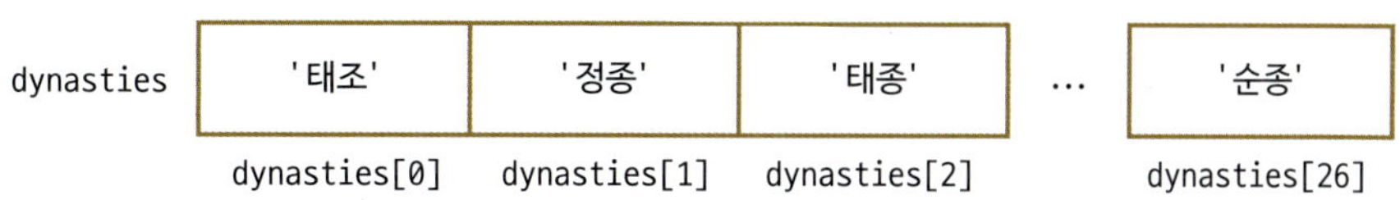

2 05행의 len(dynasties)는 27이므로 range(len(dynasties))는 [0, 1, 2, …, 26]이 되어 for 문은 27번 반복하게 됩니다. **첫 번째 반복**에서는 i가 0이므로 i+1인 1이 되어 dynasties[0]인 '태조'를 출력합니다.

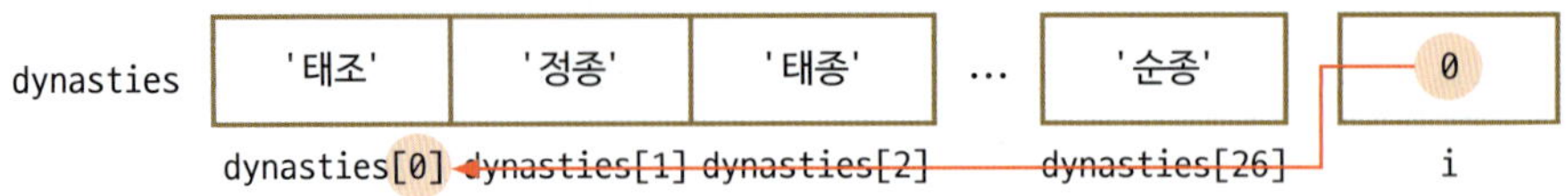

3 **두 번째 반복**에서는 i가 1이므로 i+1인 2가 되어 dynasties[1]인 '정종'을 출력합니다.

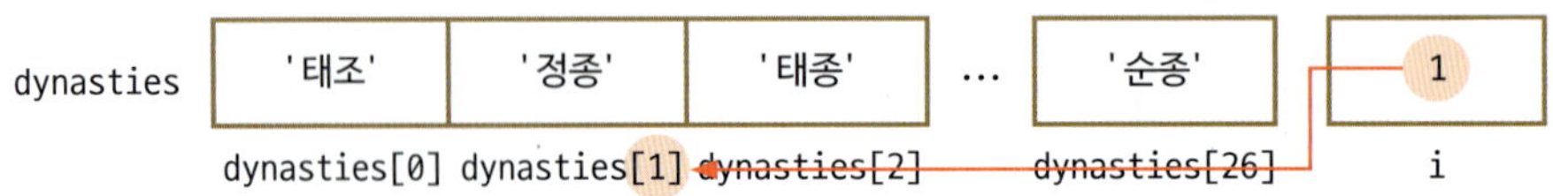

4 같은 방법으로 dynasties 리스트에 저장된 모든 항목, 즉 조선 왕 묘호 27개를 순서대로 출력합니다.

참고로 enumerate 함수를 이용해서 같은 프로그램을 작성하면 다음과 같습니다.

```
dynasties = ['태조','정종','태종','세종','문종','단종','세조','예종','성종',
             '연산군','중종','인종','명종','선조','광해군','인조','효종',
             '현종','숙종','경종','영조','정조','순조','헌종','철종','고종','순종']

for i, a in enumerate(dynasties):
    print(f'{i+1}대: {a}')
```

2 순번을 입력받아 왕 묘호 출력하기

❶ 순번 입력 → 묘호 출력

순번을 입력하면 왕의 묘호를 출력하는 프로그램을 만들어보겠습니다. 27명의 조선 왕 묘호를 순서대로 리스트에 저장합니다.

```
dynasties = ['태조','정종','태종','세종','문종','단종','세조','예종','성종',
             '연산군','중종','인종','명종','선조','광해군','인조','효종',
             '현종','숙종','경종','영조','정조','순조','헌종','철종','고종','순종']
```

사용자로부터 순번을 입력받고 10진 정수로 변환해 num에 저장합니다.

```
num = int(input('순서: '))
```

num 번째 왕의 묘호를 출력해야 합니다. 예를 들어 num이 1이면 첫 번째 왕인 '태조'를 출력하는데 '태조'는 리스트에서 dynasties[0] 항목입니다. 또한 num이 2면 dynasties[1]인 두 번째 왕 '정종'을 출력합니다. 결국 num 순번에 해당하는 왕 묘호는 dynasties[num-1]입니다.

표 5-4 num 번째 왕의 묘호 찾기

num	왕의 묘호	dynasties 리스트
1	'태조'	dynasties[0]
2	'정종'	dynasties[1]
3	'태종'	dynasties[2]

num 번째 왕의 묘호를 출력하는 코드는 다음과 같습니다.

```
print(dynasties[num-1])
```

그런데 순번인 num의 범위는 1~27이므로 이 범위 외의 순번을 입력하면 오류가 발생해야 합니다.

```
순번: 30
IndexError: list index out of range
```

그러므로 if 문을 사용하여 사용자가 1~27을 입력한 경우에만 왕의 묘호가 출력되도록 하면 됩니다.

```
if num>=1 and num<=27:
  print(dynasties[num-1])
else:
  print('1~27대까지 있습니다.')
```

❷ 묘호 입력 → 순번 출력

다음으로 조선 왕의 묘호를 입력하면 순번을 출력하는 프로그램을 만들어보겠습니다. 조선 왕 27명의 묘호를 순서대로 리스트에 저장합니다.

```
dynasties = ['태조','정종','태종','세종','문종','단종','세조','예종','성종',
             '연산군','중종','인종','명종','선조','광해군','인조','효종',
             '현종','숙종','경종','영조','정조','순조','헌종','철종','고종','순종']
```

사용자로부터 묘호를 입력받아 name에 저장합니다.

```
name = input('왕 이름: ')
```

사용자가 입력한 묘호인 name의 순번을 출력해야 합니다. 예를 들어 name이 '태조'면 1을 출력해야 하는데 1은 dynasties 리스트에서 '태조'의 인덱스인 0에 1을 더한 값입니다. 그리고 name이 '정종'이면 dynasties 리스트에서 '정종'의 인덱스인 1에 1을 더한 2를 출력해야 합니다. 결국 name의 순번은 dynasties 리스트에서 name의 인덱스에 1을 더한 값입니다.

표 5-5 묘호에 해당하는 순번 찾기

(인덱스 → 순번: +1)

name	dynasties 리스트	인덱스	순번
'태조'	dynasties[0]	0	1
'정종'	dynasties[1]	1	2
'태종'	dynasties[2]	2	3

리스트에서 항목의 인덱스를 알려주는 index 함수를 사용해서 name에 해당하는 순번을 출력하는 코드는 다음과 같습니다.

```
print(dynasties.index(name)+1)
```

그런데 사용자가 입력한 이름이 dynasties 리스트에 속한 경우에만 순번이 출력되어야 하는데, 이때 in 연산자를 사용하면 됩니다. in을 이용해서 사용자가 입력한 이름인 name이 dynasties 리스트에 속한 경우에만 계보의 순번이 출력되도록 하는 코드는 다음과 같습니다.

```
if name in dynasties:
  print(dynasties.index(name)+1, '대 왕입니다.')
else:
  print(name, '이름을 가진 왕은 없습니다.')
```

❸ 프로그램 병합

순번을 입력하면 왕 이름을 출력하는 프로그램과 왕 이름을 입력하면 순번을 출력하는 프로그램을 하나로 묶어보겠습니다. 순번 또는 왕 이름을 사용자로부터 입력받아 answer에 저장합니다.

```
answer = input('순번 또는 왕 이름: ')
```

answer가 순번인지 왕 이름인지 구분해야 하는데 이때 문자열이 숫자 형식인지를 판별하는 isdigit 함수를 이용하면 됩니다.

```
if answer.isdigit():
  # answer가 순번임
else:
  # answer가 왕 이름임
```

answer가 순번이면 왕 이름을 출력하고, answer가 왕 이름이면 순번을 출력하는 코드는 다음과 같습니다. answer가 순번인 경우 answer를 10진 정수 형식으로 변환해야 합니다.

```
if answer.isdigit():
  num = int(answer)
  if num>=1 and num<=27:
    print(dynasties[num-1])
  else:
    print('1~27대까지 있습니다.')
else:
  if answer in dynasties:
    print(dynasties.index(answer)+1, '대 왕입니다.')
  else:
    print(answer, '이름을 가진 왕은 없습니다.')
```

❹ 전체 프로그램

```
dynasties = ['태조','정종','태종','세종','문종','단종','세조','예종','성종',
             '연산군','중종','인종','명종','선조','광해군','인조','효종',
             '현종','숙종','경종','영조','정조','순조','헌종','철종','고종','순종']
```

```
04
05 answer = input('순번 또는 왕 이름: ')
06 if answer.isdigit():
07   num = int(answer)
08   if num>=1 and num<=27:
09     print(dynasties[num-1])
10   else:
11     print('1~27대까지 있습니다.')
12 else:
13   if answer in dynasties:
14     print(dynasties.index(answer)+1, '대 왕입니다.')
15   else:
16     print(answer, '이름을 가진 왕은 없습니다.')
```

01~03 27명의 조선 왕 묘호를 순서대로 dynasties 리스트에 저장합니다.

07~11 answer가 숫자 형식이므로 순번으로 인식해서 answer에 해당하는 왕의 묘호를 출력합니다. 1부터 27까지의 범위를 벗어나면 잘못된 순번이라는 안내를 출력합니다.

13~16 answer가 왕 이름이므로 계보의 순번을 출력합니다. answer가 dynasties에 있는 왕 이름이 아니면 해당 이름을 가진 왕이 없다고 출력합니다.

```
[실행결과 1]
순번 또는 왕 이름: 3
태종
```

```
[실행결과 2]
순번 또는 왕 이름: 순종
27 대 왕입니다.
```

동작 과정 I

1 dynasties 리스트를 도식화하면 다음과 같습니다.

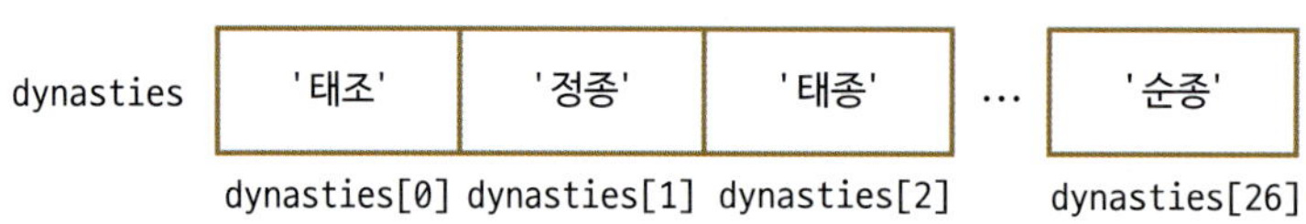

2 05행에서 사용자가 3을 입력하면 answer.isdigit()가 True가 되어 07~11행을 실행합니다. 07행에서 answer를 10진 정수로 변환하여 num에 저장합니다.

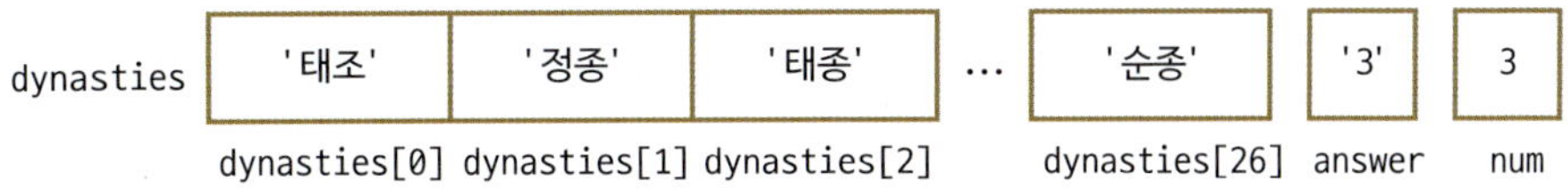

3 num이 3이므로 08행의 조건식이 True가 되어 09행을 실행합니다.

4 09행의 dynasties[num-1]에서 num-1이 2가 되어 dynasties[2]인 '태종'을 출력합니다.

동작 과정 II

1 dynasties 리스트를 도식화하면 다음과 같습니다.

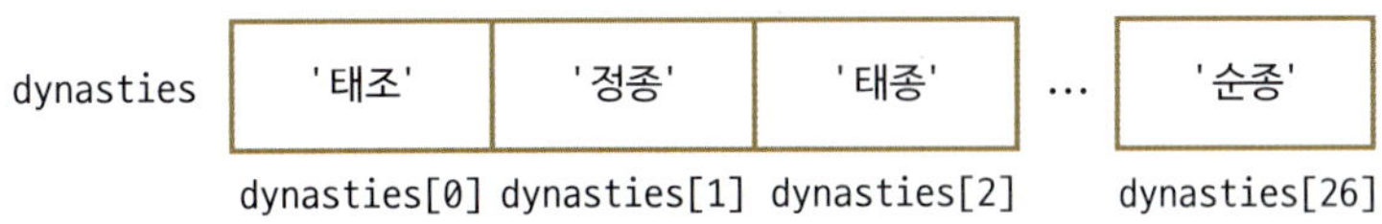

2 05행에서 사용자가 '순종'을 입력하면 answer.isdigit()가 False가 되어 13~16행을 실행합니다.

3 answer, 즉 '순종'이 dynasties 리스트에 있으므로 13행의 조건식인 answer in dynasties가 True가 되어 14행을 실행합니다.

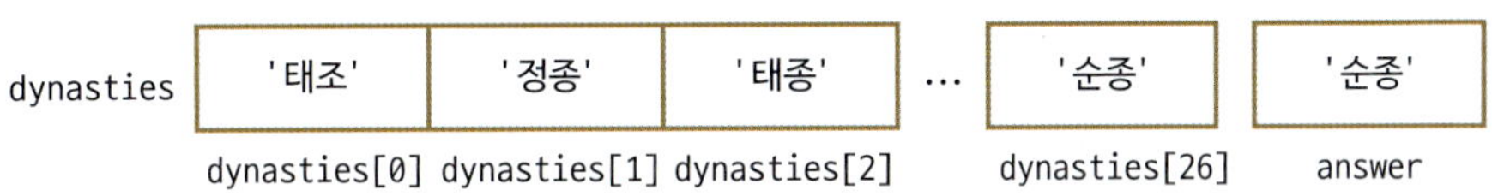

4 dynasties 리스트에서 answer, 즉 '순종'의 인덱스가 26이므로 dynasties.index(answer)는 26이 되어 결국 1을 더한 27을 출력합니다.

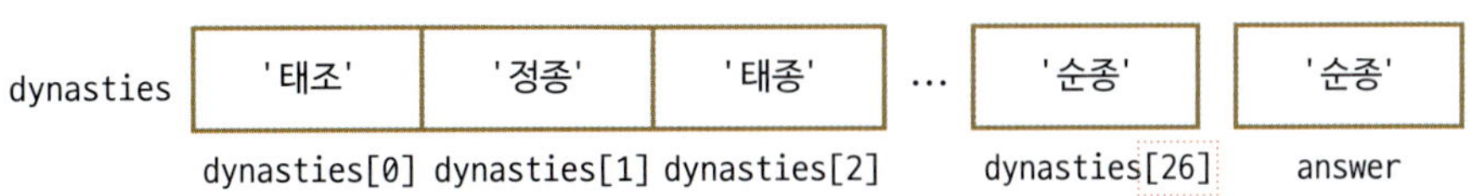

쌍둥이 문제

순번을 입력하면 왕 이름을 출력하고, 왕 이름을 입력하면 순번을 출력하는 조선 왕 계보 사전 프로그램을 작성하세요. 이 프로그램은 다음 예시와 같이 '**종료**'를 입력할 때까지 반복해서 동작합니다.

```
순번, 왕 이름, 종료: 3
태종
순번, 왕 이름, 종료: 순종
27 대 왕입니다.
순번, 왕 이름, 종료: 종료
종료합니다.
```

힌트 프로그램의 구조는 다음과 같습니다.

```python
dynasties = ['태조','정종','태종','세종','문종','단종','세조','예종','성종',
             '연산군','중종','인종','명종','선조','광해군','인조','효종',
             '현종','숙종','경종','영조','정조','순조','헌종','철종','고종','순종']

while True:
  answer = input('순번, 왕 이름, 종료: ')
  if answer == '종료':
    # answer가 '종료'면 반복을 종료함
  elif answer.isdigit():
    # answer가 순번이면 왕 이름을 출력함
  else:
    # answer가 왕 이름이면 순번을 출력함
```

도전 문제

십이지신은 땅을 지키는 열두 마리의 동물입니다. [표 5-6]을 참고해서 한자 동물 이름을 입력하면 한글 동물 이름을 출력하고, 한글 동물 이름을 입력하면 한자 동물 이름을 출력하는 프로그램을 작성하세요.

표 5-6 십이지신

순번	한자	한글	순번	한자	한글	순번	한자	한글
1	자	쥐	5	진	용	9	신	원숭이
2	축	소	6	사	뱀	10	유	닭
3	인	호랑이	7	오	말	11	술	개
4	묘	토끼	8	미	양	12	해	돼지

5.4 플러스 예제 원소 검색기

동생이 다음 주 과학 수업에서 화학 원소 기호와 이름 암기 게임을 진행한다고 합니다. 화학 원소 기호와 이름을 암기하는 데 도움이 될 화학 원소 검색 프로그램을 만들어보겠습니다.

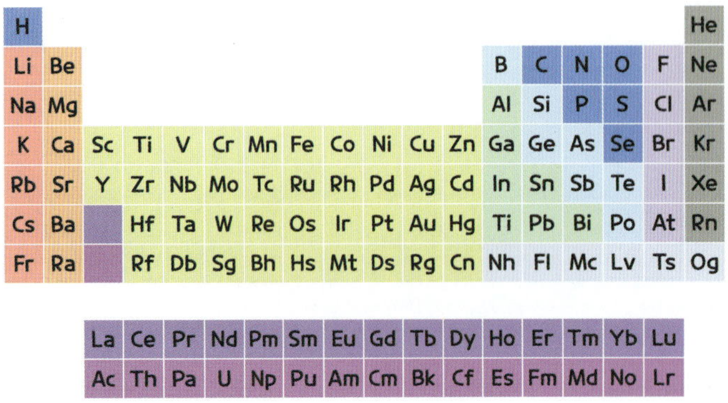

1 원소 기호와 원소 이름 출력하기

원소 기호와 이름을 짝지은 [표 5-7]을 참고하여 원소 기호와 이름을 순서대로 출력하는 프로그램을 만들어보겠습니다.

표 5-7 원소 기호와 원소 이름

원자 번호	원소 기호	원소 이름	원자 번호	원소 기호	원소 이름	원자 번호	원소 기호	원소 이름
1	H	수소	41	Nb	나이오븀	81	Ti	탈륨
2	He	헬륨	42	Mo	몰리브데넘	82	Pb	납
3	Li	리튬	43	Tc	테크네튬	83	Bi	비스무트
4	Be	베릴륨	44	Ru	루테늄	84	Po	폴로늄
5	B	붕소	45	Rh	로듐	85	At	아스타틴
6	C	탄소	46	Pd	팔라듐	86	Rn	라돈
7	N	질소	47	Ag	은	87	Fr	프랑슘
8	O	산소	48	Cd	카드뮴	88	Ra	라듐
9	F	플루오린	49	In	인듐	89	Ac	악티늄
10	Ne	네온	50	Sn	주석	90	Th	토륨

11	Na	나트륨	51	Sb	안티모니	91	Pa	프로탁티늄
12	Mg	마그네슘	52	Te	텔루륨	92	U	우라늄
13	Al	알루미늄	53	I	아이오딘	93	Np	넵투늄
14	Si	규소	54	Xe	제논	94	Pu	플루토늄
15	P	인	55	Cs	세슘	95	Am	아메리슘
16	S	황	56	Ba	바륨	96	Cm	퀴륨
17	Cl	염소	57	La	란타넘	97	Bk	버클륨
18	Ar	아르곤	58	Ce	세륨	98	Cf	칼리포늄
19	K	칼륨	59	Pr	프라세오디뮴	99	Es	아인슈타이늄
20	Ca	칼슘	60	Nd	네오디뮴	100	Fm	페르뮴
21	Sc	스칸듐	61	Pm	프로메튬	101	Md	멘델레븀
22	Ti	타이타늄	62	Sm	사마륨	102	No	노벨륨
23	V	바나듐	63	Eu	유로퓸	103	Lr	로렌슘
24	Cr	크로뮴	64	Gd	가돌리늄	104	Rf	러더포듐
25	Mn	망가니즈	65	Tb	터븀	105	Db	더브늄
26	Fe	철	66	Dy	디스프로슘	106	Sg	시보귬
27	Co	코발트	67	Ho	홀뮴	107	Bh	보륨
28	Ni	니켈	68	Er	어븀	108	Hs	하슘
29	Cu	구리	69	Tm	툴륨	109	Mt	마이트너륨
30	Zn	아연	70	Yb	이터븀	110	Ds	다름슈타듐
31	Ga	갈륨	71	Lu	루테튬	111	Rg	뢴트게늄
32	Ge	저마늄	72	Hf	하프늄	112	Cn	코페르니슘
33	As	비소	73	Ta	탄탈럼	113	Nh	니호늄
34	Se	셀레늄	74	W	텅스텐	114	Fl	플레로븀
35	Br	브로민	75	Re	레늄	115	Mc	모스코븀
36	Kr	크립톤	76	Os	오스뮴	116	Lv	리버모륨
37	Rb	루비듐	77	Ir	이리듐	117	Ts	테네신
38	Sr	스트론튬	78	Pt	백금	118	Og	오가네손
39	Y	이트륨	79	Au	금			
40	Zr	지르코늄	80	Hg	수은			

원소 기호는 element_symbol 리스트에 저장하고, 원소 이름은 element_name 리스트에 저장합니다.

```
element_symbol = ['H','He','Li','Be','B','C','N','O','F','Ne',
                  ...,
                  'Cn','Nh','Fl','Mc','Lv','Ts','Og']
element_name = ['수소','헬륨','리튬','베릴륨','붕소','탄소','질소','산소','플루오린','네온',
                  ...,
                  '코페르니슘','니호늄','플레로븀','모스코븀','리버모륨','테네신','오가네손']
```

element_symbol[0]인 'H'의 이름은 element_name[0]인 '수소'이고, element_symbol[1]인 'He'의 이름은 element_name[1]인 '헬륨'입니다.

표 5-8 element_symbol 리스트와 element_name 리스트

원소 기호		원소 이름	
element_symbol[0]	'H'	element_name[0]	'수소'
element_symbol[1]	'He'	element_name[1]	'헬륨'
⋮			

다음과 같이 하면 원소 기호와 이름을 짝을 지어 출력할 수 있지만, 이와 같이 유사한 문장을 반복해서 실행하는 경우는 반복 구조를 이용하는 것이 바람직하다고 앞에서 설명했습니다.

```
print(element_symbol[0], element_name[0])
print(element_symbol[1], element_name[1])
# ⋮
```

리스트 인덱스를 0, 1, …이 아닌 i로 일반화하면 원소 기호 element_symbol[i]의 원소 이름은 element_name[i]입니다. 결국 다음과 같이 반복 구조를 이용하여 i 값을 0부터 117까지 1씩 증가시키면서 element_symbol[i]와 element_name[i]를 출력하면 원소 118개의 원소 기호와 이름을 짝을 지어 순서대로 출력할 수 있습니다.

```
for i in range(len(element_symbol)):
    print(element_symbol[i], element_name[i])
```

■ 전체 프로그램

```
01  element_symbol = ['H','He','Li','Be','B','C','N','O','F','Ne',
                    ...,
12                  'Cn','Nh','Fl','Mc','Lv','Ts','Og']
13  element_name = ['수소','헬륨','리튬','베릴륨','붕소','탄소','질소','산소','플루오린','네온',
                  ...,
24                '코페르니슘','니호늄','플레로븀','모스코븀','리버모륨','테네신','오가네손']
25
26  for i in range(len(element_symbol)):
27    print(i+1, element_symbol[i], element_name[i])
```

01~12 118개의 원소 기호를 순서대로 element_symbol 리스트에 저장합니다.

13~24 118개의 원소 이름을 순서대로 element_name 리스트에 저장합니다.

26~27 element_symbol 리스트에 저장된 원소 기호와 element_name 리스트에 저장된 원소 이름을 짝을 지어 순서대로 출력하는데 이때 원자 번호도 함께 출력합니다. len(element_symbol)은 element_symbol 리스트의 항목 수이므로 118이 됩니다.

```
1 H 수소
2 He 헬륨
3 Li 리튬
... 중략 ...
117 Ts 테네신
118 Og 오가네손
```

동작 과정

1 element_symbol 리스트와 element_name 리스트를 생성합니다.

2 26행의 len(element_symbol)은 118이므로 range(len(element_symbol))은 [0, 1, 2, …, 117]이 되어 for 문은 118번 반복하게 됩니다. **첫 번째 반복**에서는 i가 0이므로 i+1인 1이 되어, element_symbol[0]인 'H', element_name[0]인 '수소'를 출력합니다. 리스트 이름이 길어 그림에서 설명할 때에는 'ele_sym'과 'ele_name'으로 줄여서 표기했습니다.

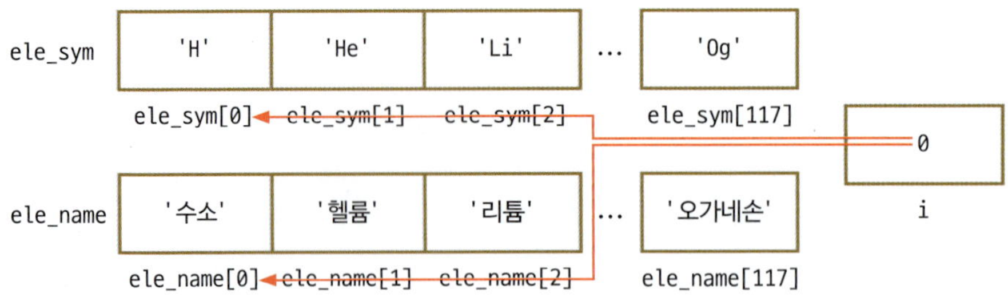

3 **두 번째 반복**에서는 i가 1이므로 i+1인 2가 되어, element_symbol[1]인 'He', element_name[0]인 '**헬륨**'을 출력합니다.

4 이와 같은 방법으로 element_symbol 리스트에 저장된 항목인 원소 기호와 element_name 리스트에 저장된 항목인 원소 이름 118개를 순서대로 출력합니다.

2 원소 검색기

❶ 원소 기호 입력 → 원소 이름 출력

원소 기호를 입력하면 원소 이름을 출력하는 프로그램을 만들어보겠습니다. 단, element_symbol 리스트와 element_name 리스트는 이미 생성되었다고 가정하겠습니다.

사용자로부터 원소 기호를 입력받아 symbol에 저장합니다.

```
symbol = input('원소 기호: ')
```

사용자가 입력한 기호인 symbol이 element_symbol 리스트에 있는 경우와 없는 경우로 구분해야 합니다. 따라서 in 연산자를 이용합니다.

```
if symbol in element_symbol:
  # 사용자가 입력한 기호인 symbol이 element_symbol에 있음
else:
  # 사용자가 입력한 기호인 symbol이 element_symbol에 없음
```

symbol이 element_symbol 리스트 안에 있으면 우선 index 함수를 이용해서 element_symbol 리스트에서 symbol의 인덱스를 찾아 idx에 저장합니다.

```
idx = element_symbol.index(symbol)
```

만약 사용자가 입력한 원소 기호인 symbol이 'Li'라면 idx는 2가 됩니다. element_name 리스트의 idx 항목인 element_name[2]는 '리튬'인데 이는 'Li'의 원소 이름입니다.

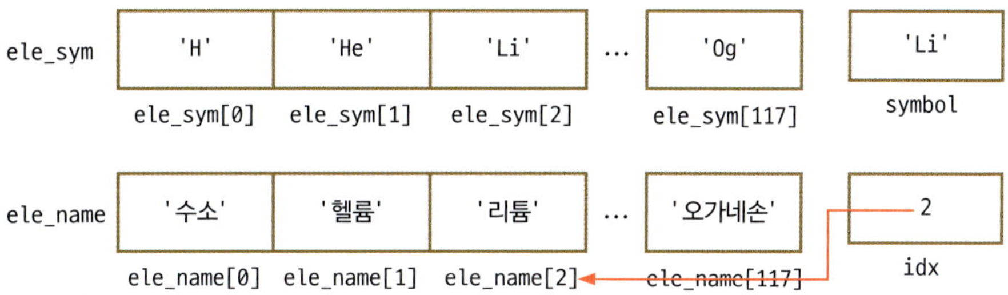

결국 element_name 리스트의 idx 항목인 element_name[idx]가 symbol의 원소 이름이 됩니다. 완성된 코드는 다음과 같습니다.

```
symbol = input('원소 기호: ')
if symbol in element_symbol:
  idx = element_symbol.index(symbol)
  print(element_name[idx])
else:
  print('잘못 입력했습니다.')
```

❷ 원소 이름 입력 → 원소 기호 출력

입력받은 원소 이름을 원소 기호로 변환하는 코드는 다음과 같습니다.

```
name = input('원소 이름: ')
if name in element_name:
  idx = element_name.index(name)
  print(element_symbol[idx])
else:
  print('잘못 입력했습니다.')
```

❸ 프로그램 병합

원소 기호를 입력하면 원소 이름을 출력하고, 원소 이름을 입력하면 원소 기호를 출력하는 동작을 '**종료**'를 입력할 때까지 반복하는 코드는 다음과 같습니다. if~elif~else 문을 이용해서 ❶과 ❷를 결합합니다.

```
while True:
  answer = input('원소 기호, 원소 이름, 종료: ')
  if answer=='종료':
    print('종료합니다.')
    break
  elif answer in element_symbol:
    idx = element_symbol.index(answer)
    print('원자 번호:', idx+1, '원소 이름:', element_name[idx])
  elif answer in element_name:
    idx = element_name.index(answer)
    print('원자 번호:', idx+1, '원소 기호:', element_symbol[idx])
  else:
    print('잘못 입력했습니다.')
```

❹ 전체 프로그램

```
element_symbol = ['H','He','Li','Be','B','C','N','O','F','Ne',
                  ...,
                  'Rg','Cn','Nh','Fl','Mc','Lv','Ts','Og']
element_name = ['수소','헬륨','리튬','베릴륨','붕소','탄소','질소','산소','플루오린','네온',
                ...,
                '코페르니슘','니호늄','플레로븀','모스코븀','리버모륨','테네신','오가네손']
while True:
  answer = input('원소 기호, 원소 이름, 종료: ')
  if answer=='종료':
    print('종료합니다.')
    break
  elif answer in element_symbol:
    idx = element_symbol.index(answer)
    print('원자 번호:', idx+1, '원소 이름:', element_name[idx])
  elif answer in element_name:
```

```
34        idx = element_name.index(answer)
35        print('원자 번호:', idx+1, '원소 기호:', element_symbol[idx])
36    else:
37        print('잘못 입력했습니다.')
```

01~12 118개의 원소 기호를 순서대로 element_symbol 리스트에 저장합니다.

13~24 118개의 원소 이름을 순서대로 element_name 리스트에 저장합니다.

27~29 answer가 '종료'면 안내 메시지를 출력하고 while 문 반복을 종료합니다.

30~32 answer가 원소 기호면 원자 번호와 원소 이름을 출력합니다.

33~35 answer가 원소 이름이면 원자 번호와 원소 기호를 출력합니다.

36~37 answer가 원소 기호, 원소 이름이 아니면 잘못 입력했다는 내용을 출력합니다.

```
원소 기호, 원소 이름, 종료: He
원자 번호: 2 원소 이름: 헬륨
원소 기호, 원소 이름, 종료: 오가네손
원자 번호: 118 원소 기호: Og
원소 기호, 원소 이름, 종료: 종료
종료합니다.
```

동작 과정

1 element_symbol 리스트와 element_name 리스트를 도식화하면 다음과 같습니다. 단, 리스트 이름이 길어 그림에서 설명할 때는 'ele_sym'과 'ele_name'으로 줄여서 표기했습니다.

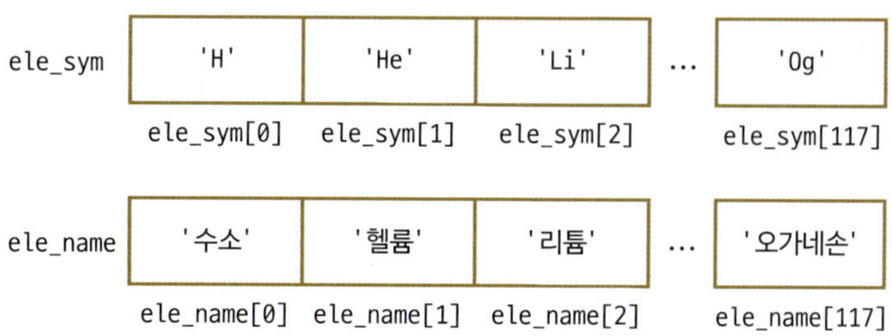

2 26행에서 사용자가 'He'를 입력하면 answer에 'He'가 저장됩니다.

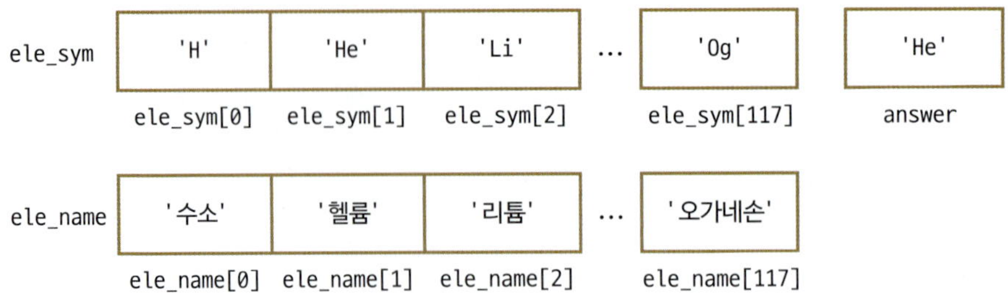

3 30행에서 answer in element_symbol이 True가 되어 31~32행을 실행합니다.

4 31행에서 answer의 값 'He'는 element_symbol 리스트에서 인덱스 1에 해당하므로 idx는 1이 됩니다.

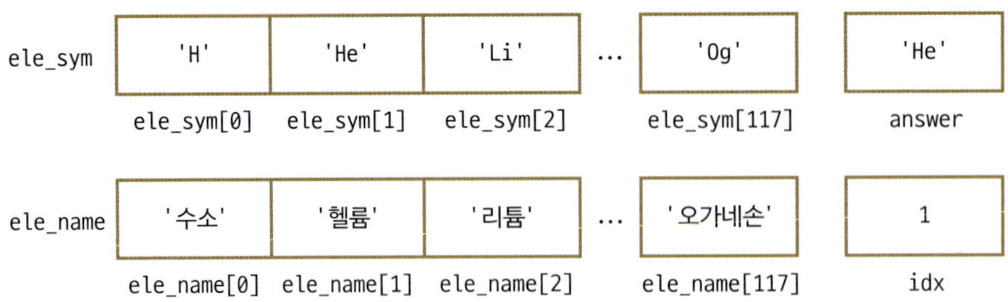

5 32행에서 idx는 1이므로 element_name[1]인 **'헬륨'**을 출력합니다. 결국 원소 기호 'He'의 이름인 **'헬륨'**이 출력됩니다.

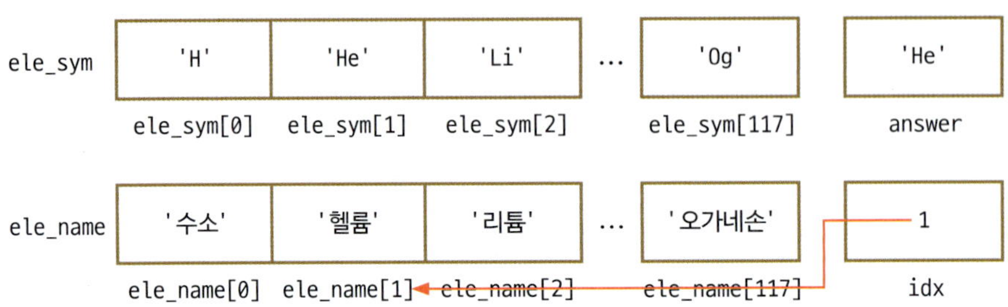

6 26행에서 사용자가 **'오가네손'**을 입력하는 경우도 살펴보겠습니다. answer에 **'오가네손'**이 저장됩니다.

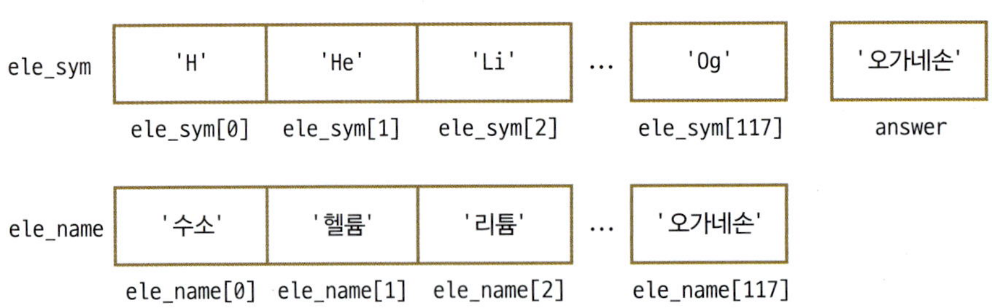

7 33행에서 answer in element_name이 True가 되어 34~35행을 실행합니다.

8 34행에서 answer의 값 '오가네손'은 element_name 리스트에서 인덱스 117에 해당하므로 idx는 117이 됩니다.

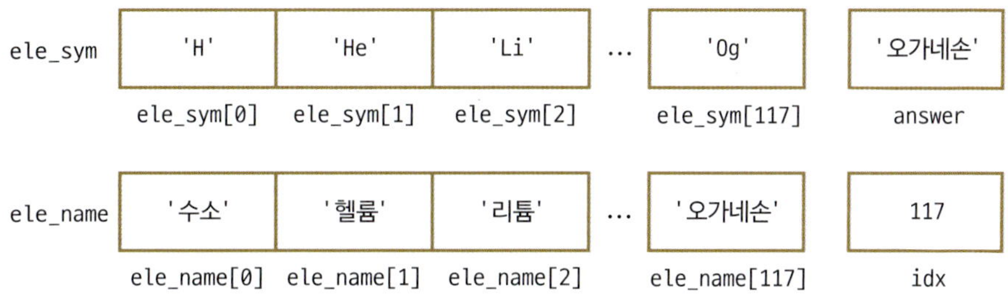

9 35행에서 idx는 117이므로 element_symbol[117]인 'Og'를 출력합니다. 결국 원소 이름 '오가네손'의 기호인 'Og'가 출력됩니다.

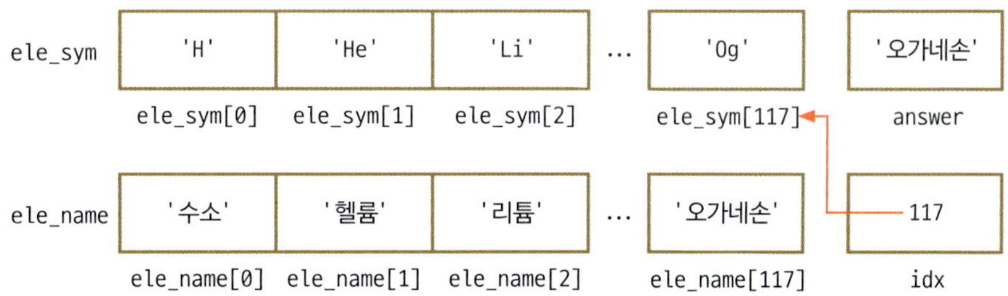

쌍둥이 문제

원자 번호를 입력하면 원소 기호와 원소 이름을 출력하는 프로그램을 작성하세요.

```
원자 번호 또는 종료: 3
Li 리튬
원자 번호 또는 종료: 135
잘못 입력했습니다.
원자 번호 또는 종료: 종료
```

도전 문제

전국의 도청 소재지 위치는 [표 5-9]와 같습니다.

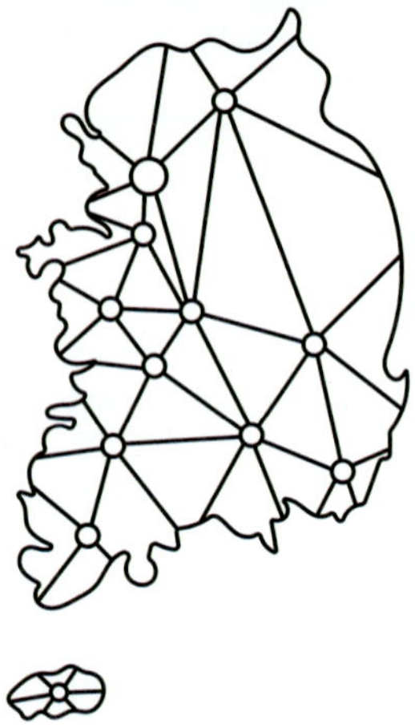

표 5-9 전국 도청 소재지

도	도청 소재지	도	도청 소재지
경기도	수원	전라북도	전주
충청북도	청주	전라남도	무안
충청남도	홍성	강원특별자치도	춘천
경상북도	안동	제주특별자치도	제주
경상남도	창원		

도 이름을 입력하면 도청 소재지를 출력하고 도청 소재지를 입력하면 도 이름을 출력하는 프로그램을 작성하세요.

```
도, 도청 소재지, 종료: 청주
충청북도
도, 도청 소재지, 종료: 경상북도
안동
도, 도청 소재지, 종료: 종료
```

요약

01 리스트는 여러 개의 데이터를 저장하는 공간으로, 리스트를 생성하는 형식은 다음과 같습니다.

```
리스트이름 = [항목1, 항목2, ...]
```

02 리스트에 저장된 각 데이터를 항목$_{\text{item}}$ 또는 요소$_{\text{element}}$라 하는데, 각 항목은 대괄호([])안에 위치한 숫자인 인덱스로 접근합니다. 인덱스는 `0`으로 시작합니다.

리스트이름	항목1	항목2	항목3
	리스트이름[0]	리스트이름[1]	리스트이름[2]

03 인덱스를 이용해 리스트의 특정 위치에 있는 항목에 접근하는 것을 '인덱싱'이라 하고, [:]을 이용해 리스트의 일부 항목들에 접근하는 것을 '슬라이싱'이라 합니다.

04 리스트 관련 함수는 다음과 같습니다.

함수	설명	사용 형식
len()	리스트의 길이, 즉 전체 항목의 개수를 알려 준다.	len(리스트)
append()	리스트의 맨 끝에 값을 추가한다.	리스트.append(값)
insert()	리스트의 지정한 위치에 값을 추가한다.	리스트.insert(위치, 값)
extend()	리스트 뒤에 또 다른 리스트의 항목들을 추가한다.	리스트1.extend(리스트2)
pop()	리스트의 지정한 위치의 항목을 삭제하고 반환한다.	리스트.pop(인덱스)
remove()	리스트에서 첫 번째 위치의 값을 삭제한다.	리스트.remove(값)
clear()	리스트의 모든 항목을 삭제한다.	리스트.clear()
count()	리스트에서 해당 값의 개수를 알려준다.	리스트.count(값)
reverse()	리스트 항목을 역순으로 뒤집는다.	리스트.reverse()

sort()	리스트 항목을 정렬한다. reverse=True를 설정하면 내림차순으로 정렬한다.	리스트.sort()
index()	리스트에 값이 있으면 값의 인덱스를 알려준다.	리스트.index(값)
random.choice()	리스트에서 항목 한 개를 무작위로 선택한다.	import random random.choice(리스트)
random.sample()	리스트에서 항목을 지정한 개수만큼 중복 없이 무작위로 선택한다.	import random random.sample(리스트, 개수)
random.choices()	리스트에서 항목을 지정한 개수만큼 중복을 허용해 무작위로 선택한다.	import random random.choices(리스트, k=개수)
random.shuffle()	리스트 항목들을 무작위로 재배열한다.	import random random.shuffle(리스트)
max()	리스트 항목들 중 최댓값을 알려준다.	max(리스트)
min()	리스트 항목들 중 최솟값을 알려준다.	min(리스트)
sum()	리스트 항목들의 합을 구한다.	sum(리스트)

연습문제

01 다음 코드의 실행 결과를 예측하시오.

(1)

```
ds = [10, 20, 30, 40, 50]
print(ds[1])
print(ds[4])
print(ds[-2])
```

(2)

```
ds = [10, 20, 30, 40, 50]
print(ds[1:3])
print(ds[:2])
print(ds[2:])
print(ds[:-2])
print(ds[1:-1])
```

(3)

```
ds = [10, 30, 30]
del ds[1]
ds.insert(1, 20)
ds.remove(30)
ds.extend([30, 40])
ds.sort(reverse=True)
ds.append(50)
ds.reverse()
print(ds)
```

(4)

```
ds = [10, 20, 30, 40, 50]
for i in range(len(ds)):
  print(ds[i], end=' ')
```

(5)

```
ds = [10, 20, 30, 40, 50]
for a in ds:
  print(a, end=' ')
```

(6)

```
ds = [10, 20, 30, 40, 50]
for i, a in enumerate(ds):
  print(i, a)
```

(7)

```
ds = [10, 20, 30, 40, 50]
for i in range(len(ds)-1, -1, -1):
  print(ds[i], end=' ')
```

02 다음 코드를 실행하면 오류가 발생합니다. 원인을 설명하고 수정하시오.

(1)

```
ds = [10, 20, 30, 40, 50]
print(ds[5])
```

(2)

```
ds = [10, 20, 30, 40, 50]
append(ds, 60)
print(ds)
```

(3)

```
ds = [10, 20, 30, 40, 50]
for i in range(1, 6):
  print(ds[i], end=' ')
```

(4)

```
ds = [10, 20, 30, 40, 50]
for i in range(len(ds), -1, -1):
  print(ds[i], end=' ')
```

(5)

```
ds = [10, 20, 30, 40, 50]
for i in range(-1, -7, -1):
  print(ds[i], end=' ')
```

03 ds 리스트의 항목을 차례로 출력하기 위해 다음과 같이 코드를 작성했지만 원하는 결과가 나오지 않았습니다. 원인을 설명하고 수정하시오.

```
ds = [10, 20, 30, 40, 50]
for i in range(len(ds)):
  print(i, end=' ')
```

04 ds 리스트에 60과 70 항목을 추가하기 위해 다음과 같이 코드를 작성했지만 원하는 결과가 나오지 않았습니다. 원인을 설명하고 수정하시오.

```
ds = [10, 20, 30, 40, 50]
ds.append([60,70])
print(ds)
```

HINT append 함수와 extend 함수의 차이점을 생각해 보세요.

05 다음은 1부터 20까지의 수 중 짝수만 evens 리스트에 저장하는 프로그램입니다. 빈칸을 채워 두 가지 코드를 완성하시오.

방법1

```
evens = []
for x in range(        ):
  if         :
    evens.append(x)
print(evens)
```

방법2

```
evens = [x for x in range(        ) if        ]
  print(evens)
```

```
[2, 4, 6, 8, 10, 12, 14, 16, 18, 20]
```

06 **다음은 숫자를 입력하면 숫자에 해당하는 월의 이름을 영어로 출력하는 프로그램입니다. 빈칸을 채워 코드를 완성하시오.**

```
months = ['January','February','March','April','May','June',
          'July','August','September','October','November','December']
answer = int(input('월(숫자): '))

if answer>=1 and answer<=12:
  print(               )
else:
  print('잘못 입력했습니다.')
```

```
월(숫자): 4
April
```

HINT X가 1부터 12까지의 숫자일 때 X월을 의미하는 영어 단어는 months[X-1]입니다.

07 **다음은 colors 리스트에서 세 개의 색상을 중복되지 않게 선택하는 프로그램입니다. 빈칸을 채워 코드를 완성하시오.**

```
import random

colors = ['ivory', 'lavender', 'lightcyan', 'lightyellow', 'palegreen']
print(random.               (colors,3))
```

```
['palegreen', 'ivory', 'lightyellow']
```

HINT 리스트에서 항목을 지정한 개수만큼 중복 없이 무작위로 선택하는 함수를 사용합니다.

08 다음은 heights 리스트의 최댓값과 최솟값의 차이를 구하는 프로그램입니다. 빈칸을 채워 코드를 완성하시오.

```
heights = [172, 165, 182, 177, 175, 180, 167]
print(          )
```

```
17
```

HINT 리스트의 최댓값은 max(리스트)로 구할 수 있고 최솟값은 min(리스트)로 구할 수 있습니다.

09 다음은 성적을 내림차순으로 출력하는 프로그램입니다. 빈칸을 채워 코드를 완성하시오.

```
scores = [85, 95, 70, 75, 99, 93, 88]
scores.sort()

for i in range          :
  print(scores[i], end=' ')
```

```
99 95 93 88 85 75 70
```

HINT scores.sort()를 실행하면 오름차순으로 정렬되므로 내림차순으로 출력하려면 scores 리스트의 항목을 거꾸로 출력해야 합니다.

프로그래밍 문제

01 다음은 변수 5개의 값을 차례로 출력하는 프로그램입니다. 리스트를 활용하여 3행 이내가 되도록 수정하시오.

```
score1 = 80
score2 = 90
score3 = 85
score4 = 75
score5 = 100
print(score1)
print(score2)
print(score3)
print(score4)
print(score5)
```

```
80
90
85
75
100
```

02 다음은 enumerate 함수를 활용하여 인덱스와 항목을 출력하는 프로그램입니다. range 함수를 활용하도록 수정하시오.

```
ds = [10, 20, 30, 40, 50]
for i, a in enumerate(ds):
  print(i, a)
```

```
0 10
1 20
2 30
3 40
4 50
```

03 순서를 입력하면 왕 이름을 출력하고, 왕 이름을 입력하면 순서를 출력하는 조선 왕 계보 사전 프로그램을 작성하시오. 단, 다음 실행 결과와 같이 '종료'를 입력할 때까지 반복해서 동작하게 합니다.

```
순서, 왕 이름, 종료: 3
태종
순서, 왕 이름, 종료: 순종
27 대 왕입니다.
순서, 왕 이름, 종료: 종료
종료합니다.
```

HINT 프로그램 구조는 다음과 같습니다.

```
dynasties = ['태조','정종','태종','세종','문종','단종','세조','예종','성종',
             '연산군','중종','인종','명종','선조','광해군','인조','효종',
             '현종','숙종','경종','영조','정조','순조','헌종','철종', '고종', '순종']

while True:
  answer = input('순서, 왕 이름, 종료: ')
  if answer == '종료':
    # answer가 '종료'면 반복을 종료함
  elif answer.isdigit():
    # answer가 순서면 왕 이름을 출력함
  else:
    # answer가 왕 이름이면 순서를 출력함
```

04 다음 조건을 만족하는 퀴즈 프로그램을 작성하시오.

[조건]

- 사용자가 풀어볼 문항 수를 선택한다.
- 문제가 랜덤한 순서로 제시된다.
- 맞힌 문제는 다시 제시되지 않으나 틀린 문제는 다시 제시될 수 있다.
- 종료할 때 풀어본 문항 수와 맞힌 문항 수를 출력한다.

05 리스트를 활용하여 타 교과 융합 프로그램을 작성하시오.

프로그램 이름	
학교급 및 관련 교과	*(예시) 대학교 일반물리학*
프로그램 설명	
프로그램 소스	

CHAPTER 06

문자열

학습목표

- 문자열의 개념을 설명할 수 있습니다.
- 문자열의 특정 문자와 문자열 일부에 접근할 수 있습니다.
- 문자열과 관련된 다양한 함수를 사용할 수 있습니다.
- 문자열을 이용하여 프로그램을 작성할 수 있습니다.

Preview

문자열이란 0개 이상의 문자를 말합니다. 파이썬에서 문자열은 작은 따옴표('') 또는 큰 따옴표("")로 문자를 감싸 표현합니다. 이번 장에서는 문자열의 개념을 알아보고, 문자열의 특정 문자나 문자열 일부에 접근하는 방법, 문자열과 관련된 다양한 함수를 알아봅니다. 그리고 모스 부호 번역 프로그램을 작성해 봅니다.

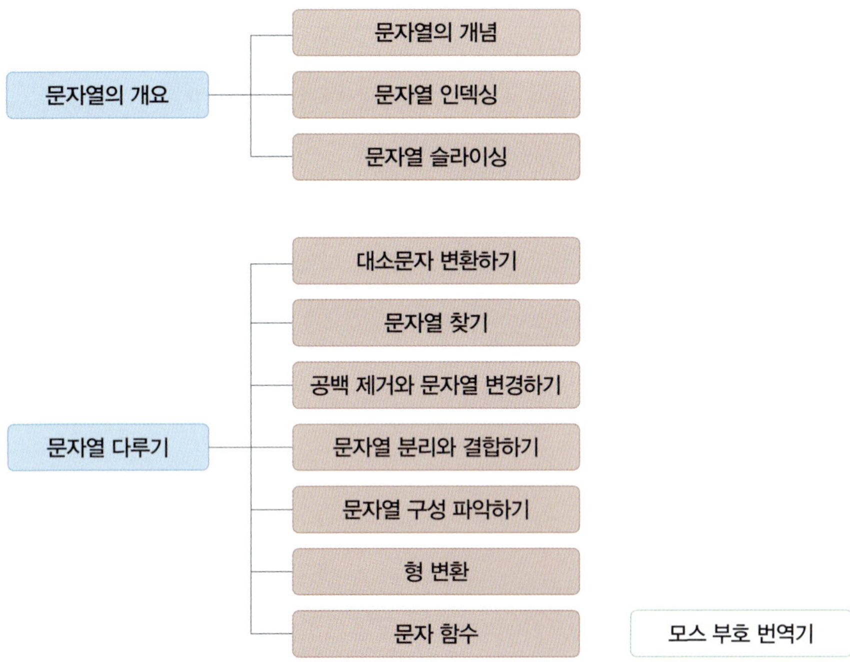

6.1 문자열의 개요

1 문자열의 개념

문자열string은 0개 이상의 문자를 의미하며, 작은 따옴표('') 또는 큰 따옴표("")로 감싸 표현합니다. 다음은 문자열 'Hi!'를 s1 변수에, 문자열 "Python"을 s2 변수에 저장한 후 출력하는 프로그램입니다.

```
s1 = 'Hi!'
s2 = "Python"
print(s1, s2)
```

```
Hi! Python
```

주의할 점은 작은 따옴표로 문자열을 열었으면 작은 따옴표로 닫고, 큰 따옴표로 문자열을 열었으면 큰 따옴표로 닫아야 한다는 것입니다. 다음 코드에서 작은 따옴표로 열고 큰 따옴표로 닫은 경우에 오류가 발생하는 것을 확인할 수 있습니다.

```
s = 'Python"
print(s)
```

```
SyntaxError: unterminated string literal (detected at line 1)
```

문자열 연결하기

문자열 연결 연산자인 +로 문자열과 문자열을 연결할 수 있습니다.

| Syntax | +

```
문자열1 + 문자열2
```

'문자열1'과 '문자열2'를 연결한다.

다음은 문자열 연결 연산자를 이용해 두 개의 문자열인 'Hi! '와 'Python'을 연결해서 s에 저장한 후 출력하는 프로그램입니다.

```
s = 'Hi! '+'Python'
print(s)
```

```
Hi! Python
```

다음은 0개의 문자로 이루어진 문자열 ''을 저장한 s와 'python'을 연결한 값을 다시 s에 저장하여 출력하는 프로그램입니다.

```
s = ''
s = s + 'python'
print(s)
```

```
python
```

문자열 반복하기

문자열 반복 연산자인 *로 문자열을 반복시킬 수 있습니다.

| Syntax | *

문자열*수

'문자열'을 '수'만큼 반복시킨다.

다음은 문자열 반복 연산자를 이용해서 문자열 'Hi! '를 3번 반복시켜 s에 저장한 후 출력하는 프로그램입니다.

```
s = 'Hi! '*3
print(s)
```

```
Hi! Hi! Hi!
```

여러 줄의 문자열

여러 줄의 문자열을 표현하는 방법은 두 가지가 있습니다.

① 작은 따옴표 3개 또는 큰 따옴표 3개를 사용해서 여러 줄의 문자열을 표현합니다. 다음은 두 줄로 된 문자열을 s에 저장한 후 출력하는 코드입니다.

```
s = '''이름: 한빛
나이: 20'''
print(s)
```

```
이름: 한빛
나이: 20
```

② 다른 방법은 줄바꿈 문자인 \n을 이용하는 것입니다. 다음 예를 보면 \n 위치에서 다음 줄로 넘어갑니다.

```
s = '이름: 한빛\n나이: 20'
print(s)
```

```
이름: 한빛
나이: 20
```

\n과 같이 특수한 문자를 **이스케이프**escape **문자**라 하며, 대표적인 이스케이프 문자는 [표 6-1]과 같습니다.

표 6-1 이스케이프 문자

이스케이프 문자	설명	예시	예시 결과
\n	줄바꿈 문자	s = '한빛\n20' print(s)	한빛 20
\t	탭 문자	s = '한빛\t20' print(s)	한빛　　20
\'	작은 따옴표(') 표현	s = '\'한빛\'아카데미' print(s)	'한빛'아카데미
\"	큰 따옴표(") 표현	s = '\"한빛\"아카데미' print(s)	"한빛"아카데미
\\	역슬래시(\) 표현	s = '한빛\\아카데미' print(s)	한빛\아카데미

2 문자열 인덱싱

문자열의 각 문자에 접근할 때 문자 위치인 **인덱스** index 를 사용합니다. 다음 코드에서 s에 저장된 값의 경우 'a'는 s[0]으로, 'b'는 s[1]로, 'c'는 s[2]로 접근할 수 있습니다. 인덱스를 사용해서 문자열의 특정 위치에 있는 항목(문자)에 접근하는 것을 **인덱싱** indexing 이라 하며 리스트 인덱싱과 유사하다고 생각하면 됩니다.

```
s = 'abc'
```

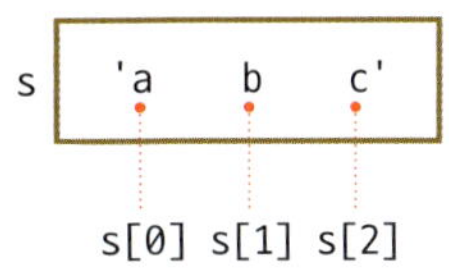

그림 6-1 문자열 인덱싱

TIP 인덱스는 1이 아니라 0으로 시작된다는 점을 잊지 말아야 합니다.

리스트의 길이를 알려주는 함수는 len이었는데, 문자열의 길이를 알려주는 함수도 len입니다.

| Syntax | **len() 함수**

```
len(문자열)
```

'문자열'의 길이, 즉 전체 문자의 개수를 알려준다.

인덱스로 문자에 접근

다음은 len 함수와 for 문을 이용해서 s에 저장된 문자열을 한 글자씩 출력하는 프로그램입니다.

코드 6-1

```
01 s = 'abc'
02 for i in range(len(s)):
03   print(s[i], end='')
```

```
abc
```

01 s에 문자열 'abc'를 저장합니다.

02 i는 0부터 1씩 증가하는데, len(s)가 3이므로 바로 이전 수인 2가 될 때까지 반복합니다. 결국 3번 반복합니다.

- **첫 번째 반복** i는 0이므로 s[0]인 'a'를 출력합니다.
- **두 번째 반복** i는 1이므로 s[1]인 'b'를 출력합니다.
- **세 번째 반복** i는 2이므로 s[2]인 'c'를 출력합니다.

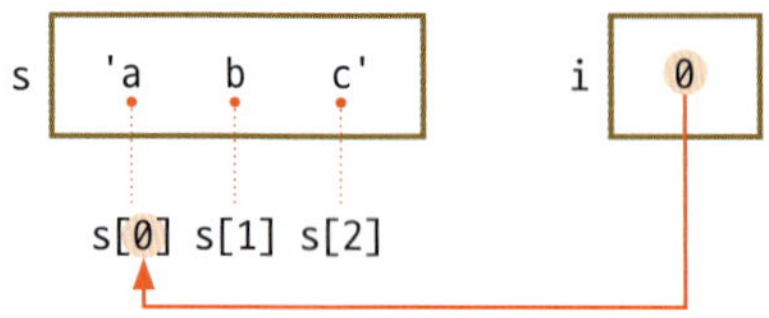

그림 6-2 인덱스로 문자열을 한 글자씩 출력

인덱스 없이 문자에 접근

문자열의 각 문자에 접근하는 또 다른 방법은 인덱스 없이 문자열 길이만큼 반복하는 for 문을 이용하는 것입니다. 문자열의 길이만큼 반복하면서 첫 번째 문자부터 마지막 문자까지 접근할 수 있습니다. 문자열을 사용해서 반복하는 for 문 형식은 다음과 같습니다.

| Syntax | **문자열을 사용해서 반복하는 for 문**

```
for 변수 in 문자열:
    문장
```

'문자열'의 길이만큼 반복한다. 한 번 반복할 때마다 변수에 문자열 안의 문자를 순서대로 하나씩 저장한다.

다음은 이 방법을 이용해서 문자열 안의 문자를 한 개씩 출력하는 예입니다. s 변수에 저장된 문자열의 길이가 3이므로 for 문은 3번 반복합니다.

코드 6-2

```
01  s = 'abc'
02  for a in s:
03      print(a, end='')
```

```
abc
```

- **첫 번째 반복** a는 'a'가 되고 반복 문장인 03행을 실행합니다.

- **두 번째 반복** a는 'b'가 되고 반복 문장인 03행을 실행합니다.
- **세 번째 반복** a는 'c'가 되고 반복 문장인 03행을 실행합니다. for 문이 종료됩니다.

① 'a' 대입

```
for a in ['a', 'b', 'c'] :
    print(a)
```

② 실행

그림 6-3 문자열을 사용해서 반복하는 for 문

3 문자열 슬라이싱

슬라이싱 slicing은 대괄호와 콜론([:])을 이용해서 문자열의 일부 문자를 추출하는 것을 의미하는데, 리스트 슬라이싱과 유사합니다. 콜론(:) 왼쪽에는 추출되는 문자의 시작 인덱스가 위치하고, 콜론(:) 오른쪽에는 종료 인덱스가 위치합니다.

| Syntax | **문자열 슬라이싱**

```
문자열[시작 인덱스:종료 인덱스]
```

문자열 안의 '시작 인덱스' 문자부터 '종료 인덱스' 직전 문자까지 추출한다.

다음 코드는 문자열 'abcde'를 s 변수에 저장합니다. s를 이용해서 문자열 슬라이싱에 대해 살펴보겠습니다.

```
s = 'abcde'
```

- 시작 인덱스와 종료 인덱스가 들어간 s[2:4]는 시작 인덱스 2인 문자 'c'부터 종료 인덱스 4 직전인 문자 'd'까지 추출하라는 뜻으로 결과적으로 'cd'가 추출됩니다.

```
s = 'abcde'
print(s[2:4])
```

```
cd
```

- 종료 인덱스만 들어가는 경우 콜론(:)의 왼쪽에 시작 인덱스를 입력하지 않고 생략하면 첫 번째 문자부터 슬라이싱함을 의미합니다. 그러므로 s[:3]은 s[0:3]과 같은 의미입니다.

```
s = 'abcde'
print(s[:3])
```

```
abc
```

- 시작 인덱스만 들어가는 경우 콜론(:)의 오른쪽에 종료 인덱스를 입력하지 않고 생략하면 마지막 문자까지 슬라이싱함을 의미합니다.

```
s = 'abcde'
print(s[3:])
```

```
de
```

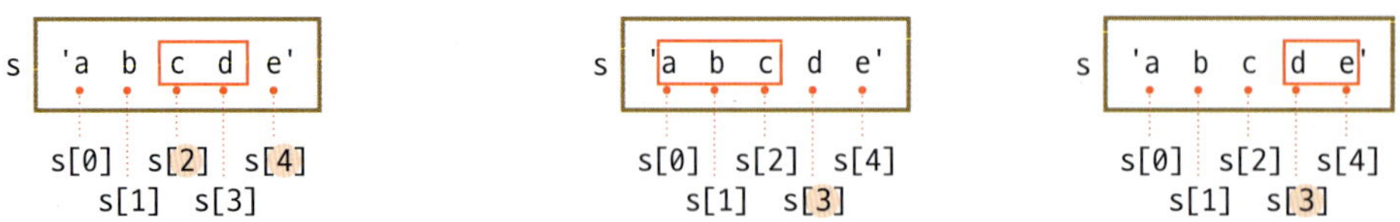

(a) 시작 인덱스와 종료 인덱스로 슬라이싱 (b) 종료 인덱스만으로 슬라이싱 (c) 시작 인덱스만으로 슬라이싱

그림 6-4 문자열 슬라이싱

s[1:-2]는 인덱스 1인 문자부터 인덱스 -2의 직전 문자까지 슬라이싱함을 의미합니다. 문자열의 음수 인덱싱은 5장에서 살펴본 리스트의 음수 인덱싱과 동일하게 뒤에서부터 세면 됩니다.

```
s = 'abcde'
print(s[1:-2])
```

```
bc
```

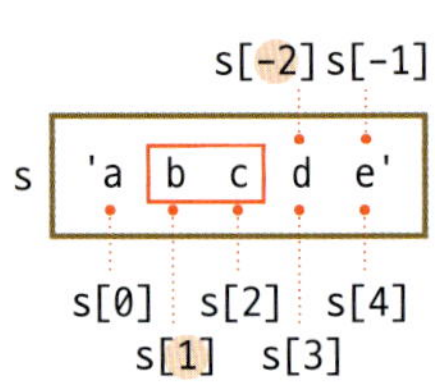

그림 6-5 음수 인덱싱을 이용한 슬라이싱

LAB 문자열 거꾸로 출력하기

입력받은 문자열을 s에 저장한 후 거꾸로 한 글자씩 출력해 보겠습니다.

```
01 s = input('문자열: ')
02 for i in range(len(s)-1, -1, -1):
03     print(s[i], end='')
```

```
문자열: abc
cba
```

동작 과정

1 01행에서 입력받은 문자열을 s에 저장합니다. 'abc'를 입력받았다고 가정합니다.

2 02행의 for 문을 보면 i는 len(s)-1부터 시작해서 1씩 감소하며 -1 바로 앞의 수인 0이 될 때까지 03행을 반복합니다. len(s)가 3이므로 i는 2부터 1씩 감소하며 0이 될 때까지 반복합니다.

3 **첫 번째 반복**에서 i는 2이므로 s[2]인 'c'를 출력합니다.

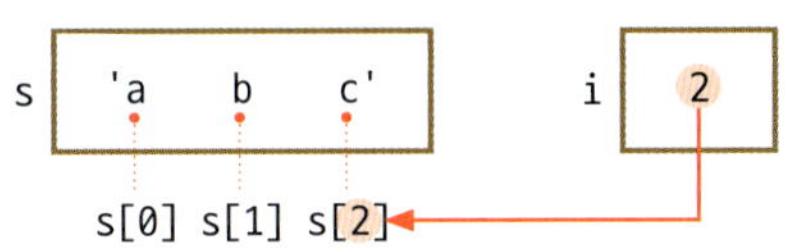

4 **두 번째 반복**에서 i는 1이므로 s[1]인 'b'를 출력합니다.

5 **세 번째 반복**에서 i는 0이므로 s[0]인 'a'를 출력합니다. 결국 s에 저장된 문자열이 거꾸로 출력됩니다.

LAB 회문 판별하기

문자열을 거꾸로 뒤집어도 원래 문자열과 같은 문자열을 회문palindrome이라 하는데, 다음은 입력받은 문자열이 회문인지 판별합니다. 입력받은 문자열을 s1에 저장하고 이 문자열을 거꾸로 뒤집어서 s2에 저장한 후, s1과 s2가 같은지 비교하여 회문을 판별하면 됩니다.

```
01 s1 = input('문자열: ')
02 s2 = ''
03
04 for i in range(len(s1)-1, -1, -1):
05     s2 = s2 + s1[i]
06
07 if s1 == s2:
08     print('회문')
09 else:
10     print('회문아님')
```

```
문자열: aba
회문
```

동작 과정

1 01행에서 입력받은 문자열인 'aba'를 s1에 저장하고, 02행에서 빈 문자열을 s2에 저장합니다.

2 04행에서 i는 len(s1)-1부터 1씩 감소하며 -1 바로 앞의 수인 0이 될 때까지 05행을 반복합니다. 이 경우에는 len(s1)이 3이므로 i는 2부터 1씩 감소하며 0이 될 때까지 반복합니다.

3 **첫 번째 반복**에서 i는 2이므로 s1[2]인 'a'를 s2 뒤에 연결하여 다시 s2에 저장합니다.

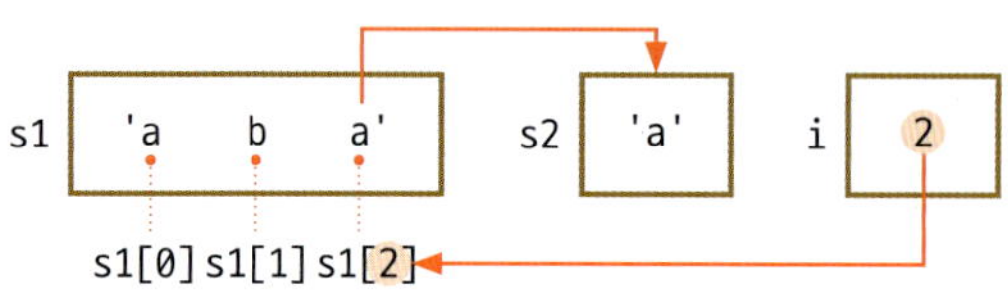

4 **두 번째 반복**에서 i는 1이므로 s1[1]인 'b'를 s2 뒤에 연결하여 다시 s2에 저장합니다. s2는 'ab'가 됩니다.

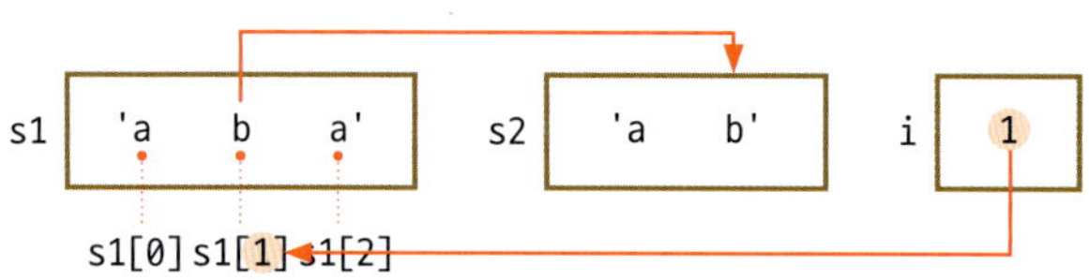

5 **세 번째 반복**에서 i는 0이므로 s1[0]인 'a'를 s2 뒤에 연결하여 다시 s2에 저장합니다. s2는 'aba'가 됩니다. 결국 s2에는 s1을 거꾸로 뒤집은 문자열이 저장됩니다.

6 07행에서 비교 연산자와 if 문을 이용해서 s1과 s2가 같으면 '회문'을 출력하고, 그렇지 않으면 '회문아님'을 출력합니다. 이 경우에는 s1과 s2가 'aba'로 같으므로 '회문'을 출력합니다.

6.2 문자열 다루기

문자열을 다루는 여러 가지 함수에 대해 살펴보겠습니다.

1 대소문자 변환하기

문자열의 알파벳 대소문자를 변환하는 함수는 다음과 같습니다. 프로그램에서 'python', 'PYTHON', 'Python'은 모두 다른 문자열로 인식하는데 다음 함수들은 문자열을 대문자 또는 소문자로 변환하여 같은 문자열로 인식하게 할 때 유용하게 사용됩니다.

표 6-2 대소문자 변환 함수

함수	설명	예시	예시 결과
lower()	문자열의 알파벳을 소문자로 변환한다.	s = 'Python' print(s.lower())	python
upper()	문자열의 알파벳을 대문자로 변환한다.	s = 'Python' print(s.upper())	PYTHON

다음은 exit를 입력할 때까지 입력받은 영어 단어의 알파벳을 소문자로 변환해서 lower_list 리스트에 저장하는 동작을 반복한 후 리스트에 저장된 내용을 출력하는 프로그램입니다. 07행에서 소문자로 변환하는 lower 함수를 사용합니다.

코드 6-3

```
01 lower_list = []
02
03 while True:
04     s = input('영어 단어 또는 exit: ')
05     if s == 'exit':
06         break
07     lower_list.append(s.lower())
08 for a in lower_list:
09     print(a)
```

```
영어 단어 또는 exit: Hello
영어 단어 또는 exit: PYTHON
영어 단어 또는 exit: exit
hello
python
```

2 문자열 찾기

문자열 안에서 특정한 문자열을 찾는 함수는 다음과 같습니다.

표 6-3 문자열 찾기 함수

함수	설명	예시	예시 결과
find()	문자열에서 특정 문자열을 왼쪽부터 찾아서 인덱스를 반환한다. 찾는 문자열이 없으면 -1을 반환한다.	s = 'Hi! Python is Python.' print(s.find('Python'))	4
rfind()	문자열에서 특정 문자열을 오른쪽부터 찾아서 인덱스를 반환한다. 찾는 문자열이 없으면 -1을 반환한다.	s = 'Hi! Python is Python.' print(s.rfind('Python'))	14
count()	문자열에서 특정 문자열의 개수를 반환한다.	s = 'Hi! Python is Python.' print(s.count('Python'))	2

다음은 입력받은 문자열에 '희망'이 포함되었는지를 판단하는 프로그램입니다. s에 '희망'이 포함되어 있지 않으면 s.find('희망')은 -1을 반환하고, 포함되었으면 -1이 아닌 인덱스 값을 반환합니다. 그러므로 s에 '희망'이 포함되었다면 02행 if 조건식은 참이 되고, 포함되어 있지 않으면 거짓이 됩니다.

코드 6-4

```
01  s = input('문자열: ')
02  if s.find('희망') != -1:
03      print('포함')
04  else:
05      print('포함 안됨')
```

```
문자열: 희망이 넘치는 대한민국
포함
```

3 공백 제거와 문자열 변경하기

문자열에서 공백이나 일부 문자열을 제거하고, 일부 문자열을 변경하는 함수는 다음과 같습니다.

표 6-4 문자열 공백 제거와 변경 함수

함수	설명	예시	예시 결과
strip()	문자열 양옆의 공백이나 특정 문자를 제거한다.	s1 = ' Hi! Python ' s2 = '..Hi! Python..' print(s1.strip()) print(s2.strip('.'))	Hi! Python Hi! Python
rstrip()	문자열 오른쪽의 공백이나 특정 문자를 제거한다.	s = '1234kg' print(s.rstrip('kg'))	1234
lstrip()	문자열 왼쪽의 공백이나 특정 문자를 제거한다.	s = '###student_name' print(s.lstrip('#'))	student_name
replace()	특정 문자열을 다른 문자열로 변경한다.	s = 'KAIST,제주대,홍익대' print(s.replace('대','대학교'))	KAIST,제주대학교, 홍익대학교

TIP 'Python'과 'Python '은 전혀 다른 문자열입니다. 'Python '은 마지막에 공백 문자를 포함하고 있기 때문입니다. 이런 경우 공백을 삭제하기 위해서 strip, rstrip, lstrip 함수를 사용하면 됩니다.

다음은 입력받은 몸무게를 출력하는 프로그램인데, 몸무게에 'kg'이 포함되어 있으면 rstrip 함수를 이용해서 'kg'을 제거합니다.

코드 6-5

```
s = input('몸무게: ')
if s.find('kg')!=-1:
  s = s.rstrip('kg')
print(s)
```

```
몸무게: 67kg
67
```

4 문자열 분리와 결합하기

특정 문자를 기준으로 문자열을 분리하거나 여러 문자열을 하나로 결합하는 함수는 다음과 같습니다.

표 6-5 문자열 분리와 결합 함수

함수	설명	예시	예시 결과
split()	특정 문자를 기준으로 문자열을 분리하고 리스트로 반환한다.	s = 'KAIST,제주대,홍익대' print(s.split(','))	['KAIST', '제주대', '홍익대']
join()	여러 문자열을 모아서 하나의 문자열로 만든다. 문자열을 구분할 구분자를 지정해야 한다.	l = ['KAIST', '제주대'] print(','.join(l))	KAIST,제주대

다음은 두 개의 문자열 각각을 ', '로 분리해서 생성한 리스트를 하나의 리스트로 만드는 프로그램입니다. 문자열 a를 ', '로 분리해서 lst에 저장한 후, 문자열 b를 ', '로 분리한 리스트의 항목들을 lst에 추가합니다.

코드 6-6

```
a = '수학, 정보'
b = '정보, 과학'
lst = a.split(', ')
lst.extend(b.split(', '))
print(lst)
```

```
['수학', '정보', '정보', '과학']
```

5 문자열 구성 파악하기

문자열의 구성을 확인하는 함수는 [표 6-6]과 같습니다. 이 함수를 이용하면 사용자가 입력한 문자열이 조건에 맞는지 판별할 수 있습니다.

표 6-6 문자열 구성을 확인하는 함수

함수	설명	예시	예시 결과
isdigit()	문자열이 숫자로만 구성되었는지 확인한다.	print('1234kg'.isdigit())	False
isalpha()	문자열이 알파벳으로만 구성되었는지 확인한다.	print('python'.isalpha())	True
isalnum()	문자열이 알파벳과 숫자로만 구성되었는지 확인한다.	print('pass123'.isalnum())	True
islower()	문자열이 소문자로만 구성되었는지 확인한다.	print('python'.islower())	True
isupper()	문자열이 대문자로만 구성되었는지 확인한다.	print('Python'.isupper())	False
isspace()	문자열이 공백으로만 구성되었는지 확인한다.	print(' '.isspace())	True

다음은 아이디를 설정하는 프로그램으로, 입력받은 아이디가 5자 이상이면서 알파벳과 숫자로만 이루어질 때까지 입력받기를 반복합니다. 03행에서 아이디가 5자 미만인지 확인하고 05행에서 아이디가 알파벳과 숫자로만 이루어졌는지 확인합니다.

코드 6-7

```
01 while True:
02   id = input('아이디: ')
03   if len(id)<5:
04     print('길이가 짧습니다.')
05   elif id.isalnum()!=True:
06     print('아이디는 알파벳과 숫자로 이루어져야 합니다.')
07   else:
08     break
09 print(f'아이디는 {id}입니다.')
```

```
아이디: abc
길이가 짧습니다.
아이디: abc7%
아이디는 알파벳과 숫자로 이루어져야 합니다.
아이디: abc24
아이디는 abc24입니다.
```

6 형 변환하기

문자열을 정수 또는 실수로 변환하고, 수를 문자열로 변환하는 함수는 다음과 같습니다.

표 6-7 형 변환 함수

함수	설명	예시	예시 결과
str()	수를 문자열로 변환한다.	a = 1234 print(str(a)+'kg')	1234kg
int()	정수 형식의 문자열이나 실수를 정수로 변환한다.	a = int(input('정수: ')) print(f'짝수? {a%2==0}')	정수: 6 짝수? True
float()	실수 형식의 문자열이나 정수를 실수로 변환한다.	a = '12.34' print(float(a)*2)	24.68

다음은 입력받은 키를 float 함수를 이용해 실수로 변환해서 출력하는 프로그램입니다. 키에 'cm'이 포함되어 있으면 rstrip 함수를 이용해서 'cm'을 제거한 후 실수로 변환합니다.

코드 6-8

```
s = input('키: ')
if s.find('cm')!=-1:
  height = float(s.rstrip('cm'))
else:
  height = float(s)
print(height)
```

```
키: 176.5cm
176.5
```

7 문자 함수

컴퓨터는 기본적으로 모든 정보를 2진수로 표현합니다. 그리고 컴퓨터 간의 호환을 위해 약속된 코드로 정보를 표현하기도 합니다. 문자를 표현하는 대표적인 것이 ASCII(아스키) 코드입니다. 알파벳 대문자 'A'의 ASCII 코드는 1000001이고 10진수로는 65에 해당합니다.

$b_7 b_6 b_5$ →					0 0 0	0 0 1	0 1 0	0 1 1	1 0 0	1 0 1	1 1 0	1 1 1
Bits b_4 ↓	b_3 ↓	b_2 ↓	b_1 ↓	Column → / Row ↓	0	1	2	3	4	5	6	7
0	0	0	0	0	NUL	DLE	SP	0	@	P	`	p
0	0	0	1	1	SOH	DC1	!	1	A	Q	a	q
0	0	1	0	2	STX	DC2	"	2	B	R	b	r
0	0	1	1	3	ETX	DC3	#	3	C	S	c	s
0	1	0	0	4	EOT	DC4	$	4	D	T	d	t
0	1	0	1	5	ENQ	NAK	%	5	E	U	e	u
0	1	1	0	6	ACK	SYN	&	6	F	V	f	v
0	1	1	1	7	BEL	ETB	'	7	G	W	g	w
1	0	0	0	8	BS	CAN	(	8	H	X	h	x
1	0	0	1	9	HT	EM	)	9	I	Y	i	y
1	0	1	0	10	LF	SUB	*	:	J	Z	j	z
1	0	1	1	11	VT	ESC	+	;	K	[	k	{
1	1	0	0	12	FF	FS	,	<	L	\	l	|
1	1	0	1	13	CR	GS	—	=	M	]	m	}
1	1	1	0	14	SO	RS	.	>	N	^	n	~
1	1	1	1	15	SI	US	/	?	O	—	o	DEL

그림 6-6 ASCII 코드 표 © MIL-STD-188

ASCII 코드를 문자로 변환하고 문자를 ASCII 코드로 변환하는 함수는 chr과 ord입니다. chr 함수에 정수를 입력하면 그 정수의 ASCII 코드에 해당하는 문자가 반환됩니다. 예를 들어 chr(65)는 'A'를 반환합니다. 반대로 ord 함수는 문자를 입력하면 그 문자의 ASCII 코드에 해당하는 정수를 십진수로 반환합니다. 예를 들어 ord('B')는 66을 반환합니다.

표 6-8 문자 함수

함수	설명	예시	예시 결과
chr()	정수에 해당하는 문자를 반환한다.	print(chr(65)+chr(66))	AB
ord()	문자에 해당하는 정수를 반환한다.	print(ord('A'), ord('a'))	65 97

다음은 사용자에게 알파벳 소문자 두 개를 입력받아 알파벳 순서를 기준으로 얼마나 멀리 떨어져 있는지 구하는 프로그램입니다. ASCII 코드 표에서 알파벳 소문자는 순서대로 나열되어 코드 값이 1씩 증가합니다. 따라서 ord 함수를 이용해서 두 문자의 ASCII 코드 값을 구하고 이 두 값의 차를 구하면 됩니다.

코드 6-9

```
c1 = input('알파벳 소문자: ')
c2 = input('알파벳 소문자: ')

if c1 > c2:
    diff = ord(c1)-ord(c2)
else:
    diff = ord(c2)-ord(c1)
print('떨어진 정도:', diff)
```

```
알파벳 소문자: f
알파벳 소문자: b
떨어진 정도: 4
```

LAB 대소문자 상호 변환하기

사용자가 입력한 문자열에서 대문자는 소문자로 변환하고, 소문자는 대문자로 변환해 보겠습니다.

```
01 s1 = input('문자열: ')
02 s2 = ''
03 for ch in s1:
04   if ch.islower():
05     s2 += ch.upper()
06   elif ch.isupper():
07     s2 += ch.lower()
08   else:
09     s2 += ch
10 print(s2)
```

```
문자열: I Like Python.
i lIKE pYTHON.
```

동작 과정

1 01행에서 입력받은 문자열인 'I Like Python.'을 s1에 저장하고, 02행에서 빈 문자열을 s2에 저장합니다.

2 03행의 for 문은 s1에 저장된 문자열의 길이만큼 반복합니다. **첫 번째 반복**에서는 ch에 첫 번째 문자인 'I'가 저장됩니다.

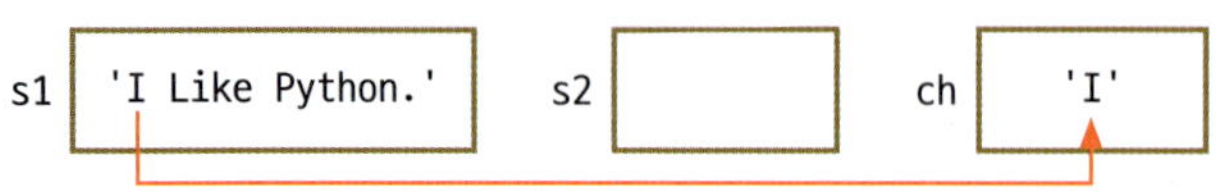

3 04행의 조건식이 거짓이고 06행의 조건식이 참이므로 07행을 실행하게 되어 ch의 'I'를 소문자로 변환하여 s2에 추가합니다.

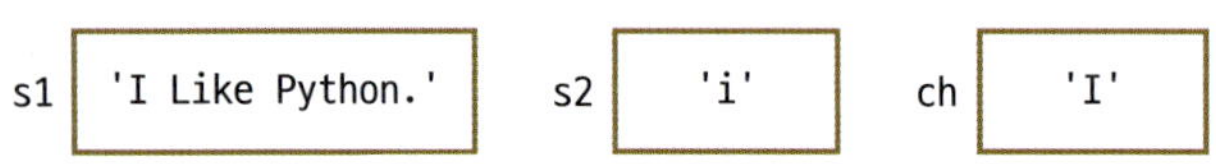

4 **두 번째 반복**에서는 ch에 두 번째 문자인 ' '가 저장됩니다. 공백도 문자입니다.

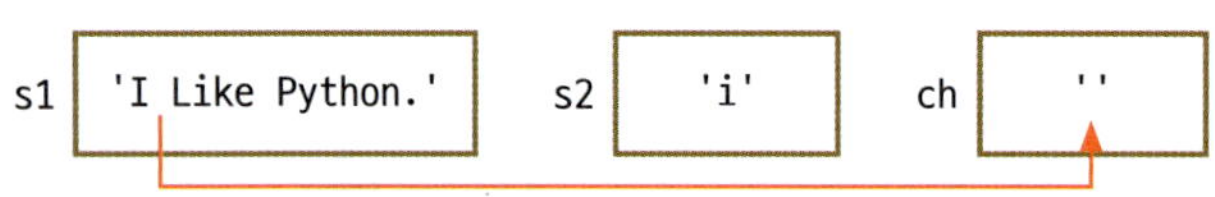

5 04행의 조건식과 06행의 조건식이 거짓이므로 else 이후의 09행을 실행하여 ch의 ' '를 s2에 추가합니다.

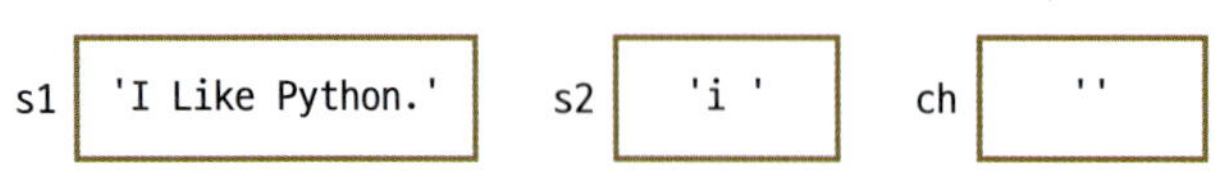

6 **세 번째 반복**에서는 ch에 세 번째 문자인 'L'이 저장되고, 04행의 조건식이 거짓이고 06행의 조건식이 참이므로 07행을 실행하게 되어 ch의 'L'을 소문자로 변환하여 s2에 추가합니다.

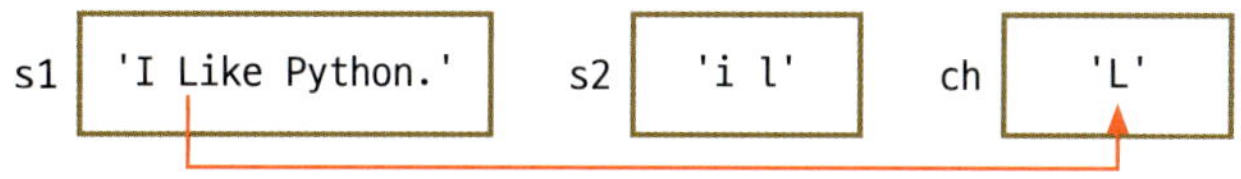

7 **네 번째 반복**에서는 ch에 네 번째 문자인 'i'가 저장됩니다. 04행의 조건식이 참이므로 05행을 실행하게 되어 ch의 'i'를 대문자로 변환하여 s2에 추가합니다. 이와 같은 동작을 반복하여 대문자는 소문자로, 소문자는 대문자로 변환합니다.

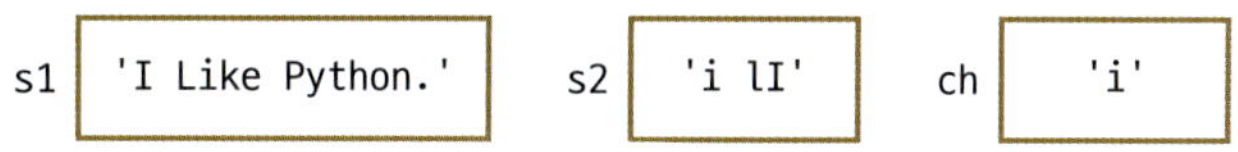

LAB 좋아하는 친구 조사하기

다음은 학생들로부터 좋아하는 친구를 입력받아 하나의 리스트로 만드는 프로그램입니다. 사용자가 여러 명을 입력한 경우에는 split 함수를 이용해서 한 명씩 분리합니다.

```
lst = []
i = 1
while True:
  s = input(f'{i}번 학생 좋아하는 친구(,로 구분) 또는 종료: ')
  if s=='종료':
    break
  lst.extend(s.split(','))
  i += 1
print(lst)
```

```
1번 학생 좋아하는 친구(,로 구분) 또는 종료: 철수,영희
2번 학생 좋아하는 친구(,로 구분) 또는 종료: 영희,길동,순이
3번 학생 좋아하는 친구(,로 구분) 또는 종료: 종료
['철수', '영희', '영희', '길동', '순이']
```

동작 과정

1 01행에서 빈 리스트 `lst`를 생성하고, 02행에서 `i`에 `1`을 저장합니다.

2 **첫 번째 반복**의 04행에서 1번 학생이 좋아하는 친구를 입력받아 `s`에 저장합니다.

3 07행에서 `s`를 ‘,’로 분리하여 `['철수', '영희']` 리스트를 `lst`의 끝에 추가합니다.

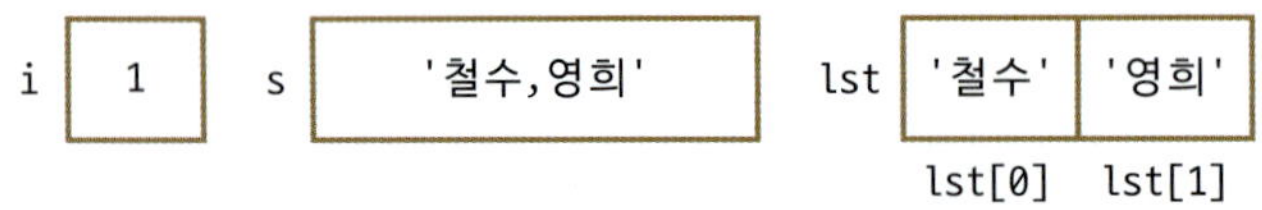

4 **두 번째 반복**의 04행에서 2번 학생이 좋아하는 친구를 입력받아 `s`에 저장합니다.

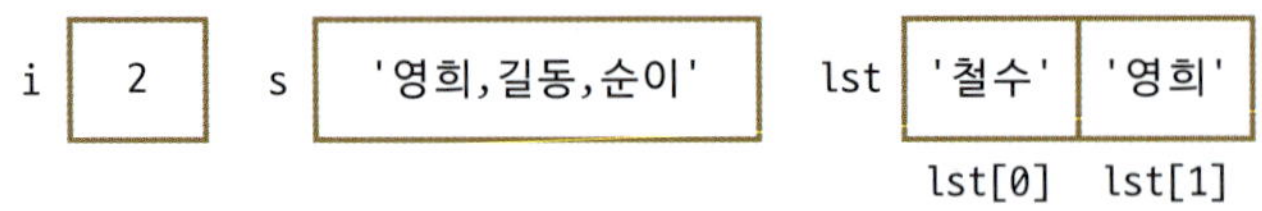

5 07행에서 `s`를 ‘,’로 분리하여 `['영희', '길동', '순이']` 리스트를 `lst`의 끝에 추가합니다.

6 **세 번째 반복**에서 `'종료'`를 입력받아 `while` 문을 종료하고, 09행에서 `lst`를 출력합니다.

6.3 플러스 예제 모스 부호 번역기

애니메이션 《벼랑 위의 포뇨》에 아들과 아버지가 모스 부호로 대화를 주고받는 장면이 나옵니다. 이 장면을 보면서 모스 부호를 이용해서 어떻게 문자를 표현하는지 궁금해졌습니다.

모스 부호Morse code는 미국의 발명가 모스에 의해 발명되었는데 점(·)과 선(–)의 조합으로 문자를 표기합니다. 자주 사용하는 문자일수록 신호 길이가 짧습니다.

문장을 입력하면 모스 부호로 변환하는 프로그램과 모스 부호를 입력하면 문장으로 변환하는 프로그램을 만들어보겠습니다.

1 문장을 모스 부호로 변환하기

알파벳 각 문자에 해당하는 모스 부호는 [표 6–9]와 같습니다.

표 6-9 모스 부호

A	.-	H	....	O	---	V	...-
B	-...	I	..	P	.--.	W	.--
C	-.-.	J	.---	Q	--.-	X	-..-
D	-..	K	-.-	R	.-.	Y	-.--
E	.	L	.-..	S	...	Z	--..
F	..-.	M	--	T	-		
G	--.	N	-.	U	..-		

먼저 [표 6-9]를 참고하며 입력받은 알파벳 한 글자를 모스 부호로 변환하는 프로그램을 만들어보겠습니다. 알파벳 26자를 alphabet 변수에 저장하고, 각 문자에 해당하는 모스 부호를 morse 리스트에 저장합니다.

```
alphabet = 'ABCDEFGHIJKLMNOPQRSTUVWXYZ'
morse = ['.-','-...','-.-.','-..','.','..-.','--.',
         '....','..','.---','-.-','.-..','--','-.',
         '---','.--.','--.-','.-.','...','-','..-',
         '...-','.--','-..-','-.--','--..']
```

사용자로부터 영문자를 입력받아 ch에 저장합니다.

```
ch = input('영문자: ')
```

입력받은 문자에 해당하는 모스 부호를 어떻게 나타내는지 살펴보겠습니다. 'A'의 모스 부호인 '.-'는 morse[0] 인데, 인덱스 0은 alphabet.index('A')입니다. 그리고 'B'의 모스 부호인 '-...'는 morse[1]인데, 인덱스 1은 alphabet.index('B')입니다. 'A'와 'B' 문자를 ch로 일반화하면 ch의 모스 부호는 morse[alphabet.index(ch)]로 나타낼 수 있습니다. 이 프로그램의 핵심은 일반화이므로 이 부분을 꼭 이해하기 바랍니다.

표 6-10 문자 ch의 모스 부호

문자	모스 부호	morse[]의 인덱스
'A'	morse[0]	alphabet.index('A')
'B'	morse[1]	alphabet.index('B')
...	...	...
ch		alphabet.index(ch)

입력받은 문자인 ch가 alphabet에 있을 때 ch에 해당하는 모스 부호를 출력하는 코드는 다음과 같습니다.

```
if ch in alphabet:
  print(morse[alphabet.index(ch)])
```

한 문자가 아니라 문자열을 모스 부호로 변환하려면 모든 문자에 대해 위와 동일한 동작을 반복적으로 수행하면 됩니다.

■ 전체 프로그램

```
01 alphabet = 'ABCDEFGHIJKLMNOPQRSTUVWXYZ'
02 morse = ['.-','-...','-.-.','-..','.','..-.','--.',
03          '....','..','.---','-.-','.-..','--','-.',
04          '---','.--.','--.-','.-.','...','-','..-',
05          '...-','.--','-..-','-.--','--..']
06
07 s = input('알파벳 문자열: ')
08
09 for i in range(len(s)):
10     if s[i] in alphabet:
11         print(morse[alphabet.index(s[i])], end=' ')
```

01 알파벳 26자를 alphabet에 저장합니다.

02~05 알파벳 26자에 해당하는 모스 부호를 morse 리스트에 저장합니다.

07 모스 부호로 변환할 알파벳 문자열을 입력받아 s에 저장합니다.

09 입력받은 문자열의 길이인 len(s)만큼 반복합니다.

10 s[i]가 alphabet에 있으면 s[i]에 대한 모스 부호를 출력합니다.

```
알파벳 문자열: SOS
... --- ...
```

동작 과정

1 01~02행에서 alphabet에 알파벳 26자를 저장하고, morse에 알파벳 26자에 대한 모스 부호를 저장합니다.

2 07행에서 모스 부호로 변환할 문자열을 입력받아 s에 저장합니다. 'SOS'라 가정하겠습니다.

3 09행에서 len(s)는 3이므로 for 문은 3번 반복합니다. **첫 번째 반복**에서 i는 0입니다.

4 10행에서 s[i], 즉 s[0]인 'S'가 alphabet 문자열 안에 있으므로 조건식이 참이 되어 11행을 실행합니다.

5 11행에서 i는 0이므로 s[i]는 'S'이고, alphabet.index('S')는 18입니다. 결국 morse[18]인 '...'을 출력합니다. '...'는 'S'의 모스 부호입니다.

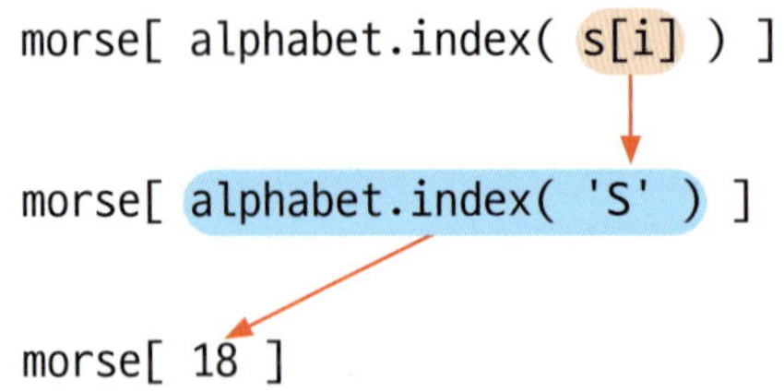

6 s에 저장된 문자 수만큼 동일한 동작을 반복하여 결국 s에 저장된 문자열에 해당하는 모스 부호를 모두 출력합니다.

2 모스 부호를 문장으로 변환하기

입력받은 모스 부호를 알파벳으로 변환하는 프로그램을 만들어보겠습니다. 알파벳 문자를 표현하는 모스 부호를 여러 개 입력받아 m 리스트에 저장합니다. 입력할 때 각 문자를 표현하는 모스 부호를 공백으로 구분합니다. split 함수를 이용해서 m의 모스 부호를 분리해 다시 m에 저장합니다. 예를 들어 입력한 내용이 '.- -... .-.'이면 m에는 ['.-', '-...', '.-.']이 저장되기 때문입니다.

```
m = input('모스 부호열(공백으로 구분): ')
m = m.split(' ')
```

m에 저장된 모스 부호에 해당하는 알파벳을 출력합니다. 예를 들어 m[i]가 '.-'라면 morse.index(m[i])는 0이고, alphabet[0]은 'A'입니다. 결국 '.-'에 해당하는 알파벳 'A'를 출력합니다.

```
for i in range(len(m)):
  if m[i] in morse:
    print(alphabet[morse.index(m[i])])
```

■ 전체 프로그램

```
alphabet = 'ABCDEFGHIJKLMNOPQRSTUVWXYZ'
morse = ['.-','-...','-.-.','-..','.','..-.','--.',
         '....','..','.---','-.-','.-..','--','-.',
```

```
04            '---','.--.','--.-','.-.','...','-','..-',
05            '...-','.--','-..-','-.--','--..']
06
07  m = input('모스 부호열(공백으로 구분): ')
08  m = m.split(' ')
09
10  for i in range(len(m)):
11    if m[i] in morse:
12      print(alphabet[morse.index(m[i])], end='')
13    else:
14      print('모스 부호가 아닙니다.')
```

01 알파벳 26자를 alphabet에 저장합니다.

02~05 알파벳 26자에 대한 모스 부호를 morse 리스트에 저장합니다.

07 알파벳열로 변환할 모스 부호들을 입력받아 m에 저장합니다.

08 공백을 기준으로 모스 부호를 분리해 m에 다시 저장합니다.

10 m의 길이, 즉 모스 부호의 수만큼 반복합니다.

11~12 m[i]가 morse에 있으면 alphabet[i] 알파벳을 출력합니다.

```
모스 부호열(공백으로 구분): .- -... .-.
ABR
```

동작 과정

1 01~02행에서 alphabet에 알파벳 26자 문자열을 저장하고, morse에 알파벳 26자에 해당하는 모스 부호를 저장합니다.

2 07행에서 알파벳으로 변환할 모스 부호열을 입력받아 m에 저장합니다. '.- -... .-.'라 가정하겠습니다.

3 08행에서 m에 저장된 모스 부호를 공백을 기준으로 분리하고 리스트로 만들어 m에 저장합니다.

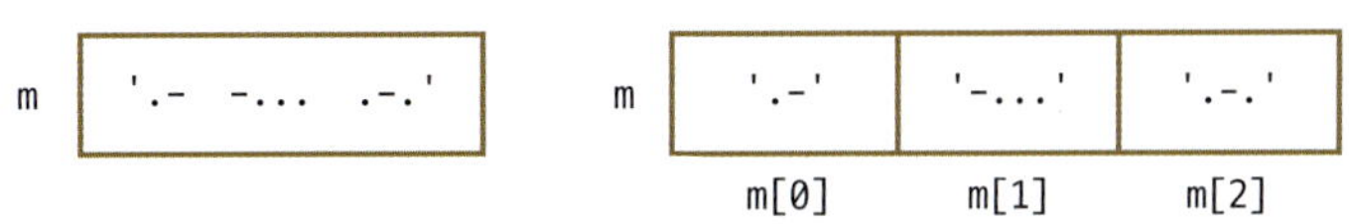

4 10행에서 len(m)은 3이므로 for 문은 3번 반복합니다. **첫 번째 반복**의 11행에서 m[i], 즉 m[0]인 '.-'가 morse에 있으므로 조건식이 참이 되어 12행을 실행합니다.

5 12행에서 i는 0이므로 m[i]는 '.-'이고, morse.index('.-')는 0이 됩니다. 결국 alphabet[0]인 'A'를 출력합니다.

```
alphabet[ morse.index( m[i] ) ]

alphabet[ morse.index( '.-' ) ]

alphabet[ 0 ]
```

6 m에 저장된 모스 부호 개수만큼 동일한 동작을 반복하여 결국 m에 저장된 모스 부호에 해당하는 알파벳열을 모두 출력합니다.

쌍둥이 문제

알파벳 문자열을 입력하면 모스 부호로 변환하고, 모스 부호를 입력하면 문자열로 변환하는 프로그램을 작성하세요.

```
문자열 또는 모스 부호: .- -... .-.
ABR
```

힌트 문자열이 알파벳으로만 구성되었는지를 확인하는 isalpha 함수를 활용합니다.

도전 문제

알파벳 문자열을 입력하면 모스 부호로 변환하고, 모스 부호를 입력하면 문자열로 변환하는 프로그램을 작성하세요. 단, '**종료**'를 입력할 때까지 반복해서 동작합니다.

```
문자열, 모스 부호, 종료: .- -... .-.
ABR
문자열, 모스 부호, 종료: SOS
... --- ...
문자열, 모스 부호, 종료: 종료
```

힌트 while 문을 사용합니다.

요약

01 작은 따옴표 또는 큰 따옴표로 감싸 표현한 0개 이상의 문자를 문자열이라 합니다.

02 문자열 연결 연산자인 +와 문자열 반복 연산자인 *로 문자열을 연결하고, 반복합니다.

03 문자열 인덱싱을 이용해서 특정 문자에 접근하고, 문자열 슬라이싱을 이용해서 문자열의 일부 문자에 접근합니다.

04 문자열과 관련된 함수는 다음과 같습니다.

함수	설명	예시	예시 결과
lower()	문자열의 알파벳을 소문자로 변환한다.	s = 'Python' print(s.lower())	python
upper()	문자열의 알파벳을 대문자로 변환한다.	s = 'Python' print(s.upper())	PYTHON
find()	문자열에서 특정 문자열을 왼쪽부터 찾아서 인덱스를 반환한다. 찾는 문자열이 없으면 -1을 반환한다.	s = 'Hi! Python is Python.' print(s.find('Python'))	4
rfind()	문자열에서 특정 문자열을 오른쪽부터 찾아서 인덱스를 반환한다. 찾는 문자열이 없으면 -1을 반환한다.	s = 'Hi! Python is Python.' print(s.rfind('Python'))	14
count()	문자열에서 특정 문자열의 개수를 반환한다.	s = 'Hi! Python is Python.' print(s.count('Python'))	2
strip()	문자열 양옆의 공백이나 특정 문자를 제거한다.	s1 = ' Hi! Python ' s2 = '..Hi! Python..' print(s1.strip()) print(s2.strip('.'))	Hi! Python Hi! Python
rstrip()	문자열 오른쪽의 공백이나 특정 문자를 제거한다.	s = '1234kg' print(s.rstrip('kg'))	1234
lstrip()	문자열 왼쪽의 공백이나 특정 문자를 제거한다.	s = '###student_name' print(s.lstrip('#'))	student_name

replace()	특정 문자열을 다른 문자열로 변경한다.	s = 'KAIST,제주대,홍익대' print(s.replace('대','대학교'))	KAIST,제주대학교,홍익대학교
split()	문자열을 특정 문자로 분리해 리스트로 반환한다.	s = 'KAIST,제주대,홍익대' print(s.split(','))	['KAIST', '제주대', '홍익대']
join()	문자열들을 모아서 하나의 문자열로 만든다. 문자열들을 구분할 구분자를 지정해야 한다.	l = ['KAIST', '제주대'] print(','.join(l))	KAIST,제주대
isdigit()	문자열이 숫자로만 구성되었는지 확인한다.	print('1234kg'.isdigit())	False
isalpha()	문자열이 알파벳으로만 구성되었는지 확인한다.	print('python'.isalpha())	True
isalnum()	문자열이 알파벳 또는 숫자로만 구성되었는지 확인한다.	print('pass123'.isalnum())	True
islower()	문자열이 소문자로만 구성되었는지 확인한다.	print('python'.islower()()	True
isupper()	문자열이 대문자로만 구성되었는지 확인한다.	print('Python'.isupper())	False
isspace()	문자열이 공백으로만 구성되었는지 확인한다.	print(' '.isspace())	True
str()	수를 문자열로 변환한다.	a = 1234 print(str(a)+'kg')	1234kg
int()	정수 형식의 문자열이나 실수를 정수로 변환한다.	a = int(input('정수: ')) print(f'짝수? {a%2==0}')	정수: 6 짝수? True
float()	실수 형식의 문자열이나 정수를 실수로 변환한다.	a = '12.34' print(float(a)*2)	24.68

05 문자와 관련된 함수는 다음과 같습니다.

함수	설명	예시	예시 결과
chr()	정수에 해당하는 문자를 반환한다.	print(chr(65)+chr(66))	AB
ord()	문자에 해당하는 정수를 반환한다.	print(ord('A'), ord('a'))	65 97

연습문제

01 다음 코드의 실행 결과를 예측하시오.

(1)

```
s = 'Python ' + '3'
print(s)
```

(2)

```
s = 'Python ' * 3
print(s)
```

(3)

```
s = 'Python'
for i in range(len(s)):
  print(s[i], end='')
```

(4)

```
s = 'Python'
for i in range(len(s)):
  print(s[i], end='')
```

(5)

```
s = 'Hi! Python'
print(len(s))
print(s[0])
print(s[3])
print(s[2:6])
print(s[:5])
print(s[5:])
```

(6)

```
s = 'Python'
print(s.lower())
print(s.upper())
```

(7)
```
s = 'Hi! python!'
print(s.find('python'))
print(s.find('C'))
```

(8)
```
s = ' 123cm'
s = s.lstrip()
s = s.rstrip('cm')
print(s)
```

(9)
```
s = 'python'
print(s.isdigit())
print(s.isalpha())
print(s.isalnum())
print(s.islower())
print(s.isupper())
print(s.isspace())
```

(10)
```
s = '123.4'
print(float(s))
```

(11)
```
print(chr(ord('a')+1))
```

02 다음 코드를 실행하면 오류가 발생합니다. 원인을 설명하고 수정하시오.

(1)
```
s = 'Python ' + 3
print(s)
```

(2)
```
s = 'Python ' * '3'
print(s)
```

(3)

```
s = 'Python'
print(s[6])
print(s[-7])
```

(4)

```
s = 'Python'
for i in s:
  print(s[i], end='')
```

(5)

```
s = '123.4'
print(int(s))
```

(6)

```
print(chr('A'+1))
```

03 **s에 저장된 문자열을 한 글자씩 출력하기 위해 다음과 같이 코드를 작성했지만 원하는 결과가 나오지 않습니다. 원인을 생각해 보고 수정하시오.**

```
s = 'Python'
for i in range(len(s)):
  print(i, end='')
```

HINT 문자열에서 첫 번째 문자의 인덱스가 무엇인지 생각해보세요.

04 **s 오른쪽의 'cm'을 제거하기 위해 다음과 같이 작성했으나 원하는 결과가 나오지 않습니다. 원인을 설명하고 수정하시오.**

```
s = '123cm'
if s.find('cm')==-1:
  print(s.rstrip('cm'))
else:
  print(s)
```

HINT s.find('cm')은 문자열 s 안에 'cm'이 있는지 판별합니다.

05 다음은 입력받은 문자열을 거꾸로 뒤집어서 s2에 저장하여 출력하는 프로그램입니다. 빈칸을 채워 코드를 완성하시오.

```
s1 = input('문자열: ')
s2 = ''

for i in range(          ):
    s2 =          
print(s2)
```

```
문자열: abc
cba
```

HINT s1 문자열의 뒤에서부터 한 글자씩 추출하여 s2에 저장합니다.

06 다음은 입력받은 문자열에서 첫 번째 문자와 마지막 문자를 비교하고 두 번째 문자와 끝에서 두 번째 문자를 비교하는 식으로 회문을 판별하는 코드입니다. 빈칸을 채우시오.

```
s = input('문자열: ')
chk = 1

for i in range(len(s)//2):
    if s[i] !=          :
        chk = 0
        break

if chk == 1:
    print('회문')
else:
    print('회문아님')
```

```
문자열: abcba
회문
```

HINT 회문이란 문자열을 거꾸로 뒤집어도 원래 문자열과 같은 문자열입니다.

07 전 세계 도서에 부여되는 고유번호인 ISBN은 다음과 같이 5개의 군으로 구분합니다.

979	-	11	-	5664	-	381	-	4
접두부		국가 번호		발행자 번호		서명 식별 번호		체크 기호

다음은 ISBN 13자리 수를 입력받아 각 군을 분류하는 프로그램입니다. 빈칸을 채워 코드를 완성하시오.

```
isbn = input('ISBN: ')
print('접두부:', isbn[          ])
print('국가번호:', isbn[          ])
print('발행자번호:', isbn[          ])
print('서명식별번호:', isbn[          ])
print('체크 기호:', isbn[          ])
```

```
ISBN: 9791156643814
접두부: 979
국가번호: 11
발행자번호: 5664
서명식별번호: 381
체크 기호: 4
```

HINT 문자열 슬라이싱과 인덱싱을 이용합니다.

08 체질량지수(BMI)는 비만도를 나타내는 지수로, 체질량지수를 구하는 수식은 다음과 같습니다. 단, 키 단위는 m이고 몸무게 단위는 kg입니다.

$$\text{체질량지수} = \frac{\text{몸무게}}{\text{키} \times \text{키}}$$

다음은 키와 몸무게의 단위까지 입력받아 체질량지수를 구하는 프로그램입니다. 빈칸을 채워 코드를 완성하시오.

```
height = input('키(cm): ')
if height.find('cm') != [          ] :
  height = float(height.[          ]('cm'))
weight = input('몸무게(kg): ')
if weight.find('kg') != [          ] :
  weight = float(weight.[          ]('kg'))
bmi = weight/(height/100)**2
print(bmi)
```

```
키(cm): 180cm
몸무게(kg): 65kg
20.061728395061728
```

HINT 3장 136쪽 도전 문제와 146쪽 연습문제 **04**번에서는 사용자가 키나 몸무게의 단위 없이 정수 형식의 문자열을 입력했습니다. 이번에는 사용자가 cm와 kg 같은 단위까지 입력하는 경우입니다.

프로그래밍 문제

01 입력받은 문자열의 길이가 4 이상이면서 'zzz'가 포함되어 있지 않으면 'pass'를 출력하고, 그렇지 않으면 'fail'을 출력하는 프로그램을 작성하시오.

```
문자열: hellozzz!
fail
```

HINT 문자열 안에서 특정 문자열을 찾을 때 find 함수를 사용합니다.

02 입력받은 문자열에서 영문자의 개수, 숫자의 개수, 기타 문자의 개수를 세는 프로그램을 작성하시오.

```
문자열: 2025 will be a happy year!!!
영문자:16, 숫자:4, 기타 문자:8
```

HINT 문자열이 알파벳으로만 구성되었는지 확인할 때 isalpha 함수를 사용하고, 문자열이 숫자로만 구성되었는지 확인할 때 isdigit 함수를 사용합니다.

03 입력받은 메뉴 목록을 콤마(,)를 구분자로 분리해서 리스트에 저장하는 프로그램을 작성하시오.

```
좋아하는 메뉴(,로 구분): 짜장면,해장국,갈비탕
['짜장면', '해장국', '갈비탕']
```

HINT 문자열을 특정 문자로 분리해 리스트로 반환할 때 split 함수를 사용하고, 리스트 뒤에 또 다른 리스트의 항목들을 추가할 때 extend 함수를 사용합니다.

04 문자열을 활용해서 타 교과 융합 프로그램을 작성하시오.

프로그램 이름	
학교급 및 관련 교과	*(예시) 대학교 일반물리학*
프로그램 설명	
프로그램 소스	

CHAPTER 07

딕셔너리

학습목표

- 딕셔너리의 개념을 설명할 수 있습니다.
- 딕셔너리를 생성하고 항목에 접근할 수 있습니다.
- 딕셔너리에 항목을 추가하고 딕셔너리 항목을 삭제할 수 있습니다.
- 딕셔너리를 이용하여 프로그램을 작성할 수 있습니다.

Preview

딕셔너리란 키와 값의 쌍으로 이루어진 하나 이상의 데이터를 저장하는 자료형입니다. 이번 장에서는 딕셔너리의 개념을 알아보고, 딕셔너리의 생성, 항목 접근, 항목 추가, 항목 삭제 등 딕셔너리를 다루는 다양한 방법을 알아봅니다. 그리고 프로그래밍 언어 선호도 조사 프로그램, 영어 단어 퀴즈 프로그램을 작성해 봅니다.

7.1 딕셔너리의 개요

딕셔너리dictionary는 리스트와 마찬가지로 하나 이상의 데이터를 저장하는 자료형이며, 키key와 값value의 쌍으로 이루어집니다. 리스트의 항목에 접근할 때 인덱스를 사용하는 반면, 딕셔너리의 값에 접근할 때는 키를 사용합니다.

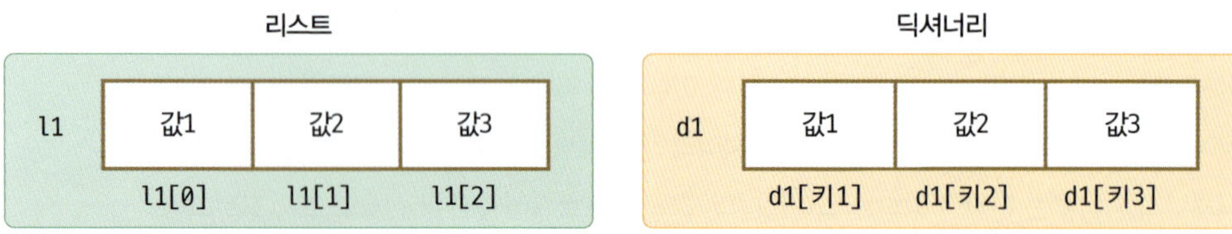

그림 7-1 리스트와 딕셔너리의 비교

1 딕셔너리 생성하기

딕셔너리는 중괄호({})를 이용해서 생성합니다. 딕셔너리 항목은 **키:값** 형식이며 각 항목을 콤마(,)로 구분합니다.

| Syntax | 딕셔너리 생성

```
딕셔너리이름 = {키1:값1, 키2:값2, …}
```

키1:값1, 키2:값2, …을 저장한 '딕셔너리이름' 딕셔너리를 생성한다.

다음은 메뉴가 키고 가격이 값인 prices 딕셔너리를 생성하는 코드입니다. 첫 번째 항목의 키는 '아메리카노'이고 값은 2000입니다. 두 번째 항목의 키는 '라떼'이고 값은 3000입니다. 세 번째 항목의 키는 '녹차'이고 값은 2500입니다.

```
prices = {'아메리카노':2000,'라떼':3000,'녹차':2500}
print(prices)
```

```
{'아메리카노': 2000, '라떼': 3000, '녹차': 2500}
```

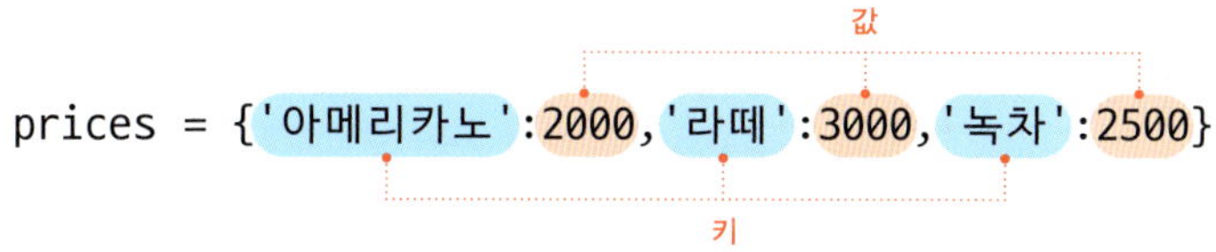

(a) prices 딕셔너리 생성

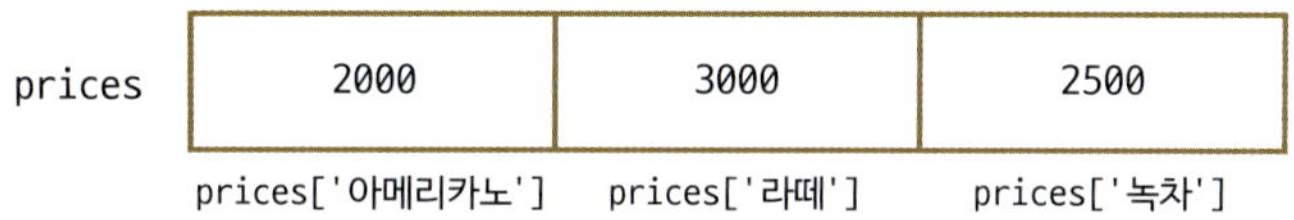

(b) prices 딕셔너리 도식화

그림 7-2 prices 딕셔너리의 키와 값

딕셔너리에서 키의 조건

딕셔너리에서 키는 유일해야 합니다. 만약 키가 동일한 항목이 여러 개 있다면 마지막 항목을 제외한 나머지 항목들은 무시됩니다. 예를 들어 다음 딕셔너리에서 키가 '아메리카노'로 동일한 항목 두 개 중에서 '아메리카노':2000 쌍이 무시됩니다.

```
prices = {'아메리카노':2000,'라떼':3000,'아메리카노':1900,'녹차':2500}
print(prices)
```

```
{'아메리카노': 1900, '라떼': 3000, '녹차': 2500}
```

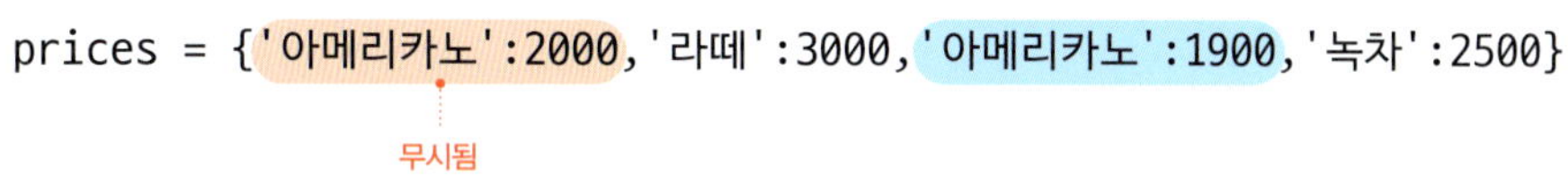

그림 7-3 딕셔너리의 키가 동일한 항목이 여러 개일 때

2 딕셔너리 값에 접근하기

딕셔너리 항목의 값에 접근할 때는 딕셔너리 이름을 쓰고 대괄호 안에 키 이름을 씁니다. 다음 prices 딕셔너리에서 키가 '아메리카노'인 항목의 값인 2000은 prices['아메리카노']로, 키가 '라떼'인 항목의 값인 3000은 prices['라떼']로, 키가 '녹차'인 항목의 값인 2500은 prices['녹차']의 형태로 접근할 수 있습니다.

```
prices = {'아메리카노':2000,'라떼':3000,'녹차':2500}
```

prices 딕셔너리의 키가 '라떼'인 항목의 값인 3000을 출력하는 코드는 다음과 같습니다.

```
print(prices['라떼'])
```

```
3000
```

딕셔너리에 항목 추가하기

빈 딕셔너리로 시작해서 항목을 추가해야 하는 경우가 있습니다. 빈 딕셔너리를 만드는 방법은 다음과 같습니다.

| Syntax | **빈 딕셔너리 생성**

```
딕셔너리이름 = {}
```

항목이 없는 '딕셔너리이름' 딕셔너리를 생성한다.

딕셔너리에 항목을 추가하려면 딕셔너리 이름 뒤의 대괄호 안에 키 이름을 쓰고 값을 대입합니다.

| Syntax | **딕셔너리 항목 추가**

```
딕셔너리이름[키] = 값
```

딕셔너리에 키:값 항목을 추가한다. 만약 딕셔너리에 이미 존재하는 키라면 해당 키의 값이 변경된다.

다음은 빈 딕셔너리인 prices를 생성한 후에 3개의 항목을 추가하는 예입니다.

코드 7-1

```
01 prices = {}
02 prices['아메리카노'] = 2000
03 prices['라떼'] = 3000
04 prices['녹차'] = 2500
05 print(prices)
```

```
{'아메리카노': 2000, '라떼': 3000, '녹차': 2500}
```

01 빈 딕셔너리인 prices를 생성합니다.

02 키가 '아메리카노'이고 값이 2000인 항목을 prices 딕셔너리에 추가합니다.

03~04 마찬가지로 '라떼':3000 항목과 '녹차':2500 항목을 prices 딕셔너리에 추가합니다.

딕셔너리 값 수정하기

딕셔너리 값을 수정하는 형식은 항목을 추가할 때와 동일합니다.

| Syntax | **딕셔너리 값 수정**

```
딕셔너리이름[키] = 값
```

키에 해당하는 항목의 값을 변경한다. 만약 딕셔너리에 해당 키가 없으면 키:값 항목이 추가된다.

아메리카노 가격이 인상되었다면 [코드 7-2]의 02행과 같이 수정합니다. 그 결과 키가 '아메리카노'인 항목의 값이 2500으로 변경됩니다.

코드 7-2

```
01 prices = {'아메리카노':2000,'라떼':3000,'녹차':2500}
02 prices['아메리카노'] = 2500
03 print(prices)
```

```
{'아메리카노': 2500, '라떼': 3000, '녹차': 2500}
```

01 prices 딕셔너리를 생성합니다.

02 키가 '아메리카노'인 항목의 값을 2500으로 변경합니다.

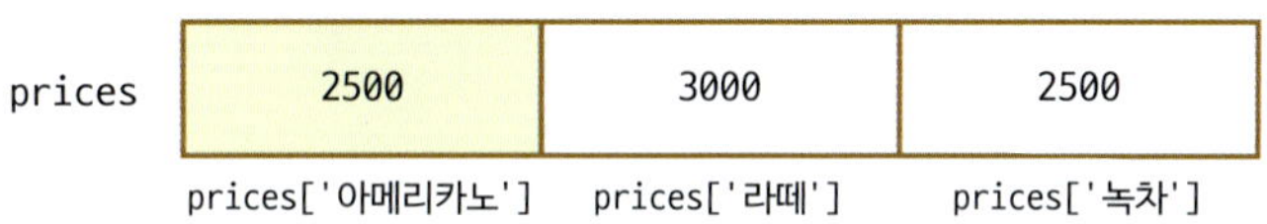

그림 7-4 딕셔너리의 값 변경

7.2 딕셔너리 다루기

1 딕셔너리 순회하기

딕셔너리에서 키를 순회하는 방법을 살펴보겠습니다. 모든 항목의 키에 차례로 접근하는 형식은 다음과 같습니다.

| Syntax | 딕셔너리 키 순회

```
for 키 in 딕셔너리:
    문장
```

딕셔너리의 길이만큼 반복한다. 반복할 때마다 키에 딕셔너리의 키가 순서대로 저장된다.

prices 딕셔너리의 모든 항목의 키에 차례로 접근하여 출력하는 프로그램은 다음과 같습니다.

```
prices = {'아메리카노':2000,'라떼':3000,'녹차':2500}

for key in prices:
    print(key, end=' ')
```

```
아메리카노 라떼 녹차
```

이 코드에서는 for 문을 딕셔너리의 항목 수만큼인 3번 반복합니다.

- **첫 번째 반복** 첫 번째 항목의 키는 '아메리카노'이므로 '아메리카노'를 출력합니다.
- **두 번째 반복** 두 번째로 접근하는 항목의 키는 '라떼'이므로 '라떼'를 출력합니다.
- **세 번째 반복** 세 번째로 접근하는 항목의 키는 '녹차'이므로 '녹차'를 출력합니다.

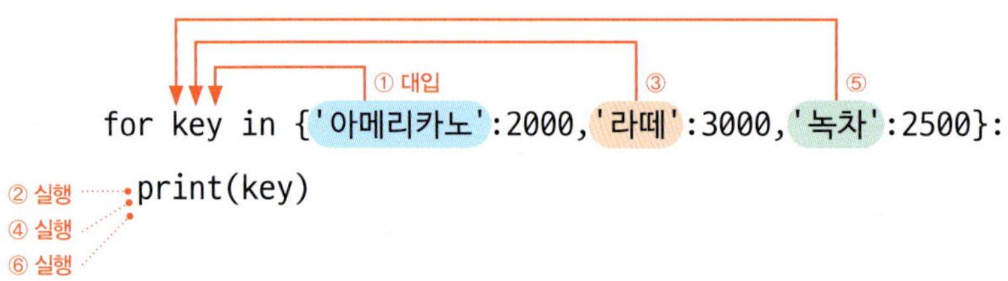

그림 7-5 딕셔너리 키 순회

만약 항목의 키가 아닌 값에 접근하고 싶다면 **딕셔너리이름[키]** 형식을 이용합니다. 다음은 각 항목의 값에 접근하여 차례로 출력하는 프로그램입니다.

```
prices = {'아메리카노':2000,'라떼':3000,'녹차':2500}

for key in prices:
  print(prices[key])
```

```
2000
3000
2500
```

- **첫 번째 반복** 첫 번째 항목의 키는 '아메리카노'이므로 prices['아메리카노']인 2000을 출력합니다.
- **두 번째 반복** 두 번째로 접근하는 항목의 키는 '라떼'이므로 prices['라떼']인 3000을 출력합니다.
- **세 번째 반복** 세 번째로 접근하는 항목의 키는 '녹차'이므로 prices['녹차']인 2500을 출력합니다.

함수로 딕셔너리 순회하기

딕셔너리 항목의 키와 값을 동시에 얻는 방법이 있는데, **items 함수**를 이용하는 것입니다. items 함수는 키와 값을 동시에 반환하므로 키를 저장할 변수와 값을 저장할 변수를 따로 준비해야 합니다.

| Syntax | **items() 함수**

```
딕셔너리.items()
```

딕셔너리 각 항목의 키와 값을 동시에 반환한다.

items 함수를 for 문과 함께 사용하면 모든 항목의 키와 값에 차례로 접근할 수 있습니다. for 문을 반복할 때마다 딕셔너리 각 항목의 키와 값을 반환합니다.

```
for 키변수, 값변수 in 딕셔너리.items():
  문장
```

다음은 items 함수를 이용해서 prices 딕셔너리의 키와 값 쌍을 출력하는 프로그램입니다.

```
prices = {'아메리카노':2000,'라떼':3000,'녹차':2500}

for key, value in prices.items():
  print(key, value)
```

```
아메리카노 2000
라떼 3000
녹차 2500
```

- **첫 번째 반복** items 함수는 첫 번째 항목의 키인 '아메리카노'와 값인 2000을 반환하는데, 이 값을 key와 value에 저장한 후 출력합니다.
- **두 번째 반복** items 함수는 두 번째 항목의 키인 '라떼'와 값인 3000을 반환합니다. 이 값을 key와 value에 저장한 후 출력합니다.
- **세 번째 반복** items 함수는 '녹차'와 2500을 반환합니다. 이 값을 key와 value에 저장한 후에 출력합니다.

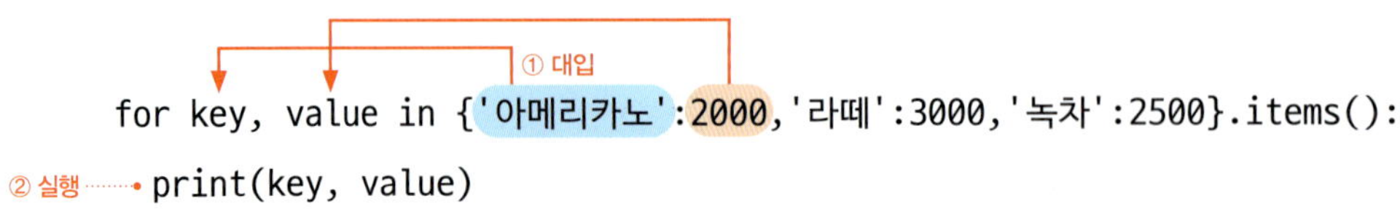

그림 7-6 items 함수로 딕셔너리 순회

딕셔너리 항목의 키를 반환하는 **keys 함수**와 값을 반환하는 **values 함수**도 사용할 수 있습니다.

| Syntax | **keys() 함수와 values() 함수**

딕셔너리.keys()

딕셔너리 각 항목의 키를 반환한다.

딕셔너리.values()

딕셔너리 각 항목의 값을 반환한다.

2 딕셔너리 항목 삭제하기

pop 함수로 항목 삭제하기

pop 함수는 딕셔너리에서 지정한 위치의 항목을 삭제하고 삭제되는 항목의 값을 반환합니다.

| Syntax | **pop() 함수**

```
딕셔너리.pop(키)
```

딕셔너리의 '키' 항목을 삭제하고 '키' 항목의 값을 반환한다.

다음은 pop 함수를 이용해서 prices 딕셔너리에서 키가 '라떼'인 항목을 삭제하는 예입니다.

코드 7-3

```
01  prices = {'아메리카노':2000,'라떼':3000,'녹차':2500}
02  a = prices.pop('라떼')
03  print(a)
04  print(prices)
```

```
3000
{'아메리카노': 2000, '녹차': 2500}
```

01 prices 딕셔너리를 생성합니다.

02 pop 함수를 이용해서 키가 '라떼'인 항목을 prices 딕셔너리에서 삭제합니다. 삭제한 값인 3000을 pop 함수가 반환하면 a에 저장합니다.

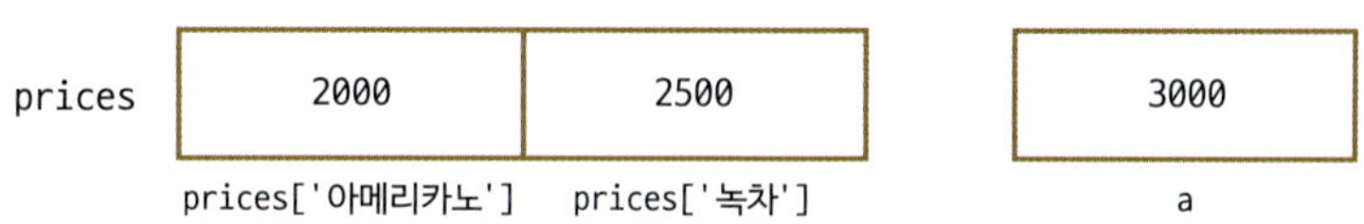

그림 7-7 pop 함수가 삭제한 값을 반환

del 키워드로 항목 삭제하기

del 키워드를 이용해 딕셔너리에서 항목을 삭제할 수 있습니다.

| Syntax | **del 키워드**

```
del 딕셔너리[키]
```

딕셔너리의 '키' 항목을 삭제한다.

다음은 del을 이용해서 prices 딕셔너리에서 키가 '라떼'인 항목을 삭제하는 예입니다.

코드 7-4

```
prices = {'아메리카노':2000,'라떼':3000,'녹차':2500}
del prices['라떼']
print(prices)
```

```
{'아메리카노': 2000, '녹차': 2500}
```

딕셔너리의 모든 항목 삭제하기

딕셔너리의 모든 항목을 삭제할 때 clear 함수를 사용합니다.

| Syntax | **clear() 함수**

```
딕셔너리.clear()
```

딕셔너리의 모든 항목을 삭제한다.

다음은 clear 함수를 이용해서 prices 딕셔너리의 모든 항목을 삭제하는 예입니다.

코드 7-5

```
prices = {'아메리카노':2000,'라떼':3000,'녹차':2500}
prices.clear()
print(prices)
```

```
{}
```

LAB 국가 수도 사전

국가 이름을 입력받고 해당 국가의 수도를 알려주는 프로그램을 만들어보겠습니다. 만약 등록되지 않은 국가를 입력하면 등록되지 않았다고 출력합니다.

코드 7-6

```
01 capitals = {'대한민국':'서울','미국':'워싱턴','일본':'도쿄'}
02 nation = input('국가 이름: ')
03 if nation in capitals:
04   print(capitals[nation])
05 else:
06   print(f'{nation}은 등록되지 않았습니다.')
```

```
국가 이름: 미국
워싱턴
```

동작 과정

1 01행에서 capitals 딕셔너리를 생성합니다. 각 항목의 키는 국가 이름이고, 값은 수도입니다.

2 02행에서 입력받은 국가 이름을 nation에 저장합니다. '미국'을 입력받았다고 가정합니다.

3 03행에서 nation이 capitals에 있는지 판단합니다. nation, 즉 '미국'이 capitals에 있으므로 True가 되어 04행을 실행합니다.

4 04행에서 nation이 '미국'이므로 capitals[nation]은 capitals['미국']입니다. 결국 capitals 딕셔너리의 키가 '미국'인 항목의 값인 '워싱턴'을 출력합니다.

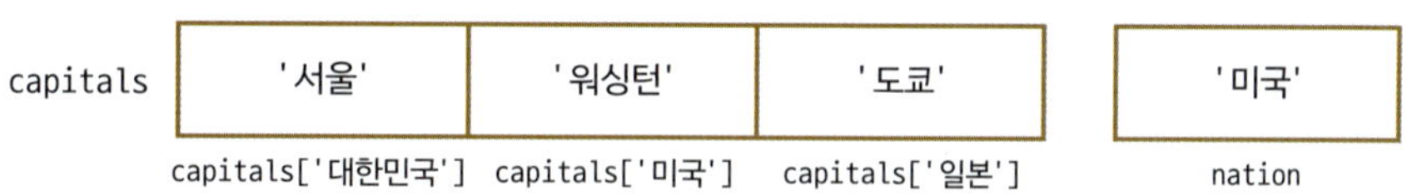

LAB 주문 금액 계산기

다음은 음료 종류와 주문 수를 입력받아 전체 주문 금액을 계산하는 프로그램입니다.

코드 7-7

```
01 prices = {'아메리카노':2000,'라떼':3000,'녹차':2500}
02 sum = 0
03 
04 while True:
05     s = input('음료 종류 또는 종료: ')
06     if s=='종료':
07         break
08     elif s in prices:
09         n = int(input(f'{s} 주문 수: '))
10         sum += prices[s]*n
11     else:
12         print(f'{s}는 없습니다.')
13 
14 print(f'총 금액: {sum}원')
```

```
음료 종류 또는 종료: 아메리카노
아메리카노 주문 수: 2
음료 종류 또는 종료: 라떼
라떼 주문 수: 3
음료 종류 또는 종료: 종료
총 금액: 13000원
```

동작 과정

1 01행에서 prices 딕셔너리를 생성하고 02행에서 총 금액을 저장할 sum 변수를 생성합니다.

2 04~12행에서 음료 종류와 주문수를 입력받아 총 금액을 구하는 동작을 '**종료**'가 입력될 때까지 반복합니다.

3 **첫 번째 반복**의 05행에서 음료 종류를 입력받아 s에 저장합니다. '**아메리카노**'라 가정하겠습니다.

4 06행의 조건식은 거짓이고 08행의 조건식인 s in prices는 참이므로 09~10행을 실행합니다.

5 09행에서 주문 수를 입력받아 n에 저장합니다. 2라 가정하겠습니다.

6 10행에서 prices['아메리카노']인 2000과 2를 곱해 4000만큼 sum을 증가시킵니다.

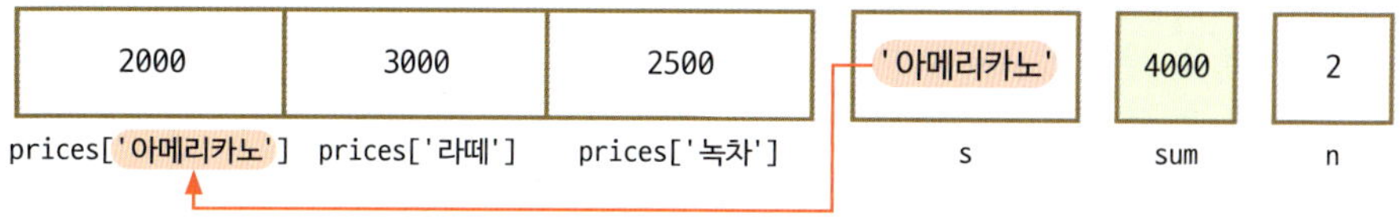

7 **두 번째 반복**의 05행에서 음료 종류인 '**라떼**'를 입력받아 s에 저장합니다. 06행의 조건식은 거짓이고 08행의 조건식은 참이므로 09~10행을 실행합니다.

8 09행에서 주문 수인 3을 입력받아 n에 저장합니다. 그리고 10행에서 prices['라떼']인 3000과 3을 곱해 9000만큼 sum을 증가시킵니다. sum은 13000이 됩니다.

9 **세 번째 반복**의 05행에서 '**종료**'를 입력받아 s에 저장합니다. 06행의 조건식이 참이 되어 while 문을 종료하고, 14행에서 총 금액 13000을 출력합니다.

LAB 혈액형 빈도수

다음은 혈액형을 입력받는 동작을 '**종료**'가 입력될 때까지 반복하여 각 혈액형의 빈도수를 구하는 프로그램입니다.

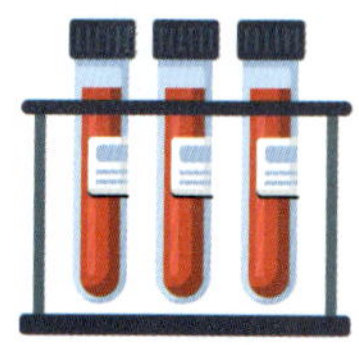

```
blood = {'A':0,'B':0,'O':0,'AB':0}

while True:
  s = input('혈액형(A, B, O, AB) 또는 종료: ')
  if s=='종료':
    print('종료합니다.')
    break
  elif s in blood:
    blood[s] += 1
  else:
    print('잘못 입력했습니다.')

for key, value in blood.items():
  print(key, value)
```

```
혈액형(A, B, O, AB) 또는 종료: B
혈액형(A, B, O, AB) 또는 종료: O
```

```
혈액형(A, B, O, AB) 또는 종료: B
혈액형(A, B, O, AB) 또는 종료: BA
잘못 입력했습니다.
혈액형(A, B, O, AB) 또는 종료: A
혈액형(A, B, O, AB) 또는 종료: 종료
종료합니다.
A 1
B 2
O 1
AB 0
```

동작 과정

1 01행에서 blood 딕셔너리를 생성합니다. 키는 혈액형이고 값은 빈도수입니다. 빈도수의 초깃값은 0입니다.

2 03~11행에서 혈액형을 입력받아 각 혈액형에 대한 빈도수를 구하는 동작을 '**종료**'가 입력될 때까지 반복합니다.

3 **첫 번째 반복**의 04행에서 혈액형으로 'B'를 입력받아 s에 저장합니다

4 05행의 조건식은 False이고 08행의 조건식인 s in blood는 True이므로 09행을 실행합니다.

5 09행에서 blood[s], 즉 blood['B']의 값을 1 증가시킵니다.

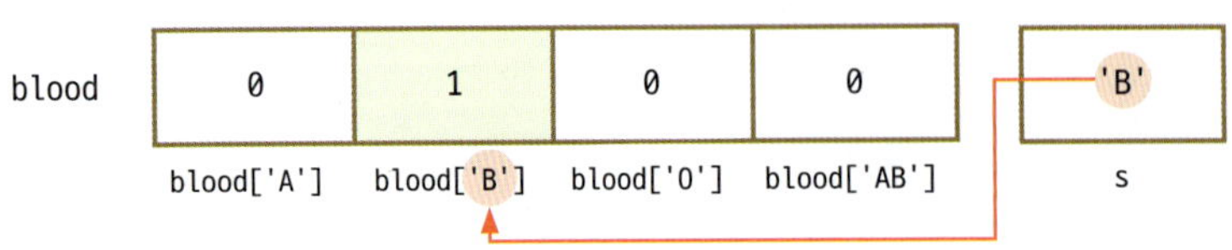

6 **두 번째 반복**의 04행에서 'O'를 입력받아 s에 저장합니다. 06행의 조건식은 False이고 08행의 조건식은 True이므로 09행을 실행합니다. 09행에서 blood[s], 즉 blood['O']의 값을 1 증가시킵니다.

7 **세 번째 반복**의 04행에서 'B'를 입력받아 s에 저장합니다. 08행의 조건식이 참이므로 09행에서 blood[s], 즉 blood['B']의 값을 1 증가시킵니다.

8 **네 번째 반복**의 04행에서 'BA'를 입력받아 s에 저장합니다. 05행의 조건식과 08행의 조건식이 거짓이므로 11행에서 잘못 입력했다는 내용을 출력합니다.

9 이런 동작을 '**종료**'가 입력될 때까지 반복한 후, 13~14행에서 각 혈액형의 빈도수를 출력합니다.

7.4 플러스 예제 프로그래밍 언어 선호도 조사

개업을 앞둔 프로그래밍 학원에서 강좌를 개설하기에 앞서서 프로그래밍 언어별 선호도와 수강생이 이미 배워서 사용 가능한 프로그래밍 언어를 조사하려고 합니다.

1 선호하는 프로그래밍 언어 조사

선호하는 프로그래밍 언어를 입력받는 동작을 '종료'가 입력될 때까지 반복한 후, 각 언어에 대한 선호 빈도수를 구하는 프로그램을 만들어보겠습니다. 먼저 키는 프로그래밍 언어이고 값은 0인 langs 딕셔너리를 생성합니다. 값은 빈도수를 의미합니다.

```
langs = {'Python':0,'C':0,'Java':0,'JavaScript':0}
```

입력받은 언어 이름 s가 langs 딕셔너리의 키라면 langs[s]의 값을 1 증가시킵니다. 만약 s가 'Python'이면 langs['Python']의 값이 1 증가합니다.

```
s = input('선호하는 언어: ')
if s in langs:
  langs[s] += 1
```

■ 전체 프로그램

```
langs = {'Python':0,'C':0,'Java':0,'JavaScript':0}

while True:
  s = input('선호하는 언어(Python,C,Java,JavaScript) 또는 종료: ')
  if s=='종료':
    print('종료합니다.')
    break
  elif s in langs:
    langs[s] += 1
```

```
10     else:
11       print(f'{s}는 등록되지 않은 언어입니다.')
12
13 for key, value in langs.items():
14     print(key, value)
```

01 langs 딕셔너리를 생성합니다.

03~11 선호하는 언어를 입력받아 빈도수를 구하는 동작을 '**종료**'가 입력될 때까지 반복합니다.

04 선호하는 언어 또는 '**종료**'를 입력받아 s에 저장합니다.

05~09 s가 '**종료**'면 while 문을 종료하고, s가 langs 딕셔너리의 키라면 langs[s]의 값을 1 증가시킵니다.

10~11 s가 '**종료**'도 아니고 langs 딕셔너리의 키도 아니면 등록되지 않은 언어라고 출력합니다.

```
선호하는 언어(Python,C,Java,JavaScript) 또는 종료: Python
선호하는 언어(Python,C,Java,JavaScript) 또는 종료: C
선호하는 언어(Python,C,Java,JavaScript) 또는 종료: Python
선호하는 언어(Python,C,Java,JavaScript) 또는 종료: C++
C++는 등록되지 않은 언어입니다.
선호하는 언어(Python,C,Java,JavaScript) 또는 종료: Java
선호하는 언어(Python,C,Java,JavaScript) 또는 종료: 종료
종료합니다.
Python 2
C 1
Java 1
JavaScript 0
```

동작 과정

1. 01행에서 langs 딕셔너리를 생성합니다. 키는 프로그래밍 언어이고 값은 선호하는 언어 빈도수입니다. 빈도수 초깃값은 0입니다.
2. 03~11행에서 선호하는 프로그래밍 언어를 입력받아 각 언어에 대한 빈도수를 구하는 동작을 '**종료**'가 입력될 때까지 반복합니다.
3. **첫 번째 반복**의 04행에서 선호하는 프로그래밍 언어로 'Python'을 입력받아 s에 저장합니다.

4 05행의 조건식은 False이고 08행의 조건식인 s in langs는 True이므로 09행을 실행합니다.

5 09행에서 langs[s], 즉 langs['Python']의 값을 1 증가시킵니다.

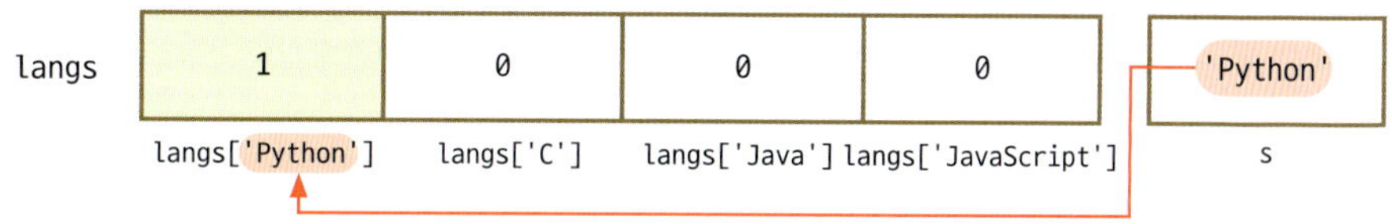

6 **두 번째 반복**의 04행에서 'C'를 입력받아 s에 저장합니다. 06행의 조건식은 False이고 08행의 조건식은 True이므로 09행을 실행합니다. 09행에서 langs[s], 즉 langs['C']의 값을 1 증가시킵니다.

7 **세 번째 반복**의 04행에서 'Python'을 입력받아 s에 저장합니다. 08행의 조건식이 True이므로 09행에서 langs[s], 즉 langs['Python']의 값을 1 증가시킵니다.

8 **네 번째 반복**의 04행에서 'C++'를 입력받아 s에 저장합니다. 05행의 조건식과 08행의 조건식이 False이므로 11행에서 등록되지 않은 언어라는 내용을 출력합니다.

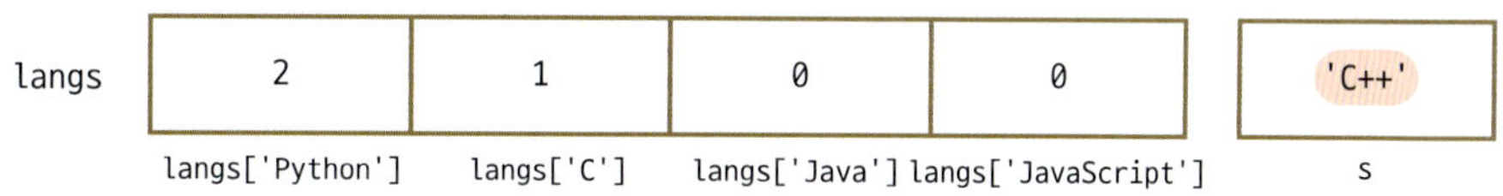

9 이런 동작을 '**종료**'가 입력될 때까지 반복한 후, 13~14행에서 각 프로그래밍 언어에 대한 빈도수를 출력합니다.

2 사용 가능한 프로그래밍 언어 조사

사용자에게 사용 가능한 프로그래밍 언어 이름을 반복적으로 입력받고 빈도수를 구하는 프로그램을 만들어보겠습니다. 수강생 한 사람이 사용 가능한 언어가 여러 개일 수 있으므로 언어 이름 여러 개를 콤마(,)로 연결해서 입력할 수 있도록 하겠습니다. 그리고 앞의 프로그램에서는 4가지 언어만 입력받았는데 이번에는 언어 수를 제한하지 않고 입력받은 모든 언어의 빈도를 구하겠습니다. 입력받은 언어를 저장할 langs라는 이름의 빈 딕셔너리를 생성합니다.

```
langs = {}
```

파이썬과 같은 프로그래밍 언어에서는 영문 대문자와 영문 소문자를 구별하기 때문에 'Python'과 'python'을 전혀 다른 문자열로 인식합니다. 이런 이유로 s를 영문 소문자로 전환하여 입력받은 문자열을 대소문자와 관계없이 같은 문자열로 인식하도록 해야 합니다.

```
s = s.lower()
```

s에는 콤마(,)로 구분된 여러 개의 언어가 있을 수 있습니다. split 함수를 이용해서 콤마(,)를 구분자로 s 문자열을 분리하고 프로그래밍 언어를 하나씩 처리합니다.

```
for a in s.split(','):
  # a 언어 처리
```

a 언어가 langs 딕셔너리의 키라면 langs[a] 값을 1 증가시키고, a가 langs에 없으면 키 a와 값 1을 langs에 추가합니다.

```
if a in langs:
  langs[a] += 1
else:
  langs[a] = 1
```

■ 전체 프로그램

```
langs = {}

while True:
  s = input('사용 가능한 언어(,로 구분) 또는 종료: ')
  s = s.lower()
  if s=='종료':
    print('종료합니다.')
    break
  for a in s.split(','):
    if a in langs:
      langs[a] += 1
    else:
      langs[a] = 1

for key, value in langs.items():
  print(key, value)
```

03~13 사용 가능한 언어를 입력받아 빈도수를 구하는 동작을 '**종료**'가 입력될 때까지 반복합니다.

04 사용 가능한 언어 또는 '**종료**'를 입력받아 s에 저장합니다. 만약 사용 가능한 언어가 여러 개라면 콤마(,)로 구분하여 여러 개를 입력할 수 있습니다.

05 s 문자열을 영문 소문자로 변환합니다.

06~08 s가 '**종료**'면 while 문을 종료합니다.

10~11 a 언어가 langs 딕셔너리의 키라면 langs[a]의 값을 1 증가시킵니다.

12~13 a 언어가 langs 딕셔너리에 없으면 키 a와 값 1을 langs에 추가합니다. 그러면 새로운 프로그래밍 언어인 s가 langs에 추가됩니다.

```
사용 가능한 언어(,로 구분) 또는 종료: Python,C
사용 가능한 언어(,로 구분) 또는 종료: python,java,C
사용 가능한 언어(,로 구분) 또는 종료: c
사용 가능한 언어(,로 구분) 또는 종료: 종료
종료합니다.
python 2
c 3
java 1
```

동작 과정

1 01행에서 langs라는 빈 딕셔너리를 생성합니다.

2 03~13 행에서 사용 가능한 프로그래밍 언어를 입력받아 각 언어에 대한 빈도수를 구하는 동작을 '**종료**'가 입력될 때까지 반복합니다.

3 while 문 **첫 번째 반복**의 04행에서 사용 가능한 언어로 'Python,C'를 입력받아 s에 저장합니다.

4 05행에서 s를 영문 소문자로 변환합니다.

5 06행의 조건식이 거짓이므로 09~13행을 실행합니다. 09행의 s.split(',')는 ['python', 'c']가 되는데 for 문은 리스트 항목 수만큼 반복하므로 2번 반복합니다.

6 for 문의 **첫 번째 반복**에서 a는 'python'이 되는데, a가 langs 딕셔너리에 없으므로 13행을 실행합니다. 13행에서 키가 'python'이고 값이 1인 항목을 langs에 추가합니다. 이것은 'python'이 한 번 입력되었음을 의미합니다.

7 for 문의 **두 번째 반복**에서 a는 'c'가 되는데, a가 langs 딕셔너리에 없으므로 13행을 실행하여 키가 'c'이고 값이 1인 항목을 langs에 추가합니다.

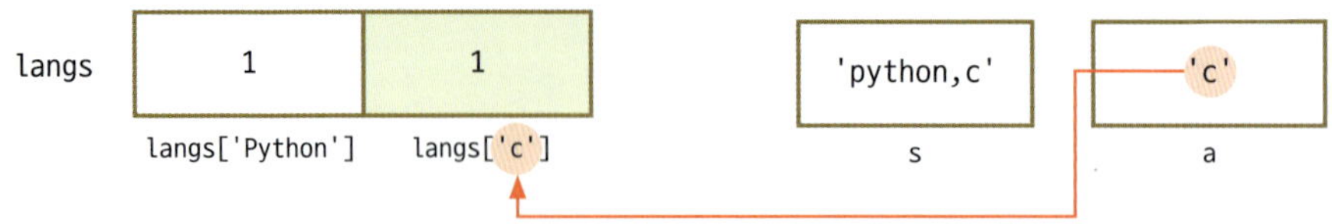

8 while 문 **두 번째 반복**의 04행에서 사용 가능한 언어로 'python,java,C'를 입력받아 s에 저장합니다.

9 05행에서 s를 영문 소문자로 변환합니다. 06행의 조건식이 거짓이므로 09~13행을 실행합니다. 09행의 s.split(',')은 ['python', 'java', 'c']를 반환합니다. for 문은 리스트 항목 수와 같이 3번 반복합니다.

10 for 문의 **첫 번째 반복**에서 a는 'python'이 되는데, a가 langs 딕셔너리에 있으므로 11행을 실행합니다. 11행에서 langs[a], 즉 langs['python']의 값을 1 증가시킵니다.

11 for 문의 **두 번째 반복**에서 a는 'java'가 되는데, a가 langs 딕셔너리에 없으므로 13행을 실행하여 키가 'java'이고 값이 1인 항목을 langs에 추가합니다.

12 for 문의 **세 번째 반복**에서는 'c'의 빈도수를 1 증가시킵니다. 이런 동작을 04행에서 '종료'가 입력될 때까지 때까지 반복한 후, 15~16행에서 각 프로그래밍 언어의 빈도수를 출력합니다.

쌍둥이 문제

사용 가능한 프로그래밍 언어의 빈도수를 구하는 프로그램에 초기화 기능을 추가하세요. 사용자가 '초기화'를 입력하면 프로그래밍 언어의 이름과 빈도수가 모두 초기화됩니다.

[실행 예]

```
사용 가능한 언어(,로 구분), 초기화, 종료: Python,C
사용 가능한 언어(,로 구분), 초기화, 종료: python,java,C
사용 가능한 언어(,로 구분), 초기화, 종료: 초기화
사용 가능한 언어(,로 구분), 초기화, 종료: Python
사용 가능한 언어(,로 구분), 초기화, 종료: 종료
종료합니다.
python 1
```

도전 문제

좋아하는 메뉴를 입력받아 각 메뉴의 빈도수를 구하는 프로그램을 작성하세요.

[실행 예]

```
좋아하는 메뉴(,로 구분) 또는 종료: 해장국,순두부찌개
좋아하는 메뉴(,로 구분) 또는 종료: 짜장면,해장국
좋아하는 메뉴(,로 구분) 또는 종료: 콩국수,짜장면
좋아하는 메뉴(,로 구분) 또는 종료: 종료
종료합니다.
해장국 2
순두부찌개 1
짜장면 2
콩국수 1
```

7.5 플러스 예제 영어 단어 퀴즈

교내 영어 단어 퀴즈 대회를 앞두고 있습니다. 영어 단어를 등록하고 연습하는 프로그램을 만들어보겠습니다.

1 동물 이름 퀴즈

한국어로 된 동물 이름을 보고 영어 단어로 답하는 간단한 퀴즈 프로그램을 만들어보겠습니다. 키는 한국어 동물 이름이고 값은 영어 단어인 words 딕셔너리를 생성합니다.

```
words = {'사자':'lion','호랑이':'tiger','토끼':'rabbit'}
```

퀴즈에서 모든 단어를 묻도록 for 문을 이용해서 words 딕셔너리의 항목 수만큼 반복합니다. 반복할 때마다 items 함수가 딕셔너리 각 항목의 키와 값을 반환하여 key에는 키인 한국어 동물 이름이 저장되고, value에는 값인 영어 단어가 저장됩니다.

```
for key, value in words.items():
  # 동물 이름 퀴즈
```

한국어 동물 이름을 제시하고 해당하는 영어 단어가 무엇인지 사용자에게 답변을 받습니다.

```
ans = input(key+' 영어 이름은? ')
```

사용자 입력이 정답인지 판별합니다. 한국어 동물 이름이 key일 때 정답은 value입니다.

```
if ans == value:
  print('맞았습니다.')
else:
  print('틀렸습니다.')
```

■ 전체 프로그램

```
01 words = {'사자':'lion','호랑이':'tiger','토끼':'rabbit'}
02
03 for key, value in words.items():
04   ans = input(key+' 영어 이름은? ')
05   if ans == value:
06     print('맞았습니다.')
07   else:
08     print('틀렸습니다.')
```

01 키는 한국어 동물 이름이고 값은 영어 동물 이름인 words 딕셔너리를 생성합니다.

03~08 words 딕셔너리의 항목 수만큼 반복하며 모든 단어에 대한 퀴즈를 진행합니다.

```
사자 영어 이름은? lion
맞았습니다.
호랑이 영어 이름은? tiger
맞았습니다.
토끼 영어 이름은? rabbt
틀렸습니다.
```

동작 과정

1 01행에서 키는 동물의 한글 이름이고 값은 동물의 영어 이름인 words 딕셔너리를 생성합니다.

2 03~08행에서 words 딕셔너리의 항목 수만큼 반복하며 모든 단어로 퀴즈를 진행합니다. 첫 번째 반복에서는 03행에서 key에 '사자'가, value에는 'lion'이 저장됩니다.

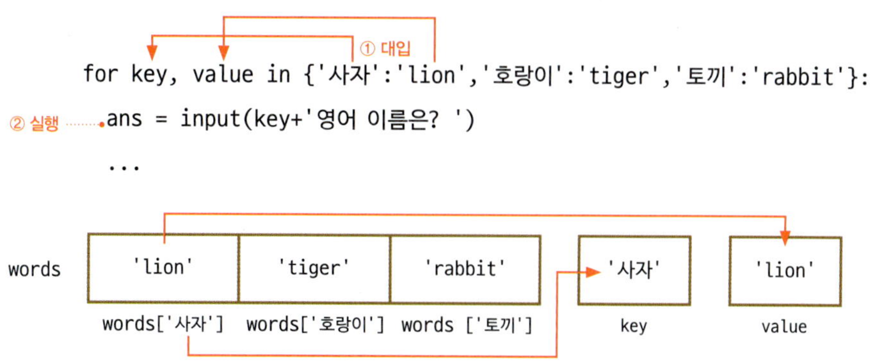

3 04행에서 key, 즉 '**사자**'의 영어 이름 질문에 대한 답변을 받아 ans에 저장합니다. 'lion'을 입력받았다고 가정하겠습니다.

4 05행에서 ans인 'lion'과 value인 'lion'이 같으므로 '**맞았습니다.**'를 출력합니다.

5 이런 동작을 words 딕셔너리의 모든 항목에 대해 반복합니다.

2 영어 단어 퀴즈

사용자가 직접 단어를 등록하는 기능을 추가하겠습니다. 영어 단어를 등록할 때 구글 번역기 라이브러리인 googletrans를 활용하고자 합니다. 먼저 구글 번역기 라이브러리인 googletrans를 설치합니다.

```
!pip install googletrans==4.0.0-rc1
```

설치가 완료되면 googletrans 라이브러리를 불러오고 googletrans의 Translator 함수를 호출해 그 결과를 translator에 저장해 둡니다.

```
import googletrans
translator = googletrans.Translator()
```

단어를 등록할 빈 딕셔너리를 만듭니다.

```
words = {}
```

등록할 단어를 입력받아 s에 저장하고, 키가 s이고 값은 영어 단어인 항목을 words 딕셔너리에 등록합니다. 한국어 s에 해당하는 영어 단어는 translate 함수를 이용해서 구합니다.

```
s = input('등록할 단어: ')
words[s] = translator.translate(s, dest='en').text
```

translate(s, dest='en')에서 s는 번역할 내용이고, 'en'은 번역 결과 언어인 영어를 의미합니다. translate 함수에 대한 자세한 설명은 '4장 반복 구조'를 참고하기 바랍니다.

번역할 내용 번역 결과 언어

```
translate( s, dest='en' )
```

그림 7-8 tranlate 함수의 매개변수

전체 구조는 다음과 같은데, 종료인 3을 입력할 때까지 단어를 등록하고 퀴즈 푸는 동작을 반복합니다. 단어 등록하는 부분과 단어 퀴즈 푸는 부분은 함수를 이용하면 됩니다.

```
while True:
  sel = int(input('1.등록 2.퀴즈 3.종료: '))
  if sel==3:
    # 종료
  elif sel==1:
    # 단어 등록
  elif sel==2:
    # 단어 퀴즈
  else:
    # 입력 오류 메시지 출력
```

■ 전체 프로그램

```
!pip install googletrans==4.0.0-rc1
import googletrans
translator = googletrans.Translator()

words = {}

def registration():
  s = input('등록할 단어: ')
  if s in words:
    print('등록된 단어입니다.')
  else:
    words[s] = translator.translate(s, dest='en').text

def quiz():
  for key, value in words.items():
```

```
16         ans = input(key+' 영어 이름은? ')
17         if ans == value:
18             print('맞았습니다.')
19         else:
20             print('틀렸습니다.')
21 
22 while True:
23     sel = int(input('1.등록 2.퀴즈 3.종료: '))
24     if sel==3:
25         print('종료합니다.')
26         break
27     elif sel==1:
28         registration()
29     elif sel==2:
30         quiz()
31     else:
32         print('잘못 입력했습니다.')
```

07~12 키는 한국어 단어이고 값은 영어 단어인 항목을 words 딕셔너리에 등록하는 registration 함수를 정의합니다.

09~12 s가 words에 등록된 단어라면 이미 등록된 단어라고 출력합니다. 그렇지 않으면 키가 s이고 값이 영어 단어인 항목을 words 딕셔너리에 등록합니다.

14~20 words 딕셔너리의 항목 수만큼 반복하며 모든 단어 퀴즈를 진행하는 quiz 함수를 정의합니다.

22~32 단어를 등록하고 퀴즈 푸는 동작을 종료인 3이 입력될 때까지 반복합니다.

```
1.등록 2.퀴즈 3.종료: 1
등록할 단어: 사자
1.등록 2.퀴즈 3.종료: 1
등록할 단어: 호랑이
1.등록 2.퀴즈 3.종료: 2
사자 영어 이름은? lion
맞았습니다.
호랑이 영어 이름은? tgr
틀렸습니다.
1.등록 2.퀴즈 3.종료: 3
종료합니다.
```

동작 과정

1 05행에서 words라는 빈 딕셔너리를 생성합니다.

2 22~32행에서 단어를 등록하고 퀴즈 푸는 동작을 반복합니다. 종료를 의미하는 숫자 3이 입력될 때까지 계속합니다.

3 while 문 **첫 번째 반복**의 23행에서 등록인 1을 입력받아 sel에 저장합니다. 27행의 조건식이 참이 되어 28행에서 registraion 함수를 호출합니다.

4 08행에서 등록할 단어인 '사자'를 입력받아 s에 저장합니다.

5 키는 s인 '사자'이고 값은 영어 단어 'lion'인 항목을 words 딕셔너리에 등록합니다. '사자'에 해당하는 영어 단어는 translate 함수를 이용해서 얻습니다.

6 while 문 **두 번째 반복**의 23행에서 1을 입력받아 registration 함수에서 키가 '호랑이'이고 값이 'tiger'인 항목을 words 딕셔너리에 등록합니다.

7 while 문 **세 번째 반복**의 23행에서 2를 입력받아 30행에서 quiz 함수를 호출합니다.

8 14~20행의 quiz 함수에서 words 딕셔너리에 저장된 모든 단어에 대한 퀴즈를 진행합니다. 퀴즈를 푸는 동작은 앞 절인 '**1** 동물 영어 이름 퀴즈'와 동일하므로 설명은 생략합니다.

9 23행에서 종료를 의미하는 3이 입력될 때까지 동작을 반복합니다.

쌍둥이 문제

영어 단어 퀴즈 프로그램에 초기화 기능을 추가하세요.

```
1.등록 2.퀴즈 3.초기화 4.종료: 1
등록할 단어: 사자
1.등록 2.퀴즈 3.초기화 4.종료: 1
등록할 단어: 호랑이
1.등록 2.퀴즈 3.초기화 4.종료: 2
사자 영어 이름은? lion
맞았습니다.
호랑이 영어 이름은? tgr
틀렸습니다.
1.등록 2.퀴즈 3.초기화 4.종료: 3
1.등록 2.퀴즈 3.초기화 4.종료: 1
등록할 단어: 개
```

```
1.등록 2.퀴즈 3.초기화 4.종료: 2
개 영어 이름은? dog
맞았습니다.
1.등록 2.퀴즈 3.초기화 4.종료: 4
종료합니다.
```

도전 문제

영어 단어로 동물 이름을 제시하면 사용자가 한국어로 맞히는 퀴즈 프로그램을 작성하세요.

```
1.등록 2.퀴즈 3.종료: 1
등록할 영단어: lion
1.등록 2.퀴즈 3.종료: 1
등록할 영단어: tiger
1.등록 2.퀴즈 3.종료: 2
lion 한글 이름은? 사자
맞았습니다.
tiger 한글 이름은? 고양이
틀렸습니다.
1.등록 2.퀴즈 3.종료: 3
종료합니다.
```

힌트 translate 함수에서 한글 코드는 'ko'입니다.

요약

01 딕셔너리는 키와 값의 쌍으로 이루어진 하나 이상의 데이터를 저장하는 자료형으로 다음과 같이 생성합니다.

```
딕셔너리이름 = {키1:값1, 키2:값2, …}
```

02 인덱스를 사용해서 항목에 접근하는 리스트와 달리 딕셔너리는 키를 사용해서 값에 접근합니다.

딕셔너리 이름	값1	값2	값3
	딕셔너리 이름[키1]	딕셔너리 이름[키2]	딕셔너리 이름[키3]

03 딕셔너리에 항목을 추가하는 방법은 다음과 같습니다. 만약 딕셔너리에 이미 존재하고 있는 키가 있다면 해당 키의 값이 변경됩니다.

```
딕셔너리[키] = 값
```

04 딕셔너리와 관련된 함수는 다음과 같습니다.

함수	설명	예시	예시 결과

items()	딕셔너리 항목의 키와 값을 동시에 반환한다.	`dic = {'k1':'v1','k2':'v2','k3':'v3'}`
		`for key, value in dic.items():`
		`  print(key, value)`
			k1 v1
			k2 v2
			k3 v3

keys()	딕셔너리 항목의 키를 반환한다.	`dic = {'k1':'v1','k2':'v2','k3':'v3'}`
		`for a in dic.keys():`
		`  print(a)`
			k1
			k2
			k3

values()	딕셔너리 항목의 값을 반환한다.	`dic = {'k1':'v1','k2':'v2','k3':'v3'}`
		`for a in dic.values():`
		`  print(a)`
			v1
			v2
			v3

pop()	딕셔너리에서 지정한 항목을 삭제한다. del을 이용해도 항목을 삭제할 수 있다.	`dic = {'k1':'v1','k2':'v2','k3':'v3'}`
		`print(dic.pop('k2'))`
		`print(dic)`
			v2
			{'k1': 'v1', 'k3': 'v3'}

clear()	딕셔너리의 모든 항목을 삭제한다.	`dic = {'k1':'v1','k2':'v2','k3':'v3'}`
		`dic.clear()`
		`print(dic)`
			{}

연습문제

01 다음 코드의 실행 결과를 예측하시오.

(1)

```
dic = {'대한민국':'서울','미국':'워싱턴','일본':'도쿄','영국':'런던'}
print(dic['대한민국'])
```

(2)

```
dic = {'대한민국':'서울','미국':'워싱턴','일본':'도쿄','영국':'런던'}
for key in dic:
  print(key, end=' ')
```

(3)

```
dic = {'대한민국':'서울','미국':'워싱턴','일본':'도쿄','영국':'런던'}
for key in dic:
  print(dic[key], end=' ')
```

(4)

```
dic = {'대한민국':'서울','미국':'워싱턴','일본':'도쿄','영국':'런던'}
for key, value in dic.items():
  print(key, value)
```

(5)

```
dic = {'대한민국':'서울','미국':'워싱턴','일본':'도쿄','영국':'런던'}
for key in dic.keys():
  print(key, end=' ')
```

(6)

```
dic = {'대한민국':'서울','미국':'워싱턴','일본':'도쿄','영국':'런던'}
for value in dic.values():
  print(value, end=' ')
```

(7)

```
dic = {'대한민국':'서울','미국':'워싱턴','일본':'도쿄','영국':'런던'}
a = dic.pop('일본')
print(a)
print(dic)
```

(8)

```
dic = {'대한민국':'서울','미국':'워싱턴','일본':'도쿄','영국':'런던'}
del dic['영국']
print(dic)
```

(9)

```
prices = {'아메리카노':2000,'라떼':3000,'녹차':2500}
print(prices['라떼'])

prices['아메리카노'] = 2500
print(prices['아메리카노'])
print(prices.pop('라떼'))

for key in prices:
  print(key, prices[key])

prices['라떼'] = 3500

for key, value in prices.items():
  print(key, value)
```

02 다음 코드를 실행하면 오류가 발생합니다. 원인을 설명하고 수정하시오.

(1)

```
dic = ['대한민국':'서울','미국':'워싱턴','일본':'도쿄','영국':'런던']
print(dic)
```

(2)

```
dic = {'대한민국':'서울','미국':'워싱턴','일본':'도쿄','영국':'런던'}
print(dic{'미국'})
```

(3)

```
dic = {}
dic{'대한민국'} = '서울'
print(dic)
```

(4)

```
dic = {'대한민국':'서울','미국':'워싱턴','일본':'도쿄','영국':'런던'}
for i in range(len(dic)):
  print(dic[i], end=' ')
```

(5)

```
dic = {'대한민국':'서울','미국':'워싱턴','일본':'도쿄','영국':'런던'}
for key, value in dic.items():
  print(dic[value], end=' ')
```

03 **다음은 입력받은 음식의 열량(칼로리)을 구하는 동작을 '종료'가 입력될 때까지 반복하는 프로그램입니다. 빈칸을 채워 코드를 완성하시오.**

```
menus = {'비빔밥':640,'해장국':300,'돈까스':570,'짜장면':790,'우유':100,'커피':50}
total = 0

while True:
  select = input('메뉴(비빔밥,해장국,돈까스,짜장면,우유,커피) 또는 종료: ')
  if select == '종료':
    break
  elif [          ] :
    total += [          ]
  else:
    print('잘못된 입력입니다.')

print('총 열량은', total, '칼로리입니다.')
```

[실행 예]

```
메뉴(비빔밥,해장국,돈까스,짜장면,우유,커피) 또는 종료): 해장국
메뉴(비빔밥,해장국,돈까스,짜장면,우유,커피) 또는 종료): 커피
메뉴(비빔밥,해장국,돈까스,짜장면,우유,커피) 또는 종료): 종료
총 칼로리는 350 입니다.
```

HINT select 음식의 열량은 menus[select]입니다.

04 다른 행성에서의 몸무게는 다음과 같이 계산합니다. 단, 행성 중력은 지구 중력을 1로 한 상대 중력입니다.

지구에서의 몸무게 × 행성 중력

다음은 지구에서의 몸무게를 입력받아 다른 행성에서의 몸무게를 구하는 프로그램입니다. 빈칸을 채워 코드를 완성하시오. 코드에서 gravity 딕셔너리의 키는 행성 이름이고 값은 행성 중력입니다.

```
gravity = {'수성':0.378,'금성':0.907,'화성':0.377,'목성':2.528,
           '토성':1.064,'천왕성':0.889,'해왕성':1.125,'명왕성':0.067}
weight = int(input('지구 몸무게: '))

for key, value in [          ] :
  print(key, ':', value*weight)
```

[실행 예]

```
지구 몸무게: 100
수성 : 37.8
금성 : 90.7
화성 : 37.7
목성 : 252.8
토성 : 106.4
천왕성 : 88.9
해왕성 : 112.5
명왕성 : 6.7
```

HINT 딕셔너리 항목의 키와 값을 동시에 반환하는 함수는 items 함수입니다.

05 다음은 영어로 문자열을 입력하면 모스 부호로 번역하는 프로그램입니다. 빈칸을 채워 코드를 완성하시오.

```
morse = {'A':'.-','B':'-...','C':'-.-.','D':'-..','E':'.',
         'F':'..-.','G':'--.','H':'....','I':'..','J':'.---',
         'K':'-.-','L':'.-..','M':'--','N':'-.','O':'---',
         'P':'.--.','Q':'--.-','R':'.-.','S':'...','T':'-',
         'U':'..-','V':'...-','W':'.--','X':'-..-','Y':'-.--',
         'Z':'--..'}

s = input('영문자열: ')

for ch in s:
  if ch in morse:
    print(          , end=' ')
```

[실행 예]

```
영문자열: SOS
... --- ...
```

HINT ch 문자를 모스 부호로 변환하면 morse[ch]입니다.

06 다음은 선호하는 제주 관광지를 입력받는 동작을 '종료'가 입력될 때까지 반복하여 각 관광지의 빈도수를 구하는 프로그램입니다. 빈칸을 채워 코드를 완성하시오.

```
tour = {'한라산':0,'성산일출봉':0,'만장굴':0,'협재해수욕장':0}

while True:
  s = input('선호하는 제주 관광지 또는 종료: ')
  if s=='종료':
    print('종료합니다.')
    break
  elif s in tour:
    [          ]
  else:
    print(f'{s}은 등록되지 않은 관광지입니다.')

for key, value in tour.items():
  print(key, value)
```

[실행 예]

```
선호하는 제주 관광지 또는 종료: 한라산
선호하는 제주 관광지 또는 종료: 만장굴
선호하는 제주 관광지 또는 종료: 협재해수욕장
선호하는 제주 관광지 또는 종료: 한라산
선호하는 제주 관광지 또는 종료: 김녕해수욕장
김녕해수욕장은 등록되지 않은 관광지입니다.
선호하는 제주 관광지 또는 종료: 종료
종료합니다.
한라산 2
성산일출봉 0
만장굴 1
협재해수욕장 1
```

HINT s 관광지의 빈도수는 tour[s]입니다.

프로그래밍 문제

01 다음의 상식 퀴즈 프로그램을 딕셔너리를 활용한 프로그램으로 수정하시오.

```
problems = ['우리나라 국보 1호는?','우리나라 보물 1호는?','우리나라에서 가장 높은 산은?',
            '우리나라에서 가장 긴 강은?','세계에서 가장 높은 산은?','세계에서 가장 긴 강은?']
answers= ['숭례문','흥인지문','한라산','낙동강','에베레스트','아마존강']

for i in range(len(problems)):
  ans = input(problems[i])
  if ans == answers[i]:
    print('맞았습니다.')
  else:
    print('틀렸습니다.')
```

```
우리나라 국보 1호는?숭례문
맞았습니다.
우리나라 보물 1호는?흥지문
틀렸습니다.

… 중략 …

세계에서 가장 긴 강은?아마존강
맞았습니다.
```

HINT 키가 문제이고 값이 정답인 딕셔너리를 이용합니다.

02 십이지신은 땅을 지키는 열두 마리의 동물을 말하며 동물의 이름은 다음과 같습니다.

한자	한글	한자	한글	한자	한글
자	쥐	진	용	신	원숭이
축	소	사	뱀	유	닭
인	호랑이	오	말	술	개
묘	토끼	미	양	해	돼지

한자 이름을 키로 하고 각 한자 이름에 대한 한글 이름을 값으로 하는 딕셔너리를 이용해서 한자 동물 이름을 입력하면 한글 동물 이름을 출력하는 프로그램을 작성하시오. 단, '종료'가 입력될 때까지 반복해서 동작합니다.

```
한자 동물 이름 또는 종료: 사
뱀
한자 동물 이름 또는 종료: 종료
```

HINT 키가 한자 이름이고 값이 한글 이름인 딕셔너리를 이용합니다.

03 좋아하는 친구를 반복적으로 입력받아 각 학생의 빈도수를 구하는 프로그램을 작성하시오. 친구 여러 명을 콤마(,)로 구분하여 입력할 수 있습니다.

```
좋아하는 친구(,로 구분) 또는 종료: 철수,영희
좋아하는 친구(,로 구분) 또는 종료: 영희,길동,순이
좋아하는 친구(,로 구분) 또는 종료: 순이
좋아하는 친구(,로 구분) 또는 종료: 종료
종료합니다.
철수 1
영희 2
길동 1
순이 2
```

HINT 309쪽 '플러스 예제: 프로그래밍 언어 선호도 조사'를 참고하세요.

04 딕셔너리를 활용한 타 교과 융합 프로그램을 작성하시오.

프로그램 이름	
학교급 및 관련 교과	*(예시) 대학교 일반물리학*
프로그램 설명	
프로그램 소스	

CHAPTER 08

데이터 시각화

학습목표

- 다양한 종류의 그래프를 그리는 프로그램을 작성할 수 있습니다.
- 이미지를 출력하는 프로그램을 작성할 수 있습니다.

Preview

데이터 시각화란 데이터를 쉽게 이해할 수 있도록 시각적으로 표현하고 전달하는 작업을 말합니다. 이번 장에서는 데이터를 선 그래프, 막대 그래프, 산점도, 히스토그램으로 시각화하는 방법과 이미지 데이터를 출력하는 방법을 알아봅니다. 마지막으로 인기 강좌의 빈도수 그래프를 그리는 프로그램을 작성해 봅니다.

8.1 그래프 그리기

1 그래프와 맷플롯립

그래프를 사용하면 수치 데이터를 비교하거나 시간에 따른 변화를 확인할 때 유용합니다. 이러한 이유로 데이터 집합을 시각적으로 표현하는 **데이터 시각화**Data Visualization와 데이터 집합을 분석하는 **데이터 분석**Data Analysis에 그래프가 중요하게 사용됩니다.

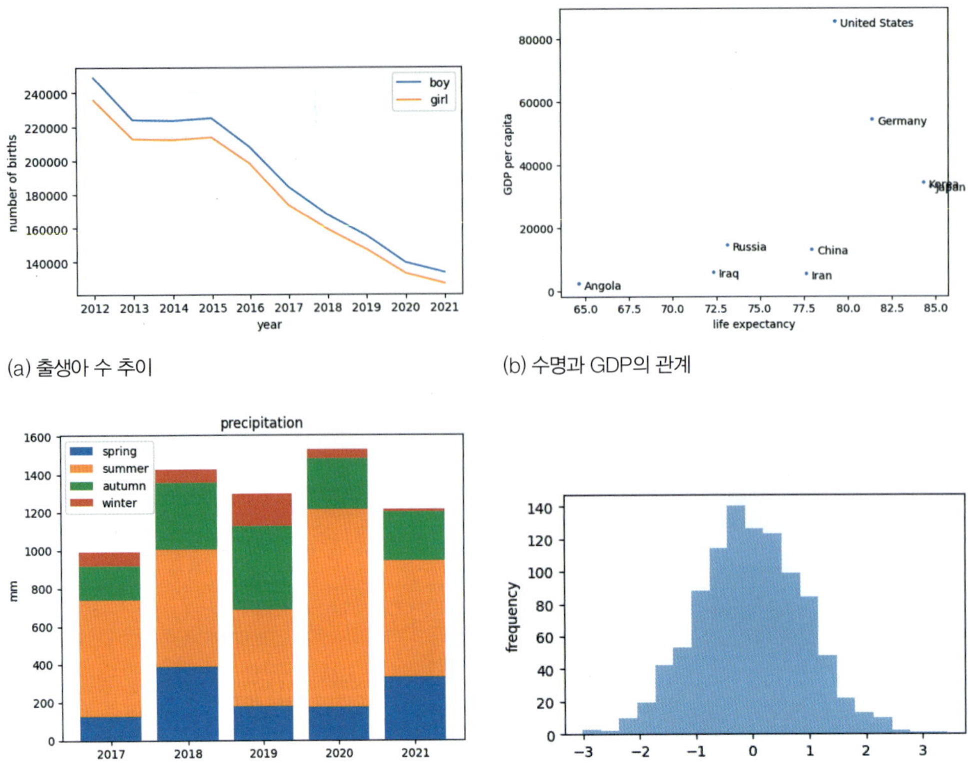

(a) 출생아 수 추이

(b) 수명과 GDP의 관계

(c) 연도별 강수량

(d) 정규분포 히스토그램

그림 8-1 그래프를 이용한 데이터 시각화

파이썬에서 그래프를 그릴 때 가장 많이 사용하는 라이브러리는 **맷플롯립**Matplotlib입니다. 구글 코랩에는 맷플롯립이 기본으로 설치되어 있기 때문에 별도로 설치하지 않아도 됩니다. 맷플롯립 공식 웹 사이트(https://matplotlib.org)에서 예제, 사용자 가이드 등 유용한 자료를 제공하므로 방문해서 도움을 얻기 바랍니다.

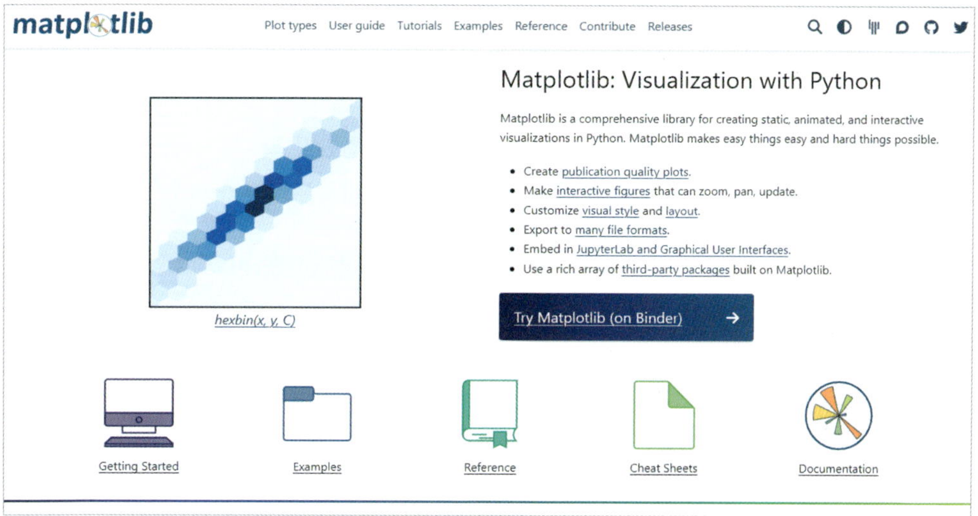

그림 8-2 맷플롯립 홈페이지에 있는 예제들

2 선 그래프 그리기

맷플롯립을 이용해서 다양한 시각화 프로그래밍이 가능합니다. 선 그래프는 시간에 따른 추세나 흐름을 나타낼 때 주로 사용하는 그래프입니다. 맷플롯립 라이브러리의 pyplot 모듈에 포함된 **plot 함수**로 선 그래프를 그릴 수 있습니다.

간단한 선 그래프 그리기

plot 함수의 사용 형식은 다음과 같습니다. x축의 값이 x이고 y축의 값이 y인 선 그래프를 그리는데, x를 생략하면 x축의 값은 0부터 1씩 증가하는 리스트가 됩니다. 옵션을 이용해서 선의 색상, 모양 등을 설정할 수 있습니다.

| Syntax | plot() 함수

```
import matplotlib.pyplot as plt
plt.plot([x], y, [옵션])
```

x축의 값이 'x'이고 y축의 값이 'y'인 선 그래프를 그린다.

TIP 모듈은 파이썬 코드의 집합으로 일반적으로 하나의 기능을 제공합니다. 반면 라이브러리는 하나 이상의 모듈을 포함하는 단위로 모듈보다 규모가 크다고 생각하면 됩니다. 그러나 모듈과 라이브러리를 구분하지 않고 사용하기도 합니다.

plot 함수를 사용하려면 맷플롯립 라이브러리의 pyplot 모듈을 불러와야 합니다.

```
import matplotlib.pyplot
```

그런데 모듈(라이브러리) 이름이 길면 사용하기 불편하므로 일반적으로 **as 키워드**를 이용해 줄여서 사용합니다. matplotlib.pyplot 모듈은 주로 plt라는 별칭을 사용합니다.

예시로 2014년부터 2022년까지 우리나라의 연도별 1인당 국내총생산(GDP)을 선 그래프로 그려보겠습니다. 시간에 따른 추세를 시각적으로 확인하는 것이므로 선 그래프로 나타내는 것이 바람직합니다. 국내총생산의 단위는 만 원입니다.

표 8-1 대한민국 1인당 국내총생산(GDP) © 국가통계포털 단위: 만원

연도	2014	2015	2016	2017	2018	2019	2020	2021	2022
1인당 국내총생산	3079.9	3250.1	3398.8	3574	3678.2	3721.8	3744	4003.6	4165.5

맷플롯립의 pyplot 모듈을 불러옵니다. 모듈 이름이 길어서 plt라는 별칭을 사용합니다.

```
import matplotlib.pyplot as plt
```

연도를 year 리스트에, 1인당 국내총생산을 gdp 리스트에 저장합니다. year와 gdp 리스트의 항목 수가 같아야 하며, 연도와 연도별 국내총생산의 순서가 같아야 합니다.

```
year = [2014,2015,2016,2017,2018,2019,2020,2021,2022]
gdp = [3079.9,3250.1,3398.8,3574,3678.2,3721.8,3744,4003.6,4165.5]
```

plot 함수를 이용해서 선 그래프를 그립니다. 첫 번째 매개변수인 year는 x 좌표 값이 되고, 두 번째 매개변수인 gdp는 y 좌표 값이 됩니다. (2014, 3079.9), (2015, 3250.1), (2016, 3398.8), ... 등의 좌표를 선으로 연결합니다.

```
plt.plot(year, gdp)
```

plot 함수로 그린 그래프를 화면에 출력하려면 show 함수를 실행해야 합니다. show 함수의 사용 형식은 다음과 같습니다.

| Syntax | **show() 함수**

```
import matplotlib.pyplot as plt
plt.show()
```

그래프를 출력한다.

전체 코드와 실행결과는 [코드 8-1]과 같습니다.

코드 8-1

```
01 import matplotlib.pyplot as plt
02
03 year = [2014,2015,2016,2017,2018,2019,2020,2021,2022]
04 gdp = [3079.9,3250.1,3398.8,3574,3678.2,3721.8,3744,4003.6,4165.5]
05
06 plt.plot(year, gdp)
07 plt.show()
```

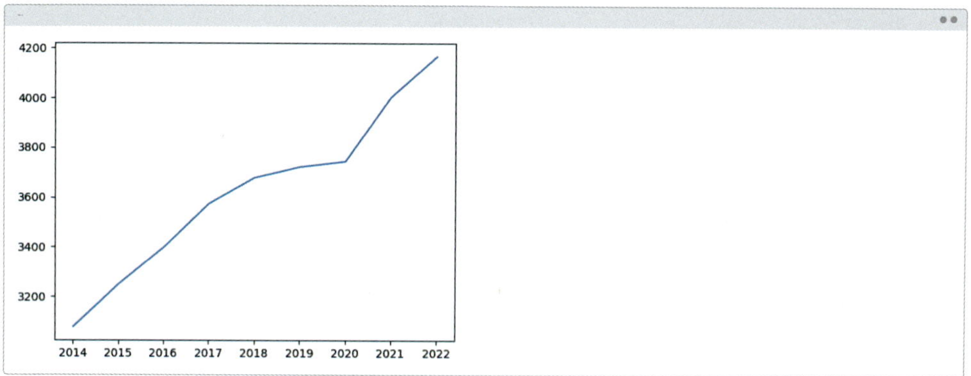

01 matplotlib 라이브러리의 pyplot 모듈을 plt라는 별칭으로 불러옵니다.

03~04 year와 gdp 리스트를 생성합니다.

06 plot 함수를 이용해서 x축은 year이고 y축은 gdp인 선 그래프를 그립니다.

07 그래프를 출력합니다.

3 선 그래프 꾸미기

그래프에 다양한 항목을 추가하여 데이터를 효과적으로 표현할 수 있습니다. 자주 사용하는 내용을 중심으로 살펴보겠습니다.

그래프 크기 변경과 제목 표시

기본 그래프 크기는 가로 6.4인치, 세로 4.8인치인데 **figure** 함수의 **figsize** 매개변수를 이용해서 그래프 크기를 변경할 수 있습니다.

| Syntax | **figure(figsize=()) 함수**

```
import matplotlib.pyplot as plt
plt.figure(figsize=(가로, 세로))
```

그래프의 크기를 설정한다.

title 함수를 이용해서 그래프와 함께 표시할 제목을 설정할 수 있습니다.

| Syntax | **title() 함수**

```
import matplotlib.pyplot as plt
plt.title(그래프제목)
```

그래프의 제목을 설정한다.

x축과 y축 설정

xlabel 함수와 ylabel 함수를 이용해서 x축과 y축 제목을 설정할 수 있습니다.

| Syntax | **xlabel() 함수, ylabel() 함수**

```
import matplotlib.pyplot as plt
plt.xlabel(x축제목)
```

그래프의 x축 제목을 설정한다.

```
import matplotlib.pyplot as plt
plt.ylabel(y축제목)
```

그래프의 y축 제목을 설정한다.

xlim 함수와 ylim 함수를 이용해서 x축과 y축의 범위를 설정할 수 있습니다.

| Syntax | **xlim() 함수, ylim() 함수**

```
import matplotlib.pyplot as plt
plt.xlim(최솟값, 최댓값)
```

그래프의 x축 범위를 설정한다.

```
import matplotlib.pyplot as plt
plt.ylim(최솟값, 최댓값)
```

그래프의 y축 범위를 설정한다.

선과 데이터 마커 설정

선 그래프의 선 색상은 plot 함수의 color 매개변수를 이용해서 설정할 수 있습니다.

```
plt.plot(x, y, color=선 색상)
```

선 색상은 'blue'와 같이 색상 이름을 입력하거나 '#CEFBC9'와 같이 색상 코드를 사용할 수 있습니다. 그리고 [표 8-2]와 같은 단일 문자를 사용해도 됩니다.

표 8-2 선 색상을 설정하는 단일 문자

문자	색상	문자	색상
'b'	파랑(blue)	'm'	자홍(magenta)
'g'	초록(green)	'y'	노랑(yellow)
'r'	빨강(red)	'k'	검정(black)
'c'	청록(cyan)	'w'	하양(white)

또한 plot 함수의 marker 매개변수를 이용해서 데이터 마커의 모양을 설정합니다. 마커로 특정 데이터를 강조하면 데이터의 의미를 효과적으로 전달할 수 있습니다.

```
plt.plot(x, y, marker=좌표 모양)
```

다음은 marker에 설정할 수 있는 대표적인 값입니다. 다른 마커를 설정하고 싶다면 맷플롯립 홈페이지를 참고하기 바랍니다.

표 8-3 데이터 마커 설정 값

marker 값	설명	marker 값	설명
'.'	점 마커	'x'	x 마커
'o'	원 마커	'*'	* 마커
'v'	아래방향 삼각형 마커	'+'	+ 마커
'^'	위방향 삼각형 마커	'h'	육각형 마커

그리고 plot 함수의 linestyle 매개변수를 이용해서 선 모양을 설정할 수 있습니다.

```
plt.plot(x, y, linestyle=선 모양)
```

표 8-4 선 모양 설정 값

linestyle 값	설명	linestyle 값	설명
'-'	실선	'-.'	일점 쇄선
'--'	파선	':'	점선

다음은 매개변수를 이용해서 선 그래프 모양을 설정한 코드와 실행결과입니다.

```
plt.plot(x, y, color='m', marker='o', linestyle='-')
```

```
plt.plot(x, y, color='lightslategray', marker='h', linestyle='--')
```

```
plt.plot(x, y, color='#008080', marker='x', linestyle=':')
```

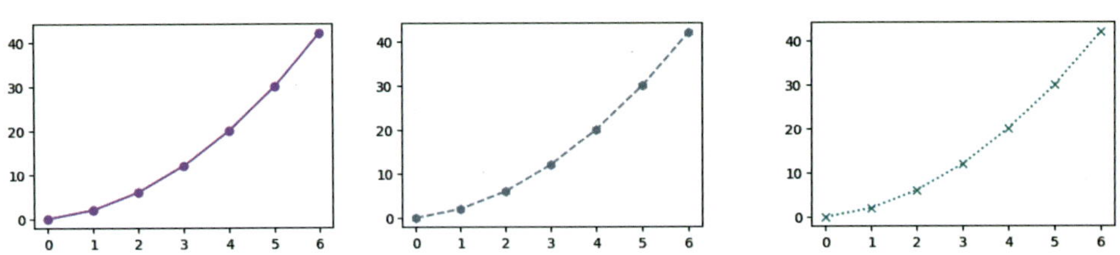

(a) 자홍색 실선에 원 마커 (b) lightslategray 파선에 육각형 마커 (c) #008080 점선에 x 마커

그림 8-3 여러 가지 선 그래프 모양 설정

매개변수 이름을 빼고 따옴표 안에 값만 나열해도 되는데 순서는 color, marker, linestyle을 지켜야 합니다. 다음 예에서 'g.-'는 color='g', marker='.', linestyle='-'을 의미합니다.

```
plt.plot(x, y, 'g.-')
```

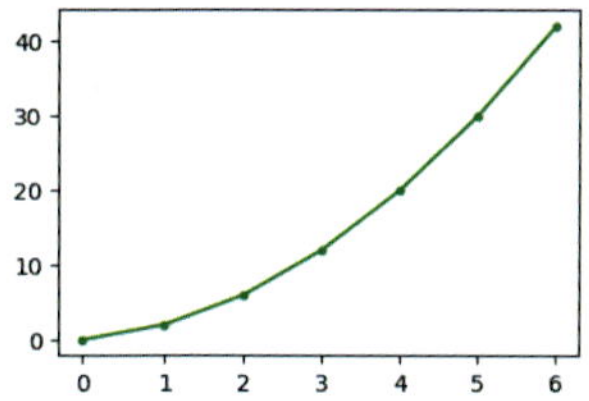

그림 8-4 매개변수 값만 나열하여 설정한 선 그래프 모양

[코드 8-2]는 [코드 8-1]의 선 그래프에 몇 가지 옵션을 추가한 예입니다.

코드 8-2

```
import matplotlib.pyplot as plt

year = [2014,2015,2016,2017,2018,2019,2020,2021,2022]
gdp = [3079.9,3250.1,3398.8,3574,3678.2,3721.8,3744,4003.6,4165.5]

plt.figure(figsize=(5,3))
plt.plot(year, gdp, 'g.-')
plt.title('GDP per capita')
plt.xlabel('years')
plt.ylabel('ten thousand won')
plt.ylim(2500, 4500)
plt.show()
```

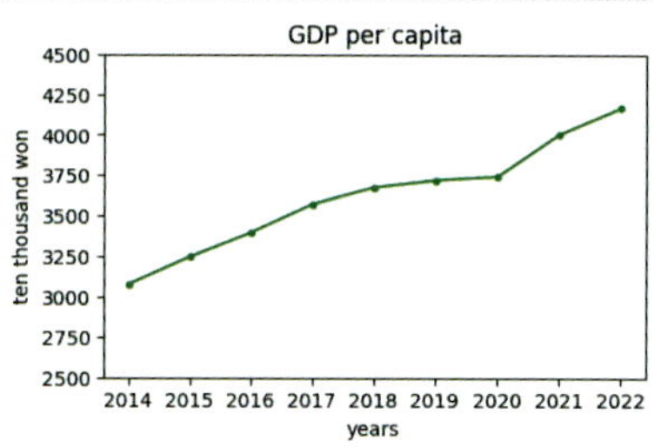

01 matplotlib 라이브러리의 pyplot 모듈을 plt라는 별칭으로 불러옵니다.

03~04 year와 gdp 리스트를 생성합니다.

06 그래프의 크기를 가로 5인치, 세로 3인치로 설정합니다.

07 plot 함수를 이용해서 x축은 year이고 y축은 gdp인 선 그래프를 그립니다. 선은 green색이며 마커 모양은 점, 선 모양은 실선으로 그려집니다.

08~10 그래프 제목을 'GDP per capita'로, x축 제목을 'years', y축 제목을 'ten thousand won'으로 설정합니다.

11 y축 범위를 2500~4500으로 설정합니다.

12 그래프를 출력합니다.

여러 개의 선이 있는 그래프 그리기

하나의 그래프에 여러 개의 선을 그리려면 show 함수로 그래프를 출력하기 전에 plot 함수를 여러 번 실행하면 됩니다. 2010년부터 2022년까지의 서울과 제주의 평균 기온을 선 그래프로 그려보겠습니다. 기온의 단위는 섭씨입니다.

표 8-5 서울과 제주의 평균 기온 ⓒ 기상청 단위: 섭씨

연도	2010	2011	2012	2013	2014	2015	2016	2017	2018	2019	2020	2021	2022
서울 기온	12.1	12	12.2	12.5	13.4	13.6	13.6	13	12.9	13.5	13.2	13.7	13.2
제주 기온	15.6	15.6	15.7	16.5	16.2	16.7	17	16.8	16.6	16.8	16.7	17.5	17

연도를 year 리스트에, 연도별 서울 기온을 seoul 리스트에, 연도별 제주 기온을 jeju 리스트에 저장합니다. 세 리스트의 항목 수가 같아야 하며, 항목 순서도 연도순으로 같아야 합니다.

```
year = [2010,2011,2012,2013,2014,2015,2016,2017,2018,2019,2020,2021,2022]
seoul = [12.1,12,12.2,12.5,13.4,13.6,13.6,13,12.9,13.5,13.2,13.7,13.2]
jeju = [15.6,15.6,15.7,16.5,16.2,16.7,17,16.8,16.6,16.8,16.7,17.5,17]
```

plot 함수를 이용해서 x축이 year이고 y축이 seoul인 선 그래프를 그린 다음, 다시 plot 함수를 이용해서 x축이 year이고 y축이 jeju인 선 그래프를 그립니다. 두 개의 선 그래프를 그린 후에 show 함수를 이용해서 그래프를 출력하면 하나의 그래프에 두 개의 선이 나타납니다.

```python
import matplotlib.pyplot as plt

plt.plot(year, seoul)
plt.plot(year, jeju)
plt.show()
```

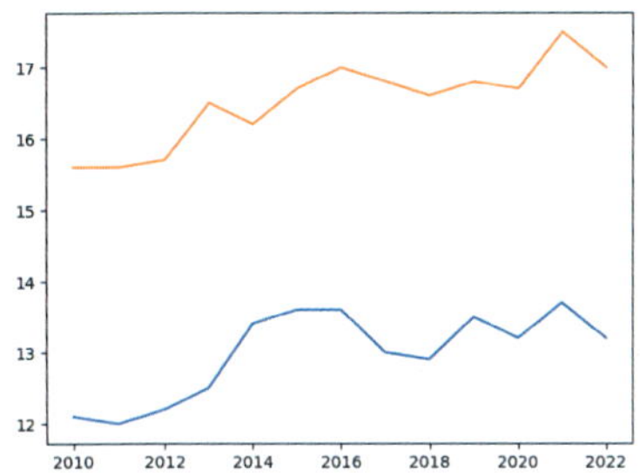

그림 8-5 두 개의 선 그래프

그런데 이 그래프만 보고는 어느 선이 어느 지역의 기온인지 알 수 없습니다. 이런 경우에 범례를 추가하면 됩니다. `plot` 함수 안에서 `label` 매개변수로 레이블을 부여한 후에 `legend` 함수를 실행합니다.

| Syntax | 그래프에 범례 추가하기

```python
plt.plot(x, y, label=레이블)
plt.legend()
```

그래프에 범례를 추가한다.

y축 값이 `seoul`인 선에 `'seoul'` 레이블을, y축 값이 `jeju`인 선에 `'jeju'` 레이블을 부여한 범례를 추가하는 코드는 다음과 같습니다.

```python
plt.plot(year, seoul, label='seoul')
plt.plot(year, jeju, label='jeju')
plt.legend()
```

[코드 8-3]은 서울과 제주의 평균 기온 그래프에 범례를 비롯한 다양한 옵션을 추가합니다.

코드 8-3

```
01 import matplotlib.pyplot as plt
02
03 year = [2010,2011,2012,2013,2014,2015,2016,2017,2018,2019,2020,2021,2022]
04 seoul = [12.1,12,12.2,12.5,13.4,13.6,13.6,13,12.9,13.5,13.2,13.7,13.2]
05 jeju = [15.6,15.6,15.7,16.5,16.2,16.7,17,16.8,16.6,16.8,16.7,17.5,17]
06
07 plt.figure(figsize=(5,3))
08 plt.plot(year, seoul, label='seoul')
09 plt.plot(year, jeju, label='jeju')
10 plt.ylim(10, 20)
11 plt.title('temperature')
12 plt.xlabel('year')
13 plt.legend()
14 plt.show()
```

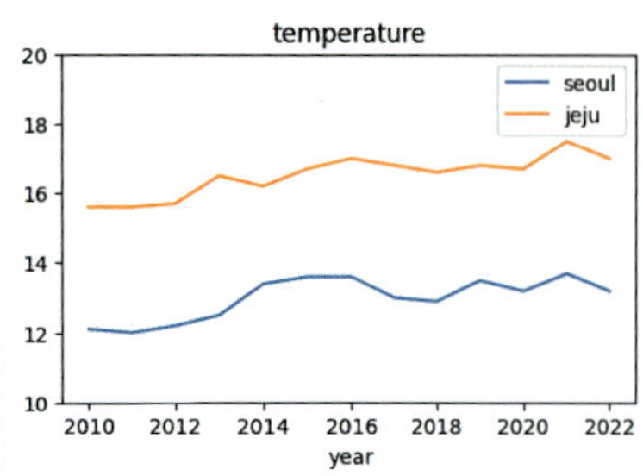

03~05 year, seoul, jeju 리스트를 생성합니다.

07 그래프의 크기를 가로 5인치, 세로 3인치로 설정합니다.

08 plot 함수를 이용해서 x축은 year이고 y축은 seoul인 선 그래프를 그리고, 'seoul' 레이블을 부여합니다.

09 plot 함수를 이용해서 x축은 year이고 y축은 jeju인 선 그래프를 그리고, 'jeju' 레이블을 부여합니다.

10 y축 범위를 10~20으로 설정합니다.

11~12 그래프 제목을 'temperature'로, x축 제목을 'year'로 설정합니다.

13 범례를 추가합니다.

4 막대 그래프 그리기

막대 그래프는 항목별 값을 비교할 때 주로 사용하는 그래프로, 맷플롯립 pyplot 모듈의 bar 함수로 그릴 수 있습니다. bar 함수의 사용 형식은 다음과 같은데 x축의 값이 x이고 막대의 높이가 y인 막대 그래프를 그리는데, 옵션을 이용해서 막대의 색상, 두께 등을 설정할 수 있습니다.

| Syntax | **bar() 함수**

```
import matplotlib.pyplot as plt
plt.bar(x, y, [옵션])
```

x축의 값이 'x'이고 막대의 높이가 'y'인 막대 그래프를 그린다.

리스트를 막대 그래프로 그리기

우리나라의 2021년 계절 강수량을 막대 그래프로 그려보겠습니다. 사계절의 강수량을 시각적으로 비교하므로 막대 그래프가 바람직합니다. 강수량의 단위는 mm입니다.

표 8-6 2021년 계절 강수량 ⓒ 지표누리

계절	강수량
봄	330.5
여름	612.8
가을	256.4
겨울	13.3

단위: mm

맷플롯립의 pyplot 모듈을 불러옵니다.

```
import matplotlib.pyplot as plt
```

계절명을 season 리스트에, 2021년 계절별 강수량을 precipitation 리스트에 저장합니다. 두 리스트의 항목 수와 항목 순서가 같아야 합니다.

```
season = ['spring', 'summer', 'autumn', 'winter']
precipitation = [330.5, 612.8, 256.4, 13.3]
```

bar 함수를 이용해서 막대 그래프를 그립니다. 첫 번째 매개변수인 season은 항목 이름이고, 두 번째 매개변수인 precipitation은 각 항목의 값이므로 막대의 높이가 됩니다.

```
plt.bar(season, precipitation)
```

show 함수를 이용해서 그래프를 출력합니다.

```
plt.show()
```

전체 코드와 실행결과는 [코드 8-4]와 같습니다.

코드 8-4

```
01 import matplotlib.pyplot as plt
02
03 season = ['spring', 'summer', 'autumn', 'winter']
04 precipitation = [330.5, 612.8, 256.4, 13.3]
05
06 plt.figure(figsize=(5,3))
07 plt.bar(season, precipitation)
08 plt.title('precipitation')
09 plt.ylabel('mm')
10 plt.show()
```

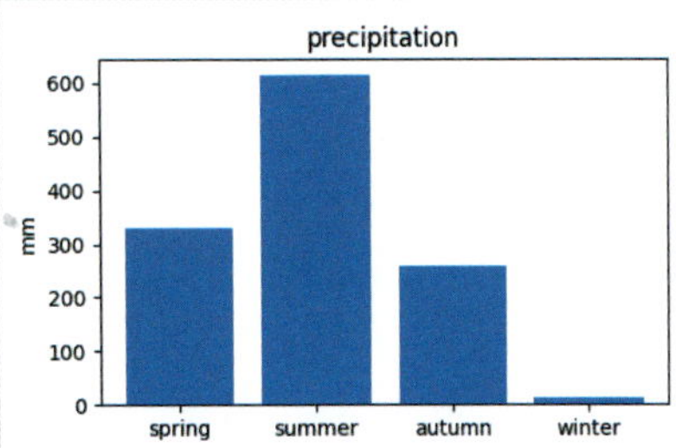

03~04 season과 precipitation 리스트를 생성합니다.

07 bar 함수를 이용해서 항목은 season이고, 각 항목에 대한 값은 precipitation인 막대 그래프를 그립니다.

08~09 그래프 제목을 'precipitation'으로, y축 제목을 'mm'으로 설정합니다.

딕셔너리를 막대 그래프로 그리기

지금까지 리스트 데이터를 그래프로 나타냈는데, 이번에는 딕셔너리 데이터를 그래프로 그려보겠습니다. 우리나라의 2021년 계절 강수량을 preci 딕셔너리에 저장합니다. 키는 계절명이고 값은 계절 강수량입니다.

```
preci = {'spring':330.5, 'summer':612.8, 'autumn':256.4, 'winter':13.3}
```

막대 그래프를 그리는 bar 함수의 첫 번째 매개변수는 항목 이름이고, 두 번째 매개변수는 각 항목의 값이어야 합니다. 항목 이름인 계절명은 preci 딕셔너리의 키이므로 preci.keys()로 구할 수 있고, 항목의 값인 계절 강수량은 preci 딕셔너리의 값이므로 preci.values()로 구할 수 있습니다.

```
bar(항목 이름, 항목 값)
     preci.keys() preci.values()
```

그림 8-6 딕셔너리 데이터를 이용할 때의 bar 함수의 형식

TIP keys와 values 함수는 7장의 302쪽을 참고하기 바랍니다.

그러므로 bar 함수를 이용해서 막대 그래프를 그리는 코드는 다음과 같습니다.

```
plt.bar(preci.keys(), preci.values())
```

전체 코드와 실행결과는 [코드 8-5]와 같습니다.

코드 8-5

```
import matplotlib.pyplot as plt

preci = {'spring':330.5, 'summer':612.8, 'autumn':256.4, 'winter':13.3}

plt.figure(figsize=(5,3))
plt.bar(preci.keys(), preci.values())
plt.title('precipitation')
plt.ylabel('mm')
plt.show()
```

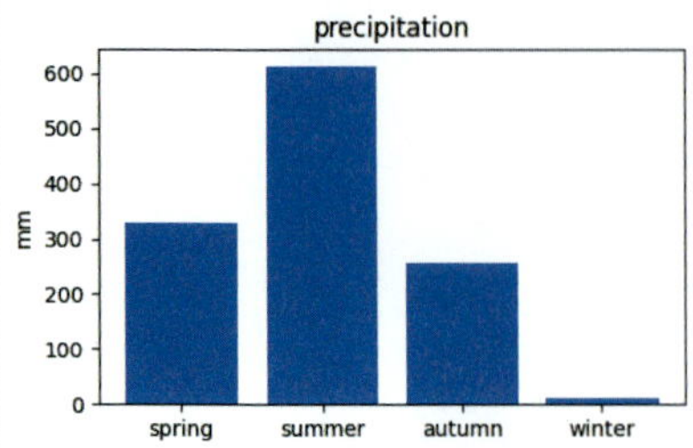

03 preci 딕셔너리를 생성합니다. 딕셔너리 키는 계절명이고 값은 계절별 강수량입니다.

06 bar 함수를 이용해서 항목은 preci.keys()이고, 각 항목에 대한 값은 preci.values()인 막대 그래프를 그립니다.

07~08 그래프 제목을 'precipitation'으로, y축 제목은 'mm'으로 설정합니다.

5 산점도 그리기

산점도는 두 변수의 관계를 시각적으로 나타내기 위하여 좌표 평면에 점을 찍어 만드는 그래프이며, 맷플롯립 pyplot 모듈의 scatter 함수로 그립니다. scatter 함수는 다음과 같은 형식으로 사용하여 x축의 값이 x이고 y축의 값이 y인 좌표에 점을 찍어 산점도를 그립니다. 옵션으로 점의 색상, 모양 등을 설정할 수 있습니다.

| Syntax | **scatter() 함수**

```
import matplotlib.pyplot as plt
plt.scatter(x, y, [옵션])
```

x축의 값이 'x'이고 y축의 값이 'y'인 좌표에 점을 찍어 산점도를 그린다.

우리나라 인구 중 1인 가구의 비율과 출생아 수의 관계를 산점도로 확인해 보겠습니다.

표 8-7 1인 가구 비율과 출생아 수 ⓒ 통계청

연도	1인 가구 비율	출생아 수
2000	15.5	640089
2005	20.0	438707
2010	23.9	470171
2015	27.2	438420
2020	31.7	272337

연도를 year 리스트에 저장하고 1인 가구 비율을 single_person 리스트에, 출생아 수를 baby_born 리스트에 저장합니다. 순서와 개수는 같아야 합니다. 지금 살펴보고자 하는 프로그램에서는 year 리스트가 사용되지 않지만 연습문제에서 필요하므로 생성해 두겠습니다.

```
year = [2000, 2005, 2010, 2015, 2020]
single_person = [15.5, 20.0, 23.9, 27.2, 31.7]
baby_born = [640089, 438707, 470171, 438420, 272337]
```

다음과 같이 scatter 함수를 호출하면 첫 번째 매개변수인 single_person은 x 좌표 값이 되고, 두 번째 매개변수인 baby_born은 y 좌표 값이 됩니다. 따라서 (15.5, 640089), (20.0, 438707), … 좌표에 점이 찍힙니다.

```
plt.scatter(single_person, baby_born)
```

전체 코드와 실행결과는 [코드 8-6]과 같습니다. 1인 가구 비율이 증가할수록 출생아 수가 감소하는 것을 확인할 수 있습니다.

코드 8-6

```
import matplotlib.pyplot as plt

year = [2000, 2005, 2010, 2015, 2020]
single_person = [15.5, 20.0, 23.9, 27.2, 31.7]
baby_born = [640089, 438707, 470171, 438420, 272337]

plt.figure(figsize=(5,3))
plt.scatter(single_person, baby_born)
plt.xlabel('single-person household ratio')
plt.ylabel('the number of babies born')
plt.show()
```

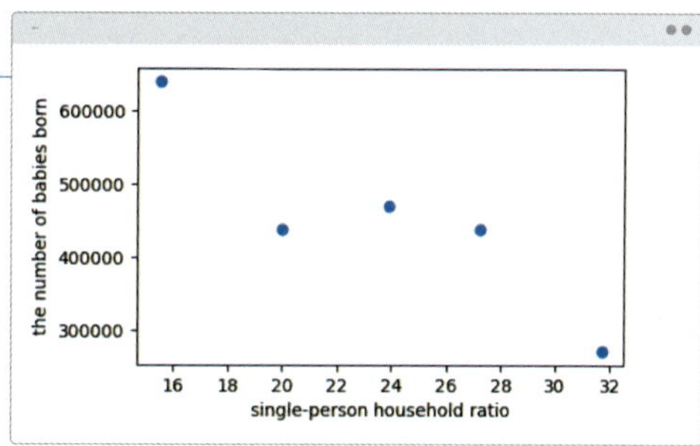

08 scatter 함수를 이용해서 x축은 single_person이고 y축은 baby_born인 산점도를 그립니다.

09~10 x축 제목과 y축 제목을 설정합니다.

산점도 꾸미기

scatter 함수의 s 매개변수를 이용해서 마커 크기를 설정할 수 있습니다. 산점도에서 마커가 바로 점입니다. c 매개변수를 이용해서 점 색상을 설정할 수 있습니다. 그리고 marker 매개변수를 이용해서 점 모양을 설정할 수 있습니다.

```
plt.scatter(s=점 크기, c=점 색상, marker=점 모양)
```

다음은 매개변수를 이용해서 산점도의 점 모양을 설정하는 코드와 실행결과입니다.

```
plt.scatter(x, y, c='m', marker='^')
```

```
plt.scatter(x, y, s=9, c='lightslategray', marker='x')
```

```
plt.scatter(x, y, c='#008080', marker='*')
```

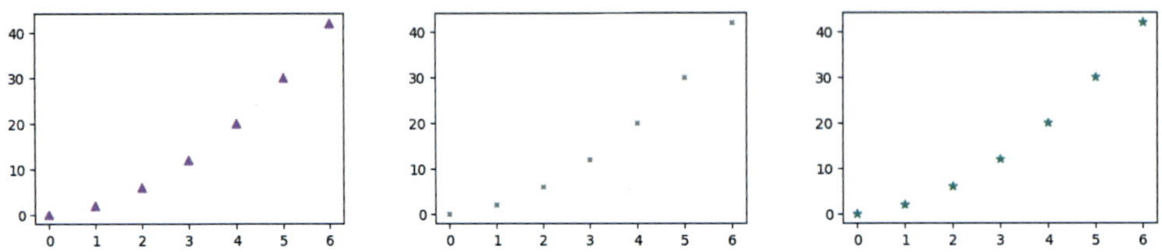

(a) 자홍색 위방향 삼각형 마커 (b) lightslategray x 마커 (c) #008080 * 마커

그림 8-7 점 모양을 다르게 지정한 산점도 그래프

[코드 8-7]은 학생들의 키인 height와 몸무게인 weight의 관계를 산점도로 시각화한 것입니다. 여기서 gender는 학생들의 성별을 나타냅니다.

코드 8-7

```
import matplotlib.pyplot as plt

height = [156.9,159.9,153.5,151.2,154.6,168.3,165,154.7,146,152.4]
```

```
04 weight = [48.7,58.5,48.4,39,58.9,80.8,59.3,49.4,35.3,51.8]
05 gender = ['f','f','f','f','f','m','m','m','m','m']
06
07 plt.figure(figsize=(5,3))
08 plt.scatter(height, weight)
09 plt.xlabel('height')
10 plt.ylabel('weight')
11 plt.show()
```

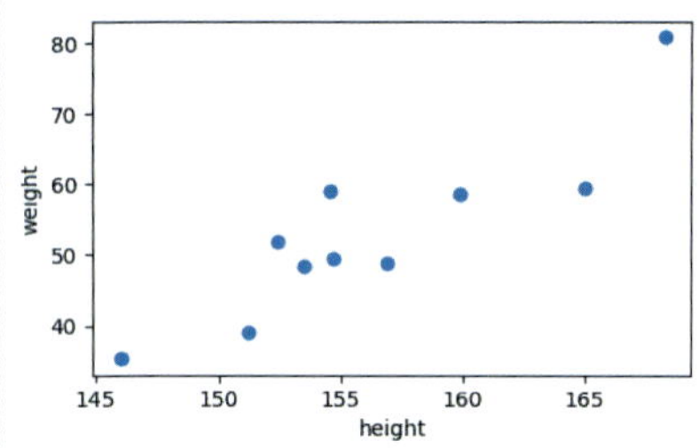

08 scatter 함수를 이용해서 x축은 height이고 y축은 weight인 산점도를 그립니다.

09~10 x축 제목과 y축 제목을 설정합니다.

남학생은 점 색상을 'b'로 설정하고 여학생은 'r'로 설정해 보겠습니다. colors 리스트를 만들고 이 리스트의 항목은 gender 리스트의 항목이 'm'인 위치에 'b'가 들어가고 'f'인 위치에 'r'이 들어가게 합니다.

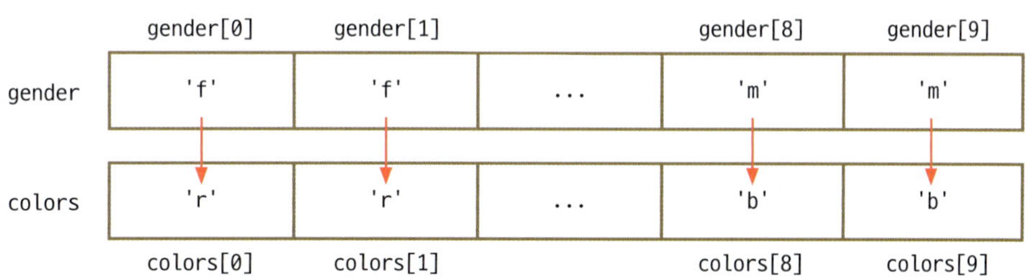

그림 8-8 gender 리스트와 colors 리스트

colors 리스트는 리스트 내포를 사용하여 만들 수 있습니다.

```
gender = ['f','f','f','f','f','m','m','m','m','m']
colors = ['r' if a=='f' else 'b' for a in gender]
```

TIP 리스트 내포는 5장의 204쪽을 참고하세요.

이 코드를 실행하면 다음과 같은 colors 리스트가 생성됩니다.

```
['r', 'r', 'r', 'r', 'r', 'b', 'b', 'b', 'b', 'b']
```

점의 색상을 설정하는 scatter 함수의 c 매개변수의 값을 colors로 하면 산점도의 남학생 점 색상은 'b'가 되고 여학생 점 색상은 'r'이 됩니다.

```
plt.scatter(height, weight, c=colors)
```

전체 코드와 실행결과는 [코드 8-8]과 같습니다.

코드 8-8

```
01 import matplotlib.pyplot as plt
02
03 height = [156.9,159.9,153.5,151.2,154.6,168.3,165,154.7,146,152.4]
04 weight = [48.7,58.5,48.4,39,58.9,80.8,59.3,49.4,35.3,51.8]
05 gender = ['f','f','f','f','f','m','m','m','m','m']
06 colors = ['r' if a=='f' else 'b' for a in gender]
07
08 plt.figure(figsize=(5,3))
09 plt.scatter(height, weight, c=colors)
10 plt.xlabel('height')
11 plt.ylabel('weight')
12 plt.show()
```

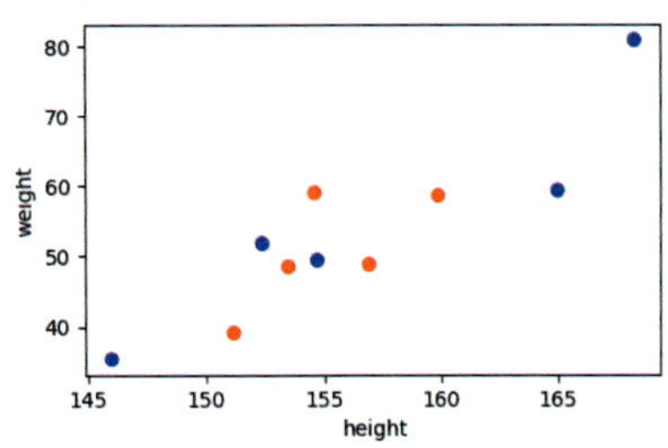

06 리스트 내포를 이용해서 colors 리스트를 생성합니다. gender 리스트 항목이 'f'면 같은 위치의 항목이 'r'이 되고, 'm'이면 같은 위치의 항목이 'b'가 됩니다.

09 scatter 함수를 이용해서 x축은 height이고 y축은 weight인 산점도를 생성합니다. c 매개변수에 의해 점 색상을 설정합니다.

점에 주석 추가하기

맷플롯립 pyplot 모듈의 annotate 함수를 사용하여 산점도 각 점에 주석을 표시할 수 있습니다.

| Syntax | **annotate() 함수**

```
import matplotlib.pyplot as plt
plt.annotate(주석, 주석 대상 위치, xytext=주석 위치, textcoords=단위)
```

'주석 대상 위치'로부터 '주석 위치'만큼 떨어진 위치에 '주석'을 표시한다. xytext 단위는 주석 위치의 단위로, '단위'가 'offset points'면 포인트이고 'offset pixels'이면 픽셀이다.

다음 코드는 점을 (80, 83) 좌표에 찍고, 점으로부터 (5, -10) 포인트만큼 떨어진 위치에 주석 'Jessica'를 표시합니다. (5, -10) 포인트는 x 좌표 5 포인트, y 좌표 -10 포인트를 의미합니다.

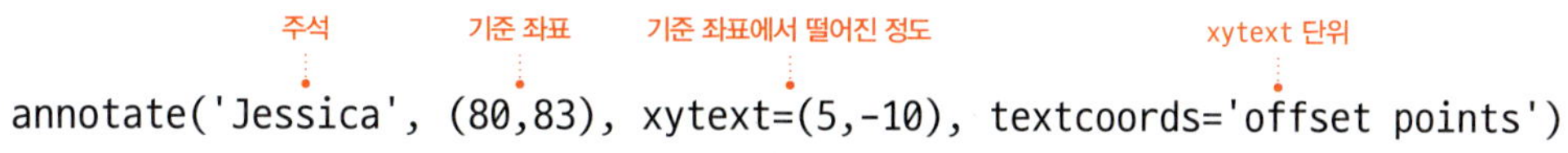

그림 8-9 annotate 함수의 형식

```
plt.scatter(80, 83)
plt.annotate('Jessica', (80,83), xytext=(5,-10), textcoords='offset points')
plt.show()
```

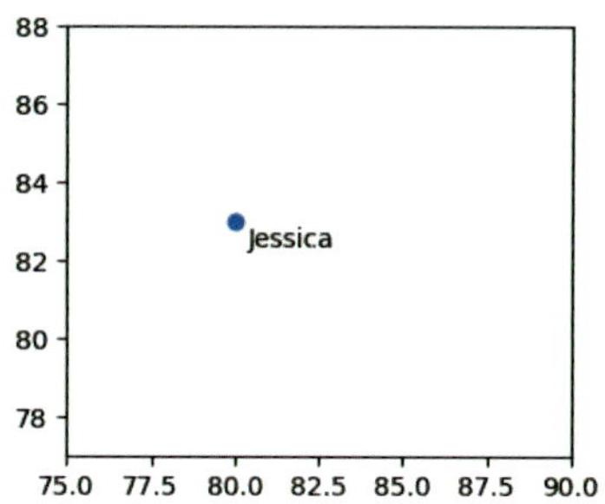

그림 8-10 산점도의 점에 주석 추가

[코드 8-9]는 x와 y의 산점도를 생성합니다. 09~11행에서 각 점에 name 리스트 항목을 주석으로 표시합니다.

코드 8-9

```
01 import matplotlib.pyplot as plt
02
03 name = ['Jessica', 'Liam', 'Sophia']
04 x = [75, 92, 83]
05 y = [79, 89, 90]
06
07 plt.figure(figsize=(5,3))
08 plt.scatter(x, y)
09 plt.annotate(name[0],(x[0],y[0]),xytext=(5,-10),textcoords='offset points')
10 plt.annotate(name[1],(x[1],y[1]),xytext=(5,-10),textcoords='offset points')
11 plt.annotate(name[2],(x[2],y[2]),xytext=(5,-10),textcoords='offset points')
12 plt.xlim(73, 95)
13 plt.ylim(75, 93)
14 plt.xlabel('X')
15 plt.ylabel('Y')
16 plt.show()
```

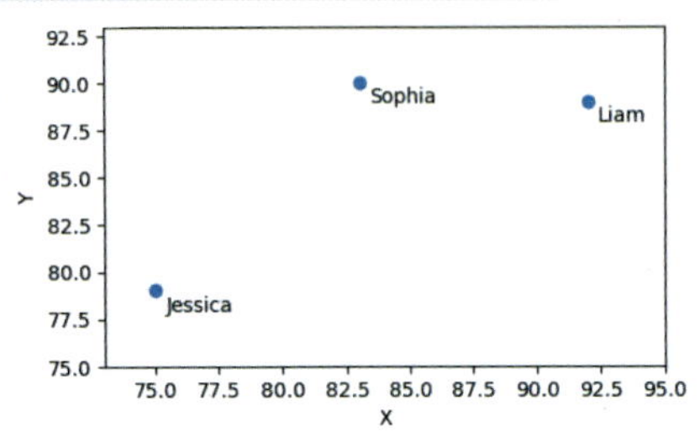

08 scatter 함수를 이용해서 x축은 x이고 y축은 y인 산점도를 그립니다.

09 (75, 79) 좌표로부터 (5, -10) 포인트만큼 떨어진 위치에 주석 'Jessica'를 표시합니다.

10 (92, 89) 좌표로부터 (5, -10) 포인트만큼 떨어진 위치에 주석 'Liam'을 표시합니다.

11 (83, 90) 좌표로부터 (5, -10) 포인트만큼 떨어진 위치에 주석 'Sophia'를 표시합니다.

12~13 x축과 y축 범위를 설정합니다.

그런데 [코드 8-9]에서 09~11행은 리스트의 인덱스만 다르고 나머지 내용은 동일합니다. 이런 경우는 일반화하여 반복 구조로 나타내는 것이 바람직합니다.

```
plt.annotate(name[0],(x[0],y[0]),xytext=(5,-10),textcoords='offset points')
plt.annotate(name[1],(x[1],y[1]),xytext=(5,-10),textcoords='offset points')
plt.annotate(name[2],(x[2],y[2]),xytext=(5,-10),textcoords='offset points')
```

```
for i in range(len(name)):
  plt.annotate(name[i],xy=(x[i],y[i]),xytext=(5,-10),textcoords='offset points')
```

name의 길이가 3이므로 for 문은 3번 반복합니다. **첫 번째 반복**은 i가 0이므로 09행과 같은 동작을 합니다. **두 번째 반복**은 i가 1이므로 10행과 같은 동작을 합니다. **세 번째 반복** i가 2이므로 11행과 같은 동작을 합니다. 이 부분을 수정한 프로그램은 [코드 8-10]과 같습니다.

코드 8-10

```
01 import matplotlib.pyplot as plt
02
03 name = ['Jessica', 'Liam', 'Sophia']
04 x = [75, 92, 83]
05 y = [79, 89, 90]
06
07 plt.figure(figsize=(5,3))
08 plt.scatter(x, y)
09 for i in range(len(name)):
10   plt.annotate(name[i],xy=(x[i],y[i]),xytext=(5,-10),textcoords='offset points')
11 plt.xlim(73, 95)
12 plt.ylim(75, 93)
13 plt.xlabel('X')
14 plt.ylabel('Y')
15 plt.show()
```

6 히스토그램 그리기

히스토그램은 도수 분포를 직사각형 기둥으로 나타내는 그래프입니다. 히스토그램은 맷플롯립 pyplot 모듈의 hist 함수로 그릴 수 있는데, 기본적으로 10개의 구간으로 나누어 그립니다. 옵션을 이용해서 막대의 색상이나 구간의 개수 등을 설정할 수 있습니다.

| Syntax | **hist() 함수**

```
import matplotlib.pyplot as plt
plt.hist(x, [옵션])
```

'x'를 히스토그램으로 그린다.

2023년 3월 서울의 일별 평균기온을 히스토그램으로 그려보겠습니다. 기온의 단위는 섭씨입니다.

표 8-8 2023년 3월 서울의 평균기온 © 기상청 단위: 섭씨

1일	2일	3일	4일	5일	6일	7일	8일	9일	10일	
6	2.2	4.6	7.7	8	9.2	11.7	12.5	10.3	13.5	
11일	**12일**	**13일**	**14일**	**15일**	**16일**	**17일**	**18일**	**19일**	**20일**	
15.2	5.9	2.9	9.2	8.6	4.6	7.2	7.7	8.3	9.5	
21일	**22일**	**23일**	**24일**	**25일**	**26일**	**27일**	**28일**	**29일**	**30일**	**31일**
13	17	17.4	12.5	12.5	9.4	7.3	9.2	11.8	13.3	15

평균기온을 temperature 리스트에 저장합니다.

```
temperature = [6,2.2,4.6,7.7,8,9.2,11.7,12.5,10.3,13.5,
               15.2,5.9,2.9,9.2,8.6,4.6,7.2,7.7,8.3,9.5,
               13,17,17.4,12.5,12.5,9.4,7.3,9.2,11.8,13.3,15]
```

hist 함수를 이용해서 temperature를 히스토그램으로 그리는데, 구간은 10개로 나뉩니다.

```
plt.hist(temperature)
```

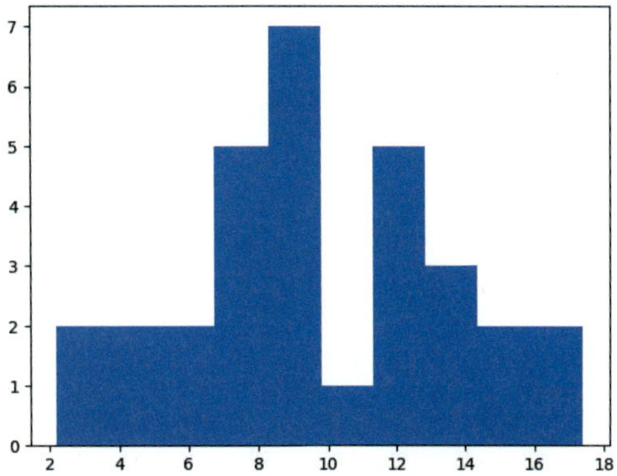

그림 8-11 10개 구간으로 그려진 히스토그램

히스토그램 꾸미기

hist 함수의 bins 매개변수를 이용해서 구간 수를 설정할 수 있습니다. 그리고 alpha 매개변수를 이용해서 막대의 투명도를 설정할 수 있습니다. 값이 0에 가까울수록 투명해져 연하게 보이고 1에 가까울수록 불투명해져 진하게 보입니다.

```
plt.hist(x, bins=구간 수, alpha=투명도)
```

[코드 8-11]은 구간 수를 15로, 투명도를 0.5로 설정해서 히스토그램을 나타낸 결과입니다.

코드 8-11

```python
import matplotlib.pyplot as plt

temperature = [6,2.2,4.6,7.7,8,9.2,11.7,12.5,10.3,13.5,
               15.2,5.9,2.9,9.2,8.6,4.6,7.2,7.7,8.3,9.5,
               13,17,17.4,12.5,12.5,9.4,7.3,9.2,11.8,13.3,15]

plt.figure(figsize=(5,3))
plt.hist(temperature, bins=15, alpha=0.5)
plt.xlabel('temperature')
plt.ylabel('frequency')
plt.show()
```

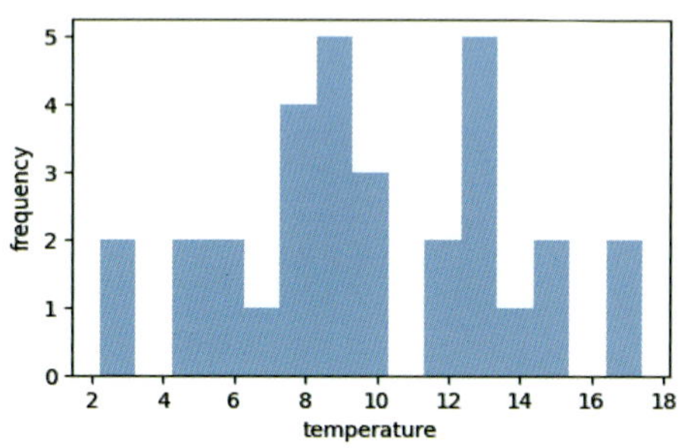

LAB 혈액형 빈도수 시각화하기

혈액형을 입력받고 빈도수를 시각적으로 비교하려면 막대 그래프로 나타내는 것이 좋습니다. 먼저 키는 혈액형이고 값이 빈도수인 blood 딕셔너리를 생성합니다.

```
blood = {'A':0,'B':0,'O':0,'AB':0}
```

'**종료**'가 입력될 때까지 혈액형을 입력받아 각 혈액형에 대한 빈도수를 구하는데, 이 내용은 '7장 딕셔너리'에서 이미 살펴보았으니 307쪽을 참고하세요. 빈도수를 구했으면 bar 함수를 이용해서 막대 그래프로 그리면 됩니다. bar 함수의 첫 번째 매개변수인 항목 이름은 blood.keys()로 구할 수 있고, bar 함수의 두 번째 매개변수인 항목 값은 blood.values()로 구할 수 있습니다.

```
plt.bar(blood.keys(), blood.values())
```

완성된 프로그램은 다음과 같습니다.

코드 8-12

```
import matplotlib.pyplot as plt

blood = {'A':0,'B':0,'O':0,'AB':0}

while True:
  s = input('혈액형(A, B, O, AB) 또는 종료: ')
  if s=='종료':
    break
  elif s in blood:
    blood[s] += 1
  else:
    print('잘못 입력했습니다.')

plt.figure(figsize=(5,3))
plt.bar(blood.keys(), blood.values(), width=0.6)
```

```
16 plt.xlabel('blood type')
17 plt.ylabel('frequency')
18 plt.show()
```

```
혈액형(A, B, O, AB) 또는 종료: B
혈액형(A, B, O, AB) 또는 종료: O
혈액형(A, B, O, AB) 또는 종료: B
혈액형(A, B, O, AB) 또는 종료: A
혈액형(A, B, O, AB) 또는 종료: 종료
```

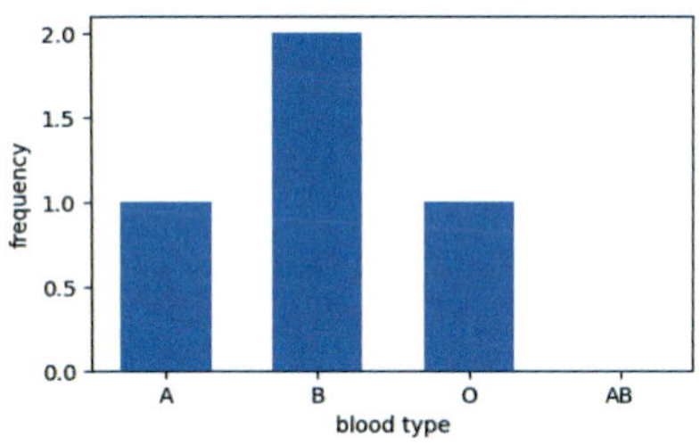

동작 과정

1 03행에서 키는 혈액형이고 값은 빈도수인 blood 딕셔너리를 생성합니다. 빈도수 초기값은 0입니다.

2 03~12행에서 혈액형을 입력받아 각 혈액형에 대한 빈도수를 구하는 동작을 '**종료**'가 입력될 때까지 반복합니다. 입력받은 것이 'B', 'O', 'B', 'A', '**종료**'라 가정하면 blood 딕셔너리는 다음과 같이 됩니다.

blood	1	2	1	0
	blood['A']	blood['B']	blood['O']	blood['AB']

3 15행에서 bar 함수를 이용해서 항목은 blood.keys()이고, 각 항목에 대한 값은 blood.values()인 막대 그래프를 그립니다. blood.keys()는 blood 딕셔너리의 키를 반환하고, blood.values()는 blood 딕셔너리의 값을 반환합니다.

4 18행에서 그래프를 출력합니다.

LAB 난수를 이용하여 히스토그램 그리기

키, 시험 성적 등 일상에서 접하는 다양한 데이터는 일반적으로 평균을 중심으로 집중되어 있으며 평균에서 멀어질수록 그 빈도수가 작아집니다. 이와 같은 데이터 분포를 정규분포라 하는데 값에 따른 빈도수를 표시하면 평균을 중심으로 좌우대칭인 종 모양으로 나타납니다.

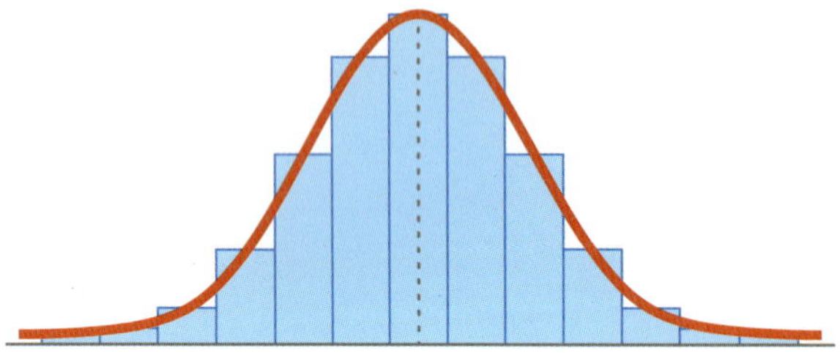

그림 8-12 정규분포의 빈도수 그래프

random 라이브러리의 normalvariate 함수를 이용하면 정규분포를 따르는 난수를 생성할 수 있습니다.

| Syntax | **normalvariate() 함수**

```
import random
random.normalvariate(평균,표준편차)
```

평균이 '평균'이고 표준편차가 '표준편차'인 난수를 생성한다.

다음은 normalvariate 함수를 이용해서 평균이 0이고 표준편차가 1인 정규분포를 따르는 난수 1000개를 생성하고 x 리스트에 저장하는 코드입니다.

```
x = [random.normalvariate(0,1) for _ in range(1000)]
```

TIP for 문에서 반복 실행하는 코드에 i와 같은 변수가 필요하지 않을 때가 있습니다. 이런 경우에는 for 오른쪽에 변수 이름 대신 밑줄 기호(_)를 넣어도 됩니다.

다음은 normalvariate 함수를 이용해서 정규분포를 따르는 난수 1000개를 생성하고 히스토그램으로 나타내는 전체 프로그램입니다.

코드 8-13

```python
01 import matplotlib.pyplot as plt
02 import random
03
04 x = [random.normalvariate(0,1) for _ in range(1000)]
05
06 plt.figure(figsize=(5,3))
07 plt.hist(x, bins=20, alpha=0.5)
08 plt.ylabel('frequency')
09 plt.show()
```

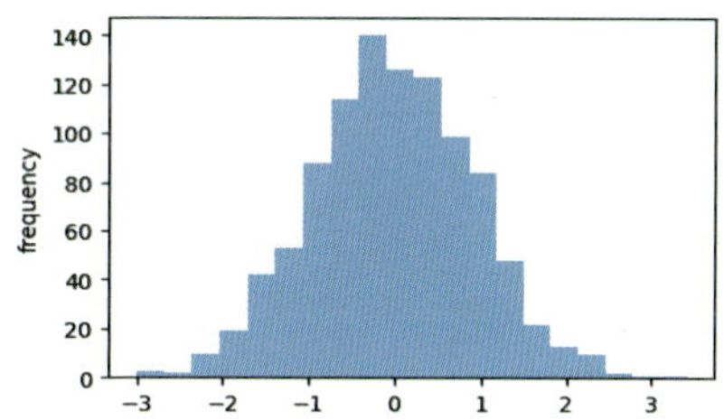

동작 과정

1 04행에서 평균이 0이고 표준편차가 1인 정규분포를 따르는 난수 1000개를 생성해 x 리스트에 저장합니다.

2 07행에서 x를 히스토그램으로 그립니다. 구간 수는 20이고 투명도는 0.5입니다.

3 08행에서 y축 제목을 설정하고 09행에서 그려진 그래프를 출력합니다.

8.2 이미지 다루기

1 이미지 읽고 출력하기

파이썬 번역 프로그램이 이미지를 읽게 하려면 먼저 이미지를 코랩에 업로드해야 합니다.

코랩에 이미지 업로드하기

코랩 화면 왼쪽 메뉴의 파일 아이콘(□)을 클릭해서 세션 저장소 탭을 엽니다. 업로드 아이콘(□)을 선택하고 'cat1.jpg' 이미지를 클릭해 세션 저장소에 올립니다. 일정 시간이 지나 더 이상 해당 코랩 노트를 사용하지 않는 것으로 간주되면 세션 저장소의 파일이 삭제됩니다.

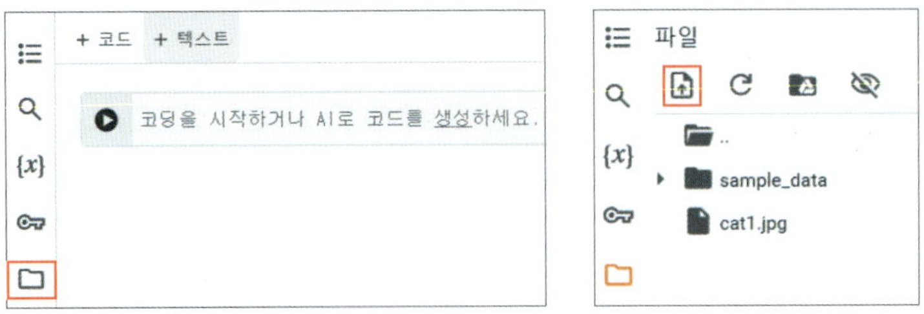

(a) 파일 아이콘을 클릭해 세션 저장소 열기 (b) 업로드 아이콘을 클릭해 이미지 올리기

그림 8-13 세션 저장소에 파일 업로드

cat1.jpg 이미지는 캐글의 개-고양이 데이터셋(https://www.kaggle.com/competitions/dogs-vs-cats)의 일부입니다.

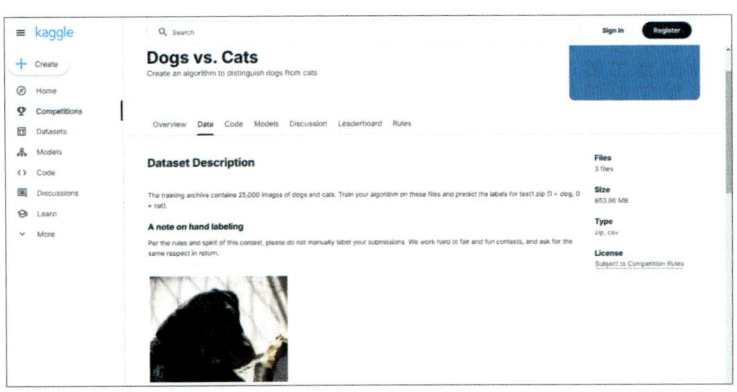

그림 8-14 캐글의 개-고양이 데이터셋

TIP 이 책의 부록으로도 같은 이미지 파일을 제공하므로 한빛아카데미 홈페이지 또는 독자 카페(https://cafe.naver.com/scratchprogramming)에서 다운로드할 수 있습니다.

이미지 읽기

맷플롯립 pyplot 모듈의 imread 함수를 이용해서 이미지를 읽습니다.

| Syntax | **imread() 함수**

```
import matplotlib.pyplot as plt
plt.imread(파일명)
```

'파일명' 이미지를 읽어온다.

다음은 코랩 세션 저장소에 업로드한 'cat1.jpg' 이미지를 읽어와서 cat 변수에 저장하는 코드입니다.

```
cat = plt.imread('cat1.jpg')
```

이미지 출력하기

읽은 이미지를 화면에 표시할 때 imshow 함수를 사용합니다.

| Syntax | **imshow() 함수**

```
import matplotlib.pyplot as plt
plt.imshow(이미지)
```

'이미지'를 화면에 표시한다.

이미지 파일을 읽고 출력하는 프로그램을 완성하면 다음과 같습니다.

코드 8-14

```
import matplotlib.pyplot as plt

cat = plt.imread('cat1.jpg')
plt.imshow(cat)
plt.show()
```

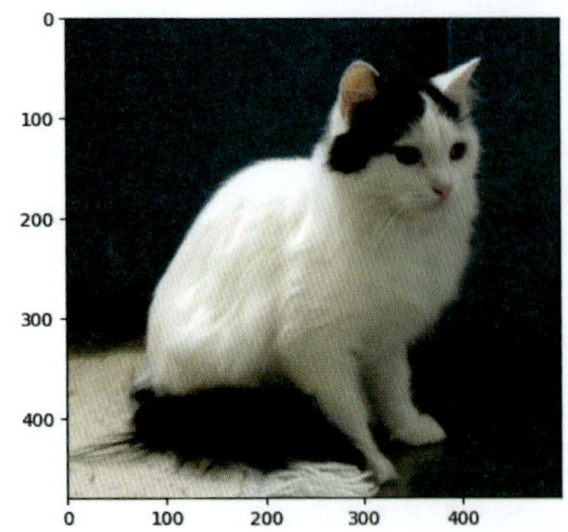

이미지 꾸미기

[코드 8-14]를 실행하면 이미지와 함께 축과 눈금이 출력됩니다. 축과 눈금이 출력되지 않게 하려면 axis 함수의 매개변수를 'off'로 설정하면 됩니다.

```
plt.axis('off')
```

그래프 출력과 마찬가지로 figure 함수의 figsize 매개변수를 이용해서 이미지 크기를 설정할 수 있습니다.

```
plt.figure(figsize=(3,3))
```

이미지 저장하기

savefig 함수를 이용하면 출력 결과인 이미지 또는 그래프를 파일로 저장할 수 있습니다. 단, savefig 함수 호출이 show 함수를 호출하기 전에 이루어져야 합니다. 이 함수를 코랩에서 실행하면 파일이 코랩 세션 저장소에 저장됩니다.

| Syntax | **savefig() 함수**

```
import matplotlib.pyplot as plt
plt.savefig(이미지명)
```

'이미지명'으로 이미지 또는 그래프를 저장합니다.

[코드 8-15]는 이미지를 꾸미고 저장하는 코드입니다.

코드 8-15

```
01 import matplotlib.pyplot as plt
02
03 cat = plt.imread('cat1.jpg')
04
05 plt.figure(figsize=(3,3))
06 plt.imshow(cat)
07 plt.axis('off')
08 plt.savefig('result.png')
09 plt.show()
```

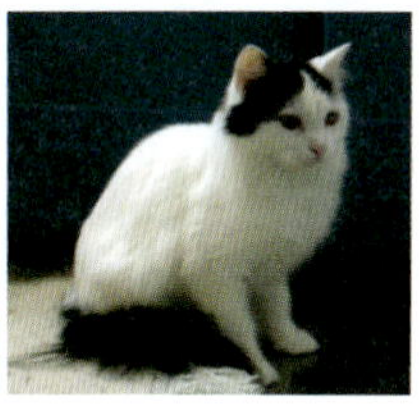

03 'cat1.jpg' 이미지를 읽어와서 cat에 저장합니다.

05 이미지 크기를 가로 3인치, 세로 3인치로 설정합니다.

06 imshow 함수를 이용해서 cat 이미지를 화면에 표시합니다.

07 이미지에 축과 눈금이 출력되지 않게 설정합니다.

08 이미지를 'result.png'라는 이름으로 코랩 세션 저장소에 저장합니다.

09 읽어들인 'cat1.jpg' 이미지를 출력합니다.

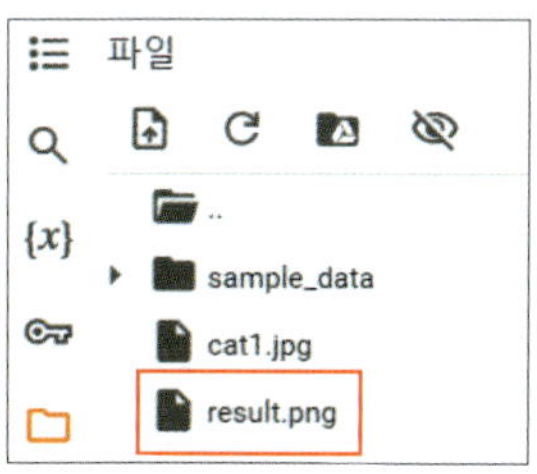

그림 8-15 세션 저장소에 저장된 이미지

2 이미지 여러 개 출력하기

서브플롯subplot을 이용하면 여러 개의 이미지 또는 그래프를 한 화면에 나타낼 수 있는데, 이때 subplot 함수를 사용합니다.

| Syntax | **subplot() 함수**

```
import matplotlib.pyplot as plt
plt.subplot(행의 수, 열의 수, 인덱스)
```

한 화면에 있는 '행의 수' 행의, '열의 수' 열의 서브플롯 중 '인덱스' 번째 위치를 말한다. 인덱스 시작 번호는 0이 아닌 1이다.

다음 코드는 2행 3열 서브플롯 중 4번째 위치를 의미합니다.

```
plt.subplot(2, 3, 4)
```

(2, 3, 1)	(2, 3, 2)	(2, 3, 3)
(2, 3, 4)	(2, 3, 5)	(2, 3, 6)

그림 8-16 2행 3열 서브플롯

한 행에 두 개의 이미지 출력하기

이미지 두 개를 한 행 안에 출력해 보겠습니다. cat1.jpg와 dog1.jpg 파일을 코랩 세션 저장소에 업로드하고, `cat1.jpg`와 `dog1.jpg` 이미지를 읽어와서 `cat`과 `dog` 변수에 저장합니다.

```
cat = plt.imread('cat1.jpg')
dog = plt.imread('dog1.jpg')
```

1행 2열 서브플롯 중 첫 번째 서브플롯에 `cat` 이미지를 표시합니다.

```
plt.subplot(1, 2, 1)
plt.imshow(cat)
```

그림 8-17 1행 2열 서브플롯 중 첫 번째 서브플롯

그리고 1행 2열 서브플롯 중 두 번째 서브플롯에 dog 이미지를 표시합니다.

```
plt.subplot(1, 2, 2)
plt.imshow(dog)
```

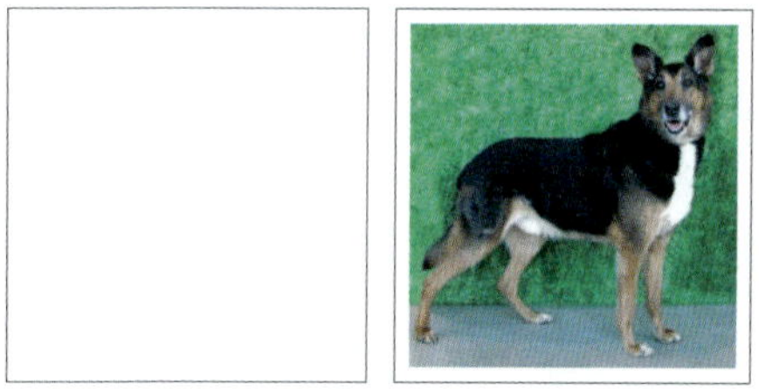

그림 8-18 1행 2열 서브플롯 중 두 번째 서브플롯

전체 코드는 다음과 같은데, 여기에서 08~10행과 12~14행이 매우 유사합니다. 이런 경우 반복 구조로 나타내는 것이 바람직합니다.

코드 8-16

```
01 import matplotlib.pyplot as plt
02
03 cat = plt.imread('cat1.jpg')
04 dog = plt.imread('dog1.jpg')
05
06 plt.figure(figsize=(5,3))
07
08 plt.subplot(1, 2, 1)
09 plt.imshow(cat)
10 plt.axis('off')
11
12 plt.subplot(1, 2, 2)
13 plt.imshow(dog)
14 plt.axis('off')
15
16 plt.show()
```

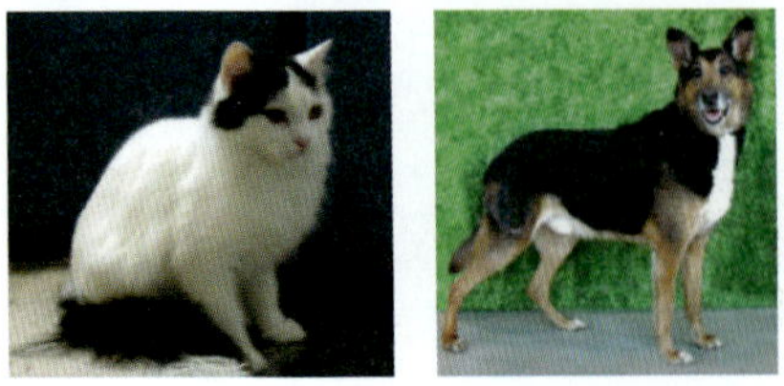

03~04 'cat1.jpg' 이미지를 읽어와서 cat 변수에 저장합니다. 'dog1.jpg' 이미지를 읽어와서 dog 변수에 저장합니다.

08~10 1행 2열의 서브플롯 중 첫 번째 위치에 cat 이미지를 표시합니다. 이미지에 축과 눈금이 출력되지 않게 설정합니다.

12~14 1행 2열의 서브플롯 중 두 번째 위치에 dog 이미지를 표시합니다. 이미지에 축과 눈금이 출력되지 않게 설정합니다.

반복 구조로 한 행에 여러 개의 이미지를 출력하기

바로 앞에서 순차 구조로 두 개의 이미지를 출력한 프로그램을 반복 구조로 표현해 보겠습니다. cat1.jpg와 dog1.jpg 이미지를 읽어와서 cat과 dog 변수에 저장한 다음 cat과 dog를 imgs 리스트에 저장합니다.

```
cat = plt.imread('cat1.jpg')
dog = plt.imread('dog1.jpg')
imgs = [cat, dog]
```

다음은 for 문을 이용해서 두 개의 이미지를 표시하는 코드입니다.

```
for i in range(len(imgs)):
  plt.subplot(1, 2, i+1)
  plt.imshow(imgs[i])
```

for 문의 **첫 번째 반복**에서 i는 0이므로 다음 코드가 실행됩니다. 결국 1행 2열의 서브플롯 중 첫 번째 위치에 imgs[0]인 cat 이미지를 표시합니다. 실행 결과는 앞의 예제와 같으니 생략하겠습니다.

```
plt.subplot(1, 2, 1)
plt.imshow(imgs[0])
```

for 문의 **두 번째 반복**에서 i는 1이므로 다음 코드가 실행되어 두 번째 위치에 imgs[1]인 dog 이미지를 표시합니다. 실행 결과는 앞의 예제와 같으니 생략하겠습니다.

```
plt.subplot(1, 2, 2)
plt.imshow(imgs[1])
```

완성한 프로그램은 다음과 같은데, 반복 구조를 이용해서 이미지를 출력하면 출력하고자 하는 이미지의 개수가 늘어나도 코드 길이는 늘지 않아 편리합니다.

코드 8-17

```
01 import matplotlib.pyplot as plt
02
03 cat = plt.imread('cat1.jpg')
04 dog = plt.imread('dog1.jpg')
05 imgs = [cat, dog]
06
07 plt.figure(figsize=(5,3))
08 for i in range(len(imgs)):
09   plt.subplot(1, 2, i+1)
10   plt.imshow(imgs[i])
11   plt.axis('off')
12 plt.show()
```

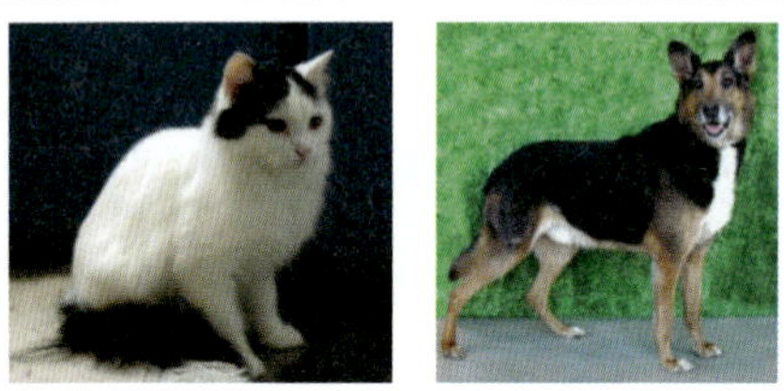

05 cat과 dog를 항목으로 하는 imgs 리스트를 생성합니다.

08~11 1행 2열의 서브플롯에 두 개의 이미지를 표시합니다.

12 생성한 이미지를 출력합니다.

이미지 제목 설정하기

고양이 이미지 아래에 'cat'이라는 제목을 표시하고, 강아지 이미지 아래에 'dog'라는 제목을 표시하도록 설정하겠습니다. 이미지 아래에 제목을 추가하려면 그래프에 x축 제목을 달 때와 같이 xlabel 함수를 사용하면 됩니다. 우선 이미지 아래에 추가할 제목인 'cat'과 'dog'를 항목으로 하는 labels 리스트를 생성합니다.

```
labels = ['cat', 'dog']
```

이미지의 축과 눈금을 없애는 plt.axis('off') 코드를 넣지 않아야 제목을 추가할 수 있습니다. 그리고 x축과 y축에 값이 표시되지 않도록 하기 위해 눈금의 위치, 눈금의 이름을 설정하는 xticks 함수를 이용해서 x축과 y축 값을 빈 리스트로 설정합니다.

```
plt.xticks([])
plt.yticks([])
```

xlabel 함수를 이용해서 x축 제목으로 labels 리스트의 항목인 'cat'과 'dog'를 설정합니다.

```
plt.xlabel(labels[i])
```

다음은 for 문을 이용해서 두 개의 이미지를 표시하고 이미지 아래에 제목을 추가하는 코드입니다.

```
for i in range(2):
  plt.subplot(1, 2, i+1)
  plt.imshow(imgs[i])
  plt.xticks([])
  plt.yticks([])
  plt.xlabel(labels[i])
```

for 문의 **첫 번째 반복**에서 i는 0이므로 다음 코드가 실행됩니다. 결국 1행 2열의 서브플롯 중 첫 번째 위치에 imgs[0]인 cat 이미지를 표시하고, labels[0]인 'cat'이 이미지 아래에 추가됩니다.

```
plt.subplot(1, 2, 1)
plt.imshow(imgs[0])
plt.xlabel(labels[0])
```

for 문의 **두 번째 반복**에서 i는 1이므로 다음 코드가 실행되어 1행 2열의 서브플롯 중 두 번째 위치에 imgs[1]인 dog 이미지를 표시하고, labels[1]인 'dog'가 이미지 아래에 추가됩니다.

```
plt.subplot(1, 2, 2)
plt.imshow(imgs[1])
plt.xlabel(labels[1])
```

완성한 프로그램은 다음과 같은데, 실행 결과 이미지 아래에 제목이 추가되었습니다.

코드 8-18

```
01 import matplotlib.pyplot as plt
02
03 cat = plt.imread('cat1.jpg')
04 dog = plt.imread('dog1.jpg')
05 imgs = [cat, dog]
06 labels = ['cat', 'dog']
07
08 plt.figure(figsize=(5,3))
09 for i in range(len(imgs)):
10   plt.subplot(1, 2, i+1)
11   plt.imshow(imgs[i])
12   plt.xticks([])
13   plt.yticks([])
14   plt.xlabel(labels[i])
15 plt.show()
```

05 cat과 dog를 항목으로 하는 imgs 리스트를 생성합니다.

06 'cat'과 'dog'를 항목으로 하는 labels 리스트를 생성합니다.

09~14 1행 2열의 서브플롯에 두 개의 이미지를 표시합니다. 이미지 아래에 제목을 추가합니다.

15 이미지를 출력합니다.

3 폴더 안 이미지 출력하기

프로그램이 크고 파일이 많을 때는 세션 저장소 안에서 폴더를 나누어 정리해야 편리합니다. 세션 저장소의 폴더에 업로드한 이미지를 출력해 보겠습니다.

코랩에 폴더 만들고 이미지 올리기

코랩에 폴더를 만들고 사용할 이미지를 올려야 합니다. 화면 왼쪽 메뉴의 파일 아이콘(🗀)을 클릭해 세션 저장소를 엽니다. 세션 저장소에서 마우스 오른쪽 버튼을 눌러 [새 폴더] 메뉴를 클릭해 'dog' 폴더를 생성합니다.

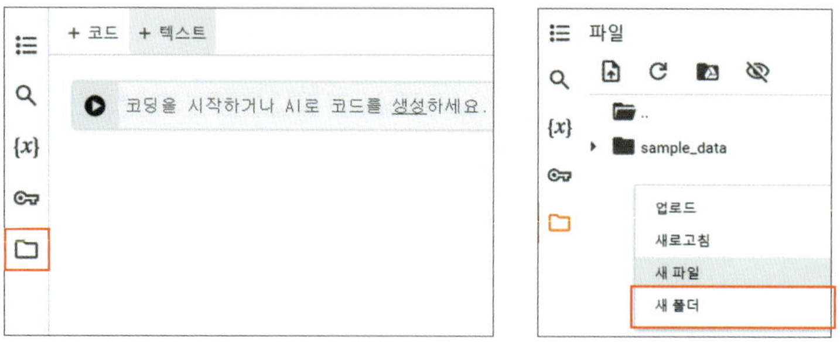

(a) 세션 저장소 열기 (b) 새 폴더 생성

그림 8-19 세션 저장소에 폴더 생성

[dog] 폴더를 마우스 오른쪽 버튼으로 눌러 [업로드] 메뉴를 클릭하고 'dog1.jpg', 'dog2.jpg', 'dog3.jpg', 'dog4.jpg' 파일을 올립니다.

(a) [dog] 폴더의 마우스 오른쪽 메뉴 [업로드] 클릭 (b) 이미지 파일 업로드

그림 8-20 세션 저장소에 이미지 업로드

폴더 안의 이미지 출력하기

[dog] 폴더 안에 있는 이미지 파일을 출력하려면 파일 목록을 가져와야 하는데, 이때 `os` 라이브러리의 `listdir` 함수를 사용합니다.

| Syntax | **listdir() 함수**

```
import os
os.listdir(경로)
```

'경로' 폴더 안에 있는 파일 목록을 리스트로 반환한다.

[dog] 폴더 안에 있는 이미지 파일 목록을 가져와 imgs 리스트에 저장합니다. imgs 리스트를 출력해 보면 [dog] 폴더 안에 있는 이미지 파일 이름이 출력됩니다.

```
import os
imgs = os.listdir('dog')
print(imgs)
```

```
['dog2.jpg', 'dog4.jpg', 'dog1.jpg', 'dog3.jpg']
```

imread 함수를 이용해서 이미지를 가져오려면 이미지 파일의 정확한 경로를 설정해야 합니다. 예를 들어, 'dog2.jpg' 이미지 파일의 정확한 경로는 다음과 같습니다.

```
'dog/dog2.jpg'
```

폴더명과 파일명을 연결해서 경로 형식으로 나타낼 때 사용하는 함수가 os 라이브러리의 **path.join 함수**입니다.

| Syntax | **path.join() 함수**

```
import os
os.path.join(폴더이름, 파일이름)
```

'폴더이름'과 '파일이름'을 경로 형식으로 연결해서 반환한다.

다음은 폴더 이름 'dog'와 이미지 파일 이름 'dog2.jpg'를 경로 형식으로 연결하는 예입니다.

```
print(os.path.join('dog', 'dog2.jpg'))
```

```
dog/dog2.jpg
```

결국 imread 함수를 이용해서 'dog2.jpg' 이미지를 가져오려면 path.join 함수를 사용해서 파일 경로를 설정해야 합니다.

```
img = plt.imread(os.path.join('dog', 'dog2.jpg'))
```

imgs 리스트 ['dog2.jpg', 'dog4.jpg', 'dog1.jpg', 'dog3.jpg']에 저장된 4개의 이미지를 2행 2열로 표시하는 코드는 다음과 같습니다.

```
for i in range(len(imgs)):
  plt.subplot(2,2,i+1)
  img = plt.imread(os.path.join('dog', imgs[i]))
  plt.imshow(img)
```

첫 번째 반복에서 i는 0이므로 다음 코드가 실행되는 것과 같습니다.

```
plt.subplot(2,2,1)
img = plt.imread(os.path.join('dog', imgs[0]))
plt.imshow(img)
```

imgs[0]은 'dog2.jpg'이므로 os.path.join('dog', imgs[0])는 'dog/dog2.jpg'가 됩니다. 결국 2행 2열의 서브플롯 중 첫 번째 위치에 'dog/dog2.jpg' 이미지를 표시합니다.

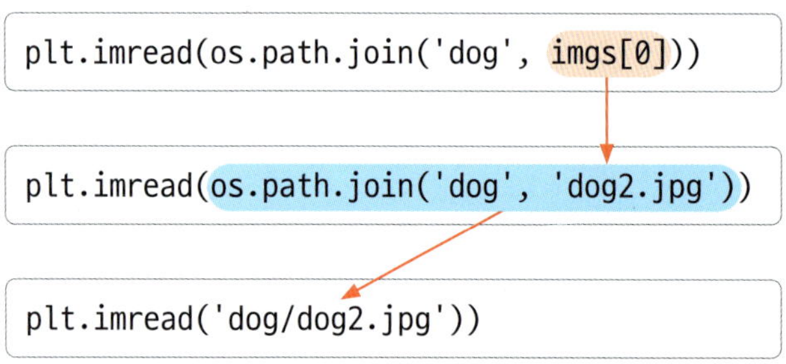

그림 8-21 첫 번째 반복에서 dog2.jpg 표시

두 번째 반복에서 i는 1이므로 다음 코드가 실행되는 것과 같습니다. 2행 2열의 서브플롯 중 두 번째 위치에 'dog/dog4.jpg' 이미지를 표시합니다.

```
plt.subplot(2,2,2)
img = plt.imread(os.path.join('dog', 'dog4.jpg'))
plt.imshow(img)
```

세 번째 반복과 네 번째 반복에서도 마찬가지 동작을 반복합니다.

완성한 프로그램은 다음과 같습니다.

코드 8-19

```
01 import matplotlib.pyplot as plt
02 import os
03
04 imgs = os.listdir('dog')
05
06 plt.figure(figsize=(5,5))
07 for i in range(len(imgs)):
08   plt.subplot(2,2,i+1)
09   img = plt.imread(os.path.join('dog', imgs[i]))
10   plt.imshow(img)
11   plt.axis('off')
12 plt.show()
```

04 [dog] 폴더 안에 있는 파일 목록을 가져와 imgs에 저장합니다.

07~11 2행 2열의 서브플롯에 [dog] 폴더에 있는 네 개의 이미지를 표시합니다.

TIP 코랩에서 구글 드라이브의 파일을 이용하려면 코랩에 구글 드라이브를 마운트해야 합니다. 또한 구글 드라이브의 파일 목록을 리스트에 저장하면 반복문으로 접근할 수 있어 편리합니다.

표 8-9 드라이브의 파일을 이용하는 코드

구글 드라이브를 마운트하는 코드	[data] 폴더 안의 파일 목록을 imgs 리스트에 저장하는 코드
from google.colab import drive drive.mount('/content/gdrive')	img_folder='/content/gdrive/My Drive/data/' imgs = os.listdir(img_folder)

LAB 주사위 굴리기

random 라이브러리의 randint 함수를 이용하면 주사위 이미지를 무작위로 출력할 수 있습니다. dice1.png, dice2.png, dice3.png, dice4.png, dice5.png, dice6.png 파일을 코랩 세션 저장소에 업로드합니다.

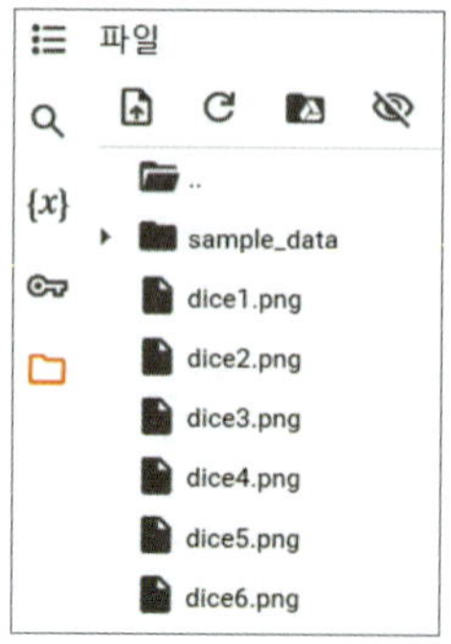

그림 8-22 주사위 이미지 업로드

[코드 8-20]은 주사위 이미지 2개를 무작위로 선택해서 출력하는 프로그램입니다.

코드 8-20

```
import matplotlib.pyplot as plt
import random

dice1 = plt.imread('dice1.png')
dice2 = plt.imread('dice2.png')
dice3 = plt.imread('dice3.png')
dice4 = plt.imread('dice4.png')
dice5 = plt.imread('dice5.png')
dice6 = plt.imread('dice6.png')
dices = [dice1,dice2,dice3,dice4,dice5,dice6]

plt.figure(figsize=(4.5,2))
```

```
13 for i in range(2):
14   plt.subplot(1, 2, i+1)
15   select = random.randint(0,len(dices)-1)
16   plt.imshow(dices[select])
17   plt.axis('off')
18 plt.show()
```

동작 과정

1 04~09행에서 주사위 이미지 6개를 읽어와서 dice1, dice2, …, dice6에 저장하고, 10행에서 dice1, dice2, …, dice6을 항목으로 하는 dices 리스트를 생성합니다.

2 **첫 번째 반복**의 15행에서 4가 선택되어 select에 저장되었다고 가정합니다. 그러면 dices[select]는 dices[4]이므로 dice5가 됩니다.

3 1행 2열의 서브플롯 중 첫 번째 서브플롯에 dice5 이미지를 표시합니다.

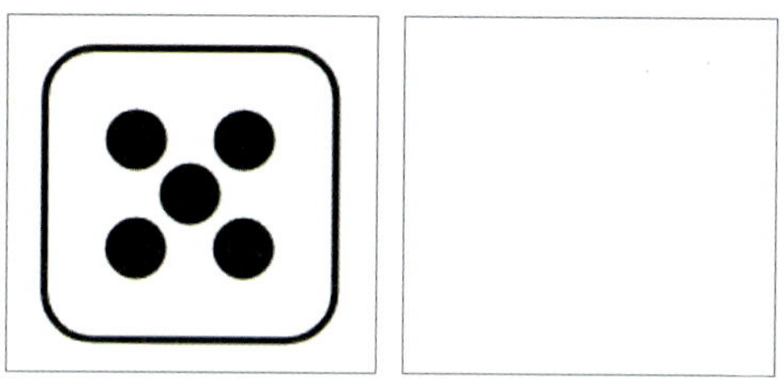

4 **두 번째 반복**의 15행에서 0이 선택되어 select에 저장되었다고 가정합니다. 그러면 dices[select]는 dices[0]이므로 dice1이 됩니다. 결국 1행 2열의 서브플롯 중 두 번째 서브플롯에 dice1 이미지를 표시합니다.

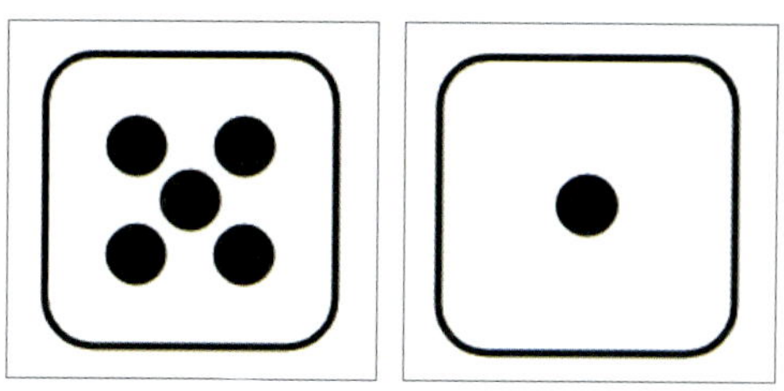

5 18행에서 이미지를 출력합니다.

LAB 고양이와 강아지 이미지 출력하기

코랩 세션 저장소에 [catdog] 폴더를 생성한 후 cat1.jpg, cat2.jpg, cat3.jpg, cat4.jpg, dog1.jpg, dog2.jpg, dog3.jpg, dog4.jpg, dog5.jpg 파일을 업로드합니다. 이미지 출처는 캐글입니다. 다음은 [catdog] 폴더에 있는 9개의 이미지를 3행 3열로 출력하는 프로그램입니다.

코드 8-21

```
import matplotlib.pyplot as plt
import  os

imgs = os.listdir('catdog')

plt.figure(figsize=(5,5))
for i in range(len(imgs)):
  plt.subplot(3,3,i+1)
  img = plt.imread(os.path.join('catdog', imgs[i]))
  plt.imshow(img)
  plt.axis('off')
plt.show()
```

동작 과정

1 04행에서 [catdog] 폴더 안에 있는 이미지 파일 목록을 가져와 `imgs`에 저장합니다.

2 첫 번째 반복 에서 `i`는 `0`입니다. 만약 `imgs[0]`이 'cat2.jpg'이라면 `os.path.join('catdog', imgs[0])`는 'catdog/cat2.jpg'가 됩니다. 결국 3행 3열의 서브플롯 중 첫 번째 위치에 'catdog/cat2.jpg' 이미지를 표시합니다.

3 두 번째 반복에서 `i`는 `1`입니다. 만약 `imgs[1]`이 'dog2.jpg'이라면 `os.path.join('catdog', imgs[1])`는 'catdog/dog2.jpg'가 되어, 3행 3열의 서브플롯 중 두 번째 위치에 이미지를 표시합니다.

4 이와 같은 동작을 반복한 후 12행에서 이미지를 출력합니다.

8.3 플러스 예제 인기 강좌의 빈도수 그래프

영어 학원에서 수강 인원에 따라 강의실을 배정하기 위해 수강 희망 강좌를 조사하려고 합니다. 수강을 희망하는 영어 강좌 조사 결과를 그래프로 시각화하는 프로그램을 만들어 보겠습니다.

1 인기 영어 강좌의 빈도수 구하기

수강하기 원하는 영어 강좌를 반복적으로 입력받아 각 강좌에 대한 빈도수를 구하는 프로그램을 만들어보겠습니다. 키는 강좌명이고 값은 0인 course 딕셔너리를 생성합니다. 값은 빈도수를 의미합니다.

```
course ={'TOEIC':0, 'TOEFL':0, 'TOEIC SPEAKING':0, 'OPIC':0, 'IELTS':0}
```

수강하기 원하는 영어 강좌는 여러 개일 수 있으므로 강좌를 입력받을 때 콤마(,)를 이용해서 여러 개를 입력받을 수 있습니다. split 함수를 이용해서 입력받은 s는 콤마(,)를 기준으로 나누어 강좌를 하나씩 처리합니다.

```
s = input('강좌: ')
for a in s.split(','):
  # a 강좌 처리
```

a 강좌가 course 딕셔너리에 있으면 course[a]의 값을 1 증가시키고, a가 course에 없으면 등록되지 않은 강좌라고 출력합니다.

```
if a in course:
  course[a] += 1
else:
  print(f'{a}는 등록되지 않은 강좌입니다.')
```

■ 전체 프로그램

```
01 course ={'TOEIC':0, 'TOEFL':0, 'TOEIC SPEAKING':0, 'OPIC':0, 'IELTS':0}
02
03 print('수강하고 싶은 강좌를 입력하세요.')
04 print('복수 개의 강좌를 입력하려면 콤마로 구분하세요.')
05
06 while True:
07     s = input('TOEIC, TOEFL, TOEIC SPEAKING, OPIC, IELTS, 종료: ')
08     if s=='종료':
09         break
10     for a in s.split(','):
11         if a in course:
12             course[a] += 1
13         else:
14             print(f'{a}는 등록되지 않은 강좌입니다.')
15
16 for key, value in course.items():
17     print(key, value)
```

06~14 사용자에게 수강하기 원하는 영어 강좌를 입력받아 빈도수를 구하는 동작을 '종료'가 입력될 때까지 반복합니다.

07 강좌 이름 또는 '종료'를 입력받아 s에 저장합니다. 만약 원하는 강좌가 여러 개라면 콤마(,)로 구분하여 여러 개를 입력할 수 있습니다.

08~09 s가 '종료'면 while 문을 종료합니다.

10~14 s에 저장된 모든 강좌에 대해 반복합니다.

11~12 a 강좌가 course 딕셔너리에 있으면 course[a]의 값을 1 증가시킵니다.

13~14 a 강좌가 course 딕셔너리에 없으면 등록되지 않은 강좌라고 출력합니다.

16~17 각 강좌의 빈도수를 출력합니다.

```
수강하고 싶은 강좌를 입력하세요.
복수 개의 강좌를 입력하려면 콤마로 구분하세요.
TOEIC, TOEFL, TOEIC SPEAKING, OPIC, IELTS, 종료: TOEIC
TOEIC, TOEFL, TOEIC SPEAKING, OPIC, IELTS, 종료: TOEIC SPEAKING,TOEFL
TOEIC, TOEFL, TOEIC SPEAKING, OPIC, IELTS, 종료: TOEIC,TOEIC SPEAKING
TOEIC, TOEFL, TOEIC SPEAKING, OPIC, IELTS, 종료: TEPS
TEPS는 등록되지 않은 강좌입니다.
```

```
TOEIC, TOEFL, TOEIC SPEAKING, OPIC, IELTS, 종료: 종료
TOEIC 2
TOEFL 1
TOEIC SPEAKING 2
OPIC 0
IELTS 0
```

동작 과정

1 01행에서 course 딕셔너리를 생성합니다. 키는 강좌명이고 값은 수강을 희망하는 강좌의 빈도수입니다. 빈도수 초깃값은 0입니다.

2 06~14행에서 수강을 희망하는 강좌를 입력받아 각 강좌의 빈도수를 구하는 동작을 '종료'가 입력될 때까지 반복합니다.

3 while 문 **첫 번째 반복**의 07행에서 희망하는 강좌로 'TOEIC'을 입력받아 s에 저장합니다.

4 08행의 조건식이 거짓이므로 10~14행을 실행합니다. 10행의 s.split(',')는 ['TOEIC']이므로, for 문은 리스트 항목 수만큼 1번 반복합니다. for 문의 **첫 번째 반복**에서 a는 'TOEIC'이 되는데, a가 course 딕셔너리에 있으므로 12행을 실행합니다. 12행에서 course[a], 즉 course['TOEIC']의 값을 1 증가시킵니다.

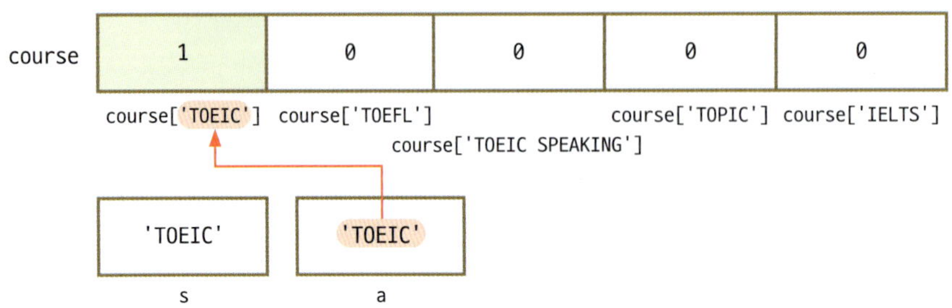

5 while **두 번째 반복**의 07행에서 희망하는 강좌로 'TOEIC SPEAKING,TOEFL'을 입력받아 s에 저장합니다.

6 08행의 조건식이 거짓이므로 10~14행을 실행합니다. 10행의 s.split(',')는 ['TOEIC SPEAKING', 'TOEFL']가 되어, for 문은 리스트 항목 수만큼 2번 반복합니다. for 문의 **첫 번째 반복**에서 a는 'TOEIC SPEAKING'이 되는데, a가 course 딕셔너리에 있으므로 12행을 실행합니다. 12행에서 course[a], 즉 course['TOEIC SPEAKING']의 값을 1 증가시킵니다.

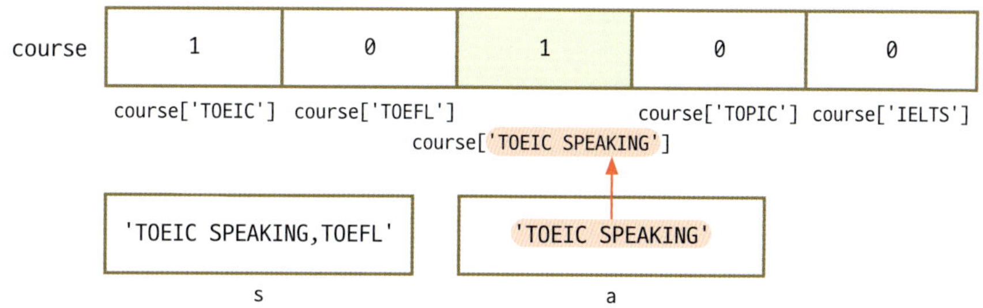

7 for 문의 **두 번째 반복**에서 a는 'TOEFL'이 되는데, a가 s 딕셔너리에 있으므로 12행을 실행합니다. 12행에서 course[a], 즉 course['TOEFL']의 값을 1 증가시킵니다.

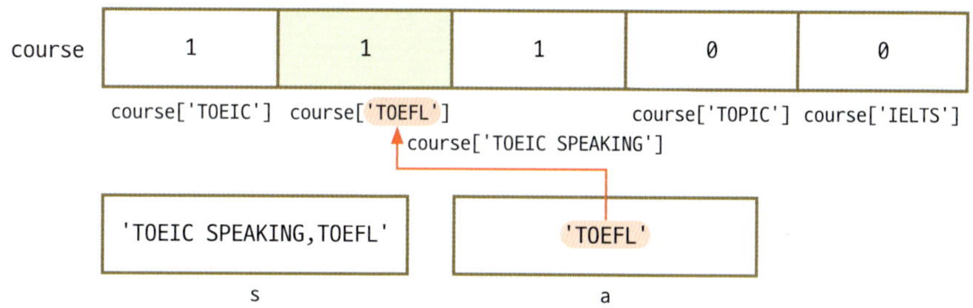

8 07행에서 '**종료**'가 입력될 때까지 이와 같은 동작을 반복한 후, 16~17행에서 각 강좌에 대한 빈도수를 출력합니다.

2 빈도수 그래프 그리기

각 강좌의 빈도수를 막대 그래프로 그리겠습니다. bar 함수의 첫 번째 매개변수인 항목 이름은 course.keys()로 구하고, bar 함수의 두 번째 매개변수인 항목 값은 course.values()로 구합니다.

```
plt.bar(course.keys(), course.values())
```

■ 전체 프로그램

```
01  import matplotlib.pyplot as plt
02
03  course ={'TOEIC':0, 'TOEFL':0, 'TOEIC SPEAKING':0, 'OPIC':0, 'IELTS':0}
```

```
print('수강하고 싶은 강좌를 입력하세요.')
print('복수 개의 강좌를 입력하려면 콤마로 구분하세요.')

while True:
  s = input('TOEIC, TOEFL, TOEIC SPEAKING, OPIC, IELTS, 종료: ')
  if s=='종료':
    break
  for a in s.split(','):
    if a in course:
      course[a] += 1
    else:
      print(f'{a}는 등록되지 않은 강좌입니다.')

plt.figure(figsize=(5.5,3))
plt.bar(course.keys(), course.values(), color='g', width=0.6)
plt.title('preferred english course')
plt.xlabel('english course')
plt.ylabel('frequency')
plt.show()
```

```
수강하고 싶은 강좌를 입력하세요.
복수 개의 강좌를 입력하려면 콤마로 구분하세요.
TOEIC, TOEFL, TOEIC SPEAKING, OPIC, IELTS, 종료: TOEIC
TOEIC, TOEFL, TOEIC SPEAKING, OPIC, IELTS, 종료: TOEIC SPEAKING,TOEFL
TOEIC, TOEFL, TOEIC SPEAKING, OPIC, IELTS, 종료: TOEIC,TOEIC SPEAKING
TOEIC, TOEFL, TOEIC SPEAKING, OPIC, IELTS, 종료: TEPS
TEPS는 등록되지 않은 강좌입니다.
TOEIC, TOEFL, TOEIC SPEAKING, OPIC, IELTS, 종료: 종료
```

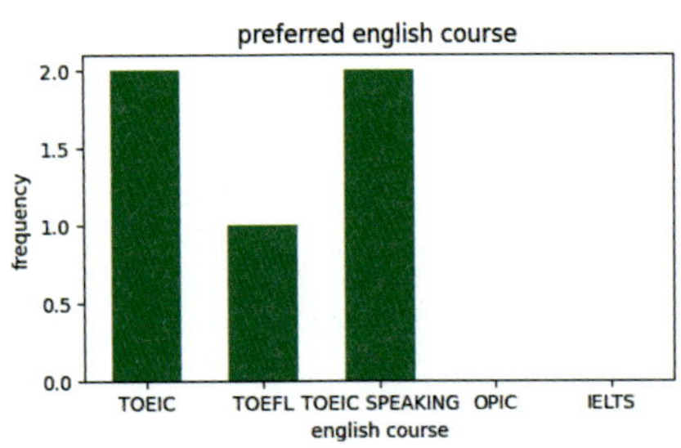

동작 과정

1 03행에서 키는 강좌명이고 값은 수강을 희망하는 강좌의 빈도수인 `course` 딕셔너리를 생성합니다. 빈도수의 초깃값은 `0`입니다.

	course['TOEIC']	course['TOEFL']	course['TOEIC SPEAKING']	course['OPIC']	course['IELTS']
course	0	0	0	0	0

2 08~16행에서 수강을 희망하는 강좌를 입력받아 각 강좌에 대한 빈도수를 구하는 동작을 `'종료'`가 입력될 때까지 반복합니다. 실행 결과를 보면 `course` 딕셔너리는 다음과 같이 됩니다.

	course['TOEIC']	course['TOEFL']	course['TOEIC SPEAKING']	course['OPIC']	course['IELTS']
course	2	1	2	0	0

3 19행에서 `bar` 함수를 이용해서 항목은 `course.keys()`이고, 각 항목의 값은 `course.values()`인 막대 그래프를 그립니다. `course.keys()`는 `course` 딕셔너리의 키를 반환하고, `course.values()`는 `course` 딕셔너리의 값을 반환합니다.

4 23행에서 그래프를 출력합니다.

쌍둥이 문제

인기 영어 강좌 빈도수 그래프의 눈금 이름이 세로 방향으로 표시되도록 프로그램을 수정하세요.

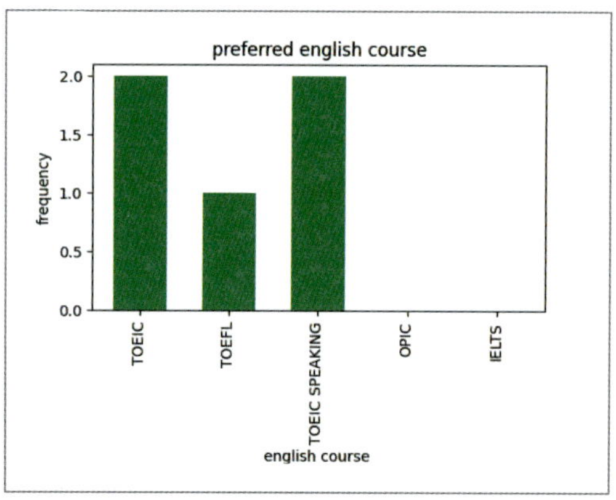

힌트 `xticks`는 그래프 눈금의 위치, 눈금 이름 등을 설정하는 함수입니다. 이 함수의 `rotation` 매개변수를 설정해서 눈금 이름을 회전할 수 있습니다.

표 8-10 xticks 함수의 rotation 매개변수

rotation 매개변수 값	설명
plt.xticks(rotation='vertical')	눈금 이름을 세로 방향으로 표시한다.
plt.xticks(rotation=45)	눈금 이름을 시계 반대 방향으로 45도 회전하여 표시한다.

도전 문제

사용 가능한 프로그래밍 언어를 입력받아 각 언어의 빈도수 그래프를 그리는 프로그램을 작성하세요. 사용자는 콤마(,)로 구분하여 언어를 여러 개 입력할 수 있습니다.

[실행 예]

```
사용 가능한 언어(Python,C,Java,JavaScript) 또는 종료: Python,C
사용 가능한 언어(Python,C,Java,JavaScript) 또는 종료: Python,Java,C++
C++는 등록되지 않은 언어입니다.
사용 가능한 언어(Python,C,Java,JavaScript) 또는 종료: C,Python
사용 가능한 언어(Python,C,Java,JavaScript) 또는 종료: 종료
```

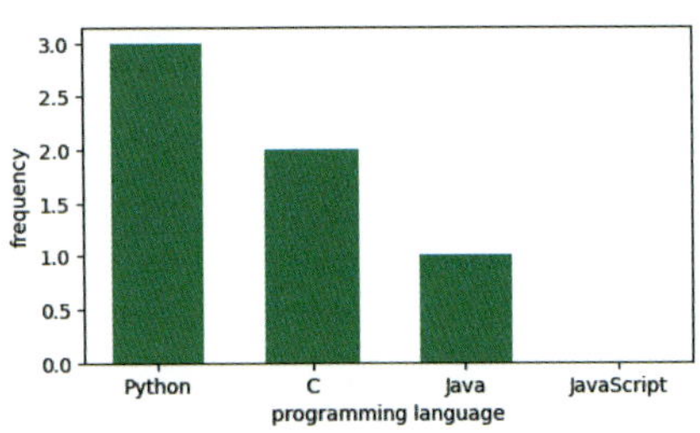

힌트 7장의 309쪽 프로그램을 참고합니다.

탐구

몬테카를로 시뮬레이션과 멘델의 유전 법칙

시뮬레이션이란 연구하고자 하는 대상을 모델링한 후, 모의실험을 통해 해를 구하고 그 해를 대상에 적용하는 과정을 의미합니다. 시뮬레이션의 종류에는 여러 가지가 있는데 그중 난수를 발생시키는 방법을 '몬테카를로 시뮬레이션'이라 합니다. 폴란드계 미국인 수학자인 스타니스와프 울람Stanisław Marcin Ulam이 도박으로 유명한 모나코의 도시, 몬테카를로의 이름을 따 명명했습니다. 몬테카를로 시뮬레이션은 일반적으로 다음과 같은 절차를 거칩니다.

- 문제에 대한 시뮬레이션 모델 구축
- 난수를 생성하여 입력할 값을 만들고 이를 모델에 입력
- 입력한 값에 대한 결과 계산
- 계산 결과의 분포나 특성을 추론함으로써 문제의 해답 유추

멘델의 유전 법칙은 식물학자인 그레고어 멘델Gregor Johan Mendel이 완두 실험으로 얻은 세 가지 법칙으로, 우열의 법칙, 분리의 법칙, 독립의 법칙을 말합니다. 우열의 법칙은 한 개체에 두 가지 형질이 있을 때 우성인 형질만 발현되고 열성인 형질은 발현되지 않는다는 내용입니다. 분리의 법칙은 개체의 대립유전자가 유전될 때 자식은 부모로부터 대립유전자를 각각 하나씩 물려받아 두 개의 유전자를 갖는다는 내용입니다. 독립의 법칙은 두 쌍 이상의 대립유전자가 존재할 때 각 쌍의 유전자 분리와 재결합은 독립적으로 일어난다는 내용입니다.

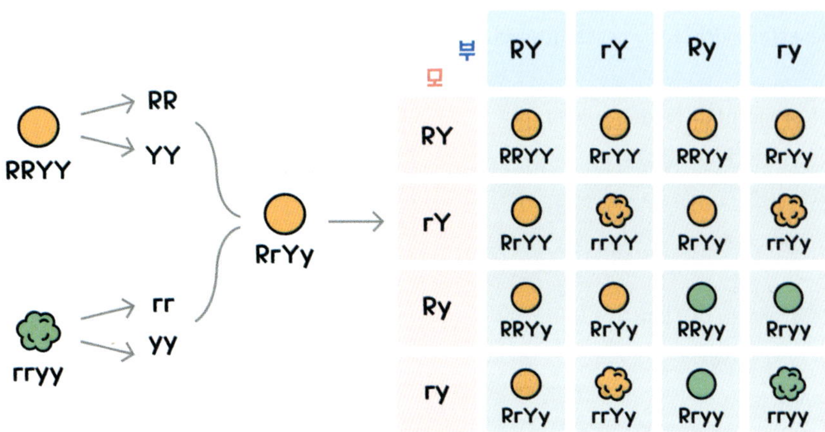

그림 8-23 완두콩 유전 실험

완두콩에 대한 멘델의 유전 실험 내용을 살펴보겠습니다. 완두콩은 모양과 색깔이라는 두 가지 형질을 갖고 있습니다. 둥근 모양(R)과 노란색(Y)이 우성 형질이고 주름진 모양(r)과 녹색(y)이 열성 형질입니다. 우성 순종(RRYY)과 열성 순종(rryy)을 교배시키면 두 형질이 모두 잡종인 자손(RrYy)이 나옵니다. 그리고 이 자손(RrYy)을 자가 교배하면 둥근 노란색 콩(RRYY), 둥근 녹색 콩(Rryy), 주름진 노란색 콩(rrYy), 주름진 녹색 콩(rryy) 형질의 두 번째 자손이 나옵니다.

이를 시뮬레이션하는 프로그램은 다음과 같습니다. 난수를 이용해 두 번째 자손을 반복 횟수(count)만큼 생성합니다. 유전형과 표현형의 빈도를 계산할 때는 딕셔너리를 사용하여 유전자가 자식 세대로 전달되는 과정을 간단하게 구현했습니다. 05, 06행의 sorted 함수는 리스트 항목을 정렬합니다.

코드 8-22

```
01 import random
02
03 def simulation(cnt):
04   for i in range(cnt):
05     shape = sorted(child[random.randint(0,1)]+child[random.randint(0,1)])
06     color = sorted(child[random.randint(2,3)]+child[random.randint(2,3)])
07     grandchild = ''.join(shape+color)  # 리스트 항목들을 연결해 하나의 문자열로 전환
08     genes[grandchild] = genes[grandchild] + 1
09
10     if grandchild.find('R') != -1:
11       type = 'R'
12     else:
13       type = 'r'
14
15     if grandchild.find('Y') != -1:
16       type = type + 'Y'
17     else:
18       type = type + 'y'
19
```

```
        phenotype[type] = phenotype[type] + 1

genes = {'RRYY':0,'RRYy':0,'RRyy':0,'RrYY':0,'RrYy':0,
         'Rryy':0,'rrYY':0,'rrYy':0,'rryy':0} # 유전형
phenotype = {'RY':0, 'Ry':0, 'rY':0, 'ry':0}  # 표현형

father = 'RRYY'
mother = 'rryy'

shape = father[random.randint(0,1)]+mother[random.randint(0,1)]
color = father[random.randint(2,3)]+mother[random.randint(2,3)]

child = shape+color

count = int(input('반복 횟수: '))
simulation(count)

print('유전형 -', genes)
print('표현형 -', phenotype)
for x in phenotype.values():
  print(x/sum(phenotype.values()), end=' ')
```

```
반복 횟수: 100000
유전형 - {'RRYY': 6268, 'RRYy': 12494, 'RRyy': 6247, 'RrYY': 12411, 'RrYy': 25180,
         'Rryy': 12564, 'rrYY': 6256, 'rrYy': 12469, 'rryy': 6111}
표현형 - {'RY': 56353, 'Ry': 18811, 'rY': 18725, 'ry': 6111}
0.56353 0.18811 0.18725 0.06111
```

count 값에 100000을 입력해서 100,000개의 두 번째 자손 세대를 무작위로 생성하고 유전형과 표현형의 빈도를 구했습니다. 표현형을 살펴보면 두 번째 자손 세대의 둥근 노란색 콩, 둥근 녹색 콩, 주름진 노란색 콩, 주름진 녹색 콩의 비율이 0.56353 : 0.18811 : 0.18725 : 0.06111입니다. 시뮬레이션 결과가 이론적 표현형 비율인 9:3:3:1에 매우 가깝게 나타납니다.

탐구 과제 01 표현형의 빈도를 막대 그래프로 시각화하는 프로그램을 작성하세요.

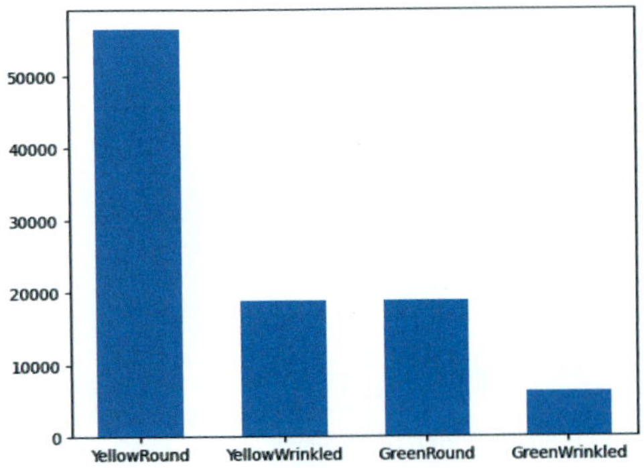

탐구 과제 02 반복 횟수를 10, 100, 1,000, 10,000, 100,000, 1,000,000으로 다양하게 설정하고 시뮬레이션합니다. 결과로 나온 표현형별 빈도와 비율을 다음 표에 적고 이론적 비율과 비교하세요.

반복 횟수	둥근 노란색 콩	둥근 녹색 콩	주름진 노란색 콩	주름진 녹색 콩	비율
10					
100					
1,000					
10,000					
100,000					
1,000,000					

요약

01 그래프 시각화 관련 함수는 다음과 같습니다.

함수	설명	예시
plot()	선 그래프를 그린다.	import matplotlib.pyplot as plt plt.plot(x, y)
bar()	막대 그래프를 그린다.	import matplotlib.pyplot as plt plt.bar(x, y)
scatter()	산점도를 그린다.	import matplotlib.pyplot as plt plt.scatter(x, y)
hist()	히스토그램을 그린다.	import matplotlib.pyplot as plt plt.hist(x)
show()	그래프 또는 이미지를 출력한다.	import matplotlib.pyplot as plt plt.show()
title()	그래프 제목을 설정한다.	import matplotlib.pyplot as plt plt.title('title')
xlabel()	x축 제목을 설정한다.	import matplotlib.pyplot as plt plt.xlabel('x-axis title')
ylabel()	y축 제목을 설정한다.	import matplotlib.pyplot as plt plt.ylabel('y-axis title')
xlim()	x축 범위를 설정한다.	import matplotlib.pyplot as plt plt.xlim(50, 100)
ylim()	y축 범위를 설정한다.	import matplotlib.pyplot as plt plt.ylim(400, 600)
legend()	범례를 추가한다.	import matplotlib.pyplot as plt plt.plot(x, y, label='Korea') plt.legend()
annotate()	주석을 표시한다.	import matplotlib.pyplot as plt plt.annotate('py', xy=(75,470), xytext=(5,-10), textcoords='offset points')
xticks()	x축의 눈금 위치와 이름을 조절한다.	import matplotlib.pyplot as plt plt.xticks(ind, year)

02 이미지 출력 관련 함수는 다음과 같습니다.

함수	설명	예시
imread()	이미지를 읽어온다.	`import matplotlib.pyplot as plt` `img = plt.imread('image.jpg')`
imshow()	이미지를 화면에 표시한다.	`import matplotlib.pyplot as plt` `plt.imshow(img)`
savefig()	이미지 또는 그래프를 저장한다.	`import matplotlib.pyplot as plt` `plt.savefig('img.png')`
subplot()	여러 개의 서브플롯 중 하나를 가리킨다.	`import matplotlib.pyplot as plt` `plt.subplot(3, 2, 1)`

03 경로 관련 함수는 다음과 같습니다.

함수	설명	예시
listdir()	폴더 안의 파일 목록을 리스트로 반환한다.	`import os` `imgs = os.listdir('folder')`
path.join()	경로 형식으로 반환한다.	`import os` `os.path.join('folder', img)`

연습문제

01 다음 코드의 실행 결과를 예측하시오.

(1)

```
import matplotlib.pyplot as plt

year = [2006, 2009, 2012, 2015, 2018]
kor = [547, 546, 554, 524, 526]
plt.plot(year, kor)
plt.show()
```

(2)

```
import matplotlib.pyplot as plt

year = ['2006', '2009', '2012', '2015', '2018']
kor = [547, 546, 554, 524, 526]
plt.bar(year, kor)
plt.show()
```

(3)

```
import matplotlib.pyplot as plt

kor = [547, 546, 554, 524, 526]
usa = [474, 487, 481, 470, 478]
plt.scatter(kor, usa)
plt.show()
```

(4)

```
import matplotlib.pyplot as plt

score = [547,546,554,524,526,474,487,481,470,478,523,529,536,532,527]
plt.hist(score)
plt.show()
```

(5)

```
import matplotlib.pyplot as plt

cat = plt.imread('cat.jpg')
plt.imshow(cat)
plt.show()
```

(6)

```
import matplotlib.pyplot as plt

cat = plt.imread('cat.jpg')
dog = plt.imread('dog.jpg')
imgs = [cat, dog]
for i in range(len(imgs)):
  plt.subplot(1, 2, i+1)
  plt.imshow(imgs[i])
plt.show()
```

HINT cat.jpg, dog.jpg는 이 책의 부록으로 제공되는 이미지를 사용합니다.

02 다음 코드를 실행하면 오류가 발생합니다. 오류 원인을 설명하고 수정하시오.

(1)

```
import matplotlib.pyplot as plt

x = [2009, 2012, 2015]
y = [529, 536, 532]
plot(x, y)
show()
```

(2)

```
import matplotlib.pyplot as plt

x = [2006, 2009, 2012, 2015, 2018]
y = [523, 529, 536, 532]
plt.plot(x, y)
plt.show()
```

(3)

```
import matplotlib.pyplot as plt

x = ['a', 'b', 'c']
y = [7, '5', 4]
plt.bar(x, y)
plt.show()
```

(4)

```
import matplotlib.pyplot as plt

cat = plt.imread('cat.jpg')
plt.imshow('cat.jpg')
plt.show()
```

(5)

```
import matplotlib.pyplot as plt

cat = plt.imread('cat.jpg')
dog = plt.imread('dog.jpg')
plt.subplot(1, 2, 0)
plt.imshow(cat)
plt.subplot(1, 2, 1)
plt.imshow(dog)
plt.show()
```

03 x축은 year이고 y축은 kor인 선 그래프를 그리는 프로그램을 다음과 같이 작성했으나 원하는 결과가 나오지 않습니다. 원인을 설명하고 수정하시오.

```
import matplotlib.pyplot as plt

year = [2006, 2009, 2012, 2015, 2018]
kor = [547, 546, 554,,524, 526]
plt.plot(kor, year)
plt.show()
```

04 하나의 그래프에 두 개의 선을 그리는 프로그램을 다음과 같이 작성했으나 원하는 결과가 나오지 않습니다. 원인을 설명하고 수정하시오.

```
import matplotlib.pyplot as plt

year = [2006, 2009, 2012, 2015, 2018]
kor = [547, 546, 554, 524, 526]
usa = [474, 487, 481, 470, 478]
plt.plot(year, kor)
plt.show()
plt.plot(year, usa)
plt.show()
```

05 한 행에 두 개의 이미지를 출력하는 프로그램을 다음과 같이 작성했으나 원하는 결과가 나오지 않습니다. 원인을 설명하고 수정하시오.

```
import matplotlib.pyplot as plt

cat = plt.imread('cat.jpg')
dog = plt.imread('dog.jpg')
imgs = [cat, dog]

for i in range(len(imgs)):
  plt.subplot(2, 1, i+1)
  plt.imshow(imgs[i])
plt.show()
```

HINT subplot(2, 1, …)은 2행 1열의 서브플롯을 의미합니다.

06 다음 표는 3개 국가의 국제학업성취도평가(PISA) 수학 성적입니다. 데이터 출처는 OECD입니다.

연도	대한민국	미국	일본
2006	547	474	523
2009	546	487	529
2012	554	481	536
2015	524	470	532
2018	526	478	527

다음은 수학 성적을 선 그래프로 그리는 프로그램입니다. 빈칸을 채워 코드를 완성하시오.

```
import matplotlib.pyplot as plt

year = [2006, 2009, 2012, 2015, 2018]
kor = [547, 546, 554, 524, 526]
usa = [474, 487, 481, 470, 478]
jpn = [523, 529, 536, 532, 527]

plt.figure(           =(5,3)) # 그래프 크기 설정
plt.           (year, kor, 'r-.', label='Korea')
plt.           (year, usa, 'b:', label='USA')
plt.           (year, jpn, 'g-', label='Japan')
plt.           (400, 600)      # y축 범위 설정
plt.           ()
plt.title('Mathematics performance')
plt.xlabel('year')
plt.ylabel('score')
plt.show()
```

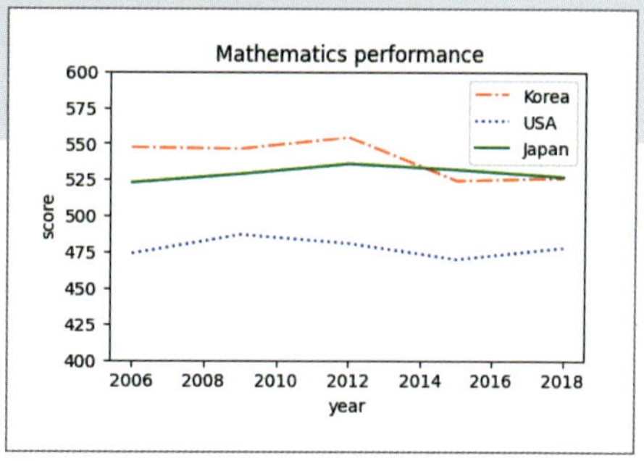

07 다음은 노트북 제품별 가격을 막대 그래프로 나타내는 프로그램입니다. 빈칸을 채워 코드를 완성하시오.

```
import matplotlib.pyplot as plt

notebook = {'g○○':150,'t○○':100,'m○○':160,'s○○':170}

plt.figure(figsize=(5,3))
plt.[          ]([          ], [          ], width=0.7)
plt.xlabel('product name')
plt.ylabel('price')
plt.show()
```

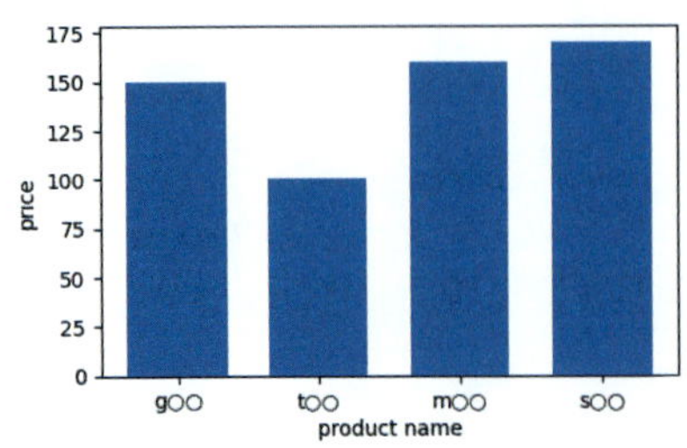

08 다음은 연도별 우리나라 1인 가구 비율과 출생아 수 데이터입니다. 데이터 출처는 통계청입니다.

연도	1인 가구 비율	출생아 수
2000	15.5	640089
2005	20.0	438707
2010	23.9	470171
2015	27.2	438420
2020	31.7	272337

다음은 1인 가구 비율과 출생아 수를 산점도로 나타내고 각 점에 주석을 표시하는 프로그램입니다. 빈칸을 채워 코드를 완성하시오.

```
import matplotlib.pyplot as plt

year = [2000, 2005, 2010, 2015, 2020]
single_person = [15.5, 20.0, 23.9, 27.2, 31.7]
baby_born = [640089, 438707, 470171, 438420, 272337]

plt.figure(figsize=(5,3))
plt.[          ](single_person, baby_born)
for i in range(len(year)):
  plt.[          ]([          ],xy=([          ],[          ]),xytext=(5,-
10),text coords='offset points')
plt.xlim(14,35)
plt.ylim(230000,700000)
plt.xlabel('single-person household ratio')
plt.ylabel('the number of babies born')
plt.show()
```

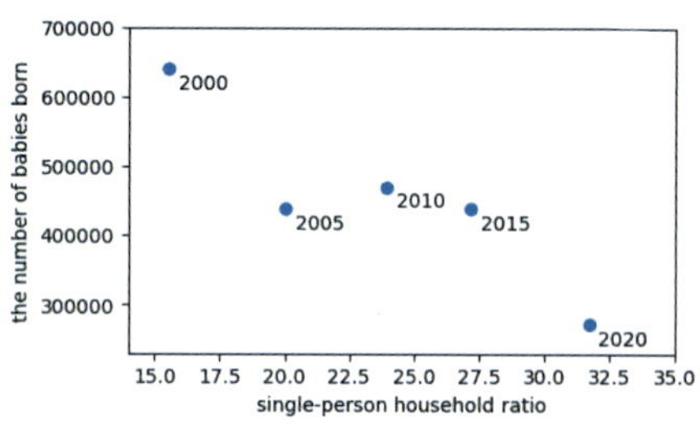

HINT 산점도의 각 점에 주석을 표시할 때 annotate 함수를 사용합니다.

09 다음은 random 라이브러리의 randint 함수를 이용해서 1부터 100까지의 난수를 1,000개 생성하고 히스토그램으로 나타내는 프로그램입니다. 빈칸을 채워 코드를 완성하시오. 단, 구간 수는 20이고 투명도는 0.5입니다.

```
import matplotlib.pyplot as plt
import random

x = [random.randint(1,100) [          ] ]

plt.figure(figsize=(5,3))
plt.[          ](x, [          ]=20, [          ]=0.5)
plt.ylabel('frequency')
plt.show()
```

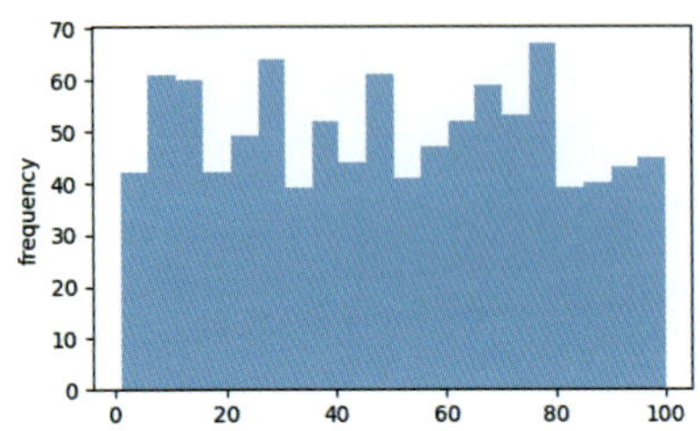

10 다음은 'dog.jpg' 이미지를 출력하고 'result.png'로 저장하는 프로그램입니다. 빈칸을 채워 코드를 완성하시오.

```
import matplotlib.pyplot as plt

img = plt.[          ]('dog.jpg')

plt.figure(figsize=(3,3))
plt.[          ](img)
plt.axis('off')
plt.[          ]('result.png')
plt.show()
```

프로그래밍 문제

01 좋아하는 운동을 입력받고 그 빈도수를 막대 그래프로 나타내는 프로그램을 작성하시오. 콤마(,)로 구분하여 여러 운동을 입력할 수 있습니다.

```
좋아하는 운동을 입력하세요.
복수 개의 운동을 입력하려면 콤마로 구분하세요.
climbing,soccer,swimming,tennis,종료: swimming,tennis
climbing,soccer,swimming,tennis,종료: climbing
climbing,soccer,swimming,tennis,종료: soccer,tennis
climbing,soccer,swimming,tennis,종료: soccer,swimming,tennis
climbing,soccer,swimming,tennis,종료: 종료
```

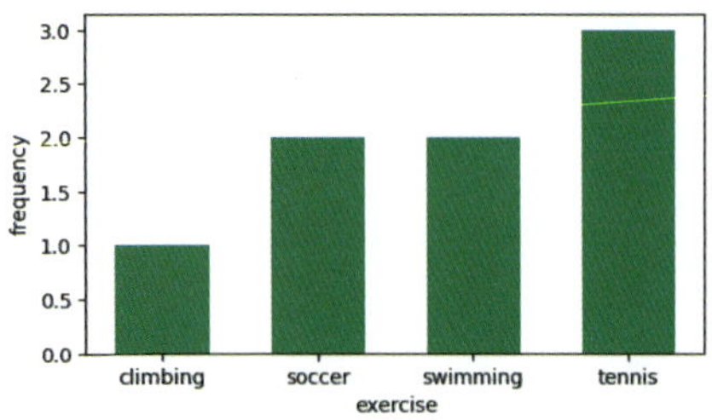

02 부록으로 제공하는 고양이 이미지 4개를 코랩 세션 저장소의 [cat] 폴더에 올린 후 이 이미지를 출력하는 프로그램을 작성하시오.

HINT '8.2 이미지'의 '2 이미지 여러 개 출력하기'를 참고하세요.

03 그래프를 활용하는 타 교과 융합 프로그램을 작성하시오.

프로그램 이름	
학교급 및 관련 교과	*(예시) 대학교 일반물리학*
프로그램 설명	
프로그램 소스	

04 이미지 출력 코드를 포함하여 타 교과 융합 프로그램을 작성하시오.

프로그램 이름	
학교급 및 관련 교과	*(예시) 대학교 일반물리학*
프로그램 설명	
프로그램 소스	

CHAPTER 09

배열

학습목표

- 넘파이 배열을 생성하고 요소에 접근할 수 있습니다.
- 배열을 이용하여 그래프를 그릴 수 있습니다.
- 넘파이에서 제공하는 다양한 함수를 사용할 수 있습니다.
- 배열을 이용하여 프로그램을 작성할 수 있습니다.

Preview

배열이란 리스트와 유사하지만 규모가 커질수록 데이터를 저장하고 처리하는 데 효율적인 자료형입니다. 이번 장에서는 배열의 개념을 알아보고, 배열 생성, 배열 연산, 배열을 시각화하는 방법, 배열 관련 함수를 알아봅니다. 마지막으로 출생아 수 시각화 프로그램을 작성해 봅니다.

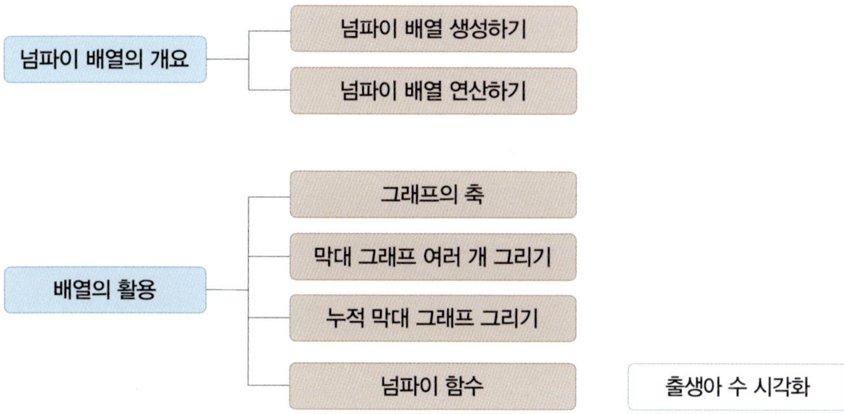

9.1 넘파이 배열의 개요

1 넘파이 배열

넘파이NumPy는 C 언어로 구현한 파이썬 라이브러리입니다. 넘파이는 고성능의 수치 계산을 위해 제작되었으며, 벡터 및 행렬 연산에 매우 편리합니다. 영문 NumPy는 'Numerical Python'의 줄임말입니다. 넘파이를 사용하려면 numpy 라이브러리를 불러와야 하는데 이때 일반적으로 np라는 별칭을 사용합니다.

```
import numpy as np
```

넘파이는 'N 차원 배열'을 의미하는 ndarray라는 이름의 배열 자료형을 사용하는데, 리스트와 유사하지만 규모가 커질수록 데이터를 저장하고 처리하는 데 효율적입니다.

넘파이 배열 생성하기

넘파이 배열을 생성하는 대표적인 방법은 array 함수를 사용해서 리스트와 같은 순차적인 데이터를 배열로 변환합니다.

| Syntax | array() 함수

```
import numpy as np
np.array(순차적인 데이터)
```

'순차적인 데이터'를 배열로 변환한다.

다음은 array 함수를 이용해서 [1, 2, 3, 4, 5] 리스트를 배열로 변환하는 코드입니다. 배열에 저장된 각 데이터를 요소element라 합니다.

코드 9-1

```
import numpy as np

arr = np.array([1, 2, 3, 4, 5])
print(arr)
```

```
[1 2 3 4 5]
```

배열 요소에 접근할 때는 리스트 인덱싱, 슬라이싱과 동일한 방법을 사용합니다. 다음은 인덱싱과 슬라이싱을 이용해서 배열 요소에 접근하는 예입니다.

코드 9-2

```
import numpy as np

arr = np.array([1, 2, 3, 4, 5])
print(arr[1])     # 인덱싱
print(arr[1:4])  # 슬라이싱
```

```
2
[2 3 4]
```

array 함수 외에도 [표 9-1]과 같이 배열을 생성하는 다양한 함수가 있습니다.

표 9-1 배열 생성 함수

함수	설명	예시	예시 결과
arange()	range 함수와 같이 간격이 일정한 요소로 이루어진 배열을 생성한다.	import numpy as np arr1 = np.arange(1, 8, 1) print(arr1)	[1 2 3 4 5 6 7]
linspace()	요소 개수를 지정하여 요소 간격이 일정한 배열을 생성한다.	import numpy as np arr2 = np.linspace(1, 9, 5) print(arr2)	[1. 3. 5. 7. 9.]
zeros()	0으로 이루어진 배열을 생성한다.	import numpy as np arr3 = np.zeros(10) print(arr3)	[0. 0. 0. 0. 0. 0. 0. 0. 0. 0.]
ones()	1로 이루어진 배열을 생성한다.	import numpy as np arr4 = np.ones(10) print(arr4)	[1. 1. 1. 1. 1. 1. 1. 1. 1. 1.]
full()	지정한 수로 이루어진 배열을 생성한다.	import numpy as np arr5 = np.full(10, 5) print(arr5)	[5 5 5 5 5 5 5 5 5 5]

넘파이를 이용하면 원하는 차원의 배열을 생성할 수 있습니다. 다음은 2행 3열인 2차원 배열을 생성하는 코드입니다.

코드 9-3

```python
import numpy as np

arr = np.array([[1,2,3], [4,5,6]])
print(arr)
```

```
[[1 2 3]
 [4 5 6]]
```

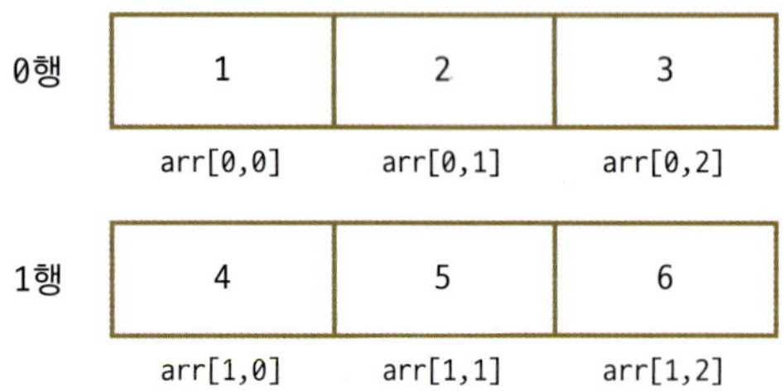

그림 9-1 arr 배열

2차원 배열의 요소에 접근할 때는 콤마로 구분된 인덱스를 이용하면 되는데, [행, 열]의 순서로 나열합니다.

| Syntax | **2차원 배열 요소에 접근**

```
배열이름[행 인덱스, 열 인덱스]
```

배열의 [행 인덱스, 열 인덱스] 요소에 접근한다.

그러므로 arr 배열에서 arr[0,1]은 2를 의미하고, arr[1,2]는 6을 의미합니다.

그림 9-2 arr 배열의 요소에 접근

행 인덱스와 열 인덱스를 분리해서 arr[0,1]을 arr[0][1]로 나타내도 됩니다.

코드 9-4

```
import numpy as np

arr = np.array([[1,2,3], [4,5,6]])
print(arr[0,1], arr[1,2])
```

```
2 6
```

배열에 대한 각 차원의 크기를 알고자 할 때 shape 속성을 사용합니다.

| Syntax | **shape 속성**

```
배열.shape
```

'배열'에 대한 각 차원의 크기를 알려준다.

다음은 shape를 이용해서 arr 배열에 대한 각 차원의 크기를 확인하는 예입니다. 실행 결과의 (2, 3)은 배열 크기가 2행 3열임을 의미합니다.

코드 9-5

```
import numpy as np

arr = np.array([[1,2,3], [4,5,6]])
print(arr.shape)
```

```
(2, 3)
```

reshape 함수를 이용하면 배열의 모양을 변경할 수 있습니다.

| Syntax | **reshape() 함수**

```
배열.reshape(새로운 모양)
```

'배열'을 데이터 변경 없이 '새로운 모양'으로 변경한다.

다음은 1차원 배열 arr1을 3행 2열의 배열로 변경해서 arr2에 저장하는 코드입니다.

코드 9-6

```python
import numpy as np

arr1 = np.array([1, 2, 3, 4, 5, 6])
arr2 = arr1.reshape(3,2)
print(arr1)
print(arr2)
```

```
[1 2 3 4 5 6]
[[1 2]
 [3 4]
 [5 6]]
```

arr1과 arr2의 구조는 [표 9-2]와 같습니다.

표 9-2 arr1과 arr2의 구조

1차원 배열 arr1	3행 2열 배열 arr2
| 1 | 2 | 3 | 4 | 5 | 6 | arr1[0] arr1[1] arr1[2] arr1[3] arr1[4] arr1[5]	| 1 | 2 | arr2[0][0] arr2[0][1] | 3 | 4 | arr2[1][0] arr2[1][1] | 5 | 6 | arr2[2][0] arr2[2][1]

2 배열 연산하기

배열의 큰 장점은 배열 상태로 연산을 수행할 수 있다는 점입니다.

숫자와 배열의 연산하기

리스트의 각 항목에 2를 곱하는 방법에는 다음의 두 가지가 있습니다. 두 가지 방법 모두 리스트 각 항목에 2를 곱하는 연산을 항목 수만큼 일일이 수행해야 합니다.

표 9-3 리스트의 각 항목에 2를 곱하기

for 문을 이용하는 방법	리스트 내포를 이용하는 방법

`lst = [2, 3, 4]`
`result = []`
`for i in range(len(lst)):`
`  result.append(lst[i]*2)`
`print(result)`
	`lst = [2, 3, 4]`
	`result = [x*2 for x in lst]`
	`print(result)`

반면 배열은 각 요소에 일일이 연산을 수행하지 않아도 [코드 9-7]의 04행과 같이 배열 자체에 2를 곱하면 모든 요소에 연산이 적용됩니다.

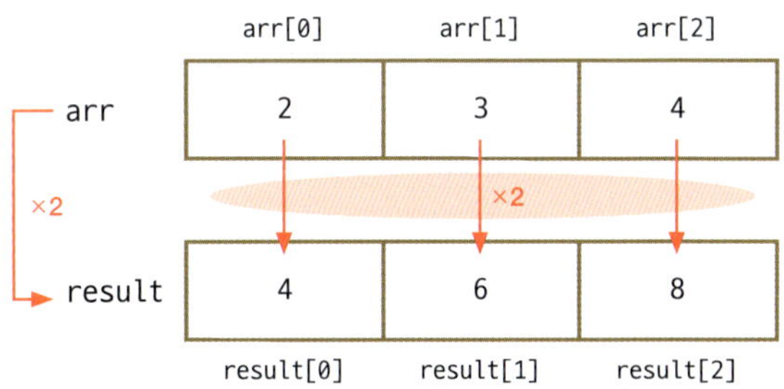

그림 9-3 숫자와 배열의 연산

코드 9-7

```
01  import numpy as np
02
03  arr = np.array([2, 3, 4])
04  result = arr*2
05  print(result)
```

```
[4 6 8]
```

배열과 배열의 연산하기

두 배열 간의 연산도 가능합니다. [코드 9-8]의 05행은 배열 arr1과 arr2를 더하는 것으로 대응하는 배열의 각 요소를 일일이 더하는 것이 가능합니다.

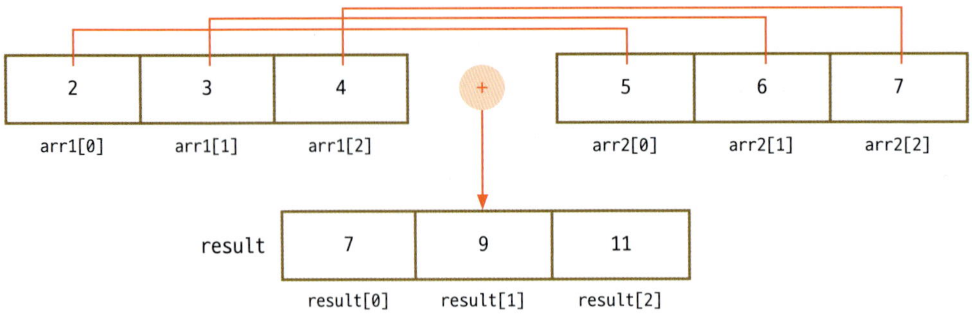

그림 9-4 배열과 배열의 연산

코드 9-8

```
import numpy as np

arr1 = np.array([2, 3, 4])
arr2 = np.array([5, 6, 7])
result = arr1+arr2
print(result)
```

```
[7 9 11]
```

다음은 이차함수 $y=x^2$을 선 그래프로 나타낸 코드입니다. 04행의 linspace 함수는 요소 개수를 지정하여 요소 간격이 일정한 배열을 생성한다고 [표 9-1]에서 살펴보았습니다.

코드 9-9

```
01 import numpy as np
02 import matplotlib.pyplot as plt
03
04 x = np.linspace(-1, 1, 100)
05 y = x**2
06
07 plt.figure(figsize= (5, 3))
08 plt.plot(x, y, label='y=x^2')
09 plt.legend()
10 plt.show()
```

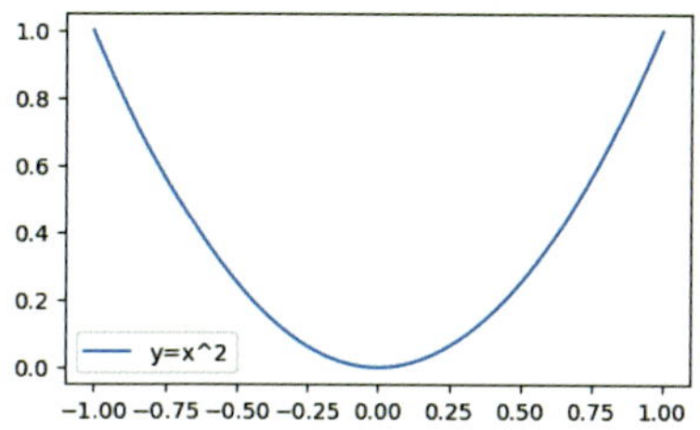

01~02 numpy 라이브러리를 np라는 별칭으로 불러오고, matplotlib.pyplot 모듈을 plt라는 별칭으로 불러옵니다.

04 -1부터 1까지의 수 사이에 일정한 간격으로 100개의 요소가 있는 x 배열을 생성합니다.

05 x를 거듭제곱한 배열 y를 생성합니다.

07~10 plot 함수를 이용해서 선 그래프를 그립니다.

9.2 배열의 활용

1 배열과 그래프

x축 눈금 위치와 이름 조절하기

맷플롯립 pyplot 모듈의 **xticks 함수**를 이용하면 x축의 눈금 위치와 눈금 이름을 조절할 수 있습니다.

| Syntax | **xticks() 함수**

```
import matplotlib.pyplot as plt
plt.xticks(눈금 위치, 눈금 이름)
```

x축의 '눈금 위치'와 '눈금 이름'을 조절한다.

[코드 9-10]은 우리나라의 PISA 수학 성적을 그래프로 나타냅니다. 그런데 실행 결과의 x축 눈금은 2006, 2008, 2010, ...으로 year 리스트의 항목인 2006, 2009, 2012, ...와 같지 않습니다.

코드 9-10

```python
import matplotlib.pyplot as plt

year = [2006, 2009, 2012, 2015, 2018]
kor = [547, 546, 554, 524, 526]

plt.figure(figsize=(5, 3))
plt.plot(year, kor)
plt.ylim(500, 580)
plt.xlabel('year')
plt.ylabel('score')
plt.show()
```

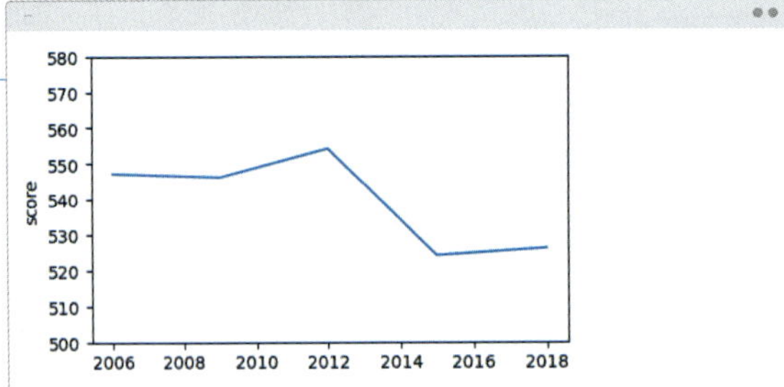

xticks 함수를 이용해서 x축의 눈금이 year 리스트의 항목과 같아지도록 하겠습니다. arange 함수를 이용해서 ind 배열을 생성합니다. arange 함수는 range 함수와 유사하게 간격이 일정한 요소로 이루어진 배열을 반환한다고 [표 9-1]에서 설명했습니다.

```
ind = np.arange(len(year))
```

len(year)가 5이므로 0, 1, 2, 3, 4를 요소로 하는 배열이 만들어집니다.

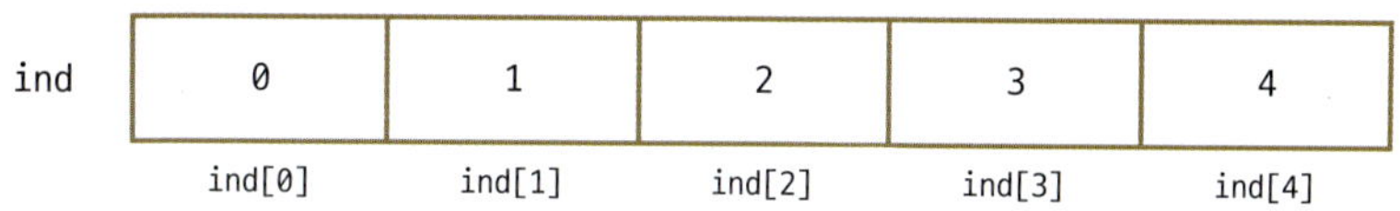

그림 9-5 arange 함수로 만들어진 배열 요소

x축이 ind이고 y축이 kor인 선 그래프를 생성합니다.

```
plt.plot(ind, kor)
```

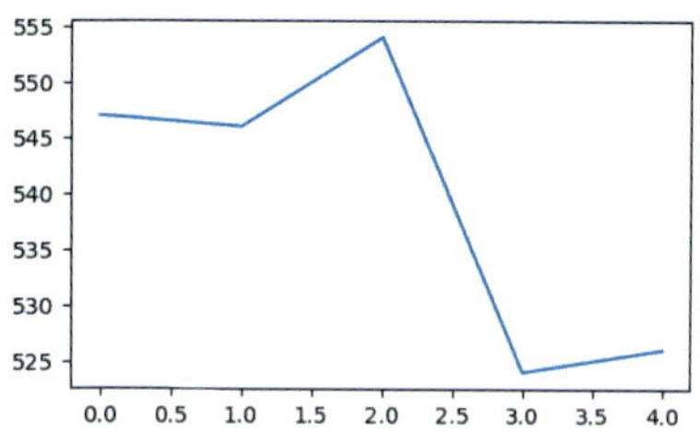

그림 9-6 배열 데이터로 생성한 선 그래프

xticks 함수를 이용해서 x축 눈금의 위치를 ind 요소인 [0, 1, 2, 3, 4]로 설정하고 각 눈금의 이름을 year로 변경합니다.

```
plt.xticks(ind, year)
```

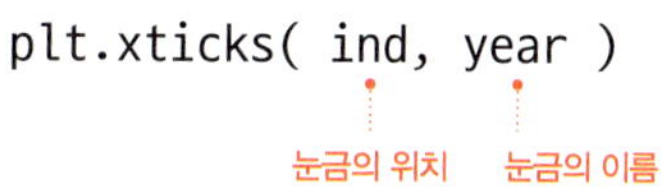

그림 9-7 xticks 함수의 형식

그러면 [그림 9-8]의 (b)와 같이 눈금 이름이 수정된 그래프가 그려집니다.

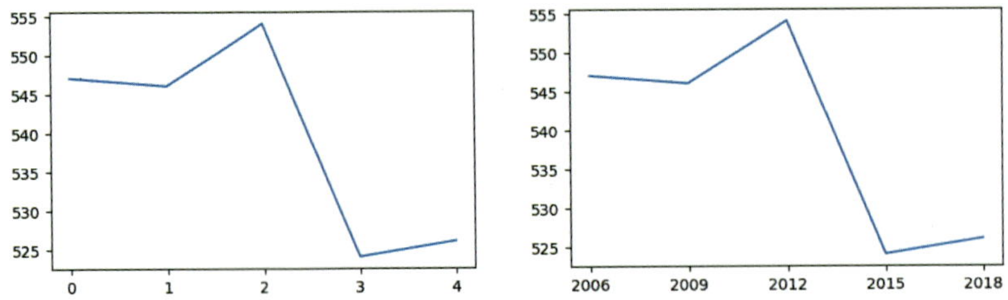

(a) 눈금 변경 전　　　　(b) 눈금 변경 후

그림 9-8 그래프의 x축 눈금 변경

완성한 코드는 [코드 9-11]과 같습니다. 실행 결과에서 x축의 눈금 위치가 year 리스트의 항목인 2006, 2009, 2012, ...와 같은 것을 확인할 수 있습니다.

코드 9-11

```
import numpy as np
import matplotlib.pyplot as plt

year = [2006, 2009, 2012, 2015, 2018]
kor = [547, 546, 554, 524, 526]

ind = np.arange(len(year))

plt.figure(figsize=(5, 3))
plt.plot(ind, kor)
plt.xticks(ind, year)
plt.ylim(500, 580)
plt.xlabel('year')
plt.ylabel('score')
plt.show()
```

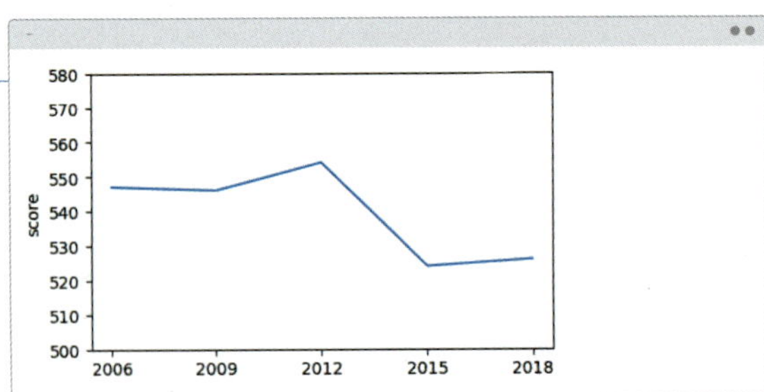

여러 개의 막대 그래프 그리기

여러 개의 막대 그래프를 그리려면 선 그래프와 유사하게 bar 함수를 여러 번 호출합니다. 다른 점은 막대 그래프가 그려지는 위치를 조절해야 합니다. 다음의 2021년 기준 국가별 성별 평균 키를 막대 그래프로 그려보겠습니다.

표 9-4 2021년 국가별 성별 평균 키 © World Population Review

국가	남성	여성
Korea	175.5	163.2
USA	176.9	163.3
Japan	172.1	158.5
France	178.6	164.5

[코드 9-12]는 bar 함수를 두 번 호출해서 남성 키와 여성 키의 막대 그래프를 그립니다.

코드 9-12

```
import numpy as np
import matplotlib.pyplot as plt

nation = ['Korea', 'USA', 'Japan', 'France']
men = [175.5, 176.9, 172.1, 178.6]
women = [163.2, 163.3, 158.5, 164.5]
ind = np.arange(len(nation))

plt.figure(figsize=(5, 3))
plt.bar(ind, men, color='b', label='men')
plt.bar(ind, women, color='r', label='women')
plt.ylim(130, 190)
plt.xticks(ind, nation)
plt.legend()
plt.show()
```

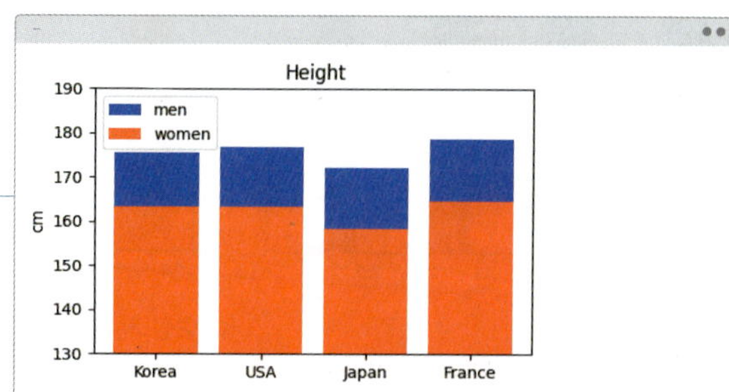

그런데 실행 결과를 보면 남성 키와 여성 키가 겹쳐 있습니다. 먼저 그려진 막대 그래프 위로 나중에 그린 막대 그래프를 그리기 때문입니다. 이런 그래프로는 데이터를 이해하기 어렵습니다. 남성 키 막대와 여성 키 막대를 옆으로 나란히 위치하도록 그려보겠습니다. 남성 키 막대는 ind-0.2 위치에 막대 너비를 0.4로 설정하여 그립니다. 막대의 기본 너비는 0.8입니다.

```
plt.bar(ind-0.2, men, color='b', width=0.4)
```

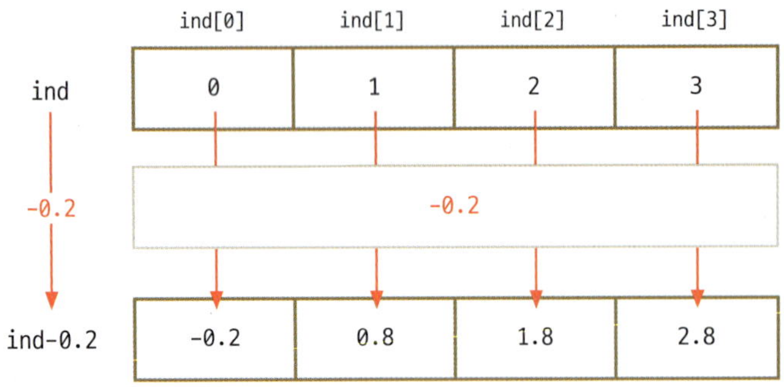

그림 9-9 ind 배열과 숫자의 연산

ind-0.2는 [0 1 2 3]-0.2이므로 [-0.2 0.8 1.8 2.8]이 됩니다. 이 위치를 기준으로 막대 너비가 0.4인 막대 그래프를 그린 결과는 [그림 9-10]의 (a)와 같습니다.

여성 키 막대는 ind+0.2 위치에 막대 너비를 0.4로 설정하여 그립니다.

```
plt.bar(ind+0.2, women, color='r', width=0.4)
```

ind+0.2는 [0 1 2 3]+0.2이므로 [0.2 1.2 2.2 3.2]이 됩니다. 이 위치를 기준으로 막대 너비가 0.4인 막대 그래프를 그린 결과는 [그림 9-10]의 (b)와 같습니다.

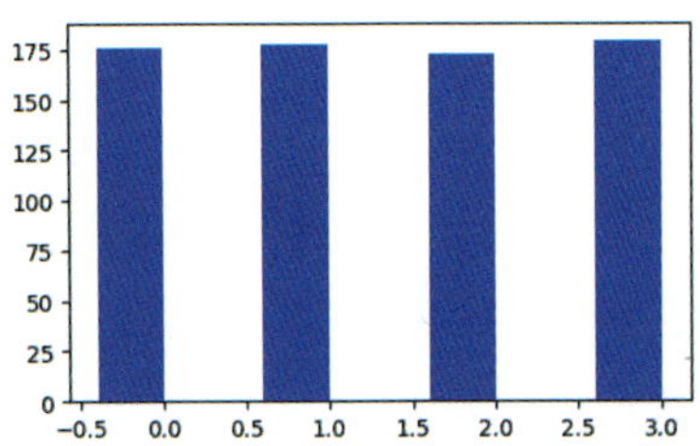

(a) 남성 키 막대

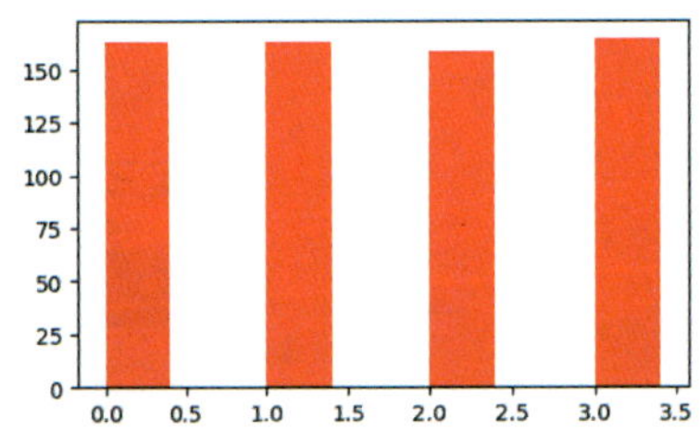

(b) 여성 키 막대

그림 9-10 키 막대

두 막대를 하나의 그래프에 나타내고 x축 눈금 위치와 이름을 조절한 전체 프로그램은 [코드 9-13]과 같습니다. 남성 키 막대와 여성 키 막대가 옆으로 나란히 그려집니다.

코드 9-13

```
import numpy as np
import matplotlib.pyplot as plt

nation = ['Korea', 'USA', 'Japan', 'France']
men = [175.5, 176.9, 172.1, 178.6]
women = [163.2, 163.3, 158.5, 164.5]

ind = np.arange(len(nation))

plt.figure(figsize=(5, 3))
plt.bar(ind-0.2, men, color='b', width=0.4, label='men')
plt.bar(ind+0.2, women, color='r', width=0.4, label='women')
plt.ylim(130, 190)
plt.title('Height')
plt.ylabel('cm')
plt.xticks(ind, nation)
plt.legend()
plt.show()
```

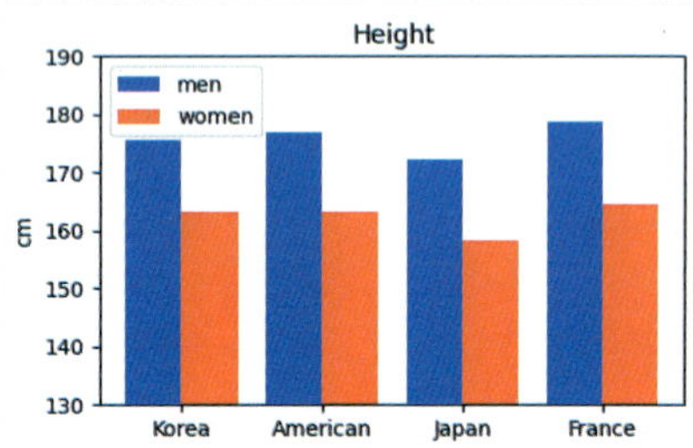

누적 막대 그래프 그리기

막대 위에 또 다른 막대를 쌓는 그래프를 누적 막대 그래프라 하는데, 한 구간이 몇 개의 세부 항목으로 나뉘면서도 전체의 합이 의미 있는 경우에 사용합니다. 2017년부터 2021년까지의 우리나라 계절별 강수량을 누적 막대 그래프로 그려보겠습니다.

표 9-5 2017년~2021년까지의 국내 계절별 강수량 ⓒ 지표누리

연도	봄	여름	가을	겨울
2017	124.9	612.7	177.9	75.2
2018	383.5	620.6	351.3	68.7
2019	175.0	508.2	440.8	168.8
2020	173.7	1037.6	270.4	47.8
2021	330.5	612.8	256.4	13.3

(단위: mm)

[코드 9-14]는 bar 함수를 네 번 호출해서 강수량을 막대 그래프로 그립니다. 그런데 실행 결과를 보면 계절별 강수량이 겹쳐 있어 누적 계절별 강수량을 확인할 수 없습니다.

코드 9-14

```
import numpy as np
import matplotlib.pyplot as plt

year = [2017, 2018, 2019, 2020, 2021]
spring = np.array([124.9, 383.5, 175.0, 173.7, 330.5])
summer = np.array([612.7, 620.6, 508.2, 1037.6, 612.8])
autumn = np.array([177.9, 351.3, 440.8, 270.4, 256.4])
winter = np.array([75.2, 68.7, 168.8, 47.8, 13.3])

plt.bar(year, spring, label='spring')
plt.bar(year, summer, label='summer')
plt.bar(year, autumn, label='autumn')
plt.bar(year, winter, label='winter')
plt.legend()
plt.show()
```

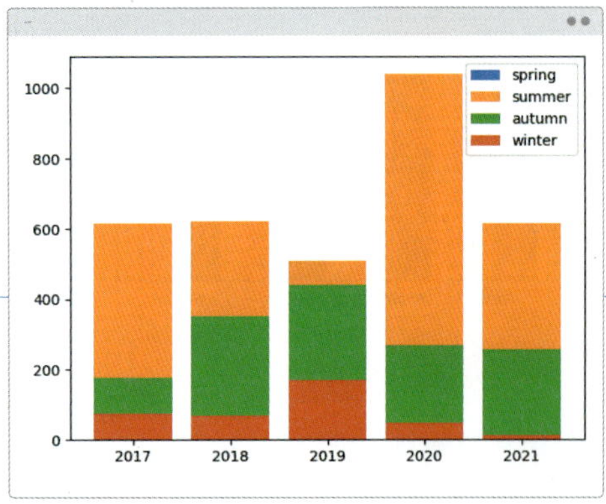

봄 강수량 막대 위쪽으로 여름 강수량, 그 위쪽으로 가을 강수량, 다시 그 위쪽으로 겨울 강수량이 나타나도록 해 보겠습니다. 봄 강수량은 y 좌표 0부터 시작이므로 추가적인 옵션 없이 그리면 됩니다.

```
plt.bar(year, spring, label='spring')
```

여름 강수량은 봄 강수량 막대 위쪽으로 그려야 합니다. 이 때 사용하는 매개변수가 bottom인데 봄 강수량인 spring을 bottom의 값으로 설정합니다. 그러면 봄 강수량 막대 위쪽으로 여름 강수량 막대가 그려집니다.

```
plt.bar(year, summer, bottom=spring, label='summer')
```

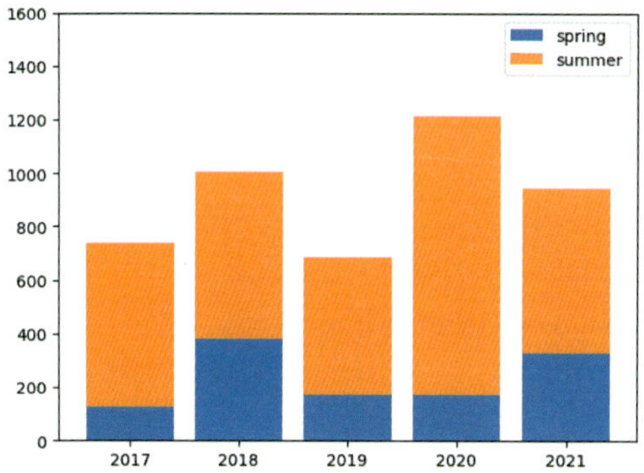

그림 9-11 여름 강수량 막대의 bottom 매개변수로 summer 막대의 시작 위치 지정

가을 강수량 막대는 봄과 여름 강수량 막대 위에 그려야 하므로 bottom 값을 spring+summer로 설정합니다. 이때 중요한 점은 spring과 summer가 배열이어야 한다는 것입니다. 그래야 덧셈 연산이 가능합니다.

```
plt.bar(year, autumn, bottom=spring+summer, label='autumn')
```

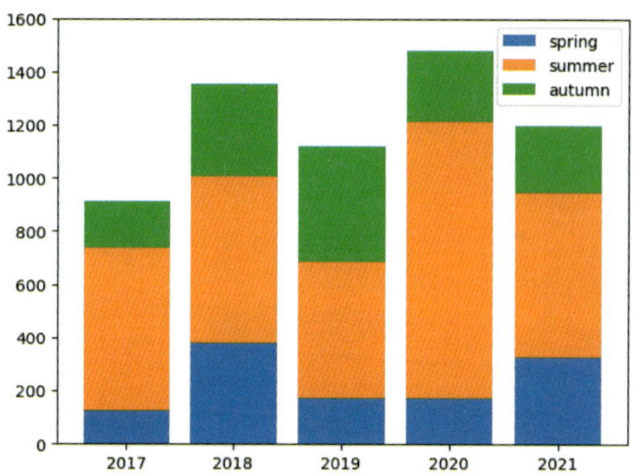

그림 9-12 가을 강수량 막대의 bottom 매개변수로 autumn 막대의 시작 위치 지정

완성한 코드는 [코드 9-15]와 같습니다.

코드 9-15

```python
import numpy as np
import matplotlib.pyplot as plt

year = [2017, 2018, 2019, 2020, 2021]
spring = np.array([124.9, 383.5, 175.0, 173.7, 330.5])
summer = np.array([612.7, 620.6, 508.2, 1037.6, 612.8])
autumn = np.array([177.9, 351.3, 440.8, 270.4, 256.4])
winter = np.array([75.2, 68.7, 168.8, 47.8, 13.3])

plt.bar(year, spring, label='spring')
plt.bar(year, summer, bottom=spring, label='summer')
plt.bar(year, autumn, bottom=spring+summer, label='autumn')
plt.bar(year, winter, bottom=spring+summer+autumn, label='winter')
plt.title('precipitation')
plt.xlabel('year')
plt.ylabel('mm')
plt.legend()
plt.show()
```

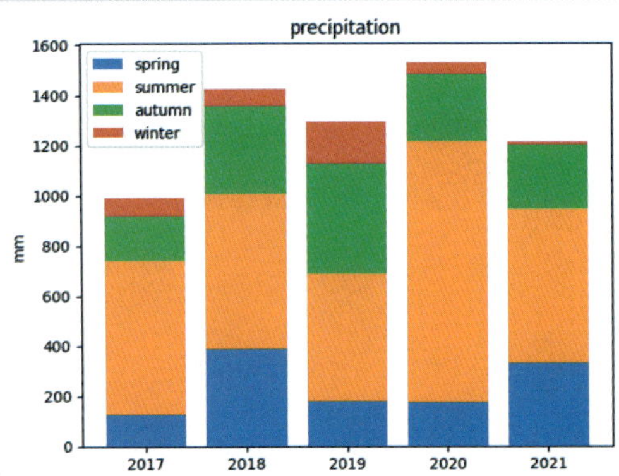

2 넘파이 함수

수학 함수

넘파이의 수학 관련 함수는 [표 9-6]과 같습니다.

표 9-6 넘파이 수학 함수

함수	설명	예시	예시 결과
add()	두 배열에서 같은 위치의 요소끼리 더한다.	import numpy as np a = np.arange(1, 10, 2) b = np.arange(2, 11, 2) print(np.add(a, b))	[3 7 11 15 19]
subtract()	첫 번째 배열의 요소에서 두 번째 배열의 요소를 뺀다.	import numpy as np b = np.arange(2, 11, 2) print(np.subtract(b, 1))	[1 3 5 7 9]
multiply()	두 배열에서 같은 위치의 요소끼리 곱한다.	import numpy as np a = np.arange(1, 10, 2) b = np.arange(2, 11, 2) print(np.multiply(a, b))	[2 12 30 56 90]
divide()	첫 번째 배열의 요소를 두 번째 배열의 요소로 나눈다.	import numpy as np a = np.arange(1, 10, 2) b = np.arange(2, 11, 2) print(np.divide(a, b))	[0.5 0.75 0.83333333 0.875 0.9]
floor_divide()	첫 번째 배열의 요소를 두 번째 배열의 요소로 나눈 몫을 구한다.	import numpy as np a = np.arange(1, 10, 2) print(np.floor_divide(a, 2))	[0 1 2 3 4]
mod()	첫 번째 배열의 요소를 두 번째 배열의 요소로 나눈 나머지를 구한다.	import numpy as np a = np.arange(1, 10, 2) print(np.mod(a, 2))	[1 1 1 1 1]
power()	첫 번째 배열의 요소를 두 번째 배열의 요소만큼 제곱한다.	import numpy as np a = np.arange(1, 10, 2) print(np.power(a, 3))	[1 27 125 343 729]
abs()	배열 각 요소의 절댓값을 구한다.	import numpy as np c = np.array([1, -3, 4, -7]) print(np.abs(a))	[1 3 4 7]
sqrt()	배열 각 요소의 제곱근을 구한다.	import numpy as np b = np.arange(2, 11, 2) print(np.sqrt(b))	[1.41421356 2. 2.44948974 2.82842712 3.16227766]
square()	배열 각 요소의 제곱을 구한다.	import numpy as np b = np.arange(2, 11, 2) print(np.square(b))	[4 16 36 64 100]
exp()	배열 각 요소의 지수 e^x를 구한다.	import numpy as np d = np.arange(1, 4) print(np.exp(d))	[2.71828183 7.3890561 20.08553692]

log(), log2(), log10()	배열 각 요소의 자연로그, 로그2, 로그10을 구한다.	import numpy as np e = np.array([1,2,4,10]) print(np.log(e)) print(np.log2(e)) print(np.log10(e))	[0. 0.69314718 1.38629436 2.30258509] [0. 1. 2. 3.32192809] [0. 0.30103 0.60205999 1.]
cos()	배열 각 요소의 코사인 값을 구한다.	import numpy as np f = np.linspace(0, 3, 3) print(np.cos(f))	[1. 0.0707372 -0.9899925]
sin()	배열 각 요소의 사인 값을 구한다.	import numpy as np f = np.linspace(0, 3, 3) print(np.sin(f))	[0. 0.99749499 0.14112001]
tan()	배열 각 요소의 탄젠트 값을 구한다.	import numpy as np f = np.linspace(0, 3, 3) print(np.tan(f))	[0. 14.10141995 -0.14254654]

[코드 9-16]은 sin 함수와 cos 함수를 이용해서 사인 그래프와 코사인 그래프를 그립니다.

코드 9-16

```
import numpy as np
import matplotlib.pyplot as plt

x = np.linspace(-np.pi, np.pi*2, 100)

plt.subplot(2,1,1)
plt.plot(x, np.sin(x), label='sin')
plt.legend()
plt.subplot(2,1,2)
plt.plot(x, np.cos(x), label='cos')
plt.legend()
plt.show()
```

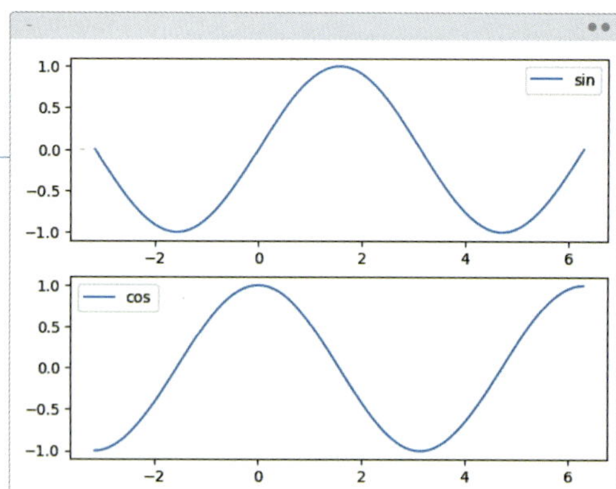

통계 함수

넘파이의 통계 관련 함수는 [표 9-7]과 같습니다.

표 9-7 넘파이 통계 함수

함수	설명	예시	예시 결과
sum()	배열 각 요소의 합을 구한다.	import numpy as np a = np.array([3,7,4,11,5]) print(np.sum(a))	30
mean()	배열 각 요소의 평균을 구한다.	import numpy as np a = np.array([3,7,4,11,5]) print(np.mean(a))	6.0
std(), var()	배열 각 요소의 표준편차, 분산을 구한다.	import numpy as np a = np.array([3,7,4,11,5]) print(np.std(a)) print(np.var(a))	2.8284271247461903 8.0
max(), min()	배열의 최댓값, 최솟값을 찾는다.	import numpy as np a = np.array([3,7,4,11,5]) print(np.max(a)) print(np.min(a))	11 3
argmax(), argmin()	배열 최댓값의 인덱스, 최솟값의 인덱스를 찾는다.	import numpy as np a = np.array([3,7,4,11,5]) print(np.argmax(a)) print(np.argmin(a))	3 0
median()	배열의 중앙값을 찾는다.	import numpy as np a = np.array([3,7,4,11,5]) print(np.median(a))	5.0
cumsum()	배열 각 요소의 누적 합을 구한다.	import numpy as np a = np.array([3,7,4,11,5]) print(np.cumsum(a))	[3 10 14 25 30]
cumprod()	배열 각 요소의 누적 곱을 구한다.	import numpy as np a = np.array([3,7,4,11,5]) print(np.cumprod(a))	[3 21 84 924 4620]

[코드 9-17]은 mean 함수를 이용해서 과목별 성적 평균을 구해 막대 그래프로 나타냅니다.

코드 9-17

```python
import numpy as np
import matplotlib.pyplot as plt

math = np.array([75, 89, 75, 65, 79])
english = np.array([85, 80, 90, 75, 88])
korean = np.array([72, 90, 70, 88, 93])
x = ['math', 'english', 'korean']

plt.figure(figsize=(5, 3))
plt.bar(x, [np.mean(math), np.mean(english), np.mean(korean)])
plt.ylabel('score')
plt.show()
```

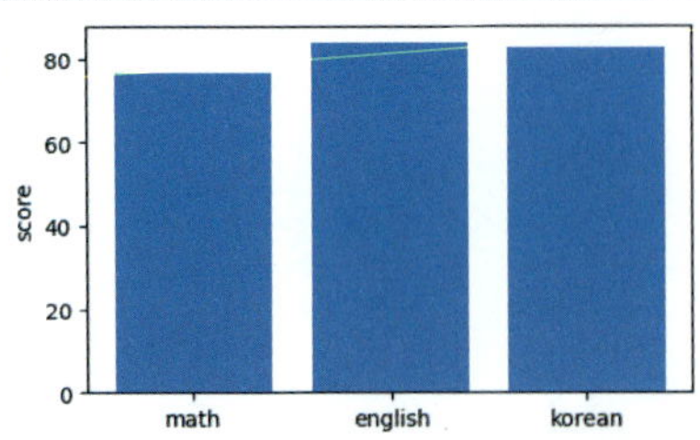

난수 생성 함수

넘파이의 난수 생성 함수는 [표 9-8]과 같습니다. random 라이브러리의 난수 생성 함수와는 일부 다른 점이 있습니다.

표 9-8 난수 생성 함수

함수	설명	예시	예시 결과
randint()	설정한 구간 사이의 정수로 된 난수를 생성한다.	import numpy as np print(np.random.randint(1,8,(3,4)))	[[5 5 5 4] [3 1 3 7] [5 4 6 1]]
rand()	균등분포를 따르는 0~1 사이의 난수를 생성한다.	import numpy as np print(np.random.rand(5))	[0.71751275 0.65484607 0.53571328 0.56971244 0.12655461]

randn()	평균이 0이고 분산이 1인 표준정규분포를 따르는 난수를 생성한다.	`import numpy as np` `print(np.random.randn(3,2))`	[[-0.10470643 1.53214862] [2.0015085 1.45002976] [-0.78688178 -2.28025939]]
normal()	설정한 평균과 표준편차인 정규분포를 따르는 난수를 생성한다.	`import numpy as np` `print(np.random.normal(70,10,20))`	[59.30521758 76.87161796 77.73297984 75.81791701 65.88225685]
uniform()	균등분포를 따르는 설정한 구간 사이의 난수를 생성한다.	`import numpy as np` `print(np.random.uniform(10,20,5))`	[11.01919264 10.0913463 13.97455082 12.59450985 16.93465944]

seed()	시드를 설정한다. 시드가 같으면 동일한 난수가 생성된다.	`import numpy as np`
		`np.random.seed(0)`
		`print(np.random.randint(1,11,5))`
			[6 1 4 4 8]

[코드 9-18]은 randn 함수를 이용해서 평균이 0이고 분산이 1인 표준정규분포를 따르는 난수를 1,000개 생성한 후 히스토그램을 그립니다.

코드 9-18

```python
import numpy as np
import matplotlib.pyplot as plt

x = np.random.randn(1000)

plt.figure(figsize=(5, 3))
plt.hist(x, bins=40, alpha=0.5)
plt.ylabel('frequency')
plt.show()
```

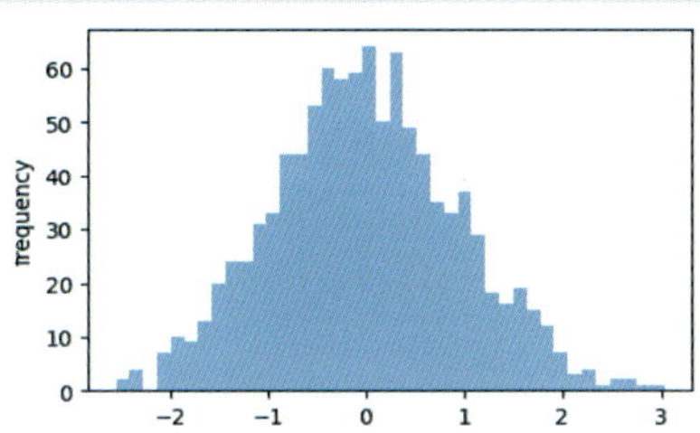

where 함수

where 함수는 조건이 참인지 거짓인지에 따라 다른 값을 선택하여 반환합니다. if~else 문과는 달리 where 함수는 배열의 모든 요소를 처리할 수 있습니다. 예를 들어 살펴보겠습니다.

| Syntax | **where() 함수**

```
import numpy as np
np.where(조건식, 값1, 값2)
```

'조건식'이 참이면 '값1'이, 거짓이면 '값2'가 선택된다.

다음은 리스트 내포를 이용해서 score가 70점 이상이면 'pass'이고 그렇지 않으면 'fail'인 리스트를 생성하는 코드로 5장의 206쪽에서 살펴본 내용입니다.

```
score = [71, 80, 60, 90, 65]
result = ['pass' if a>=70 else 'fail' for a in score]
print(result)
```

```
['pass', 'pass', 'fail', 'pass', 'fail']
```

리스트 내포를 이용하는 방법은 처리 속도가 느리고 다차원 배열에 대해서는 사용할 수 없는 반면에 where 함수는 처리 속도가 빠르고 다차원 배열에 대해서도 사용할 수 있습니다. 다음은 where 함수를 이용해서 구현한 코드인데, score는 배열이어야 합니다.

```
import numpy as np

score = np.array([71, 80, 60, 90, 65])
result = np.where(score>=70, 'pass', 'fail')
print(result)
```

```
['pass' 'pass' 'fail' 'pass' 'fail']
```

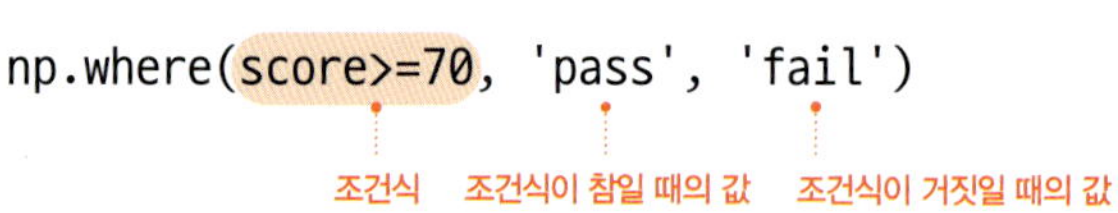

그림 9-13 넘파이 where 함수의 형식

where 함수를 여러 개 사용하는 조금 더 복잡한 예를 살펴보겠습니다. score가 90 이상이면 'A'이고, 아니면서 80 이상이면 'B'이고, 아니면서 70 이상이면 'C'이고, 모두 다 아니면 'D'인 배열을 생성하는 코드는 [코드 9-19]와 같습니다.

표 9-9 score 값에 따른 result 값

score	result
90 이상	'A'
80 이상이면서 90 미만	'B'
70 이상이면서 80 미만	'C'
70 미만	'D'

코드 9-19

```
import numpy as np

score = np.array([71, 80, 60, 90, 65])
result = np.where(score>=90, 'A',
                  np.where(score>=80, 'B',
                           np.where(score>=70, 'C', 'D')))
print(result)
```

```
['C' 'B' 'D' 'A' 'D']
```

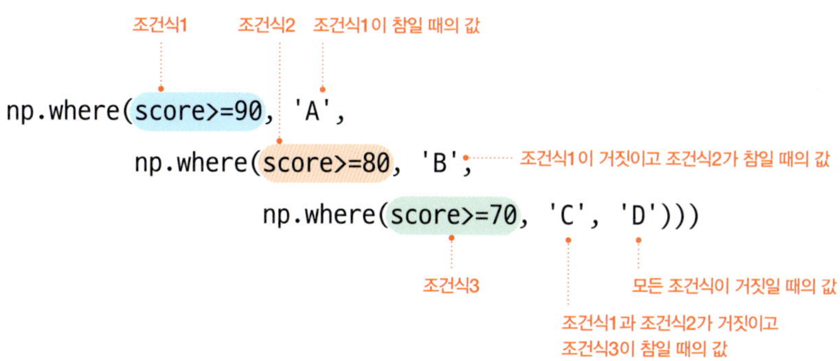

그림 9-14 여러 개의 where 함수 사용 방법

LAB 코로나19 확진자 수 그래프 그리기

2020년의 월별 코로나19 신규 확진자 수는 다음과 같습니다.

표 9-10 2020년 월별 코로나19 신규 확진자 수 ⓒ 질병관리청

월	1월	2월	3월	4월	5월	6월	7월	8월	9월	10월	11월	12월
신규 확진자 수	11	2920	6636	750	615	1141	1044	5473	3707	2444	7324	26198

다음은 2020년 월별 신규 확진자 수와 누적 확진자 수를 선 그래프로 나타낸 프로그램입니다. 누적 확진자 수는 cumsum 함수를 이용해서 구합니다.

코드 9-20

```python
import numpy as np
import matplotlib.pyplot as plt

months = np.arange(1, 13)
num_cases = [11, 2920, 6636, 750, 615, 1141, 1044, 5473, 3707, 2444, 7324, 26198]
cum_cases = np.cumsum(num_cases)

plt.figure(figsize=(5, 3))
plt.plot(months, num_cases, label='number of cases')
plt.plot(months, cum_cases, label='accumulated number of cases')
plt.xlabel('month')
plt.legend()
plt.show()
```

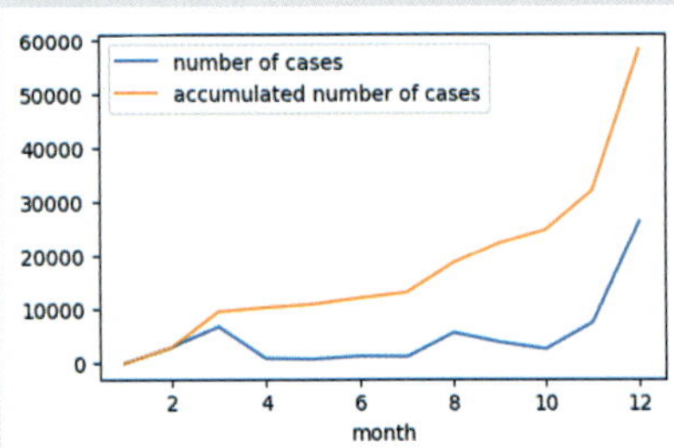

동작 과정

1 04~05행에서 months, num_cases 리스트를 생성합니다.

months	1	2	3	...	12
	months[0]	months[1]	months[2]		months[11]

num_cases	11	2920	6636	...	26198
	num_cases[0]	num_cases[1]	num_cases[2]		num_cases[11]

2 06행에서 배열 요소의 누적합을 구하는 cumsum 함수를 이용해서 num_cases 배열의 누적합인 cum_cases 배열을 구합니다.

cum_cases	11	2931	9567	...	58263
	cum_cases[0]	cum_cases[1]	cum_cases[2]		cum_cases[11]

3 09행에서 x축은 months이고 y축은 num_cases인 선 그래프를 그립니다. 레이블을 'number of cases'로 설정합니다.

4 10행에서 x축은 months이고 y축은 cum_cases인 선 그래프를 그립니다. 레이블을 'accumulated number of cases'로 설정합니다.

5 11행에서 x축 제목을 설정하고 12행에서 범례를 추가합니다.

6 13행에서 그려진 그래프를 출력합니다.

LAB 동전 던지기 시뮬레이션

동전을 던졌을 때 앞면이 나올 확률은 50%입니다. 그러나 실제로 동전을 2번 던졌을 때 앞면 한 번, 뒷면 한 번이 나올 가능성은 낮습니다. 이론적으로 던지는 횟수를 크게 하면 할수록 앞면이 나올 확률은 50%에 가까워집니다.

다음은 동전 던지기 시뮬레이션 프로그램입니다. 동전 던지는 횟수를 1부터 5,000까지 다양하게 했을 때 앞면이 나오는 확률을 선 그래프로 나타냅니다. 던진 횟수가 작을 때는 변동이 심하지만 3번 모두 횟수가 커질수록 앞면이 나오는 확률이 50%에 가까워지는 것을 확인할 수 있습니다.

코드 9-21

```
01 import numpy as np
02 import matplotlib.pyplot as plt
03
04 plt.figure(figsize=(5, 3))
05 for i in range(3):
06   coin = np.random.randint(0, 2, 5000)
07   ind = np.arange(1, len(coin)+1)
08   p_c = np.cumsum(coin)/ind*100
09   plt.plot(ind, p_c)
10 plt.ylim(0,100)
11 plt.ylabel('%')
12 plt.show()
```

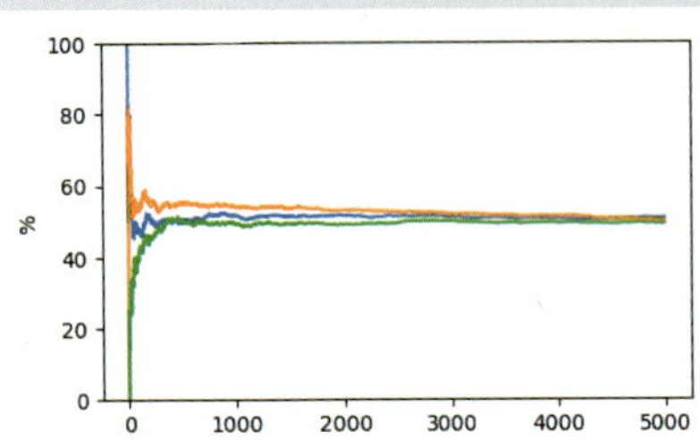

동작 과정

1 05~09행에서 동전 던지는 횟수를 1부터 5000까지 다양하게 했을 때 앞면이 나오는 확률을 선으로 나타내는데, 이 동작을 3번 반복합니다.

2 06행에서 `0` 또는 `1` 난수를 `5000`개 생성해서 `coin`에 저장합니다. `0`을 동전 뒷면, `1`을 동전 앞면이라 하고 동전을 던진 결과가 다음과 같다고 가정하겠습니다.

coin	1	0	1	1	0	...
	coin[0]	coin[1]	coin[2]	coin[3]	coin[4]	

3 07행에서 `1`부터 `1`씩 증가하며 `5000`까지의 요소로 된 `ind` 배열을 생성합니다.

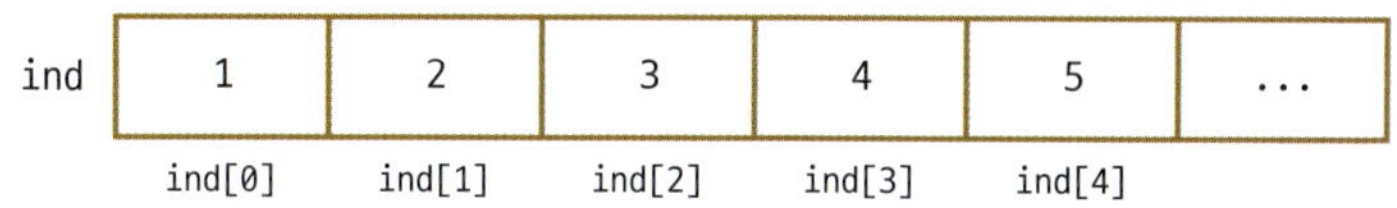

4 08행에서 cumsum 함수를 이용해서 coin 배열의 누적합을 ind로 나누고 100을 곱해 p_c 배열에 저장합니다. p_c[0]은 coin[0]인 1을 ind[0]인 1로 나누고 100을 곱해 100이 됩니다. p_c[1]은 cion[1]까지의 누적합인 1을 ind[1]인 2로 나누고 100을 곱해 50이 됩니다. p_c[2]는 cion[2]까지의 누적합인 2를 ind[2]인 3으로 나누고 100을 곱해 66.67이 됩니다. 이와 같은 방법으로 p_c 배열을 구하게 되는데, p_c[0]은 동전을 1번 던졌을 때 앞면이 나온 확률, p_c[1]은 동전을 2번 던졌을 때 앞면이 나온 확률, p_c[2]는 동전을 3번 던졌을 때 앞면이 나온 확률을 의미합니다.

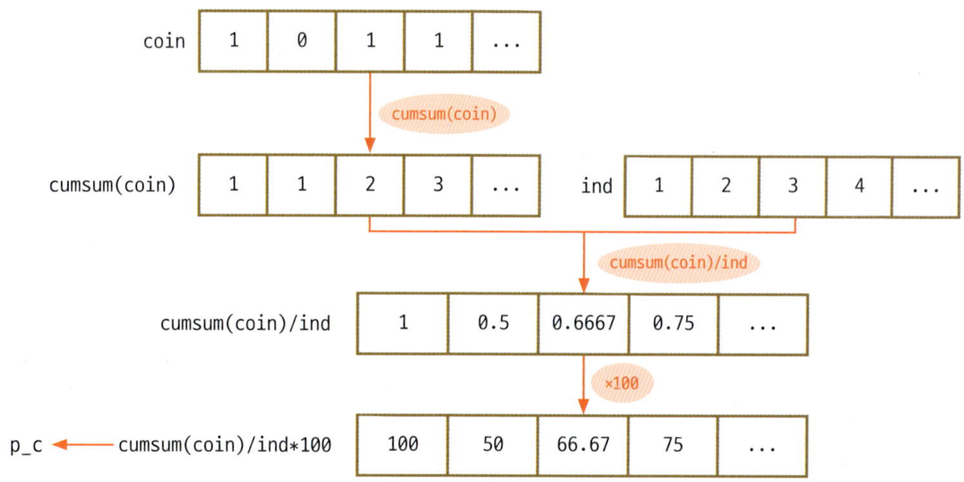

5 09행에서 y축이 p_c인 선 그래프를 그립니다.

6 06~09행을 2번 더 반복한 후 12행에서 그래프를 출력합니다.

9.3 플러스 예제 출생아 수 시각화

우리나라 출생아 수가 급격하게 줄면서 국가 소멸이 빨라지는 것이 아니냐는 우려가 커지고 있습니다. 2012년부터 2021년까지 우리나라 출생아 수의 변화를 그래프로 나타내는 프로그램을 만들어보겠습니다.

1 남아 출생아 수와 여아 출생아 수의 막대 그래프 그리기

2012년부터 2021년까지의 우리나라 출생아 수는 다음 표와 같습니다. 남아 출생아 수 막대와 여아 출생아 수 막대가 옆으로 나란히 위치하는 막대 그래프를 그리겠습니다.

표 9-11 연간 출생아 수 ⓒ 통계청

연도	2012	2013	2014	2015	2016	2017	2018	2019	2020	2021
남아	248,958	223,883	223,356	224,906	208,064	184,308	167,686	155,416	139,362	133,516
여아	235,592	212,572	212,079	213,514	198,179	173,463	159,136	147,260	132,975	127,046

연도를 `year` 리스트에 저장하고 남아 출생아 수를 `boy` 리스트에, 여아 출생아 수를 `girl` 리스트에 저장합니다.

```
year = [2012,2013,2014,2015,2016,2017,2018,2019,2020,2021]
boy = [248958,223883,223356,224906,208064,184308,167686,155416,139362,133516]
girl = [235592,212572,212079,213514,198179,173463,159136,147260,132975,127046]
```

arange 함수를 이용해서 ind 배열을 생성합니다. len(year)가 10이므로 0, 1, 2, 3, …, 9를 요소로 하는 배열이 만들어집니다.

```
ind = np.arange(len(year))
```

남아 출생아 수 막대는 ind-0.2 위치에 막대 너비를 0.4로 설정하여 그립니다. ind-0.2는 [-0.2 0.8 1.8 2.8 3.8 … 9.8]이고, 이 위치를 기준으로 막대 그래프를 그립니다.

```
plt.bar(ind-0.2, boy, width=0.4)
```

여아 출생아 수는 ind+0.2, 즉 [0.2 1.2 2.2 … 9.2] 위치를 기준으로 너비가 0.4인 막대 그래프로 그립니다.

```
plt.bar(ind+0.2, girl, width=0.4)
```

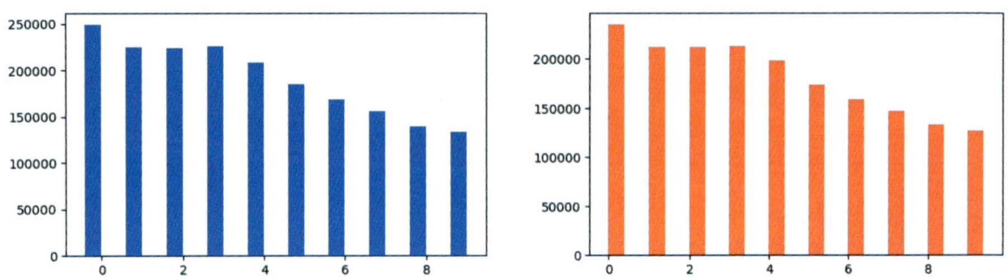

(a) 남아 출생아 수 막대 (b) 여아 출생아 수 막대

그림 9-15 위치를 설정한 막대 그래프

두 막대 그래프를 하나의 그래프에 나타내고 x축 눈금 위치와 이름을 설정한 코드는 다음과 같습니다.

```
w = 0.4
plt.bar(ind-w/2, boy, width=w)
plt.bar(ind+w/2, girl, width=w)
plt.xticks(ind, year)
plt.show()
```

■ 전체 프로그램

```
01 import numpy as np
02 import matplotlib.pyplot as plt
03
04 year = [2012,2013,2014,2015,2016,2017,2018,2019,2020,2021]
05 boy = [248958,223883,223356,224906,208064,184308,167686,155416,139362,133516]
06 girl = [235592,212572,212079,213514,198179,173463,159136,147260,132975,127046]
07
08 ind = np.arange(len(year))
09
10 w = 0.4
11 plt.figure(figsize=(6, 3.5))
12 plt.bar(ind-w/2, boy, color='b', width=w, label='boy')
13 plt.bar(ind+w/2, girl, color='r', width=w, label='girl')
14 plt.xticks(ind, year)
15 plt.legend()
16 plt.xlabel('year')
17 plt.ylabel('number of births')
18 plt.show()
```

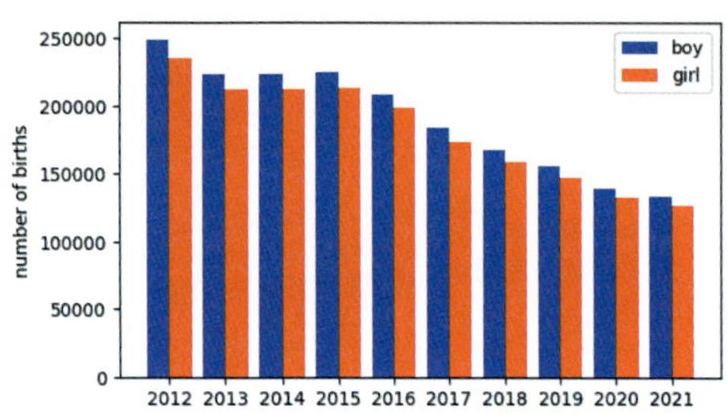

동작 과정

1 08행에서 0부터 1씩 증가하며 year 리스트의 길이 바로 전인 9까지의 수를 요소로 하는 ind 배열을 생성합니다.

2 12행에서 ind-w/2 위치에 남아 출생아 수를 막대 그래프로 나타냅니다. ind 배열에서 w/2, 즉 0.2를 빼면 ind 배열의 각 요소에 대한 연산이 이루어집니다.

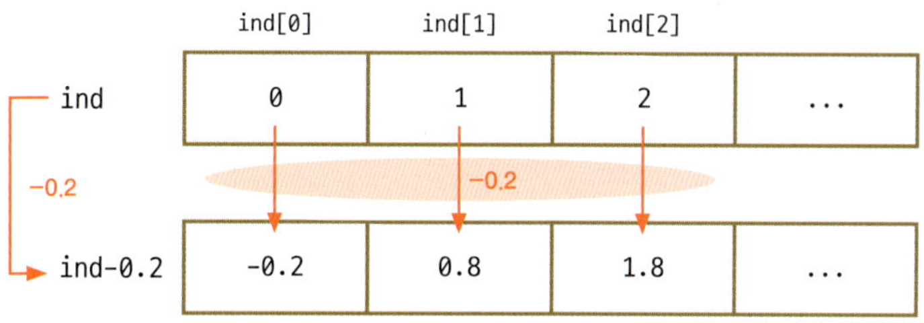

3 13행에서 ind+w/2, 즉 [0.2 1.2 2.2 ...] 위치에 여아 출생아 수를 막대 그래프로 나타냅니다.

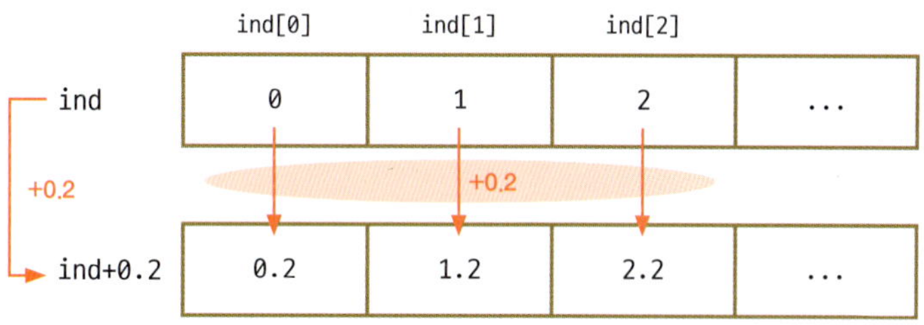

4 14행에서 xticks 함수를 이용해서 x축 눈금의 위치를 ind 요소인 [0, 1, 2, 3, ...]로 설정하고 각 눈금의 이름을 year로 변경합니다.

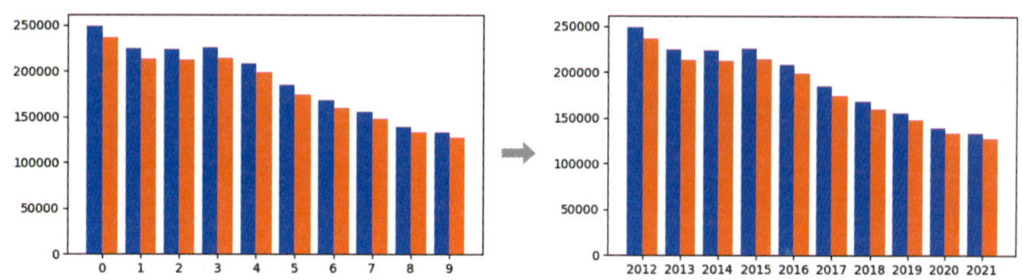

2 출생아 수 누적 막대 그래프 그리기

남아 출생아 수 막대 위쪽에 여아 출생아 수 막대를 그리는 누적 막대 그래프를 그려보겠습니다. 남아 출생아 수는 y 좌표 0부터 시작하므로 추가 옵션 없이 그리면 됩니다.

```
plt.bar(ind, boy)
```

여아 출생아 수는 남아 출생아 수 막대 위쪽에 그려야 하므로 bottom 매개변수 값을 남아 출생아 수인 boy로 설정합니다.

```
plt.bar(ind, girl, bottom=boy)
```

■ 전체 프로그램

```
01 import numpy as np
02 import matplotlib.pyplot as plt
03
04 year = [2012,2013,2014,2015,2016,2017,2018,2019,2020,2021]
05 boy = np.array([248958,223883,223356,224906,208064,184308,167686,155416,139362,
   133516])
06 girl = np.array([235592,212572,212079,213514,198179,173463,159136,147260,132975,
   127046])
07
08 ind = np.arange(len(year))
09
10 plt.figure(figsize=(6, 3.5))
11 plt.bar(ind, boy, color='b', label='boy')
12 plt.bar(ind, girl, bottom=boy, color='r', label='girl')
13 plt.xticks(ind, year)
14 plt.legend()
15 plt.xlabel('year')
16 plt.ylabel('number of births')
17 plt.show()
```

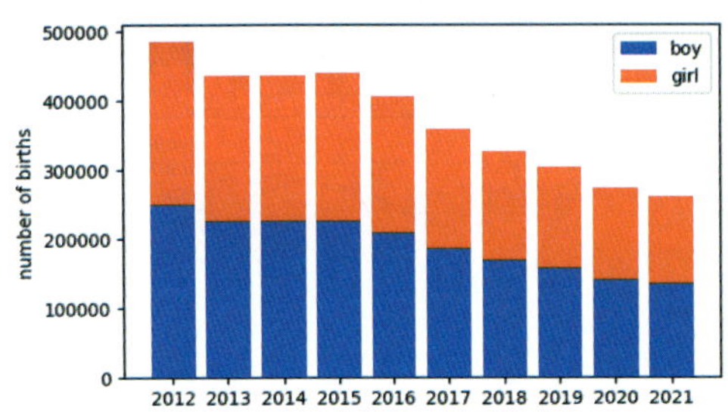

동작 과정

1 08행에서 0부터 1씩 증가하며 year 리스트의 길이 바로 전인 9까지의 수를 요소로 하는 ind 배열을 생성합니다.

2 11행에서 ind 위치에 남아 출생아 수를 막대 그래프로 나타냅니다.

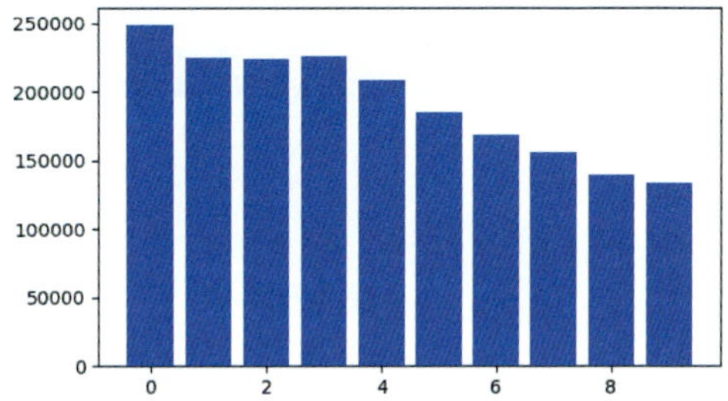

3 12행에서 bottom 매개변수를 boy로 설정해서 여아 출생아 수 막대 그래프를 남아 출생아 수 막대 위쪽에 나타냅니다.

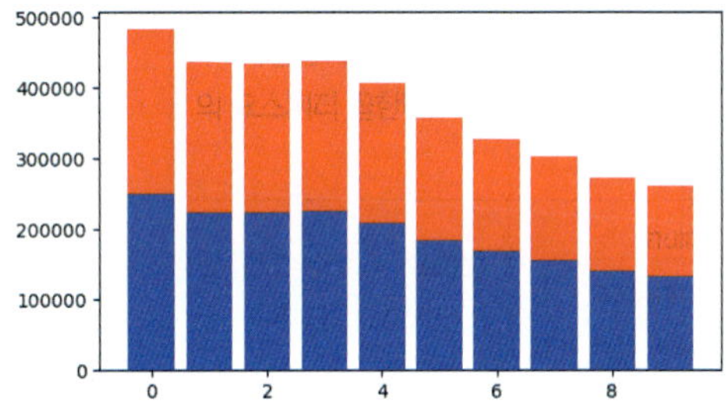

4 13행에서 xticks 함수를 이용해서 x축 눈금의 위치를 ind 요소인 [0, 1, 2, 3, …]로 설정하고 각 눈금의 이름을 year로 변경합니다.

쌍둥이 문제

출생아 수 누적 막대 그래프를 그리는 프로그램을 선 그래프로 바꾸어 그리도록 수정하세요.

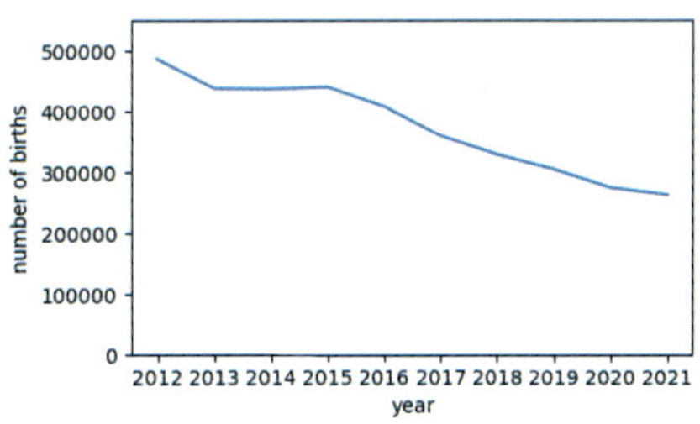

힌트 출생아 수는 남아 출생아 수인 boy와 여아 출생아 수인 girl을 더하면 구할 수 있습니다. 단, boy와 girl은 배열이어야 합니다.

도전 문제

2012년부터 2021년까지 우리나라의 연간 출생아 수와 사망자 수는 다음 표와 같습니다.

표 9-12 연간 출생아 수와 사망자 수 ⓒ 통계청

연도	2012	2013	2014	2015	2016	2017	2018	2019	2020	2021
출생아 수	484,550	436,455	435,435	438,420	406,243	357,771	326,822	302,676	272,337	260,562
사망자 수	267,221	266,257	267,692	275,895	280,827	285,534	298,820	295,110	304,948	317,680

출생아 수와 사망자 수를 옆으로 나란히 나타내는 막대 그래프를 그리도록 프로그램을 작성하세요.

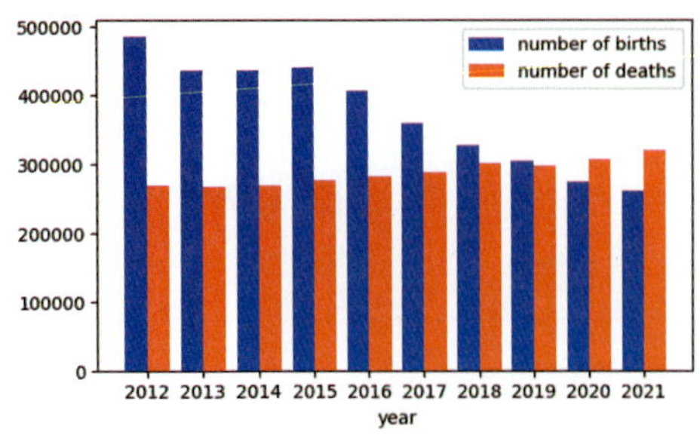

탐구

넘파이 함수와 통계적 추정

모집단에서 추출한 표본의 통계량을 알 때 모집단의 통계량을 구간으로 추정할 수 있습니다. 이를 통계적 추정이라고 합니다.

그림 9-16 표본 평균과 모평균

정규분포 $N(m, \sigma^2)$인 모집단에서 크기 n인 표본을 임의 추출했을 때 표본 평균을 $\overline{X}$ 라 하면 모평균 m의 신뢰 구간은 다음과 같습니다.

표 9-13 모평균의 신뢰 구간

신뢰도	모평균의 신뢰 구간
95%	$\left[\overline{X}-1.96\frac{\sigma}{\sqrt{n}},\ \overline{X}+1.96\frac{\sigma}{\sqrt{n}}\right]$
99%	$\left[\overline{X}-2.58\frac{\sigma}{\sqrt{n}},\ \overline{X}+2.58\frac{\sigma}{\sqrt{n}}\right]$

[코드 9-22]는 표본 크기, 표본 평균, 모집단의 표준편차를 입력받아 모평균을 구간 추정합니다. 표본 크기 `25`, 표본 평균 `0.38`, 모집단의 표준편차 `0.06`을 입력하면, 신뢰도 95%의 신뢰 구간은 `[0.35648, 0.40352]`이고, 신뢰도 99%의 신뢰 구간은 `[0.34904, 0.41096]`입니다.

코드 9-22

```python
import numpy as np

n = int(input('표본 크기: '))
s_mean = float(input('표본 평균: '))
std = float(input('모집단 표준편차: '))

```

```
print(f'신뢰도 95% [{s_mean-1.96*std/np.sqrt(n)}, {s_mean+1.96*std/np.sqrt(n)}]')
print(f'신뢰도 99% [{s_mean-2.58*std/np.sqrt(n)}, {s_mean+2.58*std/np.sqrt(n)}]')
```

```
표본 크기: 25
표본 평균: 0.38
모집단 표준편차: 0.06
신뢰도 95% [0.35648, 0.40352]
신뢰도 99% [0.34904, 0.41096]
```

모집단에서 임의 추출한 표본 중에 A 성질을 가진 것의 비율인 표본 비율을 $\hat{p}$이라 하면 모집단 중에서 A 성질을 가지는 것의 비율인 모비율 p의 신뢰 구간은 다음과 같이 구합니다.

표 9-14 모비율의 신뢰 구간

신뢰도	모비율의 신뢰 구간
95%	$\left[\hat{p}-1.96\sqrt{\frac{\hat{p}(1-\hat{p})}{n}},\ \hat{p}+1.96\sqrt{\frac{\hat{p}(1-\hat{p})}{n}}\right]$
99%	$\left[\hat{p}-2.58\sqrt{\frac{\hat{p}(1-\hat{p})}{n}},\ \hat{p}+2.58\sqrt{\frac{\hat{p}(1-\hat{p})}{n}}\right]$

[코드 9-23]은 표본 크기와 표본 비율을 입력받아 모비율을 구간 추정합니다. 표본 크기 100, 표본 비율 0.8을 입력하면, 신뢰도 95%의 신뢰 구간은 [0.7216, 0.8784], 신뢰도 99%의 신뢰 구간은 [0.6968, 0.9032]입니다.

코드 9-23

```
import numpy as np

n = int(input('표본 크기: '))
s_p = float(input('표본 비율: '))

```

```
print(f'신뢰도 95% [{s_p-1.96*np.sqrt(s_p*(1-s_p)/n)},\
                  {s_p+1.96*np.sqrt(s_p*(1-s_p)/n)}]')
print(f'신뢰도 99% [{s_p-2.58*np.sqrt(s_p*(1-s_p)/n)},\
                  {s_p+2.58*np.sqrt(s_p*(1-s_p)/n)}]')
```

```
표본 크기: 100
표본 비율: 0.8
신뢰도 95% [0.7216, 0.8784000000000001]
신뢰도 99% [0.6968000000000001, 0.9032]
```

요약

01 넘파이 배열을 생성하는 함수는 다음과 같습니다.

함수	설명
array()	배열로 변환한다.
arange()	range 함수와 유사하나 배열을 생성한다.
linspace()	일정한 간격을 갖고, 지정한 개수의 배열을 생성한다.
zeros()	0으로 이루어진 배열을 생성한다.
ones()	1로 이루어진 배열을 생성한다.
full()	지정한 수로 이루어진 배열을 생성한다.
reshape()	배열의 모양을 변경한다.

02 넘파이의 수학 관련 함수는 다음과 같습니다.

함수	설명
add()	두 배열에서 같은 위치의 요소끼리 더한다.
subtract()	첫 번째 배열의 요소에서 두 번째 배열의 요소를 뺀다.
multiply()	두 배열에서 같은 위치의 요소끼리 곱한다.
divide()	첫 번째 배열의 요소를 두 번째 배열의 요소로 나눈다.
floor_divide()	첫 번째 배열의 요소를 두 번째 배열의 요소로 나눈 몫을 구한다.
mod()	첫 번째 배열의 요소를 두 번째 배열의 요소로 나눈 나머지를 구한다.
power()	첫 번째 배열의 요소를 두 번째 배열의 요소만큼 제곱한다.
abs()	배열 각 요소의 절댓값을 구한다.
sqrt()	배열 각 요소의 제곱근을 구한다.

square()	배열 각 요소의 제곱을 구한다.
exp()	배열 각 요소의 지수 e^x를 구한다.
log(), log2(), log10()	배열 각 요소의 자연로그, 로그2, 로그10을 구한다.
cos()	배열 각 요소의 코사인 값을 구한다.
sin()	배열 각 요소의 사인 값을 구한다.
tan()	배열 각 요소의 탄젠트 값을 구한다.

03 넘파이의 통계 함수는 다음과 같습니다.

함수	설명
sum()	배열 각 요소의 합을 구한다.
mean()	배열 각 요소의 평균을 구한다.
std(), var()	배열 각 요소의 표준편차, 분산을 구한다.
max(), min()	배열의 최댓값, 최솟값을 찾는다.
argmax(), argmin()	배열 최댓값의 인덱스, 최솟값의 인덱스를 찾는다.
median()	배열의 중앙값을 찾는다.
cumsum()	배열 각 요소의 누적 합을 구한다.
cumprod()	배열 각 요소의 누적 곱을 구한다.

04 넘파이의 난수 생성 함수는 다음과 같습니다.

함수	설명
randint()	설정한 구간 사이의 정수로 된 난수를 생성한다.
rand()	균등분포를 따르는 0~1 사이의 난수를 생성한다.
randn()	평균이 0이고 분산이 1인 표준정규분포를 따르는 난수를 생성한다.
normal()	설정한 평균과 표준편차인 정규분포를 따르는 난수를 생성한다.
uniform()	균등분포를 따르는 설정한 구간 사이의 난수를 생성한다.
seed()	시드를 설정한다. 시드가 같으면 동일한 난수가 생성된다.

05 넘파이 where 함수는 다음과 같습니다.

함수	설명
where()	조건에 따라 다른 값이 선택된다.

연습문제

01 다음 코드의 실행 결과를 예측하시오.

(1)

```
import numpy as np

arr1 = np.array([1,2,3,4])
arr2 = arr1.reshape(4,1)
print(arr2)
```

(2)

```
import numpy as np

arr1 = np.array([1,2,3,4])
arr2 = arr1 + 2
print(arr2)
```

(3)

```
import numpy as np

arr1 = np.array([1,2,3])
arr2 = np.array([2,3,4])
print(arr1*arr2)
```

(4)

```
import numpy as np

ind = np.arange(5)
print(ind - 0.2)
```

(5)

```
import numpy as np

score = np.array([65,73,93,90])
result = np.where(score>=90, 'A',
                  np.where(score>=80, 'B', 'C'))
print(result)
```

02 다음 코드를 실행하면 오류가 발생합니다. 오류 원인을 설명하고 수정하시오.

(1)

```
import numpy as np

arr1 = np.arange([1,2,3,4])
print(arr1)
```

(2)

```
import numpy as np

arr1 = np.array([1,2,3])
arr2 = np.array([2,3])
print(arr1+arr2)
```

03 남성 키 위쪽에 여성 키가 나타나도록 누적 막대 그래프를 그리는 프로그램을 작성했지만 원하는 결과가 나오지 않았습니다. 원인을 설명하고 코드를 수정하시오.

```
import numpy as np
import matplotlib.pyplot as plt

nation = ['Korea', 'American', 'Japan', 'France']
men = np.array([175.5, 176.9, 172.1, 178.6])
women = np.array([163.2, 163.3, 158.5, 164.5])

plt.bar(nation, men)
plt.bar(nation, women)
plt.show()
```

HINT 누적 막대 그래프를 그릴 때 bottom 매개변수를 사용합니다.

04 다음 표는 2020 도쿄 올림픽에서 4개 국가가 획득한 메달 수입니다. 데이터 출처는 Olympics (https://olympics.com)입니다.

국가	금	은	동
대한민국	6	4	10
미국	39	41	33
일본	27	14	17
프랑스	10	12	11

(1) 다음은 금은동 메달 수가 옆으로 나란히 위치하도록 막대 그래프를 그리는 프로그램입니다. 빈칸을 채워 코드를 완성하시오.

```
import numpy as np
import matplotlib.pyplot as plt

nation = ['Korea', 'American', 'Japan', 'France']
gold = [6, 39, 27, 10]
silver = [4, 41, 14, 12]
bronze = [10, 33, 17, 11]

ind = np.arange(len(nation))

w = 0.3
plt.figure(figsize=(6, 3.5))
plt.bar(          , gold, width=w, label='gold')
plt.bar(          , silver, width=w, label='silver')
plt.bar(          , bronze, width=w, label='bronze')
plt.xticks(ind, nation)
plt.legend()
plt.ylabel('number')
plt.show()
```

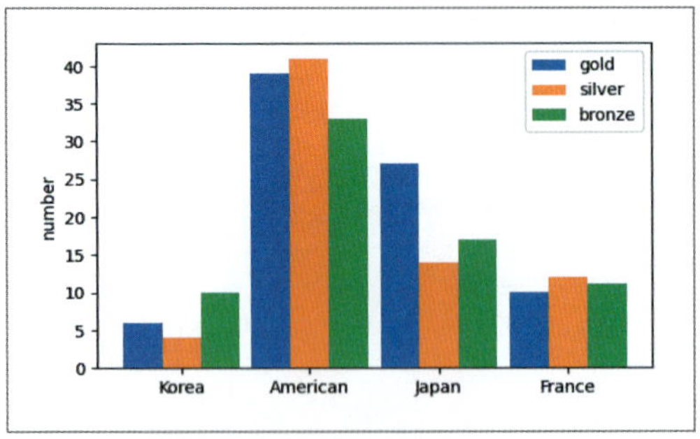

HINT 여러 개의 막대 그래프를 옆으로 나란히 그리려면 각 막대의 중심 위치를 설정해야 합니다.

(2) 다음은 금은동 메달 막대를 위쪽에 나타내는 누적 막대 그래프입니다. 빈칸을 채워 코드를 완성하시오.

```
import numpy as np
import matplotlib.pyplot as plt

nation = ['Korea', 'American', 'Japan', 'France']
gold = np.array([6, 39, 27, 10])
silver = np.array([4, 41, 14, 12])
bronze = np.array([10, 33, 17, 11])

plt.figure(figsize=(6, 3.5))
plt.bar(nation, gold, label='gold')
plt.bar(nation, silver, [          ], label='silver')
plt.bar(nation, bronze, [          ], label='bronze')
plt.legend()
plt.ylabel('number')
plt.show()
```

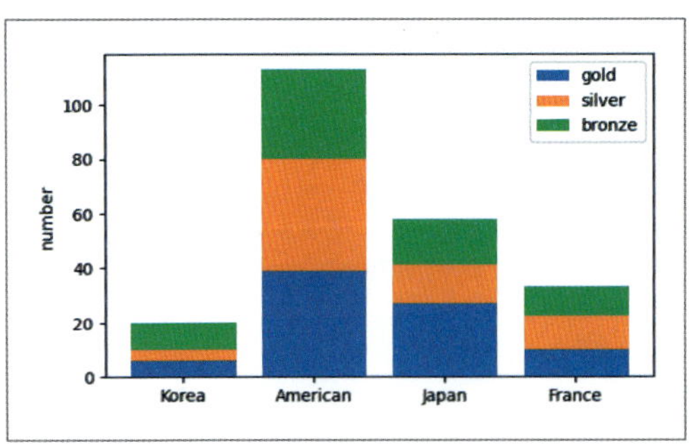

HINT 누적 막대 그래프를 그리려면 bottom 매개변수를 사용해야 합니다.

05 다음은 이차함수를 그래프로 나타내는 코드입니다. 빈칸을 채우시오.

$$y = x^2 + \frac{1}{2}x$$

```
import numpy as np
import matplotlib.pyplot as plt

x = np.linspace(-1, 1, 100)
y = [          ]

plt.plot(x, y, label='y=x**2+1/2*x')
plt.legend()
plt.show()
```

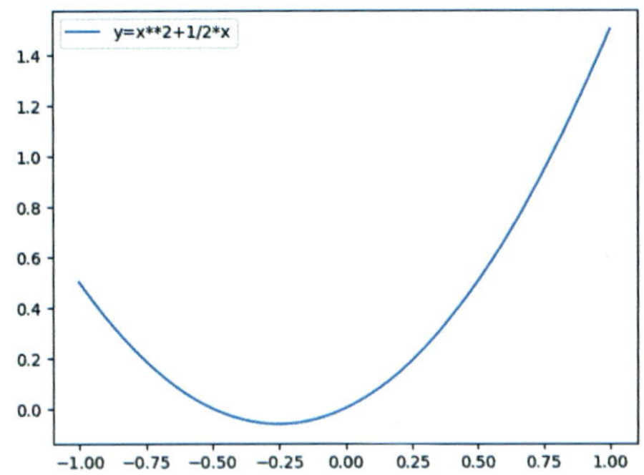

06 다음 표는 2021년 기준 우리나라의 지역별 인구밀도입니다. 데이터 출처는 KOSIS(https://kosis.kr)이고, 단위는 명/km^2입니다.

지역	인구밀도	지역	인구밀도	지역	인구밀도
서울특별시	15,650.1	울산광역시	1,055.0	전라북도	221.4
부산광역시	4,316.4	세종특별자치시	787.7	전라남도	143.9
대구광역시	2,702.2	경기도	1,338.9	경상북도	138.4
인천광역시	2,772.8	강원도	90.4	경상남도	313.6
광주광역시	2,944.0	충청북도	219.4	제주특별자치도	363.8
대전광역시	2,742.8	충청남도	263.8		

다음은 지역별 인구밀도에 대한 간단한 통계 값을 구하고 히스토그램을 그리는 프로그램입니다. 빈칸을 채워 코드를 완성하시오.

```
import numpy as np
import matplotlib.pyplot as plt

district = ['서울특별시','부산광역시','대구광역시','인천광역시','광주광역시',
            '대전광역시','울산광역시','세종특별자치시','경기도','강원도','충청북도',
            '충청남도','전라북도','전라남도','경상북도','경상남도','제주특별자치도']
pop_density = np.array([15650.1,4316.4,2702.2,2772.8,2944.0,2742.8,1055.0,787.7,
                        1338.9,90.4,219.4,263.8,221.4,143.9,138.4,313.6,363.8])

print('최대:', [          ])
print('최소:', [          ])
print('평균:', [          ])
print('표준편차:', [          ])

plt.figure(figsize=(5, 3))
plt.[          ](pop_density, edgecolor='#FFFFFF', color='#EE6666')
plt.xlabel('population density')
plt.show()
```

```
최대: 15650.1
최소: 90.4
평균: 2121.44705882353
표준편차: 3615.32534930328
```

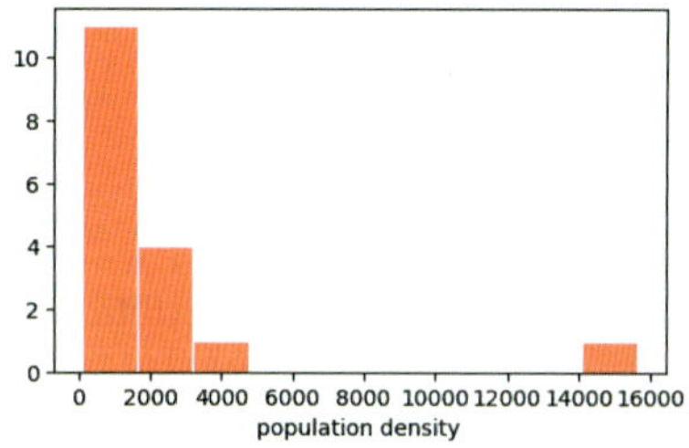

07 다음은 주사위를 굴려 나온 주사위 눈의 평균 값을 선 그래프로 나타내는 프로그램입니다. 빈칸을 채워 코드를 완성하시오. x축은 주사위를 굴린 횟수를 의미합니다.

```
import numpy as np
import matplotlib.pyplot as plt

plt.figure(figsize=(5, 3))
for i in range(3):
  dice = np.random.randint(1, 7, 1000)
  ind = np.arange(1, len(dice)+1)
  p_d = [          ]
  plt.plot(ind, p_d)
plt.ylim(0, 7)
plt.ylabel('average')
plt.show()
```

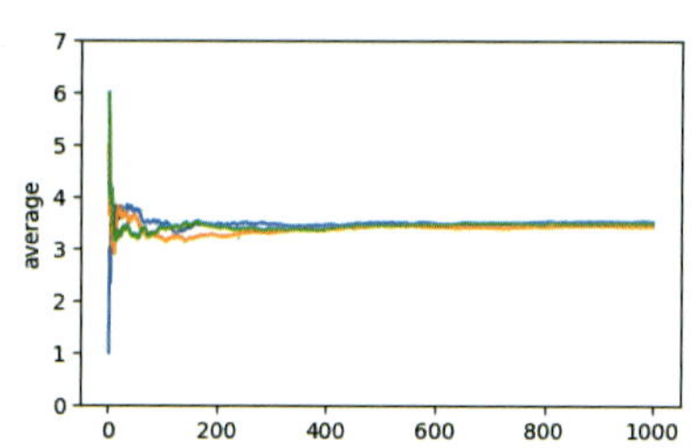

HINT 431쪽 'LAB: 동전 던지기 시뮬레이션'을 참고하세요.

프로그래밍 문제

01 다음 프로그램을 리스트 대신 넘파이 배열을 활용하도록 수정하시오.

```
lst = [1, 2, 3, 4]
result = [x+2 for x in lst]
print(result)
```

```
[3, 4, 5, 6]
```

02 다음 표는 3개 국가의 PISA 수학 성적입니다. 데이터 출처는 OECD(https://data.oecd.org)입니다.

연도	대한민국	미국	일본
2006	547	474	523
2009	546	487	529
2012	554	481	536
2015	524	470	532
2018	526	478	527

국가별 수학 성적이 옆으로 나란히 위치한 막대 그래프를 그리는 프로그램을 작성하시오.

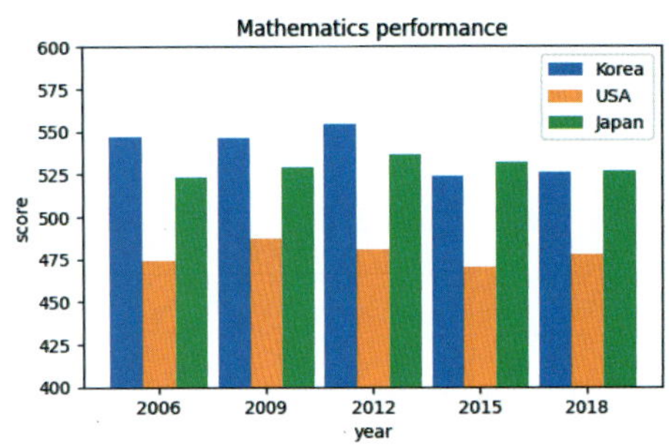

HINT 417쪽의 '여러 개의 막대 그래프 그리기' 예제를 참고하세요.

03 화씨 온도를 섭씨 온도로 변환하는 수식은 다음과 같습니다.

$$섭씨온도 = (화씨온도 - 32) \times \frac{5}{9}$$

화씨 온도 −20~110도에 해당하는 섭씨 온도를 그래프로 나타내는 프로그램을 작성하시오.

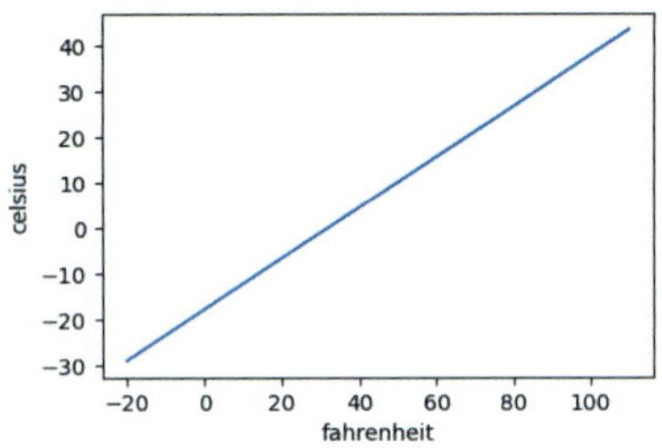

HINT 3장의 127쪽 '플러스 예제: 온도 변환기'를 참고하세요.

04 배열을 활용한 타 교과 융합 프로그램을 작성하시오.

프로그램 이름	
학교급 및 관련 교과	*(예시) 대학교 일반물리학*
프로그램 설명	
프로그램 소스	

CHAPTER 10

객체

학습목표

- 클래스와 객체의 개념을 설명할 수 있습니다.
- 상속의 개념을 설명할 수 있습니다.
- 클래스와 객체를 이용하여 프로그램을 작성할 수 있습니다.
- 상속을 이용하여 프로그램을 작성할 수 있습니다.

Preview

객체란 현실 세계에 존재하는 모든 것이라 할 수 있고 프로그램에서의 객체는 속성과 메서드로 구성됩니다. 이번 장에서는 객체를 프로그램으로 작성하는 방법과 상속에 대해 알아봅니다. 그리고 자동차 클래스를 통해 객체를 작성하는 프로그램을 살펴봅니다.

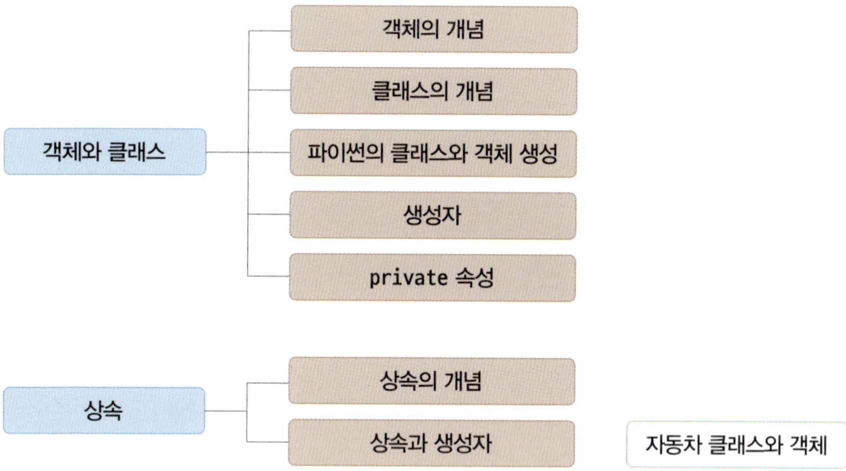

10.1 객체와 클래스

1 객체의 개념

프로그래밍 기법 중 하나인 **객체 지향 프로그래밍**object oriented programming은 현실 세계에 존재하는 모든 것을 객체로 보고 그런 객체를 프로그램으로 작성하는 개념을 말합니다. 현실 세계에 존재하는 모든 것이 **객체**object가 될 수 있습니다. 자동차, 컴퓨터 등과 같이 보거나 만질 수 있는 사물은 물론이고 은행 계좌, 학생, 도형 등의 개념도 객체가 될 수 있습니다. 이러한 객체는 속성과 메서드로 구성되는데, **속성**attribute은 객체의 상태를 의미하고 **메서드**method는 객체의 동작을 의미합니다.

TIP 속성은 변수와 유사하고 메서드는 함수와 유사한 개념입니다. 특별히 객체의 변수를 속성, 객체의 함수를 메서드라 합니다.

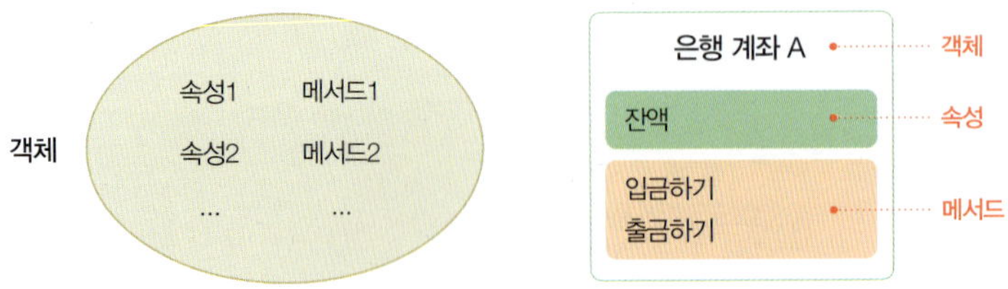

(a) 객체의 구성 (b) 은행 계좌 A 객체

그림 10-1 객체의 개념

예를 들어 '은행 계좌 A'라는 객체가 '잔액' 속성과 '입금하기'와 '출금하기' 메서드로 이루어진다고 가정하겠습니다. 이런 내용을 객체로 구현하기에 앞서 함수로 구현한 프로그램을 살펴보겠습니다. [코드 10-1]에서 `balance`는 잔액을 저장할 변수이고, `deposit`은 계좌에 입금하는 함수이며 `withdraw`는 계좌에서 출금하는 함수입니다. `deposit` 함수와 `withdraw` 함수의 동작이 종료되어도 `balance` 변수 값은 유지되어야 하므로 함수 외부에 생성했습니다. 이 외부 변수를 함수 안에서 사용하기 위해 04행과 09행에서 `global` 키워드를 이용해 외부 변수인 `balance`를 사용한다고 선언하고 있습니다.

코드 10-1

```
01  balance = 0
02
03  def deposit(amount):
```

```
    global balance
    balance += amount
    return balance

def withdraw(amount):
    global balance
    balance -= amount
    return balance

print(deposit(100))
print(withdraw(30))
```

```
100
70
```

TIP 파이썬은 기본적으로 함수 외부에 있는 변수를 사용하지 못합니다. 함수 외부에 있는 변수를 함수 안에서 사용하려면 변수 이름 앞에 `global`을 붙여 나타냅니다.

만약 2개의 계좌를 관리하도록 이 프로그램을 확장한다면, 계좌가 2개이므로 잔액을 저장하는 변수가 2개여야 하고 입금하는 함수와 출금하는 함수도 2개씩 있어야 합니다. 확장하여 완성한 프로그램은 [코드 10-2]와 같습니다.

코드 10-2

```
balance1 = 0
balance2 = 0

def deposit1(amount):
    global balance1
    balance1 += amount
    return balance1

def withdraw1(amount):
    global balance1
    balance1 -= amount
    return balance1

def deposit2(amount):
```

```
    global balance2
    balance2 += amount
    return balance2

def withdraw2(amount):
    global balance2
    balance2 -= amount
    return balance2

print(deposit1(100))
print(withdraw1(30))

print(deposit2(70))
print(withdraw2(20))
```

```
100
70
70
50
```

만약 계좌가 2개가 아닌 10개라면 더 많은 변수와 함수가 필요하고 코드 길이가 상당히 길어질 겁니다. 각 계좌가 잔액, 입금하기, 출금하기로 이루어져 있고 여러 개의 계좌를 관리하는 프로그램을 작성하고자 한다면 객체를 이용하는 것이 바람직합니다.

[코드 10-3]은 객체를 이용해서 2개의 계좌를 관리하는 프로그램인데 [코드 10-2]보다 코드 길이가 짧아진 것을 알 수 있습니다. 계좌 수가 많아질수록 객체를 이용하면 함수를 이용할 때에 비해 훨씬 코드 길이가 짧고 이해하기도 쉬워집니다. 아직은 이런 이점이 있다는 것만 알아두고 코드의 구체적인 내용은 몰라도 됩니다. 곧 이해하게 될 겁니다.

코드 10-3

```
class Account:
    def __init__(self):
        self.balance = 0

    def deposit(self, amount):
```

```python
        self.balance += amount
        return self.balance

    def withdraw(self, amount):
        self.balance -= amount
        return self.balance

a1 = Account()
print(a1.deposit(100))
print(a1.withdraw(30))

a2 = Account()
print(a2.deposit(70))
print(a2.withdraw(20))
```

```
100
70
70
50
```

2 클래스의 개념

파이썬에서 객체는 클래스를 이용해서 생성합니다. 클래스란 객체를 생성하는 틀template이라 할 수 있습니다. 붕어빵을 만들 때 붕어빵 틀을 이용해야 하는데, 붕어빵 틀을 클래스에 비유할 수 있고, 붕어빵 틀을 통해 만든 붕어빵을 객체에 비유할 수 있습니다.

붕어빵 틀 → 클래스

붕어빵 → 객체

그림 10-2 클래스와 객체의 의미

클래스class는 같은 속성과 메서드를 갖는 객체들을 묶어 개념적으로 표현한 것입니다. 예를 들어, '은행 계좌A' 객체와 '은행 계좌B' 객체는 '잔액', '입금하기', '출금하기'라는 속성과 메서드를 가지고 있습니다. 이런 객체 여러 개를 묶어 '은행 계좌'라는 클래스로 개념화할 수 있습니다.

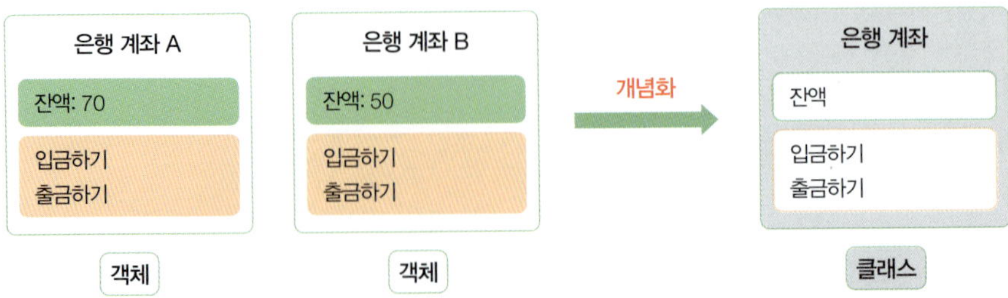

그림 10-3 객체와 클래스

클래스로부터 만들어진 객체를 그 클래스의 인스턴스instance라 합니다. 이 예시에서는 은행 계좌 클래스를 이용해서 만들어진 '은행 계좌A' 객체와 '은행 계좌B' 객체를 '은행 계좌' 클래스의 인스턴스라 합니다.

3 파이썬의 클래스와 객체 생성

클래스는 `class` 키워드를 이용해 생성하며 일반적으로 클래스 이름의 첫 글자는 대문자로 합니다.

| Syntax | 클래스 생성

```
class 클래스이름:
  속성1

  def 메서드1(self, …):
    …
  def 메서드2(self, …):
    …
```

속성1, …, 메서드1, 메서드2, …를 갖는 '클래스이름' 클래스를 생성한다.

클래스 안에 정의된 함수인 메서드는 클래스에 포함되어 있다는 점과 첫 번째 매개변수가 `self`라는 점을 제외하면 일반적인 함수를 정의하는 방법과 유사합니다. 메서드의 첫 번째 매개변수인 `self`는 클래스 자신을 의미합니다.

클래스 생성하기

은행 계좌 클래스인 Account를 생성하겠습니다. Account 클래스는 잔액을 의미하는 balance 속성과 입금하는 동작인 deposit 메서드, 출금하는 동작인 withdraw 메서드로 이루어집니다.

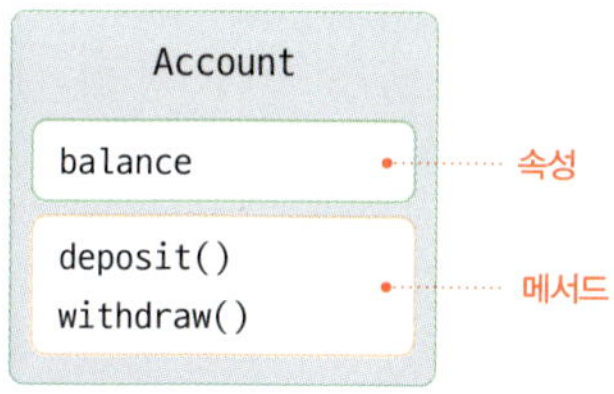

그림 10-4 Account 클래스 구조

❶ **Account 클래스 구조 생성:** 클래스 이름의 첫 글자는 대문자로 합니다.

❷ **Account 클래스의 속성 설정:** 잔액을 의미하는 속성인 balance의 초깃값을 0으로 설정합니다.

(a) Account 클래스 구조 생성 (b) balance 속성 설정

그림 10-5 Account 클래스 생성❶ – 클래스와 속성 생성

❸ **Account 클래스의 메서드 정의:** 입금하는 동작을 수행하는 deposit 메서드와 출금하는 동작을 수행하는 withdraw 메서드를 정의해야 합니다. deposit 메서드는 입금액인 amount를 잔액인 balance 속성에 더한 후 balance 값을 반환하는 동작을 수행합니다. 메서드의 첫 번째 매개변수는 클래스 자신을 의미하는 self입니다. 그리고 속성인 balance에 접근할 때는 self.balance와 같이 속성 이름 앞에 self.를 붙여야 합니다. 또한 withdraw 메서드는 출금액인 amount를 잔액인 balance 속성에서 뺀 후 balance 값을 반환하는 동작을 수행합니다. deposit 메서드와 마찬가지로 첫 번째 매개변수는 self여야 합니다.

```
class Account:
  balance = 0
  def deposit(self, amount):
    self.balance += amount
    return self.balance
```

deposit 메서드 정의

```
def withdraw(self, amount):
  self.balance -= amount
  return self.balance
```

withdraw 메서드 정의

그림 10-6 Account 클래스 생성❷ – 메서드 정의

Account 클래스를 생성하는 전체 코드는 [코드 10-4]와 같습니다.

코드 10-4

```
class Account:
  balance = 0

  def deposit(self, amount):
    self.balance += amount
    return self.balance

  def withdraw(self, amount):
    self.balance -= amount
    return self.balance
```

객체 생성하기

객체는 클래스를 이용해서 생성할 수 있고, 형식은 다음과 같습니다.

| Syntax | 객체 생성

```
객체이름 = 클래스이름()
```

'클래스이름' 클래스의 인스턴스인 '객체이름' 객체를 생성한다.

앞에서 정의한 Account 클래스를 이용해서 a1 객체를 생성하는 코드는 [코드 10-5]와 같습니다. a1 객체를 Account 클래스의 인스턴스라 합니다.

코드 10-5

```
a1 = Account()
```

이렇게 생성된 a1 객체에서 balance 속성 값은 0으로 초기화됩니다.

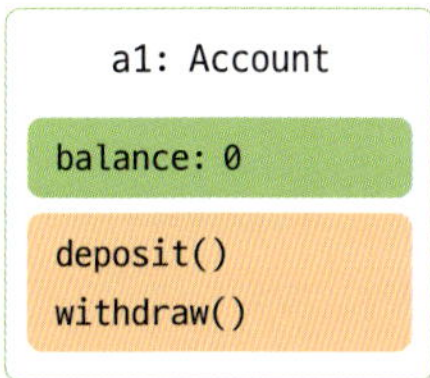

그림 10-7 Account 클래스의 인스턴스인 a1 객체

속성과 메서드에 접근하기

객체의 속성이나 메서드에 접근하려면 객체 이름에 마침표(.)를 붙이고 속성 이름 또는 메서드 이름을 적으면 됩니다.

| Syntax | 속성 또는 메서드에 접근하기

```
객체이름.속성이름
객체이름.메서드이름()
```

객체의 속성 또는 메서드에 접근한다.

a1 객체의 deposit 메서드를 다음과 같이 호출하면 매개변수인 100이 amount로 전달되고 self에는 a1 객체가 전달됩니다. a1 객체의 balance 속성 값을 amount의 값인 100만큼 증가시키고 balance 값인 100을 반환합니다.

```
a1.deposit(100)
```

결국 [코드 10-6]을 실행하면 balance 속성 값은 초깃값 0에서 전달받은 100만큼 증가해서 100이 되고, 이 값을 출력합니다.

코드 10-6

```
print(a1.deposit(100))
```

```
100
```

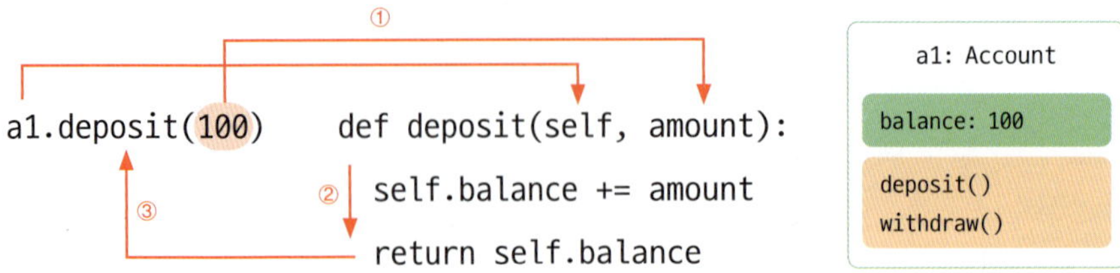

(a) 코드의 동작 과정 (b) 코드 실행 후 a1 객체

그림 10-8 deposit 메서드의 동작 과정

다음으로 [코드 10-7]에서 a1 객체의 withdraw 메서드를 호출하면 balance 속성 값이 전달받은 30만큼 감소하여 70이 되고, 이 값을 출력합니다.

코드 10-7

```
print(a1.withdraw(30))
```

```
70
```

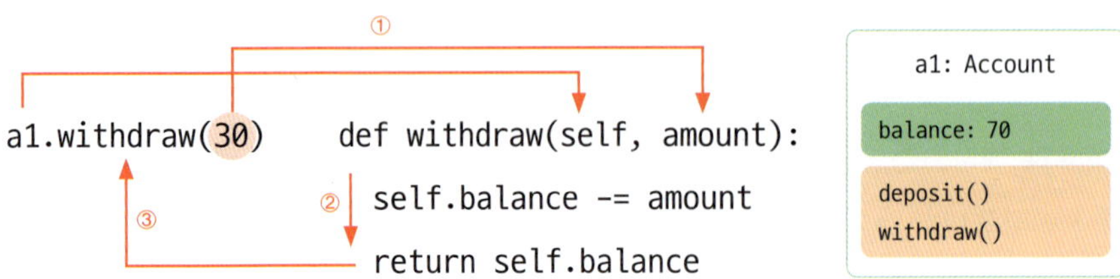

(a) 코드의 동작 과정 (b) 코드 실행 후 a1 객체

그림 10-9 withdraw 메서드의 동작 과정

[코드 10-8]은 Account 클래스를 이용해서 또 다른 객체인 a2를 생성한 다음 a2에서 70을 입금하고 20을 출금합니다. 코드의 동작 과정과 코드 실행 후 a2 객체의 구조를 그려보기 바랍니다.

코드 10-8

```
a2 = Account()
print(a2.deposit(70))
print(a2.withdraw(20))
```

```
70
50
```

4 생성자

객체가 생성될 때 자동으로 호출되는 메서드를 생성자constructor라 하는데, 일반적으로 초기화 동작을 담당합니다. 생성자의 이름은 `__init__`으로 정해져 있으며, `self`는 필수 매개변수로 맨 앞에 위치해야 합니다.

| Syntax | 생성자 생성

```
class 클래스이름:
    def __init__(self, …):
        …
```

생성자가 있는 '클래스이름' 클래스를 생성한다.

속성을 0으로 초기화하기

앞에서 살펴본 `Account` 클래스에서 `balance` 속성을 `0`으로 초기화하는 동작을 생성자가 수행하도록 수정할 수 있습니다.

```
class Account:
    balance = 0
```

→

```
class Account:
    def __init__(self):
        self.balance = 0
```

생성자 설정

그림 10-10 생성자가 `balance` 속성을 초기화

`balance` 속성을 `0`으로 초기화하는 생성자를 포함하여 `Account` 클래스를 정의하는 전체 코드는 [코드 10-9]와 같습니다.

코드 10-9

```
class Account:
    def __init__(self):
        self.balance = 0

    def deposit(self, amount):
        self.balance += amount
        return self.balance

    def withdraw(self, amount):
```

```
        self.balance -= amount
        return self.balance
```

이와 같이 정의한 Account 클래스를 이용해서 [코드 10-10]과 같이 a1 객체를 생성하면 자동으로 생성자가 실행되어 balance 속성 값이 0으로 초기화됩니다.

코드 10-10

```
a1 = Account()
```

이 프로그램에서는 생성자를 이용해서 balance 속성을 초기화할 때의 장점을 알 수 없습니다. 그런데 생성자의 매개변수를 이용하면 객체를 생성할 때 속성의 초깃값을 원하는 값으로 설정할 수 있습니다.

속성을 입금액으로 초기화하기

Account 클래스를 이용해서 객체를 생성할 때 balance 속성의 초깃값을 입금하는 금액으로 바로 설정할 수 있습니다. 생성자에 amount 매개변수를 추가하고 이 값이 바로 balance 속성의 초깃값이 되도록 합니다.

```
class Account:
  def __init__(self, amount):    # 매개변수 추가
    self.balance = amount
...
```

그림 10-11 생성자에 매개변수를 추가해 초깃값 설정

이런 내용을 반영하여 Account 클래스를 정의하는 전체 코드는 [코드 10-11]과 같습니다.

코드 10-11

```
class Account:
    def __init__(self, amount):
        self.balance = amount

    def deposit(self, amount):
```

```
        self.balance += amount
        return self.balance

    def withdraw(self, amount):
        self.balance -= amount
        return self.balance
```

이와 같이 정의된 Account 클래스를 이용해서 [코드 10-12]와 같이 a1 객체를 생성하면 50이 생성자의 amount 매개변수로 전달되어 balance 속성이 50으로 초기화됩니다.

코드 10-12

```
a1 = Account(50)
```

생성된 a1 객체의 구조는 다음과 같습니다.

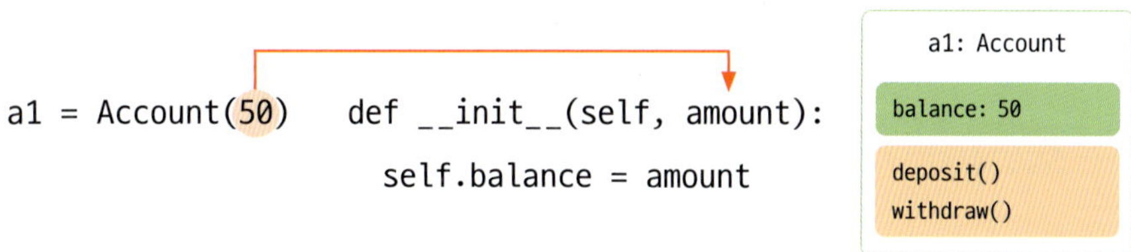

(a) 코드의 초기화 과정 (b) 코드 실행 후 a1 객체

그림 10-12 매개변수가 있는 생성자를 포함한 클래스로 a1 객체 생성하기

이 상태에서 [코드 10-13]을 실행하면 balance 속성값은 초깃값 50에서 매개변수로 전달받은 100만큼 증가해서 150이 되고, 이 값을 반환받아 출력합니다.

코드 10-13

```
print(a1.deposit(100))
```

```
150
```

그런데 [코드 10-14]와 같이 객체를 생성할 때 실수로 매개변수를 전달하지 않으면 오류가 발생합니다.

코드 10-14

```
a2 = Account()
```

```
---------------------------------------------------------------------------
TypeError                                 Traceback (most recent call last)
<ipython-input-14-46b353017a16> in <cell line: 1>()
----> 1 a2 = Account()

TypeError: Account.__init__() missing 1 required positional argument: 'amount'
```

이런 문제는 생성자의 매개변수에 초깃값을 지정하면 해결됩니다. 객체를 생성할 때 50을 전달하면 생성자의 amount 매개변수의 값은 전달받은 50이 됩니다. 반면 객체를 생성할 때 값을 전달하지 않으면 생성자의 amount 값은 초깃값인 0으로 지정됩니다.

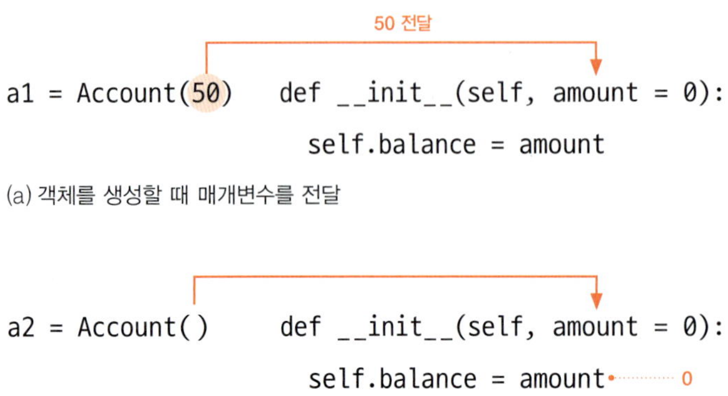

(a) 객체를 생성할 때 매개변수를 전달

(b) 객체를 생성할 때 매개변수를 전달하지 않음

그림 10-13 생성자의 매개변수에 초깃값 지정

[코드 10-15]는 이와 같이 초깃값을 지정하는 생성자를 갖는 Account 클래스를 이용해서 a1 객체와 a2 객체를 생성합니다.

코드 10-15

```
class Account:
  def __init__(self, amount=0):
    self.balance = amount

  def deposit(self, amount):
```

```
06         self.balance += amount
07         return self.balance
08 
09     def withdraw(self, amount):
10         self.balance -= amount
11         return self.balance
12 
13 a1 = Account(50)
14 print(a1.deposit(70))
15 
16 a2 = Account()
17 print(a2.deposit(100))
```

```
120
100
```

13 Account 클래스를 이용해서 a1 객체를 생성합니다. 이때 50이 생성자의 amount 매개변수로 전달되어 balance 속성 값은 50으로 초기화됩니다.

16 Account 클래스를 이용해서 a2객체를 생성합니다. 이때 전달되는 매개변수가 없으므로 생성자의 amount는 초깃값인 0으로 설정되고, balance 속성 값도 0으로 초기화됩니다.

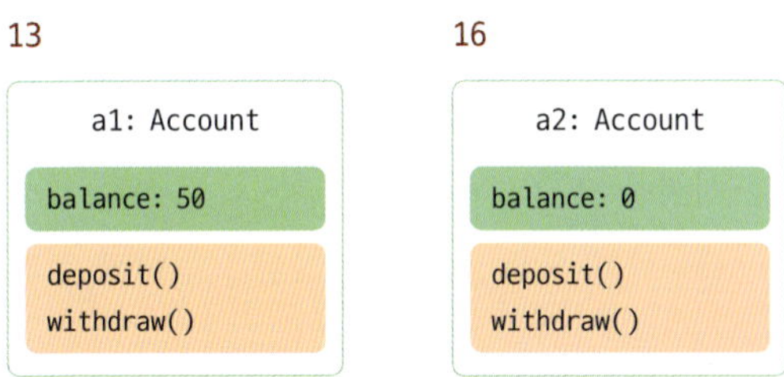

그림 10-14 Account 클래스로 생성한 a1 객체와 a2 객체

5 private 속성

객체 이름에 마침표(.)를 붙이고 속성 이름을 적으면 객체의 속성에 접근할 수 있다고 앞에서 설명했습니다.

```
객체이름.속성이름
```

[코드 10-16]의 14행에서는 이와 같이 속성에 접근해서 a1 객체의 balance 속성 값을 30으로 변경합니다.

코드 10-16

```
01 class Account:
02   def __init__(self, amount=0):
03     self.balance = amount
04
05   def deposit(self, amount):
06     self.balance += amount
07     return self.balance
08
09   def withdraw(self, amount):
10     self.balance -= amount
11     return self.balance
12
13 a1 = Account(50)
14 a1.balance = 30
15 print(a1.balance)
```

```
30
```

객체 지향 프로그래밍에서는 객체의 속성과 메서드를 하나의 캡슐처럼 묶어서 관리하는 **캡슐화** encapsulation가 핵심입니다. 객체 내부에 구현된 세부 사항을 숨기고 외부에는 객체의 속성과 메서드에 접근하는 인터페이스만 제공하는 것입니다. 캡슐화를 통해 코드의 안정성을 높이고 유지보수를 용이하게 할 수 있습니다.

같은 맥락으로 보면 [코드 10-16]과 같이 객체 외부에서 객체의 속성에 직접 접근하는 것은 바람직하지 않습니다. 이런 경우에 속성을 private으로 설정하여 접근하지 못하도록 할 수 있고, 속성 이름 앞에 __를 붙이면 그 속성은 private 속성이 됩니다.

```
__속성이름
```

[코드 10-17]은 Account 클래스의 속성을 private으로 정의한 상태에서 14행에서 이 속성에 접근하려고 했으므로 오류가 발생합니다.

코드 10-17

```
01 class Account:
02   def __init__(self, amount=0):
03     self.__balance = amount
04
05   def deposit(self, amount):
06     self.__balance += amount
07     return self.__balance
08
09   def withdraw(self, amount):
10     self.__balance -= amount
11     return self.__balance
12
13 a1 = Account(50)
14 print(a1.__ balance)
```

```
⋮
AttributeError: 'Account' object has no attribute '__balance'
```

03 __balance로 지정해 private 속성으로 정의합니다.

14 private 속성인 __balance에 접근하려 했으므로 오류가 발생합니다.

private 속성 값 얻기

그렇다면 private 속성 값을 얻으려면 어떻게 해야 할까요? 속성 값을 반환하는 메서드를 이용하면 됩니다. [코드 10–18]의 13~14행에서 정의한 get_balance가 __balance 속성 값을 반환하는 메서드입니다. 17행에서 이 메서드를 호출하여 __balance 속성 값을 얻게 됩니다.

코드 10-18

```
01 class Account:
02   def __init__(self, amount=0):
03     self.__balance = amount
04
05   def deposit(self, amount):
06     self.__balance += amount
07     return self.__balance
```

```
08
09     def withdraw(self, amount):
10         self.__balance -= amount
11         return self.__balance
12
13     def get_balance(self):
14         return self.__balance
15
16 a1 = Account(50)
17 print(a1.get_balance())
```

13~14 private 속성인 __balance 값을 반환하는 get_balance 메서드를 정의합니다.

17 get_balance 메서드를 호출하여 a1 객체의 __balance 속성 값을 얻습니다.

TIP 일반적으로 값을 반환하는 메서드의 이름은 앞에 get이 붙고, 값을 설정하는 메서드의 이름은 앞에 set이 붙습니다.

LAB 원 클래스와 객체

원 클래스인 Circle을 생성하고 이 클래스를 이용해서 객체를 생성하겠습니다. Circle 클래스는 반지름을 의미하는 __radius 속성과 반지름을 확인하는 get_radius 메서드, 반지름을 설정하는 set_radius 메서드, 원의 넓이를 구하는 get_area 메서드, 원의 둘레를 구하는 get_circumference 메서드로 이루어집니다.

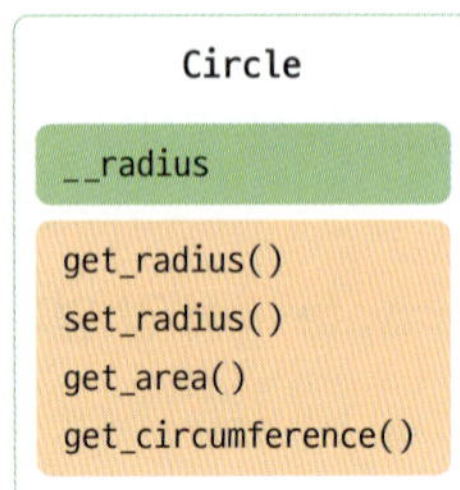

그림 10-15 Circle 클래스

Circle 클래스를 생성하고 이를 이용해 c1 객체를 생성해서 원의 넓이와 둘레 등을 구하는 프로그램을 만들어보겠습니다.

코드 10-19

```
import math

class Circle:
    def __init__(self, radius=10):
        self.__radius = radius

    def get_radius(self):
```

```
08      return self.__radius
09
10    def set_radius(self, radius):
11      self.__radius = radius
12
13    def get_area(self):
14      return math.pi*self.__radius**2
15
16    def get_circumference(self):
17      return 2*math.pi*self.__radius
18
19  c1 = Circle(7)
20  print('넓이:', c1.get_area())
21  print('둘레:', c1.get_circumference())
22  c1.set_radius(10)
23  print('넓이:', c1.get_area())
24  print('둘레:', c1.get_circumference())
```

```
넓이: 153.93804002589985
둘레: 43.982297150257104
넓이: 314.1592653589793
둘레: 62.83185307179586
```

동작 과정

1 03~17행에서 Circle 클래스를 생성합니다.

```
class Circle:
  def __init__(self, radius=10):
    self.__radius = radius

  def get_radius(self):
    …
  def set_radius(self, radius):
    …
  def get_area(self):
    …
  def get_circumference(self):
    …
```

생성자 설정

메서드 설정

2 04~05행은 Circle 클래스를 이용해서 객체를 생성할 때 자동으로 실행되는 생성자입니다. 이 생성자가 __radius 속성을 초기화합니다. __radius는 private 속성이므로 외부에서 속성에 직접 접근하지 못합니다. 객체를 생성할 때 반지름을 매개변수로 전달하면 생성자의 __radius 값은 전달받은 값이 되고, 매개변수를 전달하지 않으면 __radius 값은 초깃값 그대로 10이 됩니다.

```
def __init__(self, radius=10):
    self.__radius = radius
```

private 속성

3 19행에서 c1 객체를 생성합니다. Circle 클래스의 객체가 생성될 때 생성자가 실행되어 __radius 속성을 초기화합니다. __radius는 7이 됩니다.

```
c1 = Circle(7)          def __init__(self, radius=10):
                            self.__radius = radius
```

4 20행에서 get_area 메서드를 호출해서 c1 객체의 넓이를 반환받고, 21행에서 get_circumference 메서드를 호출해서 c1 객체의 둘레를 반환받습니다. 객체의 메서드를 호출하기 위해 객체 이름 뒤에 마침표(.)를 붙이고 메서드 이름을 적습니다.

5 22행에서 set_radius 메서드를 호출하면 self에는 c1 객체가 전달되고 radius로 매개변수인 10이 전달되어 __radius 속성 값이 10으로 설정됩니다.

```
c1.set_radius(10)        def set_radius(self, radius):
                             self.__radius = radius
```

LAB 학생 클래스와 객체

학생 클래스인 Student를 생성하고 이 클래스를 이용해서 객체를 생성하겠습니다. Student 클래스는 이름을 의미하는 __name 속성, 수학 성적을 의미하는 __math 속성, 컴퓨터 성적을 의미하는 __computer 속성, 이름을 확인하는 get_name 메서드, 성적 평균을 확인하는 get_average 메서드, 수학 성적을 설정하는 set_math 메서드, 컴퓨터 성적을 설정하는 set_computer 메서드로 이루어집니다.

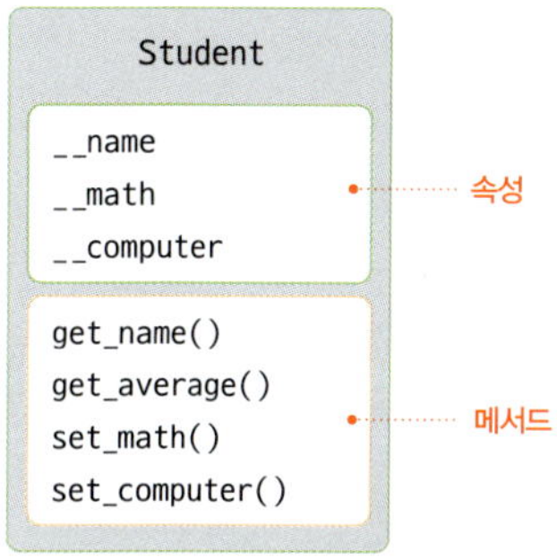

그림 10-16 Student 클래스

다음은 Student 클래스를 생성하고 이를 이용해 s1 객체를 생성한 다음 성적 평균을 구하고 컴퓨터 성적을 변경하는 등의 동작을 하는 프로그램입니다.

코드 10-20

```
class Student:
    def __init__(self, name, math, computer):
        self.__name = name
        self.__math = math
        self.__computer = computer

    def get_name(self):
        return self.__name

    def get_average(self):
        return (self.__math + self.__computer)/2

    def set_math(self, math):
        self.__math = math

    def set_computer(self, computer):
        self.__computer = computer

s1 = Student('hanbit', 95, 89)
print(s1.get_name(), s1.get_average())
s1.set_computer(97)
print(s1.get_name(), s1.get_average())
```

```
hanbit 92.0
hanbit 96.0
```

동작 과정

1 01~17행에서 Student 클래스를 생성합니다.

```
class Student:
  def __init__(self, name, math, computer):   # 생성자 설정
    …
  def get_name(self):                          # 메서드 설정
    …
  def get_average(self):
    …
  def set_math(self, math):
    …
  def set_computer(self, computer):
    …
```

2 02~05행은 Student 클래스를 이용해서 객체를 생성할 때 자동으로 실행되는 생성자입니다. 이 생성자가 __name 속성, __math 속성, __computer 속성을 초기화합니다. 이들 속성은 private 속성이므로 외부에서 속성에 직접 접근하지 못합니다.

```
def __init__(self, name, math, computer):
  self.__name     = name
  self.__math     = math
  self.__computer = computer
```

private 속성

3 19행에서 s1 객체를 생성합니다. 객체가 생성될 때 생성자가 실행되어 __name, __math, __computer 속성을 'hanbit', 95, 89로 초기화합니다.

```
s1 = Student('hanbit', 95, 89)    def __init__(self, name, math, computer):
                                      self.__name = name
                                      self.__math = math
                                      self.__computer = computer
```

4 20행에서 `get_name` 메서드를 호출하여 이름을 반환받고 `get_average` 메서드를 호출하여 성적 평균을 반환받습니다.

5 21행에서 `set_computer` 메서드를 호출하여 전달한 97을 `__computer` 속성 값으로 설정합니다.

```
s1.set_computer(97)    def set_computer(self, computer):
                           self.__computer = computer
```

10.2 상속

1 상속의 개념

상속inheritance은 기존 클래스의 속성과 메서드를 공유하는 메커니즘입니다. 기존 클래스로부터 상속을 통해 정의되는 클래스는 기존 클래스의 속성과 메서드 기능을 가지면서 나아가 새로운 속성과 메서드를 추가할 수 있습니다.

상속을 통해 정의되는 클래스를 자식 클래스child class 또는 하위 클래스subclass라 하고, 상속해 주는 클래스를 부모 클래스parent class 또는 상위 클래스superclass라 합니다. 부모 클래스와 자식 클래스의 관계는 [그림 10-17]과 같습니다.

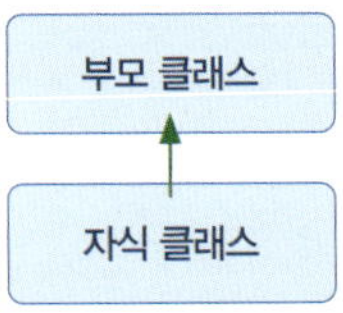

그림 10-17 부모 클래스와 자식 클래스의 관계

상속이 어떤 경우에 필요한지 예를 통해 살펴보겠습니다. **이과생** 클래스와 **문과생** 클래스가 [그림 10-18]과 같다고 가정하겠습니다.

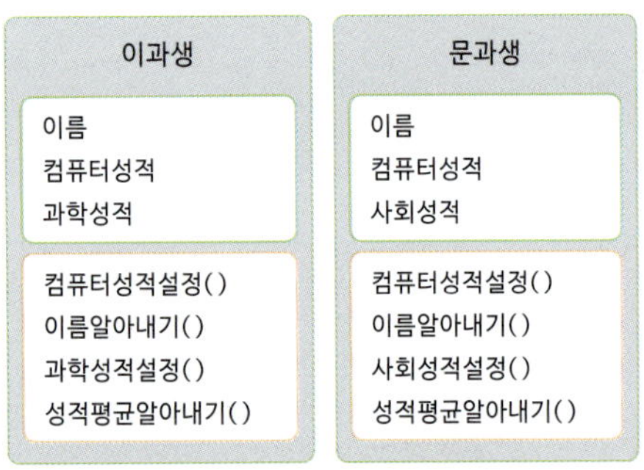

그림 10-18 이과생 클래스와 문과생 클래스

여기에서 **이름** 속성, **컴퓨터성적** 속성, **컴퓨터성적설정** 메서드, **이름알아내기** 메서드는 두 개의 클래스에서 공통적입니다. 공통 속성과 메서드를 묶어 **학생**이라는 클래스를 정의하고, **이과생**과 **문과생** 클래스가 **학생** 클래스를 상속받게 합니다. 그리고 **이과생** 클래스는 **과학성적** 속성과 **과학성적설정** 메서드로 구성하고, **문과생** 클래스는 **사회성적** 속성과 **사회성적설정** 메서드로 구성합니다. 그

러면 **이과생** 클래스에서 **성적평균알아내기** 메서드의 동작은 **문과생** 클래스의 **성적평균알아내기** 메서드의 동작과 다르므로 **이과생**과 **문과생** 클래스 각각에 **성적평균알아내기** 메서드를 정의합니다.

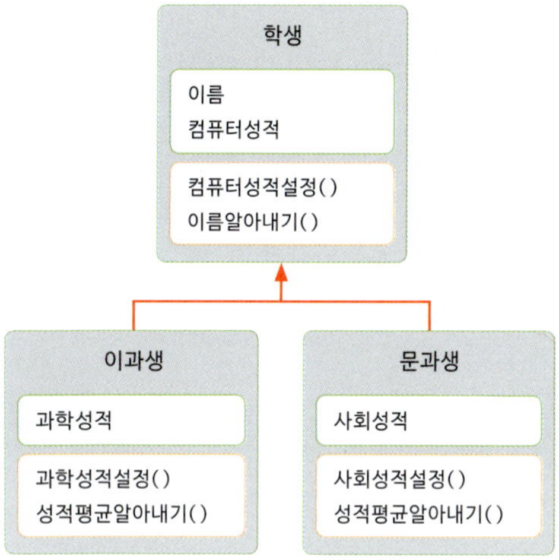

그림 10-19 학생 클래스를 상속받는 이과생 클래스와 문과생 클래스

이렇게 정의한 **이과생** 클래스와 **문과생** 클래스는 **학생** 클래스의 **이름** 속성, **컴퓨터성적** 속성, **컴퓨터성적설정** 메서드, **이름알아내기** 메서드를 상속받아 자신의 속성과 메서드인 것처럼 사용할 수 있습니다. 만약 **컴퓨터성적설정** 메서드나 **이름알아내기** 메서드를 수정할 일이 생기면 [그림 10-18]과 같은 구조에서는 **이과생** 클래스와 **문과생** 클래스에서 모두 수정해야 하지만 [그림 10-19]와 같이 상속을 이용하면 학생 클래스만 수정하면 되므로 편리합니다.

2 상속과 생성자

자식 클래스를 정의할 때 자식 클래스 이름 옆의 괄호 안에 부모 클래스 이름을 넣습니다. 부모 클래스의 속성과 메서드는 자식 클래스에 상속되고, 자식 클래스는 상속받은 것에 새로운 속성과 메서드를 추가할 수 있습니다.

| Syntax | **자식 클래스 생성**

```
class 자식클래스이름(부모클래스이름):
  def 메서드1(self, …):
    …
  def 메서드2(self, …):
    …
```

'부모클래스이름'을 상속받는 '자식클래스이름'을 생성한다.

[그림 10-20]은 부모 클래스 Student를 상속하는 자식 클래스 Science와 Liberalarts를 정의하는 코드의 구조입니다. Student 클래스에 속한 속성과 메서드는 Science 클래스와 Liberalarts 클래스에 상속됩니다.

```
class Student:
  def 메서드1(self, …):
    …

class Science(Student):
  def 메서드2(self, …):
    …

class Liberalarts(Student):
  def 메서드3(self, …):
    …
```

부모 클래스

Student를 상속받는 자식 클래스

그림 10-20 부모 클래스 Student를 상속받는 자식 클래스 Science와 Liberalarts

[그림 10-20]을 프로그램으로 작성해 보겠습니다. 우선 학생을 의미하는 Student 클래스를 정의합니다. Student 클래스의 생성자는 이름인 name과 컴퓨터 성적인 computer를 초기화합니다. set_computer 메서드는 컴퓨터 성적을 설정하고, get_name 메서드는 이름을 반환합니다.

코드 10-21

```
class Student:
  def __init__(self, name, computer):
    self.name = name
    self.computer = computer

  def set_computer(self, computer):
    self.computer = computer

  def get_name(self):
    return self.name
```

다음으로 Student를 상속하는 자식 클래스인 Science를 정의합니다. Science 클래스의 생성자는 03행에서 부모 클래스의 생성자를 호출하여 name과 computer 속성을 초기화합니다. 또한 자식 클래스의 science 속성을 초기화합니다. set_science 메서드는 과학 성적을 설정하고, get_average 메서드는 성적 평균을 반환합니다.

코드 10-22

```
01 class Science(Student):
02   def __init__(self, name, computer, science):
03     super().__init__(name, computer)
04     self.science = science
05
06   def set_science(self, science):
07     self.science = science
08
09   def get_average(self):
10     return (self.science+self.computer)/2
```

01 Student 클래스를 상속받는 Science 클래스를 정의합니다.

02~04 Science 클래스의 객체가 생성될 때 자동으로 호출되는 생성자입니다.

03 부모 클래스를 의미하는 super()를 이용해서 부모 클래스의 생성자를 호출합니다.

Student를 상속하는 또 다른 자식 클래스인 Liberalarts를 정의합니다. Liberalarts 클래스의 생성자는 부모 클래스의 생성자를 호출해서 name과 computer 속성을 초기화합니다. 또한 사회 성적인 social 속성을 초기화합니다. set_social 메서드는 사회 성적을 설정하고, get_average 메서드는 성적 평균을 반환합니다.

코드 10-23

```
class Liberalarts(Student):
  def __init__(self, name, computer, social):
    super().__init__(name, computer)
    self.social = social

  def set_social(self, social):
    self.social = social

  def get_average(self):
    return (self.social+self.computer)/2
```

부모 클래스인 Student, 자식 클래스인 Science와 Liberalarts의 관계는 [그림 10-21]과 같습니다. Science 클래스와 Liberalarts 클래스는 부모 클래스인 Student 클래스의 name, computer 속성과 set_computer(), get_name() 메서드를 상속받습니다.

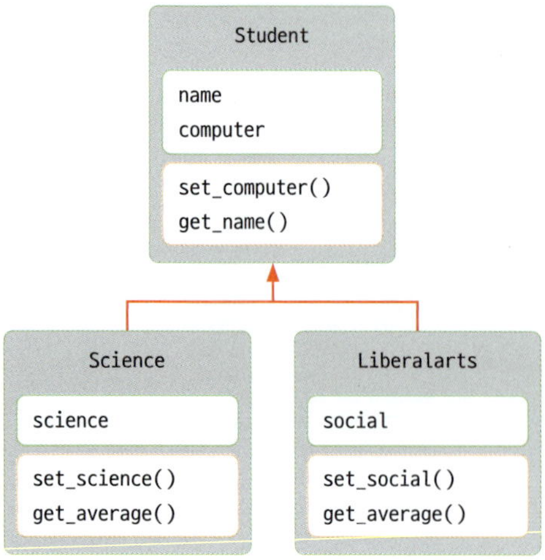

그림 10-21 Student 클래스를 상속받는 Science와 Liberalarts 클래스

자식 클래스의 객체

Science 클래스의 객체인 st1을 생성하는 방법은 [코드 10-24]와 같습니다.

코드 10-24

```
st1 = Science('hanbit1', 90, 80)
```

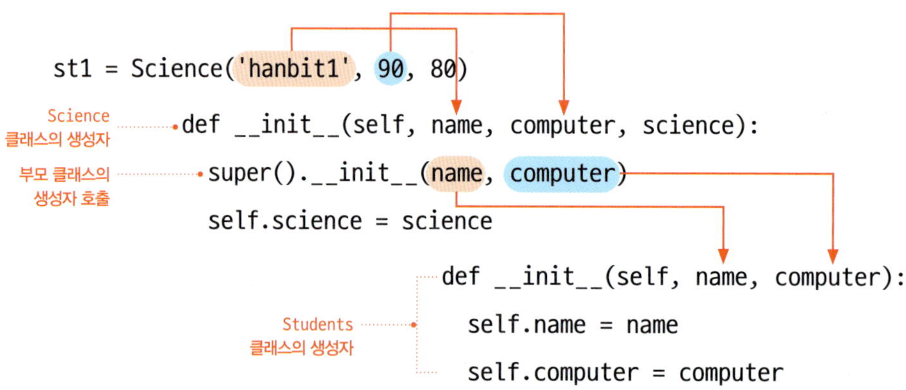

그림 10-22 st1 객체의 생성자 동작 과정

Science 클래스의 객체를 생성할 때 생성자가 실행됩니다. 생성자는 부모 클래스인 Student 클래스의 생성자를 호출하여 name과 computer 속성을 초기화합니다. 그리고 자신의 science 속성을 초기화합니다. name은 'hanbit1'이 되고, computer는 90, science는 80이 됩니다. 만약 Science 클래스의 생성자가 Student 클래스의 생성자를 호출하지 않으면 name과 computer 속성이 생성되지 않아 이용할 수 없습니다.

[코드 10-25]는 st1 객체의 성적 평균을 확인하기 위해 get_average() 메서드를 호출합니다. 컴퓨터 성적인 computer와 과학 성적인 science의 평균인 85가 출력됩니다.

코드 10-25

```
print(st1.get_average())
```

```
85.0
```

[코드 10-26]은 st1 객체의 컴퓨터 성적인 computer를 100으로 변경하기 위해 set_computer() 메서드를 호출하고 평균 성적을 확인합니다. set_computer()는 부모 클래스인 Student 클래스의 메서드인데 st1 객체로 상속되어 문제없이 동작합니다.

코드 10-26

```
st1.set_computer(100)
print(st1.get_average())
```

```
90.0
```

[코드 10-27]은 Liberalarts 클래스의 객체 st2를 생성한 후 성적 평균을 출력하고, 사회 성적을 변경한 다음 이름과 평균 성적을 출력합니다.

코드 10-27

```
st2 = Liberalarts('hanbit2', 98, 88)
print(st2.get_average())
st2.set_social(96)
print(st2.get_name(), ':', st2.get_average())
```

```
93.0
hanbit2 : 97.0
```

01 Liberalarts 클래스의 객체가 생성될 때 생성자가 실행됩니다. 생성자는 부모 클래스인 Student 클래스의 생성자를 호출하여 name과 computer를 초기화합니다. 그리고 자신의 social을 초기화합니다. name은 'hanbit2'가 되고, computer는 98, social은 88이 됩니다.

02 get_average() 메서드를 호출하여 st2 객체의 성적 평균을 확인합니다. 컴퓨터 성적인 computer와 사회 성적인 social의 평균인 93이 출력됩니다.

03 set_social() 메서드를 호출하여 st2 객체의 사회 성적인 social을 96으로 변경합니다.

04 st2 객체의 이름을 확인하기 위해 get_name() 메서드를 호출하고, 성적 평균을 확인하기 위해 get_average() 메서드를 호출합니다. get_name()은 부모 클래스인 Student 클래스의 메서드인데 st2 객체로 상속되어 문제없이 동작합니다.

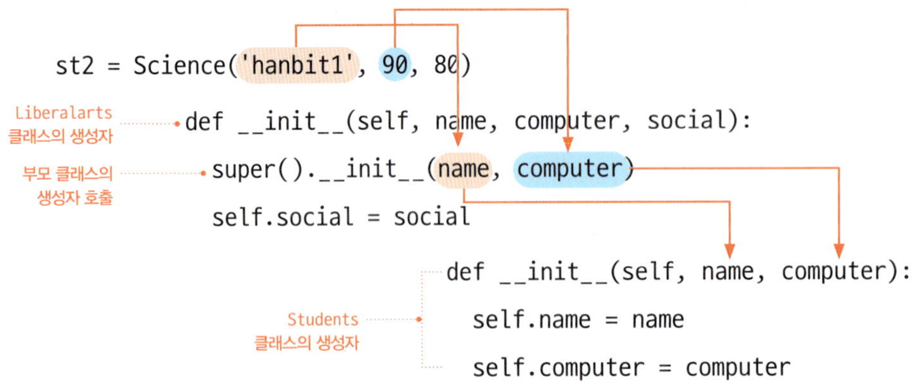

그림 10-23 st2 객체의 생성자 동작 과정

LAB 도형 클래스를 상속받는 원과 직사각형 클래스의 객체 생성

Figure 클래스를 상속받는 Circle 클래스와 Rectangle 클래스를 생성하고, Circle 클래스와 Rectangle 클래스를 이용해서 객체를 생성해 보겠습니다. Figure 클래스는 넓이를 의미하는 area 속성, 둘레를 의미하는 perimeter 속성, 넓이를 반환하는 get_area 메서드, 둘레를 반환하는 get_perimeter 메서드로 이루어집니다. 이를 상속받는 Circle 클래스는 반지름을 의미하는 radius 속성, 반지름을 설정하는 set_radius 메서드, 반지름을 반환하는 get_radius 메서드로 이루어집니다. 또한 Rectangle 클래스는 가로를 의미하는 width 속성, 세로를 의미하는 height 속성, 가로를 설정하는 set_width 메서드, 세로를 설정하는 set_height 메서드, 가로를 반환하는 get_width 메서드, 세로를 반환하는 get_height 메서드로 이루어집니다.

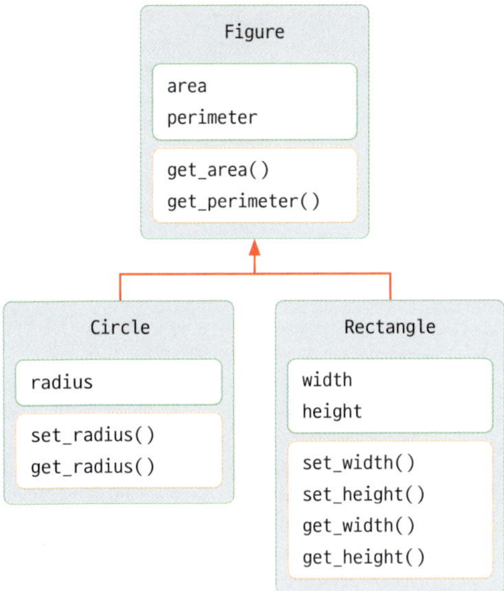

그림 10-24 Figure 클래스를 상속받는 Circle과 Rectangle 클래스

다음은 Figure 클래스를 상속받는 Circle과 Rectangle 클래스를 생성한 다음, Circle 클래스를 이용해서 f1 객체를 생성하고 Rectangle 클래스를 이용해서 f2 객체를 생성하여 이들 객체의 넓이와 둘레를 확인하는 프로그램입니다.

코드 10-28

```
class Figure:
  def __init__(self, area, perimeter):
    self.area = area
    self.perimeter = perimeter

  def get_area(self):
    return self.area

  def get_perimeter(self):
    return self.perimeter

class Circle(Figure):
  def __init__(self, radius=10):
    area = 3.14*radius**2
    perimeter = 2*3.14*radius
    super().__init__(area, perimeter)
```

```python
        self.radius = radius

    def set_radius(self, radius):
        self.radius = radius
        self.area = 3.14*radius**2
        self.perimeter = 2*3.14*radius

    def get_radius(self):
        return self.radius

class Rectangle(Figure):
    def __init__(self, width=10, height=10):
        area = width*height
        perimeter = 2*width+2*height
        super().__init__(area, perimeter)
        self.width = width
        self.height = height

    def set_width(self, width):
        self.width = width
        self.area = width*self.height
        self.perimeter = 2*width+2*self.height

    def set_height(self, height):
        self.height = height
        self.area = self.width*height
        self.perimeter = 2*self.width+2*height

    def get_width(self):
        return self.width

    def get_height(self):
        return self.height

f1 = Circle(7)
print(f1.get_area(), f1.get_perimeter())
f1.set_radius(10)
```

```
54  print(f1.get_area(), f1.get_perimeter())
55
56  f2 = Rectangle(5, 4)
57  print(f2.get_area(), f2.get_perimeter())
58  f2.set_width(7)
59  print(f2.get_area(), f2.get_perimeter())
```

```
153.86 43.96
314.0 62.800000000000004
20 18
28 22
```

동작 과정

1 01~10행에서 Figure 클래스를 생성합니다.

2 12~25행에서 Figure 클래스를 상속받는 Circle 클래스를 생성합니다.

3 13~17행은 Circle 클래스를 이용해서 객체를 생성할 때 자동적으로 실행되는 생성자로, 부모 클래스의 생성자를 호출하여 area와 perimeter 속성을 초기화하고 자신의 radius 속성을 초기화합니다.

4 27~49행에서 Figure 클래스를 상속받는 Rectangle 클래스를 생성합니다. Rectangle 클래스 생성자는 부모 클래스의 생성자를 호출하여 area와 perimeter 속성을 초기화하고 자신의 width와 height 속성을 초기화합니다.

5 51행에서 Circle 클래스의 객체 f1을 생성합니다. 객체가 생성될 때 생성자가 실행됩니다. 16행에서 부모 클래스인 Figure 클래스의 생성자를 호출하여 area와 perimeter 속성을 초기화합니다. 그리고 자신의 radius 속성을 초기화합니다. 앞에서도 설명했듯이 부모 클래스인 Figure의 생성자를 호출하지 않으면 area속성과 perimeter 속성이 생성되지 않아 이용할 수 없습니다.

6 52행에서 get_area 메서드를 호출하여 f1 객체의 넓이를 반환받고 get_perimeter 메서드를 호출하여 f1 객체의 둘레를 반환받습니다.

7 53행에서 set_radius 메서드를 호출하여 전달한 10을 radius 속성 값으로 설정하고, radius를 이용해서 area 속성과 perimeter 속성 값을 설정합니다. 56~59행의 동작 과정은 유사하므로 설명을 생략합니다.

10.3 플러스 예제 자동차 클래스와 객체

친구들과의 여행에서 자동차를 렌트하려고 합니다. 비용이 적게 드는 자동차를 선택하기 위해 자동차 모델별 이동 거리에 따른 연료량을 알고 싶습니다. 자동차 객체와 상속을 이용해서 자동차 모델별 연료량을 계산하는 프로그램을 만들어보겠습니다.

1 자동차 클래스 생성

Car 클래스는 모델명을 의미하는 __model 속성, 연비를 의미하는 __fuelefficiency 속성, 모델명을 확인하는 get_model 메서드, 연비를 확인하는 get_fuelefficiency 메서드, 연비를 설정하는 set_fuelefficiency 메서드, 연료량을 구하는 get_fuelamount 메서드로 이루어져 있습니다.

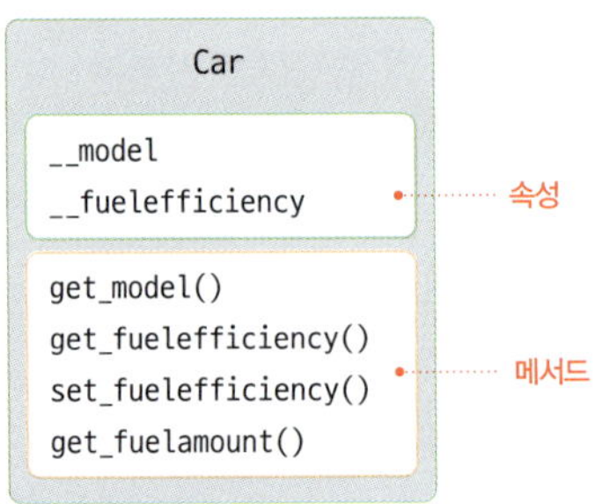

그림 10-25 Car 클래스

클래스는 class 키워드를 이용해서 생성합니다. 또한 객체를 생성할 때 자동으로 호출되는 메서드인 생성자를 정의합니다. 생성자는 모델명인 __model 속성과 연비인 __fuelefficiency 속성을 초기화합니다. 속성명 앞에 __를 붙여 private 속성으로 설정합니다.

```
class Car:
  def __init__(self, model, fuelefficiency):
    self.__model = model
    self.__fuelefficiency = fuelefficiency
```

모델명인 __model 속성 값을 확인하는 get_model 메서드와 연비인 __fuelefficiency 속성 값을 확인하는 get_fuelefficiency 메서드를 정의합니다.

```
class Car:
:
  def get_model(self):
    return self.__model

  def get_fuelefficiency(self):
    return self.__fuelefficiency
```

연비인 __fuelefficiency 속성 값을 설정하는 set_fuelefficiency 메서드를 정의합니다.

```
class Car:
:
  def set_fuelefficiency(self, fuelefficiency):
    self.__fuelefficiency = fuelefficiency
```

연료량은 주행거리를 연비로 나눈 값입니다. 전달받은 주행거리를 연비인 __fuelefficiency로 나누어 연료량을 구하는 get_fuelamount 메서드를 정의합니다.

```
class Car:
:
  def get_fuelamount(self, distance):
    return distance/self.__fuelefficiency
```

2 자동차 객체 생성

정의된 Car 클래스를 이용해서 car1 객체를 생성하는 코드는 다음과 같습니다. car1은 객체명이고, Car는 클래스명입니다. 그리고 'GV70'과 12는 생성자에게 전달되는 매개변수입니다.

```
car1 = Car('GV70', 12)
```

이렇게 생성된 car1 객체의 구조는 [그림 10-26]과 같습니다. __model은 'GV70'으로 초기화되고 __fuelefficiency는 12로 초기화됩니다.

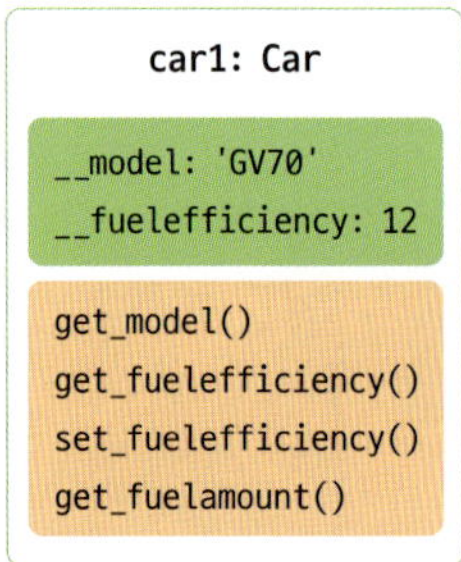

그림 10-26 car1 객체

3 메서드 활용

객체의 메서드에 접근하려면 **객체이름**에 마침표(.)를 붙이고 **메서드이름**을 적습니다.

```
객체이름.메서드이름()
```

car1 객체의 get_model 메서드를 호출하면 모델명인 __model 속성 값인 'GV70'을 반환하고, get_fuelefficiency 메서드를 호출하면 연비인 __fuelefficiency 속성 값인 12를 반환합니다.

```
print('모델명:', car1.get_model())
print('연비:', car1.get_fuelefficiency())
```

```
모델명: GV70
연비: 12
```

연료량을 구하는 get_fuelamount 메서드를 호출합니다. 이때 주행거리를 매개변수로 전달해야 하는데 여기서는 240을 전달합니다. 전달한 240이 get_fuelamount 메서드의 distance에 저장되고, 주행거리와 연비를 이용해 계산한 연료량을 반환합니다.

```
print('연료량:', car1.get_fuelamount(240))
```

```
연료량: 20.0
```

■ 전체 프로그램

```
01 class Car:
02   def __init__(self, model, fuelefficiency):
03     self.__model = model
04     self.__fuelefficiency = fuelefficiency
05
06   def get_model(self):
07     return self.__model
08
09   def get_fuelefficiency(self):
10     return self.__fuelefficiency
11
12   def set_fuelefficiency(self, fuelefficiency):
13     self.__fuelefficiency = fuelefficiency
14
15   def get_fuelamount(self, distance):
16     return distance/self.__fuelefficiency
17
18 car1 = Car('GV70', 12)
19 print('모델명:', car1.get_model())
20 print('연비:', car1.get_fuelefficiency())
21 distance = float(input('주행 거리(km): '))
22 print('연료량:', car1.get_fuelamount(distance))
```

01~16 Car 클래스를 생성합니다.

02~04 Car 클래스를 이용해서 객체를 생성할 때 자동으로 실행되는 생성자를 정의합니다.

06~07 모델명인 __model 속성을 반환하는 get_model 메서드를 정의합니다.

09~10 연비인 __fuelefficiency를 반환하는 get_fuelefficiency 메서드를 정의합니다.

12~13 연비인 __fuelefficiency를 설정하는 set_fuelefficiency 메서드를 정의합니다.

15~16 주행거리인 distance를 전달받고 연료량을 계산해서 반환하는 get_fuelamount 메서드를 정의합니다.

18 Car 클래스를 이용해서 car1 객체를 생성합니다.

```
모델명: GV70
연비: 12
주행 거리(km): 240
연료량: 20.0
```

동작 과정

1 01~16행에서 Car 클래스를 정의합니다. Car 클래스는 __model 속성과 __fuelefficiency 속성을 초기화하는 생성자, 모델명을 확인하는 get_model 메서드, 연비를 확인하는 get_fuelefficiency 메서드, 연비를 설정하는 set_fuelefficiency 메서드, 연료량을 구하는 get_fuelamount 메서드로 구성됩니다.

2 18행에서 Car 클래스를 이용해서 car1 객체를 생성합니다. 객체가 생성될 때 생성자가 실행되어 __model 속성과 __fuelefficiency 속성을 초기화합니다. __model은 'GV70'이 되고, __fuelefficiency는 12가 됩니다.

```
car1 = Car('GV70', 12)

def __init__(self, model, fuelefficiency):
    self.__model = model
    self.__fuelefficiency = fuelefficiency
```

Car 클래스의 생성자

3 19행에서 car1 객체의 get_model 메서드를 호출하면 __model 속성 값인 'GV70'을 반환합니다.

4 20행에서 car1 객체의 get_fuelefficiency 메서드를 호출하면 __fuelefficiency 속성 값인 12를 반환합니다.

```
car1.get_fuelefficiency( )  ①→  def get_fuelefficiency(self):
                ↑ ②                 return self.__fuelefficiency
```

5 22행에서 get_fuelamount 메서드를 호출할 때 전달한 240이 distance에 저장됩니다. 주행거리인 distance를 연비인 __fuelefficiency로 나누어 계산한 연료량을 반환합니다.

```
car1.get_fuelamount(240)

    def get_fuelamount(self, distance):
        return distance/self.__fuelefficiency
```

① 240 전달

② 연료량 반환

쌍둥이 문제

자동차 클래스에 연료량을 전달받아 주행가능한 거리를 구하는 get_distance 메서드를 추가하세요. 프로그램 동작 예는 다음과 같습니다.

```
car1 = Car('AI60', 18.5)
print('모델명:', car1.get_model())
print('연비:', car1.get_fuelefficiency())
fuelamount = float(input('연료량(l): '))
print('주행가능 거리:', car1.get_distance(fuelamount))
```

```
모델명: AI60
연비: 18.5
연료량(l): 23
주행가능 거리: 425.5
```

힌트 주행가능 거리는 연비와 연료량을 곱한 값입니다.

도전 문제

비만도 관리 클래스와 객체를 생성하는 프로그램을 작성하세요. 비만도 클래스 Bmi의 속성과 메서드는 다음과 같습니다.

표 10-1 Bmi 클래스

구분	이름	설명
속성	__height	키(cm)
	__weight	몸무게(kg)
	__bmi	체질량지수
메서드	__init__(self, height, weight)	키와 몸무게 매개변수가 있는 생성자
	set_height(self, height)	키를 설정하는 메서드
	set_weight(self, weight)	몸무게를 설정하는 메서드
	get_bmi(self)	체질량지수를 반환하는 메서드
	result(self)	비만도 판정 결과를 반환하는 메서드

프로그램 동작 예는 다음과 같습니다.

```
b1 = Bmi(177, 70)
print(b1.get_bmi())
print(b1.result())
```

```
22.34351559258195
정상
```

힌트 체질량지수(BMI, Body Mass Index)는 몸무게를 키의 제곱으로 나눈 값입니다. 여기서 몸무게 단위는 kg이고 키 단위는 m입니다. 그리고 체질량지수에 따른 비만도 판정은 다음과 같습니다.

표 10-2 체질량지수와 비만도 판정

체질량지수	판정
~ 18.5 미만	저체중
18.5 이상 ~ 23 미만	정상
23 이상 ~ 25 미만	과체중
25 이상 ~ 30 미만	1단계 비만
30 이상 ~ 35 미만	2단계 비만
35 이상	고도비만

요약

01 객체 지향 프로그래밍은 현실 세계에 존재하는 모든 것을 객체로 보고 객체를 프로그램으로 작성하는 개념입니다. 현실 세계에 존재하는 모든 것이 객체가 될 수 있습니다.

02 객체는 객체의 상태를 의미하는 속성과 객체의 동작을 의미하는 메서드로 구성됩니다.

03 객체는 클래스를 통해 생성됩니다. 클래스란 객체를 생성하는 틀이라 할 수 있습니다.

04 클래스를 생성하는 형식은 다음과 같습니다.

```
class 클래스이름:
  속성1 설정
  속성2 설정
    ⋮
  def 메서드명1(self, …):
    …
  def 메서드명2(self, …):
    …
```

05 클래스를 이용해서 객체를 생성하는 형식은 다음과 같습니다.

```
객체명 = 클래스명()
```

06 객체의 속성과 메서드에 접근하는 형식은 다음과 같습니다.

```
객체명.속성명
객체명.메서드명()
```

07 생성자란 객체가 생성될 때 자동으로 호출되는 메서드입니다. 생성자 이름은 항상 `__init__` 입니다.

```
class 클래스명:
  def __init__(self, …):
  …
```

08 객체 지향 프로그래밍은 객체의 속성과 메서드를 하나의 캡슐처럼 묶어서 관리하는 캡슐화encapsulation가 핵심입니다. 속성명 앞에 `__`를 붙이면 `private` 속성이 됩니다. 외부에서 `private` 속성에 접근하거나 값을 변경할 수 없습니다.

09 상속은 기존 클래스의 속성과 메서드를 공유하는 메커니즘입니다. 기존 클래스의 상속으로 정의한 클래스는 기존 클래스의 속성과 메서드 기능을 가지며, 나아가 새로운 속성과 메서드를 추가할 수도 있습니다. 상속을 통해 정의한 클래스를 자식 클래스 또는 하위 클래스라 하고, 상속해 주는 클래스를 부모 클래스 또는 상위 클래스라 합니다.

10 부모 클래스를 상속받는 자식 클래스를 생성하는 형식은 다음과 같습니다.

```
class 자식클래스명(부모클래스명):
  …
```

연습문제

01 다음 코드의 실행 결과를 예측하시오.

(1)

```
class Counter:
  def __init__(self):
    self.count = 0

  def increment(self):
    self.count += 1
    return self.count

c1 = Counter()
c2 = Counter()
print(c1.increment())
print(c1.increment())
print(c2.increment())
```

(2)

```
class Number:
  def __init__(self, number=0):
    self.number = number

  def get_number(self):
    return self.number

n1 = Number()
print(n1.get_number())

n2 = Number(7)
print(n2.get_number())
```

(3)

```
class Parent:
  def __init__(self, name):
    self.name = name

  def get_name(self):
    return self.name

class Child(Parent):
  def __init__(self, name, score):
    super().__init__(name)
    self.score = score

  def get_info(self):
    return self.name, self.score

c1 = Child('hanbit', 90)
print(c1.get_info())
```

02 다음 코드를 실행하면 오류가 발생합니다. 오류의 원인을 설명하고 수정하시오.

(1)

```
class Car:
  def __init__(model):
    model = model

  def get_model(self):
    return model

c1 = Car('GV70')
print(get_model(c1))
```

(2)

```
class Car:
  def __init__(self, model, price):
    self.model = model
    self.__price = price

  def get_model(self):
    return self.model

c1 = Car('GV70', 5000)
print(c1.__price)
```

(3)

```
class People:
  def __init__(self, name):
    self.name = name

  def get_name(self):
    return self.name

class Student(People):
  def __init__(self, name, grade):
    self.grade = grade

  def get_grade(self):
    return self.grade

s1 = Student('hanbit', 2)
print(s1.get_name())
```

03 다음은 n 객체의 number 속성 값을 두 가지 방법으로 출력하는 프로그램입니다. 빈칸을 채워 코드를 완성하시오.

```
class Number:
  number = 7

  def get_number(self):
    return self.number

n = Number()
print(          )
print(          )
```

```
7
7
```

HINT n 객체의 number 속성에 직접 접근하거나 또는 get_number 메서드를 이용할 수 있습니다.

04 다음은 수를 누적해서 더하는 프로그램입니다. 빈칸을 채워 코드를 완성하시오.

```
class Accumulate:
  def __init__(self):
    self.sum = 0

  def add(self, num):
    [          ]
    return self.sum

a = Accumulate()
print(a.add(5))
print(a.add(6))
print(a.add(4))
```

```
5
11
15
```

HINT sum 속성에 접근할 때는 self.sum과 같이 self.를 앞에 붙여야 합니다.

05 다음은 객체를 생성할 때 프로그래밍 언어를 매개변수로 설정하면 해당 언어를 저장하고, 매개변수로 설정하지 않으면 'Python'을 저장하는 프로그램입니다. 빈칸을 채워 코드를 완성하시오.

```
class Lang:
  def __init__(self, [          ]):
    self.lang = lang

  def get_lang(self):
    return self.lang

l1 = Lang('C')
print(l1.get_lang())

l2 = Lang()
print(l2.get_lang())
```

```
C
Python
```

HINT 생성자가 속성을 초기화할 수 있습니다.

06 다음은 독서 목록을 관리하는 프로그램입니다. 빈칸을 채워 코드를 완성하시오. 단, 이미 등록된 책은 등록하지 않습니다. 클래스의 속성과 메서드는 다음과 같습니다.

표 10-3 Reading 클래스

구분	이름	설명
속성	booklist	독서 목록
메서드	__init__(self):	생성자
	add_book(self, title)	책 제목을 독서 목록에 등록하는 메서드
	get_list(self)	독서 목록을 반환하는 메서드
	clear_list(self)	모든 독서 목록을 삭제하는 메서드

```
class Reading:
  def __init__(self):
    self.booklist = []

def add_book(self, title):
    # booklist에 title이 없으면 등록
    if not title in self.booklist:
      

  def get_list(self):
    return self.booklist

  def clear_list(self):
    

r1 = Reading()
r1.add_book('Python Plus')
r1.add_book('C programming')
print(r1.get_list())
r1.add_book('Python Plus')
print(r1.get_list())
r1.add_book('data science')
print(r1.get_list())
r1.clear_list()
print(r1.get_list())
```

```
['Python Plus', 'C programming']
['Python Plus', 'C programming']
['Python Plus', 'C programming', 'data science']
[]
```

07 다음은 도형 클래스 Figure를 상속받는 삼각형 클래스 Triangle을 정의하고 삼각형 객체를 생성하는 프로그램입니다. 빈칸을 채워 코드를 완성하시오. 클래스의 속성과 메서드는 다음과 같습니다.

표 10-4 Figure 클래스

구분	이름	설명
속성	area	넓이
메서드	__init__(self, area)	생성자로 넓이 매개변수가 있음
	get_area(self)	넓이를 반환하는 메서드

표 10-5 Triangle 클래스

구분	이름	설명
속성	base	밑변
	height	높이
메서드	__init__(self, base, height):	생성자로 밑변과 높이 매개변수가 있음
	get_base(self)	밑변을 반환하는 메서드
	get_height(self)	높이를 반환하는 메서드

```
class Figure:
  def __init__(self, area):
    [          ] = area

  def get_area(self):
    return self.area

class Triangle([          ]):
  def __init__(self, base, height):
    [          ].__init__(base*height/2)
    [          ] = base
    [          ] = height

  def get_base(self):
```

```
        return self.base

    def get_height(self):
        return self.height

tri = Triangle(7, 6)
print(tri.get_area())
```

```
21.0
```

프로그래밍 문제

01 다음 프로그램을 클래스와 객체를 활용하는 프로그램으로 수정하시오.

```
count1 = 0
count2 = 0
count3 = 0

def increment1():
  global count1   # 전역 변수
  count1 += 1
  return count1

def increment2():
  global count2
  count2 += 1
  return count2

def increment3():
  global count3
  count3 += 1
  return count3

print(increment1())
print(increment1())
print(increment2())
print(increment3())
print(increment3())
print(increment3())
```

```
1
2
1
1
2
3
```

02 다음 프로그램을 상속을 활용하는 프로그램으로 수정하시오.

```
class ClassA:
  def __init__(self, a, b, c):
    self.a = a
    self.b = b
    self.c = c
  def get_a(self):
    return self.a
  def get_b(self):
    return self.b
  def get_c(self):
    return self.c

class ClassB:
  def __init__(self, a, b, d, e):
    self.a = a
    self.b = b
    self.d = d
    self.e = e
  def get_a(self):
    return self.a
  def get_b(self):
    return self.b
  def get_d(self):
    return self.d
  def get_e(self):
    return self.e

o1 = ClassA(1, 2, 3)
print(o1.get_a())
print(o1.get_c())
```

```
o2 = ClassB(7, 9, 11, 13)
print(o2.get_b())
print(o2.get_e())
```

```
1
3
9
13
```

HINT 부모 클래스 Class를 상속받는 자식 클래스 ClassA와 ClassB를 이용합니다.

03 사칙연산 클래스 Calculator를 정의하고 객체를 생성하는 프로그램을 작성하시오. 클래스의 속성과 메서드는 다음과 같습니다.

표 10-6 Calculator 클래스

구분	이름	설명
속성	a	숫자
	b	숫자
	__bmi	체질량지수
메서드	__init__(self, a=0, b=0)	생성자로 두 개의 수 매개변수가 있음
	add(self)	덧셈을 하는 메서드
	sub(self)	뺄셈을 하는 메서드
	mul(self)	곱셈을 하는 메서드
	div(self)	나눗셈을 하는 메서드
	set_data(self, a, b)	두 수를 설정하는 메서드

프로그램 동작 예는 다음과 같습니다.

```
cal = Calculator(10, 5)
print(cal.sub())
print(cal.mul())
cal.set_data(9, 3)
print(cal.add())
print(cal.div())
```

```
5
50
12
3.0
```

04 자동차 클래스 Car를 상속받는 휘발유차 클래스 Gasolinecar와 전기차 클래스 Electriccar를 정의하고 객체를 생성하는 프로그램을 작성하시오. 클래스의 속성과 메서드는 다음과 같습니다.

표 10-7 Car 클래스

구분	이름	설명
속성	model	모델명
	fuel_efficiency	연비
메서드	__init__(self, model, fuel)	매개변수가 모델명, 연비인 생성자
	get_model(self)	모델명을 반환
	get_fuel_efficiency(self)	연비를 반환

표 10-8 Gasolinecar 클래스

구분	이름	설명
속성	displacement	배기량
	co2emission	CO_2 배출량

메서드	__init__(self, model, fuel, displacement, co2)	매개변수가 모델명, 연비, 배기량, CO_2 배출량인 생성자
	get_displacement(self)	배기량을 반환
	get_co2emission(self)	CO_2 배출량을 설정

표 10-9 Electriccar 클래스

구분	이름	설명
속성	battery_capacity	배터리 용량
메서드	__init__(self, model, fuel, battery)	매개변수가 모델명, 연비, 배터리 용량인 생성자
	get_battery_capacity(self)	배터리 용량을 반환

프로그램 동작 예는 다음과 같습니다.

```
car1 = Gasolinecar('GV70', 13, 2150, 160)
print(car1.get_model(), ':', car1.get_co2emission())

car2 = Electriccar('GV60', 4.5, 77)
print(car2.get_model(), ':', car2.get_battery_capacity())
```

```
GV70 : 160
GV60 : 77
```

05 클래스와 객체를 활용하는 타 교과 융합 프로그램을 작성하시오.

프로그램 이름	
학교급 및 관련 교과	*(예시) 대학교 일반물리학*
프로그램 설명	
프로그램 소스	

Python Master

PART 03

파이썬 데이터 분석

CHAPTER 11

데이터 분석

학습목표

- 판다스 데이터프레임의 개념을 설명할 수 있습니다.
- 데이터프레임을 생성하고 특정 데이터에 접근하거나 데이터를 조작할 수 있습니다.
- 데이터프레임을 시각화할 수 있습니다.
- 판다스를 이용해서 파일을 불러오거나 저장할 수 있습니다.

Preview

데이터 분석은 데이터를 수집하고 정리, 해석하여 의미 있는 정보를 찾아내는 과정입니다. 판다스의 데이터프레임은 행과 열로 구성된 2차원 테이블 형식의 데이터 구조로, 데이터의 정리, 가공, 변환을 간편하게 수행할 수 있어 데이터 분석의 필수 도구로 널리 사용됩니다. 이번 장에서는 데이터프레임을 활용해 데이터를 분석하는 방법을 알아보고, 자동차 배기량과 CO_2 배출량의 상관관계 분석 프로그램을 작성해 봅니다.

11.1 판다스 데이터프레임

1 데이터프레임의 개요

판다스Pandas는 데이터를 처리하거나 분석할 때 사용하는 라이브러리로, 대용량의 데이터들을 관리하고 처리하는 데 매우 편리합니다. 판다스는 넘파이에서 파생되어 만들어졌기 때문에 넘파이 배열 구조를 기반으로 합니다. 판다스를 사용하려면 라이브러리를 불러와야 하는데 이때 일반적으로 pd라는 별칭을 사용합니다.

```
import pandas as pd
```

판다스는 1차원 배열 구조인 '시리즈'와 2차원 배열 구조인 '데이터프레임'이라는 데이터 구조를 제공합니다. **시리즈**series는 인덱스와 값으로 구성된 1차원 배열 구조이며 딕셔너리와 유사합니다. **데이터프레임**dataframe은 2차원 배열 구조로 테이블 형식의 데이터를 저장하고 처리하는 데 사용됩니다. 데이터프레임은 행과 열을 가진 2차원 배열로, 열column은 '속성'이라고도 합니다. 예를 들어, 학생 성적을 관리하는 데이터프레임에는 이름, 시험 점수, 과제1 점수, 과제2 점수와 같은 열이 있을 수 있고, 각 행은 개별 학생의 정보를 나타냅니다.

(a) 시리즈 — 인덱스 / 값

인덱스	이름
0	Jessica
1	Liam
2	Sophia
3	Ryan
4	Alex

(b) 데이터프레임 — 행 인덱스 / 행 / 열

행 인덱스	이름	시험 점수	과제1 점수	과제2 점수
0	Jessica	45	20	19
1	Liam	30	17	14
2	Sophia	40	22	18
3	Ryan	37	18	18
4	Alex	48	24	25

(a) 시리즈 (b) 데이터프레임

그림 11-1 판다스 시리즈와 데이터프레임의 구조

2 데이터프레임 생성하기

이 책에서 주로 사용할 데이터프레임을 구체적으로 살펴보겠습니다. 데이터프레임을 생성할 때는 DataFrame 함수를 사용합니다.

| Syntax | **DataFrame() 함수**

```
import pandas as pd
pd.DataFrame(데이터)
```

데이터프레임을 생성한다.

[코드 11-1]은 데이터프레임을 생성하는 코드입니다. DataFrame 함수 안에 들어갈 데이터는 일반적으로 딕셔너리를 사용합니다. 키에 해당하는 name, test, assign1, assign2는 열 이름이 되고, 값은 열에 대한 각 행의 데이터로 리스트 형식을 사용합니다.

열 이름 / 열 안의 각 행 데이터

```
df = pd.DataFrame( {'name':    ['Jessica', 'Liam', 'Sophia', 'Ryan', 'Alex'],
                    'test':    [45, 30, 40, 37, 48],
                    'assign1': [20, 17, 22, 18, 24],
                    'assign2': [19, 14, 18, 15, 25]} )
```

그림 11-2 데이터프레임을 생성

코드 11-1

```
import pandas as pd

df = pd.DataFrame({'name': ['Jessica', 'Liam', 'Sophia', 'Ryan', 'Alex'],
                   'test': [45, 30, 40, 37, 48],
                   'assign1': [20, 17, 22, 18, 24],
                   'assign2': [19, 14, 18, 15, 25]})
```

데이터프레임 출력하기

생성한 df 데이터프레임을 print 함수로 출력하면 다음과 같습니다.

코드 11-2

```
print(df)
```

```
      name  test  assign1  assign2
0  Jessica    45       20       19
1     Liam    30       17       14
2   Sophia    40       22       18
3     Ryan    37       18       15
4     Alex    48       24       25
```

display 함수를 이용해서 데이터프레임을 출력할 수도 있습니다. 실행 결과에서 확인할 수 있듯이 보기 좋게 표 형식으로 출력됩니다. 이 책에서는 데이터프레임을 출력할 때 주로 display 함수를 사용하겠습니다. 데이터프레임 각 행 왼쪽의 번호를 **행 인덱스**index 라고 합니다.

코드 11-3

```
display(df)
```

	name	test	assign1	assign2
0	Jessica	45	20	19
1	Liam	30	17	14
2	Sophia	40	22	18
3	Ryan	37	18	15
4	Alex	48	24	25

리스트와 열 이름을 설정하여 데이터프레임 생성하기

다음은 다른 방법으로 데이터프레임을 생성하는 코드입니다. 데이터는 각 학생의 개별 정보로 구성된 데이터들의 리스트로 설정하고 열 이름은 columns 매개변수를 이용해서 설정합니다.

```
df = pd.DataFrame( [['Jessica',45,20,19],['Liam',30,17,14],['Sophia',40,22,18],
                    ['Ryan',37,18,15],['Alex',48,24,25]],
                   columns=['name','test','assign1','assign2'] )
```

데이터

열 이름 설정

그림 11-3 리스트와 columns 매개변수로 데이터프레임을 생성

코드 11-4

```python
import pandas as pd

df = pd.DataFrame([['Jessica',45,20,19],['Liam',30,17,14],['Sophia',40,22,18],
                   ['Ryan',37,18,15],['Alex',48,24,25]],
                   columns=['name','test','assign1','assign2'])
```

빈 데이터프레임을 생성하고 열 추가하기

빈 데이터프레임을 생성한 후에 열을 추가해서 데이터프레임을 생성해도 됩니다. 다음은 데이터프레임에 열을 추가하는 방법입니다.

| Syntax | **데이터프레임에 열 추가하기**

```
데이터프레임[열 이름] = 데이터
```

데이터프레임에 '열 이름' 열을 추가합니다. 해당 열의 데이터는 '데이터'가 됩니다.

코드 11-5

```python
01 import pandas as pd
02 
03 df = pd.DataFrame()
04 df['name'] = ['Jessica', 'Liam', 'Sophia', 'Ryan', 'Alex']
05 df['test'] = [45, 30, 40, 37, 48]
06 df['assign1'] = [20, 17, 22, 18, 24]
07 df['assign2'] = [19, 14, 18, 15, 25]
```

03 빈 데이터프레임을 생성한 후에 04행에서 'name' 열을 추가합니다.

05 'test' 열을 추가합니다.

04행

	name
0	Jessica
1	Liam
2	Sophia
3	Ryan
4	Alex

05행

	name	test
0	Jessica	45
1	Liam	30
2	Sophia	40
3	Ryan	37
4	Alex	48

그림 11-4 데이터프레임에 열을 추가하는 과정

3 데이터에 접근하기

열 추출하기

데이터프레임에서 특정 열을 추출하려면 대괄호([]) 안에 열 이름을 넣으면 됩니다. 다음 df 데이터프레임의 예를 살펴보겠습니다. df 데이터프레임을 생성하고 'name' 열을 추출하여 출력하는 코드는 [코드 11-6]과 같습니다.

코드 11-6

```
import pandas as pd

df = pd.DataFrame({'name': ['Jessica', 'Liam', 'Sophia', 'Ryan', 'Alex'],
                   'test': [45, 30, 40, 37, 48],
                   'assign1': [20, 17, 22, 18, 24],
                   'assign2': [19, 14, 18, 15, 25]})

print(df['name'])
```

```
0    Jessica
1       Liam
2     Sophia
3       Ryan
4       Alex
Name: name, dtype: object
```

여러 개의 열 추출하기

여러 개의 열을 추출하려면 대괄호([]) 안에 열 이름들로 이루어진 리스트를 넣으면 됩니다. [코드 11-7]은 'name'과 'test' 두 개의 열을 추출하여 출력합니다.

코드 11-7

```
display(df[['name','test']])
```

	name	test
0	Jessica	45
1	Liam	30
2	Sophia	40
3	Ryan	37
4	Alex	48

pop 함수를 사용해서 열을 추출할 수도 있는데 이때 추출한 열은 데이터프레임에서 삭제됩니다.

| Syntax | pop() 함수

```
데이터프레임.pop(열 이름)
```

'데이터프레임'에서 '열 이름' 열을 추출하여 반환하고 '열 이름' 열은 삭제한다.

[코드 11-8]은 df 데이터프레임에서 'name' 열을 추출하여 n에 저장하는데, df 데이터프레임에서 'name' 열이 삭제됩니다.

코드 11-8

```
n = df.pop('name')
```

데이터프레임 순회하기

데이터프레임의 모든 행을 순회할 때 iterrows 함수를 사용합니다. 형식은 다음과 같습니다.

| Syntax | iterrows() 함수

```
for 인덱스, 행 in 데이터프레임.iterrows():
    문장
```

데이터프레임 행의 수만큼 반복한다. 반복할 때마다 '인덱스'에는 인덱스가 저장되고, '행'에는 각 행의 데이터가 순서대로 저장된다.

[코드 11-9]는 iterrows 함수를 이용해서 df 데이터프레임의 인덱스, name 값, test 값을 한 개씩 출력하는 예입니다.

코드 11-9

```
for index, row in df.iterrows():
  print(index, row['name'], row['test'])
```

```
0 Jessica 45
1 Liam 30
2 Sophia 40
3 Ryan 37
4 Alex 48
```

for 문은 df 데이터프레임의 크기와 같은 5회 반복합니다.

• **첫 번째 반복** index에 첫 번째 행의 인덱스인 0이 저장되고, row에는 첫 번째 행의 데이터가 시리즈 구조로 저장됩니다.

index	row	row['name']	row['test']	row['assign1']	row['assign2']
0	row	'Jessica'	45	20	19

그림 11-5 첫 번째 행의 인덱스와 데이터

• **두 번째 반복** index에 두 번째 행의 인덱스인 1이 저장되고, row에는 두 번째 행의 데이터가 시리즈 구조로 저장됩니다. df 데이터프레임의 모든 행에 대해 이와 같은 동작을 반복합니다.

index	row	row['name']	row['test']	row['assign1']	row['assign2']
1	row	'Liam'	30	17	14

그림 11-6 두 번째 행의 인덱스와 데이터

데이터프레임 연산하기

데이터프레임도 넘파이 배열처럼 연산을 수행할 수 있습니다. 데이터프레임 간의 연산은 물론 데이터프레임에 포함된 열 데이터 간의 연산도 가능합니다. 다음은 df 데이터프레임에서 각 학생들에 대한 성적인 'test', 'assign1', 'assign2' 열의 합을 구해 'sum' 열에 저장하는 코드입니다. 물론 'sum' 열은 새롭게 생성됩니다.

코드 11-10

```
df['sum'] = df['test']+df['assign1']+df['assign2']
display(df)
```

	name	test	assign1	assign2	sum
0	Jessica	45	20	19	84
1	Liam	30	17	14	61
2	Sophia	40	22	18	80
3	Ryan	37	18	15	70
4	Alex	48	24	25	97

비교 연산하여 조건을 만족하는 데이터 추출하기

비교 연산을 이용하면 데이터프레임에서 특정 조건을 만족하는 데이터만 추출할 수 있습니다. 다음은 'sum' 열의 값이 80 이상인 조건을 만족하는 데이터 행을 추출하는 코드입니다.

코드 11-11

```
display(df[df['sum']>=80])
```

	name	test	assign1	assign2	sum
0	Jessica	45	20	19	84
2	Sophia	40	22	18	80
4	Alex	48	24	25	97

그리고 [코드 11-12]는 'sum' 열의 값이 80 이상인 조건을 만족하는 데이터 행의 'name' 열과 'sum' 열만 추출합니다.

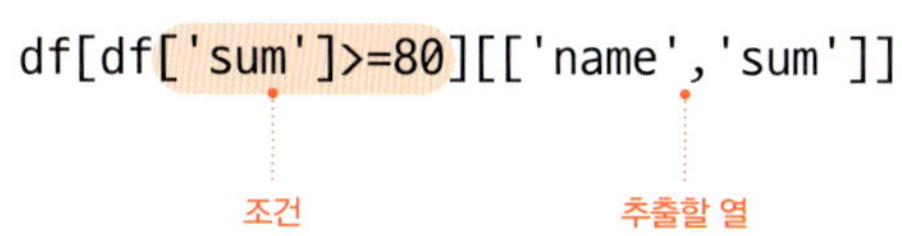

그림 11-7 조건을 만족하는 데이터의 특정 열을 추출

코드 11-12

```
display(df[df['sum']>=80][['name','sum']])
```

	name	sum
0	Jessica	84
2	Sophia	80
4	Alex	97

11.2 데이터 전처리

1 데이터 조작하기

데이터프레임에서 일부 데이터를 수정하거나 분석하기 좋게 순서를 변경해야 하는 경우도 있습니다. 데이터프레임의 데이터를 조작하는 다양한 함수에 대해 살펴보겠습니다.

열 이름 변경하기

rename 함수를 이용하면 열 이름을 변경할 수 있습니다.

| Syntax | **rename() 함수**

```
데이터프레임.rename(columns={'열 이름':'새로운 열 이름'})
```

'열 이름'을 '새로운 열 이름'으로 변경한다. 여기에 inplace=True 옵션을 추가하면 데이터프레임에 변경된 열 이름이 바로 반영된다.

[코드 11-13]은 df 데이터프레임의 'test' 열 이름을 'exam'으로 변경합니다.

새로운 열 이름

```
df.rename(columns={'test':'exam'}, inplace=True)
```

기존 열 이름 변경 내용을 반영

그림 11-8 데이터프레임의 열 이름을 변경

코드 11-13

```
df.rename(columns={'test':'exam'}, inplace=True)
display(df)
```

	name	exam	assign1	assign2	sum
0	Jessica	45	20	19	84
1	Liam	30	17	14	61
2	Sophia	40	22	18	80
3	Ryan	37	18	15	70
4	Alex	48	24	25	97

데이터 정렬하기

sort_values 함수를 이용하면 데이터를 정렬할 수 있습니다.

| Syntax | **sort_values() 함수**

```
데이터프레임.sort_values('열 이름')
```

'열 이름'을 기준으로 데이터를 정렬한다. 기본적으로 오름차순으로 정렬하고, ascending=False 옵션을 추가하면 내림차순으로 정렬한다.

[코드 11-14]는 df 데이터프레임을 'sum' 열을 기준으로 내림차순으로 정렬하여 sort_df에 저장합니다.

내림차순 옵션

```
df.sort_values('sum', ascending=False)
```

정렬 기준이 되는 열

그림 11-9 특정 열을 기준으로 데이터프레임을 정렬

코드 11-14

```
sort_df = df.sort_values('sum', ascending=False)
display(sort_df)
```

	name	exam	assign1	assign2	sum
4	Alex	48	24	25	97
0	Jessica	45	20	19	84
2	Sophia	40	22	18	80
3	Ryan	37	18	15	70
1	Liam	30	17	14	61

조건에 따라 다른 값 부여하기

데이터 조건에 따라 값이 다른 열을 생성하려면 넘파이의 **where 함수**를 이용합니다. [코드 11-15]는 'grade' 열을 새롭게 생성하고 'sum' 열의 값이 90 이상이면 'A'를, 그렇지 않고 80 이상이면 'B'를, 그렇지 않으면 'C'를 'grade' 열의 값으로 부여합니다.

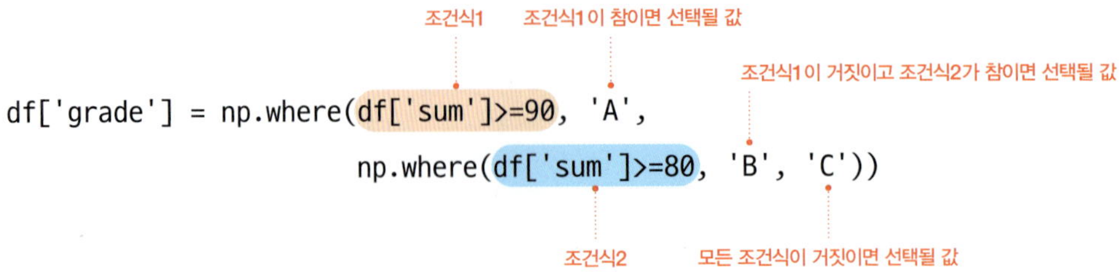

그림 11-10 데이터 조건에 따라 다른 값 부여

코드 11-15

```python
import numpy as np

df['grade'] = np.where(df['sum']>=90, 'A',
                np.where(df['sum']>=80, 'B', 'C'))
display(df)
```

	name	exam	assign1	assign2	sum	grade
0	Jessica	45	20	19	84	B
1	Liam	30	17	14	61	C
2	Sophia	40	22	18	80	B
3	Ryan	37	18	15	70	C
4	Alex	48	24	25	97	A

[코드 11-16]은 'sum' 열의 값이 80 이상이면 'pass'를, 그렇지 않으면 'fail'을 값으로 갖는 'result' 열을 추가합니다.

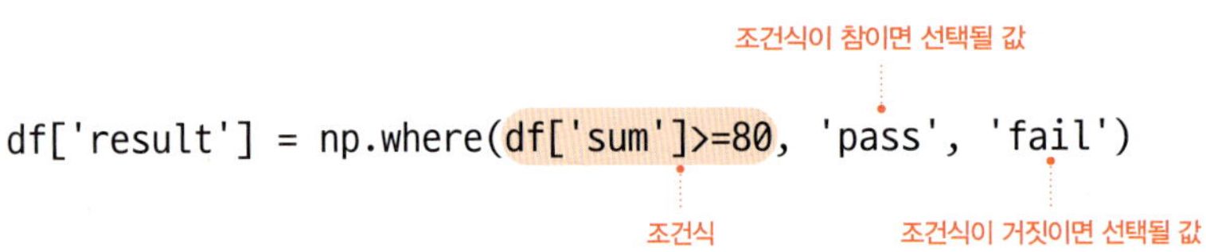

그림 11-11 데이터프레임 조건에 따라 값이 다른 열 추가

코드 11-16

```python
df['result'] = np.where(df['sum']>=80, 'pass', 'fail')
display(df)
```

	name	exam	assign1	assign2	sum	grade	result
0	Jessica	45	20	19	84	B	pass
1	Liam	30	17	14	61	C	fail
2	Sophia	40	22	18	80	B	pass
3	Ryan	37	18	15	70	C	fail
4	Alex	48	24	25	97	A	pass

값의 빈도수 구하기

value_counts 함수를 이용하면 특정 열에서 값의 빈도수를 셀 수 있습니다.

| Syntax | value_counts() 함수

```
데이터프레임['열 이름'].value_counts()
```

'열 이름' 열에서 값의 빈도수를 센다.

[코드 11-17]은 df 데이터프레임의 'result' 열에서 값의 빈도수를 구합니다. 'result' 열에서 'pass'의 빈도수는 3이고 'fail'의 빈도수는 2로 나타났습니다.

코드 11-17

```
print(df['result'].value_counts())
```

```
pass    3
fail     2
Name: result, dtype: int64
```

그리고 [코드 11-18]은 df 데이터프레임의 'grade' 열의 각 값에 대한 빈도수를 구합니다. 'B'와 'C'의 빈도수는 2이고 'A'의 빈도수는 1임을 의미하는데, 빈도수를 기준으로 내림차순으로 정렬하여 출력합니다.

코드 11-18

```
print(df['grade'].value_counts())
```

```
B    2
C    2
A    1
Name: grade, dtype: int64
```

열 삭제하기

drop 함수를 이용하면 데이터프레임에서 특정 열을 삭제할 수 있습니다.

| Syntax | **drop() 함수**

```
데이터프레임.drop(columns='열 이름')
```

'열 이름' 열을 삭제한다. inplace=True 옵션을 추가하면 데이터프레임에 반영된다.

[코드 11-19]는 df 데이터프레임에서 'result' 열을 삭제합니다.

```
df.drop(columns='result', inplace=True)
```

삭제할 열 ('result')

삭제된 내용 반영 (inplace=True)

그림 11-12 데이터프레임에서 열을 삭제

코드 11-19

```
df.drop(columns='result', inplace=True)
display(df)
```

	name	exam	assign1	assign2	sum	grade
0	Jessica	45	20	19	84	B
1	Liam	30	17	14	61	C
2	Sophia	40	22	18	80	B
3	Ryan	37	18	15	70	C
4	Alex	48	24	25	97	A

2 데이터프레임 시각화하기

모든 학생의 전체 성적을 막대 그래프로 나타내는 프로그램은 [코드 11-20]과 같습니다.

코드 11-20

```
import matplotlib.pyplot as plt

plt.figure(figsize=(5,3))
plt.bar(df['name'], df['sum'])
plt.ylabel('score')
plt.show()
```

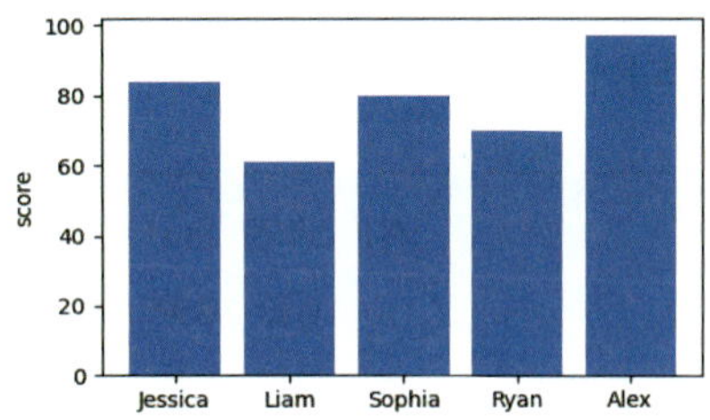

bar 함수의 첫 번째 매개변수인 df['name']은 항목 이름이고 두 번째 매개변수인 df['sum']은 각 항목의 값입니다.

그리고 각 학생의 시험과 과제 점수인 'test', 'assign1', 'assign2'를 누적 막대 그래프로 나타내는 프로그램은 [코드 11-21]과 같습니다. bottom 매개변수를 이용해서 누적 막대 그래프를 나타내는 방법은 '9장 배열'에서 이미 살펴봤습니다.

코드 11-21

```
import matplotlib.pyplot as plt

plt.figure(figsize=(5,3))
plt.bar(df['name'], df['exam'], label='exam')
plt.bar(df['name'], df['assign1'], bottom=df['exam'], label='assign1')
plt.bar(df['name'], df['assign2'], bottom=df['exam']+df['assign1'], label='assign2')
plt.legend()
plt.ylabel('score')
plt.show()
```

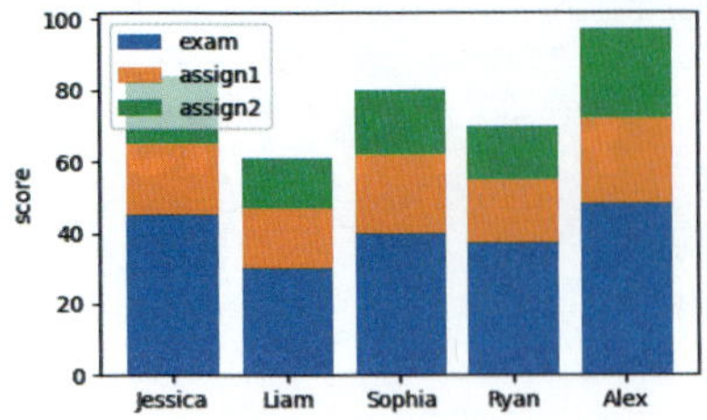

04 모든 학생의 시험 점수 막대를 그립니다. bar 함수의 첫 번째 매개변수인 df['name']은 학생 이름이고 두 번째 매개변수인 df['exam']은 시험 점수입니다.

05 bottom 매개변수 값을 df['exam']으로 설정하여 과제1 점수를 시험 점수 막대 위에 그립니다.

06 bottom 매개변수 값을 df['exam']+df['assign1']로 설정하여 과제2 점수를 시험 점수와 과제1 점수 막대 위에 그립니다.

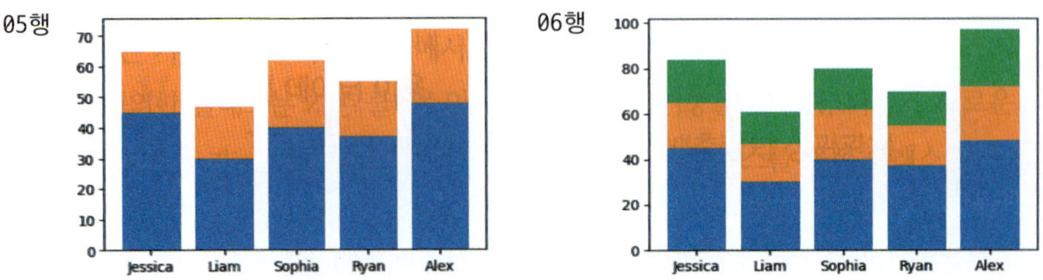

그림 11-13 누적 막대 그래프를 그리는 과정

3 누락된 데이터 처리하기

실제 데이터셋에는 누락된 데이터가 포함되어 있는 경우가 많습니다. 그래서 누락된 데이터를 처리하지 않고 그대로 분석하게 되면 정확한 결과를 얻을 수 없습니다. 누락된 데이터가 있는지 확인하고 제거하는 방법을 살펴보겠습니다.

누락된 데이터가 포함된 데이터프레임 생성하기

누락된 데이터를 넘파이 라이브러리의 nan으로 나타내겠습니다. [코드 11-22]는 누락된 데이터가 포함된 df 데이터프레임을 생성하고 출력하는 예입니다. 실행 결과에서 누락된 데이터가 NaN으로 출력되는데 NaN은 'Not a Number'를 의미합니다.

코드 11-22

```
import numpy as np
import pandas as pd

df = pd.DataFrame({'name': ['Jessica', 'Liam', 'Sophia', 'Ryan', 'Alex'],
                   'gender': ['F', np.nan, np.nan, 'M', 'F'],
                   'score': [89, 75, 95, np.nan, 93]})
display(df)
```

	name	gender	score
0	Jessica	F	89.0
1	Liam	NaN	75.0
2	Sophia	NaN	95.0
3	Ryan	M	NaN
4	Alex	F	93.0

누락된 데이터 확인하기

isna 함수를 이용하면 데이터프레임 안에 누락된 데이터가 있는지 확인할 수 있습니다.

| Syntax | isna() 함수

```
import pandas as pd
pd.isna(데이터프레임)
```

누락된 데이터가 있는지 확인한다. 실행하면 누락된 데이터는 True로 표시되고 아닌 데이터는 False로 표시된다.

[코드 11-23]은 df 데이터프레임에 누락된 데이터가 포함되어 있는지를 확인합니다. 실행 결과에서 'gender' 열의 인덱스 1인 행, 2인 행, 'score' 열의 인덱스 3인 행이 누락되었음을 알 수 있습니다.

코드 11-23

```
print(pd.isna(df))
```

```
   name gender  score
0  False  False  False
1  False   True  False
2  False   True  False
3  False  False   True
4  False  False  False
```

그런데 만약 데이터프레임 행이 많으면 이 방법으로 어느 데이터가 누락되었는지 찾기가 쉽지 않습니다. isna 함수와 sum 함수를 함께 사용하면 각 열에 누락된 데이터가 몇 개씩 있는지 알 수 있습니다. 누락된 데이터의 유무만 알고자 할 때 유용합니다. [코드 11-24]의 실행 결과에서 'name' 열에는 누락된 데이터가 없고, 'gender' 열에는 2개 있고, 'score' 열에는 1개가 있음을 알 수 있습니다.

코드 11-24

```
print(pd.isna(df).sum())
```

```
name      0
gender    2
score     1
dtype: int64
```

누락된 데이터 삭제하기

dropna 함수를 이용하면 누락된 데이터가 포함된 행 또는 열을 삭제할 수 있습니다.

| Syntax | **dropna() 함수**

```
데이터프레임.dropna()
```

누락된 데이터가 포함된 행 또는 열을 삭제한다. 기본적으로 행을 삭제하고, axis=1 또는 axis='columns' 옵션을 추가하면 열을 삭제한다.

[코드 11-25]는 df 데이터프레임에서 누락된 데이터가 포함된 행을 제거합니다. 실행 결과를 보면 누락된 데이터가 포함된 인덱스 1, 2, 3행이 제거되었습니다.

코드 11-25

```
clean_df = df.dropna()
display(clean_df)
```

	name	gender	score
0	Jessica	F	89.0
4	Alex	F	93.0

dropna 함수는 특정 행에서 데이터가 누락된 열이 하나라도 있으면 그 행 전체를 삭제합니다. 그런데 'name'과 'score' 열만 분석한다면 'name'과 'score' 열이 누락된 행만 삭제해야 바람직합니다. 이런 경우에 subset 매개변수 값으로 'name'과 'score' 열을 지정합니다. [코드 11-26]의 실행 결과에서 'name' 열 또는 'score' 열에 누락된 데이터가 포함된 행만 삭제된 것을 확인할 수 있습니다.

코드 11-26

```
clean_df = df.dropna(subset=['name','score'])
display(clean_df)
```

	name	gender	score
0	Jessica	F	89.0
1	Liam	NaN	75.0
2	Sophia	NaN	95.0
4	Alex	F	93.0

```
df.dropna(subset=['name','score'])
```

누락된 데이터를 찾을 열 이름

그림 11-14 특정 열의 데이터가 누락된 행만 삭제

dropna 함수를 이용해서 데이터가 누락된 행을 삭제하더라도 df 데이터프레임 원본에는 변화가 없습니다. 만약 df에도 삭제된 내용이 반영되기를 원하면 [코드 11-27]과 같이 inplace=True 옵션을 추가합니다.

코드 11-27

```
df.dropna(subset=['name','score'], inplace=True)
display(df)
```

	name	gender	score
0	Jessica	F	89.0
1	Liam	NaN	75.0
2	Sophia	NaN	95.0
4	Alex	F	93.0

누락된 데이터를 다른 값으로 대체하기

fillna 함수를 이용하면 설정한 값으로 NaN을 대체할 수 있습니다.

| Syntax | **fillna() 함수**

```
데이터프레임.fillna(값)
```

누락된 데이터를 '값'으로 대체한다.

[코드 11-28]은 df 데이터프레임의 NaN을 0으로 대체하고 df1에 저장하는 코드인데, df 데이터프레임 원본에는 변화가 없습니다.

코드 11-28

```
import pandas as pd

df = pd.DataFrame({'name': ['Jessica', 'Liam', 'Sophia', 'Ryan', 'Alex'],
                   'gender': ['F', np.nan, np.nan, 'M', 'F'],
                   'score': [89, 75, 95, np.nan, 93]})

df1 = df.fillna(0)
display(df1)
```

	name	gender	score
0	Jessica	F	89.0
1	Liam	0	75.0
2	Sophia	0	95.0
3	Ryan	M	0.0
4	Alex	F	93.0

대체할 값을 딕셔너리로 생성하고 fillna 함수에 입력하면 열마다 다른 값으로 대체할 수 있습니다. [코드 11-29]는 'gender' 열의 NaN을 'etc'로 대체하고 'score' 열의 NaN을 0으로 대체하는 코드입니다.

코드 11-29

```
df1 = df.fillna({'gender':'etc', 'score':0})
display(df1)
```

	name	gender	score
0	Jessica	F	89.0
1	Liam	etc	75.0
2	Sophia	etc	95.0
3	Ryan	M	0.0
4	Alex	F	93.0

'score' 열의 누락된 데이터를 'score' 열 값의 평균으로 대체하려면 [코드 11-30]과 같이 mean 함수를 사용합니다.

코드 11-30

```
df1 = df.fillna({'gender':'etc', 'score':df['score'].mean()})
display(df1)
```

	name	gender	score
0	Jessica	F	89.0
1	Liam	etc	75.0
2	Sophia	etc	95.0
3	Ryan	M	88.0
4	Alex	F	93.0

대체한 내용이 df에 반영되게 하려면 [코드 11-31]과 같이 fillna 함수에 inplace=True 옵션을 추가합니다.

코드 11-31

```
df.fillna({'gender':'etc', 'score':df['score'].mean()}, inplace=True)
display(df)
```

	name	gender	score
0	Jessica	F	89.0
1	Liam	etc	75.0
2	Sophia	etc	95.0
3	Ryan	M	88.0
4	Alex	F	93.0

4 데이터프레임 결합하기

실제로 데이터를 다룰 때는 여러 곳에서 수집한 데이터, 또는 여러 사람이 수집한 데이터를 하나로 합쳐서 분석하는 경우가 자주 발생합니다. 여러 개의 데이터프레임을 하나로 결합하는 방법을 살펴보겠습니다. **merge 함수**를 이용하면 데이터프레임 두 개를 하나로 결합할 수 있습니다.

| Syntax | **merge() 함수**

```
import pandas as pd
pd.merge(데이터프레임1, 데이터프레임2)
```

데이터프레임 두 개를 하나로 결합한다.

[코드 11-32]에서 두 개의 데이터프레임을 살펴보겠습니다. df1은 이름인 'name', 성별인 'gender', 나이인 'age' 열로 이루어지고, df2는 이름인 'name'과 소속 학과인 'department' 열로 이루어져 있습니다.

df1

	name	gender	age
0	Jessica	F	21
1	Liam	M	23
2	Sophia	F	20
3	Ryan	M	22
4	Alex	F	20

df2

	name	department
0	Sophia	computer science
1	Liam	mathematics
2	Ryan	law
3	Alex	computer science
4	Jessica	law

코드 11-32

```
import pandas as pd

df1 = pd.DataFrame({'name': ['Jessica', 'Liam', 'Sophia', 'Ryan', 'Alex'],
```

```
                     'gender': ['F', 'M', 'F', 'M', 'F'],
                     'age': [21, 23, 20, 22, 20]})

df2 = pd.DataFrame({'name': ['Sophia', 'Liam', 'Ryan', 'Alex', 'Jessica'],
                     'department': ['computer science', 'mathematics', 'law',
                                    'computer science', 'law']})
```

데이터프레임을 하나로 결합하는 코드는 [코드 11-33]과 같습니다. 이때 두 개의 데이터프레임은 공통인 'name' 열을 기준으로 결합됩니다.

코드 11-33

```
df3 = pd.merge(df1, df2)
display(df3)
```

	name	gender	age	department
0	Jessica	F	21	law
1	Liam	M	23	mathematics
2	Sophia	F	20	computer science
3	Ryan	M	22	law
4	Alex	F	20	computer science

[코드 11-33]에서는 두 데이터프레임에 공통인 열 이름이 'name' 하나이므로 문제없이 동작했습니다. 공통인 열 이름이 여러 개 있을 때는 어떤 열을 기준으로 결합하는지 **on 매개변수**에 명시적으로 지정해야 합니다. 사실 공통적인 열 이름이 하나일 때도 on 매개변수에 기준 열을 명시적으로 지정하는 것이 바람직합니다. 예를 들어 [코드 11-34]는 df1과 df2를 'name' 열로 결합하여 df3를 생성합니다.

코드 11-34

```
df3 = pd.merge(df1, df2, on='name')
```

추가로 학과명인 'department'와 학과장인 'head of department' 열로 이루어진 df4를 df3에 결합하겠습니다. df4 데이터프레임을 생성합니다.

df4

	department	head of department
0	computer science	Steve
1	mathematics	Emma
2	law	Carly

코드 11-35

```
df4 = pd.DataFrame({'department': ['computer science', 'mathematics', 'law'],
                    'head of department': ['Steve', 'Emma', 'Carly']})
```

df3와 df4 데이터프레임의 결합 기준은 'department' 열이므로 [코드 11-36]과 같이 on 매개변수를 이용하여 df3와 df4를 결합합니다.

코드 11-36

```
df5 = pd.merge(df3, df4, on='department')
display(df5)
```

	name	gender	age	department	head of department
0	Jessica	F	21	law	Carly
1	Liam	M	23	mathematics	Emma
2	Sophia	F	20	computer science	Steve
3	Ryan	M	22	law	Carly
4	Alex	F	20	computer science	Steve

11.3 판다스 함수

1 통계 함수

평균이나 표준편차와 같은 통계량을 알면 데이터의 특징을 이해하기 쉽습니다. 판다스에서는 데이터로부터 통계량을 구하는 다양한 함수를 제공하는데, 대표적인 통계 함수는 [표 11-1]과 같습니다.

표 11-1 판다스 통계 함수

함수	설명	예시	예시 결과
count()	각 열에서 데이터 개수를 구한다.	import pandas as pd df = pd.DataFrame({'test': [45,30,40,37,48]}) print(df.count())	test 5 dtype: int64
sum()	각 열에서 데이터의 합을 구한다.	import pandas as pd df = pd.DataFrame({'test': [45,30,40,37,48]}) print(df.sum())	test 200 dtype: int64
cumsum()	각 열에서 데이터의 누적 합을 구한다.	import pandas as pd df = pd.DataFrame({'test': [45,30,40,37,48]}) print(df.cumsum())	test 0 45 1 75 2 115 3 152 4 200
mean()	각 열에서 데이터의 평균을 구한다.	import pandas as pd df = pd.DataFrame({'test': [45,30,40,37,48]}) print(df.mean())	test 40.0 dtype: float64
std(), var()	각 열에서 데이터의 표준편차, 분산을 구한다.	import pandas as pd df = pd.DataFrame({'test': [45,30,40,37,48]}) print(df.std()) print(df.var())	test 7.035624 dtype: float64 test 49.5 dtype: float64
max(), min()	각 열에서 최댓값, 최솟값을 찾는다.	import pandas as pd df = pd.DataFrame({'test': [45,30,40,37,48]}) print(df.max()) print(df.min())	test 48 dtype: int64 test 30 dtype: int64

describe()	각 열에서 기초 통계량을 구한다.	import pandas as pd df = pd.DataFrame({'test': [45,30,40,37,48]}) print(df.describe())	test count 5.000000 mean 40.000000 std 7.035624 min 30.000000 25% 37.000000 50% 40.000000 75% 45.000000 max 48.000000

[코드 11-37]은 describe 함수를 이용해서 df 데이터프레임 각 열의 기본적인 통계를 구합니다.

코드 11-37

```python
import pandas as pd

df = pd.DataFrame({'test': [45, 30, 40, 37, 48],
                   'assign1': [20, 17, 22, 18, 24],
                   'assign2': [19, 14, 18, 15, 25]})
display(df)
print(df.describe())
```

	test	assign1	assign2
0	45	20	19
1	30	17	14
2	40	22	18
3	37	18	15
4	48	24	25

```
        test      assign1    assign2
count   5.000000  5.000000   5.000000
mean   40.000000  20.200000  18.20000
std     7.035624   2.863564   4.32435
min    30.000000  17.000000  14.00000
25%    37.000000  18.000000  15.00000
50%    40.000000  20.000000  18.00000
75%    45.000000  22.000000  19.00000
max    48.000000  24.000000  25.00000
```

2 문자열 함수

데이터를 분석할 때 데이터프레임에서 특정 문자열을 찾거나 문자열 일부를 추출해야 할 때가 많습니다. 판다스에서 문자열을 다루는 대표적인 함수는 [표 11-2]와 같습니다. 파이썬에 내장된 문자열 함수의 기능은 대부분 판다스 문자열 함수에도 구현되어 있습니다.

표 11-2 판다스 문자열 함수

함수	설명	예시	예시 결과
find()	문자열에서 특정 문자열을 왼쪽부터 찾아서 인덱스를 반환한다. 찾는 문자열이 없으면 -1을 반환한다.	import pandas as pd df = pd.DataFrame({'높이':['1,250미터','740', '높이1,130미터']}) print(df['높이'].str.find('미터'))	0 5 1 -1 2 7 Name: 높이, dtype: int64
strip()	문자열 양옆의 공백 또는 특정 문자를 제거한다.	import pandas as pd df = pd.DataFrame({'높이':['1,250미터','740', '높이1,130미터']}) df['높이'] = df['높이'].str.strip() display(df)	높이 0 1,250미터 1 740 2 높이1,130미터

rstrip()	문자열 오른쪽의 공백 또는 특정 문자를 제거한다.	import pandas as pd
		df = pd.DataFrame({'높이':['1,250미터','740',
		        '높이1,130미터']})
		df['높이'] = df['높이'].str.strip().str.
		        rstrip('미터')
		display(df)
			높이
			0 1,250
			1 740
			2 높이1,130

lstrip()	문자열 왼쪽의 공백 또는 특정 문자를 제거한다.	import pandas as pd
		df = pd.DataFrame({'높이':['1,250미터','740',
		        '높이1,130미터']})
		df['높이'] = df['높이'].str.strip().str.
		        lstrip('높이')
		display(df)
			높이
			0 1,250미터
			1 740
			2 1,130미터

replace()	특정 문자열을 다른 문자열로 교체한다.	import pandas as pd df = pd.DataFrame({'높이':['1,250미터','740', '높이1,130미터']}) df['높이'] = df['높이'].str.replace(',','') display(df)	높이 0 1250미터 1 740 2 높이1130미터

데이터프레임 데이터의 자료형을 변환하는 함수는 astype입니다.

표 11-3 판다스 자료형 함수

함수	설명	예시	예시 결과
astype()	자료형을 변환한다.	import pandas as pd df = pd.DataFrame({'높이':['1250','740','1130']}) df['높이'] = df['높이'].astype(int) print(df['높이'])	0 1250 1 740 2 1130 Name: 높이, dtype: int64

다음은 다양한 형식으로 표기된 온도와 높이에서 정수 부분만 추출하는 프로그램입니다.

코드 11-38

```
01 import pandas as pd
02
03 df = pd.DataFrame({'온도': ['섭씨10도', '20', '15도'],
04                     '높이': ['1,250미터', '740', '1,130미터']})
05 df['온도'] = df['온도'].str.strip() \
06             .str.rstrip('도') \
07             .str.lstrip('섭씨') \
08             .astype(int)
09 df['높이'] = df['높이'].str.strip() \
10             .str.rstrip('미터') \
11             .str.replace(',','') \
12             .astype(int)
13 display(df)
```

TIP 한 줄짜리 코드가 너무 길거나 한 줄에서 여러 동작을 처리할 때 역슬래시(\)를 사용하여 구분하고 줄바꿈하면 여러 줄로 나눠 쓸 수 있습니다. 05~08행과 09~12행은 원래 한 줄짜리 코드인데 역슬래시를 사용해서 여러 줄로 나타냈습니다. 역슬래시 뒤에는 아무것도 입력하면 안 됩니다.

	온도	높이
0	10	1250
1	20	740
2	15	1130

05~08 df 데이터프레임에서 '**온도**' 열의 문자열 데이터 양옆의 공백을 제거합니다. 오른쪽의 '**도**'와 왼쪽의 '**섭씨**'를 제거한 후 숫자 형식의 문자열을 정수로 변환합니다.

```
df['온도'] = df['온도'].str.strip() \
                .str.rstrip('도') \
                .str.lstrip('섭씨') \
                .astype(int)
```

① df에서 '온도' 열 문자열 데이터 양옆의 공백을 제거
② 문자열 데이터 오른쪽의 '도'를 제거
③ 문자열 데이터 왼쪽의 '섭씨'를 제거
④ 정수로 변환

그림 11-15 온도 데이터를 정수로 변환

09~12 df 데이터프레임에서 '높이' 열의 문자열 데이터 양옆의 공백을 제거하고 오른쪽의 '미터'를 제거합니다. ','를 ''로 변경한 후 정수로 변환합니다.

```
df['높이'] = df['높이'].str.strip() \
                .str.rstrip('미터') \
                .str.replace(',','') \
                .astype(int)
```

① df에서 '높이' 열 문자열 데이터 양옆의 공백을 제거
② 문자열 데이터 오른쪽의 '미터'를 제거
③ 문자열 데이터의 ','를 ''로 변경
④ 정수로 변환

그림 11-16 높이 데이터를 정수로 변환

LAB 올림픽 메달 수 그래프 그리기

다음은 1988 서울 올림픽에서 4개의 국가가 획득한 메달 수입니다. 4개국의 메달 수 데이터를 데이터프레임으로 저장하고 누적 막대 그래프로 나타내겠습니다.

표 11-4 1988 서울 올림픽에서 4개국이 획득한 메달 수 ⓒ Olympics

국가	금	은	동
대한민국	12	10	11
미국	36	31	27
일본	4	3	7
프랑스	6	4	6

코드 11-39

```
import pandas as pd
import matplotlib.pyplot as plt

```

```
04 df = pd.DataFrame({'nation': ['Korea', 'USA', 'Japan', 'France'],
05                    'gold': [12, 36, 4, 6],
06                    'silver': [10, 31, 3, 4],
07                    'bronze': [11, 27, 7, 6]})
08 display(df)
09
10 plt.figure(figsize=(5,3))
11 plt.bar(df['nation'], df['gold'], color='gold', label='gold')
12 plt.bar(df['nation'], df['silver'], color='silver', bottom=df['gold'], label='silver')
13 plt.bar(df['nation'], df['bronze'], color='darkorange',
          bottom=df['gold']+df['silver'], label='bronze')
14 plt.legend()
15 plt.ylabel('number of medals')
16 plt.show()
```

	nation	gold	silver	bronze
0	Korea	12	10	11
1	USA	36	31	27
2	Japan	4	3	7
3	France	6	4	6

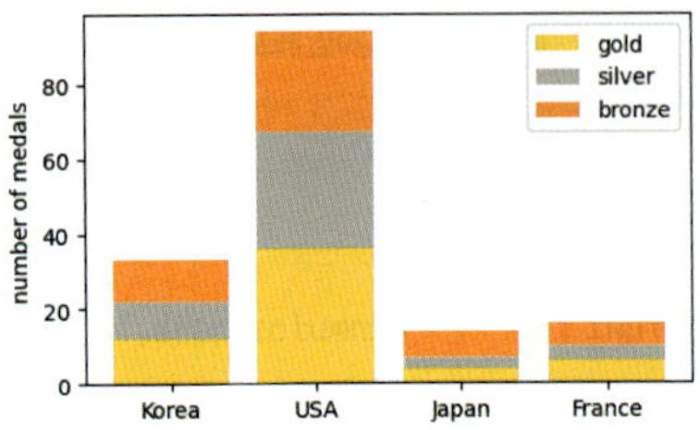

동작 과정

1 04~07행에서 df 데이터프레임을 생성합니다.

2 11행에서 금메달 수를 막대 그래프로 그립니다. df['nation']은 국가 이름이고 df['gold']는 국가별 금메달 수입니다.

	nation	gold	silver	bronze
0	'Korea'	12	10	11
1	'USA'	36	31	27
2	'Japan'	4	3	7
3	'France'	6	4	6

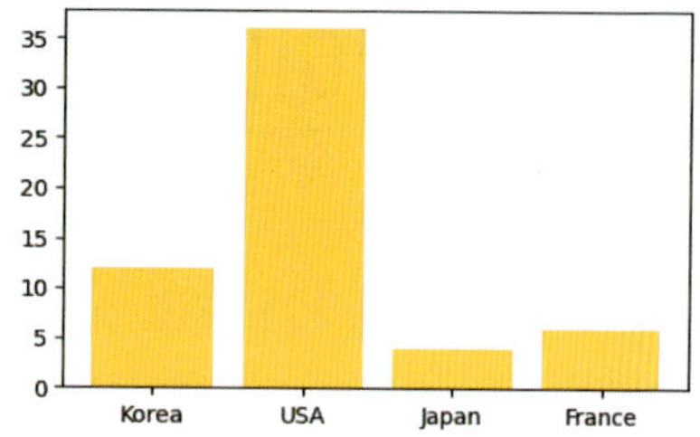

3 12행에서 bottom 매개변수 값을 금메달 수인 df['gold']로 설정하여 은메달 수를 금메달 막대 위에 그립니다.

4 13행에서 bottom 매개변수 값을 df['gold']+df['silver']로 설정하여 동메달 수를 금메달과 은메달 막대 위에 그립니다.

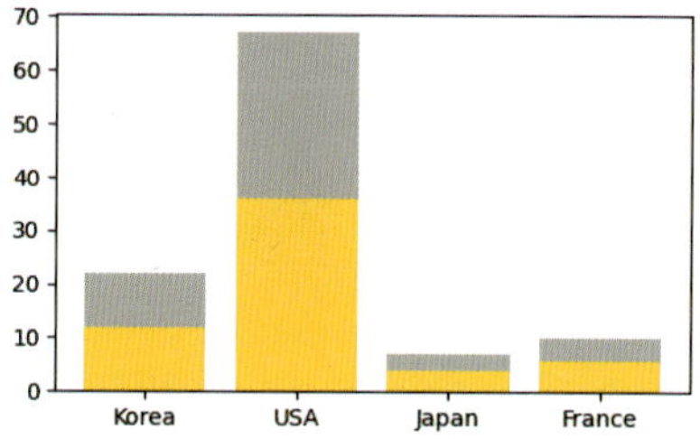

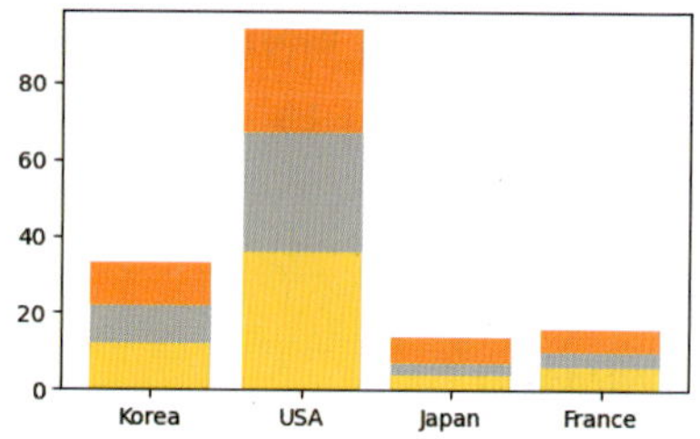

11.4 파일 데이터 이용

데이터 분석이나 머신러닝에 사용되는 데이터는 일반적으로 양이 방대하고 크기가 커서 파일에 저장되어 있습니다. 그래서 데이터 파일을 프로그램으로 가져와서 분석하는 것이 일반적입니다. 파이썬에서 파일을 이용하는 방법은 다양하지만 데이터 분석과 머신러닝 분야에서 파일을 가져올 때 가장 일반적으로 사용하는 방법은 판다스를 이용하는 것입니다.

1 계절별 강수량 데이터

지표누리에서 계절별 강수량 데이터의 CSV 파일을 다운로드할 수 있습니다. 이 절에서는 CSV 파일을 생성하는 방법을 알아보기 위해 계절별 강수량 데이터를 직접 입력하고 CSV 파일로 저장해 보겠습니다.

CSV 파일 생성하기

CSV comma-separated values 파일은 값을 콤마(,)로 구분한 텍스트 파일이며 대부분의 프로그램에서 CSV 파일을 열 수 있습니다. 또한 CSV 파일은 엑셀 파일에 비해 용량이 작아 프로그래밍할 때 가장 많이 사용됩니다. 다음 2017년부터 2021년까지의 계절별 강수량 데이터를 CSV 파일로 만들어보겠습니다. 강수량의 단위는 mm입니다.

표 11-5 2017년~2021년까지의 계절별 강수량 ⓒ 지표누리

연도	봄	여름	가을	겨울
2017	124.9	612.7	177.9	75.2
2018	383.5	620.6	351.3	68.7
2019	175.0	508.2	440.8	168.8
2020	173.7	1037.6	270.4	47.8
2021	330.5	612.8	256.4	13.3

01 메모장 프로그램에서 다음과 같이 [표 11-5]의 내용을 입력합니다. 콤마(,)와 값 사이에 공백이 없어야 합니다.

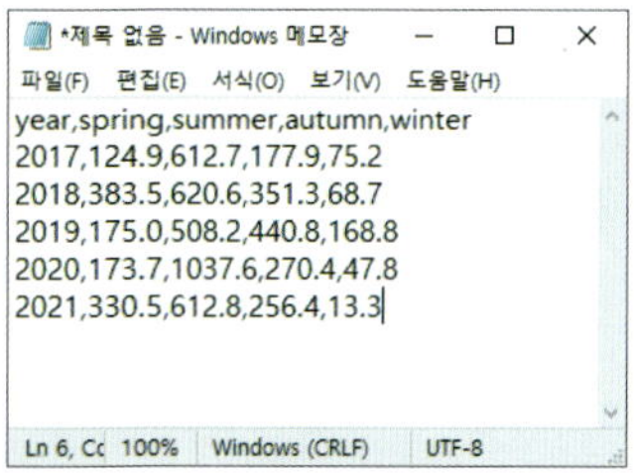

그림 11-17 메모장에 데이터 입력

02 [파일] 메뉴의 [저장]을 선택합니다.

03 '다른 이름으로 저장' 대화상자 아래쪽에서 [파일 형식]을 '모든 파일'로 설정하고 [파일 이름]을 'precipitation.csv'로 입력합니다.

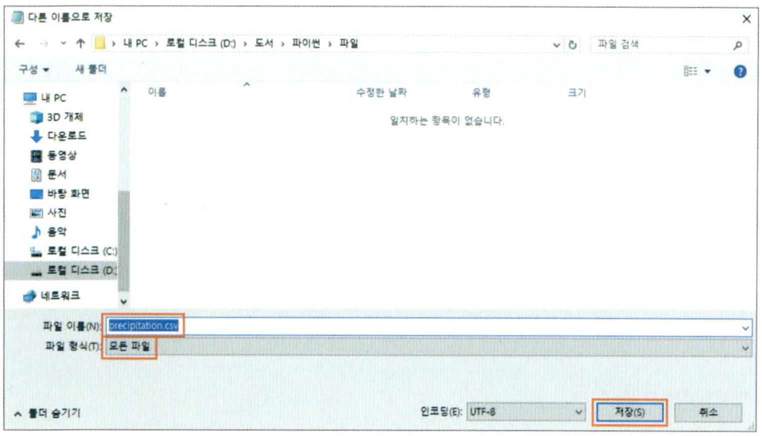

그림 11-18 CSV 파일로 저장

04 [저장] 버튼을 눌러 생성한 데이터 파일을 CSV 파일로 저장합니다.

CSV 파일 불러오기

앞에서 생성한 'precipitation.csv' 파일을 코랩 세션 저장소에 업로드합니다.

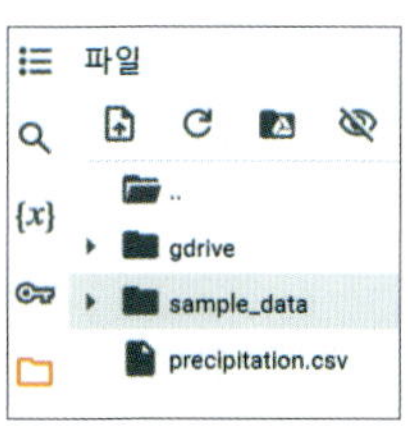

그림 11-19 코랩 세션 저장소에 CSV 파일 업로드

CSV 파일을 읽어들일 때에는 판다스의 **read_csv 함수**를 사용합니다.

| Syntax | **read_csv() 함수**

```
import pandas as pd
pd.read_csv(CSV파일)
```

'CSV파일'을 데이터프레임 형식으로 읽어온다.

[코드 11-40]은 precipitation.csv 파일을 읽어와서 데이터프레임 형식으로 df에 저장한 후 출력합니다. 열의 이름, 열의 값 자료형을 명확하게 알아야 분석을 제대로 할 수 있으므로 데이터를 분석하기 전에 데이터의 구조를 확인하는 과정이 중요합니다.

코드 11-40

```
01 import numpy as np
02 import pandas as pd
03 import matplotlib.pyplot as plt
04
05 df = pd.read_csv('precipitation.csv')
06 display(df)
```

	year	spring	summer	autumn	winter
0	2017	124.9	612.7	177.9	75.2
1	2018	383.5	620.6	351.3	68.7
2	2019	175.0	508.2	440.8	168.8
3	2020	173.7	1037.6	270.4	47.8
4	2021	330.5	612.8	256.4	13.3

05 precipitation.csv 파일을 읽어와서 데이터프레임 형식으로 df에 저장합니다.

06 display 함수로 df 데이터프레임의 내용을 나타냅니다.

	year	spring	summer	autumn	winter
0	2017	124.9	612.7	177.9	75.2
1	2018	383.5	620.6	351.3	68.7
2	2019	175.0	508.2	440.8	168.8
3	2020	173.7	1037.6	270.4	47.8
4	2021	330.5	612.8	256.4	13.3

시각화 및 데이터 분석하기

[코드 11-41]은 계절별 강수량을 누적 막대 그래프로 나타냅니다.

코드 11-41

```
plt.figure(figsize=(6,4))
plt.bar(df['year'], df['spring'], label='spring')
plt.bar(df['year'], df['summer'], bottom=df['spring'], label='summer')
plt.bar(df['year'], df['autumn'], bottom=(df['spring']+df['summer']), label='autumn')
plt.bar(df['year'], df['winter'], bottom=(df['spring']+df['summer']+df['autumn']),
label='winter')
plt.ylabel('precipitation')
plt.xlabel('year')
plt.legend()
plt.show()
```

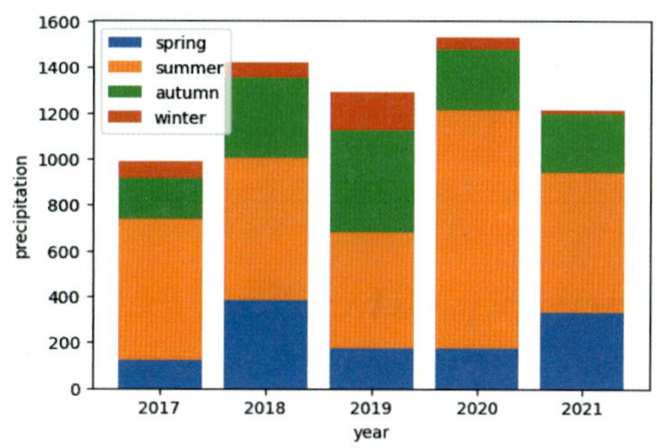

[코드 11-42]는 계절별 강수량을 더해 연도별 강수량을 구합니다.

코드 11-42

```
df['sum'] = df['spring']+df['summer']+df['autumn']+df['winter']
display(df)
```

	year	spring	summer	autumn	winter	sum
0	2017	124.9	612.7	177.9	75.2	990.7
1	2018	383.5	620.6	351.3	68.7	1424.1
2	2019	175.0	508.2	440.8	168.8	1292.8
3	2020	173.7	1037.6	270.4	47.8	1529.5
4	2021	330.5	612.8	256.4	13.3	1213.0

01 df 데이터프레임에서 'sum' 열을 새롭게 생성하고 'spring', 'summer', 'autumn', 'winter' 열의 합을 구해 'sum' 열에 저장합니다.

02 display 함수로 df 데이터프레임의 내용을 나타냅니다.

	year	spring	summer	autumn	winter	sum
0	2017	124.9	612.7	177.9	75.2	990.7
1	2018	383.5	620.6	351.3	68.7	1424.1
2	2019	175.0	508.2	440.8	168.8	1292.8
3	2020	173.7	1037.6	270.4	47.8	1529.5
4	2021	330.5	612.8	256.4	13.3	1213.0

데이터프레임을 CSV 파일로 저장하기

데이터프레임을 CSV 파일로 저장할 때 판다스의 **to_csv 함수**를 사용합니다.

| Syntax | **to_csv() 함수**

```
데이터프레임.to_csv(CSV파일이름)
```

데이터프레임을 'CSV파일이름' 파일로 저장한다.

다음은 'sum' 열이 추가된 df 데이터프레임을 precipitation_out.csv라는 파일로 저장하는 코드입니다. 코드를 실행하면 코랩 세션 저장소에 precipitation_out.csv 파일이 생성됩니다.

코드 11-43

```
df.to_csv('precipitation_out.csv')
```

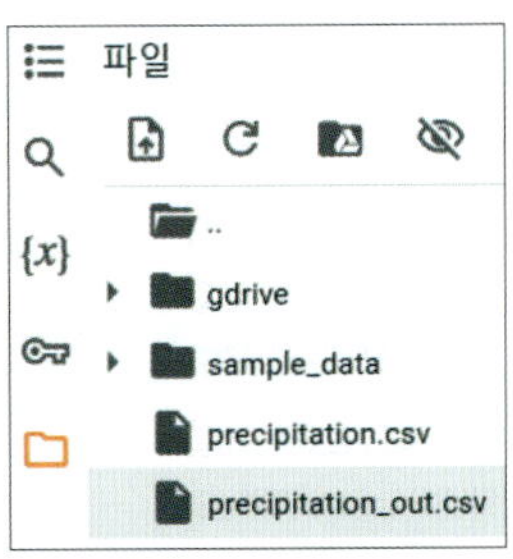

그림 11-20 코랩 세션 저장소에 CSV 파일 생성

precipitation_out.csv 파일을 다운로드하고 엑셀이나 구글 스프레드시트에서 열어보면 행 인덱스 번호를 확인할 수 있습니다.

	year	spring	summer	autumn	winter	sum
0	2017	124.9	612.7	177.9	75.2	990.7
1	2018	383.5	620.6	351.3	68.7	1424.1
2	2019	175	508.2	440.8	168.8	1292.8
3	2020	173.7	1037.6	270.4	47.8	1529.5
4	2021	330.5	612.8	256.4	13.3	1213

행 인덱스 번호

그림 11-21 엑셀에서 행 인덱스 번호 확인

행 인덱스 번호가 포함되지 않게 하려면 다음과 같이 index=False 옵션을 추가합니다.

코드 11-44

```
df.to_csv('precipitation_out.csv', index=False)
```

TIP 엑셀 파일을 데이터프레임 형식으로 읽어올 때는 read_excel 함수를 사용하고, 데이터프레임을 엑셀 파일로 저장할 때는 to_excel 함수를 사용합니다.

2 학급당 학생 수 데이터

이번에는 데이터 수집부터 시작해서 CSV 파일을 코랩에 불러오고 그래프로 시각화까지 해 보겠습니다.

학급당 학생 수 데이터 수집하기

서울과 제주의 학급당 학생 수 데이터를 수집해 보겠습니다.

01 국가통계포털(https://kosis.kr)에 접속해서 화면 왼쪽 위의 [국내통계] 메뉴를 선택합니다.

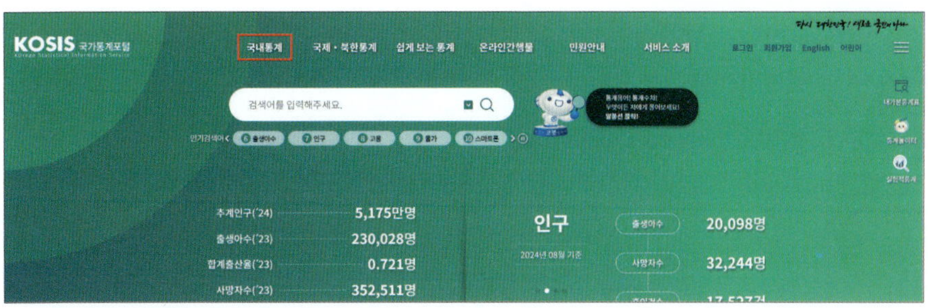

그림 11-22 국가통계포털

02 [e-지방지표(통계표)]를 선택합니다.

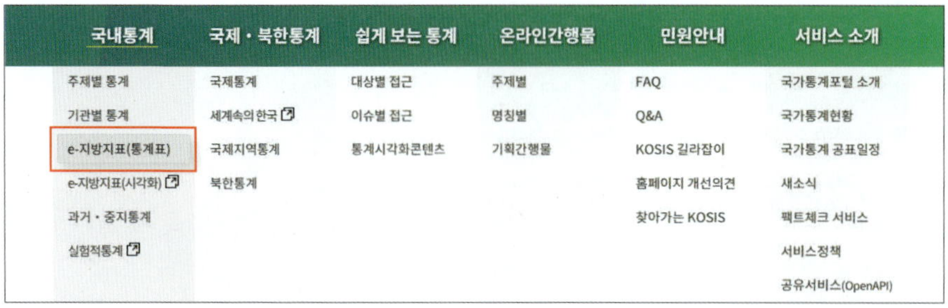

그림 11-23 e-지방지표

03 [교육] 주제의 [학급당 학생수(시도/시/군/구)]를 선택합니다.

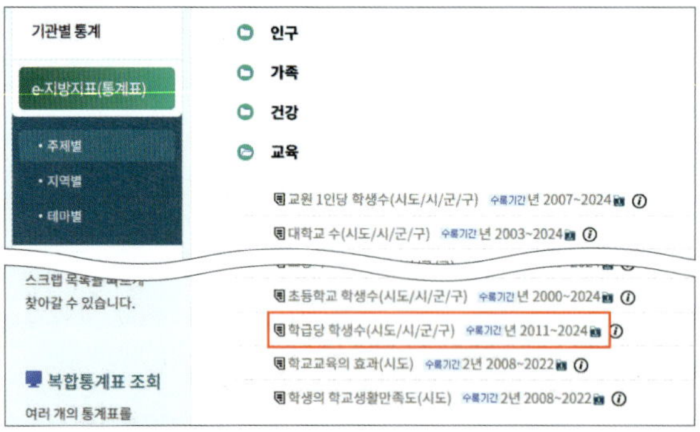

그림 11-24 학급당 학생 수 데이터

04 화면 오른쪽 위의 [조회설정] 버튼을 선택하면 조건을 설정하여 일부 데이터만 볼 수 있습니다. [항목]은 '전체'를 선택하고, [행정구역별]은 '서울특별시'와 '제주특별자치도'를 선택합니다. 그리고 [시점]은 2011~2024를 선택한 후 [조회] 버튼을 클릭합니다.

(a) 조회설정 버튼

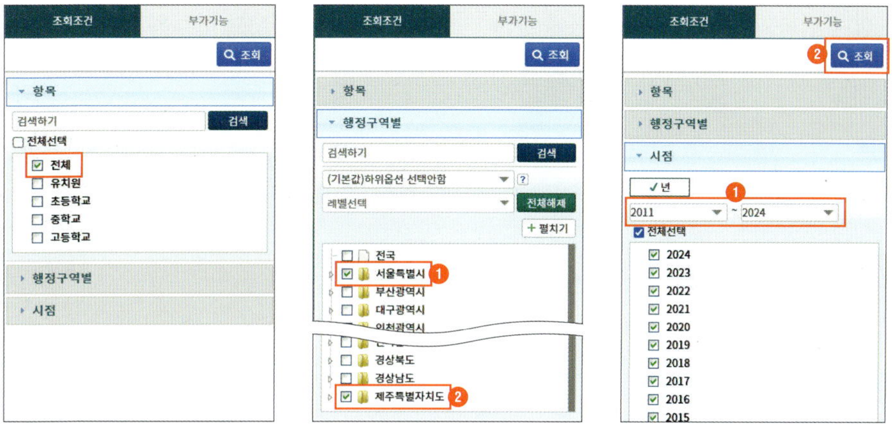

(b) 조회할 항목 설정　(c) 조회할 행정구역 설정　(d) 조회할 시점 설정

그림 11-25 조회 조건 설정

05 조건에 맞는 데이터가 표로 나타납니다.

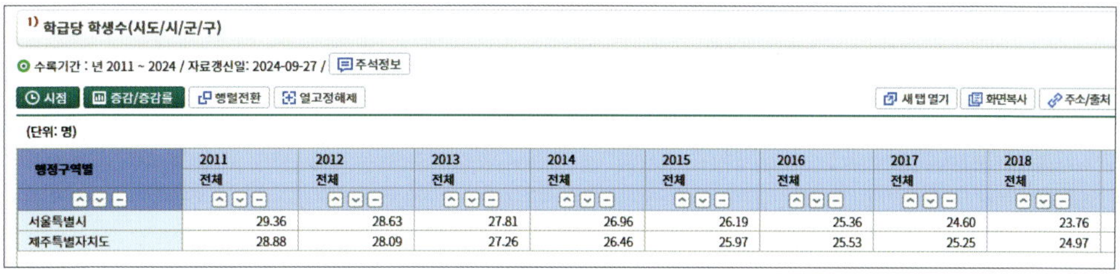

[1] 학급당 학생수(시도/시/군/구)

수록기간 : 년 2011 ~ 2024 / 자료갱신일: 2024-09-27 / 주석정보

(단위: 명)

행정구역별	2011 전체	2012 전체	2013 전체	2014 전체	2015 전체	2016 전체	2017 전체	2018 전체
서울특별시	29.36	28.63	27.81	26.96	26.19	25.36	24.60	23.76
제주특별자치도	28.88	28.09	27.26	26.46	25.97	25.53	25.25	24.97

그림 11-26 데이터 조회 결과

06 지금은 '행정구역'이 행에 있고 '연도'가 열에 있지만 '행정구역'이 열에 있어야 파이썬에서 사용하기 수월합니다. [그림 11-26]에서 [행렬전환] 버튼을 클릭한 다음 [그림 11-27]과 같이 '시점', '항목'과 '행정구역별'의 위치를 전환한 다음 [적용] 버튼을 클릭합니다.

그림 11-27 행렬전환

07 행과 열이 전환되어 '행정구역'이 열에 있는 것을 확인하고 [다운로드] 버튼을 클릭합니다.

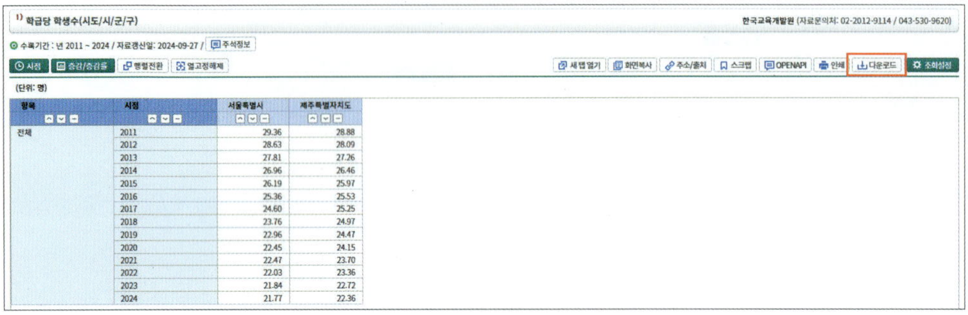

그림 11-28 데이터 다운로드

08 다운로드 창이 열리면 [파일형태]를 'CSV'로 선택하고 [다운로드] 버튼을 클릭합니다. '학급당학생수.csv' 파일이 저장됩니다.

그림 11-29 다운로드 창

CSV 파일 불러오기

다운로드한 '학급당학생수.csv' 파일을 코랩 세션 저장소에 업로드합니다.

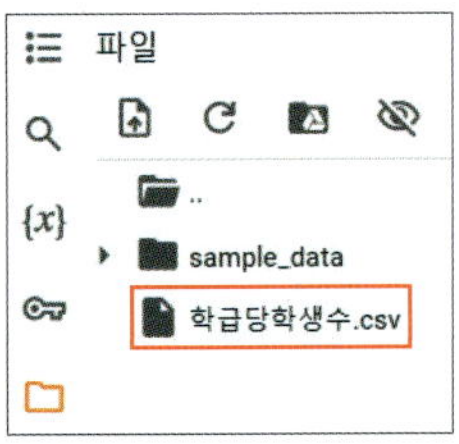

그림 11-30 코랩 세션 저장소에 CSV 파일 업로드

[코드 11-45]는 학급당학생수.csv 파일을 읽어와서 df에 저장하는데, 실행해 보면 오류 메시지가 출력됩니다.

코드 11-45

```python
import numpy as np
import pandas as pd
import matplotlib.pyplot as plt

df = pd.read_csv('학급당학생수.csv')
display(df)
```

```
---------------------------------------------------------------------------
UnicodeDecodeError                        Traceback (most recent call last)
<ipython-input-1-3a5c477c15e5> in <cell line: 5>()
      3 import matplotlib.pyplot as plt
      4
----> 5 df = pd.read_csv('학급당학생수.csv')
      6 display(df)

/usr/local/lib/python3.10/dist-packages/pandas/_libs/parsers.pyx in pandas._libs.parsers.
raise_parser_error()

UnicodeDecodeError: 'utf-8' codec can't decode byte 0xc7 in position 1: invalid
continuation byte
```

UnicodeDecodeError 오류는 파일이 'utf-8' 형식이 아닐 때 발생합니다. 한글 인코딩 방식은 크게 UTF-8과 EUC-KR로 구분할 수 있는데, '학급당학생수.csv' 파일의 한글 인코딩 방식이 EUC-KR이라서 오류가 발생했습니다. 이런 경우 [그림 11-31]과 같이 read_csv 함수에 encoding='EUC-KR' 옵션을 추가하면 대부분 해결됩니다.

```python
df = pd.read_csv('학급당학생수.csv', encoding='EUC-KR')
```

한글 인코딩 방식이 EUC-KR

그림 11-31 한글 인코딩 방식을 설정하는 코드

코드 11-46

```
df = pd.read_csv('학급당학생수.csv', encoding='EUC-KR')
display(df)
```

	항목	시점	서울특별시	제주특별자치도
0	전체	2011	29.36	28.88
1	전체	2012	28.63	28.09
2	전체	2013	27.81	27.26
3	전체	2014	26.96	26.46
4	전체	2015	26.19	25.97
5	전체	2016	25.36	25.53
6	전체	2017	24.60	25.25
7	전체	2018	23.76	24.97
8	전체	2019	22.96	24.47
9	전체	2020	22.45	24.15
10	전체	2021	22.47	23.70
11	전체	2022	22.03	23.36
12	전체	2023	21.84	22.72
13	전체	2024	21.77	22.36

df 데이터프레임 파악하기

df 데이터프레임의 크기가 클 때 모든 내용을 출력하는 것은 바람직하지 않습니다. 이런 경우 head와 tail 함수를 이용하면 데이터프레임의 앞부분 또는 뒷부분을 대표로 확인할 수 있습니다.

| Syntax | **head() 함수, tail() 함수**

```
데이터프레임.head()
```

데이터프레임의 앞부분을 확인한다.

```
데이터프레임.tail()
```

데이터프레임의 뒷부분을 확인한다.

[코드 11-47]은 head 함수를 이용해서 df 데이터프레임의 앞부분을 출력하고, tail 함수를 이용해서 df 데이터프레임의 뒷부분을 출력하는 코드입니다. head 함수는 df의 첫 번째 행부터 다섯 번째 행까지 출력하고, tail 함수는 df의 뒤에서 다섯 번째 행부터 마지막 행까지 출력합니다.

코드 11-47

```
display(df.head())
display(df.tail())
```

	항목	시점	서울특별시	제주특별자치도
0	전체	2011	29.36	28.88
1	전체	2012	28.63	28.09
2	전체	2013	27.81	27.26
3	전체	2014	26.96	26.46
4	전체	2015	26.19	25.97

	항목	시점	서울특별시	제주특별자치도
9	전체	2020	22.45	24.15
10	전체	2021	22.47	23.70
11	전체	2022	22.03	23.36
12	전체	2023	21.84	22.72
13	전체	2024	21.77	22.36

shape 속성을 이용하면 데이터프레임의 행과 열의 크기를 알 수 있습니다.

| Syntax | **shape 속성**

데이터프레임.shape

'데이터프레임'의 행과 열의 크기를 알려준다.

[코드 11-48]은 df 데이터프레임의 행과 열의 크기를 확인하는 코드이고, 실행 결과 (14, 4)는 14행 4열을 의미합니다.

코드 11-48

```
print(df.shape)
```

```
(14, 4)
```

그래프에 한글 표시하기

맷플롯립에서 기본적으로 한글을 지원하지 않기 때문에 지금까지는 그래프 제목이나 축 제목을 영문으로 작성했습니다. 한글을 표시하려면 [코드 11-49]와 같이 한글 폰트를 설치해야 합니다.

코드 11-49

```
!sudo apt-get install -y fonts-nanum
!sudo fc-cache -fv
!rm -rf ~/.cache/matplotlib
```

```
Reading package lists... Done
Building dependency tree
Reading state information... Done
The following NEW packages will be installed:
  fonts-nanum
0 upgraded, 1 n
⋮
/var/cache/fontconfig: cleaning cache directory
/root/.cache/fontconfig: not cleaning non-existent cache directory
/root/.fontconfig: not cleaning non-existent cache directory
fc-cache: succeeded
```

[코드 11-50]은 font10 변수를 생성하고 크기가 10인 나눔고딕체의 속성 정보를 저장합니다.

코드 11-50

```
path = '/usr/share/fonts/truetype/nanum/NanumGothicBold.ttf'
import matplotlib.font_manager as fm
font10 = fm.FontProperties(fname=path, size=10)
```

[코드 11-51]은 연도별 학급당 학생수를 선 그래프로 나타냅니다. 축 제목이 한글로 잘 출력된 것을 확인할 수 있습니다. 한글을 출력하는 함수 안에 fontproperties=font10 옵션을 추가하면 되는데, font10에는 한글 폰트 속성 정보가 저장되어 있습니다.

코드 11-51

```
ind = np.arange(len(df))
plt.figure(figsize=(5,3))
plt.plot(ind, df['서울특별시'], label='seoul')
plt.plot(ind, df['제주특별자치도'], label='jeju')
plt.xticks(ind, df['시점'])
```

```python
plt.ylim(15, 30)
plt.legend()
plt.xlabel('연도', fontproperties=font10)
plt.ylabel('학급당 학생 수', fontproperties=font10)
plt.xticks(rotation='vertical')
plt.show()
```

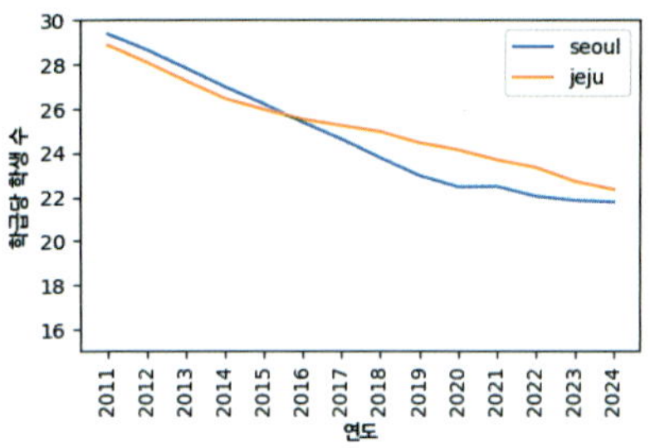

LAB 지역별 면적과 인구 분석하기

CSV 파일을 이용해서 우리나라 지역별 인구밀도를 구하고 그래프로 표현해 보겠습니다. [표 11-6]은 2021년 기준 지역별 면적(km^2)입니다.

표 11-6 2021년 기준 지역별 면적 ⓒ 통계청

지역	면적	지역	면적	지역	면적
서울특별시	605	울산광역시	1,062	전라북도	8,072
부산광역시	770	세종특별자치시	465	전라남도	12,359
대구광역시	884	경기도	10,197	경상북도	19,035
인천광역시	1,066	강원도	16,830	경상남도	10,542
광주광역시	501	충청북도	7,407	제주특별자치도	1,850
대전광역시	540	충청남도	8,247		

[표 11-7]은 2022년 기준 지역별 인구수입니다.

표 11-7 2022년 기준 지역별 인구수 ⓒ 통계청

지역	인구 수	지역	인구 수	지역	인구 수
서울특별시	9,428,372	울산광역시	1,110,663	전라북도	1,769,607
부산광역시	3,317,812	세종특별자치시	383,591	전라남도	1,817,697
대구광역시	2,363,691	경기도	13,589,432	경상북도	2,600,492
인천광역시	2,967,314	강원도	1,536,498	경상남도	3,280,493
광주광역시	1,431,050	충청북도	1,595,058	제주특별자치도	678,159
대전광역시	1,446,072	충청남도	2,123,037		

'지역별면적.csv'과 '지역별인구수.csv' 파일을 코랩 세션 저장소에 업로드합니다. 같은 파일이 이 책의 부록에 포함되어 있습니다. 지역별 인구밀도를 그래프로 나타내는 프로그램은 다음과 같습니다.

코드 11-52

```
!sudo apt-get install -y fonts-nanum
!sudo fc-cache -fv
!rm -rf ~/.cache/matplotlib
path = '/usr/share/fonts/truetype/nanum/NanumGothicBold.ttf'
import matplotlib.font_manager as fm
font9 = fm.FontProperties(fname=path, size=9)
font11 = fm.FontProperties(fname=path, size=11)
import numpy as np
import pandas as pd
import matplotlib.pyplot as plt

df1 = pd.read_csv('지역별면적.csv', encoding='EUC-KR')
df2 = pd.read_csv('지역별인구수.csv', encoding='EUC-KR')

df = pd.merge(df1, df2, on='지역')

df['인구밀도'] = df['총인구수'] / df['면적']
display(df[df['인구밀도']>=2000])
ind = np.arange(len(df))
plt.figure(figsize=(5,3))
plt.bar(ind, df['인구밀도'])
```

```
22 plt.xlabel('지역', fontproperties=font11)
23 plt.ylabel('인구밀도', fontproperties=font11)
24 plt.xticks(ind, df['지역'], rotation='vertical', fontproperties=font9)
25 plt.show()
```

	지역	면적	총인구수	인구밀도
0	서울특별시	605	9428372	15584.085950
1	부산광역시	770	3317812	4308.846753
2	대구광역시	884	2363691	2673.858597
3	인천광역시	1066	2967314	2783.596623
4	광주광역시	501	1431050	2856.387226

	지역	면적	총인구수	인구밀도
0	서울특별시	605	9428372	15584.085950
1	부산광역시	770	3317812	4308.846753
2	대구광역시	884	2363691	2673.858597
3	인천광역시	1066	2967314	2783.596623
4	광주광역시	501	1431050	2856.387226
5	대전광역시	540	1446072	2677.911111

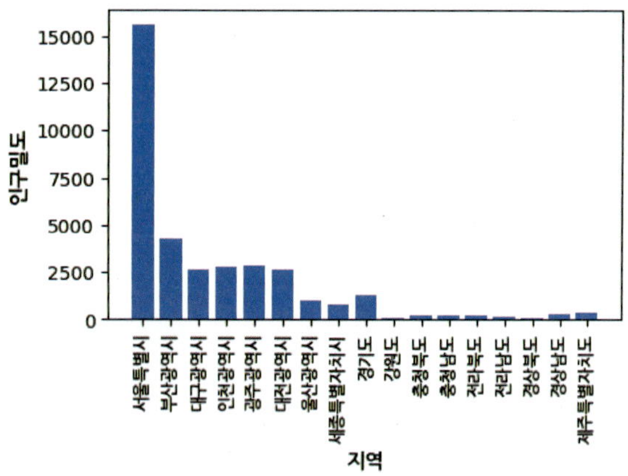

동작 과정

1 01~03행에서 한글 폰트를 설치하고, 04~07행에서 font9와 font11에 폰트 속성 정보를 저장합니다.

2 12행에서 '지역별면적.csv' 파일을 읽어와서 df1에 저장하고 15행에서 '지역별인구수.csv' 파일을 읽어와서 df2에 저장합니다. 파일의 한글 인코딩 방식이 EUC-KR이므로 encoding='EUC-KR' 옵션을 추가합니다.

3 15행에서 df1 데이터프레임과 df2 데이터프레임을 **지역** 열을 기준으로 결합하여 df에 저장합니다. 두 데이터프레임에서 공통인 열이 **지역** 하나이므로 on='지역' 옵션을 생략해도 되지만 명시적으로 지정하는 것이 바람직합니다.

4 17행에서 인구밀도를 구하고 df에 '인구밀도' 열을 추가합니다. 인구밀도는 인구 수를 면적으로 나눈 값입니다.

5 18행에서 df 데이터프레임에서 인구밀도가 2,000명/km^2 이상인 지역을 추출하여 출력해 봅니다.

6 19~25행에서 지역별 인구밀도를 막대 그래프로 나타냅니다. 22~24행에서 fontproperties 옵션에 font11과 font9를 추가해서 그래프에 한글이 출력되게 합니다.

11.5 플러스 예제 자동차 배기량과 CO_2 배출량의 상관관계

자동차 등록 대수가 증가함에 따라 CO_2 배출량이 증가하고 있다는 내용을 기사와 문헌을 통해 자주 접할 수 있습니다. 이 예제에서는 휘발유 차량과 경유 차량에 대해 자동차 배기량과 CO_2 배출량의 상관관계를 분석해 보겠습니다. 데이터 수집부터 데이터 불러오기, 데이터 전처리, 시각화, 분석까지 전 과정을 순서대로 살펴보겠습니다.

1 데이터 수집하기

공공데이터포털(https://www.data.go.kr)에 접속해서 '자동차 연비표시제도'를 검색합니다. 검색 시기에 따라 데이터가 변경될 수 있으니 수집하는 방법을 중심으로 살펴보고, 실습할 때는 이 책의 부록으로 제공하는 데이터 파일의 이용을 권장합니다.

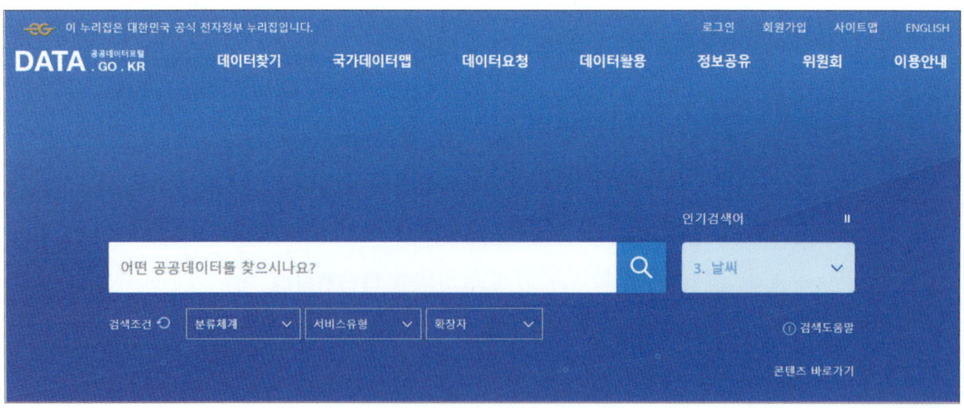

그림 11-32 공공데이터포털 검색창

검색 결과 화면에서 '한국에너지공단_자동차 표시연비 정보'를 찾고 오른쪽의 [다운로드] 버튼을 클릭하여 'car20240731.csv'를 다운로드합니다. 같은 파일을 이 책의 부록으로 제공합니다.

그림 11-33 CSV 파일 다운로드

2 CSV 파일 불러오기

'car20240731.csv' 파일을 코랩 세션 저장소에 업로드합니다.

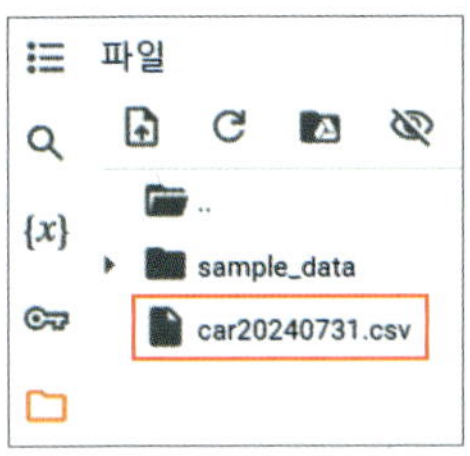

그림 11-34 CSV 파일 업로드

넘파이, 판다스, 맷플롯립 라이브러리를 불러옵니다.

```
import numpy as np
import pandas as pd
import matplotlib.pyplot as plt
```

'car20240731.csv' 파일을 읽어와서 df에 저장합니다. df의 크기를 출력하고 앞부분 데이터를 확인합니다. 이 데이터프레임은 '업체명', '모델명' 등 13개의 열로 이루어집니다.

```
df = pd.read_csv('car20240731.csv')
print(len(df))
display(df.head())
```

3498

	업체명	모델명	연료	변속형식	차량형식	자동차 종류	도심주행연비	고속도로연비	CO2배출량(g_km)	1회충전주행거리(km)	배기량	등급	출시연도
0	볼보	볼보 V60CCB5 AWD	휘발유	자동	하이브리드	승용차	8.7	11.9	175.0	NaN	1969.0	4등급	2024
1	볼보	볼보 XC60T8 AWD	전기+휘발유	자동	PHEV	승용차	16.6	17.1	33.0	61.0	1969.0	PHEV	2024
2	벤츠	Mercedes-Benz GLC 220 d 4MATIC	경유	자동	하이브리드	승용차	13.8	15.5	130.0	NaN	1993.0	2등급	2024
3	벤츠	Mercedes-Benz E 450 4MATIC	휘발유	자동	하이브리드	승용차	9.0	13.1	162.0	NaN	2998.0	4등급	2024
4	랜드로버	더 뉴 레인지로버 P550e SWB	전기+휘발유	자동	PHEV	승용차	11.5	13.1	35.0	80.0	2996.0	PHEV	2024

3 데이터 전처리하기

df 데이터프레임에서 각 열의 기본 정보를 확인합니다. **'고속도로연비'**와 **'배기량'** 열의 기초 통계량을 확인해 보면 두 열 모두 최솟값이 0인 데이터가 포함되어 있습니다.

```
display(df.describe())
```

	도심주행연비	고속도로연비	CO2배출량(g_km)	1회충전주행거리(km)	배기량	출시연도
count	3497.000000	3497.000000	3186.000000	403.000000	3187.000000	3498.000000
mean	9.620703	11.752617	168.908035	265.257816	2557.875118	2020.774728
std	4.493003	4.508477	48.694492	162.490485	965.196309	2.187160
min	1.600000	0.000000	14.000000	11.000000	0.000000	2008.000000
25%	7.300000	9.800000	137.000000	69.000000	1995.000000	2019.000000
50%	9.200000	11.800000	167.000000	303.000000	2199.000000	2021.000000
75%	11.500000	14.100000	199.000000	408.000000	2997.000000	2023.000000
max	99.500000	92.600000	354.000000	555.000000	6749.000000	2024.000000

배기량과 CO_2 배출량의 관계를 분석하고자 하므로 배기량이 0인 행을 삭제합니다. 다시 기초 통계량을 확인해 보면 데이터 개수는 1개 줄었고 평균, 표준편차 등의 통계량이 변해 있습니다.

```
df = df[df['배기량']!=0]
print(len(df))
display(df.describe())
```

3497

	도심주행연비	고속도로연비	CO2배출량(g_km)	1회충전주행거리(km)	배기량	출시연도
count	3496.000000	3496.000000	3186.000000	402.000000	3186.000000	3497.000000
mean	9.622225	11.755978	168.908035	265.850498	2558.677966	2020.777238
std	4.492744	4.504737	48.694492	162.256235	964.282913	2.182431
min	1.600000	0.000000	14.000000	11.000000	796.000000	2008.000000
25%	7.300000	9.800000	137.000000	69.500000	1995.000000	2019.000000
50%	9.200000	11.800000	167.000000	303.000000	2199.000000	2021.000000
75%	11.500000	14.100000	199.000000	408.500000	2997.000000	2023.000000
max	99.500000	92.600000	354.000000	555.000000	6749.000000	2024.000000

4 시각화하기

휘발유 차량과 경유 차량을 따로 분석하기 위해 휘발유 차량 데이터는 df1에 저장하고 경유 차량 데이터는 df2에 저장합니다.

```
df1 = df[df['연료']=='휘발유']
df2 = df[df['연료']=='경유']
```

휘발유 차량의 배기량-CO_2 배출량 산점도와 경유 차량의 배기량-CO_2 배출량 산점도를 하나의 그래프로 나타냅니다. 연료 종류와 관계없이 배기량이 커짐에 따라 CO_2 배출량이 커지는 것으로 나타납니다.

```
plt.figure(figsize=(5,3))
plt.scatter(df1['배기량'], df1['CO2배출량(g_km)'], s=3, alpha=0.5, label='Gasoline')
plt.scatter(df2['배기량'], df2['CO2배출량(g_km)'], s=3, alpha=0.5, label='Diesel')
plt.legend()
plt.xlabel('displacement')
plt.ylabel('CO2 emissions')
plt.show()
```

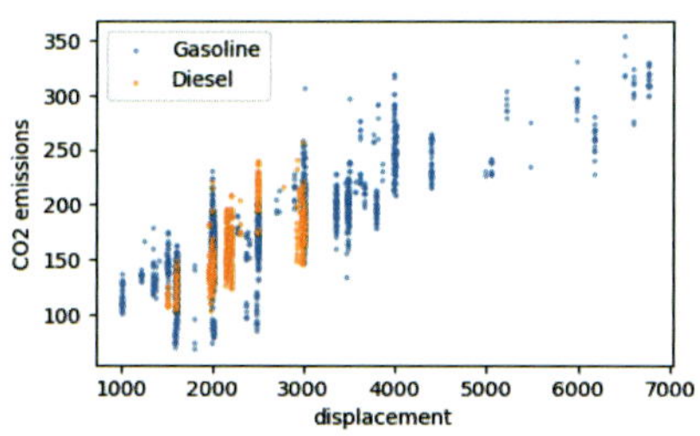

5 상관관계 분석하기

상관관계 분석은 두 변수가 서로 얼마나 관련되어 있는지를 알아보는 데이터 분석 방법입니다. 상관관계를 수치로 나타낸 것이 상관계수 r이고, r은 −1부터 1까지의 값입니다. r이 1에 가까울수록 두 변수는 양의 상관관계가 강하고, −1에 가까울수록 두 변수는 음의 상관관계가 강합니다. 그리고 r이 0에 가까울수록 두 변수 간의 관계가 약합니다. 상관계수를 구할 때 corr 함수를 사용합니다.

| Syntax | **corr() 함수**

```
열1.corr(열2)
```

데이터프레임 '열1'과 '열2'의 상관계수를 구한다.

배기량과 CO_2 배출량의 상관계수를 구하는 코드는 다음과 같습니다. r을 출력해서 확인해 보면 두 변수에 양의 상관관계가 있고, 특히 휘발유 차량이 경유 차량보다 배기량과 CO_2 배출량의 상관관계가 높다는 것을 알 수 있습니다.

```
cor = df1['배기량'].corr(df1['CO2배출량(g_km)'])
print(cor)

cor = df2['배기량'].corr(df2['CO2배출량(g_km)'])
print(cor)
```

```
0.8563211276203075
0.6562481550600938
```

■ 전체 프로그램

```
import numpy as np
import pandas as pd
import matplotlib.pyplot as plt

df = pd.read_csv('car20240731.csv')
display(df.head())

```

```
df = df[df['배기량']!=0]

df1 = df[df['연료']=='휘발유']
df2 = df[df['연료']=='경유']

plt.figure(figsize=(5,3))
plt.scatter(df1['배기량'], df1['CO2배출량(g_km)'], s=3, alpha=0.5, label='Gasoline')
plt.scatter(df2['배기량'], df2[' O2배출량(g_km)'], s=3, alpha=0.5, label='Diesel')
plt.legend()
plt.xlabel('displacement')
plt.ylabel('CO2 emissions')
plt.show()

cor = df1['배기량'].corr(df1['CO2배출량(g_km)'])
print(cor)

cor = df2['배기량'].corr(df2['CO2배출량(g_km)'])
print(cor)
```

	업체명	모델명	연료	변속형식	차량형식	자동차 종류	도심주행연비	고속도로연비	CO2배출량(g_km)	1회충전주행거리(km)	배기량	등급	출시연도
0	볼보	볼보 V60CCB5 AWD	휘발유	자동	하이브리드	승용차	8.7	11.9	175.0	NaN	1969.0	4등급	2024
1	볼보	볼보 XC60T8 AWD	전기+휘발유	자동	PHEV	승용차	16.6	17.1	33.0	61.0	1969.0	PHEV	2024
2	벤츠	Mercedes-Benz GLC 220 d 4MATIC	경유	자동	하이브리드	승용차	13.8	15.5	130.0	NaN	1993.0	2등급	2024
3	벤츠	Mercedes-Benz E 450 4MATIC	휘발유	자동	하이브리드	승용차	9.0	13.1	162.0	NaN	2998.0	4등급	2024
4	랜드로버	더 뉴 레인지로버 P550e SWB	전기+휘발유	자동	PHEV	승용차	11.5	13.1	35.0	80.0	2996.0	PHEV	2024

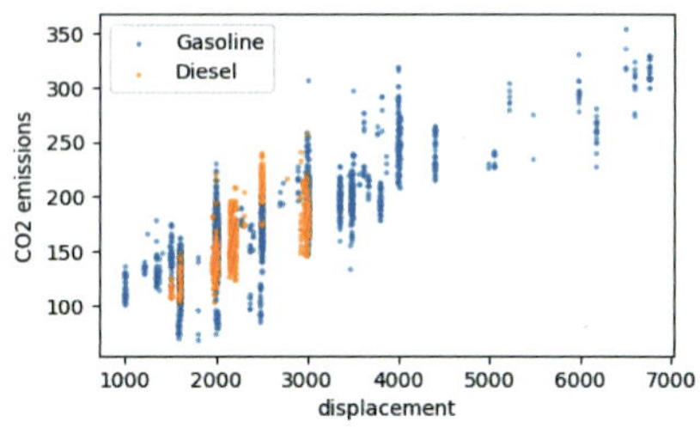


```
0.8563211276203075
0.6562481550600938
```

쌍둥이 문제

휘발유 차량의 도심주행연비-CO_2배출량 산점도와 경유 차량의 도심주행연비-CO_2배출량의 산점도를 하나의 그래프로 나타내고 상관계수를 구하는 프로그램을 작성하세요.

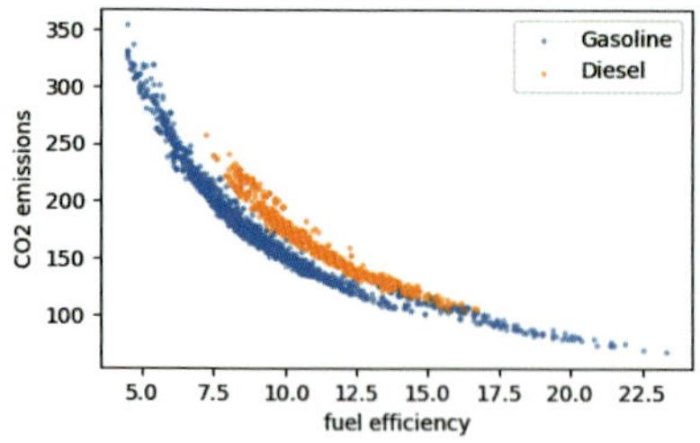


```
-0.9001007202050113
-0.9596447858863468
```

도전 문제

이 책의 부록으로 제공하는 '신체측정자료.csv' 파일의 데이터 중 키와 몸무게의 산점도를 그리고 상관계수를 구하는 프로그램을 작성하세요. 단, CSV 파일의 한글 인코딩 방식은 EUC-KR입니다.

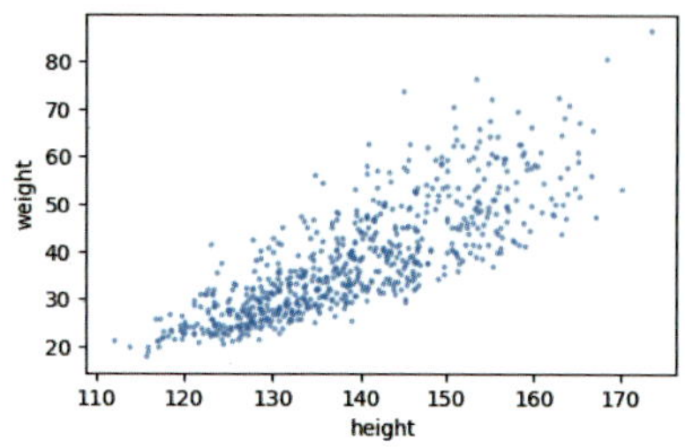


```
0.8087821470279792
```

탐구

몬테카를로 시뮬레이션과 원주율

8장의 탐구 페이지에서는 몬테카를로 시뮬레이션으로 멘델의 유전 실험을 구현했습니다. 여기서는 몬테카를로 시뮬레이션을 활용해서 원주율 π의 근삿값을 구해 보겠습니다. 정사각형과 그에 내접하는 사분원으로 이루어진 다음과 같은 도형에서 반지름의 길이를 r이라고 하면, 정사각형 한 변의 길이는 r이므로 정사각형의 넓이는 r^2이고 사분원의 넓이는 $\frac{\pi r^2}{4}$입니다.

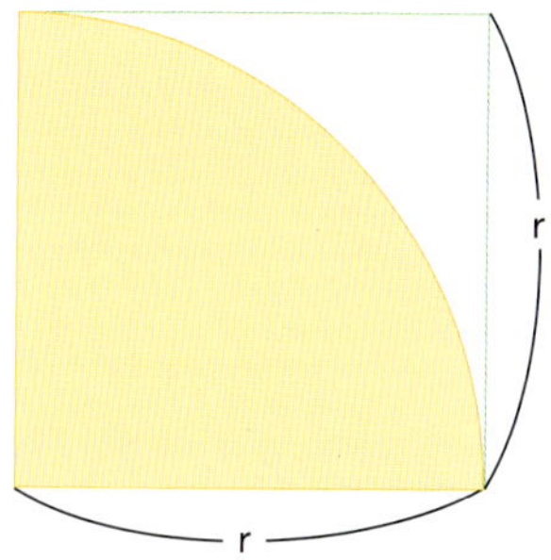

그림 11-35 정사각형과 사분원

도형 안에 점이 균등하게 찍힌다고 가정하면 정사각형 안에 무작위로 찍힌 점의 개수와 사분원 안에 찍힌 점의 개수는 다음 관계가 성립합니다.

> 정사각형 안에 찍힌 점의 개수 : 사분원 안에 찍힌 점의 개수 = 정사각형의 넓이 : 사분원의 넓이

도형 안에 찍힐 점의 위치는 (x, y) 좌표로 나타내는데, x값과 y값은 무작위로 정해집니다. 정사각형 안에 찍힌 점의 개수를 n, 사분원 안에 찍힌 점의 개수를 nc라고 하면 다음과 같이 나타낼 수 있습니다. r^2은 정사각형의 넓이이고, $\frac{\pi r^2}{4}$은 사분원의 넓이입니다.

$$n : nc = r^2 : \frac{\pi r^2}{4}$$

이 식을 풀면 π는 $\frac{4nc}{n}$와 같습니다. 원주율 π를 구하는 시뮬레이션 모델에 해당합니다.

$$n\frac{\pi r^2}{4} = nc \cdot r^2$$

$$\pi = \frac{4nc}{n}$$

몬테카를로 시뮬레이션을 이용하여 π의 근삿값을 추정하는 과정을 정리하면 다음과 같습니다.

❶ 변의 길이가 1인 정사각형을 그리고 그 안에 반지름이 1인 사분원을 그린다.

❷ 정사각형 안에 위치가 균일하게 분포하도록 n개의 점을 생성한다.

❸ 정사각형 안에 있는 전체 점의 개수 n과 사분원 안에 있는 점의 개수 nc를 센다.

❹ $\frac{4nc}{n}$를 이용해서 원주율 π의 근삿값을 추정한다. 샘플링하는 점의 개수(n)가 증가할수록 근삿값의 정확도가 증가한다.

이런 내용을 구현한 프로그램은 [코드 11-53]과 같습니다.

코드 11-53

```
import numpy as np
import matplotlib.pyplot as plt

n = 5000
nc = 0
point = np.random.rand(n, 2)

plt.figure(figsize=(5,5))
for i in range(n):
  x, y = point[i][0], point[i][1]
  line = np.sqrt(x**2 + y**2)
  if line<1:
    color = 'r'
    nc = nc+1
  else:
    color = 'y'
  plt.scatter(x, y, s=0.2, c=color)
plt.xlim(0,1)
plt.ylim(0,1)
plt.show()

print(4 * nc / n)
```

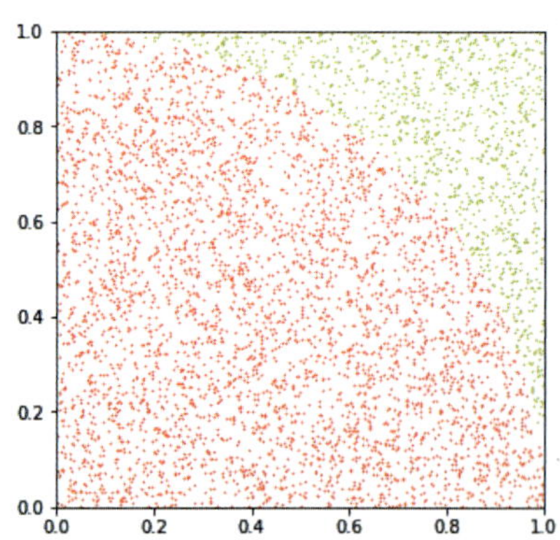


```
3.1432
```

이 예에서는 전체 점의 개수를 5,000개로 설정하여 시뮬레이션했습니다.

탐구 과제 01 점의 개수를 10, 100, 1,000, 10,000개로 다양하게 설정하여 시뮬레이션하여 나온 원주율 π의 근삿값을 다음 표에 적고 정확도를 비교하시오.

점의 수	10	100	1,000	10,000
원주율 π의 근삿값				

탐구 과제 02 다음과 같이 정사각형과 그에 내접하며 반지름이 1인 원으로 이루어진 도형을 이용해서 원주율을 구하는 프로그램을 작성하시오.

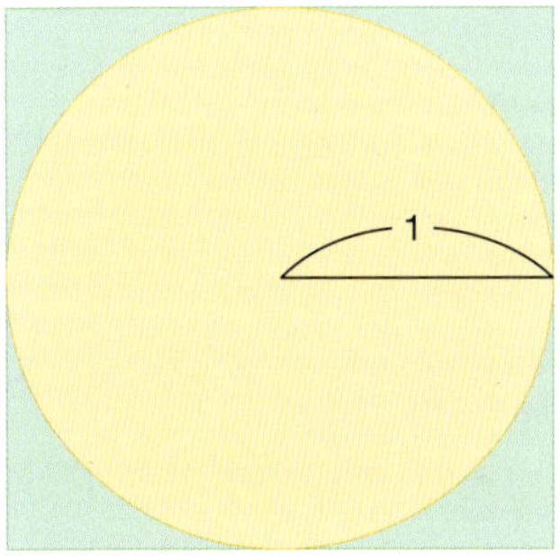

실행 예는 다음과 같습니다.

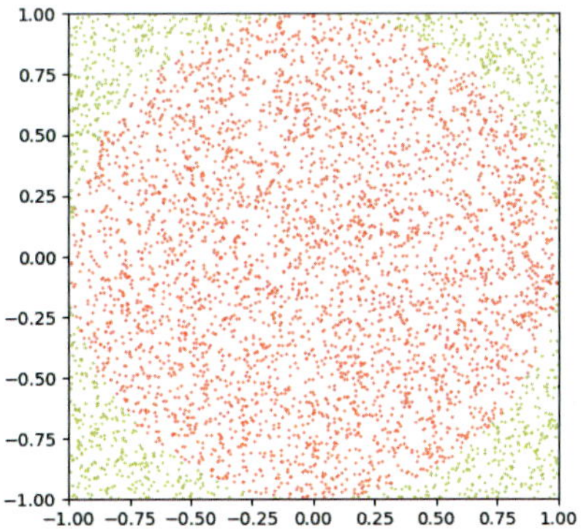

```
3.1028
```

요약

01 판다스는 1차원 배열 구조의 시리즈와 2차원 배열 구조의 데이터프레임이라는 데이터 구조를 제공하는 라이브러리입니다. 데이터프레임에 사용할 수 있는 판다스의 함수와 속성은 다음과 같습니다.

함수	설명	예시
DataFrame()	데이터프레임을 생성한다.	import pandas as pd df = pd.DataFrame({'name': ['Jessica', 'Liam'], 'test': [45, 30]})
데이터프레임[열 이름] = 데이터	열을 추가한다.	df = pd.DataFrame() df['name'] = ['Jessica', 'Liam']
데이터프레임[열 이름]	열을 선택한다.	df['name'] df[['name','test']]
pop()	열을 추출하고 추출한 열은 데이터프레임에서 삭제한다.	n = df.pop('name')
iterrows()	데이터프레임 행의 수만큼 반복한다.	for index, row in df.iterrows(): print(index, row['name'], row['test'])
rename()	열 이름을 변경한다.	df.rename(columns={'test':'exam'}, inplace=True)
sort_values()	데이터를 정렬한다.	df.sort_values('sum')
value_counts()	각 값의 빈도수를 센다.	df['result'].value_counts()
drop()	열을 삭제한다.	df.drop(columns='result', inplace=True)
isna()	누락된 데이터의 위치를 확인한다.	print(pd.isna(df))
dropna()	누락된 데이터가 있는 행 또는 열을 삭제한다.	clean_df = df.dropna()
fillna()	누락된 데이터를 대체한다.	df1 = df.fillna(0)
merge()	두 개의 데이터프레임을 하나로 결합한다.	df = pd.merge(df1, df2)
count()	각 열 데이터 개수를 구한다.	print(df.count())

sum()	각 열 데이터의 합을 구한다.	print(df.sum())
cumsum()	각 열 데이터의 누적 합을 구한다.	print(df.cumsum())
mean()	각 열 데이터의 평균을 구한다.	print(df.mean())
std(), var()	각 열 데이터의 표준편차, 분산을 구한다.	print(df.std, df.var())
max(), min()	각 열의 최댓값, 최솟값을 찾는다.	print(df.max(), df.min())
describe()	각 열의 기초 통계량을 구한다.	print(df.describe())
find()	문자열에서 특정 문자열을 왼쪽부터 찾아서 인덱스를 반환한다. 찾는 문자열이 없으면 -1을 반환한다.	print(df['높이'].str.find('미터'))
strip()	문자열 양옆의 공백이나 특정 문자를 제거한다.	df['높이'] = df['높이'].str.strip()
rstrip()	문자열 오른쪽의 공백이나 특정 문자를 제거한다.	df['높이'] = df['높이'].str.strip().str.rstrip('미터')
lstrip()	문자열 왼쪽의 공백이나 특정 문자를 제거한다.	df['높이'] = df['높이'].str.strip().str.lstrip('높이')
replace()	특정 문자열을 다른 문자열로 변경한다.	df['높이'] = df['높이'].str.replace(',','')
astype()	자료형을 변환한다.	df['높이'] = df['높이'].astype(int)
head()	앞부분을 확인한다.	display(df.head())
tail()	뒷부분을 확인한다.	display(df.tail())

속성	설명	예시
shape	행과 열의 크기를 확인한다.	print(df.shape)

02 판다스에서 파일을 불러오거나 저장하는 함수는 다음과 같습니다.

함수	설명	예시
`read_csv()`	CSV 파일을 데이터프레임 형식으로 읽어온다.	`df = pd.read_csv('python.csv')`
`to_csv()`	데이터프레임을 CSV 파일로 저장한다.	`df.to_csv('python_out.csv')`
`read_excel()`	엑셀 파일을 데이터프레임 형식으로 읽어온다.	`df = pd.read_excel('python.xlsx')`
`to_excel()`	데이터프레임을 엑셀 파일로 저장한다.	`df.to_excel('python.xlsx')`

연습문제

01 다음 코드의 실행 결과를 예측하시오.

(1)

```
import pandas as pd

df = pd.DataFrame({'name': ['Jessica', 'Liam', 'Sophia'],
                   'test': [70, 55, 60],
                   'assign': [27, 17, 22]})
display(df[['name','test']])
for index, row in df.iterrows():
  print(index, row['name'], row['test'])
```

(2)

```
import pandas as pd

df1 = pd.DataFrame([['Jessica', 70, 27], ['Liam', 55, 17], ['Sophia', 60, 22]],
                   columns=['name', 'test', 'assign'])
display(df1)
df2 = pd.DataFrame()
df2['name'] = ['Jessica', 'Liam']
df2['test'] = [70, 55]
df2['assign'] = [27, 17]
display(df2)
```

(3)

```
import pandas as pd
import numpy as np

df = pd.DataFrame({'name': ['Jessica', 'Liam', 'Sophia'],
                   'test': [70, 55, 60],
                   'assign': [27, 17, 22]})
df['sum'] = df['test']+df['assign']
df['grade'] = np.where(df['sum']>=90, 'A',
                       np.where(df['sum']>=80, 'B', 'C'))
display(df)
print(df.shape)
```

(4)

```python
import pandas as pd
import matplotlib.pyplot as plt

df = pd.DataFrame({'name': ['Jessica', 'Liam', 'Sophia'],
                   'test': [70, 55, 60],
                   'assign': [27, 17, 22]})

plt.bar(df['name'], df['test'])
plt.show()
```

(5)

```python
import pandas as pd

df1 = pd.DataFrame({'name': ['Jessica', 'Liam', 'Sophia'],
                    'gender': ['F', 'M', 'F'],
                    'age': [21, 23, 20]})

df2 = pd.DataFrame({'name': ['Sophia', 'Liam', 'Ryan'],
                'department': ['computer science', 'mathematics', 'law']})

df3 = pd.merge(df1, df2, on='name')
display(df3)
```

02 다음 코드를 실행하면 오류가 발생합니다. 오류의 원인을 설명하고 수정하시오.

(1)

```
df['name'] = ['Jessica', 'Liam']
df['test'] = [70, 55]
df['assign'] = [27, 17]
display(df)
```

(2)

```
import pandas as pd

df = pd.DataFrame({'name': ['Jessica', 'Liam', 'Sophia'],
                   'test': [70, 55, 60],
                   'assign': [27, 17]})
display(df)
```

(3)

```
import pandas as pd

df = pd.read_csv('학급당학생수.csv')  # '학급당학생수.csv' 파일의 인코딩 방식: EUC-KR
display(df)
```

03 df 데이터프레임의 인덱스, name 값, test 값을 한 행씩 출력하도록 프로그램을 작성했으나 실행하면 원하는 결과가 나오지 않습니다. 원인을 설명하고 코드를 수정하시오.

```
import pandas as pd

df = pd.DataFrame({'name': ['Jessica', 'Liam', 'Sophia'],
                   'test': [70, 55, 60],
                   'assign': [27, 17, 22]})

for index, row in df.iterrows():
  print(index, df['name'], df['test'])
```

HINT iterrows 함수를 이용한 반복 구조에서는 반복할 때마다 row에 각 행의 데이터가 순서대로 저장됩니다.

04 df 데이터프레임의 'score'가 90 이상이면 'A', 80 이상이면 'B', 70 이상이면 'C'를 'grade' 열의 값으로 부여하도록 프로그램을 작성했으나 실행하면 원하는 결과가 나오지 않습니다. 원인을 설명하고 코드를 수정하시오.

```
import pandas as pd
import numpy as np

df = pd.DataFrame({'name': ['Jessica', 'Liam', 'Sophia'],
                   'score': [95, 80, 70]})
df['grade'] = (np.where(df['score']>=70, 'C',
               np.where(df['score']>=80, 'B', 'A'))
display(df)
```

HINT where 함수에서 df['score']가 70 이상이면 'C'가 선택됩니다.

05 다음은 학생들의 신체 정보입니다.

이름	키	몸무게
Jessica	167	50
Liam	175	67
Sophia	163	59
Ryan	173	80

(1) 다음은 신체 정보 데이터프레임을 생성하는 코드와 실행 결과입니다. 빈칸을 채워 코드를 완성하시오.

```
import pandas as pd

df = [          ]({'name': ['Jessica', 'Liam', 'Sophia', 'Ryan'],
                   'height': [167, 175, 163, 173],
                   'weight': [50, 67, 59, 80]})
display(df)
```

	name	height	weight
0	Jessica	167	50
1	Liam	175	67
2	Sophia	163	59
3	Ryan	173	80

(2) 다음은 x축이 키, y축이 몸무게인 산점도를 그리는 코드와 실행 결과입니다. 빈칸을 채워 완성하시오.

```
import matplotlib.pyplot as plt

plt.figure(figsize=(5,3))
plt.scatter(__________, __________)
for index, row in __________ :
  plt.annotate(row['name'], xy=(row['height'],row['weight']), xytext=(5,-10),
textcoords='offset points')
plt.xlim(162,177)
plt.ylim(46,82)
plt.xlabel('height')
plt.ylabel('weight')
plt.show()
```

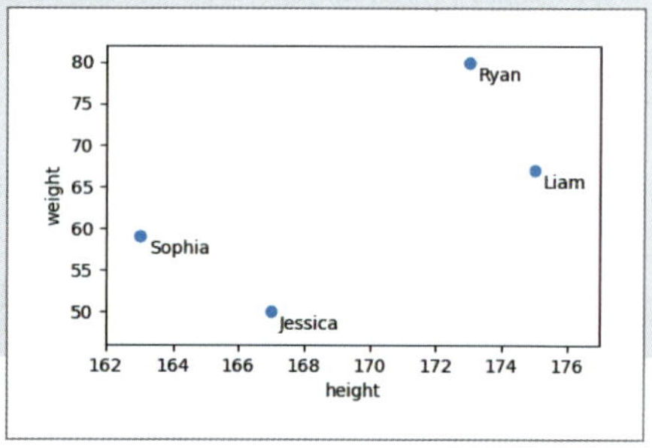

(3) 다음은 체질량지수(BMI)를 구해 'BMI' 열에 저장하는 코드와 실행 결과입니다. 빈칸을 채워 완성하시오. 단, BMI를 구하는 다음 공식에서 키 단위는 m이고 몸무게 단위는 kg입니다.

$$체질량지수 = \frac{몸무게}{키 \times 키}$$

```
df['BMI'] = __________
display(df)
```

	name	height	weight	BMI
0	Jessica	167	50	17.928215
1	Liam	175	67	21.877551
2	Sophia	163	59	22.206331
3	Ryan	173	80	26.729927

(4) 다음은 BMI 값이 23 이하인 데이터만 추출하여 출력하는 코드와 실행 결과입니다. 빈칸을 채워 완성하시오.

```
display(df[__________])
```

	name	height	weight	BMI
0	Jessica	167	50	17.928215
1	Liam	175	67	21.877551
2	Sophia	163	59	22.206331

06 다음은 2020년 우리나라의 코로나19 월별 신규 확진자 수입니다. 데이터 출처는 질병관리청(https://ncv.kdca.go.kr)이고, 이 책의 부록에서 'covid19_2020.csv' 파일에 해당합니다.

월	신규 확진자수	월	신규 확진자수	월	신규 확진자수
1	11명	5	615명	9	3707명
2	2920명	6	1141명	10	2444명
3	6636명	7	1044명	11	7324명
4	750명	8	5473명	12	26198명

(1) 다음은 covid19_2020.csv 파일을 읽어와서 df에 저장하는 코드와 실행 결과입니다. 빈칸을 채워 완성하시오.

```
import pandas as pd

df = [          ]('covid19_2020.csv')
display(df)
```

	월	신규 확진자수
0	1	11명
1	2	2920명
2	3	6636명
3	4	750명
4	5	615명
5	6	1141명
6	7	1044명
7	8	5473명
8	9	3707명
9	10	2444명
10	11	7324명
11	12	26198명

(2) 다음은 신규 확진자수의 단위인 '명'을 삭제하고 정수로 변환하는 코드와 실행 결과입니다. 빈칸을 채워 완성하시오.

```
df['신규 확진자수'] = df['신규 확진자수'].[          ]
display(df.head())
```

	월	신규 확진자수
0	1	11
1	2	2920
2	3	6636
3	4	750
4	5	615

(3) 다음은 **'신규 확진자수'** 열의 누적한 값을 **'누적 확진자수'** 열에 저장하는 코드와 실행 결과입니다. 빈칸을 채워 완성하시오.

```
df['누적 확진자수'] = df['신규 확진자수'].[          ]
display(df.head())
```

	월	신규 확진자수	누적 확진자수
0	1	11	11
1	2	2920	2931
2	3	6636	9567
3	4	750	10317
4	5	615	10932

(4) 다음은 월별 신규 확진자 수와 누적 확진자 수를 선 그래프로 나타내는 코드와 실행 결과입니다. 빈칸을 채워 완성하시오.

```
import matplotlib.pyplot as plt

plt.figure(figsize=(5,3))
plt.plot([          ], [          ], label='number of cases')
plt.plot([          ], [          ], label='accumulated number of cases')
plt.xlabel('month')
plt.legend()
plt.show()
```

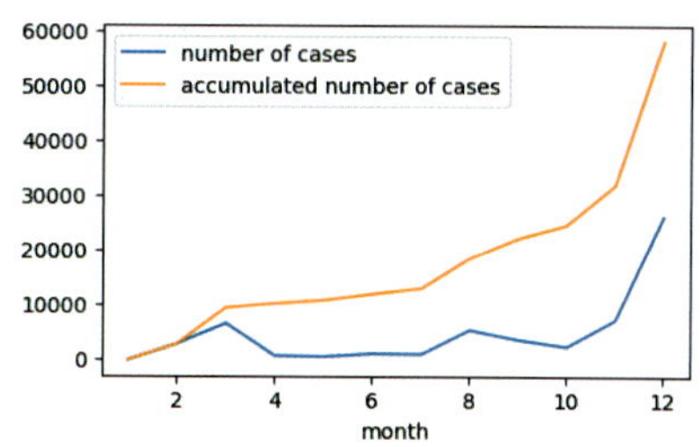

프로그래밍 문제

01 다음은 우리나라의 연도별 1인 가구 비율과 출생아 수입니다. 데이터 출처는 KOSIS(https://kosis.kr)입니다.

연도	1인 가구 비율	출생아 수
2000	15.5	640089
2005	20.0	438707
2010	23.9	470171
2015	27.2	438420
2020	31.7	272337

이 데이터로 데이터프레임을 생성하고, 연도별 출생아 수 선 그래프를 나타낸 다음 1인 가구 비율과 출생아 수를 산점도로 나타내는 프로그램을 작성하시오.

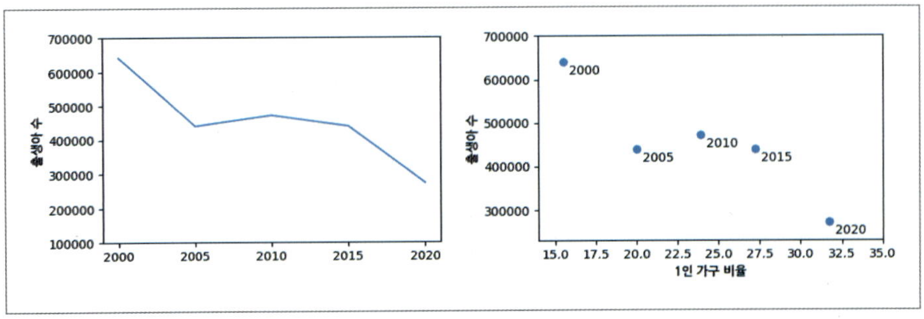

02 다음은 2021년 기준 지역별 인구 수와 면적입니다. 데이터 출처는 KOSIS(https://kosis.kr)이고, 이 책의 부록에서 'poparea.csv'에 해당합니다.

지역	인구 수(명)	면적(km^2)
서울특별시	9,509,458	605
부산광역시	3,350,380	770
제주특별자치도	676,759	1,850

'poparea.csv' 파일을 읽어와서 지역별 인구밀도를 구해 막대 그래프로 나타내는 프로그램을 작성하시오. 인구밀도는 인구 수를 면적으로 나눈 값입니다.

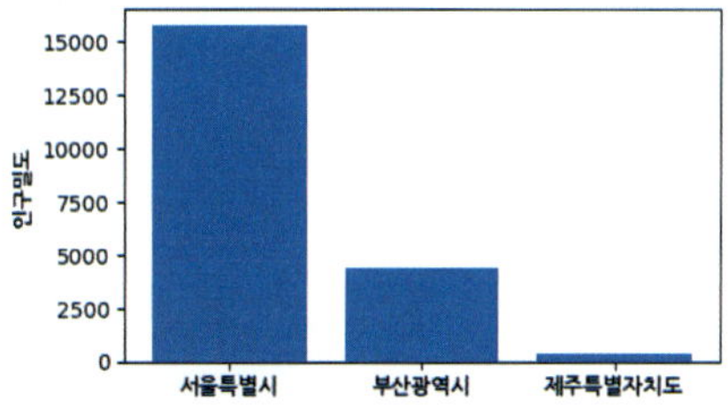

03 데이터프레임을 활용하는 타 교과 융합 프로그램을 작성하시오.

프로그램 이름	
학교급 및 관련 교과	(예시) 대학교 일반물리학
프로그램 설명	
프로그램 소스	

04 파일을 활용하는 타 교과 융합 프로그램을 작성하시오.

프로그램 이름	
학교급 및 관련 교과	(예시) 대학교 일반물리학
프로그램 설명	
프로그램 소스	

CHAPTER 12

설문 데이터 분석과 지도 시각화

학습목표

- 구글 설문 결과를 저장한 스프레드시트를 불러올 수 있습니다.
- 폴리움 라이브러리를 이용해서 지도를 그릴 수 있습니다.
- 지오파이 라이브러리를 이용해서 지오코딩을 할 수 있습니다.

Preview

코랩에서 라이브러리를 활용하여 데이터를 수집하거나 가공하고, 데이터의 특징이 효과적으로 드러나도록 시각화할 수 있습니다. 이 장에서는 구글 설문지 응답 데이터를 실시간으로 연동하여 분석하는 방법과 폴리움 라이브러리를 사용해 지도를 시각화하는 방법을 배웁니다. 또한 방문한 관광지를 설문으로 수집하여 결과를 지도에 표시하는 프로그램을 작성해 봅니다.

- 구글 설문 결과 연동하기
  - 실시간 설문 데이터 수집
  - 설문 결과 불러오기
  - 데이터 전처리
  - 설문 데이터 분석
- 지도 시각화하기
  - 지도 시각화와 폴리움
  - 지도 그리기
  - 마커
  - 지오코딩

관광지 방문자 수 지도

12.1 구글 설문 결과 연동

1 실시간 설문 데이터 수집하기

구글 설문을 통해 접수한 지원자 정보를 이용해서 인턴 합격 여부를 판별하는 프로그램을 작성해 보겠습니다. 구글 설문 결과를 파일로 다운로드한 다음 프로그램으로 불러오는 것이 아니라 파이썬을 이용해서 구글 설문 결과를 실시간으로 연동하는 방법에 대해 알아보겠습니다. 가장 먼저 구글 설문을 통해 데이터를 수집합니다.

구글 설문지 만들기

01 구글에 로그인한 상태에서 구글 설문지(https://docs.google.com/forms)에 접속하고 [빈 양식]을 선택합니다.

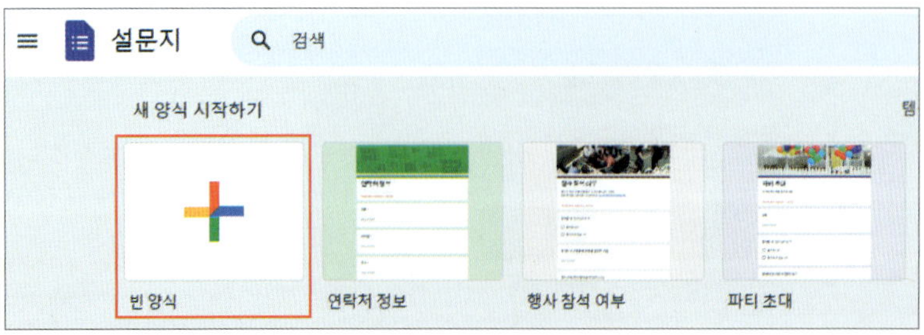

그림 12-1 구글 설문지 생성

02 설문지 제목은 '지원자 정보'라고 입력합니다. 첫 번째 질문은 '지원자번호'로 하고 질문 유형을 단답형으로 설정합니다.

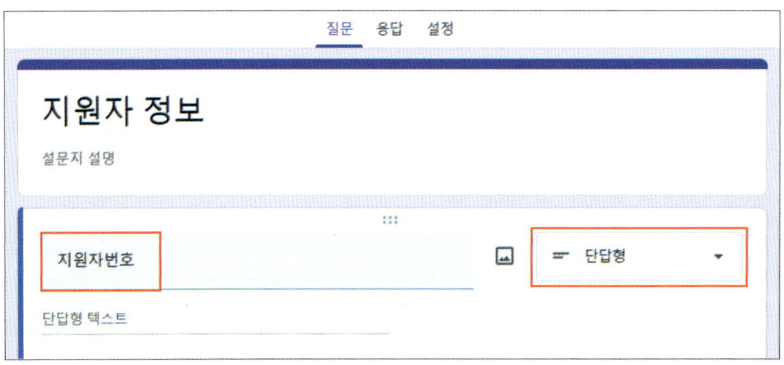

그림 12-2 설문지 제목과 첫 번째 질문 설정

03 두 번째 질문은 '희망 업무(복수 가능)'로 하고 질문 유형을 '체크박스'로 설정합니다. 선택 옵션은 '개발', '기획', '경영', '영업'을 입력합니다. 체크박스는 응답자가 선택 옵션 여러 개를 동시에 선택할 수 있는 유형입니다.

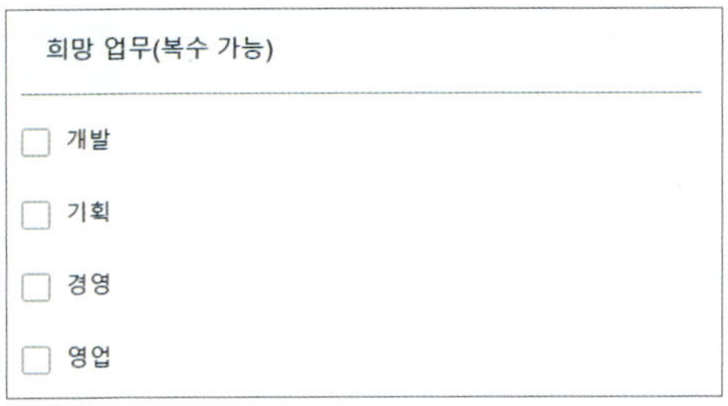

그림 12-3 두 번째 질문 설정

04 세 번째 질문은 '자격증 점수(기사:1000,산업기사:900,기능사:800)'으로 입력하고 질문 유형을 '단답형'으로 설정합니다. 네 번째 질문은 '토익 점수'를 입력하고 질문 유형을 '단답형'으로 설정합니다.

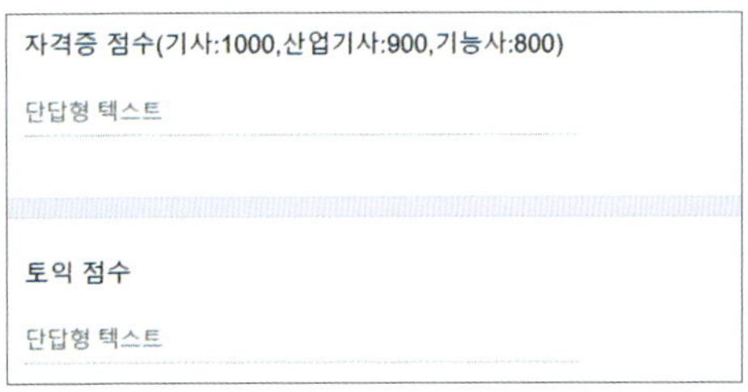

그림 12-4 세 번째, 네 번째 질문 설정

설문 진행하기

설문지 작성을 끝냈으면 설문지를 배포해 설문을 진행합니다.

01 설문지 상단의 [보내기] 버튼을 클릭합니다.

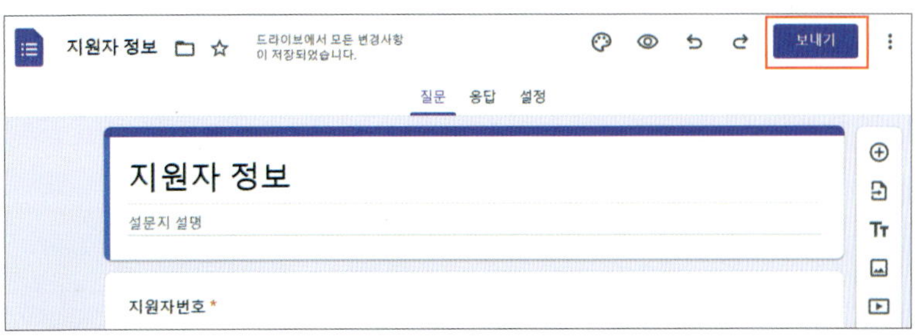

그림 12-5 설문지 보내기

02 '설문지 보내기' 창이 열립니다. 링크 아이콘( )을 클릭한 후 하단의 [복사] 버튼을 눌러 설문지의 URL을 복사합니다.

그림 12-6 URL 복사

03 복사한 설문지 URL을 설문 조사 대상에게 배포하고 응답을 받습니다.

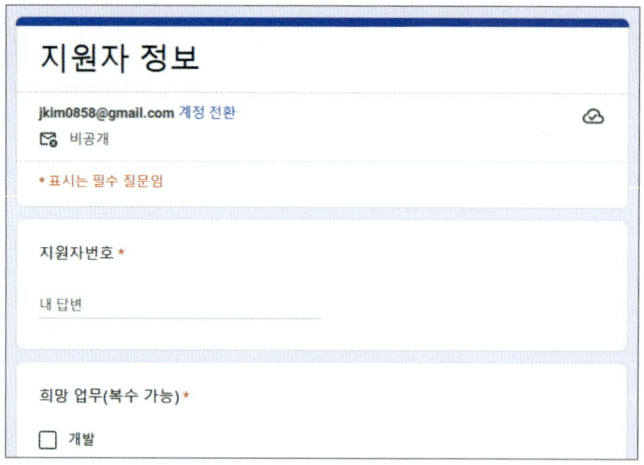

그림 12-7 응답자가 보는 설문지 화면

설문 결과를 스프레드시트로 만들기

설문지 화면에서 [응답]을 클릭하면 설문의 응답 결과를 바로 확인할 수 있으나, 파이썬 프로그램에서 설문 결과를 실시간으로 이용하기 위해서는 응답을 스프레드시트에 나타내야 합니다.

01 응답 조회 화면에서 [Sheets에 연결]을 클릭합니다.

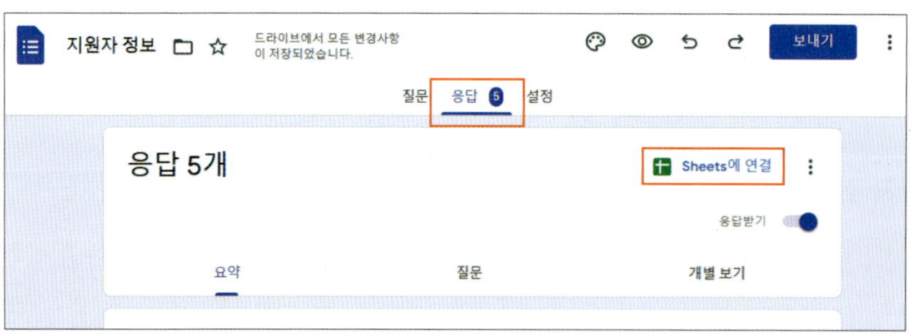

그림 12-8 응답 조회 화면

02 응답 저장 위치로 '새 스프레드시트 만들기'를 선택하고 [만들기]를 클릭하면 내 구글 드라이브에 설문 결과 스프레드시트가 생성됩니다.

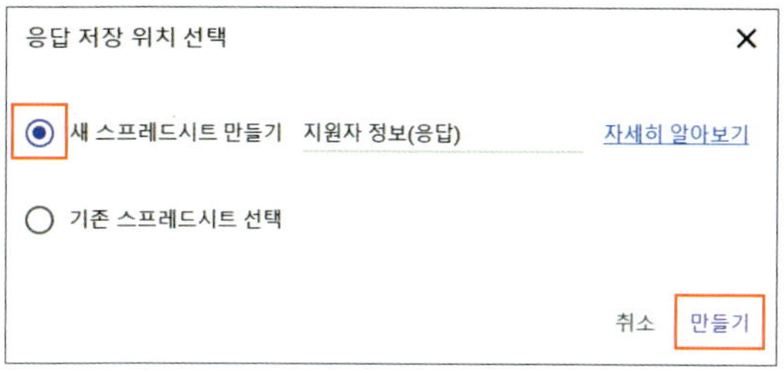

그림 12-9 응답 저장 위치 선택

03 이제 [Sheets에서 보기]를 클릭하면 설문 결과를 저장한 스프레드시트가 열립니다.

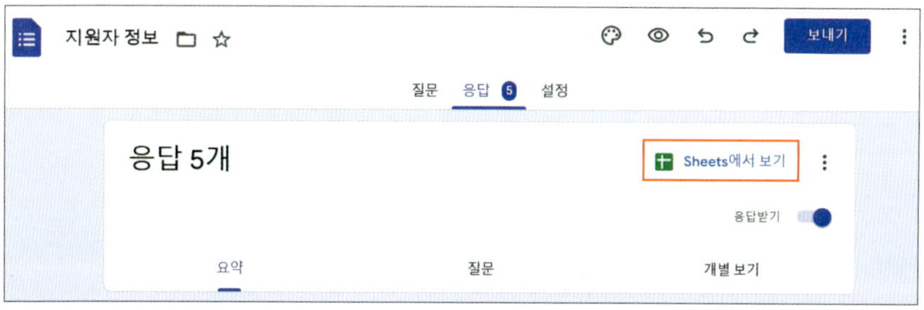

그림 12-10 스프레드시트에서 보기

04 다음은 생성된 응답 스프레드시트입니다. 새 응답이 추가되면 이 스프레드시트에도 실시간으로 반영됩니다. 설문 결과를 코랩에서 사용하기 위해 이 스프레드시트의 URL을 복사합니다.

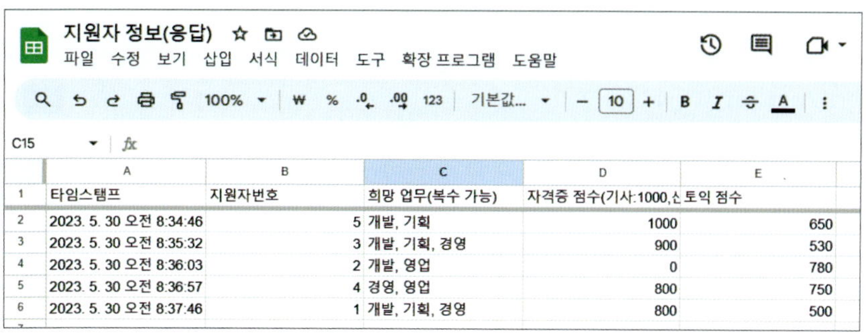

그림 12-11 설문 결과 스프레드시트

2 설문 결과 불러오기

먼저 설문 결과 데이터를 처리하는 데 필요한 라이브러리를 불러옵니다.

코드 12-1

```
import numpy as np
import pandas as pd
import matplotlib.pyplot as plt
```

[코드 12-2]는 설문 결과가 저장된 스프레드시트를 코랩에 불러옵니다. 앞에서 복사한 스프레드시트 URL을 08행의 작은 따옴표('') 안에 넣습니다. 구글 드라이브 사용자 인증을 하고 스프레드시트를 불러와서 df 데이터프레임으로 저장하면 됩니다. 주의할 점은 이 방법을 이용해서 읽은 데이터가 문자열 형식이라는 점입니다. 응답을 숫자로 입력했더라도 데이터가 문자열이므로 연산을 하기 위해서는 숫자 형식으로 변환해야 합니다.

코드 12-2

```
01 from google.colab import auth
02 auth.authenticate_user()
03 import gspread
04 from oauth2client.client import GoogleCredentials
05 from google.auth import default
06 creds, _ = default()
07 gc = gspread.authorize(creds)
08 url = '스프레드시트 URL'   # 복사한 스프레드시트 URL 붙이기
09 worksheet = gc.open_by_url(url).sheet1
10 rows = worksheet.get_all_values()
11 df = pd.DataFrame.from_records(rows[1:], columns=rows[0])
```

이 코드를 실행하면 사용자 인증 요청 창이 나타납니다. [허용] 버튼을 클릭합니다.

그림 12-12 사용자 인증 요청

내 구글 계정을 선택한 다음 코랩에서 구글 계정에 액세스할 수 있도록 [계속] 버튼을 클릭합니다.

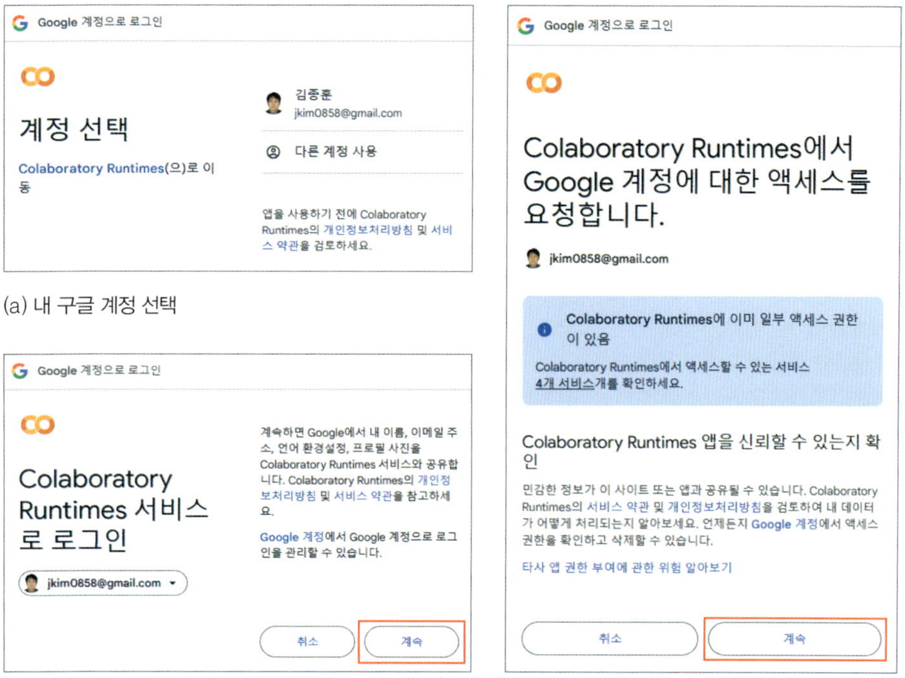

(a) 내 구글 계정 선택

(b) 구글 계정으로 코랩에 로그인

(c) 코랩이 구글 계정에 액세스하도록 허용

그림 12-13 구글 계정 액세스 허용

이제 구글 스프레드시트를 불러와서 df에 저장하는 절차가 진행됩니다. df를 출력해서 설문 결과를 제대로 읽어왔는지 확인합니다.

코드 12-3

```
display(df)
```

	타임스탬프	지원자번호	희망 업무(복수 가능)	자격증 점수(기사:1000, 산업기사:900, 기능사:800)	토익 점수
0	2023. 5. 30 오전 8:34:46	5	개발, 기획	1000	650
1	2023. 5. 30 오전 8:35:32	3	개발, 기획, 경영	900	530
2	2023. 5. 30 오전 8:36:03	2	개발, 영업	0	780
3	2023. 5. 30 오전 8:36:57	4	경영, 영업	800	750
4	2023. 5. 30 오전 8:37:46	1	개발, 기획, 경영	800	500

3 데이터 전처리하기

'자격증 점수(기사:1000,산업기사:900,기능사:800)' 열과 '희망 업무(복수 가능)' 열은 이름이 길어 활용하기 불편하므로 rename 함수를 이용해서 '자격증 점수'와 '희망 업무'로 변경합니다.

코드 12-4

```
df.rename(columns={'자격증 점수(기사:1000,산업기사:900,기능사:800)':'자격증 점수'},\
          inplace=True)
df.rename(columns={'희망 업무(복수 가능)':'희망 업무'}, inplace=True)
display(df)
```

	타임스탬프	지원자번호	희망 업무	자격증 점수	토익 점수
0	2023. 5. 30 오전 8:34:46	5	개발, 기획	1000	650
1	2023. 5. 30 오전 8:35:32	3	개발, 기획, 경영	900	530
2	2023. 5. 30 오전 8:36:03	2	개발, 영업	0	780
3	2023. 5. 30 오전 8:36:57	4	경영, 영업	800	750
4	2023. 5. 30 오전 8:37:46	1	개발, 기획, 경영	800	500

아직 df의 모든 데이터는 문자열이므로 연산할 수 있도록 astype 함수를 이용해서 '자격증 점수'와 '토익 점수' 열을 정수로 변환합니다.

코드 12-5

```
df['자격증 점수'] = df['자격증 점수'].astype(int)
df['토익 점수'] = df['토익 점수'].astype(int)
```

그리고 drop 함수를 이용해서 '타임스탬프' 열을 삭제합니다.

코드 12-6

```
df.drop(columns='타임스탬프', inplace=True)
display(df)
```

	지원자번호	희망 업무	자격증 점수	토익 점수
0	5	개발, 기획	1000	650
1	3	개발, 기획, 경영	900	530
2	2	개발, 영업	0	780
3	4	경영, 영업	800	750
4	1	개발, 기획, 경영	800	500

4 설문 데이터 분석하기

자격증 점수와 토익 점수의 합이 기준 이상이면 합격으로 판별하고자 합니다. 따라서 '**자격증 점수**' 열과 '**토익 점수**' 열의 합을 구한 다음 '**합계**' 열에 저장합니다.

코드 12-7

```
df['합계'] = df['자격증 점수'] + df['토익 점수']
display(df)
```

	지원자번호	희망 업무	자격증 점수	토익 점수	합계
0	5	개발, 기획	1000	650	1650
1	3	개발, 기획, 경영	900	530	1430
2	2	개발, 영업	0	780	780
3	4	경영, 영업	800	750	1550
4	1	개발, 기획, 경영	800	500	1300

'**합계**' 열의 값이 1500 이상이면 '**결과**' 열의 값으로 '**합격**'을 저장하고, 그렇지 않으면 '**불합격**'을 저장합니다.

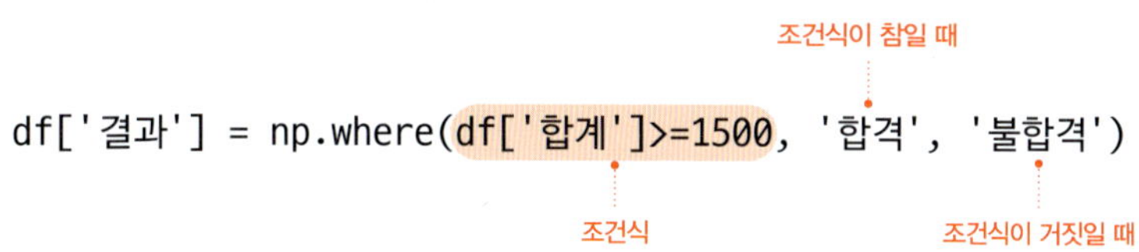

그림 12-14 '**결과**' 열의 값

코드 12-8

```
df['결과'] = np.where(df['합계']>=1500, '합격', '불합격')
display(df)
```

	지원자번호	희망 업무	자격증 점수	토익 점수	합계	결과
0	5	개발, 기획	1000	650	1650	합격
1	3	개발, 기획, 경영	900	530	1430	불합격
2	2	개발, 영업	0	780	780	불합격
3	4	경영, 영업	800	750	1550	합격
4	1	개발, 기획, 경영	800	500	1300	불합격

'결과' 열의 값이 '합격'인 데이터를 추출해 봅니다. display 함수로 출력만 했기 때문에 df 데이터프레임의 내용에는 영향이 없습니다.

코드 12-9

```
display(df[df['결과']=='합격'])
```

	지원자번호	희망 업무	자격증 점수	토익 점수	합계	결과
0	5	개발, 기획	1000	650	1650	합격
3	4	경영, 영업	800	750	1550	합격

df 데이터프레임을 'result.csv' 파일로 저장합니다. 인덱스 번호가 포함되지 않은 'result.csv' 파일이 세션 저장소에 생성됩니다.

코드 12-10

```
df.to_csv('result.csv', index=False)
```

df 출력 결과에서 희망 업무를 2개 이상 선택한 데이터를 확인해 보면 각 업무가 쉼표로 구분된 것을 알 수 있습니다. 이런 경우에 업무를 하나씩 분리하려면 **split 함수**를 사용합니다. 다음은 희망 업무가 s에 저장되어 있다고 가정할 때 split 함수를 이용해서 s를 ', '를 기준으로 나누어 각 업무로 분류하는 코드입니다.

```
s.split(', ')
```

만약 s에 '개발, 기획'이 저장되어 있었다면 s.split(', ')는 ['개발', '기획']을 반환합니다.

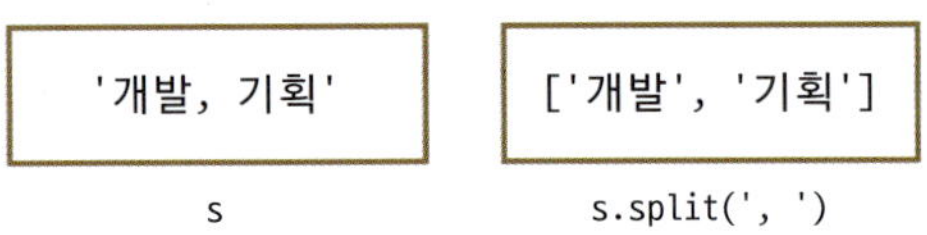

그림 12-15 split 함수

지원자들이 선택한 희망 업무의 빈도수를 구하겠습니다. 업무별 빈도수를 저장할 desired_work 딕셔너리를 생성합니다. 키는 업무이고 값은 빈도수입니다. 그리고 빈도수의 초깃값은 0입니다.

코드 12-11

```
desired_work = {'개발':0, '기획':0, '경영':0, '영업':0}
```

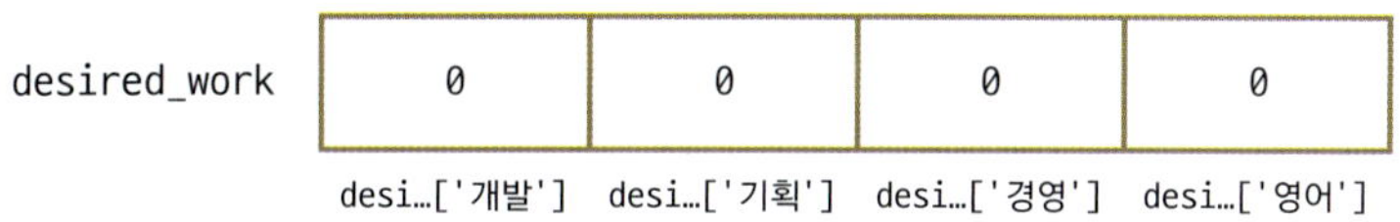

그림 12-16 desired_work 딕셔너리

df 데이터프레임의 '희망 업무' 열 데이터를 업무 하나씩 분리하고 빈도수를 구합니다.

코드 12-12

```
01 for s in df['희망 업무']:
02   for a in s.split(', '):
03     desired_work[a] += 1
```

01 for 문의 첫 번째 반복에서 df 데이터프레임 첫 번째 행의 희망 업무 열 데이터가 '개발, 기획'이면 s에 저장되고 02~03행을 실행합니다.

02 split 함수를 이용해서 s를 ', '로 나누면 ['개발', '기획']이 되어, for 문은 리스트 항목 수만큼 2번 반복합니다.

- 첫 번째 반복 a는 '개발'이므로 03행에서 desired_work[a], 즉 desired_work['개발']의 값을 1 증가시킵니다.

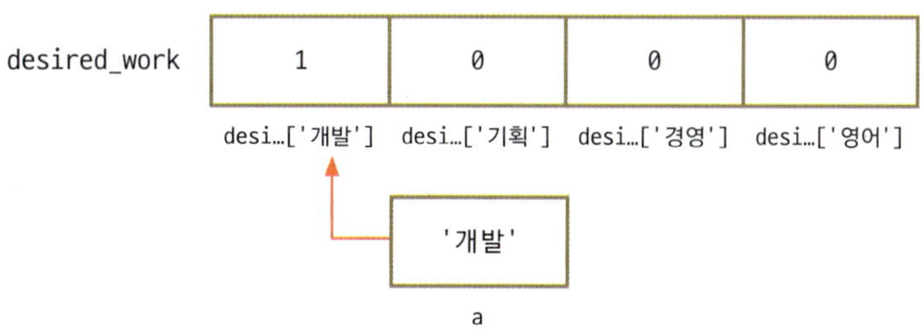

- 두 번째 반복 a는 '기획'이므로 03행에서 desired_work[a], 즉 desired_work['기획']의 값을 1 증가시킵니다. 안쪽 반복문이 종료되어 01행의 for 문으로 이동합니다. df 데이터프레임 두 번째 행의 희망 업무 열 데이터로 동일한 동작을 수행합니다. 이와 같은 동작을 df 데이터프레임의 모든 행에 대해 수행합니다.

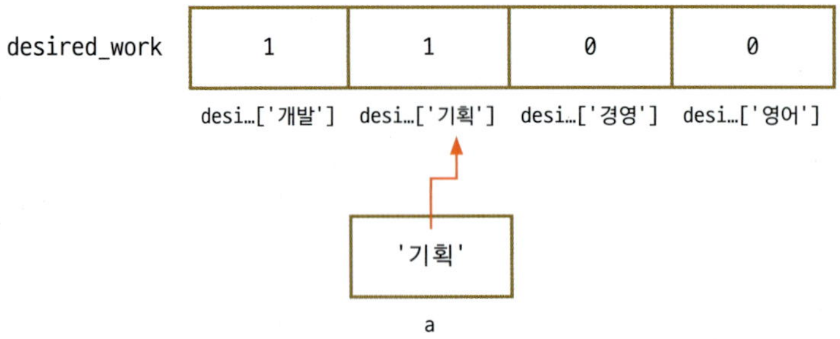

반복문이 종료되어 희망 업무 빈도수를 모두 구했으면 모든 업무의 빈도수를 출력합니다.

코드 12-13

```
for key, value in desired_work.items():
  print(key, value)
```

```
개발 4
기획 3
경영 3
영업 2
```

그래프에 한글을 표시하기 위해 한글 폰트를 설치합니다. [코드 12-14]는 희망 업무 빈도수를 막대 그래프로 나타냅니다.

코드 12-14

```
!sudo apt-get install -y fonts-nanum
!sudo fc-cache -fv
!rm -rf ~/.cache/matplotlib
path = '/usr/share/fonts/truetype/nanum/NanumGothicBold.ttf'
import matplotlib.font_manager as fm
font9 = fm.FontProperties(fname=path, size=9)
ind = np.arange(len(desired_work))
plt.figure(figsize=(5,3))
plt.bar(ind, desired_work.values())
plt.xticks(ind, desired_work.keys(), fontproperties=font9)
plt.show()
```

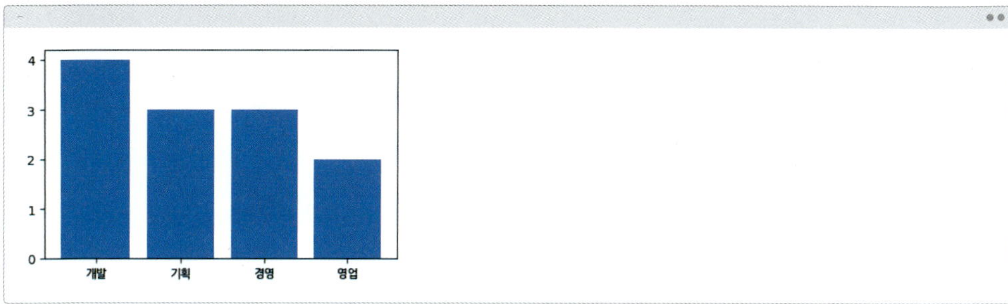

LAB 키와 몸무게를 수집하여 비만도 분석하기

키와 몸무게 설문 결과를 이용해서 비만도를 분석하는 프로그램을 작성해 보겠습니다. 이름, 키, 몸무게 3개의 질문으로 이루어진 '키&몸무게' 설문지를 만듭니다.

그림 12-17 '키&몸무게' 설문지

설문지 주소를 배포해서 설문을 진행한 후, 설문 결과 스프레드시트의 URL을 복사합니다. 설문 결과를 이용해서 비만도를 분석하는 전체 프로그램은 다음과 같습니다.

코드 12-15

```
!sudo apt-get install -y fonts-nanum
!sudo fc-cache -fv
```

```
!rm -rf ~/.cache/matplotlib
path = '/usr/share/fonts/truetype/nanum/NanumGothicBold.ttf'
import matplotlib.font_manager as fm
font9 = fm.FontProperties(fname=path, size=9)
font11 = fm.FontProperties(fname=path, size=11)
import numpy as np
import pandas as pd
import matplotlib.pyplot as plt

from google.colab import auth
auth.authenticate_user()
import gspread
from oauth2client.client import GoogleCredentials
from google.auth import default
creds, _ = default()
gc = gspread.authorize(creds)
url = '스프레드시트 URL'   # 복사한 스프레드시트 URL 붙이기
worksheet = gc.open_by_url(url).sheet1
rows = worksheet.get_all_values()
df = pd.DataFrame.from_records(rows[1:], columns=rows[0])

display(df)
df['키'] = df['키'].astype(int)
df['몸무게'] = df['몸무게'].astype(int)

plt.figure(figsize=(5,3))
plt.scatter(df['키'], df['몸무게'])
for _, row in df.iterrows():
    plt.annotate(row['이름'], xy=(row['키'],row['몸무게']), xytext=(5,-10), \
    textcoords='offset points', fontproperties=font9)
plt.xlim(163,178)
plt.ylim(43,95)
plt.xlabel('키', fontproperties=font11)
plt.ylabel('몸무게', fontproperties=font11)
plt.show()
df['체질량지수'] = df['몸무게'] / ((df['키']/100.0)*(df['키']/100.0))

df['판정'] = np.where(df['체질량지수']<18.5, '저체중',
                 np.where(df['체질량지수']<23, '정상',
```

```
42                   np.where(df['체질량지수']<25, '과체중',
43                      np.where(df['체질량지수']<30, '1단계비만',
44                         np.where(df['체질량지수']<35, '2단계비만', '고도비만')))))
45
46  display(df)
47  result = {'저체중':0,'정상':0,'과체중':0,'1단계비만':0,'2단계비만':0,'고도비만':0}
48
49  for x in df['판정']:
50    result[x] = result[x] + 1
51
52  plt.figure(figsize=(5,3))
53  ind = np.arange(len(result))
54  plt.bar(ind, result.values(), width=0.7)
55  plt.xticks(ind, result.keys(), fontproperties=font9)
56  plt.show()
```

	타임스탬프	이름	키	몸무게
0	2023. 6. 7 오후 1:19:59	홍길동	175	70
1	2023. 6. 7 오후 1:20:17	강영희	167	50
2	2023. 6. 7 오후 1:20:35	이철수	167	80
3	2023. 6. 7 오후 1:20:52	박희망	175	85
4	2023. 6. 7 오후 1:21:08	김순이	165	59

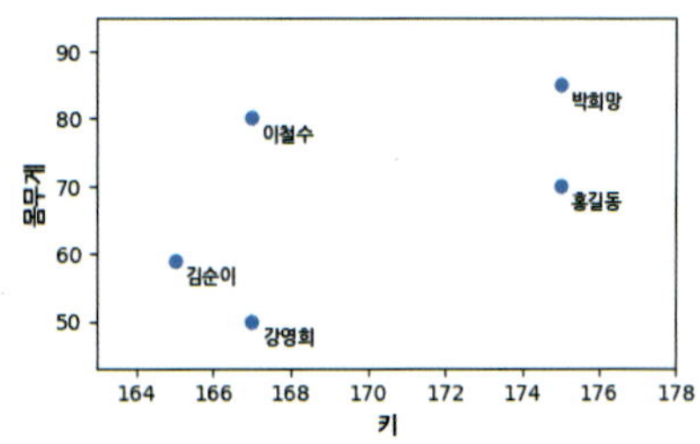

	타임스탬프	이름	키	몸무게	체질량지수	판정
0	2023. 6. 7 오후 1:19:59	홍길동	175	70	22.857143	정상
1	2023. 6. 7 오후 1:20:17	강영희	167	50	17.928215	저체중
2	2023. 6. 7 오후 1:20:35	이철수	167	80	28.685145	1단계비만
3	2023. 6. 7 오후 1:20:52	박희망	175	85	27.755102	1단계비만
4	2023. 6. 7 오후 1:21:08	김순이	165	59	21.671258	정상

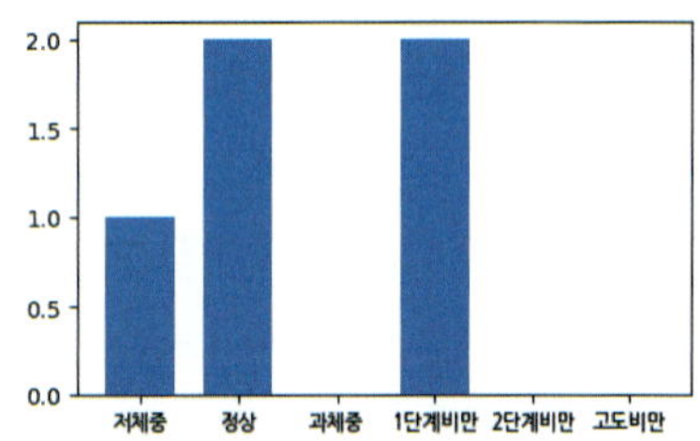

동작 과정

1 01~03행에서 한글 폰트를 설치하고, 04~07행에서 폰트 속성 정보를 담고 있는 `font9`와 `font11`을 생성합니다.

2 12~22행에서 설문 결과를 저장한 스프레드시트를 불러옵니다. 단, 19행의 작은 따옴표('') 안에 앞에서 복사한 스프레드시트 URL을 넣어야 합니다. 24행에서 제대로 읽어왔는지 `df`를 확인합니다.

3 12~22행에서 읽어온 df의 모든 데이터는 문자열이므로 연산이 가능하도록 25~26행에서 astype 함수를 이용해서 '키'와 '몸무게' 열을 정수로 변환합니다.

4 28~36행에서 x축은 **키** 열이고 y축은 **몸무게** 열인 산점도를 그립니다.

5 29~32행에서 각 점에 이름을 표시합니다. (row['키'],row['몸무게']) 좌표로부터 (5,-10) 포인트만큼 떨어진 위치에 row['이름']을 주석으로 표시합니다.

```
plt.annotate(row['이름'], xy=(row['키'],row['몸무게']),
xytext=(5,-10), …)
```

떨어진 정도 (xytext=(5,-10)) / 주석 (row['이름']) / 기준 좌표 (xy=(row['키'],row['몸무게']))

6 38행에서 키와 몸무게를 이용해서 체질량지수(BMI, Body Mass Index)를 구하는 다음 공식을 이용해서 체질량지수를 구해 **체질량지수** 열에 저장합니다. 몸무게 단위는 kg이고 키 단위는 m입니다.

$$\text{체질량지수} = \frac{\text{몸무게}}{\text{키} \times \text{키}}$$

7 40~44행에서 체질량지수를 이용해서 비만도 판정 결과를 구하고 **판정** 열에 저장합니다.

체질량지수	판정
~ 18.5 미만	저체중
18.5 이상 ~ 23 미만	정상
23 이상 ~ 25 미만	과체중
25 이상 ~ 30 미만	1단계비만
30 이상 ~ 35 미만	2단계비만
35 이상	고도비만

체질량지수 열의 값이 18.5 미만이면 '**저체중**'을, 그렇지 않고 23 미만이면 '**정상**'을, 그렇지 않고 25 미만이면 '**과체중**'을, 그렇지 않고 30 미만이면 '**1단계비만**'을, 그렇지 않고 35 미만이면 '**2단계비만**'을, 그렇지 않으면 '**고도비만**'을 **판정** 열의 값으로 부여합니다.

```
df['판정'] = np.where(df['체질량지수']<18.5, '저체중',
             np.where(df['체질량지수']<23, '정상',
             ⋮
             np.where(df['체질량지수']<35, '2단계비만', '고도비만')))))
```

조건식1 (df['체질량지수']<18.5) / 조건식1이 참이면 선택될 값 ('저체중')

조건식2 (df['체질량지수']<23) / 조건식1이 거짓이고 조건식2가 참이면 선택될 값 ('정상')

조건식5 (df['체질량지수']<35) / 조건식1~4가 거짓이고 조건식5가 참이면 선택될 값 ('2단계비만') / 모든 조건식이 거짓이면 선택될 값 ('고도비만')

8 47행에서 판정의 빈도수를 저장할 `result` 딕셔너리를 생성합니다. 키는 판정이고 값은 판정의 빈도수입니다. 빈도수 초깃값은 `0`입니다.

result	0	0	0	0	0	0
	result['저체중']	result['정상']	result['과체중']	result['1단계비만']	result['2단계비만']	result['고도비만']

9 49~50행에서 판정의 빈도수를 구합니다. **판정** 열의 첫 번째 값이 **'정상'**이라면 `result[x]`, 즉 `result['정상']`의 값을 1 증가시키고, **판정** 열의 두 번째 값이 **'저체중'**이라면 `result['저체중']`의 값을 1 증가시키는 식입니다. 이런 동작을 **판정** 열의 모든 값에 대해 반복합니다.

10 52~56행에서 판정의 빈도수를 막대 그래프로 나타냅니다. 54행에서 `ind` 위치에 `result.values()`, 즉 판정의 빈도수를 막대 그래프로 나타냅니다. 55행에서 `xticks` 함수를 이용해서 x축 눈금의 위치를 `ind`로 설정하고 눈금의 이름을 `result.keys()`, 즉 판정으로 변경합니다. 그리고 `fontproperties=font9` 옵션을 추가하여 한글이 출력되도록 설정합니다.

```
plt.xticks( ind, result.keys() )
```

눈금의 위치 / 눈금의 이름

12.2 지도 시각화

1 지도 시각화와 폴리움

지도 시각화는 데이터의 위치적 패턴과 추세를 파악할 때 유용합니다. 서울의 고궁 위치를 지도에 표시하거나 제주의 관광지 방문 횟수를 지도에 표시할 수 있습니다.

(a) 서울의 고궁 위치 지도　　(b) 제주의 관광지 방문 횟수 지도

그림 12-18 지도 시각화 사례

파이썬 지도 시각화의 대표적인 라이브러리는 폴리움folium 인데, 구글 코랩에는 폴리움이 기본으로 설치되어 있습니다. 코랩에서 폴리움을 이용해 지도 시각화 프로그램을 작성해 보겠습니다.

2 지도 그리기

지도는 폴리움 라이브러리의 `Map` **함수**로 그릴 수 있습니다. `Map` 함수의 사용 형식은 다음과 같고 `location` 매개변수에 입력한 위도와 경도 좌표를 중심으로 하는 지도가 그려집니다. 그리고 옵션을 이용해서 지도 크기, 지도 종류, 확대 정도 등을 설정할 수 있습니다.

| Syntax |　Map() 함수

```
import folium
folium.Map(location=[위도, 경도], [옵션])
```

위도와 경도 좌표를 중심으로 한 지도를 그린다.

코랩에서 서울특별시 지도를 나타내겠습니다. 서울특별시 중구의 서울시청에 해당하는 위도 37.566679와 경도 126.978291을 location 값으로 지정합니다.

```
import folium
m = folium.Map(location=[37.566679, 126.978291])
m
```

Map 함수의 반환값을 m에 저장하고 코드를 실행하면 화면에 지도 m이 출력됩니다. 생성한 지도를 HTML 파일 형식으로 저장할 수 있는데, **save 함수**를 이용하면 됩니다.

| Syntax | **save() 함수**

```
지도.save(파일이름)
```

지도를 '파일이름'으로 저장한다.

생성한 지도를 seoul.html 파일로 저장하는 코드는 다음과 같습니다.

```
m.save('seoul.html')
```

여기까지 코드와 실행결과는 다음과 같습니다.

코드 12-16

```
import folium

m = folium.Map(location=[37.566679, 126.978291])
m.save('seoul.html')
m
```

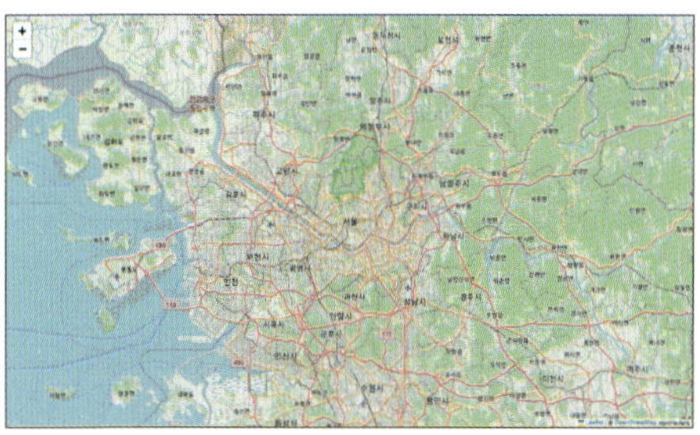

지도 꾸미기

지도를 꾸밀 때 자주 사용하는 내용을 살펴보겠습니다. 책에서 소개하는 매개변수 외에도 다양한 옵션을 사용해서 지도를 꾸밀 수 있습니다.

❶ **지도 확대:** Map 함수의 zoom_start 매개변수를 이용하면 지도를 확대하거나 축소할 수 있습니다. 기본값은 10인데 zoom_start 값이 클수록 더 많이 확대되며 최대 18까지 설정할 수 있습니다.

```
folium.Map(location=[위도, 경도], zoom_start=확대하는 정도)
```

다음은 zoom_start 값을 13으로 설정한 코드와 실행결과입니다. [코드 12-16]의 지도에 비해 확대된 것을 확인할 수 있습니다.

코드 12-17

```
import folium

m = folium.Map(location=[37.566679, 126.978291], zoom_start=13)
m
```

❷ **지도 크기 설정:** Map 함수의 width와 height 매개변수를 이용해서 지도의 너비와 높이를 설정할 수 있습니다. 너비와 높이의 단위는 픽셀입니다.

```
folium.Map(location=[위도, 경도], width=너비, height=높이)
```

❸ **배경 설정:** Map 함수의 tiles 매개변수를 이용해서 지도의 배경 스타일을 설정할 수 있습니다. 기본값은 OpenStreetMap입니다.

```
folium.Map(location=[위도, 경도], tiles=배경스타일)
```

[표 12-1]은 tiles 매개변수에 설정할 수 있는 대표적인 값입니다.

표 12-1 tiles 매개변수 값과 지도 배경 스타일

tiles 값	지도 배경 스타일	설명
OpenStreetMap	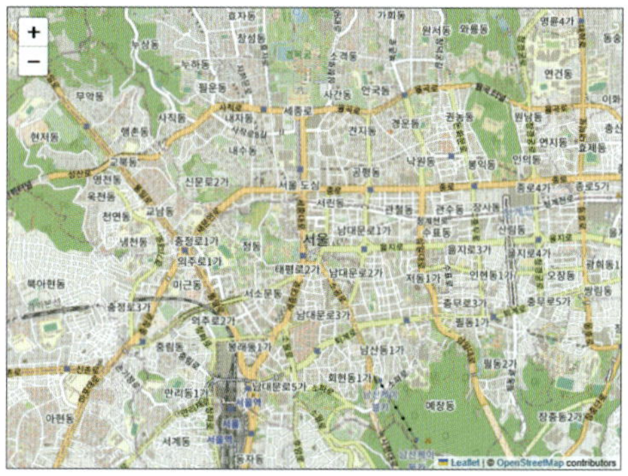	기본값
cartodb positron	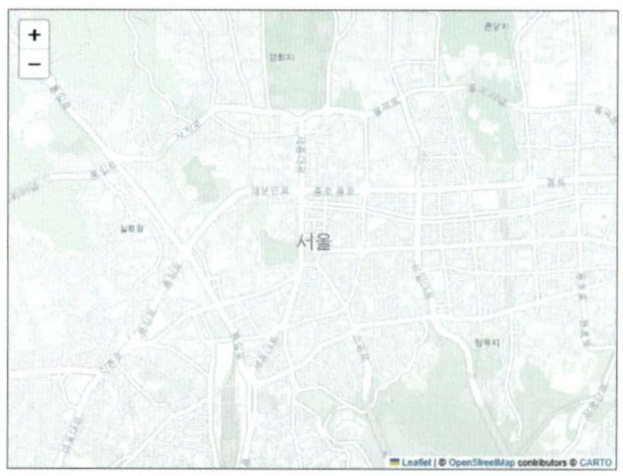	밝은 색상과 단순한 스타일의 지도
CartoDB dark_matter		어두운 배경의 지도

다음은 서울특별시 지도에 몇 가지 옵션을 추가한 코드입니다.

코드 12-18

```
01 import folium
02
03 m = folium.Map(location=[37.566679, 126.978291],
04               zoom_start=14,
05               width=640,
06               height=480,
07               tiles='cartodb positron'
08              )
09 m
```

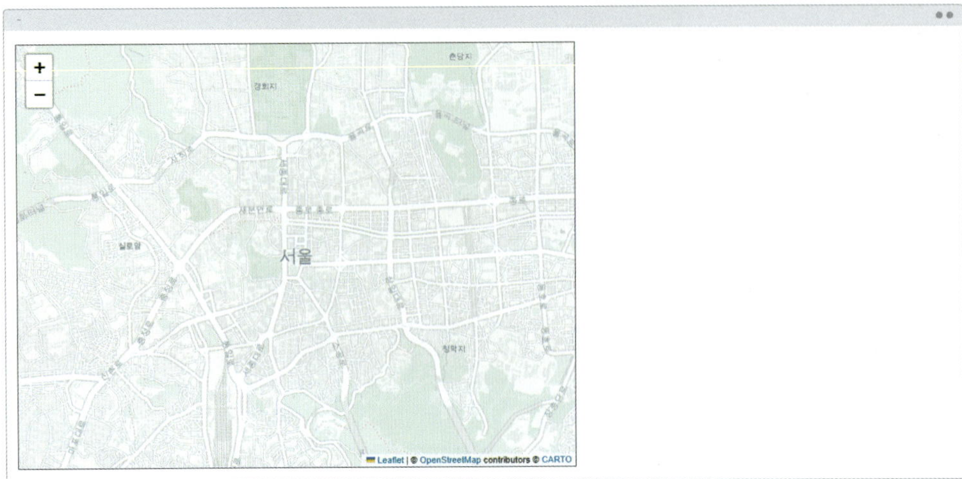

01 folium 라이브러리를 불러옵니다.

03~08 위도 37.566679, 경도 126.978291 좌표를 중심으로 한 지도를 만듭니다. 이 지도는 확대 정도가 14이고 너비가 640, 높이가 480 픽셀입니다. 그리고 지도의 배경 스타일은 cartodb positron입니다.

3 마커 표시하기

지도 마커marker는 지도에 위치를 표시하는 데 사용하는 시각적 요소이며 폴리움 라이브러리의 Marker 함수로 생성할 수 있습니다. Marker 함수의 사용 형식은 다음과 같고 location 항목에 지정한 위도와 경도 좌표에 마커가 표시됩니다. 옵션을 이용해서 툴팁, 팝업, 마커 모양 및 색상 등을 설정할 수 있습니다.

| Syntax | **Marker() 함수**

```
import folium
folium.Marker(location=[위도, 경도], [옵션])
```

위도와 경도 좌표에 마커를 생성한다.

`Marker` 함수를 이용해서 마커를 생성했으면 마커를 지도에 추가해야 지도에 나타납니다. 이때 **`add_to` 함수**를 사용하면 됩니다.

| Syntax | **add_to() 함수**

```
마커.add_to(지도)
```

지도에 마커를 추가한다.

다음은 경복궁 좌표인 위도 37.579754, 경도 126.976681에 생성한 마커를 지도 m에 추가한 코드와 실행 결과입니다. 실행 결과에서 경복궁 위치에 마커가 생성됩니다.

코드 12-19

```python
import folium

m = folium.Map(location=[37.566679, 126.978291],
               zoom_start=13,
               width=640,
               height=480
              )

folium.Marker(location=[37.579754,126.976681]).add_to(m)
m
```

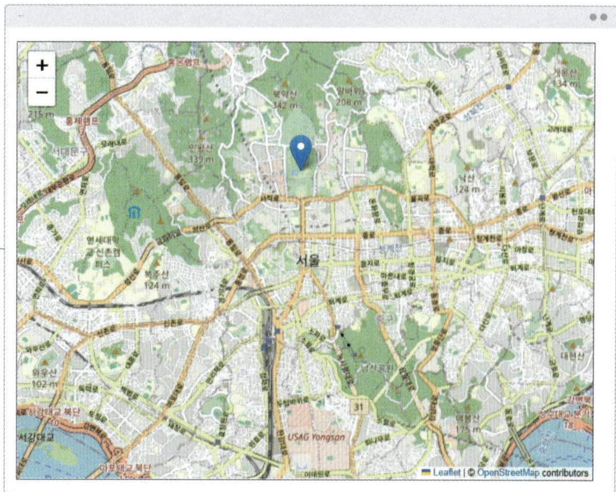

03~07 위도 37.566679, 경도 126.978291 좌표를 중심으로 한 지도를 만듭니다.

09 위도 37.579754, 경도 126.976681 좌표에 마커를 생성해서 지도 m에 추가합니다.

10 지도 m을 출력합니다.

툴팁과 팝업

툴팁tooltip은 마커에 마우스를 가져가면 추가적인 정보가 나타나게 하는 효과입니다. Marker 함수의 tooltip 매개변수를 이용하면 툴팁을 설정할 수 있습니다. 그리고 팝업popup은 마커를 클릭하면 추가적인 정보가 나타나게 하는 효과입니다. Marker 함수의 popup 매개변수를 이용하면 팝업을 설정할 수 있습니다.

```
folium.Marker(location=[위도, 경도], tooltip='정보')
folium.Marker(location=[위도, 경도], popup='정보')
```

다음은 툴팁과 팝업을 설정한 코드입니다. 실행 결과는 [그림 12-19]와 같은데, 마커에 마우스를 가져가면 **'경복궁'**이 적힌 툴팁이 열리고, 마커를 클릭하면 **'연락처:02-3700-3900'**이 적힌 팝업이 열립니다.

코드 12-20

```
01 import folium
02
03 m = folium.Map(location=[37.566679, 126.978291],
04                zoom_start=13,
05                width=640,
06                height=480
07               )
08
09 folium.Marker(location=[37.579754, 126.976681],
10                tooltip='경복궁',
11                popup='연락처:02-3700-3900'
12               ).add_to(m)
13
14 m
```

03~07 위도 37.566679, 경도 126.978291 좌표를 중심으로 한 지도를 만듭니다.

09~12 위도 37.579754, 경도 126.976681 좌표에 마커를 생성해서 지도 m에 추가합니다. 10행은 툴팁을 설정하고, 11행은 팝업을 설정합니다.

(a) 툴팁 (b) 팝업

그림 12-19 툴팁과 팝업

마커 색상과 모양

Marker 함수의 icon 매개변수를 이용하면 마커의 색상과 모양을 설정할 수 있습니다.

```
folium.Marker(location=[위도, 경도], icon=folium.Icon(color=색상, icon=모양))
```

[표 12-2]는 마커 모양을 설정하는 매개변수 icon의 대표적인 값입니다. icon의 기본값은 info-sign입니다.

표 12-2 icon 매개변수 값과 마커 모양

icon 값	마커 모양	설명
info-sign		정보 표지판 모양
cloud		구름 모양
star		별 모양
heart		하트 모양
home		집 모양

[코드 12-21]은 마커 색상을 'red'로 설정하고 모양을 'home'으로 설정합니다.

코드 12-21

```
01 import folium
02
03 m = folium.Map(location=[37.566679, 126.978291],
04                zoom_start=13,
05                width=640,
06                height=480
07               )
08
09 folium.Marker(location=[37.579754, 126.976681],
10               icon=folium.Icon(color='red', icon='home')
11              ).add_to(m)
12
13 m
```

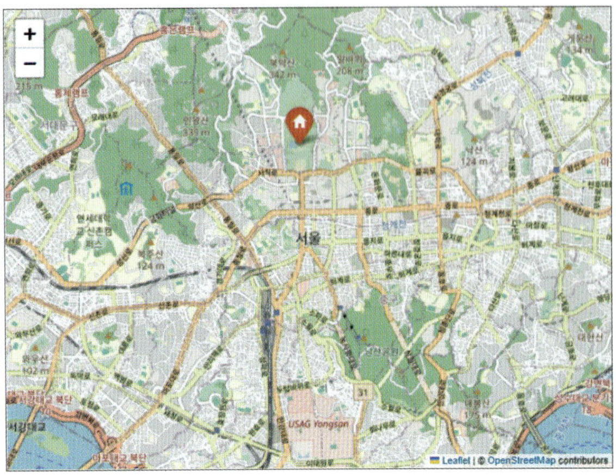

03~07 위도 37.566679, 경도 126.978291 좌표를 중심으로 한 지도를 만듭니다.

09~11 위도 37.579754, 경도 126.976681 좌표에 마커를 생성하고 지도 m에 추가합니다. 10행에서 마커 색상과 모양을 설정합니다.

마커 여러 개 추가하기

마커를 여러 개 추가해야 하는 경우 데이터프레임을 활용하는 것이 바람직합니다. 서울의 대표적인 고궁의 위치에 마커를 추가하는 예를 통해서 데이터프레임을 활용하는 방법을 살펴보겠습니다. 마커로 나타낼 각 고궁의 이름, 위도, 경도는 다음과 같습니다.

표 12-3 고궁의 위도와 경도

고궁의 이름	위도	경도
경복궁	37.579754	126.976681
덕수궁	37.566167	126.97517
창경궁	37.580246	126.994833
창덕궁	37.582387	126.991701

고궁의 위치 정보를 데이터프레임으로 나타내고 출력하는 코드는 다음과 같습니다.

```
import pandas as pd

df = pd.DataFrame({'이름':['경복궁', '덕수궁', '창경궁', '창덕궁'],
                   '위도':[37.579754, 37.566167, 37.580246, 37.582387],
                   '경도':[126.976681, 126.97517, 126.994833, 126.991701]})
display(df)
```

	이름	위도	경도
0	경복궁	37.579754	126.976681
1	덕수궁	37.566167	126.975170
2	창경궁	37.580246	126.994833
3	창덕궁	37.582387	126.991701

그림 12-20 고궁의 위치 정보 데이터프레임 df

고궁을 나타낼 지도를 생성합니다. 지도의 중심은 서울시청의 좌표인 위도 37.566679, 경도 126.978291로 합니다.

```
m = folium.Map(location=[37.566679, 126.978291],
               zoom_start=13,
               width=640,
               height=480,
               tiles='Stamen Terrain'
              )
```

iterrows 함수로 데이터프레임을 순회하며 각 행의 이름, 위도, 경도를 이용해서 마커를 추가합니다.

```
for _, row in df.iterrows():
  folium.Marker([row['위도'], row['경도']], tooltip=row['이름']).add_to(m)
```

for 문은 df 데이터프레임의 크기만큼 4번 반복합니다. **첫 번째 반복**에서 row에 첫 번째 행의 데이터가 저장됩니다. 따라서 첫 번째 반복에서는 경복궁 위치에 마커가 추가됩니다.

row	'경복궁'	37.579754	126.976681
	row['이름']	row['위도']	row['경도']

```
folium.Marker([row['위도'], row['경도']], tooltip=row['이름']).add_to(m)
↓
folium.Marker([37.579754, 126.976681], tooltip='경복궁').add_to(m)
```

마커 위도 / 마커 경도 / 툴팁 설정

두 번째 반복에서 row에는 두 번째 행의 데이터가 저장됩니다. 따라서 두 번째 반복에서는 덕수궁 위치에 마커가 추가됩니다. df 데이터프레임의 모든 행에 대해 이와 같은 동작을 반복합니다. 전체 코드와 실행 결과는 [코드 12-22]와 같습니다.

코드 12-22

```
import pandas as pd
import folium

df = pd.DataFrame({'이름':['경복궁', '덕수궁', '창경궁', '창덕궁'],
                   '위도':[37.579754, 37.566167, 37.580246, 37.582387],
                   '경도':[126.976681, 126.97517, 126.994833, 126.991701]})

m = folium.Map(location=[37.566679, 126.978291],
               zoom_start=13,
               width=640,
               height=480)

for _, row in df.iterrows():
  folium.Marker([row['위도'], row['경도']], tooltip=row['이름']).add_to(m)
m
```

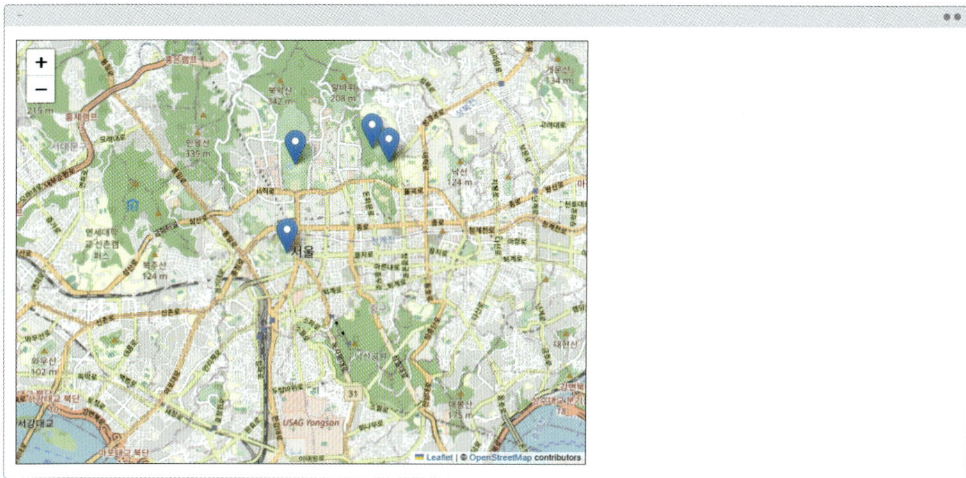

04~06 고궁의 이름, 위도, 경도로 이루어진 df 데이터프레임을 생성합니다.

08~11 위도 37.566679, 경도 126.978291 좌표를 중심으로 한 지도를 만듭니다.

13~14 df 데이터프레임을 순회하며 각 행의 이름, 위도, 경도를 이용해서 생성한 마커를 지도 m에 추가합니다.

4 지오코딩 이용하기

지오코딩geocoding이란 주소나 지명과 같은 정보를 이용해서 위도, 경도 정보를 얻는 것입니다. 지오코딩에 사용하는 대표적인 라이브러리는 지오파이geopy이고, 구글 코랩에 지오파이가 기본으로 설치되어 있습니다. geopy 라이브러리에 속하는 geocoders 모듈의 Nominatim 클래스를 불러오면 간편하게 지오코딩을 수행할 수 있습니다.

```
from geopy.geocoders import Nominatim
```

Nominatim 클래스를 이용해서 객체를 생성합니다. user_agent는 Nominatim을 사용하는 애플리케이션을 식별할 문자열을 설정합니다. user_agent 값에는 일반적으로 사용자의 이름이나 회사 이름, 응용 프로그램의 이름과 버전 번호 등이 포함됩니다.

```
geolocator = Nominatim(user_agent='Jeju v1.0')
```

지오코딩에 Nominatim 클래스의 geocode 함수를 이용합니다. 이 함수는 주소 또는 지명을 매개변수로 위도, 경도, 주소 등의 정보를 반환합니다.

| Syntax | **geocode() 함수**

```
Nominatim객체.geocode(주소 또는 지명)
```

주소 또는 지명의 위도, 경도, 주소 등의 정보를 반환한다.

TIP 라이브러리의 특정 함수를 사용하는 방식을 살펴보겠습니다. 넘파이의 arange와 where 함수를 [표 12-4]와 같이 사용할 수 있습니다.

표 12-4 라이브러리의 함수 사용

코드	설명
import numpy numpy.arange() numpy.where()	라이브러리에 속한 arange 함수와 where 함수를 이용하려면 앞에 라이브러리 이름 numpy.를 붙여야 합니다.
import numpy as np np.arange() np.where()	라이브러리를 별칭 np로 불러왔으므로 arange 함수와 where 함수를 이용하려면 앞에 np를 붙여야 합니다.
from numpy import * arange() where()	numpy의 모든 함수를 불러왔으므로 함수 이름만 적고 이용할 수 있습니다. 다만 여러 라이브러리를 이 방식으로 불러왔다면 함수 이름이 충돌할 수 있으므로 주의해야 합니다.
from numpy import arange arange()	numpy의 arange 함수를 불러왔으므로 arange 함수 이름만 적으면 됩니다. 그러나 numpy에 있는 다른 함수는 불러오지 않았기 때문에 where 함수는 사용할 수 없습니다.

geocode 함수를 이용해서 '경복궁'이라는 지명을 지오코딩하는 코드는 다음과 같습니다. 경복궁의 위도, 경도, 주소 등의 정보가 반환되어 loc에 저장됩니다.

```
loc = geolocator.geocode('경복궁')
```

반환된 정보는 다음과 같습니다. 각 정보에 접근하는 방법은 loc. 뒤에 정보 이름을 적으면 되는데, 예를 들어 위도는 loc.latitude로 얻을 수 있습니다.

표 12-5 geocode 함수의 반환값

반환된 정보	내용
latitude	위도
longitude	경도
address	주소

[코드 12-23]은 지오코딩을 이용해서 경복궁의 위도, 경도, 주소 정보를 얻고 출력합니다.

코드 12-23

```
01  from geopy.geocoders import Nominatim
02  geolocator = Nominatim(user_agent='Jeju v1.0')
03
04  loc = geolocator.geocode('경복궁')
05  print(loc.latitude)
06  print(loc.longitude)
07  print(loc.address)
```

```
37.57975395
126.97668091517912
경복궁, 율곡로1길, 사간동, 삼청동, 종로구, 서울, 03142, 대한민국
```

01 geopy.geocoders 모듈의 Nominatim을 불러옵니다.

02 Nominatim 클래스를 이용해서 geolocator 객체를 생성합니다.

04 '경복궁'을 지오코딩하여 얻은 정보를 loc에 저장합니다.

05 경복궁의 위도를 출력합니다.

06 경복궁의 경도를 출력합니다.

07 경복궁의 주소를 출력합니다.

지오코딩을 이용해서 지도 만들기

지오코딩을 이용하면 지도 만들기가 수월합니다. geopy 라이브러리 geocoders 모듈의 Nominatim을 이용해서 geolocator 객체를 생성합니다.

```
from geopy.geocoders import Nominatim
geolocator = Nominatim(user_agent='Jeju v1.0')
```

'서울특별시'를 지오코딩해서 얻은 위도와 경도를 center에 저장하고, '경복궁'을 지오코딩해서 얻은 위도와 경도를 loc에 저장합니다.

```
center = geolocator.geocode('서울특별시')
name = '경복궁'
loc = geolocator.geocode(name)
```

서울특별시의 위도와 경도를 중심으로 지도 m을 만듭니다. 경복궁의 위도와 경도 좌표에는 마커를 생성해서 지도 m에 추가합니다.

```
import folium

m = folium.Map(location=[center.latitude, center.longitude])
folium.Marker([loc.latitude, loc.longitude], tooltip=name).add_to(m)
```

전체 코드와 실행 결과는 [코드 12-24]와 같습니다.

코드 12-24

```
from geopy.geocoders import Nominatim
import folium

geolocator = Nominatim(user_agent='Jeju v1.0')
center = geolocator.geocode('서울특별시')
name = '경복궁'
loc = geolocator.geocode(name)

m = folium.Map(location=[center.latitude, center.longitude],
               zoom_start=12,
               width=640,
               height=480
)

folium.Marker([loc.latitude, loc.longitude], tooltip=name).add_to(m)

m
```

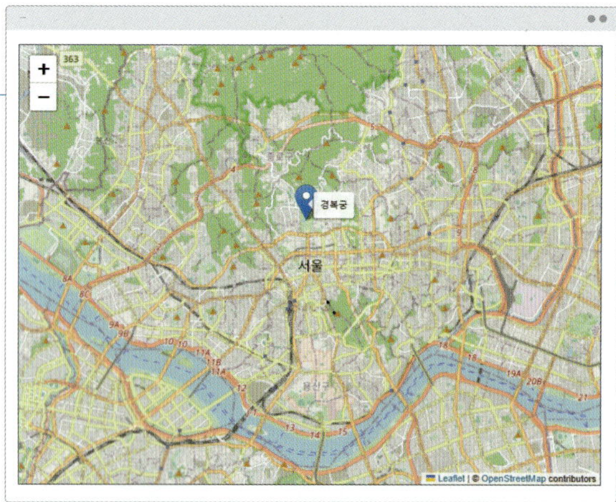

[코드 12-24]의 지오코딩을 응용해서 서울 지도 위에 고궁 4곳의 위치를 마커로 나타내 보겠습니다. 여러 지점의 데이터를 데이터프레임으로 다룰 수 있도록 pandas 라이브러리를 불러옵니다. 지도에 마커를 표시할 folium 라이브러리와 지오코딩에 필요한 Nominatim 클래스도 함께 불러옵니다.

```
import pandas as pd
import folium
from geopy.geocoders import Nominatim
```

Nominatim 클래스를 이용해서 geolocator 객체를 생성하고, '서울특별시'를 지오코딩하여 얻은 위도와 경도를 center에 저장합니다.

```
geolocator = Nominatim(user_agent='Jeju v1.0')
center = geolocator.geocode('서울특별시')
```

지오코딩을 이용해서 고궁의 이름, 위도, 경도로 이루어진 데이터프레임을 만들겠습니다. 빈 df 데이터프레임을 생성한 후에 고궁 이름을 값으로 하는 '이름' 열을 추가합니다.

```
df = pd.DataFrame()
df['이름'] = ['경복궁', '덕수궁', '창경궁', '창덕궁']
```

df 데이터프레임

	이름
0	'경복궁'
1	'덕수궁'
2	'창경궁'
3	'창덕궁'

그림 12-21 df 생성과 이름 열 추가

지오코딩해서 얻은 고궁의 위도와 경도를 저장할 빈 리스트 lat와 lng를 생성합니다.

```
lat = []
lng = []
```

iterrows 함수로 df 데이터프레임을 순회하며 각 행의 이름을 지오코딩하고 위도와 경도를 lat와 lng에 추가합니다. for 문은 df 데이터프레임의 크기만큼 4번 반복합니다.

```
for _, row in df.iterrows():
    loc = geolocator.geocode(row['이름'])
    lat.append(loc.latitude)
    lng.append(loc.longitude)
```

첫 번째 반복 row에 df 데이터프레임 첫 번째 행의 데이터를 시리즈로 저장합니다.

row | '경복궁' |

row['이름']

row['이름'], 즉 '**경복궁**'을 지오코딩해서 위도와 경도를 loc에 저장하고, 경복궁의 위도인 loc.latitude를 lat에 추가합니다. 그리고 경복궁의 경도인 loc.longitude를 lng에 추가합니다.

두 번째 반복 row에 df 데이터프레임 두 번째 행의 데이터를 저장합니다.

row | '덕수궁' |

row['이름']

row['이름'], 즉 '**덕수궁**'을 지오코딩해서 위도와 경도를 loc에 저장하고, 덕수궁의 위도인 loc.latitude를 lat에 추가합니다. 그리고 덕수궁의 경도인 loc.longitude를 lng에 추가합니다.

df 데이터프레임의 모든 행에 대해 이와 같은 동작을 반복합니다. 결국 lat에는 각 고궁의 위도가 저장되고 lng에는 각 고궁의 경도가 저장됩니다.

df 데이터프레임에 '**위도**' 열을 생성하여 각 고궁의 위도인 lat를 저장합니다. 그리고 '**경도**' 열을 생성하여 각 고궁의 경도인 lng를 '**경도**' 열에 저장합니다. 이렇게 고궁 4개의 이름, 위도, 경도를 저장한 df 데이터프레임이 완성됩니다.

```
df['위도'] = lat
df['경도'] = lng
```

df 데이터프레임

	이름	위도	경도
0	'경복궁'	37.579754	126.976681
1	'덕수궁'	37.566167	126.975170
2	'창경궁'	37.580246	126.994833
3	'창덕궁'	37.582387	126.991701

그림 12-22 완성된 df 데이터프레임

고궁 4개의 위도와 경도가 준비되었으므로 본격적으로 지도를 만들어봅시다. 지오코딩하여 얻은 서울특별시의 위도와 경도를 중심으로 하는 지도를 만듭니다.

```
m = folium.Map(location=[center.latitude, center.longitude])
```

그리고 iterrows 함수로 데이터프레임을 순회하며 각 행의 이름, 위도, 경도를 이용해서 마커를 추가하면 고궁의 위치를 표시한 지도가 완성됩니다.

```
for _, row in df.iterrows():
  folium.Marker([row['위도'], row['경도']], tooltip=row['이름']).add_to(m)
```

전체 코드와 실행 결과는 [코드 12-25]와 같습니다.

코드 12-25

```
import pandas as pd
import folium
from geopy.geocoders import Nominatim

geolocator = Nominatim(user_agent='Jeju v1.0')
center = geolocator.geocode('서울특별시')

df = pd.DataFrame()
df['이름'] = ['경복궁', '덕수궁', '창경궁', '창덕궁']

lat = []
lng = []
```

```python
13 for _, row in df.iterrows():
14   loc = geolocator.geocode(row['이름'])
15   lat.append(loc.latitude)
16   lng.append(loc.longitude)
17
18 df['위도'] = lat
19 df['경도'] = lng
20
21 m = folium.Map(location=[center.latitude, center.longitude],
22                zoom_start=12,
23                width=640,
24                height=480)
25
26 for _, row in df.iterrows():
27   folium.Marker([row['위도'], row['경도']], tooltip=row['이름']).add_to(m)
28 m
```

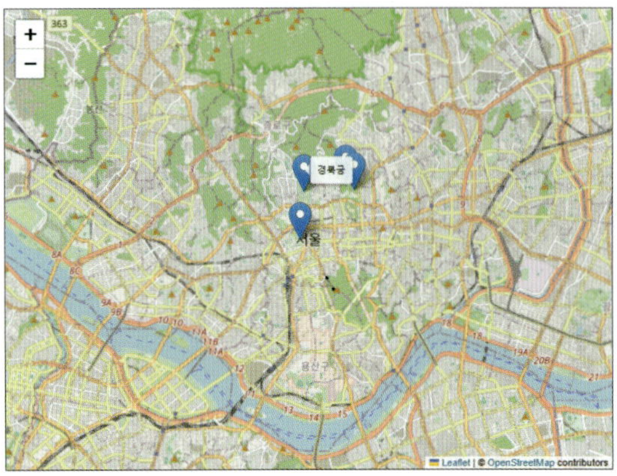

06 '서울특별시'를 지오코딩하여 위도와 경도를 center에 저장합니다.

08~09 df 데이터프레임을 생성하고 고궁의 이름을 저장합니다.

11~19 고궁 4개의 이름을 지오코딩해서 위도와 경도를 df 데이터프레임에 저장합니다.

21~24 서울특별시의 위도와 경도를 중심으로 지도 m을 만듭니다.

26~27 고궁의 위도와 경도 좌표에 마커를 생성하고 지도 m에 추가합니다.

LAB 지도에 서울의 박물관 표시하기

서울특별시를 중심으로 하는 지도를 만들고 국립중앙박물관, 국립민속박물관, 서울역사박물관, 국립고궁박물관 위치를 마커로 표시해 봅시다.

코드 12-26

```
import pandas as pd
import folium
from geopy.geocoders import Nominatim

geolocator = Nominatim(user_agent='Jeju v1.0')
center = geolocator.geocode('서울특별시')

df = pd.DataFrame()
df['이름'] = ['국립중앙박물관','국립민속박물관','서울역사박물관','국립고궁박물관']

lat = []
lng = []
for _, row in df.iterrows():
  loc = geolocator.geocode(row['이름'])
  lat.append(loc.latitude)
  lng.append(loc.longitude)

df['위도'] = lat
df['경도'] = lng

m = folium.Map(location=[center.latitude, center.longitude],
               zoom_start=12,
               tiles='cartodb positron',
               width=640,
               height=480)

for _, row in df.iterrows():
  folium.Marker([row['위도'], row['경도']], tooltip=row['이름']).add_to(m)
m
```

	이름	위도	경도
0	국립중앙박물관	37.523953	126.980320
1	국립민속박물관	37.580834	126.979043
2	서울역사박물관	37.570479	126.970526
3	국립고궁박물관	37.576567	126.974969

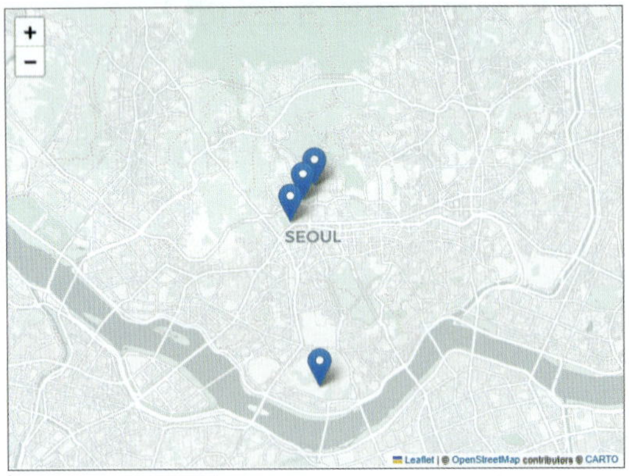

동작 과정

1 08~09행에서 빈 데이터프레임 `df`를 생성한 후에 박물관 이름을 값으로 하는 `'이름'` 열을 추가합니다.

df 데이터프레임

	이름
0	'국립중앙박물관'
1	'국립민속박물관'
2	'서울역사박물관'
3	'국립고궁박물관'

2 11~12행에서 박물관의 위도와 경도를 저장할 빈 리스트 `lat`와 `lng`를 만듭니다.

3 13~16행에서 `iterrows` 함수로 `df` 데이터프레임을 순회하는데, **첫 번째 반복**에서 `row`에는 `df` 데이터프레임 첫 번째 행의 데이터가 저장됩니다.

4 14행에서 `row['이름']`, 즉 `'국립중앙박물관'`을 지오코딩하여 얻은 정보를 `loc`에 저장하고, 15행에서 국립중앙박물관의 위도인 `loc.latitude`를 `lat`에 추가합니다. 그리고 16행에서 국립중앙박물관의 경도인 `loc.longitude`를 `lng`에 추가합니다.

5 13행 `for` 문의 **두 번째 반복**에서 `row`에는 `df` 데이터프레임 두 번째 행의 데이터가 저장됩니다.

6 14행에서 `row['이름']`, 즉 `'국립민속박물관'`을 지오코딩해서 위도와 경도를 `loc`에 저장하고, 15행에서 국립민속박물관의 위도인 `loc.latitude`를 `lat`에 추가합니다. 그리고 16행에서 국립민속박물관의 경도인 `loc.longitude`를 `lng`에 추가합니다. `df` 데이터프레임의 모든 행에 대해 이와 같은 동작을 반복하여 결국 `lat`에는 각 박물관의 위도가 저장되고 `lng`에는 각 박물관의 경도가 저장됩니다.

7 18~19행에서 df 데이터프레임의 **'위도'** 열을 생성하여 박물관 4곳의 위도인 lat 리스트를 저장하고 **'경도'** 열을 생성하여 박물관 4곳의 경도인 lng 리스트를 저장합니다. 결국 박물관 4곳의 이름, 위도, 경도 정보를 저장한 df 데이터프레임이 완성됩니다.

df 데이터프레임

	이름	위도	경도
0	'국립중앙박물관'	37.523953	126.980320
1	'국립민속박물관'	37.580834	126.979043
2	'서울역사박물관'	37.570478	126.970526
3	'국립고궁박물관'	37.576577	126.974839

8 21~25행에서 지오코딩으로 서울특별시의 위도와 경도를 얻고 이를 중심으로 지도 m을 만듭니다.

9 27~28행에서 iterrows 함수로 데이터프레임을 순회합니다. **첫 번째 반복**에서 row에는 df 데이터프레임 첫 번째 행의 데이터가 저장됩니다.

row	'국립중앙박물관'	37.523953	126.980320
	row['이름']	row['위도']	row['경도']

28행에서 국립중앙박물관의 위도, 경도 좌표에 마커를 추가합니다.

```
folium.Marker([37.523953, 126.98032], tooltip='국립중앙박물관').add_to(m)
```

마커 위도 마커 경도 툴팁 설정

10 **두 번째 반복**에서 row에는 df 데이터프레임의 두 번째 행 데이터가 저장됩니다.

row	'국립민속박물관'	37.580834	126.979043
	row['이름']	row['위도']	row['경도']

따라서 28행에서는 국립민속박물관의 위도, 경도 좌표에 마커를 추가합니다.

```
folium.Marker([37.580834, 126.979043], tooltip='국립민속박물관').add_to(m)
```

마커 위도 마커 경도 툴팁 설정

11 **세 번째 반복**과 **네 번째 반복**에서 이와 같은 동작을 반복하여 결국 각 박물관의 위도와 경도 좌표의 마커를 지도 m에 추가합니다.

12.3 플러스 예제 관광지 방문자 수 지도

제주의 공기업에서 주요 관광지의 방문자 수를 지도에 나타내는 프로그램을 의뢰했습니다. 관광객들을 대상으로 방문한 관광지를 설문하고 답변을 실시간으로 지도에 나타내는 프로그램을 만들어보겠습니다.

1 구글 설문지 만들고 설문 조사하기

구글에 로그인한 상태에서 https://docs.google.com/forms에 접속해서 '제주도 관광' 설문지를 만듭니다. 첫 번째 질문은 '방문한 관광지(복수 가능)'로 하고 질문 유형을 '체크박스'로 합니다. 선택 옵션을 '마라도', '만장굴', '한라산', '산굼부리', '정방폭포', '성산일출봉', '천지연폭포'로 설정합니다.

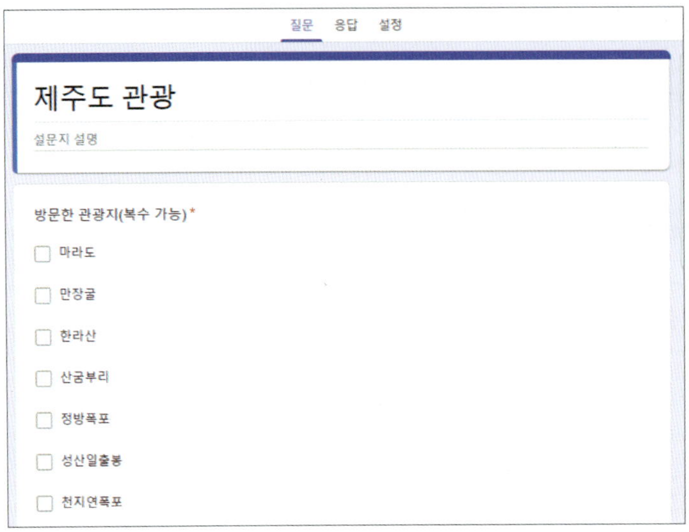

설문지를 배포하기 위해 [보내기] 버튼을 클릭합니다.

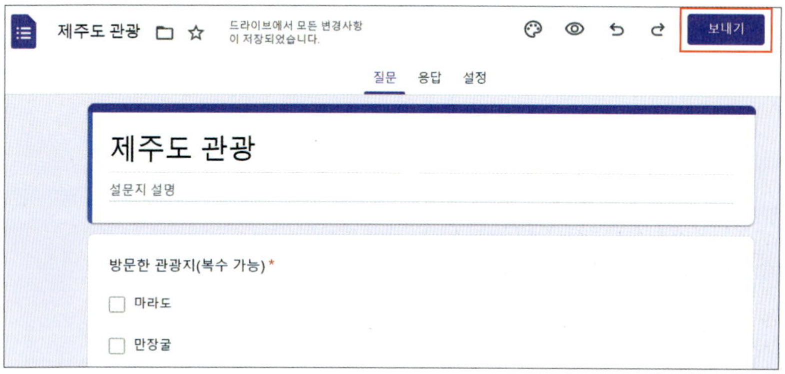

'설문지 보내기' 창에서 링크 연결 아이콘()을 클릭한 후 [복사] 버튼을 눌러 링크를 복사합니다. 복사한 설문지 URL을 배포하고 설문을 진행합니다.

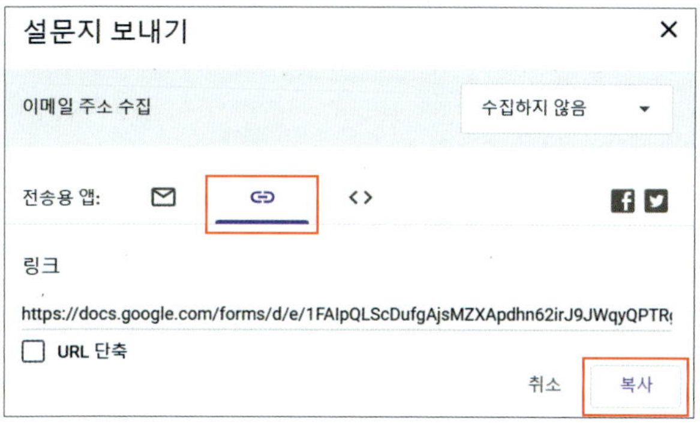

2 설문 결과 스프레드시트로 만들기

설문지 화면의 [응답] 버튼을 클릭하면 설문 결과를 확인할 수 있습니다. [Sheets에 연결]을 클릭하여 설문 결과 스프레드시트를 생성합니다. 생성한 설문 결과 스프레드시트를 열기 위해 [Sheets에서 보기]를 클릭합니다.

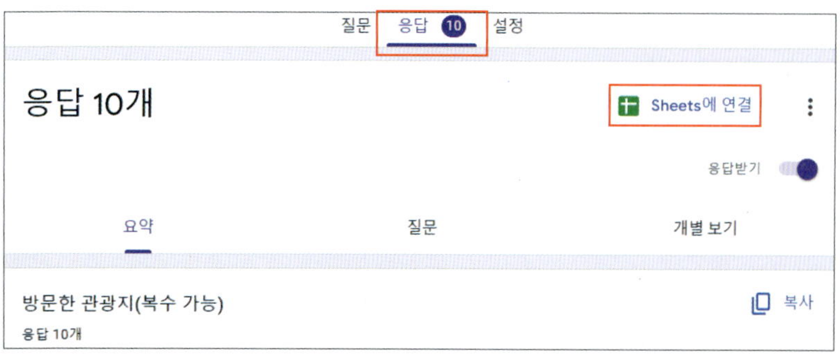

다음은 '제주도 관광(응답)' 스프레드시트입니다. 응답이 추가되면 이 스프레드시트에 실시간으로 반영됩니다. 설문 결과를 코랩의 프로그램에서 불러오기 위해 스프레드시트의 URL을 복사합니다.

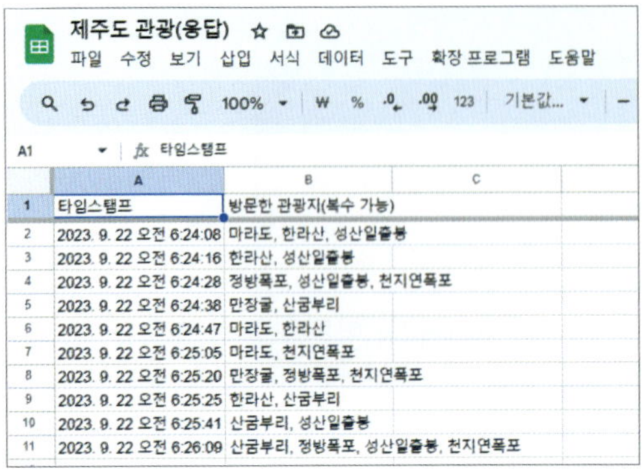

3 설문 결과 불러오기

판다스, 넘파이, 맷플롯립, 폴리움 라이브러리와 지오파이의 `Nominatim` 클래스를 불러옵니다.

```
import pandas as pd
import numpy as np
import matplotlib.pyplot as plt
import folium
from geopy.geocoders import Nominatim
```

다음은 설문 결과를 저장한 스프레드시트를 불러와서 `df` 데이터프레임으로 저장한 후 앞부분을 확인하는 코드입니다. 08행에서 앞에서 복사한 스프레드시트 URL을 작은 따옴표('') 안에 넣어야 합니다. 여러 개의 관광지를 선택했을 때 `df` 데이터프레임의 관광지 이름 사이에 ', '가 있는 것을 확인할 수 있습니다.

```
01 from google.colab import auth
02 auth.authenticate_user()
03 import gspread
04 from oauth2client.client import GoogleCredentials
05 from google.auth import default
06 creds, _ = default()
07 gc = gspread.authorize(creds)
```

```
url = '스프레드시트 URL'    # 복사한 스프레드시트 URL 붙이기
worksheet = gc.open_by_url(url).sheet1
rows = worksheet.get_all_values()
df = pd.DataFrame.from_records(rows[1:], columns=rows[0])

display(df.head())
```

	타임스탬프	방문한 관광지(복수 가능)
0	2023. 9. 22 오전 6:24:08	마라도, 한라산, 성산일출봉
1	2023. 9. 22 오전 6:24:16	한라산, 성산일출봉
2	2023. 9. 22 오전 6:24:28	정방폭포, 성산일출봉, 천지연폭포
3	2023. 9. 22 오전 6:24:38	만장굴, 산굼부리
4	2023. 9. 22 오전 6:24:47	마라도, 한라산

4 데이터 시각화하기

설문을 통해 얻은 관광지별 방문자 수를 막대 그래프로 나타내 보겠습니다. 그래프에 한글을 표시하기 위해 한글 폰트를 설치합니다.

```
!sudo apt-get install -y fonts-nanum
!sudo fc-cache -fv
!rm -rf ~/.cache/matplotlib
path = '/usr/share/fonts/truetype/nanum/NanumGothicBold.ttf'
import matplotlib.font_manager as fm
font9 = fm.FontProperties(fname=path, size=9)
font11 = fm.FontProperties(fname=path, size=11)
```

관광지별 방문자 수를 저장할 result 딕셔너리를 생성합니다. 키는 관광지 이름이고 값은 방문자 수입니다. 방문자 수의 초깃값은 0입니다.

```
result = {'마라도':0,'만장굴':0,'한라산':0,'산굼부리':0,'정방폭포':0,'성산일출봉':0,
'천지연폭포':0}
```

df 데이터프레임의 **방문한 관광지(복수 가능)** 열에서 관광지별 방문자 수를 구해 result 딕셔너리의 값으로 저장합니다. 행별 데이터를 뜻하는 x에는 ', '로 구분된 여러 개의 관광지가 있을 수

있으므로 ‘, ’를 기준으로 나누어 관광지를 하나씩 처리합니다.

```
for x in df['방문한 관광지(복수 가능)']:
  for a in x.split(', '):
    result[a] += 1
```

관광지 이름과 방문자 수를 출력해 봅니다.

```
for key, value in result.items():
  print(key, value)
```

```
마라도 3
만장굴 2
한라산 4
산굼부리 4
정방폭포 3
성산일출봉 5
천지연폭포 4
```

관광지별 방문자 수를 막대 그래프로 나타냅니다.

```
ind = np.arange(len(result))
plt.figure(figsize=(6,3))
plt.bar(ind, result.values(), width=0.7)
plt.ylabel('방문자 수', fontproperties=font11)
plt.xticks(ind, result.keys(), fontproperties=font9)
plt.show()
```

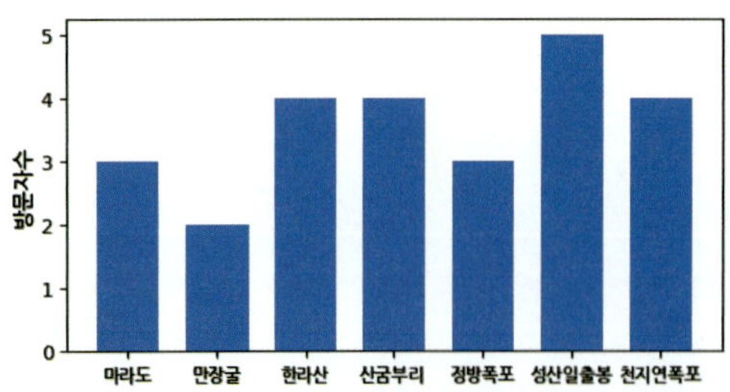

5 지오코딩으로 관광지 위치 정보 얻기

관광지 이름, 방문자 수, 관광지의 위도와 경도로 이루어진 데이터프레임을 만들어보겠습니다. 빈 df 데이터프레임을 생성한 후에 관광지 이름인 '이름' 열과 관광지별 방문자 수인 '방문자 수' 열을 추가합니다. 관광지 이름은 result.keys()로 얻고, 관광지별 방문자 수는 result.values()로 얻습니다.

```
df = pd.DataFrame()
df['이름'] = result.keys()
df['방문자 수'] = result.values()
```

	이름	방문자 수
0	'마라도'	3
1	'만장굴'	2
2	'한라산'	4
3	'산굼부리'	4
4	'정방폭포'	3
5	'성산일출봉'	5
6	'천지연폭포'	4

관광지의 위도와 경도를 저장할 빈 리스트 location을 만듭니다.

```
location = []
```

iterrows 함수로 df 데이터프레임을 순회하며 '이름' 열에서 관광지 이름을 지오코딩합니다. 항목이 위도와 경도인 리스트를 location에 추가합니다.

```
01 geolocator = Nominatim(user_agent='Jeju v1.0')
02 for _, row in df.iterrows():
03     loc = geolocator.geocode(row['이름'])
04     location.append([loc.latitude, loc.longitude])
```

02행 for 문의 첫 번째 반복에서 row에 df 데이터프레임 첫 번째 행의 데이터가 저장됩니다.

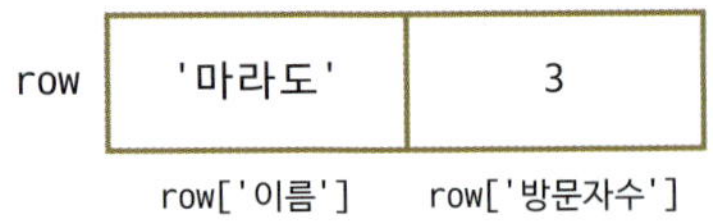

03행에서 row['이름'], 즉 '마라도'를 지오코딩하여 loc에 저장하고, 04행에서 마라도의 위도인 loc.latitude와 마라도의 경도인 loc.longitude를 리스트로 묶어 location 리스트에 추가합니다.

두 번째 반복에서 row에 df 데이터프레임 두 번째 행의 데이터가 저장됩니다.

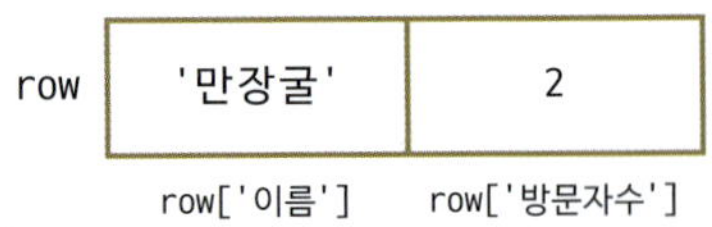

03행에서 row['이름'], 즉 '만장굴'을 지오코딩하여 loc에 저장하고, 04행에서 만장굴의 위도인 loc.latitude와 만장굴의 경도인 loc.longitude를 리스트로 묶어 location 리스트에 추가합니다.

df 데이터프레임의 모든 행에 대해 이와 같은 동작을 반복합니다. 결국 location에는 관광지의 위도와 경도가 저장됩니다. df 데이터프레임의 '위치' 열을 생성하여 각 관광지의 위도와 경도를 저장하고 있는 location을 저장합니다.

```
df['위치'] = location
```

결국 관광지의 이름, 방문자 수, 위치 정보를 저장한 df 데이터프레임이 완성됩니다.

df 데이터프레임

	이름	방문자 수	위치
0	'마라도'	3	[33.1184717, 126.26748657647988]
1	'만장굴'	2	[33.528254, 126.7701281]
2	'한라산'	4	[33.3617536, 126.5291977]
3	'산굼부리'	4	[33.43207795, 126.69447507895623]
4	'정방폭포'	3	[33.2448578, 126.5715451]
5	'성산일출봉'	5	[33.4584505, 126.9420221]
6	'천지연폭포'	4	[33.2469271, 126.5545282]

관광지의 위치 정보가 준비되었으므로 지도와 마커를 만들 수 있습니다. 지오코딩하여 얻은 제주도의 위도와 경도를 중심으로 지도를 만듭니다.

```
center = geolocator.geocode('제주도')
m = folium.Map(location=[center.latitude, center.longitude])s
```

그리고 iterrows 함수로 데이터프레임을 순회하며 이름, 방문자 수, 위치를 이용해서 지도 m에 마커를 추가합니다. 마커에 마우스를 가져가면 관광지 이름과 방문자 수가 적힌 툴팁이 나타납니다.

```
for _, row in df.iterrows():
  folium.Marker(row['위치'],
                tooltip=row['이름']+' 방문자 수: '+str(row['방문자 수'])).add_to(m)
m
```

■ 전체 프로그램

```
!sudo apt-get install -y fonts-nanum
!sudo fc-cache -fv
!rm -rf ~/.cache/matplotlib

path = '/usr/share/fonts/truetype/nanum/NanumGothicBold.ttf'
import matplotlib.font_manager as fm
font9 = fm.FontProperties(fname=path, size=9)
font11 = fm.FontProperties(fname=path, size=11)
import pandas as pd
import numpy as np
import matplotlib.pyplot as plt
import folium
from geopy.geocoders import Nominatim

from google.colab import auth
auth.authenticate_user()
import gspread
from oauth2client.client import GoogleCredentials
from google.auth import default
```

```
creds, _ = default()
gc = gspread.authorize(creds)
url = '스프레드시트 URL'   # 복사한 스프레드시트 URL 붙이기
worksheet = gc.open_by_url(url).sheet1
rows = worksheet.get_all_values()
df = pd.DataFrame.from_records(rows[1:], columns=rows[0])
plt.xticks(ind, result.keys( ), fontproperties=font9)
plt.show( )
result = {'마라도':0,'만장굴':0,'한라산':0,'산굼부리':0,'정방폭포':0,'성산일출봉':0,
'천지연폭포':0}
for x in df['방문한 관광지(복수 가능)']:
  for a in x.split(', '):
    result[a] += 1

ind = np.arange(len(result))
plt.figure(figsize=(6,3))
plt.bar(ind, result.values(), width=0.7)
plt.ylabel('방문자수', fontproperties=font11)
df = pd.DataFrame()
df['이름'] = result.keys()
df['방문자수'] = result.values()

location = []

geolocator = Nominatim(user_agent='Jeju v1.0')
for _, row in df.iterrows():
  loc = geolocator.geocode(row['이름'])
  location.append([loc.latitude, loc.longitude])
df['위치'] = location

center = geolocator.geocode('제주도')
m = folium.Map(location=[center.latitude, center.longitude],
               width=640,
               height=480)

for _, row in df.iterrows():
folium.Marker(row['위치'], tooltip=row['이름']+' 방문자수: '+\
               str(row['방문자수'])).add_to(m)
```

```
57
58  m
```

15~25 설문 결과 스프레드시트를 불러와 df에 저장합니다.

28~31 관광지 방문자 수를 result 딕셔너리에 저장합니다.

34~36 관광지 방문자 수를 막대 그래프로 그립니다.

37~39 빈 df 데이터프레임을 생성한 후에 관광지 이름인 **'이름'** 열과 관광지 방문자수인 **'방문자수'** 열을 추가합니다.

44~47 지오코딩하여 얻은 관광지의 위치 정보인 **'위치'** 열을 df 데이터프레임에 추가합니다.

49~52 지오코딩하여 얻은 제주도의 위도와 경도를 중심으로 지도 m을 만듭니다.

54~56 관광지의 위도와 경도 좌표의 마커를 지도 m에 추가합니다.

58 지도 m을 출력합니다.

동작 과정

1 28행에서 result 딕셔너리를 생성합니다. 키는 관광지이고 값은 방문자 수입니다. 방문자 수 초깃값은 0입니다.

2 29~31행에서 df 데이터프레임 모든 행의 **'방문한 관광지(복수 가능)'** 열 데이터에 대해 반복하며 각 관광지에 대한 방문자 수를 구합니다. 29행에서의 for 문 **첫 번째 반복**에서 df 데이터프레임 첫 번째 행의 **'방문한 관광지(복수 가능)'** 열 값인 **'마라도, 한라산, 성산일출봉'**을 x에 저장합니다.

'마라도, 한라산, 성산일출봉'

x

3 30행의 x.split(', ')는 ['마라도', '한라산', '성산일출봉']이 되고, 30~31행의 for 문은 리스트 항목 수만큼 3번 반복합니다. **첫 번째 반복**에서 a는 '마라도'이므로 31행에서 result[a], 즉 result['마라도']의 값을 1 증가시킵니다.

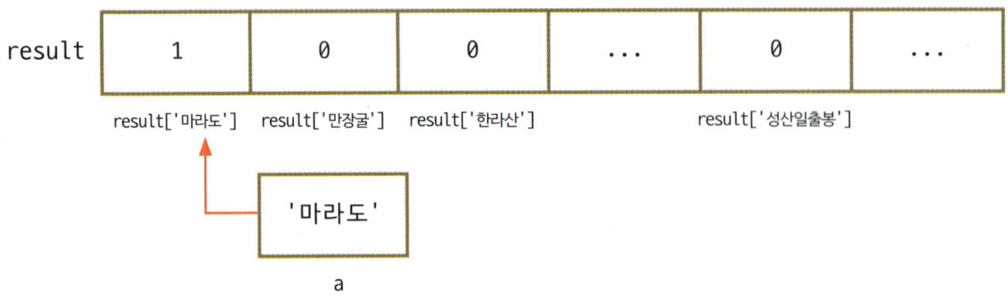

4 30행 for 문의 **두 번째 반복**에서 a는 '한라산'이므로 31행에서 result[a], 즉 result['한라산']의 값을 1 증가시킵니다.

5 **세 번째 반복**에서는 result['성산일출봉']의 값을 1 증가시킵니다.

6 29행의 **두 번째 반복**에서는 df 데이터프레임 두 번째 행의 '방문한 관광지(복수 가능)' 열 값인 '한라산, 성산일출봉'을 x에 저장하고 30행의 x.split(', ')는 ['한라산', '성산일출봉']입니다. 결국 30~31행의 for 문은 리스트 항목 수만큼 두 번 반복하며 result['한라산']과 result['성산일출봉']의 값을 1 증가시킵니다.

7 이와 같은 동작을 df 데이터프레임의 모든 행에 대해 반복하게 되어 결국 각 관광지에 대한 방문자 수가 result 딕셔너리에 저장됩니다. 33~36행에서 각 관광지에 대한 방문자 수를 막대 그래프로 그립니다.

8 37~39행에서 빈 df 데이터프레임을 생성한 후에 관광지 이름을 데이터로 하는 '이름' 열과 각 관광지 방문자수를 데이터로 하는 '방문자 수' 열을 추가합니다.

df 데이터프레임

	이름	방문자 수
0	'마라도'	3
1	'만장굴'	2
2	'한라산'	4
3	'산굼부리'	4
4	'정방폭포'	3
5	'성산일출봉'	5
6	'천지연폭포'	4

9 44~46행에서 iterrows 함수로 df 데이터프레임을 순회하는데 44행 for문의 **첫 번째 반복**에서 row에는 df 데이터프레임 첫 번째 행 데이터가 저장됩니다. 45행에서 row['이름'], 즉 '마라도'를 지오코딩하여 얻은 정보를 loc에 저장하고, 46행에서 마라도의 위

도인 loc.latitude와 경도인 loc.longitude를 리스트로 묶어 location 리스트에 추가합니다.

row	'마라도'	3
	row['이름']	row['방문자']

10 44행 for문의 **두 번째 반복**에서 row는 df 데이터프레임 두 번째 행 데이터가 저장됩니다. 45행에서 row['이름']인 **'만장굴'**을 지오코딩하여 loc에 저장하고, 46행에서 만장굴의 위도인 loc.latitude와 경도인 loc.longitude를 리스트로 묶어 location 리스트에 추가합니다. df 데이터프레임의 모든 행에 대해 반복하면 location에는 관광지의 위치 정보가 저장됩니다.

11 47행에서 df 데이터프레임의 **'위치'** 열을 생성하여 각 관광지의 위도와 경도를 저장하고 있는 location을 저장합니다. 결국 각 관광지의 이름, 방문자수, 위치 정보를 저장한 df 데이터프레임이 완성됩니다.

df 데이터프레임

	이름	방문자수	위치
0	'마라도'	3	[33.1184717, 126.26748657647988]
1	'만장굴'	2	[33.528254, 126.7701281]
2	'한라산'	4	[33.3617536, 126.5291977]
3	'산굼부리'	4	[33.43207795, 126.69447507895623]
4	'정방폭포'	3	[33.2448578, 126.5715451]
5	'성산일출봉'	5	[33.4584505, 126.9420221]
6	'천지연폭포'	4	[33.2469271, 126.5545282]

12 49~52행에서 지오코딩하여 얻은 제주도의 위도와 경도를 중심으로 지도를 만듭니다.

13 54~56행에서 iterrows 함수로 데이터프레임을 순회하는데 **첫 번째 반복**에서 row에는 df 데이터프레임의 첫 번째 행 데이터가 저장됩니다.

row	'마라도'	3	[33.1184717, 126.26748657647988]
	row['이름']	row['방문자']	row['위치']

56행에서 마라도의 위도, 경도 좌표의 마커가 지도 m에 추가됩니다. row['방문자수']가 숫자이므로 str 함수를 이용해서 문자열로 변환합니다.

```
folium.Marker(row['위치'], tooltip=row['이름']+...+str(row['방문자수'])).add_to(m)
                                        ⬇
folium.Marker([33.118..., 126.267...], tooltip='마라도'+…+'3').add_to(m)
```

마커 위도 / 마커 경도 / 툴팁 설정

14 **두 번째 반복**에서는 row에 df 데이터프레임의 두 번째 행 데이터가 저장됩니다. 56행에서 만장굴의 위도, 경도 좌표의 마커가 지도 m에 추가됩니다.

row	'만장굴'	2	[33.528254, 126.7701281]
	row['이름']	row['방문자']	row['위치']

15 df 데이터프레임의 모든 행에 대해 반복하여 관광지의 위도와 경도 좌표의 마커를 지도 m에 추가합니다. 58행에서 지도 m을 출력합니다.

쌍둥이 문제

마커에 마우스를 가져가면 관광지 이름이 적힌 툴팁이 나타나고 마커를 클릭하면 방문자 수가 적힌 팝업이 나타나도록 수정하세요.

힌트 Marker 함수의 tooltip 매개변수를 이용하면 툴팁을 설정할 수 있고 popup 매개변수를 이용하면 팝업을 설정할 수 있습니다.

도전 문제

설문을 통해 고궁(경복궁, 덕수궁, 창경궁, 창덕궁) 방문자 수를 얻고 지도에 표시하는 프로그램을 작성하세요.

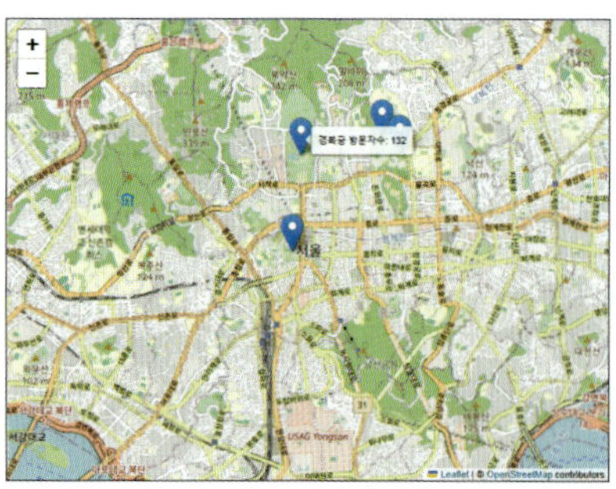

탐구

넘파이 함수와 뉴턴의 냉각 법칙

뉴턴의 냉각 법칙은 시간에 따른 물체의 온도 변화가 그 물체와 주위의 온도 차에 비례한다는 법칙입니다. T_0를 물체의 초기 온도라 하고 T_{env}를 주위 온도라 할 때, t분이 지난 뒤 물체의 온도 T_t는 다음과 같습니다. 여기서 k는 물체의 고유한 상수 값입니다.

$$T_t = T_{env} + (T_0 - T_{env})e^{\frac{1}{kt}}, \quad k = \ln\left(\frac{T_0 - T_{env}}{T_t - T_{env}}\right)/t$$

냉각 법칙을 이용해서 뜨거운 커피를 5분 동안 식히면 몇 도까지 식을지 계산할 수도 있고, 피살된 사람의 사망 시각을 추정할 수도 있습니다. [코드 12-27]은 주위 온도 T_{env}, 사건 현장에 도착하자마자 측정한 사체의 초기 온도 T_0와 t분 후에 다시 측정한 사체의 온도 T_t를 이용해서 사망 직전 체온이 36.5℃일 때부터 초기 온도가 될 때까지 경과한 시간을 계산합니다.

코드 12-27

```
import numpy as np

Tenv = float(input('주위 온도: '))
T0 = float(input('초기 온도: '))
t = int(input('지난 시간(분): '))
Tt = float(input(str(t)+'분 지난 뒤의 온도: '))

k = np.log((T0-Tenv)/(Tt-Tenv))/t
t_death = np.log((36.5-Tenv)/(T0-Tenv))/k
print(np.round(t_death,2),'분 전 사망')
```

```
주위 온도: 20
초기 온도: 30
지난 시간(분): 60
60분 지난 뒤의 온도: 28
134.65분 전 사망
```

요약

01 구글 설문 결과가 저장된 스프레드시트를 불러오는 코드는 다음과 같습니다.

```
from google.colab import auth
auth.authenticate_user()
import gspread
from oauth2client.client import GoogleCredentials
from google.auth import default
creds, _ = default()
gc = gspread.authorize(creds)
url = '스프레드시트 URL'
worksheet = gc.open_by_url(url).sheet1
rows = worksheet.get_all_values()
df = pd.DataFrame.from_records(rows[1:], columns=rows[0])
```

02 폴리움은 지도를 그리는 라이브러리로 다음과 같은 함수가 포함되어 있습니다.

함수	설명	예시
Map()	입력한 위도와 경도 좌표를 중심으로 지도를 그린다.	`import folium` `m = folium.Map(location=[37.566679, 126.978291])`
save()	지도를 저장한다.	`m.save('seoul.html')`
Marker() add_to()	위도와 경도 좌표에 마커를 생성하고 지도에 추가한다.	`folium.Marker(location=[37.579,126.976]).add_to(m)`

03 geopy는 지오코딩에 사용하는 라이브러리로 다음과 같은 함수가 포함되어 있습니다.

함수	설명	예시

geocode()	주소 또는 지명의 위도, 경도, 주소 등의 정보를 반환한다.	`from geopy.geocoders import Nominatim`
		`geolocator = Nominatim(user_agent='hanbit')`
		`loc = geolocator.geocode('경복궁')`

연습문제

01 다음 코드의 실행 결과를 예측하시오.

(1)

```
import folium

m = folium.Map(location=[37.566679, 126.978291],
               zoom_start=13,
               width=640,
               height=480
              )

folium.Marker(location=[37.579754, 126.976681],
               tooltip='경복궁',
               popup='연락처:02-3700-3900'
              ).add_to(m)

m
```

(2)

```
import pandas as pd
import folium

df = pd.DataFrame({'이름':['경복궁', '덕수궁', '창경궁', '창덕궁'],
                   '위도':[37.579754, 37.566167, 37.580246, 37.582387],
                   '경도':[126.976681, 126.97517, 126.994833, 126.991701]})

m = folium.Map(location=[37.566679, 126.978291],
               zoom_start=13,
               width=640,
               height=480
              )

for _, row in df.iterrows():
  folium.Marker([row['위도'], row['경도']], tooltip=row['이름']).add_to(m)
m
```

(3)

```
from geopy.geocoders import Nominatim
geolocator = Nominatim(user_agent='Jeju v1.0')

loc = geolocator.geocode('창경궁')
print(loc.latitude)
print(loc.longitude)
```

(4)

```
import pandas as pd
from geopy.geocoders import Nominatim

geolocator = Nominatim(user_agent='Jeju v1.0')

df = pd.DataFrame()
df['이름'] = ['마라도', '만장굴', '한라산']

lat = []
lng = []
for _, row in df.iterrows():
  loc = geolocator.geocode(row['이름'])
  lat.append(loc.latitude)
  lng.append(loc.longitude)

df['위도'] = lat
df['경도'] = lng

display(df)
```

02 다음 코드를 실행하면 오류가 발생합니다. 오류 원인을 설명하고 수정하시오.

(1)

```
import pandas as pd

from google.colab import auth
auth.authenticate_user()
import gspread
from oauth2client.client import GoogleCredentials
from google.auth import default
creds, _ = default( )
gc = gspread.authorize(creds)
url = '스프레드시트 URL'                # 스프레드시트 URL을 입력했다고 가정
worksheet = gc.open_by_url(url).sheet1
rows = worksheet.get_all_values()
df = pd.DataFrame.from_records(rows[1:], columns=rows[0])

df['sum'] = df['test'] + df['assign']   # test 열과 assign 열의 합을 구해 sum 열에 저장
display(df)
```

(2)

```
import pandas as pd
import folium

df = pd.DataFrame({'이름':['경복궁', '덕수궁', '창경궁', '창덕궁'],
                   '위도':[37.579754, 37.566167, 37.580246, 37.582387],
                   '경도':[126.976681, 126.97517, 126.994833, 126.991701]})

m = folium.Map(location=[37.566679, 126.978291])

for _, row in df.iterrows():
  folium.Marker(row['이름'], tooltip=[row['위도'], row['경도']]).add_to(m)
m
```

03 **이름, 공부시간, 시험점수, 과제점수를 묻는 4개의 질문으로 이루어진 설문에 대한 결과를 스프레드시트에 저장했다고 가정하겠습니다.**

(1) 다음은 설문 결과 스프레드시트를 불러오는 부분입니다. 빈칸을 채워 코드를 완성하시오.

```
import pandas as pd

from google.colab import auth
auth.authenticate_user()
import gspread
from oauth2client.client import GoogleCredentials
from google.auth import default
creds, _ = default()
gc = gspread.authorize(creds)
url = '스프레드시트 URL'    # 스프레드시트 URL을 입력했다고 가정
worksheet = gc.open_by_url(url).sheet1
rows = worksheet.get_all_values()
df = [          ](rows[1:], columns=rows[0])

display(df)
```

	타임스탬프	이름	공부시간	시험점수	과제점수
0	2023. 12. 20 오후 1:05:47	홍길동	4	55	25
1	2023. 12. 20 오후 1:06:07	강영희	10	67	28
2	2023. 12. 20 오후 1:06:34	이철수	8	65	25
3	2023. 12. 20 오후 1:06:53	박희망	5	58	23

(2) 다음은 문자열 형식인 '공부시간', '시험점수', '과제점수' 열 값을 정수로 변환하는 부분입니다. 빈칸을 채워 코드를 완성하시오.

```
df['공부시간'] = df['공부시간'].[          ]
df['시험점수'] = df['시험점수'].[          ]
df['과제점수'] = df['과제점수'].[          ]
```

HINT 자료형을 변환할 때 astype 함수를 사용합니다.

(3) 다음은 시험점수와 과제점수의 합을 구해 **'점수 합'** 열에 저장하는 부분입니다. 빈칸을 채워 코드를 완성하시오.

```
df['점수 합'] = [          ]
display(df)
```

	타임스탬프	이름	공부시간	시험점수	과제점수	점수 합
0	2023. 12. 20 오후 1:05:47	홍길동	4	55	25	80
1	2023. 12. 20 오후 1:06:07	강영희	10	67	28	95
2	2023. 12. 20 오후 1:06:34	이철수	8	65	25	90
3	2023. 12. 20 오후 1:06:53	박희망	5	58	23	81

(4) 다음은 x축이 공부시간이고 y축이 점수 합인 산점도를 그리는 부분입니다. 빈칸을 채워 코드를 완성하시오.

```
!sudo apt-get install -y fonts-nanum
!sudo fc-cache -fv
!rm -rf ~/.cache/matplotlib
path = '/usr/share/fonts/truetype/nanum/NanumGothicBold.ttf'
import matplotlib.font_manager as fm
font10 = fm.FontProperties(fname=path, size=10)
import matplotlib.pyplot as plt

plt.figure(figsize=(5,3))
plt.scatter([          ], [          ])
plt.xlabel('공부시간', fontproperties=font10)
plt.ylabel('점수 합', fontproperties=font10)
plt.show()
```

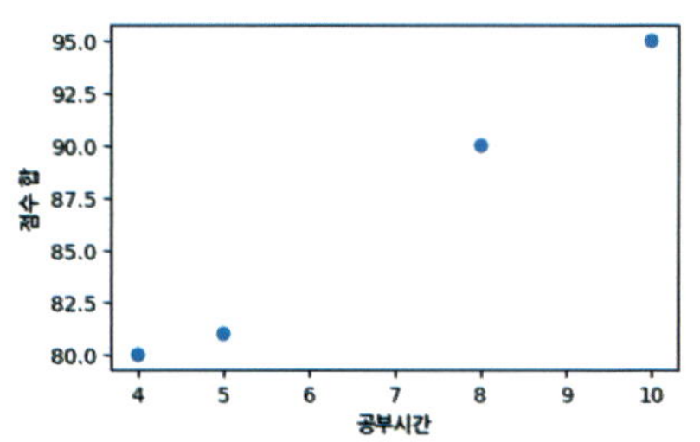

HINT '공부시간' 열은 df['공부시간']이고 '점수 합' 열은 df['점수 합'] 입니다.

04 지도에 홍제역과 고속버스터미널역의 위치를 표시하는 프로그램을 작성하려 합니다.

(1) 다음은 홍제역과 고속버스터미널역의 이름, 위도, 경도로 구성된 데이터프레임을 만드는 부분입니다. 빈칸을 채워 코드를 완성하시오.

```
from geopy.geocoders import Nominatim

geolocator = Nominatim(user_agent='Jeju v1.0')
center = geolocator.geocode('서울특별시')
import pandas as pd

df = pd.DataFrame()
df['이름'] = ['홍제역','고속터미널역']

lat = []
lng = []
for _, row in df.iterrows():
  loc = [          ](row['이름'])
  lat.append([          ])
  lng.append([          ])
df['위도'] = lat
df['경도'] = lng

display(df)
```

	이름	위도	경도
0	홍제역	37.589380	126.943667
1	고속터미널역	37.505083	127.004978

HINT 지오코딩을 할 때 Nominatim 클래스의 geocode 함수를 사용합니다.

(2) 다음은 서울특별시를 중심으로 지도를 만들고 홍제역과 고속버스터미널역의 위치를 마커로 표시하는 부분입니다. 빈칸을 채워 코드를 완성하시오.

```
import folium

m = [        ](location=[center.latitude, center.longitude],
               zoom_start=12,
               width=640,
               height=480
              )

for _, row in df.iterrows():
    [        ]([row['위도'], row['경도']], tooltip=row['이름']).add_to(m)

m
```

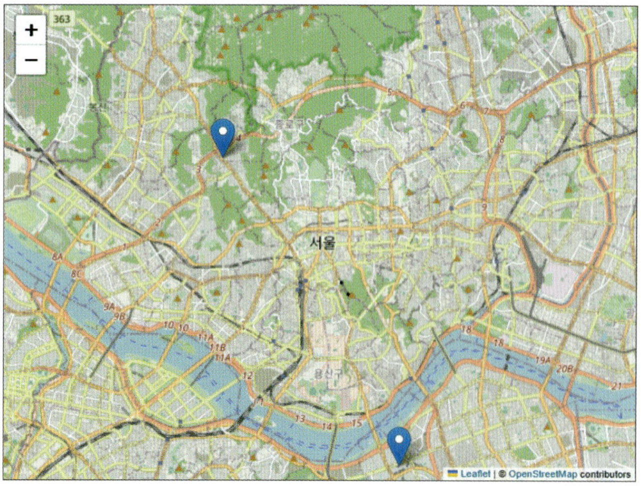

HINT 지도를 그릴 때 folium.Map 함수를 사용하고, 마커를 생성할 때 folium.Marker 함수를 사용합니다.

프로그래밍 문제

01 구글 설문지로 혈액형을 물어보고 혈액형별 빈도수를 막대 그래프로 나타내는 프로그램을 작성하시오.

[실행 예]

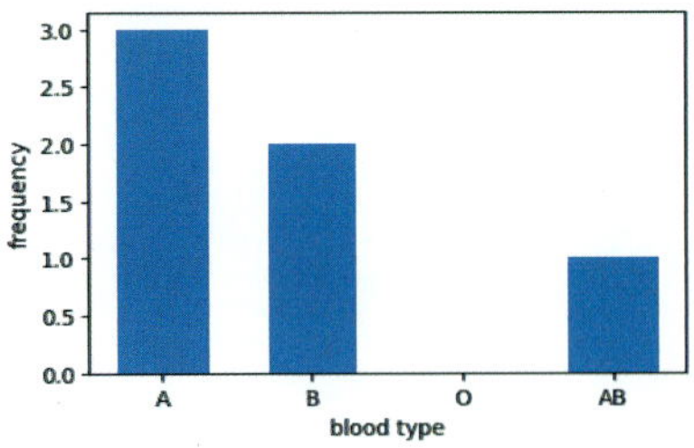

HINT 8장 358쪽의 '혈액형 빈도수를 시각화하기'를 참고하세요.

02 서울특별시를 중심으로 한 지도를 만들고 서울대학교병원, 세브란스병원, 삼성서울병원의 위치를 마커로 표시하는 프로그램을 작성하시오.

[실행 예]

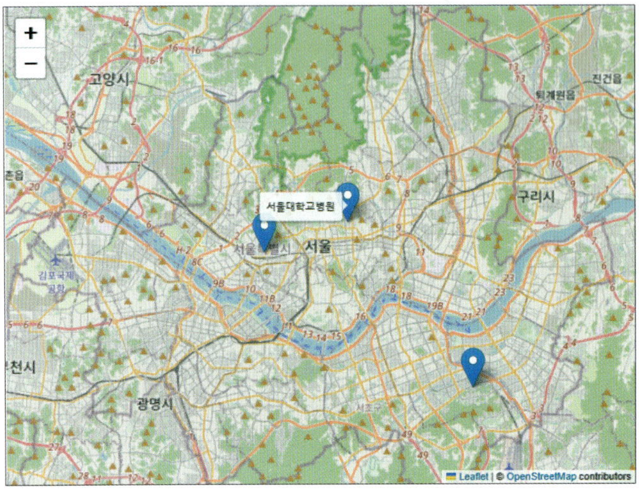

03 구글 설문을 활용하는 타 교과 융합 프로그램을 작성하시오.

프로그램 이름	
학교급 및 관련 교과	*(예시) 대학교 일반물리학*
프로그램 설명	
프로그램 소스	

04 지도 시각화를 활용하는 타 교과 융합 프로그램을 작성하시오.

프로그램 이름	
학교급 및 관련 교과	*(예시) 대학교 일반물리학*
프로그램 설명	
프로그램 소스	

CHAPTER 13

머신러닝

학습목표

- 머신러닝의 개념을 설명할 수 있습니다.
- 머신러닝 절차를 설명할 수 있습니다.
- 머신러닝 분류 프로그램을 작성할 수 있습니다.
- 머신러닝 회귀 프로그램을 작성할 수 있습니다.

Preview

머신러닝이란 컴퓨터가 데이터를 학습하여 스스로 문제를 해결하는 기술입니다. 이번 장에서는 머신러닝의 개념과, 머신러닝을 활용한 데이터 분류 및 회귀 방법을 알아봅니다. 또한 MNIST 데이터 세트 분류 프로그램을 작성해 봅니다.

- 머신러닝의 개요
  - 머신러닝의 개념
  - 머신러닝의 종류
- 머신러닝 분류
  - k-최근접 이웃 알고리즘
  - 붓꽃 품종 분류
- 머신러닝 회귀
  - 회귀분석의 개념
  - 캘리포니아 주택 가격 예측

MNIST 분류하기

13.1 머신러닝의 개요

1 머신러닝의 개념

인공지능 기술의 발전은 일상 생활에서부터 전문 분야까지 사회 전반에 커다란 변화를 일으켰고 교육, 의료, 예술을 비롯한 모든 분야에 걸쳐 인공지능이 핵심 기술로 자리잡았습니다.

인공지능과 머신러닝, 딥러닝

인공지능Artificial Intelligence, AI은 인간이 지닌 지능을 컴퓨터에 구현하는 기술로 인간의 사고, 학습, 행동과 같은 기능을 컴퓨터가 수행하게 만드는 것을 목표로 합니다. 다양한 인공지능 기술 중 대표적인 것이 머신러닝입니다. **머신러닝**machine learning은 컴퓨터가 데이터를 학습하여 스스로 문제를 해결하는 기술을 의미합니다. 머신러닝을 가능하게 하는 다양한 방법 중 평균적으로 좋은 결과를 나타내는 기술이 바로 딥러닝입니다. **딥러닝**deep learning은 컴퓨터가 인간의 뇌 신경망과 유사한 구조인 인공 신경망을 사용하여 학습하는 기술입니다. 인공지능, 머신러닝, 딥러닝의 관계는 [그림 13-1]과 같이 인공지능 안에 머신러닝이 속하고, 머신러닝 안에 딥러닝이 속하는 모습입니다.

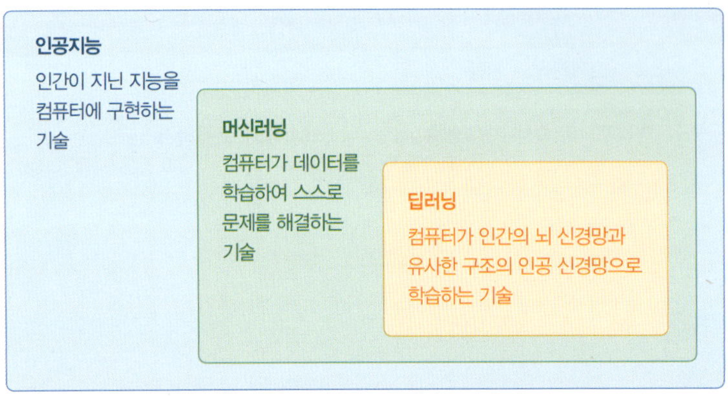

그림 13-1 인공지능, 머신러닝, 딥러닝의 관계

머신러닝은 1959년 미국 IBM의 컴퓨터공학자 인 아서 사무엘A. L. Samuel이 처음 사용한 용어입니다. 사무엘은 머신러닝을 '컴퓨터가 명시적인 프로그램이 없어도 스스로 학습하는 능력을 연구하는 학문'이라고 정의했습니다.

머신러닝의 동작 과정

머신러닝의 동작 과정을 살펴보겠습니다. 훈련 데이터로 머신러닝 모델을 학습시키면 데이터의 규칙이 생성되어 머신러닝 모델이 완성됩니다. 이렇게 완성된 모델에 새로운 데이터를 입력하면 결과를 예측할 수 있습니다.

[그림 13-2]는 고양이와 강아지 이미지를 분류하는 예입니다. 이미지를 분류하는 머신러닝 모델을 고양이와 강아지 이미지 데이터로 학습하면 머신러닝 모델이 완성됩니다. 이 완성된 모델에 새로운 고양이 이미지를 입력하면 고양이인지 강아지인지 분류하게 됩니다. 모델의 정확도가 높으면 고양이로 분류하겠지만 정확도가 낮으면 강아지로 분류할 수도 있습니다.

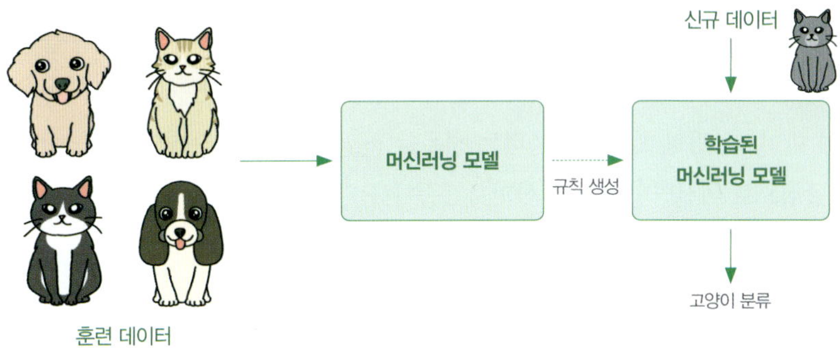

그림 13-2 머신러닝의 동작 과정

2 머신러닝의 종류

머신러닝은 훈련 데이터와 함께 주어지는 정보에 따라 지도학습과 비지도학습으로 분류합니다.

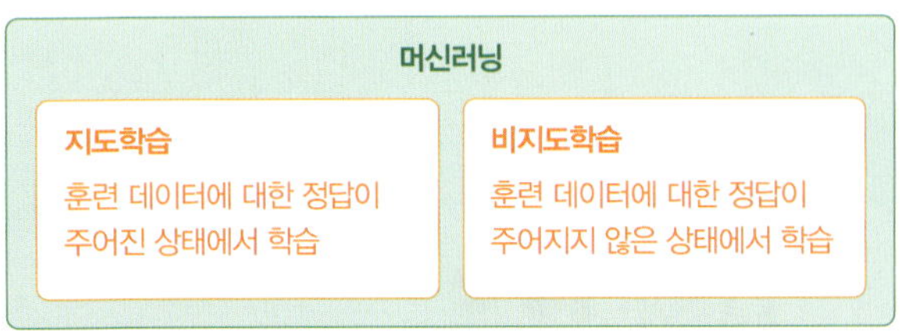

그림 13-3 머신러닝의 종류

지도학습

지도학습supervised learning은 데이터 분류(예측)의 결과가 주어진 상태에서 학습하는 방법입니다. 예를 들어 강아지와 고양이 이미지를 분류하는 머신러닝 프로그램을 개발할 때 모델에 이미지와 이미지에 대한 분류 결과(강아지 또는 고양이)를 함께 제공해서 학습시킵니다.

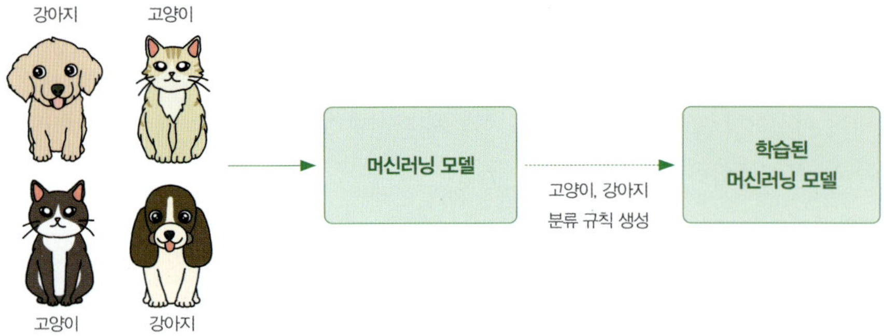

그림 13-4 지도학습

지도학습은 다시 분류와 회귀로 나눌 수 있습니다. **분류**classification는 남자와 여자로 구분되는 성별과 같은 범주형 값을 예측하는 방법입니다. 이미지를 강아지와 고양이로 분류하는 경우를 분류의 예로 들 수 있습니다. **회귀**regression는 가격이나 연비와 같은 연속적인 값을 예측하는 방법입니다. 기온에 따른 아이스크림 판매량을 예측하는 경우를 회귀의 예로 들 수 있습니다. 이 책에서는 지도학습을 중심으로 머신러닝에 대해 살펴보겠습니다.

비지도학습

비지도학습unsupervised learning은 데이터 분류(예측) 결과가 주어지지 않은 상태에서 학습하는 방법입니다. 예를 들어 강아지와 고양이 이미지를 분류하는 머신러닝 프로그램을 개발할 때 모델에 정답을 제공하지 않고 이미지만 학습시킵니다. 모델은 이미지의 유사한 특성을 스스로 발견하여 분류합니다.

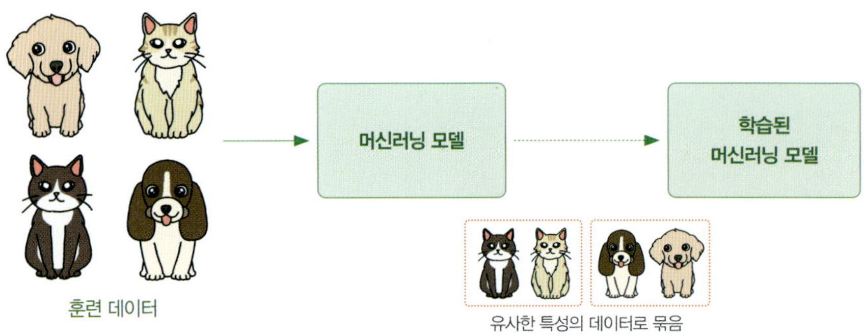

그림 13-5 비지도학습

머신러닝의 절차

머신러닝의 절차는 [그림 13-6]과 같이 4단계로 나눌 수 있습니다.

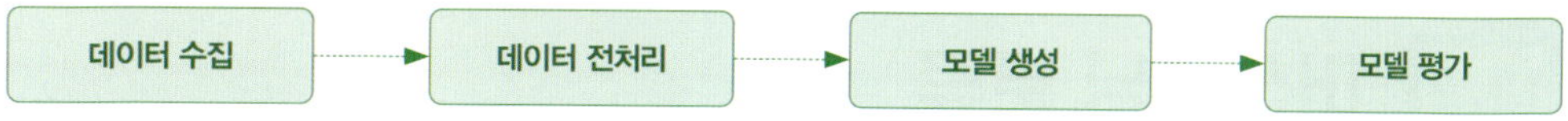

그림 13-6 머신러닝의 절차

❶ **데이터 수집 단계**는 문제를 해결하기 위한 데이터를 수집하는 단계입니다. 데이터의 크기와 질을 고려해서 데이터를 수집해야 합니다.

❷ **데이터 전처리 단계**는 수집한 데이터를 학습에 적합한 형태로 가공하는 단계입니다. 데이터에 결측값이 있다면 처리하고, 데이터를 훈련 세트와 테스트 세트로 나눕니다. 훈련 세트training set는 모델 학습에 활용할 데이터이고, 테스트 세트test set는 모델의 성능을 평가할 때 사용하는 데이터입니다.

❸ **모델 생성 단계**는 문제를 해결하는 머신러닝 모델을 생성하는 단계입니다. 문제에 적합한 모델을 선택하고 훈련 세트를 이용해서 선택한 모델을 학습시키면 모델이 완성됩니다.

❹ **모델 평가 단계**는 모델의 성능을 평가하는 단계입니다. 주로 정확도를 기준으로 성능을 평가합니다.

지금까지 머신러닝의 전반적인 개념에 대해 살펴보았습니다. 다음 절에서는 대표적인 머신러닝 라이브러리인 사이킷런scikit-learn을 사용해서 머신러닝 모델을 만들어보겠습니다.

13.2 머신러닝 분류

1 k-최근접 이웃 알고리즘

k-최근접 이웃k-Nearest Neighbors, k-NN 알고리즘은 거리가 가까운 데이터끼리는 속성이 유사할 것이라는 가정을 기반으로 하며 주로 머신러닝의 분류 알고리즘으로 사용됩니다.

새로운 데이터를 분류할 때 기존 데이터 중 새로운 데이터와 거리가 가까운 이웃 데이터 k개를 이용하는 방식입니다. [그림 13-7]에서 새로운 데이터를 초록 원으로 표시했습니다. 이 데이터를 파란 사각형 또는 빨간 삼각형으로 분류하겠습니다. k-최근접 이웃 알고리즘을 이용한다면 초록색 원과 가까운 데이터가 어떤 색인지 확인하여 문제를 해결합니다.

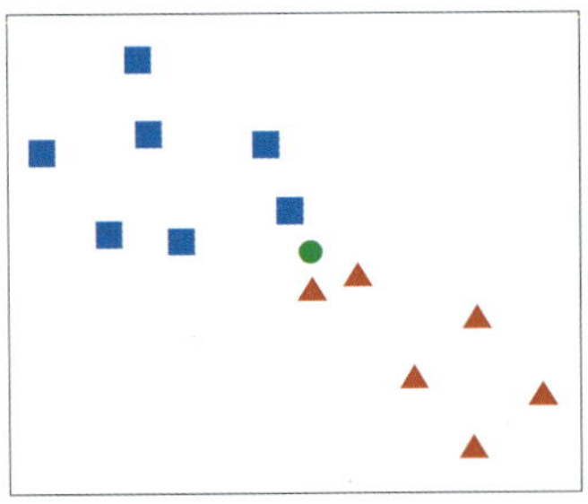

그림 13-7 기존 데이터와 새로운 데이터

만약 k가 3이면 초록색 원과 가장 가까운 데이터 3개를 확인합니다. 3개 중 빨간 삼각형이 가장 많으므로 새 데이터는 빨간 삼각형으로 분류합니다. 반면 k가 5이면 초록색 원과 가장 가까운 데이터 5개를 확인합니다. 5개 중 파란 사각형이 가장 많으므로 새 데이터는 파란 사각형으로 분류합니다.

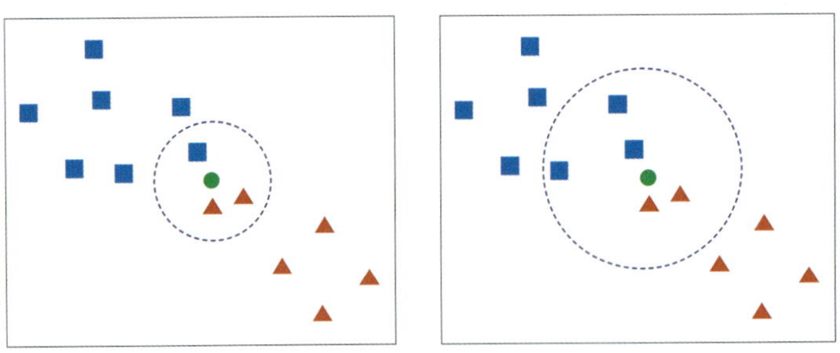

(a) k가 3일 때 (b) k가 5일 때

그림 13-8 k-최근접 이웃 알고리즘

2 붓꽃 품종 분류하기

k-최근접 이웃 알고리즘을 이용해서 붓꽃iris의 품종을 분류하는 머신러닝 모델을 만들어보겠습니다. 붓꽃을 세토사setosa, 베르시칼라versicolor, 버지니카virginica 품종으로 분류해 보겠습니다.

(a) 세토사 (b) 베르시칼라 (c) 버지니카

그림 13-9 붓꽃의 품종

영국의 통계학자 로널드 피셔Ronald Fisher 교수가 1936년에 논문을 통해 붓꽃 데이터 세트를 소개했는데 머신러닝 분류에 대표적으로 사용되고 있습니다. 이 데이터 세트는 실제로 측정한 데이터이고, 꽃받침 길이sepal length, 꽃받침 너비sepal width, 꽃잎 길이petal length, 꽃잎 너비petal width, 품종이 포함되어 있습니다.

표 13-1 붓꽃 데이터 세트에 포함된 데이터 (단위: cm)

꽃받침 길이	꽃받침 너비	꽃잎 길이	꽃잎 너비	품종
5.1	3.5	1.4	0.2	세토사
4.9	3	1.4	0.2	세토사
⋮				

그림 13-10 붓꽃의 꽃잎과 꽃받침

꽃받침 길이, 꽃받침 너비, 꽃잎 길이, 꽃잎 너비 값으로 붓꽃의 품종을 예측하는 머신러닝 모델을 만들고자 합니다. 그 전에 몇 가지 용어를 정리하겠습니다.

이 모델은 하나의 붓꽃 데이터(꽃받침 길이, 꽃받침 너비, 꽃잎 길이, 꽃잎 너비)를 입력받아 품종을 예측하는데, 모델에 입력될 하나의 붓꽃 데이터, 즉 행을 **샘플**sample이라 하고 모델로부터 나오는 값인 품종을 **출력**이라고 합니다. 그리고 샘플의 각 속성, 즉 열을 **특성**feature이라고 합니다.

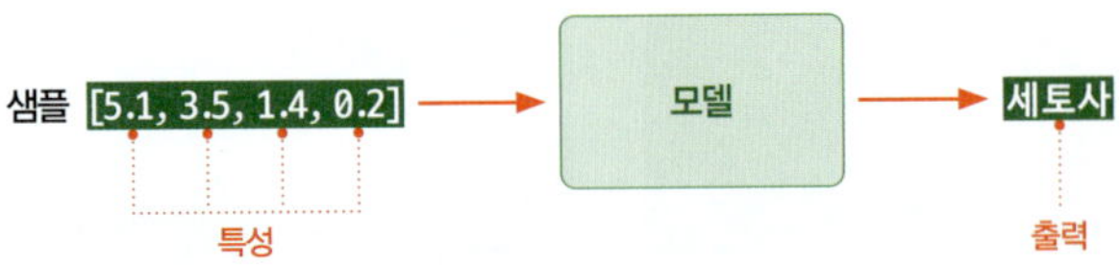

그림 13-11 붓꽃 분류 머신러닝 모델의 구조

분류 문제에서 붓꽃의 품종과 같이 모델이 출력할 수 있는 값의 집합을 **클래스**class라 하고, 특정 샘플의 클래스를 **레이블**label이라고 합니다. 즉 레이블은 모델이 예측해야 하는 값을 의미하는데 **타깃**target이라고도 하며 이 책에서는 레이블과 타깃을 모두 사용합니다. 본격적으로 붓꽃의 품종을 예측하는 머신러닝 모델을 만들어보겠습니다.

데이터 수집하기

사이킷런 라이브러리에서 제공하는 붓꽃 데이터 세트를 활용합니다. 붓꽃 데이터 세트를 불러와서 iris에 저장합니다.

코드 13-1

```
from sklearn import datasets
iris = datasets.load_iris()
```

iris는 딕셔너리와 유사하게 키와 값으로 구성됩니다. 내용을 확인해 보겠습니다.

코드 13-2

```
print('iris 키:', iris.keys())
```

```
iris 키: dict_keys(['data', 'target', 'frame', 'target_names', 'DESCR', 'feature_names',
'filename', 'data_module'])
```

iris['data']는 붓꽃 150개의 꽃받침 길이, 꽃받침 너비, 꽃잎 길이, 꽃잎 너비 값입니다. 이는 품종을 예측하기 위해 활용하는 데이터인 특성feature에 해당하는데, 붓꽃 5개의 데이터만 확인하는 코드는 다음과 같습니다.

코드 13-3

```
print('데이터:\n', iris['data'][:5])
```

```
데이터:
 [[5.1 3.5 1.4 0.2]
 [4.9 3.  1.4 0.2]
 [4.7 3.2 1.3 0.2]
 [4.6 3.1 1.5 0.2]
 [5.  3.6 1.4 0.2]]
```

실행 결과에서 각 행은 개별 붓꽃의 데이터이자 샘플에 해당합니다.

5.1	3.5	1.4	0.2
4.9	3	1.4	0.2
4.7	3.2	1.3	0.2

샘플

그림 13-12 iris['data']의 샘플

샘플마다 특성이 4개인데 특성이 무엇을 의미하는지는 [코드 13-4]와 같이 iris['feature_names']로 특성 이름을 출력해서 확인할 수 있습니다. 특성 이름은 sepal length (cm), sepal width (cm), petal length (cm), petal width (cm)입니다.

코드 13-4

```
print('특성 이름:', iris['feature_names'])
```

```
특성 이름: ['sepal length (cm)', 'sepal width (cm)', 'petal length (cm)', 'petal width (cm)']
```

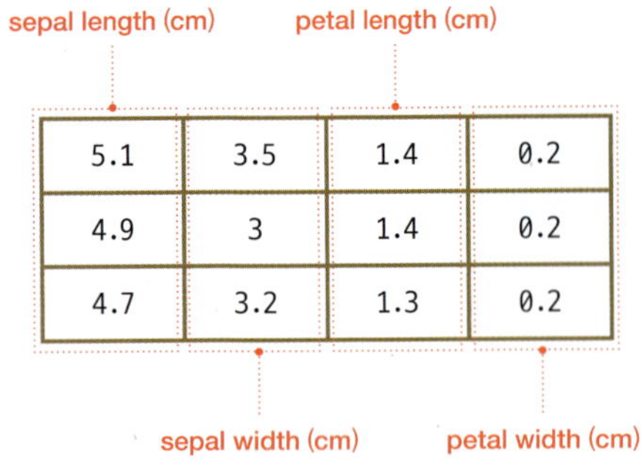

그림 13-13 특성 이름

iris['target']은 샘플 붓꽃의 품종을 의미하는 타깃입니다. 다음은 샘플 5개의 타깃을 확인하는 코드입니다. 타깃은 0, 1, 2이며 품종을 의미합니다.

코드 13-5

```
print('타깃:\n', iris['target'][:5])
```

```
[0 0 0 0 0]
```

타깃 값 0, 1, 2가 각각 어느 품종을 나타내는지는 iris['target_names']로 타깃 이름을 출력하면 알 수 있습니다. 0은 setosa, 1은 versicolor, 2는 virginica입니다.

코드 13-6

```
print('타깃 이름:', iris['target_names'])
```

```
타깃 이름: ['setosa' 'versicolor' 'virginica']
```

표 13-2 타깃과 붓꽃 품종

레이블	0	1	2
붓꽃 품종	setosa	versicolor	virginica

iris['data']와 iris['target']의 크기를 확인해 보면 iris['data']는 150행 4열이고 iris['target']은 150개입니다.

코드 13-7

```python
print('데이터 크기:', iris['data'].shape)
print('타깃 크기:', iris['target'].shape)
```

```
데이터 크기: (150, 4)
타깃 크기: (150,)
```

iris['data']와 iris['target']의 관계를 살펴보겠습니다. iris['data'] 특성은 붓꽃의 꽃받침 길이, 꽃받침 너비, 꽃잎 길이, 꽃잎 너비 값이고 iris['target']은 붓꽃의 품종입니다. [그림 13-14]에서 iris['data']의 첫 번째 행 5.1, 3.5, 1.4, 0.2 값을 갖는 붓꽃은 품종이 iris['target']의 첫 번째 데이터인 0이라는 의미입니다. 타깃 0은 setosa 품종입니다.

iris['data']

5.1	3.5	1.4	0.2
4.9	3	1.4	0.2
4.7	3.2	1.3	0.2

iris['target']

0	0	0

그림 13-14 특성과 타깃의 관계

데이터 전처리하기

데이터 세트를 훈련 세트와 테스트 세트로 나누어야 합니다. 훈련 세트$_{\text{training set}}$는 모델 학습에 필요한 데이터이고 테스트 세트$_{\text{test set}}$는 모델이 얼마나 잘 작동하는지 측정하는 데 사용할 데이터입니다. 사이킷런의 train_test_split 함수를 이용하면 데이터 세트의 특성과 타깃을 훈련 세트의 특성과 타깃, 테스트 세트의 특성과 타깃으로 나눌 수 있습니다.

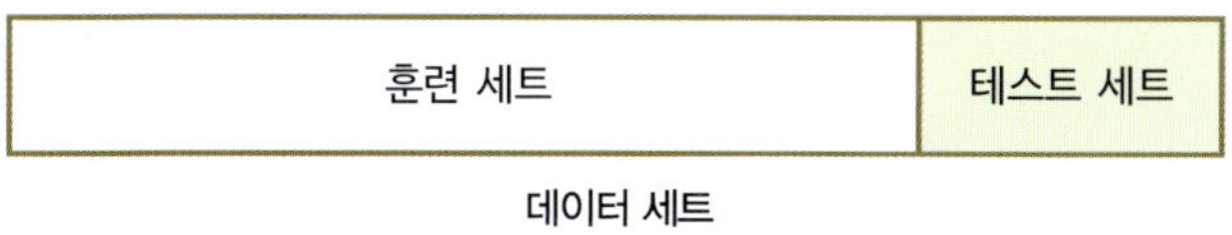

그림 13-15 데이터 세트 분할

train_test_split 함수는 입력 데이터를 무작위로 섞은 후 전체 데이터의 75%를 훈련 세트로 정하고 나머지 25%를 테스트 세트로 분할합니다. 테스트 세트의 비율을 20%로 설정하고 싶으면 test_size=0.2 옵션을 추가하면 됩니다. 만약 random_state 매개변수를 사용해서 난수 초깃값을 고정된 값으로 설정하면 여러 번 실행해도 분할 결과가 동일하게 나타납니다.

| Syntax | **train_test_split() 함수**

```
from sklearn.model_selection import train_test_split
train_test_split(특성, 타깃)
```

'특성'과 '타깃'을 각각 훈련 세트 75%와 테스트 세트 25%로 나눈다.

코드 13-8

```
from sklearn.model_selection import train_test_split

X_train, X_test, y_train, y_test = train_test_split(iris['data'], iris['target'],\
                                                    random_state=0)
print(X_train.shape, y_train.shape)
print(X_test.shape, y_test.shape)
```

```
(112, 4) (112,)
(38, 4) (38,)
```

TIP 사이킷런의 특성은 첫 글자를 대문자로 표기하는 관례가 있습니다. 이런 이유로 X_train과 X_test의 첫 글자를 대문자로 표기했습니다.

X_train과 y_train은 훈련 세트이고 X_test와 y_test는 테스트 세트가 됩니다. 그리고 X_train과 X_test는 특성이 되고 y_train과 y_test는 타깃이 됩니다. 특성은 붓꽃 품종을 예측하기 위해 활용하는 꽃받침 길이, 꽃받침 너비, 꽃잎 길이, 꽃잎 너비 데이터이고 타깃은 예측할 값인 품종입니다.

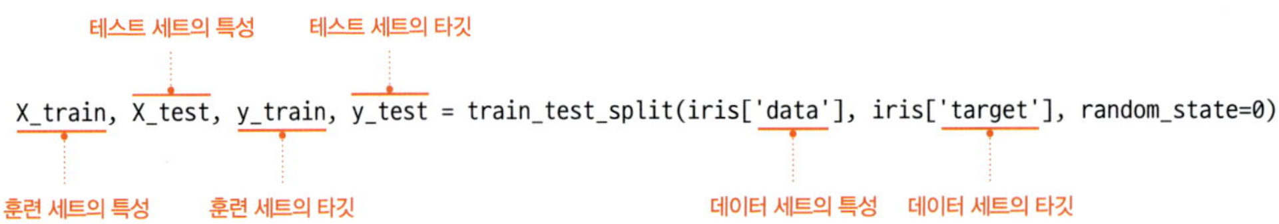

그림 13-16 iris 데이터 세트 분할 코드의 구조

모델 생성하기

붓꽃 품종을 예측하는 머신러닝 모델을 만들어보겠습니다. 사이킷런의 KNeighborsClassifier 함수를 이용해서 k-최근접 이웃 모델을 설정할 수 있습니다. n_neighbors 매개변수를 이용해서 이웃 개수를 지정할 수 있는데, 매개변수를 생략하면 이웃 개수가 5로 설정됩니다.

| Syntax | **KNeighborsClassifier() 함수**

```
from sklearn.neighbors import KNeighborsClassifier
KNeighborsClassifier(n_neighbors=이웃 개수)
```

k-최근접 이웃 모델을 설정한다.

n_neighbors 매개변수를 3으로 한 k-최근접 이웃 모델을 설정하여 knn에 저장합니다. knn은 k-최근접 이웃 알고리즘으로 동작하는 모델이 됩니다.

코드 13-9

```
from sklearn.neighbors import KNeighborsClassifier

knn = KNeighborsClassifier(n_neighbors=3)
```

모델을 설정하면 훈련 세트의 특성과 타깃을 이용해서 모델을 학습시켜야 모델이 완성됩니다. 모델 학습은 fit 함수를 이용하면 되는데, 특성을 2차원 배열 구조로 입력합니다.

| Syntax | **fit() 함수**

```
모델.fit(특성, 타깃)
```

'모델'을 학습시킨다.

훈련 세트의 특성인 X_train과 타깃인 y_train을 이용해서 knn 모델을 학습시키면 모델이 완성됩니다. 특성인 X_train은 112행 4열인 2차원 배열 구조이므로 그대로 입력합니다.

코드 13-10

```
knn.fit(X_train, y_train)
```

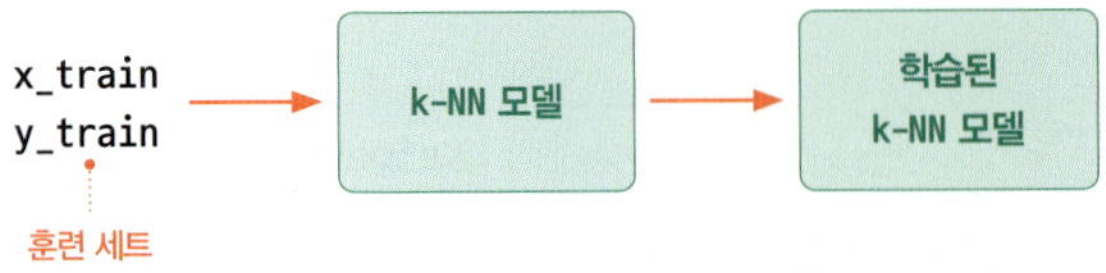

그림 13-17 모델 학습 과정

모델을 이용해 예측하기

생성한 모델을 이용해서 새로운 특성을 보고 붓꽃 품종을 예측할 수 있습니다. 모델을 이용해서 예측할 때 `predict` 함수를 이용하는데, 이때 특성을 매개변수로 해야 합니다. `fit` 함수와 마찬가지로 특성은 2차원 배열 구조로 입력합니다.

| Syntax | **predict() 함수**

```
모델.predict(특성)
```

'모델'을 이용해서 예측한다.

그러면 꽃받침 길이가 6cm, 꽃받침 너비가 3.5cm, 꽃잎 길이가 5cm, 꽃잎 너비가 1.5cm인 붓꽃을 어느 품종으로 예측하는지 알아보겠습니다. 샘플이 하나이므로 1행 4열의 2차원 배열 X_new를 생성합니다. `predict` 함수의 매개변수인 특성은 2차원 배열이어야 하기 때문입니다.

코드 13-11

```
import numpy as np

X_new = np.array([[6, 3.5, 5, 1.5]])
```

특성 X_new를 보고 `predict` 함수를 이용해서 예측한 결과는 1입니다.

코드 13-12

```
pred = knn.predict(X_new)
print(pred)
```

```
[1]
```

그림 13-18 학습된 모델의 예측 결과

품종 1의 이름을 확인하는 코드는 [코드 13-13]과 같습니다.

코드 13-13

```
print(iris['target_names'][pred])
```

```
['versicolor']
```

iris['target_names']는 타깃 값 0, 1, 2에 해당하는 품종 이름입니다. 예측 결과인 pred가 1일 때 iris['target_names'][pred]는 iris['target_names'][1]이 되어 'versicolor'가 출력됩니다.

'setosa'	'versicolor'	'virginica'
iris['target_names'][0]	iris['target_names'][1]	iris['target_names'][2]

그림 13-19 품종 이름을 구하는 과정

테스트 세트의 특성인 X_test로 붓꽃 품종을 예측하는 코드는 [코드 13-14]와 같습니다. y_pred는 X_test로 예측한 값입니다. 테스트 세트의 실제 타깃도 확인합니다. 직전에 출력한 예측 값과 비교하면 마지막 값 1개만 다르고 나머지는 같은 결과입니다.

코드 13-14

```
y_pred = knn.predict(X_test)
print('테스트 세트 예측 값:\n', y_pred)
print('테스트 세트 실제 타깃:\n', y_test)
```

```
테스트 세트 예측 값:
 [2 1 0 2 0 2 0 1 1 1 2 1 1 1 1 0 1 1 0 0 2 1 0 0 2 0 0 1 1 0 2 1 0 2 2 1 0 2]
테스트 세트 실제 타깃:
 [2 1 0 2 0 2 0 1 1 1 2 1 1 1 1 0 1 1 0 0 2 1 0 0 2 0 0 1 1 0 2 1 0 2 2 1 0 1]
```

모델 평가하기

머신러닝 모델의 성능을 평가할 때 주로 정확도를 이용합니다. 여기서 정확도는 실제 타깃과 모델을 이용한 예측 값이 같은 경우의 비율입니다. 정확도를 구할 때 score 함수를 이용합니다.

| Syntax | **score() 함수**

```
모델.score(특성, 타깃)
```

'모델'의 정확도를 계산한다.

붓꽃 분류 모델에서 훈련 세트와 테스트 세트의 정확도를 구하는 코드는 [코드 13-15]와 같습니다. 실행 결과는 0.964와 0.974로 매우 높은 정확도를 보이는 것을 알 수 있습니다.

코드 13-15

```
print(f'훈련 세트 정확도: {knn.score(X_train, y_train):.3f}')
print(f'테스트 세트 정확도: {knn.score(X_test, y_test):.3f}')
```

```
훈련 세트 정확도: 0.964
테스트 세트 정확도: 0.974
```

LAB 와인 분류하기

와인을 분류하는 머신러닝 프로그램을 만들어보겠습니다. 사이킷런 라이브러리에서 제공하는 와인 데이터 세트를 활용하고자 합니다. 이 데이터 세트는 이탈리아의 한 지역에서 세 명의 경작자가 재배한 포도로 만든 와인을 화학적으로 분석한 결과입니다. 특성은 [표 13-3]과 같이 13가지이고 타깃은 0, 1, 2 즉, 경작자로 와인을 분류하게 됩니다.

표 13-3 와인 데이터셋의 특성

특성 이름	설명
alcohol	알코올 함량
malic_acid	말산 함량
ash	회분 함량
alcalinity_of_ash	회분의 알칼리도
magnesium	마그네슘 함량
total_phenols	총 폴리페놀 함량
flavanoids	플라보노이드 함량
nonflavanoid_phenols	비플라보노이드 폴리페놀 함량
proanthocyanins	프로안토시아닌 함량
color_intensity	색상 강도
hue	색조
OD280/OD315_of_diluted_wines	희석된 와인의 OD280/OD315 비율
proline	프롤린 함량

다음은 머신러닝 분류 모델을 이용해서 와인을 분류하는 프로그램입니다.

코드 13-16

```
from sklearn import datasets
from sklearn.model_selection import train_test_split
from sklearn.neighbors import KNeighborsClassifier

# 데이터 수집하기
wine = datasets.load_wine()
print('wine 키:', wine.keys())
print('데이터:\n', wine['data'][:5])
print('특성 이름:', wine['feature_names'])
print('타깃:\n', wine['target'][:5])
print('타깃 이름:', wine['target_names'])
print('데이터 크기:', wine['data'].shape)
print('타깃 크기:', wine['target'].shape)

```

```python
# 데이터 전처리하기
X_train, X_test, y_train, y_test = train_test_split(wine['data'], wine['target'],\
                                                    random_state=0)
print(X_train.shape, y_train.shape)
print(X_test.shape, y_test.shape)

# 모델 생성하기
knn = KNeighborsClassifier(n_neighbors=3)
knn.fit(X_train, y_train)

# 모델 이용해 예측하기
y_pred = knn.predict(X_test)
print('테스트 세트 예측 값:\n', y_pred)
print('테스트 세트 실제 타깃:\n', y_test)

# 모델 평가하기
print(f'훈련 세트 정확도: {knn.score(X_train, y_train):.3f}')
print(f'테스트 세트 정확도: {knn.score(X_test, y_test):.3f}')
```

```
wine 키: dict_keys(['data', 'target', 'frame', 'target_names', 'DESCR', 'feature_names'])
데이터:
 [[1.423e+01 1.710e+00 2.430e+00 1.560e+01 1.270e+02 2.800e+00 3.060e+00
  2.800e-01 2.290e+00 5.640e+00 1.040e+00 3.920e+00 1.065e+03]
 [1.320e+01 1.780e+00 2.140e+00 1.120e+01 1.000e+02 2.650e+00 2.760e+00
  2.600e-01 1.280e+00 4.380e+00 1.050e+00 3.400e+00 1.050e+03]
 [1.316e+01 2.360e+00 2.670e+00 1.860e+01 1.010e+02 2.800e+00 3.240e+00
  3.000e-01 2.810e+00 5.680e+00 1.030e+00 3.170e+00 1.185e+03]
 [1.437e+01 1.950e+00 2.500e+00 1.680e+01 1.130e+02 3.850e+00 3.490e+00
  2.400e-01 2.180e+00 7.800e+00 8.600e-01 3.450e+00 1.480e+03]]
 [1.324e+01 2.590e+00 2.870e+00 2.100e+01 1.180e+02 2.800e+00 2.690e+00
3.900e-01 1.820e+00 4.320e+00 1.040e+00 2.930e+00 7.350e+02]]
특성 이름: ['alcohol', 'malic_acid', 'ash', 'alcalinity_of_ash', 'magnesium', 'total_phenols',
'flavanoids', 'nonflavanoid_phenols', 'proanthocyanins', 'color_intensity', 'hue', 'od280/
od315_of_diluted_wines', 'proline']
타깃:
 [0 0 0 0 0]
타깃 이름: ['class_0' 'class_1' 'class_2']
데이터 크기: (178, 13)
```

```
타깃 크기: (178,)
(133, 13) (133,)
(45, 13) (45,)
테스트 세트 예측 값:
 [0 1 1 0 1 1 0 1 1 1 0 1 0 2 0 1 0 0 1 0 1 0 1 1 0 1 1 1 2 2 0 0 1 0 0 0 0 1 1 0 2 0 1 1 1]
테스트 세트 실제 타깃:
 [0 2 1 0 1 1 0 2 1 1 2 2 0 1 2 1 0 0 1 0 1 0 0 1 1 1 1 1 1 2 0 0 1 0 0 0 2 1 1 2 0 0 1 1 1]
훈련 세트 정확도: 0.887
테스트 세트 정확도: 0.733
```

동작 과정

1 06~07행에서 사이킷런 라이브러리에서 제공하는 와인 데이터 세트를 불러와서 wine에 저장하고 wine 객체를 이루는 키를 확인합니다.

2 08행에서 5개 와인에 대한 데이터를 확인해 보고 09행에서 각 특성의 이름을 확인합니다. wine['data']는 178개 와인에 대한 알코올 함량, 말산 함량, 회분 함량, 회분의 알칼리도, 마그네슘 함량, 총 폴리페놀 함량, 플라보노이드 함량, 비플라보노이드 폴리페놀 함량, 프로안토시아닌 함량, 색상 강도, 색조, 희석된 와인의 OD280/OD315 비율, 프롤린 함량 값인데 와인 경작자를 예측하기 위해 활용하는 특성에 해당합니다.

3 10행에서 와인 5개의 타깃을 확인하고 11행에서 타깃 값인 0, 1, 2의 의미를 확인합니다. wine['target']은 wine['data']에 있는 와인 데이터의 분류 결과를 의미합니다. wine['target']은 0부터 2까지의 숫자 레이블로 구성되며 각 숫자의 의미는 다음 표와 같습니다.

레이블	0	1	2
경작자 분류 결과	class_0	class_1	class_2

4 12~13행에서 wine['data']와 wine['target']의 크기를 확인합니다. 특성은 178행 13열이고 타깃은 178개입니다.

5 16행에서 train_test_split 함수를 이용해서 특성 wine['data']와 타깃 wine['target']을 훈련 세트인 X_train과 y_train, 테스트 세트인 X_test와 y_test로 나눕니다.

테스트 세트의 특성 (X_test) / 테스트 세트의 타깃 (y_test)

```
X_train, X_test, y_train, y_test = train_test_split(wine['data'], wine['target'], …)
```

훈련 세트의 특성 (X_train) / 훈련 세트의 타깃 (y_train) / 데이터 세트의 특성 (wine['data']) / 데이터 세트의 타깃 (wine['target'])

6 22행에서 k-최근접 이웃 모델을 설정하고 23행에서 훈련 세트를 이용해서 모델을 학습시킵니다. 와인의 화학적 성분을 보고 경작자를 예측하는 머신러닝 모델을 생성합니다.

7 26행에서 테스트 세트의 특성인 `X_test`에 대한 와인 경작자를 예측하고 27~28행에서 테스트 세트의 예측 값과 실제 타깃을 비교합니다. 몇몇 값만 차이가 있고 대부분 유사한 결과가 나오는 것을 확인할 수 있습니다.

예측 값	0	1	1	0	…
실제 타깃	0	2	1	0	…

8 31~32행에서 모델의 훈련 세트와 테스트 세트에서의 정확도를 구합니다. 정확도는 `0.887`과 `0.733`입니다.

13.3 머신러닝 회귀

1 회귀분석의 개념

회귀분석 regression analysis은 하나 이상의 독립 변수가 변할 때 종속 변수가 얼마나 변할 것인지, 즉 하나 이상의 독립 변수가 종속 변수에 미치는 영향력을 예측하는 분석 기법입니다. 회귀분석의 결과로 독립 변수와 종속 변수 사이의 구체적인 관계를 식으로 표현할 수 있고, 이 식을 회귀식이라 합니다.

회귀분석의 예를 살펴보겠습니다. 일간 평균 기온과 일간 아이스크림 판매량 데이터가 있습니다. 평균 기온이 26도일 때 아이스크림 판매량은 어떻게 될지 회귀분석을 이용해 예측해 보겠습니다.

표 13-4 평균 기온과 아이스크림 판매량

평균 기온	아이스크림 판매량	평균 기온	아이스크림 판매량	평균 기온	아이스크림 판매량
15	85	28	117	28	120
17	87	25	104	27	115
22	95	27	120	31	131
25	102	24	103	29	120
19	90	30	122	25	107

이 데이터를 [그림 13-20(a)]와 같이 x축이 평균 기온이고 y축이 아이스크림 판매량인 산점도로 나타냅니다. 그리고 이 점들을 대표하는 직선을 [그림 13-20(b)]와 같이 그릴 수 있습니다.

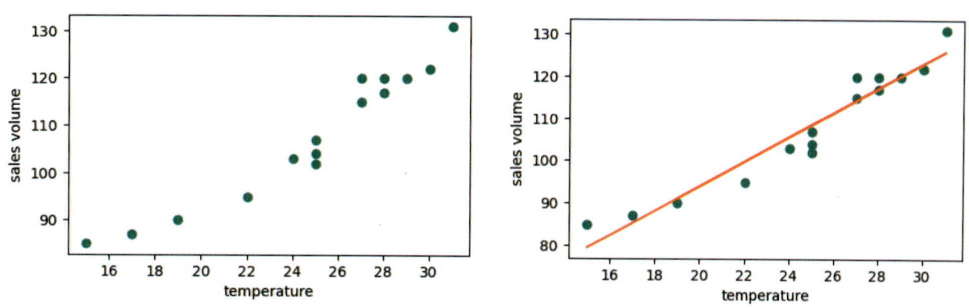

(a) 산점도 (b) 점들을 대표하는 직선

그림 13-20 평균 기온과 아이스크림 판매량의 산점도와 대표 직선

회귀분석은 이렇게 변수 간의 관계를 선으로 나타낼 수 있는 함수식을 찾는 분석입니다. 이 함수식을 회귀식이라 하고, 특히 직선의 회귀식을 찾는 회귀분석을 **선형 회귀**linear regression라 합니다. 이 책에서는 선형 회귀에 대해서 살펴볼 것입니다. 예시를 이용해서 구한 회귀식은 다음과 같습니다.

$$\text{아이스크림 판매량} = 35.9 + 2.9 \times (\text{평균 기온})$$

회귀식의 평균 기온에 26을 대입하면 아이스크림 판매량이 111.35라고 예측됩니다. 이 식을 구하는 구체적인 과정은 곧 살펴볼 것입니다. 여기서 평균 기온은 독립 변수에 해당하고 아이스크림 판매량은 종속 변수에 해당합니다. 머신러닝에서는 독립 변수를 특성이라 하고 종속 변수를 타깃이라 합니다.

2 캘리포니아 주택 가격 예측하기

캘리포니아 주택 가격을 예측하는 머신러닝 모델을 만드는 사례를 통해 머신러닝 회귀에 대해 더 구체적으로 살펴보겠습니다. 이 절에서 사용할 캘리포니아 주택 가격 데이터 세트는 1990년 캘리포니아 인구 조사를 통해 얻은 평균 주택 가격 데이터 세트인데 머신러닝 회귀를 소개할 때 자주 사용됩니다. 이 데이터 세트에는 평균 소득, 평균 주택 연령, 가구당 평균 방 수 등의 특성이 포함됩니다. 캘리포니아 주택 가격 데이터 세트의 특성을 활용하여 주택 가격을 예측하는 머신러닝 모델을 만들어보겠습니다.

데이터 수집하기

사이킷런 라이브러리에서 제공하는 캘리포니아 주택 데이터 세트California Housing dataset를 불러와서 housing에 저장합니다. 그리고 housing이 어떤 키로 이루어져 있는지 확인합니다.

코드 13-17

```python
from sklearn import datasets
housing = datasets.fetch_california_housing()
print(housing.keys())
```

```
dict_keys(['data', 'target', 'frame', 'target_names', 'feature_names', 'DESCR'])
```

housing['data']는 20,640개의 평균 소득, 평균 주택 연령, 가구당 평균 방 수 등의 값입니다. 이는 주택 가격을 예측하기 위해 활용하는 특성에 해당합니다. 주택 3개의 데이터만 확인하는 코드는 다음과 같습니다. 실행 결과 각 행이 개별 주택의 특성을 의미합니다.

코드 13-18

```
print('데이터:\n', housing['data'][:3])
```

```
데이터:
[[ 8.32520000e+00  4.10000000e+01  6.98412698e+00  1.02380952e+00
   3.22000000e+02  2.55555556e+00  3.78800000e+01 -1.22230000e+02]
 [ 8.30140000e+00  2.10000000e+01  6.23813708e+00  9.71880492e-01
   2.40100000e+03  2.10984183e+00  3.78600000e+01 -1.22220000e+02]
 [ 7.25740000e+00  5.20000000e+01  8.28813559e+00  1.07344633e+00
   4.96000000e+02  2.80225989e+00  3.78500000e+01 -1.22240000e+02]]
```

샘플의 특성이 8개인데 housing['feature_names']로 알아낸 특성의 이름과 그 의미는 [표 13-5]와 같습니다.

코드 13-19

```
print('특성 이름:', housing['feature_names'])
```

```
특성 이름: ['MedInc', 'HouseAge', 'AveRooms', 'AveBedrms', 'Population', 'AveOccup',
'Latitude', 'Longitude']
```

표 13-5 캘리포니아 주택 데이터 세트의 특성

특성 이름	설명
MedInc	블록 그룹의 평균 소득
HouseAge	블록 그룹의 평균 주택 연령
AveRooms	가구당 평균 방 수
AveBedrms	가구당 평균 침실 수
Population	블록 그룹의 인구
AveOccup	평균 가구 구성원 수

Latitude	블록 그룹의 위도
Longitude	블록 그룹의 경도

housing['target']은 housing['data'] 주택의 가격입니다. 다음은 주택 5개의 타깃 값과 타깃 이름을 확인하는 코드입니다. 타깃 값은 MedHouseVal, 즉 평균 주택 가격입니다.

코드 13-20

```
print('타깃:\n', housing['target'][:5])
print('타깃 이름:', housing['target_names'])
```

```
타깃:
 [4.526 3.585 3.521 3.413 3.422]
타깃 이름: ['MedHouseVal']
```

특성과 타깃의 크기를 확인합니다. housing['data']는 20640행 8열이며 housing['target']은 20640개입니다.

코드 13-21

```
print('데이터 크기:', housing['data'].shape)
print('타깃 크기:', housing['target'].shape)
```

```
데이터 크기: (20640, 8)
타깃 크기: (20640,)
```

다음 그림에서 housing['data']의 첫 번째 행 데이터는 8.32520000e+00, 4.10000000e+01, …, -1.22230000e+02이고, 주택 가격은 housing['target']의 첫 번째인 4.526입니다. 주택 가격의 단위는 십만 달러입니다.

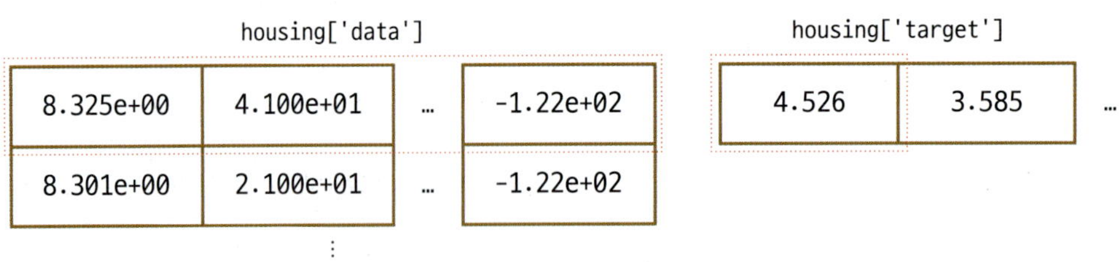

그림 13-21 특성과 타깃의 관계

데이터 전처리하기

사이킷런의 train_test_split 함수를 이용해서 특성인 housing['data']와 타깃인 housing['target']을 훈련 세트와 테스트 세트로 나눕니다.

코드 13-22

```
from sklearn.model_selection import train_test_split

X_train, X_test, y_train, y_test = train_test_split(housing['data'], housing['target'],
                                                    random_state=0)
print(X_train.shape, y_train.shape)
print(X_test.shape, y_test.shape)
```

```
(15480, 8) (15480,)
(5160, 8) (5160,)
```

앞 절에서도 설명했지만 X_train과 y_train은 훈련 세트이고 X_test와 y_test는 테스트 세트입니다. 그리고 X_train과 X_test는 특성이고 y_train과 y_test는 타깃입니다.

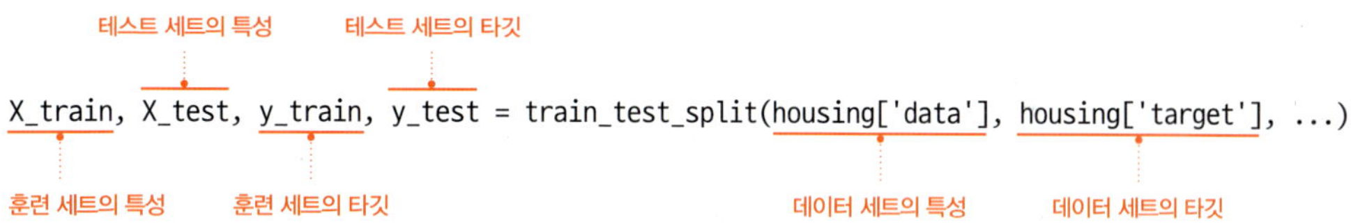

그림 13-22 housing 데이터 세트 분할 코드의 구조

모델 생성하기

주택 정보로 주택 가격을 예측하는 머신러닝 모델을 만들어보겠습니다. 사이킷런에서 제공하는 LinearRegression 함수를 이용해서 선형 회귀 모델을 설정할 수 있습니다.

| Syntax | **LinearRegression() 함수**

```
from sklearn.linear_model import LinearRegression
LinearRegression()
```

선형 회귀 모델을 설정한다.

선형 회귀 모델 역시 훈련 세트의 특성과 타깃을 이용해서 학습해야 모델이 완성됩니다. 이때 fit 함수를 이용합니다. fit 함수의 특성인 X_train은 15,480행 8열의 2차원 배열 구조이므로 그대로 사용하면 됩니다.

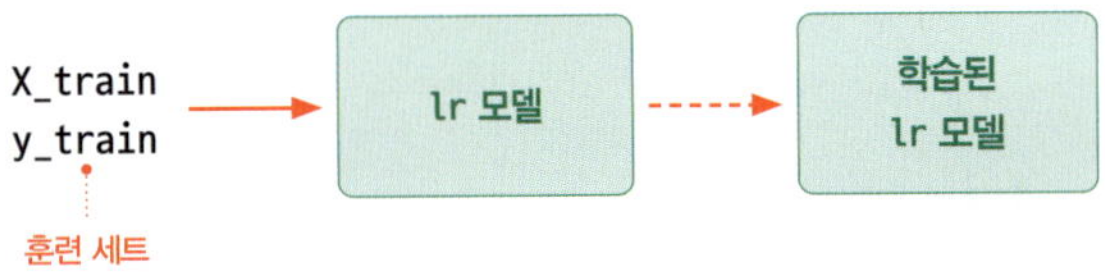

그림 13-23 선형 회귀 모델의 학습

코드 13-23

```python
from sklearn.linear_model import LinearRegression

lr = LinearRegression()
lr.fit(X_train, y_train)
```

모델이 완성되면 특성(x_1, x_2, …)의 변화량에 따라 타깃(y)이 어떻게 변하는지를 추정하여 식으로 나타낼 수 있습니다. 이 식을 회귀식이라 합니다.

$$y = a + b_1x_1 + b_2x_2 + \dots$$

회귀식에서 a를 절편$_{\text{intercept}}$이라 하는데 값이 intercept_ 변수에 저장됩니다. 회귀식에서 b1, b2, …는 계수$_{\text{coefficient}}$ 또는 가중치$_{\text{weight}}$라 하는데 값이 coef_에 리스트로 저장됩니다. 다음은 절편과 계수를 확인하는 코드입니다.

코드 13-24

```python
import numpy as np

print('절편:', lr.intercept_)
print('계수:', np.round(lr.coef_,3))
```

```
절편: -36.609593778714334
계수: [ 0.439  0.01  -0.103  0.617 -0.    -0.004 -0.417 -0.431]
```

회귀식의 특성, 타깃, 절편, 계수는 다음과 같습니다.

```
MedHouseVal = -36.6 + 0.439*MedInc + 0.01*HouseAge - 0.103*AveRooms + …
```

(타깃: MedHouseVal, 절편: -36.6, 계수1: 0.439, 특성1: MedInc, 계수2: 0.01, 특성2: HouseAge, 계수3: 0.103, 특성3: AveRooms)

그림 13-24 선형 회귀식

모델을 이용해서 예측하기

생성한 모델을 이용해서 테스트 세트의 특성인 X_test에 대한 주택 가격을 예측하여 pred에 저장하고, pred에서 10개를 출력합니다.

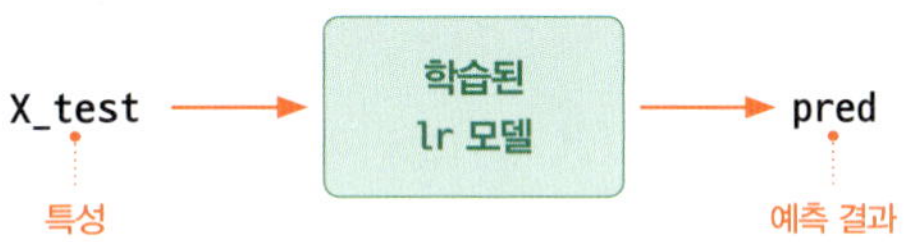

그림 13-25 학습된 선형 회귀 모델을 이용하는 예측

테스트 세트의 예측 값과 실제 타깃을 출력해서 비교합니다.

코드 13-25

```
pred = lr.predict(X_test)
print('테스트 세트 예측 값 :\n', np.round(pred[:10],3))
print('테스트 세트 실제 타깃 :\n', y_test[:10])
```

```
테스트 세트 예측 값:
 [2.278 2.796 1.909 1.026 2.959 2.097 2.994 3.067 2.986 2.39 ]
테스트 세트 실제 타깃:
 [1.369 2.413 2.007 0.725 4.6   1.2   2.47  3.369 3.397 2.656]
```

```
  예측값 2.278  2.796  1.909 …
실제 타깃 1.369  2.413  2.007 …
```

그림 13-26 예측 값과 실제 타깃

모델 평가

score 함수를 이용해서 모델의 정확도를 측정합니다. 훈련 세트의 정확도는 0.611이고 테스트 세트의 정확도는 0.591입니다.

코드 13-26

```
print(f'훈련 세트 정확도: {lr.score(X_train, y_train):.3f}')
print(f'테스트 세트 정확도: {lr.score(X_test, y_test):.3f}')
```

```
훈련 세트 정확도: 0.611
테스트 세트 정확도: 0.591
```

LAB 당뇨병 진행 정도 예측하기

당뇨병 진행률을 예측하는 프로그램을 만들어보겠습니다. 사이킷런 라이브러리에서 제공하는 당뇨병 데이터 세트를 활용하고자 하는데, 미국 피마 인디언 442명을 대상으로 혈압, 혈당, 콜레스테롤 등 10가지 특성과 당뇨병 진행률을 기록한 데이터입니다. 10가지 특성의 이름과 내용은 [표 13-6]과 같고 타깃은 1년 뒤에 측정한 당뇨병 진행률입니다.

표 13-6 당뇨병 데이터 세트의 특성

특성 이름	설명
age	나이
sex	성별
bmi	체질량지수
bp	평균 혈압
s1	혈중 총콜레스테롤
s2	저밀도 지질단백질
s3	고밀도 지질단백질
s4	총 콜레스테롤 수치
s5	혈중 트리글리세라이드 수치
s6	혈당 수치

다음은 머신러닝 회귀 모델을 이용해서 당뇨병 진행률을 예측하는 프로그램의 전체 코드와 실행 결과입니다.

코드 13-27

```
from sklearn import datasets
from sklearn.model_selection import train_test_split
from sklearn.linear_model import LinearRegression
import numpy as np

# 데이터 수집하기
diabetes = datasets.load_diabetes()
print('diabetes 키:', diabetes.keys())
print('데이터:\n', diabetes['data'][:3])
print('특성 이름:', diabetes['feature_names'])
print('타깃:\n', diabetes['target'][:3])
print('데이터 크기:', diabetes['data'].shape)
print('타깃 크기:', diabetes['target'].shape)

# 데이터 전처리하기
X_train, X_test, y_train, y_test = train_test_split(diabetes['data'],\
                                   diabetes['target'], random_state=0)
print(X_train.shape, y_train.shape)
print(X_test.shape, y_test.shape)

# 모델 생성하기
lr = LinearRegression()
lr.fit(X_train, y_train)

print('절편:', np.round(lr.intercept_,3))
print('계수:', np.round(lr.coef_,3))

# 모델 이용해 예측하기
pred = lr.predict(X_test)
print('테스트 세트 예측 값:\n', np.round(pred[:10],3))
print('테스트 세트 실제 타깃:\n', y_test[:10])

# 모델 평가하기
print(f'훈련 세트 정확도: {lr.score(X_train, y_train):.3f}')
print(f'테스트 세트 정확도: {lr.score(X_test, y_test):.3f}')
```

```
diabetes 키: dict_keys(['data', 'target', 'frame', 'DESCR', 'feature_names', 'data_filename', 'target_filename', 'data_module'])
데이터:
 [[ 0.03807591  0.05068012  0.06169621  0.02187239 -0.0442235  -0.03482076
  -0.04340085 -0.00259226  0.01990749 -0.01764613]
 [-0.00188202 -0.04464164 -0.05147406 -0.02632753 -0.00844872 -0.01916334
   0.07441156 -0.03949338 -0.06833155 -0.09220405]
 [ 0.08529891  0.05068012  0.04445121 -0.00567042 -0.04559945 -0.03419447
  -0.03235593 -0.00259226  0.00286131 -0.02593034]]
특성 이름: ['age', 'sex', 'bmi', 'bp', 's1', 's2', 's3', 's4', 's5', 's6']
타깃:
 [151.  75. 141.]
데이터 크기: (442, 10)
타깃 크기: (442,)
(331, 10) (331,)
(111, 10) (111,)
절편: 153.068
계수: [ -43.262 -208.666  593.407  302.891 -560.191  261.408   -8.867  135.932  703.184
28.35 ]
테스트 세트 예측 값:
 [241.845 250.119 164.968 119.116 188.232 260.559 113.078 190.543 151.887 236.505]
테스트 세트 실제 타깃:
 [321. 215. 127.  64. 175. 275. 179. 232. 142.  99.]
훈련 세트 정확도: 0.555
테스트 세트 정확도: 0.359
```

동작 과정

1 07~08행에서 사이킷런 라이브러리에서 제공하는 당뇨병 데이터 세트를 불러와서 diabetes에 저장하여 diabetes 객체가 어떤 키로 이루어져 있는지 확인합니다.

2 09행에서 데이터 3개를 확인하고 10행에서 특성 이름을 확인합니다. diabetes['data']는 442명의 당뇨병 진행률을 예측하기 위해 활용하는 특성입니다.

3 11행에서 타깃 3개만 출력해서 확인합니다. diabetes['target']은 diabetes['data'] 각 행에 해당하는 사람을 1년 뒤에 측정해서 얻은 당뇨병 진행률이며, 값의 범위는 25~346입니다.

4 12~13행에서 diabetes['data']와 diabetes['target']의 크기를 확인합니다. 특성은 442행 10열이고 타깃은 442개입니다.

5 16행에서 `train_test_split` 함수를 이용해서 특성인 `diabetes['data']`와 타깃인 `diabetes['target']`을 훈련 세트인 `X_train`과 `y_train`, 테스트 세트인 `X_test`와 `y_test`로 나눕니다.

테스트 세트의 특성 테스트 세트의 타깃

```
X_train, X_test, y_train, y_test = train_test_split(diabetes['data'], diabetes['target'], …)
```

훈련 세트의 특성 훈련 세트의 타깃 데이터 세트의 특성 데이터 세트의 타깃

6 22행에서 선형 회귀 모델을 설정하고 23행에서 훈련 세트를 이용해 모델을 학습하여 건강 데이터로 당뇨병의 진행률을 예측하는 머신러닝 모델을 생성합니다.

7 25~26행에서 모델의 절편과 계수를 확인합니다. 이 모델의 회귀식은 다음과 같습니다.

계수1 계수2 계수3

```
당뇨병 진행률 = 153.068 - 43.262*age - 208.666*sex + 593.407*bmi + …
```

타깃 절편 특성1 특성2 특성3

8 29행에서 테스트 세트의 특성인 `X_test`를 이용해서 당뇨병 진행률을 예측하고 30~31행에서 테스트 세트의 예측 값과 실제 타깃을 비교합니다.

예측 값	241.845	250.119	164.968	119.116	…
실제 타깃	321.	215.	127.	64.	…

9 34~35행에서 훈련 세트와 테스트 세트의 정확도를 구합니다. 정확도가 `0.555`와 `0.359`이므로 높지 않은 것을 확인할 수 있습니다.

13.4 플러스 예제 MNIST 분류하기

MNIST Modified National Institute of Standards and Technology database는 0부터 9까지의 숫자를 손으로 쓴 이미지 70,000개를 모은 데이터 세트입니다. 이 데이터 세트는 머신러닝 분야의 'Hello World'라 불릴 정도로 많이 사용됩니다. MNIST 데이터 세트를 활용하여 이미지를 분류하는 머신러닝 모델을 만들어보겠습니다.

그림 13-27 MNIST 데이터 세트의 일부

1 데이터 수집하기

사이킷런 라이브러리에서 제공하는 MNIST 데이터 세트를 불러와서 mnist에 저장합니다. 데이터가 넘파이 배열이므로 as_frame 매개변수를 False로 설정하고, 데이터를 원하는 형식으로 변환하는 파싱을 자동으로 선택하도록 parser 매개변수를 'auto'로 설정합니다.

```
from sklearn.datasets import fetch_openml
mnist = fetch_openml('mnist_784', as_frame=False, parser='auto')
```

mnist 객체가 어떤 키로 이루어져 있는지 확인합니다.

```
print(mnist.keys())
```

```
dict_keys(['data', 'target', 'frame', 'categories', 'feature_names', 'target_names',
'DESCR', 'details', 'url'])
```

mnist['data']와 mnist['target']의 크기를 확인합니다. 특성인 mnist['data']는 70,000행 784열입니다. 여기서 784는 28×28과 같고, 가로 28픽셀과 세로 28픽셀인 모든 이미지의 픽셀 수입니다. 타깃인 mnist['target']은 이미지가 표현하는 숫자의 개수와 같은 70,000개입니다.

```
print('데이터 크기:', mnist['data'].shape)
print('타깃 크기:', mnist['target'].shape)
```

```
데이터 크기: (70000, 784)
타깃 크기: (70000,)
```

mnist['data']의 첫 번째 이미지를 출력하겠습니다. reshape 함수를 이용해서 이미지 크기를 784에서 28행 28열의 배열로 바꿔야 이미지로 출력됩니다. 그리고 cmap 매개변수를 이용해서 이미지 색상을 'binary'로 설정합니다.

```
import matplotlib.pyplot as plt

plt.figure(figsize=(2,2))
img = mnist['data'][0].reshape(28,28)
plt.imshow(img, cmap='binary')
plt.show()
```

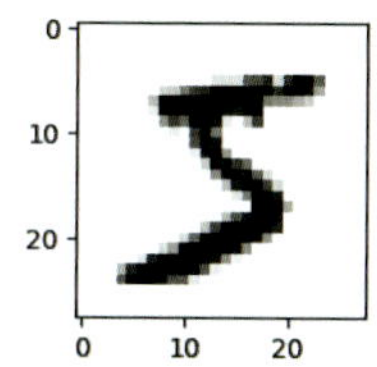

숫자 5가 적힌 이미지가 나타나고, 이 이미지의 타깃 값을 출력하면 5입니다.

```
print(mnist['target'][0])
```

```
5
```

9개의 이미지를 3행 3열로 출력하고 이미지 아래에 타깃을 출력합니다.

```
plt.figure(figsize=(4,4))
for i in range(9):
  plt.subplot(3,3,i+1)
  plt.xticks([])
  plt.yticks([])
  plt.imshow(mnist['data'][i].reshape(28,28), cmap='binary')
  plt.xlabel(mnist['target'][i])
plt.show()
```

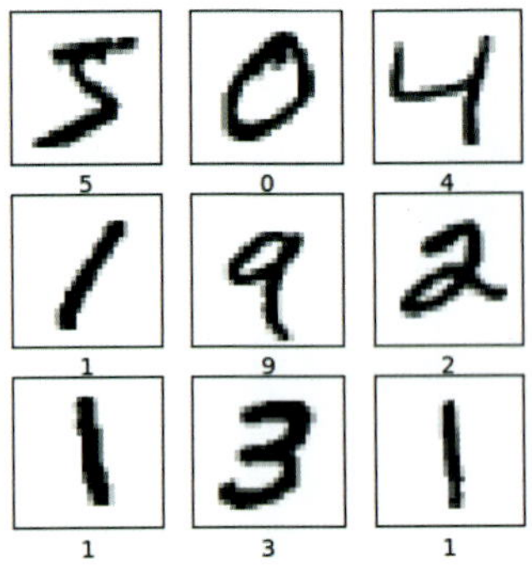

2 데이터 전처리하기

사이킷런의 train_test_split 함수를 이용해서 특성인 mnist['data']와 타깃인 mnist['target']을 훈련 세트인 X_train과 y_train, 테스트 세트인 X_test와 y_test로 나눕니다.

```
from sklearn.model_selection import train_test_split

X_train, X_test, y_train, y_test = train_test_split(mnist['data'], mnist['target'],
random_state=0)
print(X_train.shape, y_train.shape)
print(X_test.shape, y_test.shape)
```

```
(52500, 784) (52500,)
(17500, 784) (17500,)
```

3 모델 생성하기

k-최근접 이웃 모델을 설정하고 훈련 세트를 이용해서 모델을 학습시켜 숫자 이미지로 숫자를 분류하는 머신러닝 모델을 생성해 보겠습니다. fit 함수의 특성인 X_train은 52,500행 784열의 2차원 배열 구조이므로 그대로 사용합니다.

```
from sklearn.neighbors import KNeighborsClassifier

knn = KNeighborsClassifier()
knn.fit(X_train, y_train)
```

4 모델 이용해 예측하기

테스트 세트의 특성인 X_test 이미지가 나타내는 숫자를 예측하고 예측 값 10개를 확인합니다. 테스트 세트의 실제 타깃과 비교해 보면 10개 모두 동일한 것을 확인할 수 있습니다.

```
y_pred = knn.predict(X_test)
print('테스트 세트 예측 값:\n', y_pred[:10])
print('테스트 세트 실제 타깃:\n', y_test[:10])
```

```
테스트 세트 예측 값:
 ['0' '4' '1' '2' '7' '9' '7' '1' '1' '7']
테스트 세트 실제 타깃:
 ['0' '4' '1' '2' '7' '9' '7' '1' '1' '7']
```

5 모델 평가하기

모델의 훈련 세트와 테스트 세트 예측 정확도는 0.98과 0.969로 높은 정확도를 보입니다.

```
print(f'훈련 세트 정확도: {knn.score(X_train, y_train):.3f}')
print(f'테스트 세트 정확도: {knn.score(X_test, y_test):.3f}')
```

```
훈련 세트 정확도: 0.980
테스트 세트 정확도: 0.969
```

■ 전체 프로그램

```
from sklearn.datasets import fetch_openml
from sklearn.model_selection import train_test_split
from sklearn.neighbors import KNeighborsClassifier

# 데이터 수집하기
mnist = fetch_openml('mnist_784', as_frame=False, parser='auto')

# 데이터 전처리하기
X_train, X_test, y_train, y_test = train_test_split(mnist['data'], mnist['target'],
                                                    random_state=0)
```

```
11  print(X_train.shape, y_train.shape)
12  print(X_test.shape, y_test.shape)
13
14  # 모델 생성하기
15  knn = KNeighborsClassifier()
16  knn.fit(X_train, y_train)
17
18  # 모델 이용해 예측하기
19  y_pred = knn.predict(X_test)
20  print('테스트 세트 예측 값:\n', y_pred[:10])
21  print('테스트 세트 실제 타깃:\n', y_test[:10])
22
23  # 모델 평가하기
24  print(f'훈련 세트 정확도: {knn.score(X_train, y_train):.3f}')
25  print(f'테스트 세트 정확도: {knn.score(X_test, y_test):.3f}')
```

```
(52500, 784) (52500,)
(17500, 784) (17500,)
테스트 세트 예측 값:
 ['0' '4' '1' '2' '7' '9' '7' '1' '1' '7']
테스트 세트 실제 타깃:
 ['0' '4' '1' '2' '7' '9' '7' '1' '1' '7']
훈련 세트 정확도: 0.980
테스트 세트 정확도: 0.969
```

동작 과정

1 09행에서 데이터 세트의 특성과 타깃을 훈련 세트와 테스트 세트로 나눕니다. X_train과 y_train은 훈련 세트가 되고 X_test와 y_test는 테스트 세트가 됩니다. 그리고 X_train과 X_test는 특성이 되고 y_train과 y_test는 타깃이 됩니다.

테스트 세트의 특성 / 테스트 세트의 타깃

```
X_train, X_test, y_train, y_test = train_test_split(mnist['data'], mnist['target'], ...)
```

훈련 세트의 특성 / 훈련 세트의 타깃 / 데이터 세트의 특성 / 데이터 세트의 타깃

2 15행에서 k-최근접 이웃 알고리즘으로 동작하는 모델인 knn을 만들고 16행에서 훈련 세트 특성인 X_train과 타깃인 y_train을 이용해서 knn 모델을 학습합니다.

3 19~21행에서 테스트 세트에 대한 예측 값 10개와 테스트 세트의 실제 타깃 10개를 비교합니다. 10개 모두 동일하다는 것을 확인할 수 있습니다.

예측 값	'0'	'4'	'1'	'2'	'7'	'9'	'7'	'1'	'1'	'7'
실제 타깃	'0'	'4'	'1'	'2'	'7'	'9'	'7'	'1'	'1'	'7'

쌍둥이 문제

데이터 전처리 단계에서 훈련 세트의 비율을 80%로 하고 테스트 세트의 비율을 20%로 설정해서 동작하도록 수정하세요.

[실행 예]

```
훈련 세트 크기: (56000, 784) (56000,)
테스트 세트 크기: (14000, 784) (14000,)
훈련 세트 정확도: 0.981
테스트 세트 정확도: 0.969
```

힌트 train_test_split 함수의 test_size 매개변수를 이용해서 테스트 세트의 비율을 설정할 수 있는데, test_size=0.2로 하면 테스트 세트의 비율이 20%로 설정됩니다.

도전 문제

랜덤 포레스트 모델을 이용해서 MNIST를 분류하는 프로그램을 작성하세요.

힌트 랜덤 포레스트는 데이터를 트리 형태로 분류해 내려가는 의사결정 트리를 여러 개 결합하여 만든 모델입니다. 사이킷런의 RandomForestClassifier 함수를 이용해서 랜덤 포레스트 모델을 설정할 수 있습니다.

```
from sklearn.ensemble import RandomForestClassifier

clf = RandomForestClassifier()
```

요약

01 머신러닝machine learning은 컴퓨터가 데이터를 학습하여 스스로 문제를 해결하는 기술을 의미합니다. 학습 데이터의 정보에 따라 지도학습과 비지도학습으로 분류할 수 있으며, 지도학습은 분류와 회귀로 나눌 수 있습니다.

02 머신러닝 절차는 데이터 수집, 데이터 전처리, 모델 생성, 모델 평가 순입니다.

03 머신러닝의 분류 알고리즘으로 대표적인 k-최근접 이웃k-Nearest Neighbors, k-NN은 거리가 가까운 데이터들끼리 유사한 속성을 가지고 있을 것이라는 가정을 기반으로 동작합니다. 사이킷런의 `KNeighborsClassifier` 함수를 이용해서 k-최근접 이웃 모델을 설정할 수 있습니다.

04 머신러닝의 회귀 알고리즘으로 대표적인 선형회귀linear regression는 하나 이상의 독립 변수가 종속 변수에 미치는 영향력을 예측합니다. 사이킷런의 `LinearRegression` 함수를 이용해서 선형회귀 모델을 설정할 수 있습니다.

05 머신러닝 모델 생성과 관련된 함수는 다음과 같습니다.

함수	설명
`KNeighborsClassifier()`	k-최근접 이웃 모델을 설정한다.
`LinearRegression()`	선형회귀 모델을 설정한다.
`fit()`	모델을 학습시킨다.
`predict()`	모델을 이용해서 예측한다.
`score()`	모델의 정확도를 계산한다.

연습문제

01 다음 코드의 의미를 설명하시오.

(1)

```
from sklearn.model_selection import train_test_split

X_train, X_test, y_train, y_test = train_test_split(feature, target, random_
state=0)
```

(2)

```
from sklearn.neighbors import KNeighborsClassifier

model = KNeighborsClassifier(n_neighbors=3)
model.fit(X_train, y_train)
```

(3)

```
from sklearn.linear_model import LinearRegression

model = LinearRegression()
model.fit(X_train, y_train)
```

(4)

```
y_pred = model.predict(X_test)
```

(5)

```
print(model.score(X_test, y_test))
```

02 다음 코드를 실행하면 오류가 발생합니다. 오류의 원인을 설명하고 수정하시오.

(1)

```
from sklearn.model_selection import train_test_split

X_train, y_train = train_test_split(feature, target, random_state=0)
```

(2)

```
from sklearn.neighbors import KNeighborsClassifier

model = KNeighborsClassifier(n_neighbors=3)
model.fit()
```

(3)

```
from sklearn.linear_model import LinearRegression

model = LinearRegression()
fit(X_train, y_train)
```

(4)

```
from sklearn.model_selection import train_test_split
from sklearn.linear_model import LinearRegression

X_train, X_test, y_train, y_test = train_test_split(feature, target, random_
state=0)
model = LinearRegression()
model.fit(X_train, y_train)
y_pred = model.predict(y_test)
```

03 머신러닝 분류 모델을 이용해서 폐암 수술 환자의 생존을 예측하는 프로그램을 만들고자 합니다. 사용할 데이터 세트는 폴란드의 브로츠와프 의과대학에서 2013년 공개한 폐암 환자의 수술 전후의 실제 의료 데이터입니다. 이 데이터 세트는 캐글(https://www.kaggle.com/datasets/sojinoh/thoraricsurgery-dataset)에서 다운로드할 수 있고 이 책의 부록으로도 제공하고 있습니다.

이 데이터 세트는 환자 470명의 종양 유형, 폐활량, 호흡 곤란 여부, 고통 정도, 기침, 흡연, 천식 여부 등 17가지의 수술 전 환자 상태와 수술 후 생존 결과를 포함하고 있습니다. 속성 17개가 특성에 해당하고 수술 후 생존 결과가 타깃인데, 생존 결과가 1이면 수술 후 환자가 생존했다는 의미이고 0이면 사망했다는 의미입니다.

(1) 다음은 폐암 수술 환자 데이터 세트인 ThoraricSurgery.csv 파일을 읽어와 data에 저장한 다음 처음 5행을 확인하는 부분입니다. 빈칸을 채워 코드를 완성하시오. 읽어올 데이터에 열(속성) 이름이 없으면 header=None을 추가합니다.

```
import pandas as pd

data = pd.read_csv('ThoraricSurgery.csv', header=None)
display(          )
```

	0	1	2	3	4	5	6	7	8	9	10	11	12	13	14	15	16	17
0	293	1	3.80	2.80	0	0	0	0	0	0	12	0	0	0	1	0	62	0
1	1	2	2.88	2.16	1	0	0	0	1	1	14	0	0	0	1	0	60	0
2	8	2	3.19	2.50	1	0	0	0	1	0	11	0	0	1	1	0	66	1
3	14	2	3.98	3.06	2	0	0	0	1	1	14	0	0	0	1	0	80	1
4	17	2	2.21	1.88	0	0	1	0	0	0	12	0	0	0	1	0	56	0

(2) 다음은 수술 후 생존 결과인 17열을 추출하여 `target`에 저장하는 부분입니다. 빈칸을 채워 코드를 완성하시오. 단, `data`에서 17열을 삭제해야 합니다.

```
target = data.          (17)
```

HINT 데이터프레임에서 속성을 추출하고 원본의 속성은 삭제하는 함수를 사용합니다.

(3) 다음은 특성인 `data`와 타깃인 `target`을 훈련 세트와 테스트 세트로 나누는 부분입니다. 빈칸을 채워 코드를 완성하시오.

```
from sklearn.model_selection import train_test_split

X_train, X_test, y_train, y_test =          (data, target, random_state=0)
print(X_train.shape, y_train.shape)
print(X_test.shape, y_test.shape)
```

```
(352, 17) (352,)
(118, 17) (118,)
```

(4) 다음은 k-최근접 이웃 모델을 설정하고 훈련 세트를 이용해서 모델을 학습시키는 부분입니다. 빈칸을 채워 코드를 완성하시오.

```
from sklearn.neighbors import KNeighborsClassifier

knn = [          ](n_neighbors=3)
[          ](X_train, y_train)
```

(5) 다음은 모델의 훈련 세트 정확도와 테스트 세트 정확도를 확인하는 부분입니다. 빈칸을 채워 코드를 완성하시오.

```
print(f'훈련 세트 정확도: {[          ](X_train, y_train):.3f}')
print(f'테스트 세트 정확도: {[          ](X_test, y_test):.3f}')
```

```
훈련 세트 정확도: 0.861
테스트 세트 정확도: 0.881
```

04 머신러닝 회귀 모델을 이용해서 키로 몸무게를 예측하는 프로그램을 만들고자 합니다. 사용할 데이터 세트는 ○○초등학교 학생들의 신체 측정 데이터이고, 이 책의 부록으로 제공합니다. 이 데이터 세트는 학생 671명의 성별, 키, 몸무게, 나이로 이루어집니다. 키가 특성에 해당하고 몸무게가 타깃입니다.

(1) 다음은 신체 측정 데이터 세트인 **신체측정자료.csv** 파일을 읽어와 df에 저장하고 처음 5행을 확인하는 부분입니다. 빈칸을 채워 코드를 완성하시오. **신체측정자료.csv** 파일의 한글 인코딩 방식이 EUC-KR이므로 encoding='EUC-KR'을 추가합니다.

```
import pandas as pd

df = [          ]('신체측정자료.csv', encoding='EUC-KR')
display(df.head())
```

	성별	키	몸무게	나이
0	여성	124.6	23.0	8세
1	여성	118.4	23.7	8세
2	여성	133.6	31.4	8세
3	여성	123.2	25.9	8세
4	여성	129.4	34.5	8세

(2) 다음은 df 데이터프레임에서 키 속성을 추출하여 data에 저장하고 몸무게 속성을 추출하여 target에 저장하는 부분입니다. 빈칸을 채워 코드를 완성하시오.

```
data = [          ]('키')
target = [          ]('몸무게')
```

HINT 데이터프레임에서 속성을 추출할 때 pop 함수를 사용합니다.

(3) 다음은 특성인 data와 타깃인 target을 훈련 세트와 테스트 세트로 나누는 부분입니다. 빈칸을 채워 코드를 완성하시오.

```
from sklearn.model_selection import train_test_split

X_train, X_test, y_train, y_test = [          ](data, target, random_state=0)
print(X_train.shape, y_train.shape)
print(X_test.shape, y_test.shape)
```

```
(503,) (503,)
(168,) (168,)
```

(4) 다음은 선형 회귀 모델을 설정하고 훈련 세트를 이용해서 모델을 학습하는 부분입니다. 빈칸을 채워 코드를 완성하시오. 특성인 X_train.values가 1차원 배열 구조이므로 2차원 배열 구조로 변경합니다.

```
from sklearn.linear_model import LinearRegression

lr = [          ]
[          ](X_train.values.reshape(-1,1), y_train)
```

HINT fit 함수를 이용해서 모델을 학습시킬 때 훈련 세트의 특성은 2차원 배열 구조여야 하는데 X_train은 1차원 배열 구조이므로 reshape 함수를 이용해서 2차원 배열 구조로 변경해야 합니다. X_train.values.reshape(-1,1)은 1차원인 X_train을 열의 수가 1인 2차원 배열로 변경합니다. 다음은 1차원 배열을 3행 1열의 2차원 배열로 변경하는 예입니다.

X_train.values	X_train.values.reshape(-1,1)
[1 2 3]	[[1] [2] [3]]

(5) 다음은 모델 회귀식의 절편과 계수를 확인하는 부분입니다. 빈칸을 채워 코드를 완성하시오.

```
import numpy as np

print('절편:', np.round([          ],3))
print('계수:', np.round([          ],3))
```

```
절편: -76.095
계수: [0.824]
```

(6) 다음은 모델의 훈련 세트와 테스트 세트 각각에 대한 정확도를 확인하는 부분입니다. 빈칸을 채워 코드를 완성하시오. score 함수의 특성 매개변수는 2차원 배열 구조여야 합니다.

```
print(f'훈련 세트 정확도: {[          ](X_train.values.reshape(-1,1), y_train):.3f}')
print(f'테스트 세트 정확도: {[          ](X_test.values.reshape(-1,1), y_test):.3f}')
```

```
훈련 세트 정확도: 0.644
테스트 세트 정확도: 0.690
```

프로그래밍 문제

01 머신러닝 분류 모델을 사용하여 유방암 진단 데이터 세트를 기반으로 양성 종양과 악성 종양을 분류하는 프로그램을 작성하시오. 유방암 진단 데이터 세트는 사이킷런 라이브러리에 포함되어 있습니다.

HINT 유방암 진단 데이터 세트를 다음과 같이 불러와 훈련 세트와 테스트 세트로 분류하세요. 이 데이터 세트는 종양의 크기, 모양 등 30개의 특성으로 이루어져 있으며 레이블은 0(악성)과 1(양성)입니다.

```
from sklearn.datasets import load_breast_cancer
from sklearn.model_selection import train_test_split

cancer = load_breast_cancer()
X_train, X_test, y_train, y_test = train_test_split(cancer['data'],
cancer['target'], random_state=0)
```

02 머신러닝 회귀 모델을 사용하여 휘발유 차량의 배기량과 도심주행연비로 CO_2 배출량을 예측하는 프로그램을 작성하시오. df 데이터프레임에서 연료가 휘발유인 데이터를 추출하여 data에 저장하는 코드는 다음과 같습니다.

```
data = df[df['연료']=='휘발유']
```

HINT 11장 562쪽 '플러스 예제: 자동차 배기량과 CO_2 배출량의 상관관계'에서도 사용한 국내 판매 자동차 데이터 세트는 공공데이터포털(https://www.data.go.kr/)에서 다운로드할 수 있으며 이 책의 부록에서 'car20240731.csv'라는 파일명으로 제공합니다.

03 머신러닝 분류 모델 또는 회귀 모델을 활용하는 타 교과 융합 프로그램을 작성하시오.

프로그램 이름	
학교급 및 관련 교과	(예시) 대학교 일반물리학
프로그램 설명	
프로그램 소스	

CHAPTER 14

딥러닝

학습목표

- 딥러닝의 개념을 설명할 수 있습니다.
- 딥러닝 절차를 설명할 수 있습니다.
- 딥러닝 분류 프로그램을 작성할 수 있습니다.
- 딥러닝 회귀 프로그램을 작성할 수 있습니다.

Preview

딥러닝은 신경망을 기반으로 하는 머신러닝의 한 분야입니다. 여러 계층의 신경망을 이용하면 복잡한 패턴을 학습시킬 수 있습니다. 이번 장에서는 딥러닝의 개념과 딥러닝를 활용한 데이터 분류 및 회귀 방법을 알아봅니다. 또한 당뇨병 진행도를 예측하는 프로그램을 작성해 봅니다.

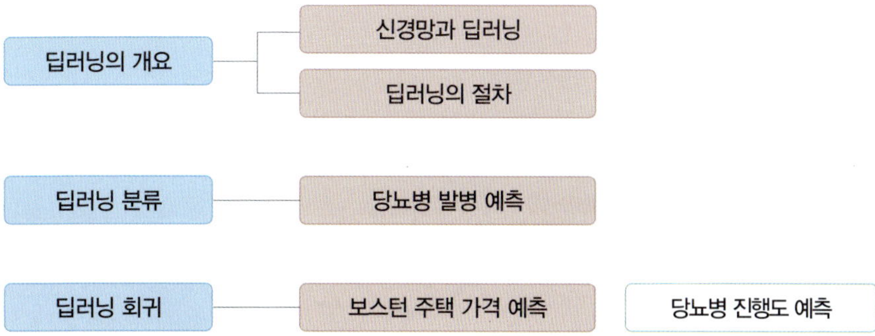

14.1 딥러닝의 개요

1 신경망과 딥러닝

신경망neural network은 생물학적 신경계의 작용을 모방한 머신러닝 기법의 일종입니다. 인간의 신경계를 구성하는 기본 단위는 '뉴런'이라고 하는 신경 세포입니다. 뉴런은 자극을 받아들이고 신호를 전달하는 역할을 합니다. 뉴런에는 핵과 세포질로 이루어진 신경 세포체와 이곳에서 뻗어나온 가지 돌기 및 축삭 돌기가 있습니다. 가지 돌기는 다른 뉴런이나 세포에서 오는 신호를 받아들이고, 축삭 돌기는 다른 뉴런이나 세포로 신호를 전달합니다. 가지 돌기를 통해 수집한 신호가 결합해서 일정 수준(임계값)을 넘으면 핵에서 신호를 적당히 처리합니다. 그 다음 축삭 돌기 말단을 통해 다른 뉴런의 가지 돌기로 신호를 전달합니다.

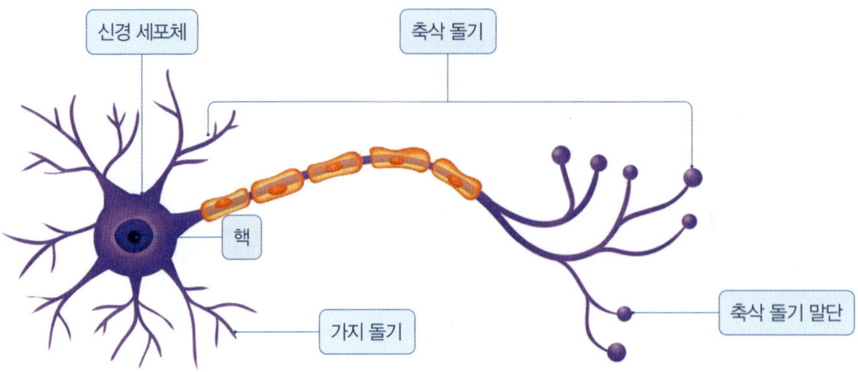

그림 14-1 생물학적 뉴런

신경망에도 생물학적 뉴런과 유사한 역할을 하는 '인공 뉴런'이 있습니다. 인공 뉴런은 여러 입력 값이 들어왔을 때 입력 값마다 정해진 가중치를 곱한 후에 모두 더한 값이 일정한 값을 넘으면 출력합니다.

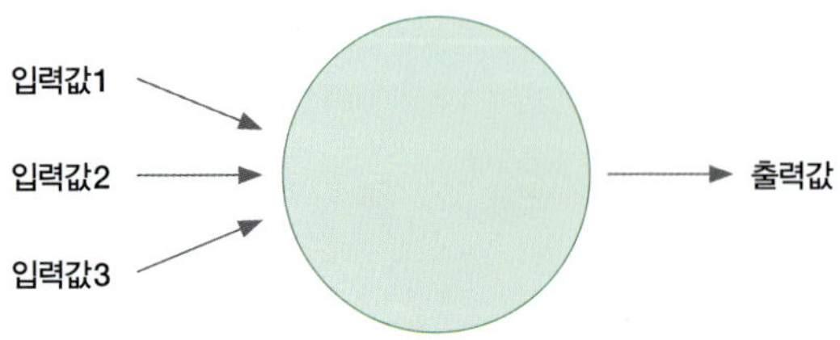

그림 14-2 인공 뉴런

다시 생물학적 신경계를 살펴보겠습니다. [그림 14-3]은 뉴런이 결합한 구조입니다. 뉴런 하나가 여러 개의 뉴런으로부터 신호를 받아 다시 여러 개의 뉴런으로 신호를 전달합니다. 인간의 뇌에서 대략 1,000억 개의 뉴런이 상호 연결되어 정보를 처리하고 있습니다.

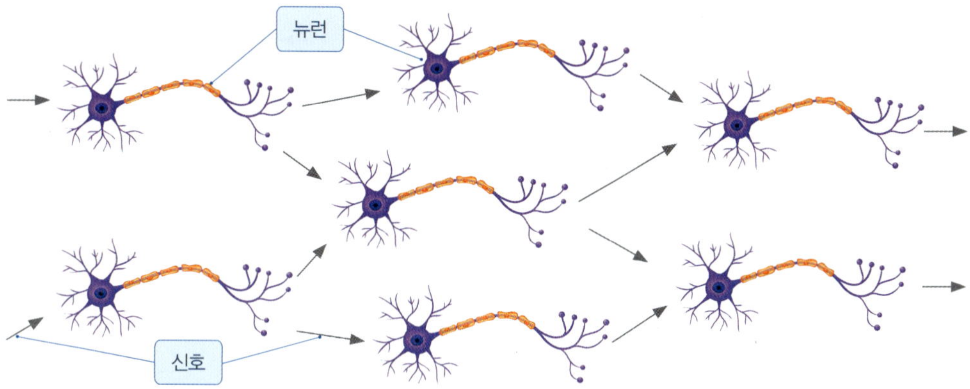

그림 14-3 상호 연결된 생물학적 뉴런

신경망 역시 인공 뉴런이 연속된 층으로 연결되어 있습니다. 각 층의 인공 뉴런은 다음 층의 인공 뉴런과 연결되어 있습니다. 입력값이 들어가는 층을 입력층이라 하고, 입력층과 출력층 사이의 층을 은닉층, 출력값이 나오는 층을 출력층이라 합니다. 이 책에서는 인공 뉴런 대신 **노드**라는 용어를 사용하겠습니다.

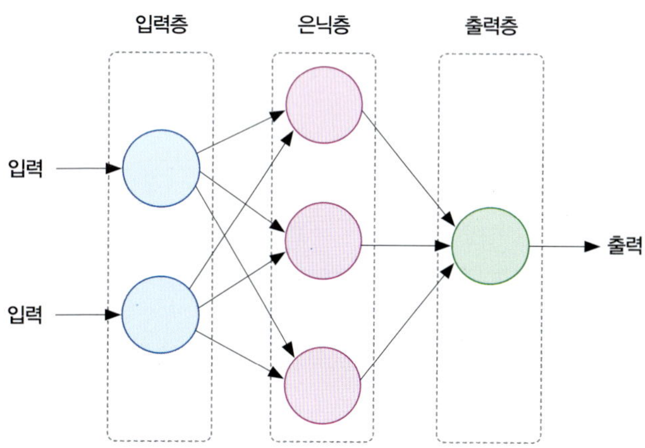

그림 14-4 신경망

딥러닝 deep learning은 신경망을 기반으로 하는 머신러닝의 한 분야로, 신경망의 계층을 여러 개로 늘려 복잡한 패턴을 학습하도록 하는 기술입니다.

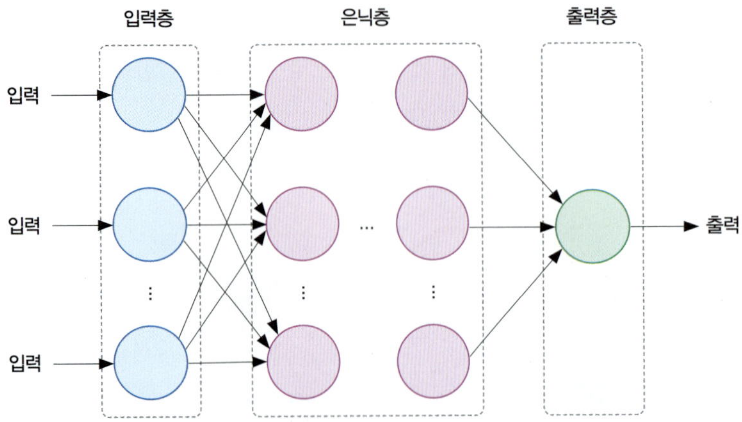

그림 14-5 딥러닝의 구조

2 딥러닝의 절차

딥러닝의 전체적인 절차는 13장에서 살펴본 머신러닝의 절차와 동일한데, 모델 생성 단계를 [그림 14-6]과 같이 세분화할 수 있습니다. '모델 정의' 단계에서는 딥러닝 모델의 구조를 정하고, '모델 컴파일' 단계에서는 모델의 학습 환경을 설정하고, '모델 학습' 단계에서 훈련 세트를 이용해서 모델을 학습하여 모델을 완성합니다. 구체적인 내용은 다음 절에서 살펴보겠습니다.

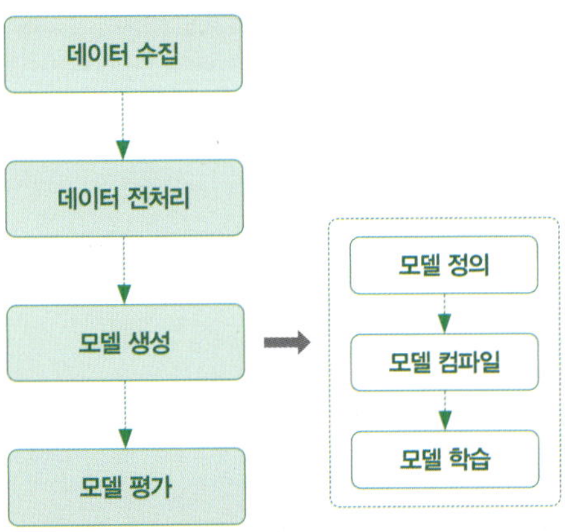

그림 14-6 딥러닝의 절차

14.2 딥러닝 분류

1 당뇨병 발병 예측하기

최근 인공지능 기술이 다양한 분야에 적용되고 있으며, 의학 분야에서도 딥러닝 등의 인공지능 기술을 활용하여 질병을 예측하는 등 다양한 연구를 시도하고 있습니다. 이 절에서는 당뇨병 발병을 예측하는 사례를 통해 딥러닝 모델 개발에 대해 살펴보겠습니다.

대표적인 딥러닝 라이브러리인 **케라스**keras를 사용해서 딥러닝 모델을 만들어보겠습니다. 딥러닝 모델을 개발하기 위해 데이터 세트를 확보해야 하는데 의료 데이터는 민감한 개인 정보이기 때문에 확보하기가 쉽지 않습니다. 이런 이유로 캐글Kaggle에서 제공하는 피마 인디언Pima Indians의 당뇨병 데이터 세트를 활용하고자 합니다.

그림 14-7 피마 인디언 © 브리태니커

데이터 세트는 캐글 웹사이트(https://www.kaggle.com/datasets/uciml/pima-indians-diabetes-database)에서 수집할 수 있습니다. 피마 인디언 혈통의 21세 이상 여성 환자에게 당뇨병이 있는지를 측정한 결과입니다. 이 데이터 세트는 환자 768명의 임신 횟수, 포도당 수치, 혈압, 피부 두께, 인슐린, BMI, 당뇨병 가족력, 나이, 당뇨병 여부로 이루어집니다. 임신 횟수, 포도당 수치, 혈압, 피부 두께, 나이 등 8개 속성이 특성입니다. 당뇨병 여부는 타깃에 해당하는데, 이 값이 1이면 당뇨병이 있고 값이 0이면 당뇨병이 없습니다. 이 당뇨병 데이터 세트를 활용하여 당뇨병 발병을 예측하는 딥러닝 모델을 만들어보겠습니다.

표 14-1 당뇨병 데이터 세트

임신 횟수	포도당 수치	혈압	피부 두께	…	나이	당뇨병 여부
6	148	72	35	…	50	1
1	85	66	29	…	31	0
			⋮			

데이터 수집하기

캐글에서 데이터 세트를 다운로드하거나 이 책의 부록으로 제공하는 파일을 준비합니다. 코랩에서 데이터 세트 'diabetes.csv'를 불러와서 df라는 이름으로 저장합니다.

코드 14-1

```
import pandas as pd

df = pd.read_csv('diabetes.csv')
```

df의 크기를 출력하고 데이터프레임의 처음 부분을 확인합니다. 데이터프레임이 768개의 행과 9개의 열로 이루어진 것을 확인할 수 있습니다.

코드 14-2

```
print(len(df))
display(df.head())
```

768

	Pregnancies	Glucose	BloodPressure	SkinThickness	Insulin	BMI	DiabetesPedigreeFunction	Age	Outcome
0	6	148	72	35	0	33.6	0.627	50	1
1	1	85	66	29	0	26.6	0.351	31	0
2	8	183	64	0	0	23.3	0.672	32	1
3	1	89	66	23	94	28.1	0.167	21	0
4	0	137	40	35	168	43.1	2.288	33	1

데이터 전처리하기

[코드 14-2]의 실행 결과에서 피부 두께인 SkinThickness 속성과 인슐린인 Insulin 속성은 0이 될 수 없음에도 df에서 0 값이 보입니다. 이런 값은 딥러닝 모델의 정확도를 떨어뜨리므로

0이 포함된 행을 삭제하겠습니다.

0이 되어서는 안 되는 포도당 수치, 혈압, 피부 두께, 인슐린, BMI 속성 이름을 columns 리스트에 저장합니다. 그리고 replace 함수를 이용해서 이 열의 값이 0일 때 값을 NaN으로 교체합니다.

코드 14-3

```
import numpy as np

columns = ['Glucose','BloodPressure','SkinThickness','Insulin','BMI']
for col in columns:
  df[col].replace(0, np.nan, inplace=True)
```

dropna 함수를 이용해서 NaN을 포함한 행을 삭제합니다. 삭제한 후 df의 크기는 392가 됩니다.

코드 14-4

```
df.dropna(inplace=True)
print(len(df))
```

```
392
```

데이터 세트를 특성과 타깃으로 분류합니다. 당뇨병 여부인 Outcome 속성이 타깃이므로 추출하여 target에 저장합니다. pop 함수를 사용했기 때문에 df에서 Outcome 속성이 삭제되어 df에는 특성만 남습니다.

코드 14-5

```
target = df.pop('Outcome')
```

타깃은 0과 1의 숫자 레이블로 구성되는데, 의미는 다음과 같습니다.

표 14-2 당뇨병 데이터 세트의 타깃

레이블	0	1
의미	당뇨병 없음	당뇨병 있음

사이킷런의 train_test_split 함수를 이용해서 특성인 df와 타깃인 target을 훈련 세트의 특성과 타깃, 테스트 세트의 특성과 타깃으로 나눕니다.

코드 14-6

```
from sklearn.model_selection import train_test_split

X_train, X_test, y_train, y_test = train_test_split(df, target, test_size=0.2,
                                                    random_state=0)

print(X_train.shape, y_train.shape)
print(X_test.shape, y_test.shape)
```

```
(313, 8) (313,)
(79, 8) (79,)
```

X_train과 y_train은 훈련 세트이고 X_test와 y_test는 테스트 세트입니다. 그리고 X_train과 X_test는 특성이고 y_train과 y_test는 타깃입니다.

```
X_train, X_test, y_train, y_test = train_test_split(df, target, ...)
```

- X_train: 훈련 세트의 특성
- X_test: 테스트 세트의 특성
- y_train: 훈련 세트의 타깃
- y_test: 테스트 세트의 타깃
- df: 데이터 세트의 특성
- target: 데이터 세트의 타깃

특성 값의 범위 차이가 크면 일부 특성에 크게 의존하게 되어 모델을 최적의 성능으로 만들지 못합니다. 이런 이유로 특성의 범위를 유사하게 하는 **데이터 스케일링**을 진행합니다. 여러 종류의 데이터 스케일러 중 대표적으로 사용되는 것이 사이킷런의 **StandardScaler 함수**입니다.

| Syntax | **StandardScaler() 함수**

```
from sklearn.preprocessing import StandardScaler
scaler = StandardScaler()
```

데이터 스케일러를 설정합니다.

훈련 세트 특성과 테스트 세트 특성의 스케일링을 진행합니다. fit_transform과 transform은 둘 다 스케일링하는 함수인데, fit_transform은 특성의 평균과 표준편차를 계산한 후에 스케일링합니다.

코드 14-7

```
from sklearn.preprocessing import StandardScaler

scaler = StandardScaler()
X_train = scaler.fit_transform(X_train)
X_test = scaler.transform(X_test)
```

모델 생성하기

데이터 세트가 준비되었으므로 당뇨병 발병을 예측하는 딥러닝 모델을 만들면서 모델 생성 과정을 살펴보겠습니다. 딥러닝 모델을 생성하는 절차는 다음과 같이 모델 정의, 모델 컴파일, 모델 학습 순입니다.

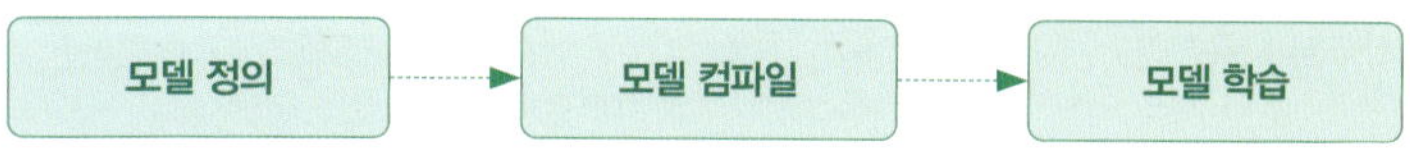

그림 14-8 딥러닝 모델 생성 절차

모델 정의하기

딥러닝은 여러 층layer이 쌓인 구조인데, 케라스에서는 일반적으로 **Sequential 함수**를 이용해서 순차적인 모델을 생성한 후에 층을 추가해서 딥러닝 모델을 정의합니다.

| Syntax | **Sequential() 함수**

```
from tensorflow.keras.models import Sequential
model = Sequential()
```

순차적인 딥러닝 모델을 생성합니다.

모델을 생성했으면 add 함수를 이용해서 층을 추가합니다. 신경망에서 층을 구성할 때 사용하는 대표적인 함수는 Dense입니다. **Dense 함수**는 입력과 출력을 연결하는데, 입력층과 출력층의 모든 노드가 서로 연결된 완전 연결층fully connected layer을 생성합니다. 이 함수의 매개변수로 해당

층의 노드 수를 설정하며, activation에 활성화 함수를 설정합니다. input_dim을 이용해서 입력층의 입력 수를 설정합니다.

| Syntax | **Dense() 함수**

```
from tensorflow.keras.layers import Dense
Dense(해당 층의 노드 수, activation=활성화 함수, input_dim=입력 수)
```

신경망의 층으로 입력과 출력을 연결합니다.

활성화 함수는 입력한 값을 다음 층으로 넘길 때 각 값을 어떻게 처리할지를 결정하는 함수입니다. 이진 분류 문제에서는 활성화 함수로 sigmoid를 사용하고 다중 분류 문제에서는 softmax를 사용합니다. 은닉층에서는 주로 relu를 사용합니다.

표 14-3 활성화 함수

활성화 함수	설명
sigmoid	이진 분류 문제에서 사용한다.
softmax	다중 분류 문제에서 사용한다.
relu	은닉층에서 주로 사용한다.

간단한 예를 통해서 입력 수와 해당 층의 노드 수의 관계를 알아보겠습니다. 마지막 층을 출력층이라 하고 나머지 층을 은닉층이라 합니다. 특히 첫 번째 층은 은닉층과 입력층 역할을 겸합니다.

```
model = Sequential()                          # 순차 모델 생성
model.add(Dense(3, …, input_dim=2))           # 입력층, 은닉층
model.add(Dense(1, …))                        # 출력층
```

그림 14-9 딥러닝 모델의 층 구조

첫 번째 층인 Dense(3, …, input_dim=2)에서 input_dim 값인 2가 입력 수이고 3이 해당 층의 노드 수입니다. 그리고 두 번째 층인 Dense(1, …)은 마지막 층이므로 출력층이고, 1이 해당 층의 노드 수입니다. 이 모델을 도식화하면 [그림 14-10]과 같습니다. 입력 값이 노드로 그대로 전달되는 것은 아니고 층에서 설정한 활성화 함수의 계산 방법에 따라 계산한 값을 전달합니다. 활성화 함수의 동작에 대한 자세한 설명은 이 책의 범위를 벗어나므로 생략하겠습니다.

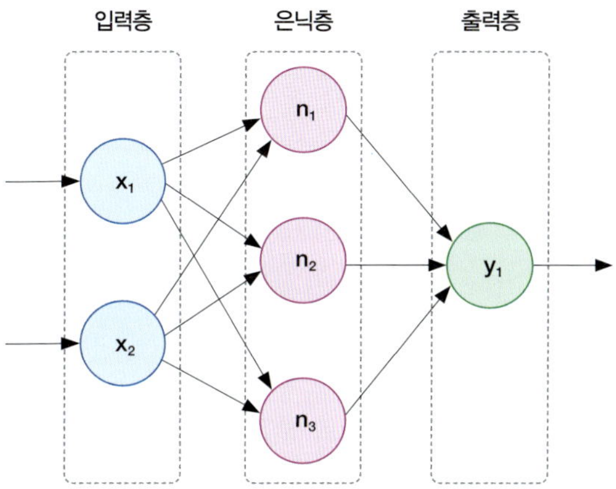

그림 14-10 딥러닝 모델의 구조

TIP 케라스 딥러닝에 대한 상세한 내용은 『케라스 창시자에게 배우는 딥러닝 개정 2판』(길벗, 2022)을 참고하세요.

이제 당뇨병 발병을 예측하는 딥러닝 모델을 만들겠습니다. model이라는 모델을 생성한 후에 add 함수를 이용해서 3개의 층을 추가합니다.

코드 14-8

```
from tensorflow.keras.models import Sequential
from tensorflow.keras.layers import Dense

model = Sequential()
model.add(Dense(12, activation='relu', input_dim=8))
model.add(Dense(8, activation='relu'))
model.add(Dense(1, activation='sigmoid'))
```

마지막 층이 출력층이고 나머지 두 개의 층이 은닉층입니다. 은닉층과 입력층 역할을 겸하는 첫 번째 층에서는 input_dim을 이용해서 입력 수를 설정하는데 샘플의 특성 개수가 8이므로 8로 설정합니다. 첫 번째 층의 노드 수인 12와 두 번째 층의 노드 수인 8은 임의로 설정했으니 값을 변경하면서 최적의 값을 찾아내야 합니다. 이 모델은 최종적으로 당뇨병인지 아닌지를 나타내는 하나의 값을 출력하므로 출력층의 노드 수는 1로 설정합니다.

입력 수 설정

```
model.add(Dense(12, activation='relu', input_dim=8))   # 입력층, 은닉층
model.add(Dense(8, activation='relu'))                  # 은닉층
model.add(Dense(1, activation='sigmoid'))               # 출력층
```

노드 수 설정

그림 14-11 딥러닝 모델의 정의

첫 번째 층과 두 번째 층의 활성화 함수는 가장 많이 사용하는 `relu`로 설정하고, 당뇨병 여부를 판별하는 이진 분류 문제이므로 출력층에서는 `sigmoid`를 활성화 함수로 설정합니다.

이 모델을 도식화하면 [그림 14-12]와 같습니다. 각 샘플의 특성인 임신 횟수, 포도당 수치, 혈압, 피부 두께 등 8개 값이 입력층을 통해 입력되고, 출력층의 출력 노드를 통해 당뇨병 여부 예측 값 1개가 출력됩니다.

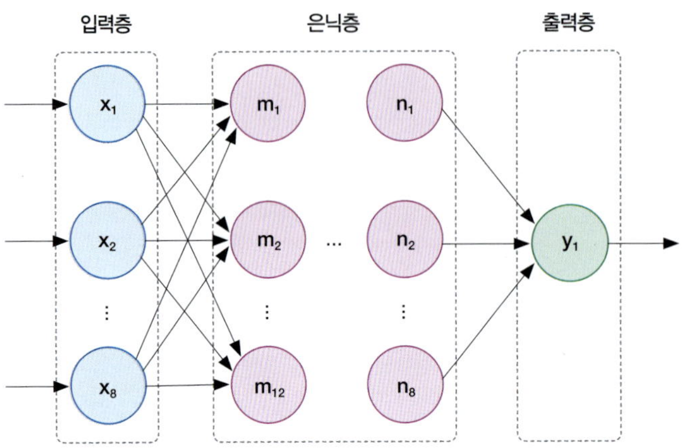

그림 14-12 `model`의 층 구조

TIP 모델을 다음과 같은 형식으로 정의할 수도 있습니다. 층을 연결하는 부분을 `Sequential` 함수 안에서 구현합니다.

```
model = Sequential([
    Dense(12, activation='relu', input_dim=8),
    Dense(8, activation='relu'),
    Dense(1, activation='sigmoid')
    ])
```

모델 컴파일하기

모델 컴파일은 모델의 학습 환경을 설정하는 과정입니다. **최적화함수, 손실함수, 측정지표**를 적절하게 설정하면 모델의 성능을 향상시킬 수 있습니다. 케라스에서는 `compile` 함수를 이용해서 모델을 컴파일합니다.

| Syntax | **compile() 함수**

```
model.compile(optimizer=최적화함수, loss=손실함수, metrics=측정지표)
```

모델의 학습 환경을 설정합니다.

최적화 함수$_{\text{optimizer}}$는 입력 데이터를 기반으로 모델을 최적화하는 방법을 결정하는 함수입니다. 최적화 함수는 손실 함수의 값을 최소화하는 방향으로 모델을 업데이트합니다. 대표적인 최적화 함수는 [표 14-4]와 같고 이 중에서 'Adam'을 자주 사용합니다.

표 14-4 최적화 함수

최적화 함수	설명
SGD(Stochastic Gradient Descent)	가장 기본적인 최적화 방법이다. 미분 가능한 함수에서 기울기를 계산하여 모델을 업데이트한다.
Momentum	SGD에 가속도를 추가한 방법이다. 모델을 업데이트할 때 이전의 업데이트 방향을 고려하여 더 빠르게 학습한다.
RMSprop(Root Mean Square Propagation)	SGD의 변형이다. 기울기 제곱근의 평균을 사용하여 모델을 업데이트한다.
Adam(Adaptive Moment Esimation)	Momentum과 RMSprop의 장점을 접목한다. 기울기 값과 기울기 제곱의 지수이동평균을 활용하여 모델을 업데이트한다.

손실 함수는 모델의 예측 값과 실제 값의 차이를 측정하는 함수입니다. 손실 함수를 사용하여 모델의 성능을 평가하며 모델을 최적화합니다. 대표적인 손실 함수는 [표 14-5]와 같고 문제의 종류에 따라 함수를 적절하게 선택합니다.

표 14-5 손실 함수

손실 함수	설명
mean_squared_error	예측 값과 실제 값 사이의 평균 제곱 오차를 계산하며, 회귀 문제에서 사용한다.
mean_absolute_error	예측 값과 실제 값 사이의 평균 절대 오차를 계산하며, 회귀 문제에서 사용한다.
binary_crossentropy	예측 값과 실제 값 사이의 이진 크로스 엔트로피를 계산하며, 이진 분류 문제에서 사용한다.
categorical_crossentropy	예측 값과 실제 값 사이의 카테고리 크로스 엔트로피를 계산하며, 다중 분류 문제 중 타깃이 원-핫 인코딩인 경우에 사용한다.
sparse_categorical_crossentropy	예측 값과 실제 값 사이의 카테고리 크로스 엔트로피를 계산하며, 다중 분류 문제 중 타깃이 하나의 정수인 경우에 사용한다.

TIP 원-핫(one-hot) 인코딩은 범주형 데이터(성별, 도시, 과일 종류 등과 같이 값이 구분되는 데이터)를 숫자형 데이터로 표현하는 방법입니다. 데이터의 종류가 n개라면 각 범주를 총 n개의 `0`과 `1`만으로 나타내는데 한 개만 `1`이고 나머지는 `0`입니다. 예를 들어 사과, 배, 딸기로 이루어진 과일 데이터를 원-핫 인코딩하여 오른쪽과 같이 표현할 수 있습니다.

과일 데이터	원-핫 인코딩
사과	[1, 0, 0]
배	[0, 1, 0]
딸기	[0, 0, 1]

측정 지표는 모델의 성능을 측정하는 지표입니다. 측정 지표를 사용하여 모델의 성능을 평가하고 모델을 개선할 방향을 결정합니다. 대표적인 측정 지표는 [표 14-6]과 같습니다.

표 14-6 측정 지표

측정 지표	설명
accuracy	실제 값과 예측 값이 일치하는 비율이며, 분류 문제에서 사용한다.
precision	실제 값이 양성인 데이터 중에서 예측도 양성으로 맞춘 비율이며, 분류 문제에서 사용한다.
mse(mean squared error)	실제값과 예측값의 차를 제곱한 값의 평균이며, 회귀 문제에서 사용한다.
mae(mean absolute error)	실제값과 예측값의 차이에 대한 평균이며, 회귀 문제에서 사용한다.

[코드 14-9]는 앞에서 정의한 `model`에 최적화 함수, 손실 함수, 측정 지표를 설정하여 컴파일합니다. 따라서 이 모델은 Adam 최적화 방법을 사용하여 `binary_crossentropy`를 최소화하는 방향으로 학습하게 되며 이때 모델 성능은 `accuracy`로 측정합니다.

코드 14-9

```
model.compile(optimizer='adam', loss='binary_crossentropy', metrics=['accuracy'])
```

모델 학습시키기

모델을 정의하고 컴파일하고 나면 훈련 세트의 특성과 타깃을 이용해서 학습시켜야 모델이 완성됩니다. 모델 학습에는 fit 함수를 이용합니다. 모델의 예측 값과 실제 값(타깃)의 오차를 줄이면서 최적의 모델을 찾게 됩니다.

| Syntax | fit() 함수

```
모델.fit(특성, 타깃, epochs=학습횟수, batch_size=배치 사이즈,
         validation_data=검증데이터)
```

'모델'을 학습시킨다.

학습 횟수는 epochs를 이용해서 설정하는데, 전체 데이터 세트를 몇 번 반복해서 학습할지 정수 값을 입력합니다. **배치 사이즈**는 batch_size를 이용해서 설정하는데, 모델을 갱신하기 위해 처리하는 데이터의 수를 의미합니다. **검증 데이터**는 validation_data를 이용해서 설정하는데, 모델의 성능을 검증하기 위한 데이터 세트입니다. 매 반복(epoch)마다 훈련 세트와 검증 데이터에서의 손실값과 정확도를 확인할 수 있습니다.

[코드 14-10]은 앞에서 정의하고 컴파일한 model을 학습시킵니다. 모델의 예측 값과 타깃의 오차를 줄이면서 최적의 모델을 찾습니다. **학습 횟수**는 30, **배치 사이즈**는 5, **검증 데이터**는 X_test, y_test로 설정합니다. 반복할 때마다 실행 결과를 history에 저장합니다.

코드 14-10

```
history = model.fit(X_train, y_train, epochs=30, batch_size=5,\
                    validation_data=(X_test, y_test))
```

```
history = model.fit(X_train, y_train, epochs=30, batch_size=5, validation_data=(X_test, y_test))
```

훈련 세트 (X_train, y_train) · 학습 횟수 설정 (epochs=30) · 배치 사이즈 설정 (batch_size=5) · 검증 데이터 설정 (validation_data=(X_test, y_test))

그림 14-13 모델 학습 코드의 구조

```
Epoch 1/30
63/63 [==============================] - 1s 7ms/step - loss: 0.5901 - accuracy: 0.6677 -
val_loss: 0.5615 - val_accuracy: 0.6835
Epoch 2/30
```

```
63/63 [==============================] - 0s 5ms/step - loss: 0.5371 - accuracy: 0.6805 -
val_loss: 0.5196 - val_accuracy: 0.7089
Epoch 3/30
63/63 [==============================] - 0s 5ms/step - loss: 0.5096 - accuracy: 0.7157 -
val_loss: 0.4982 - val_accuracy: 0.7468

⋮

Epoch 29/30
63/63 [==============================] - 0s 7ms/step - loss: 0.3973 - accuracy: 0.8307 -
val_loss: 0.4549 - val_accuracy: 0.7722
Epoch 30/30
63/63 [==============================] - 0s 6ms/step - loss: 0.3950 - accuracy: 0.8275 -
val_loss: 0.4551 - val_accuracy: 0.7975
```

실행 결과에서 loss는 훈련 세트의 손실값, accuracy는 훈련 세트의 정확도, val_loss는 검증 데이터의 손실값, val_accuracy는 검증 데이터의 정확도를 의미합니다. 첫 번째 반복에서 훈련 세트의 손실값은 0.5901, 정확도는 0.6677이고, 검증 데이터의 손실값은 0.5615, 정확도는 0.6835로 나타났습니다. 그리고 마지막인 30번째 반복에서는 훈련 세트의 손실값은 0.3950, 정확도는 0.8275이고, 검증 데이터의 손실값은 0.4551, 정확도는 0.7975로 나타났습니다.

층 수, 각 층의 출력 노드 수, 학습 횟수, 배치 사이즈를 다양하게 변경하면서 훈련 세트와 검증 데이터 모두에서 좋은 성능을 보이는 최적의 값을 찾아야 합니다.

TIP 학습 횟수가 커져도 손실값과 정확도 성능이 좋아지지 않거나, 훈련 세트의 성능은 좋아지나 검증 데이터의 성능이 나빠지면 학습을 멈추는 게 바람직합니다. 학습을 멈추는 기준이나 방법은 이 책의 범위를 넘어가므로 설명을 생략합니다.

모델 평가하기

케라스에서 모델의 성능을 평가할 때 evaluate 함수를 이용합니다. 이 함수는 손실값(loss), 정확도(accuracy) 등을 계산합니다.

| Syntax | **evaluate() 함수**

```
모델.evaluate(특성, 타깃)
```

'모델'의 성능을 평가한다.

이 모델의 훈련 세트와 테스트 세트의 성능을 평가하는 코드는 [코드 14-11]과 같습니다. 훈련 세트인 X_train, y_train에서 이 모델의 손실값은 0.3898, 정확도는 0.8275이고 테스트 세트인 X_test, y_test에 대한 손실값은 0.4551, 정확도는 0.7975를 나타내고 있습니다.

코드 14-11

```
print(model.evaluate(X_train, y_train))
print(model.evaluate(X_test, y_test))
```

```
10/10 [==============================] - 0s 3ms/step - loss: 0.3898 - accuracy: 0.8275
[0.3897651135921478, 0.8274760246276855]
3/3 [==============================] - 0s 4ms/step - loss: 0.4551 - accuracy: 0.7975
[0.4550565779209137, 0.797468364238739]
```

[코드 14-12]는 매 반복에서 얻은 훈련 세트와 검증 데이터의 손실값 및 정확도를 그래프로 나타냅니다. 앞에서 fit 함수의 실행 결과를 history에 저장했는데, 이번에는 history.history에 손실값과 정확도를 저장합니다. 훈련 세트의 손실값은 history.history['loss'], 정확도는 history.history['accuracy']로, 검증 데이터에 대한 손실값은 history.history['val_loss'], 정확도는 history.history['val_accuracy']로 확인할 수 있습니다.

코드 14-12

```
import matplotlib.pyplot as plt

epochs = np.arange(1, len(history.history['loss']) + 1)

plt.figure(figsize=(5,3))
plt.plot(epochs, history.history['loss'], label='Training loss')
plt.plot(epochs, history.history['val_loss'], label='Validation loss')
plt.plot(epochs, history.history['accuracy'], label='Training acc')
plt.plot(epochs, history.history['val_accuracy'], label='Validation acc')
plt.xlabel('Epoch')
plt.legend()
plt.show()
```

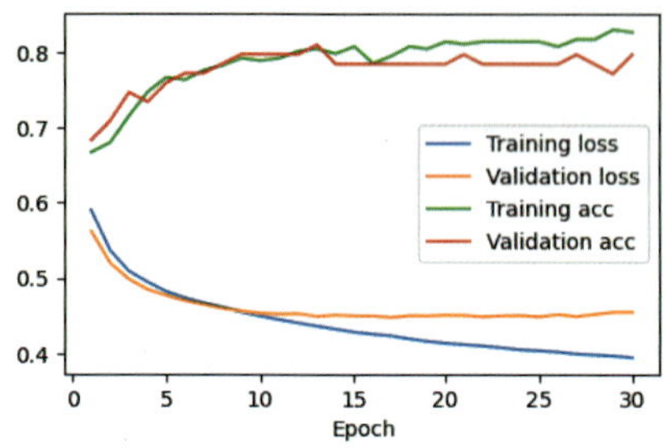

LAB 붓꽃 품종 분류하기

13장에서 머신러닝을 이용해서 붓꽃 품종을 분류했습니다. 이 절에서는 딥러닝을 이용해서 붓꽃 품종을 분류하는 프로그램을 만들어 봅시다. 사이킷런 라이브러리에서 제공하는 붓꽃 데이터 세트를 활용하겠습니다. 이 데이터 세트는 꽃받침 길이sepal length, 꽃받침 너비sepal width, 꽃잎 길이petal length, 꽃잎 너비petal width, 품종으로 이루어집니다.

표 14-7 붓꽃 데이터 세트 (단위: cm)

꽃받침 길이	꽃받침 너비	꽃잎 길이	꽃잎 너비	품종
5.1	3.5	1.4	0.2	세토사
4.9	3	1.4	0.2	세토사
		⋮		

붓꽃을 3가지 중 한 품종으로 분류하는 다중 분류 문제이므로 딥러닝 모델 출력층의 활성화 함수는 softmax로 설정하여 정의해야 합니다.

다음은 딥러닝 모델을 이용해서 붓꽃의 품종을 분류하는 전체 프로그램입니다.

코드 14-13

```
from sklearn import datasets
from sklearn.model_selection import train_test_split
from tensorflow.keras.models import Sequential
from tensorflow.keras.layers import Dense
```

```python
import numpy as np
import matplotlib.pyplot as plt

# 데이터 수집하기
iris = datasets.load_iris()
print(iris['data'][:5])
print(iris['target'][:5])

# 데이터 전처리하기
X_train, X_test, y_train, y_test = train_test_split(iris['data'], iris['target'],\
                                                     random_state=0)
print(X_train.shape, y_train.shape)
print(X_test.shape, y_test.shape)

# 모델 생성하기
model = Sequential()
model.add(Dense(64, activation='relu', input_dim=4))
model.add(Dense(64, activation='relu'))
model.add(Dense(3, activation='softmax'))

model.compile(optimizer='adam', loss='sparse_categorical_crossentropy',\
              metrics=['accuracy'])
history = model.fit(X_train, y_train, epochs=50, validation_data=(X_test, y_test))

# 모델 평가하기
print(model.evaluate(X_train, y_train))
print(model.evaluate(X_test, y_test))

epochs = np.arange(1, len(history.history['loss']) + 1)
plt.figure(figsize=(7,4))
plt.plot(epochs, history.history['loss'], label='Training loss')
plt.plot(epochs, history.history['val_loss'], label='Validation loss')
plt.plot(epochs, history.history['accuracy'], label='Training acc')
plt.plot(epochs, history.history['val_accuracy'], label='Validation acc')
plt.xlabel('Epoch')
plt.legend()
plt.show()
```

```
[[5.1 3.5 1.4 0.2]
 [4.9 3.  1.4 0.2]
 [4.7 3.2 1.3 0.2]
 [4.6 3.1 1.5 0.2]
 [5.  3.6 1.4 0.2]]
[0 0 0 0 0]
(112, 4) (112,)
(38, 4) (38,)
Epoch 1/50
4/4 [==============================] - 1s 158ms/step - loss: 1.2768 - accuracy: 0.3304 -
val_loss: 1.0578 - val_accuracy: 0.5263
Epoch 2/50
4/4 ============================== - 0s 14ms/step - loss: 1.0113 - accuracy: 0.5893 - val_
loss: 1.0018 - val_accuracy: 0.2368
Epoch 3/50
4/4 ============================== - 0s 19ms/step - loss: 0.9392 - accuracy: 0.3750 - val_
loss: 0.9680 - val_accuracy: 0.2368
⋮
Epoch 49/50
4/4 ============================== - 0s 20ms/step - loss: 0.1564 - accuracy: 0.9821 - val_
loss: 0.2071 - val_accuracy: 0.9474
Epoch 50/50
4/4 ============================== - 0s 20ms/step - loss: 0.1532 - accuracy: 0.9821 - val_
loss: 0.2100 - val_accuracy: 0.9474

4/4 ============================== - 0s 4ms/step - loss: 0.1486 - accuracy: 0.9821
[0.14863526821136475, 0.9821428656578064]
2/2 ============================== - 0s 7ms/step - loss: 0.2100 - accuracy: 0.9474
[0.21002161502838135, 0.9473684430122375]
```

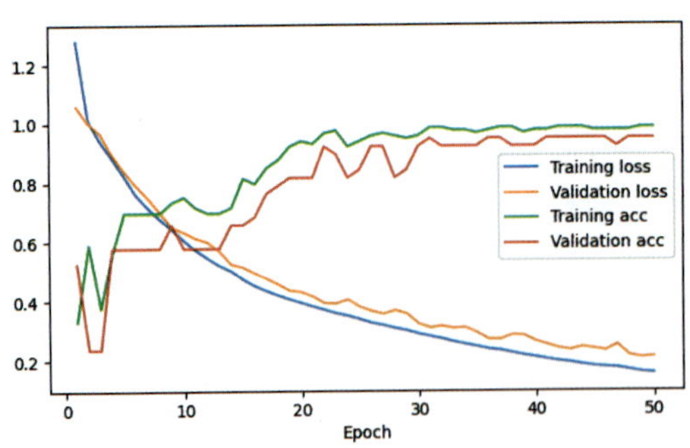

동작 과정

1 09행에서 사이킷런 라이브러리의 붓꽃 데이터 세트를 불러와서 `iris`에 저장하고, 10행에서 특성에 해당하는 `iris['data']`의 앞부분 5개를 확인하는데 특성은 각 붓꽃에 대한 꽃받침 길이, 꽃받침 너비, 꽃잎 길이, 꽃잎 너비를 의미합니다.

꽃받침 길이	꽃받침 너비	꽃잎 길이	꽃잎 너비
5.1	3.5	1.4	0.2
4.9	3	1.4	0.2
4.7	3.2	1.3	0.2
⋮			

2 11행에서 타깃에 해당하는 `iris['target']`의 처음 5개 데이터를 확인합니다. 타깃은 붓꽃 품종을 의미하는데 0부터 2까지의 숫자 레이블로 구성되며 각 숫자의 의미는 다음과 같습니다.

레이블	0	1	2
붓꽃 품종	setosa	versicolor	virginica

3 14행에서 `train_test_split` 함수를 이용해서 특성인 `iris['data']`와 타깃인 `iris['target']`을 훈련 세트인 `X_train`과 `y_train`, 테스트 세트인 `X_test`와 `y_test`로 나눕니다.

4 20~23행에서 `Sequential` 함수를 이용해서 순차적인 모델인 `model`을 생성한 후에 `add` 함수를 이용해서 3개의 `Dense` 층을 추가합니다. 마지막 층이 출력층이고 나머지 두 개 층이 은닉층입니다.

```
model.add(Dense(64, activation='relu', input_dim=4))   # 입력층, 은닉층
model.add(Dense(64, activation='relu'))                # 은닉층
model.add(Dense(3, activation='softmax'))              # 출력층
```

은닉층과 입력층 역할을 겸하는 첫 번째 층에서는 입력의 수를 샘플의 특성 개수와 같은 4로 설정합니다. 첫 번째 층과 두 번째 층의 노드 수는 임의로 64를 설정했습니다. 노드 수는 여러 번 변경하면서 최적의 값을 찾아내야 합니다.

붓꽃을 3가지 중 한 품종으로 분류하는 다중 분류 문제이므로 출력층은 활성화 함수로 `softmax`를 설정합니다. 이 모델에서 `softmax` 함수는 샘플이 한 품종일 확률, 즉 0일 확률, 1일 확률, 2일 확률을 출력하고 확률의 합은 1입니다. 따라서 출력층의 출력 노드

수는 3으로 설정합니다.

예를 들어 특성이 (5.9, 3, 4.2, 1.5)일 때 출력은 (0.01, 0.82, 0.17)인데 0.01은 분류 결과가 0일 확률을, 0.82는 분류 결과가 1일 확률을, 0.17은 분류 결과가 2일 확률을 나타냅니다. 결국 모델은 확률이 가장 높은 1 품종으로 데이터를 분류할 것입니다.

특성					결과		
꽃받침 길이	꽃받침 너비	꽃잎 길이	꽃잎 너비		0일 확률	1일 확률	2일 확률
5.9	3	4.2	1.5	→	0.01	0.82	0.17
6.5	3.2	5.1	2		0.00	0.35	0.65

model을 도식화하면 다음과 같습니다. 샘플의 특성인 꽃받침 길이, 꽃받침 너비, 꽃잎 길이, 꽃잎 너비의 4개 값이 입력층을 통해 입력되고, 출력층의 출력 노드를 통해 3가지 품종 예측 확률이 출력됩니다

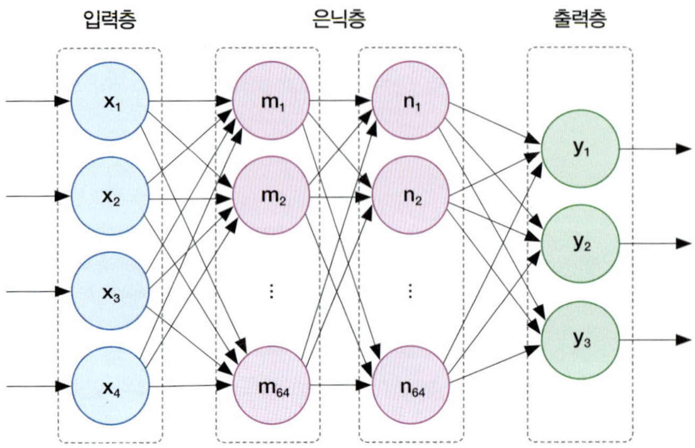

5 25행에서 최적화 함수를 adam으로 설정하고, 다중 분류 문제이면서 타깃이 정수 한 개이므로 손실 함수를 sparse_categorical_crossentropy로 설정합니다. 그리고 측정 지표를 accuracy로 모델의 학습 환경을 설정합니다.

6 27행에서 훈련 세트의 특성인 X_train과 타깃인 y_train을 이용해서 모델을 학습시킵니다. 학습 횟수는 50으로 설정하고 검증 데이터는 X_test, y_test로 설정합니다. 학습 횟수는 다양하게 변경하며 최적의 값을 찾아내야 합니다.

7 30~31행에서 모델의 훈련 세트와 테스트 세트의 손실값 및 정확도를 구합니다.

8 33~41행에서 각 반복마다의 훈련 세트와 검증 데이터에 대한 손실값과 정확도를 그래프로 나타냅니다.

14.3 딥러닝 회귀

1 보스턴 주택 가격 예측하기

13장에서 회귀분석regression analysis은 하나 이상의 독립 변수가 종속 변수에 미치는 영향력을 예측하는 분석 기법이라고 설명했습니다. 이 절에서는 미국 보스턴의 주택 가격을 예측하는 딥러닝 모델 사례를 통해 딥러닝 회귀를 살펴보겠습니다.

보스턴 주택 가격 데이터 세트는 1970년 중반 보스턴 지역의 1인당 범죄율, 주택당 평균 방의 개수, 고속도로 접근성, 재산세율, 학생-교사 비율, 평균 주택 가격 등을 포함하는 데이터입니다. 404개의 훈련 세트와 102개의 테스트 세트로 이미 나뉘어져 있습니다. 특성은 총 13개이고 타깃은 평균 주택 가격입니다. 이 데이터 세트를 활용하여 주택 가격을 예측하는 딥러닝 모델을 만들어보겠습니다.

데이터 수집하기

케라스 라이브러리에서 제공하는 보스턴 주택 데이터 세트를 불러옵니다.

코드 14-14

```
from tensorflow.keras.datasets import boston_housing

(X_train, y_train), (X_test, y_test) = boston_housing.load_data()
```

훈련 세트의 특성인 X_train, 훈련 세트의 타깃인 y_train, 테스트 세트의 특성인 X_test, 테스트 세트의 타깃인 y_test의 크기를 확인합니다. 404개의 훈련 세트와 102개의 테스트 세트로 이루어지며, 각 데이터는 13개의 특성과 1개의 타깃으로 구성되었습니다.

코드 14-15

```
print(X_train.shape, y_train.shape)
print(X_test.shape, y_test.shape)
```

```
(404, 13) (404,)
(102, 13) (102,)
```

훈련 세트 첫 번째 샘플의 특성인 X_train[0]과 첫 번째 샘플의 타깃인 y_train[0]을 확인합니다. 특성은 13개이고 타깃은 주택 가격, 단위는 천 달러입니다.

코드 14-16

```
print(X_train[0])
print(y_train[0])
```

```
[-0.27224633 -0.48361547 -0.43576161 -0.25683275 -0.1652266  -0.1764426
  0.81306188  0.1166983  -0.62624905 -0.59517003  1.14850044  0.44807713
  0.8252202 ]
15.2
```

데이터 전처리

훈련 세트 특성과 테스트 세트 특성의 범위를 비슷하게 하는 데이터 스케일링을 진행합니다. fit_transform과 transform은 둘 다 데이터를 스케일링하는 함수인데 fit_transform 함수는 평균과 표준편차를 계산한 후에 스케일링을 진행합니다.

코드 14-17

```
from sklearn.preprocessing import StandardScaler

scaler = StandardScaler()
X_train = scaler.fit_transform(X_train)
X_test = scaler.transform(X_test)
```

모델 생성하기

주택 가격을 예측하는 딥러닝 모델을 만들어보겠습니다.

❶ **모델 정의하기:** Sequential 함수를 이용해서 순차적인 모델인 model을 생성한 후에 add 함수를 이용해서 3개의 Dense 층을 추가합니다. 마지막 층이 출력층이고 나머지 두 층이 은닉층입니다.

코드 14-18

```
from tensorflow.keras.models import Sequential
from tensorflow.keras.layers import Dense

model = Sequential()
model.add(Dense(64, activation='relu', input_dim=13))
model.add(Dense(64, activation='relu'))
model.add(Dense(1))
```

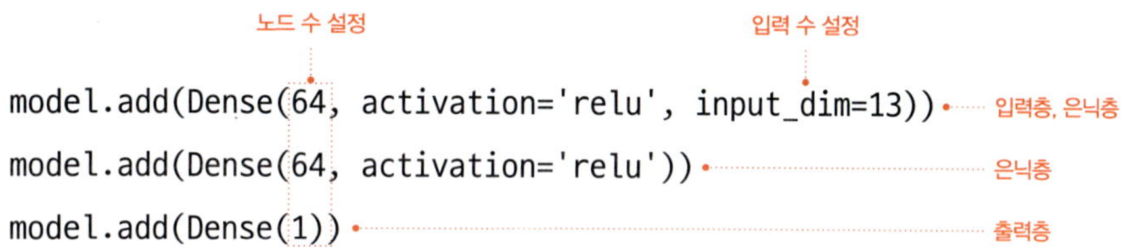

그림 14-14 딥러닝 모델의 정의

은닉층과 입력층을 겸하는 첫 번째 층에서 `input_dim`을 이용해서 입력 수를 설정합니다. 샘플의 특성 개수가 13이므로 입력 수를 13으로 설정합니다. 첫 번째 층과 두 번째 층의 활성화 함수는 `relu`로 설정했으며, 노드 수는 임의로 64를 설정했습니다.

회귀 문제일 때 출력층에서 활성화 함수를 사용하면 출력 값이 변환되어 원하는 값을 얻지 못할 수 있으므로 일반적으로 활성화 함수를 지정하지 않습니다. 그리고 예측하는 수 1개를 출력해야 하므로 노드 수는 1로 설정합니다.

이 모델을 도식화하면 다음과 같습니다. 샘플의 특성인 1인당 범죄율, 주택당 평균 방의 개수 등 13개 값이 입력층을 통해 입력되고, 출력층의 출력 노드를 통해 주택 가격을 예측한 값 1개가 출력됩니다.

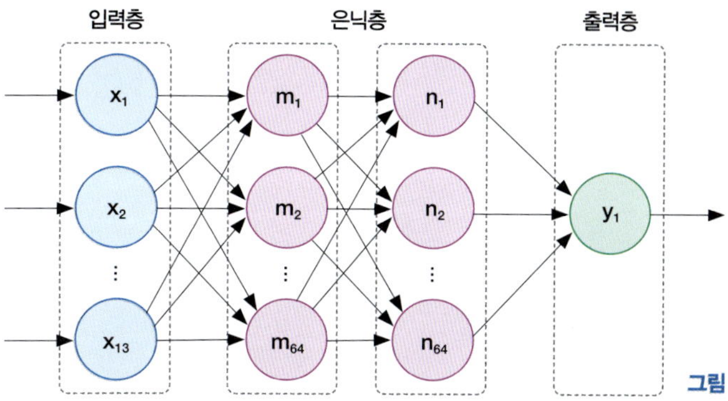

그림 14-15 model의 층 구조

❷ **모델 컴파일하기:** 최적화 함수를 adam으로 설정하고, 회귀 문제이므로 손실 함수를 mse mean_squared_error로 설정합니다. 그리고 측정 지표를 mae mean absolute error로 하여 모델의 학습 환경을 설정합니다. 결국 이 모델은 Adam 최적화 방법을 사용하여 mse를 최소화하는 방향으로 학습하게 되며 모델 성능은 mae로 측정합니다.

코드 14-19

```
model.compile(optimizer='adam', loss='mse', metrics=['mae'])
```

❸ **모델 학습시키기:** model을 특성 X_train과 타깃 y_train을 이용해서 학습시킵니다. 학습 횟수는 50으로 설정하고 배치 사이즈는 16으로 설정합니다. validation_split=0.25 옵션을 입력해서 훈련 세트 중 25%를 검증 데이터로 설정합니다. fit 함수의 실행 결과는 history에 저장합니다.

코드 14-20

```
history = model.fit(X_train, y_train, epochs=50, batch_size=16, validation_split=0.25)
```

```
Epoch 1/50
19/19 [==============================] - 1s 15ms/step - loss: 542.8005 - mae: 21.6128 -
val_loss: 644.5643 - val_mae: 23.4291
Epoch 2/50
19/19 [==============================] - 0s 4ms/step - loss: 481.8712 - mae: 20.2466 - val_
loss: 567.0059 - val_mae: 21.8546
Epoch 3/50
19/19 [==============================] - 0s 5ms/step - loss: 401.0137 - mae: 18.2705 - val_
loss: 447.2325 - val_mae: 19.1445

⋮

Epoch 49/50
19/19 [==============================] - 0s 4ms/step - loss: 8.0243 - mae: 2.0007 - val_
loss: 11.5740 - val_mae: 2.5151
Epoch 50/50
19/19 [==============================] - 0s 4ms/step - loss: 7.9219 - mae: 2.0009 - val_
loss: 11.5058 - val_mae: 2.5038
```

실행 결과의 **첫 번째 반복**에서 훈련 세트의 손실값은 542.8005, mae는 21.6128이고, 검증 데이터의 손실값은 644.5643, mae는 23.4291로 나타납니다. 마지막인 **50번째 반복**에서는 훈련 세트의 손실값은 7.9219, mae는 2.0009이고, 검증 데이터의 손실값은 11.5058, mae는 2.5038로 나타납니다.

❹ **모델 평가하기:** 이 모델의 훈련 세트에서의 성능과 테스트 세트에서의 성능을 평가하는 코드는 다음과 같습니다. 훈련 세트에서 이 모델의 손실값은 8.6536, mae는 2.0961이고 테스트 세트에서 손실값은 21.5485, mae는 2.9226입니다.

코드 14-21

```
print(model.evaluate(X_train, y_train))
print(model.evaluate(X_test, y_test))
```

```
13/13 [==============================] - 0s 3ms/step - loss: 8.6536 - mae: 2.0961
[8.653585433959961, 2.096081018447876]
4/4 [==============================] - 0s 3ms/step - loss: 21.5485 - mae: 2.9226
[21.548500061035156, 2.922603130340576]
```

매 반복에서 훈련 세트와 검증 데이터의 손실값을 그래프로 나타냅니다. 훈련 세트의 손실값은 loss로, 검증 데이터에 대한 손실값은 val_loss로 확인할 수 있습니다.

코드 14-22

```
import numpy as np
import matplotlib.pyplot as plt

epochs = np.arange(1, len(history.history['loss']) + 1)

plt.figure(figsize=(5,3))
plt.plot(epochs, history.history['loss'], label='Training loss')
plt.plot(epochs, history.history['val_loss'], label='Validation loss')
plt.xlabel('Epoch')
plt.legend()
plt.show()
```

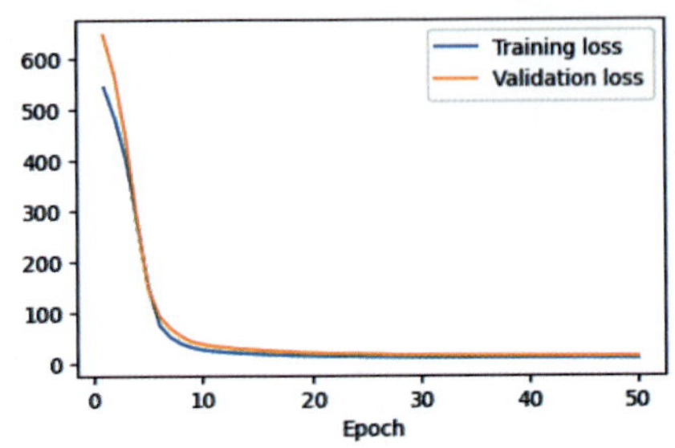

predict 함수를 이용해서 주택의 예측 가격을 구해 봅니다. [코드 14-23]은 테스트 세트의 특성을 이용해서 주택 예측 가격을 구하고 y_pred에 저장합니다. 그리고 테스트 세트의 특성으로 구한 모델의 주택 예측 가격과 테스트 세트의 실제 주택 가격을 그래프로 비교합니다. 주택 예측 가격과 실제 주택 가격이 유사한 것을 확인할 수 있습니다.

코드 14-23

```
y_pred = model.predict(X_test)
ind = np.arange(len(y_pred))

plt.figure(figsize=(6,3))
plt.plot(ind, y_pred, label='pred')
plt.plot(ind, y_test, label='real')
plt.ylabel('house price')
plt.legend()
plt.show()
```

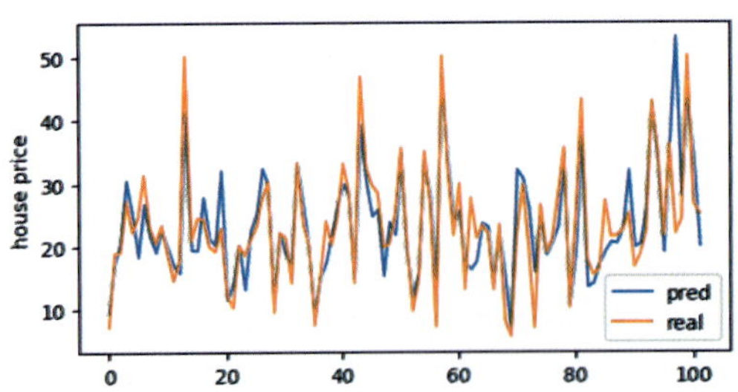

LAB 자동차 연비 예측하기

13장에서 머신러닝을 이용해서 자동차 연비를 예측했습니다. 이 절에서는 딥러닝을 이용해서 자동차 연비를 예측하는 프로그램을 만들어보겠습니다.

Seaborn 라이브러리에서 제공하는 Auto MPG 데이터 세트를 활용하고자 합니다. 이 데이터 세트의 속성은 [표 14-8]과 같이 9개입니다. 이 중 실린더 수, 배기량, 마력 등의 정보로 연비를 예측할 것이므로 연비인 mpg가 타깃입니다.

표 14-8 Auto MPG 데이터 세트의 속성

속성 이름	설명	속성 이름	설명	속성 이름	설명
mpg	연비	horsepower	마력	model year	출시년도
cylinders	실린더 수	weight	무게	origin	제조국
displacement	배기량	acceleration	가속도	name	모델명

회귀 문제이므로 모델의 출력층에서는 활성화 함수를 지정하지 않고 출력 노드 수를 1로 설정합니다. 다음은 딥러닝 모델을 이용해서 자동차 연비를 예측하는 전체 프로그램입니다.

코드 14-24

```
import seaborn as sns
from sklearn.model_selection import train_test_split
from sklearn.preprocessing import StandardScaler
from tensorflow.keras.models import Sequential
from tensorflow.keras.layers import Dense
import numpy as np
import matplotlib.pyplot as plt

# 데이터 수집하기
mpg = sns.load_dataset('mpg')
display(mpg.head())

# 데이터 전처리하기
mpg.isnull().sum()
mpg = mpg.dropna()
```

```python
target = mpg.pop('mpg')
data = mpg.drop(columns=['origin', 'name'])
display(data.head())

X_train, X_test, y_train, y_test = train_test_split(data, target, random_state=0)
print(X_train.shape, y_train.shape)
print(X_test.shape, y_test.shape)

scaler = StandardScaler()
X_train = scaler.fit_transform(X_train)
X_test = scaler.transform(X_test)

# 모델 생성하기
model = Sequential()
model.add(Dense(64, activation='relu', input_dim=6))
model.add(Dense(64, activation='relu'))
model.add(Dense(1))

model.compile(optimizer='adam', loss='mse', metrics=['mae'])
history = model.fit(X_train, y_train, epochs=100, validation_data=(X_test, y_test))

# 모델 평가하기
print(model.evaluate(X_train, y_train))
print(model.evaluate(X_test, y_test))

epochs = np.arange(1, len(history.history['loss']) + 1)
plt.figure(figsize=(5,3))
plt.plot(epochs, history.history['loss'], label='Training loss')
plt.plot(epochs, history.history['val_loss'], label='Validation loss')
plt.xlabel('Epoch')
plt.legend()
plt.show()

y_pred = model.predict(X_test)
ind = np.arange(len(y_pred))
plt.figure(figsize=(6,3))
plt.plot(ind, y_pred, label='pred')
```

```
plt.plot(ind, y_test, label='real')
plt.ylabel('MPG')
plt.legend()
plt.show()
```

	mpg	cylinders	displacement	horsepower	weight	acceleration	model_year	origin	name
0	18.0	8	307.0	130.0	3504	12.0	70	usa	chevrolet chevelle malibu
1	15.0	8	350.0	165.0	3693	11.5	70	usa	buick skylark 320
2	18.0	8	318.0	150.0	3436	11.0	70	usa	plymouth satellite
3	16.0	8	304.0	150.0	3433	12.0	70	usa	amc rebel sst
4	17.0	8	302.0	140.0	3449	10.5	70	usa	ford torino

```
mpg 0
cylinders 0
displacement 0
horsepower 6
weight 0
acceleration 0
model_year 0
origin 0
name 0
dtype: int64
```

	cylinders	displacement	horsepower	weight	acceleration	model_year
0	8	307.0	130.0	3504	12.0	70
1	8	350.0	165.0	3693	11.5	70
2	8	318.0	150.0	3436	11.0	70
3	8	304.0	150.0	3433	12.0	70
4	8	302.0	140.0	3449	10.5	70

```
(294, 6) (294,)
(98, 6) (98,)
Epoch 1/100
10/10 [==============================] - 1s 28ms/step - loss: 594.0882 - mae: 22.9635 - val_loss: 591.3113 - val_mae: 22.9068
Epoch 2/100
10/10 [==============================] - 0s 6ms/step - loss: 562.3729 - mae: 22.2221 - val_loss: 557.2937 - val_mae: 22.0733
Epoch 3/100
10/10 [==============================] - 0s 7ms/step - loss: 525.1105 - mae: 21.2974 - val_loss: 514.9834 - val_mae: 21.0025
```

```
⋮
Epoch 99/100
10/10 [==============================] - 0s 7ms/step - loss: 7.1877 - mae: 1.9217 - val_
loss: 8.5483 - val_mae: 2.1451
Epoch 100/100
10/10 [==============================] - 0s 5ms/step - loss: 7.1594 - mae: 1.9101 - val_
loss: 8.4943 - val_mae: 2.1339

10/10 [==============================] - 0s 3ms/step - loss: 7.0848 - mae: 1.9017
[7.084806442260742, 1.9017242193222046]
4/4 [==============================] - 0s 5ms/step - loss: 8.4943 - mae: 2.1339
[8.494274139404297, 2.1338987350463867]
```

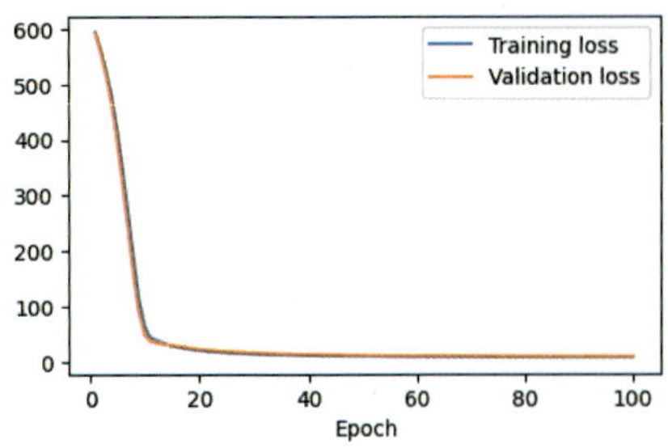

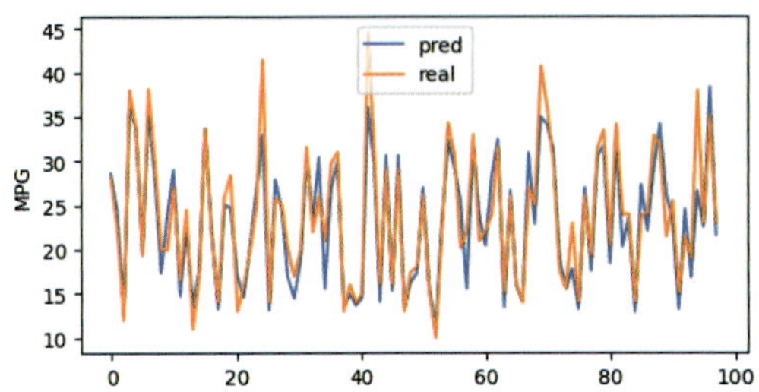

동작 과정

1 10행에서 Auto MPG 데이터 세트를 불러와서 `mpg`에 저장하고, 11행에서 `mpg` 앞부분을 출력해 구성을 확인합니다.

2 누락된 데이터가 있으면 정확하게 분석할 수 없으므로 14~15행에서 누락된 데이터가 있는지 확인하고 누락된 데이터가 포함된 행을 삭제합니다.

3 16~17행에서 데이터 세트를 특성과 타깃으로 분류합니다. 연비인 `'mpg'`가 타깃이므로 `mpg`에서 추출해서 `target`에 저장하는데 이때 `mpg`에서 `'mpg'` 속성이 삭제됩니다. 남은 특성을 `data`에 저장하는데 제조국인 `'origin'`과 자동차 모델명인 `'name'`은 연비를 예측할 때 필요하지 않으므로 제외합니다.

4 20행에서 train_test_split 함수를 이용해서 특성인 data와 티깃인 target을 훈련 세트인 X_train과 y_train, 테스트 세트인 X_test와 y_test로 나눕니다.

5 24~26행에서 특성 값의 범위를 유사하게 하는 데이터 스케일링을 진행합니다.

6 29~32행에서 Sequential 함수를 이용해서 순차적인 모델인 model을 생성한 후에 add 함수를 이용해서 3개의 Dense 층을 추가합니다.

은닉층과 입력층을 겸하는 첫 번째 층에서는 input_dim을 이용해서 입력 수를 설정합니다. 입력 수는 특성 개수와 같은 6으로 설정합니다. 첫 번째 층과 두 번째 층의 활성화 함수는 relu로 설정하고 노드 수는 임의로 64를 설정했습니다. 출력층에서는 활성화 함수를 지정하지 않고 노드 수는 1로 설정합니다.

이 모델을 도식화하면 다음과 같습니다. 샘플의 특성인 실린더 수, 배기량, 마력 등 6개 값이 입력층을 통해 입력되고, 출력층의 출력 노드를 통해 연비 예측 값이 출력됩니다.

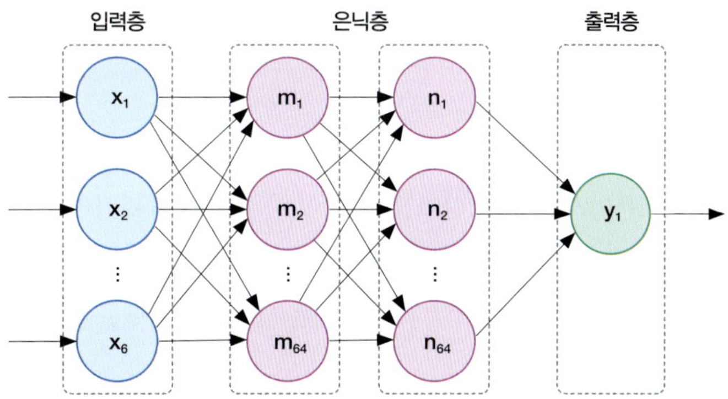

7 34행에서 최적화 함수를 adam으로 설정하고, 회귀 문제이므로 손실 함수를 mse로 설정하고, 측정 지표를 mae로 설정합니다. 결국 이 모델은 Adam 최적화 방법을 사용하여 mse를 최소화하는 방향으로 학습하게 되며 모델 성능은 mae로 측정합니다.

8 35행에서 훈련 세트의 특성인 X_train과 타깃인 y_train을 이용해서 모델을 학습시킵니다. 모델의 예측 값과 실제 값인 타깃의 오차를 줄이면서 최적의 모델을 찾습니다. 학습 횟수는 100으로 설정하고 검증 데이터는 테스트 세트인 X_test, y_test로 설정합니다.

9 38~39행에서 모델의 훈련 세트와 테스트 세트의 손실값 및 mae를 구합니다.

10 41~47행에서 매 반복의 훈련 세트와 검증 데이터에서 구한 손실값을 그래프로 나타냅니다.

11 49~56행에서 테스트 세트의 특성으로 구한 모델의 예측 연비와 테스트 세트의 실제 연비를 그래프로 그려 비교합니다. 예측 연비와 실제 연비가 유사하게 나타납니다.

14.4 플러스 예제 당뇨병 진행도 예측

13장에서 머신러닝을 이용해서 당뇨병 진행도를 예측했습니다. 이 절에서는 딥러닝을 이용해 당뇨병 진행도를 예측하는 프로그램을 만들어보겠습니다. 당뇨병 데이터 세트는 10가지 특성으로 이루어져 있고 타깃은 1년 뒤에 측정한 당뇨병의 진행률입니다.

1 데이터 수집하기

사이킷런 라이브러리에서 제공하는 당뇨병 데이터 세트를 불러와서 diabetes에 저장합니다.

```
from sklearn import datasets
diabetes = datasets.load_diabetes()
```

diabetes 객체가 어떤 키로 이루어져 있는지 확인합니다. 이 중 data는 442명의 피마 인디언의 나이, 성별, 체질량지수 등으로 당뇨병 진행률을 예측하기 위해 활용하는 특성에 해당하고, target은 data 각 행의 피마 인디언을 1년 뒤에 검사해서 얻은 당뇨병의 진행률을 의미합니다.

```
print('diabetes 키:', diabetes.keys())
```

```
diabetes 키: dict_keys(['data', 'target', 'frame', 'DESCR', 'feature_names', 'data_filename', 'target_filename', 'data_module'])
```

data와 target의 크기를 확인해 보면 특성인 data는 442행 10열로 이루어져 있고, 타깃인 target은 442개로 구성되어 있습니다.

```
print(diabetes['data'].shape, diabetes['target'].shape)
```

```
(442, 10) (442,)
```

2 데이터 전처리하기

사이킷런의 train_test_split 함수를 이용해서 특성인 diabetes['data']와 티깃인 diabetes['target']을 훈련 세트인 X_train과 y_train, 테스트 세트인 X_test와 y_test로 나눕니다.

```python
from sklearn.model_selection import train_test_split

X_train, X_test, y_train, y_test = train_test_split(diabetes['data'],\
                                            diabetes['target'], random_state=0)
print(X_train.shape, y_train.shape)
print(X_test.shape, y_test.shape)
```

```
(331, 10) (331,)
(111, 10) (111,)
```

특성 값의 범위가 유사하게 되도록 데이터 스케일링을 훈련 세트의 특성과 테스트 세트의 특성에 대해 진행합니다.

```python
from sklearn.preprocessing import StandardScaler

scaler = StandardScaler()
X_train = scaler.fit_transform(X_train)
X_test = scaler.transform(X_test)
```

3 모델 생성하기

당뇨병 진행도를 예측하는 딥러닝 모델을 만들어보겠습니다.

❶ **모델 정의하기:** Sequential 함수를 이용해서 순차적인 모델인 model을 생성한 후에 add 함수를 이용해서 3개의 Dense 층을 추가합니다.

```python
from tensorflow.keras.models import Sequential
from tensorflow.keras.layers import Dense

model = Sequential()
model.add(Dense(16, activation='relu', input_dim=10))
model.add(Dense(16, activation='relu'))
model.add(Dense(1))
```

마지막 층이 출력층이고 나머지 두 개의 층이 은닉층입니다. 은닉층과 입력층 역할을 겸하고 있는 첫 번째 층에서는 입력의 수를 샘플의 특성 개수와 같은 10으로 설정합니다. 첫 번째 층과 두 번째 층의 활성화 함수는 relu로 설정했으며, 노드 수는 임의로 16을 설정했습니다. 회귀 문제이므로 출력층에서 활성화 함수를 지정하지 않고 노드 수는 1로 설정합니다.

노드 수 설정 / 입력 수 설정

```
model.add(Dense(16, activation='relu', input_dim=10))   # 입력층, 은닉층
model.add(Dense(16, activation='relu'))                 # 은닉층
model.add(Dense(1))                                     # 출력층
```

❷ **모델 컴파일하기:** 최적화 함수를 adam으로 설정하고, 회귀 문제이므로 손실 함수를 mse로 설정합니다. 측정 지표는 mae로 설정합니다.

```
model.compile(optimizer='adam', loss='mse', metrics=['mae'])
```

❸ **모델 학습시키기:** 특성인 X_train과 타깃인 y_train을 이용해서 model을 학습시킵니다. 학습 횟수는 50, 배치 사이즈는 2로 설정하고 테스트 세트를 검증 데이터로 설정합니다. fit 함수의 실행 결과는 history에 저장합니다. 학습을 마친 후 훈련 세트의 손실값은 2407.4968, mae는 39.3935이고, 검증 데이터의 손실값은 3321.9841, mae는 45.2593으로 나타납니다.

```
history = model.fit(X_train, y_train, epochs=50, batch_size=2,\
                    validation_data=(X_test, y_test))
```

```
Epoch 1/50
166/166 [==============================] - 2s 8ms/step - loss: 29133.1172 - mae: 151.2266 -
val_loss: 27637.2402 - val_mae: 150.4935
Epoch 2/50
166/166 [==============================] - 1s 5ms/step - loss: 27262.6426 - mae: 144.9923 -
val_loss: 24128.3242 - val_mae: 138.6179
Epoch 3/50
166/166 [==============================] - 1s 5ms/step - loss: 20696.2676 - mae: 121.8849 -
val_loss: 15226.0869 - val_mae: 104.6811

⋮
Epoch 49/50
```

```
166/166 [==============================] - 1s 4ms/step - loss: 2415.4656 - mae: 39.5663 -
val_loss: 3316.5283 - val_mae: 45.2383
Epoch 50/50
166/166 [==============================] - 1s 4ms/step - loss: 2407.4968 - mae: 39.3935 -
val_loss: 3321.9841 - val_mae: 45.2593
```

4 모델 평가하기

이 모델에 대한 훈련 세트의 성능과 테스트 세트의 성능을 평가하는 코드는 다음과 같습니다. 훈련 세트에서 이 모델의 손실값은 2366.7761, mae는 39.0974이고 테스트 세트에서 손실값은 3321.9841, mae는 45.2593으로 나타납니다.

```
print(model.evaluate(X_train, y_train))
print(model.evaluate(X_test, y_test))
```

```
11/11 [==============================] - 0s 2ms/step - loss: 2366.7761 - mae: 39.0974
[2366.776123046875, 39.09744644165039]
4/4 [==============================] - 0s 4ms/step - loss: 3321.9841 - mae: 45.2593
[3321.984130859375, 45.25925064086914]
```

매 반복에서 얻은 훈련 세트와 검증 데이터의 손실값을 그래프로 나타냅니다. 훈련 세트에서의 손실값은 history.history['loss'], 검증 데이터에서의 손실값은 history.history['val_loss']입니다.

```
import numpy as np
import matplotlib.pyplot as plt

epochs = np.arange(1, len(history.history['loss']) + 1)

plt.figure(figsize=(5,3))
plt.plot(epochs, history.history['loss'], label='Training loss')
plt.plot(epochs, history.history['val_loss'], label='Validation loss')
plt.xlabel('Epoch')
plt.legend()
plt.show()
```

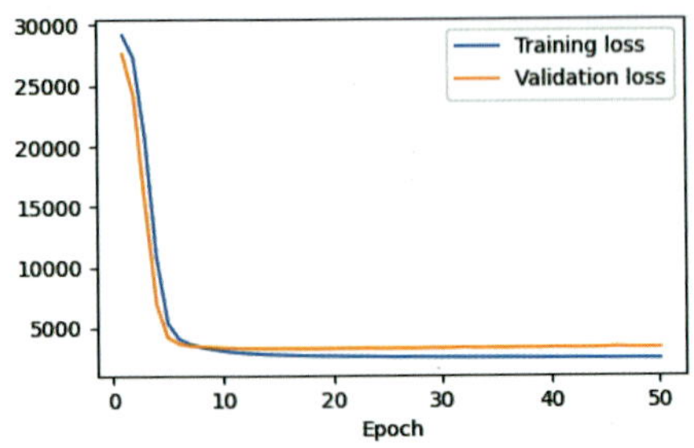

■ 전체 프로그램

```
from sklearn import datasets
from sklearn.model_selection import train_test_split
from sklearn.preprocessing import StandardScaler
from tensorflow.keras.models import Sequential
from tensorflow.keras.layers import Dense

# 데이터 수집하기
diabetes = datasets.load_diabetes()

# 데이터 전처리하기
X_train, X_test, y_train, y_test = train_test_split(diabetes['data'],\
                        diabetes['target'], random_state=0)
print(X_train.shape, y_train.shape)
print(X_test.shape, y_test.shape)

scaler = StandardScaler()
X_train = scaler.fit_transform(X_train)
X_test = scaler.transform(X_test)

# 모델 생성하기
model = Sequential()
model.add(Dense(16, activation='relu', input_dim=10))
model.add(Dense(16, activation='relu'))
model.add(Dense(1))

model.compile(optimizer='adam', loss='mse', metrics=['mae'])

```

```
28 history = model.fit(X_train, y_train, epochs=50, batch_size=2,\
29                     validation_data=(X_test, y_test))
30
31 # 모델 평가하기
32 print(model.evaluate(X_train, y_train))
33 print(model.evaluate(X_test, y_test))
```

```
(331, 10) (331,)
(111, 10) (111,)
Epoch 1/50
166/166 [==============================] - 2s 8ms/step - loss: 29133.1172 - mae: 151.2266 -
val_loss: 27637.2402 - val_mae: 150.4935
Epoch 2/50
166/166 [==============================] - 1s 5ms/step - loss: 27262.6426 - mae: 144.9923 -
val_loss: 24128.3242 - val_mae: 138.6179
Epoch 3/50
166/166 [==============================] - 1s 5ms/step - loss: 20696.2676 - mae: 121.8849 -
val_loss: 15226.0869 - val_mae: 104.6811
⋮
Epoch 49/50
166/166 [==============================] - 1s 4ms/step - loss: 2415.4656 - mae: 39.5663 -
val_loss: 3316.5283 - val_mae: 45.2383
Epoch 50/50
166/166 [==============================] - 1s 4ms/step - loss: 2407.4968 - mae: 39.3935 -
val_loss: 3321.9841 - val_mae: 45.2593
11/11 [==============================] - 0s 2ms/step - loss: 2366.7761 - mae: 39.0974
[2366.776123046875, 39.09744644165039]
4/4 [==============================] - 0s 4ms/step - loss: 3321.9841 - mae: 45.2593
[3321.984130859375, 45.25925064086914]
```

동작 과정

1. 11행에서 train_test_split 함수를 이용해 특성인 diabetes['data']와 타깃인 diabetes['target']을 훈련 세트와 테스트 세트로 나눕니다.
2. 21~24행에서 3개 층으로 된 딥러닝 모델을 정의합니다. 샘플의 특성인 혈압, 혈당, 콜레스테롤 등 10개 값이 입력층을 통해 입력되고, 출력층의 출력 노드를 통해 당뇨병의 예측 진행률이 출력됩니다.

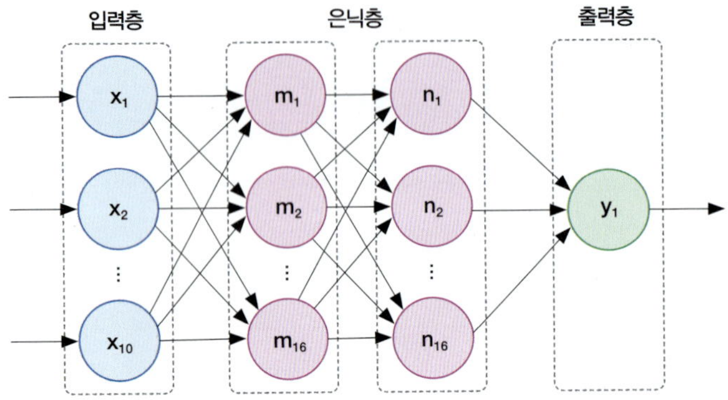

3 26행에서 모델을 컴파일합니다. 이 모델은 Adam 최적화 방법을 사용하여 `mse`를 최소화하는 방향으로 학습되며 모델 성능은 `mae`로 측정합니다.

4 28~29행에서 훈련 세트로 모델을 학습하며 모델의 예측 값과 타깃의 오차를 줄이면서 최적의 모델을 찾습니다.

쌍둥이 문제

체질량지수, 평균 혈압, 혈중 총콜레스테롤을 특성으로 하는 당뇨병 진행도 예측 프로그램을 작성하세요.

힌트 `diabetes['data']`에서 체질량지수, 평균 혈압, 혈중 총콜레스테롤 속성을 추출하여 `data`에 저장하는 코드는 다음과 같습니다.

```
data = diabetes['data'][:,2:5]
```

도전 문제

실험을 반복해서 높은 성능(낮은 손실값)을 보이는 출력 노드 수, 학습 횟수, 배치 사이즈 값을 찾아 적어보세요.

첫 번째 층 노드 수	두 번째 층 노드 수	학습 횟수	배치 사이즈	훈련 세트 손실값	검증 데이터 손실값

요약

01 딥러닝deep learning은 신경망을 기반으로 하는 머신러닝의 한 분야로, 신경망의 계층을 여러 개로 늘려 복잡한 패턴을 학습하게 하는 기술입니다.

02 딥러닝 절차는 머신러닝 절차와 동일하게 데이터 수집, 데이터 전처리, 모델 생성, 모델 평가 순인데, 모델 생성 단계를 모델 정의, 모델 컴파일, 모델 학습으로 세분화할 수 있습니다.

03 딥러닝 모델 생성과 관련된 함수는 다음과 같습니다.

함수	설명	예시
`Sequential()`	순차적인 모델을 생성한다.	`from tensorflow.keras.models import Sequential` `model = Sequential()`

`Dense()`	입력층과 출력층의 모든 노드가 서로 연결된 완전 연결층을 생성한다.	`from tensorflow.keras.layers import Dense`
		`model = Sequential()`
		`model.add(Dense(12, activation='relu'))`

`compile()`	모델의 학습 환경을 설정한다.	`model.compile(optimizer='adam', loss='mse',` `metrics=['mae'])`
`fit()`	모델을 학습시킨다.	`model.fit(X_train, y_train)`
`evaluate()`	모델의 성능을 평가한다.	`model.evaluate(X_train, y_train)`

연습문제

01 다음 코드의 동작을 설명하시오.

(1)

```
scaler = StandardScaler()
X_train = scaler.fit_transform(X_train)
X_test = scaler.transform(X_test)
```

(2)

```
model = Sequential()
model.add(Dense(12, activation='relu', input_dim=8))
model.add(Dense(8, activation='relu'))
model.add(Dense(1, activation='sigmoid'))
```

(3)

```
model = Sequential()
model.add(Dense(64, activation='relu', input_dim=4))
model.add(Dense(64, activation='relu'))
model.add(Dense(3, activation='softmax'))
```

(4)

```
model = Sequential()
model.add(Flatten(input_shape=[28, 28]))
model.add(Dense(128, activation='relu'))
model.add(Dense(10, activation='softmax'))
```

(5)

```
model = Sequential()
model.add(Dense(64, activation='relu', input_dim=13))
model.add(Dense(64, activation='relu'))
model.add(Dense(1))
```

(6)

```
model.compile(optimizer='adam', loss='binary_crossentropy',
                     metrics=['accuracy'])
```

(7)

```
model.compile(optimizer='adam', loss='sparse_categorical_crossentropy',
                    metrics=['accuracy'])
```

(8)

```
model.compile(optimizer='adam', loss='mse', metrics=['mae'])
```

(9)

```
history = model.fit(X_train, y_train, epochs=30, batch_size=5, validation_
            data=(X_test, y_test))
```

(10)

```
history = model.fit(X_train, y_train, epochs=50, batch_size=16, validation_
             split=0.25)
```

(11)

```
print(model.evaluate(X_test, y_test))
```

02 다음 코드를 실행하면 오류가 발생합니다. 오류 원인을 설명하고 수정하시오.

(1)

```
model = Sequential()
model(Dense(12, activation='relu', input_dim=8))
model(Dense(1, activation='sigmoid'))
```

(2)

```
model = Sequential()
model.add(Dense(12, activation='relu', input_dim=8))
model.add(Dense(8, activation='relu'))
model.add(Dense(1, activation='sigmoid'))

model.compile(optimizer='adam', loss='sparse_categorical_crossentropy',
metrics=['accuracy'])

history = model.fit(X_train, y_train, epochs=30, batch_size=5, validation_
            split=(X_test, y_test))
```

(3)

```
model = Sequential()
model.add(Dense(64, activation='relu', input_dim=4))
model.add(Dense(64, activation='relu'))
model.add(Dense(3, activation='softmax'))

model.compile(optimizer='adam', loss='mse', metrics=['accuracy'])

history = model.fit(X_train, y_train, epochs=30, batch_size=5, validation_
            data=0.25)
```

(4)

```
model = Sequential()
model.add(Dense(64, activation='relu'))
model.add(Dense(64, activation='relu'))
model.add(Dense(1))

model.compile(optimizer='adam', loss='mse', metrics=['mae'])

history = model.fit(X_train, y_train, epochs=30, batch_size=5, validation_
            data=0.25)
```

03 딥러닝을 이용해서 폐암 수술 환자의 생존을 예측하는 프로그램을 만들고자 합니다. 사용할 데이터 세트는 폴란드의 브로츠와프 의과대학에서 2013년 공개한 폐암 환자의 수술 전후의 실제 의료 기록 데이터입니다. 이 데이터 세트는 캐글(https://www.kaggle.com/datasets/sojinoh/thoraricsurgery-dataset)에서 수집할 수 있고 이 책의 부록으로도 제공합니다.

13장의 연습문제에서도 사용한 이 데이터 세트는 환자 470명의 종양 유형, 폐활량, 호흡 곤란 여부, 고통 정도, 기침, 흡연, 천식 여부 등 17가지의 수술 전 환자 상태와 수술 후 생존 결과를 포함하고 있습니다. 속성 17개가 특성에 해당하고 수술 후 생존 결과가 타깃인데, 생존 결과가 1이면 수술 후 환자가 생존했다는 의미이고 0이면 사망했다는 의미입니다.

(1) 다음은 폐암 수술 환자 데이터 세트인 'ThoraricSurgery.csv' 파일을 읽어와 data에 저장한 다음 처음 5행을 확인하는 부분입니다. 빈칸을 채워 코드를 완성하시오. 읽어올 데이터에 열(속성) 이름이 없으면 header=None 옵션을 추가합니다.

```python
import pandas as pd

data = [          ]('ThoraricSurgery.csv', header=None)
display(data.head())
```

	0	1	2	3	4	5	6	7	8	9	10	11	12	13	14	15	16	17
0	293	1	3.80	2.80	0	0	0	0	0	0	12	0	0	0	1	0	62	0
1	1	2	2.88	2.16	1	0	0	0	1	1	14	0	0	0	1	0	60	0
2	8	2	3.19	2.50	1	0	0	0	1	0	11	0	0	1	1	0	66	1
3	14	2	3.98	3.06	2	0	0	0	1	1	14	0	0	0	1	0	80	1
4	17	2	2.21	1.88	0	0	1	0	0	0	12	0	0	0	1	0	56	0

(2) 다음은 수술 후 생존 결과인 17열을 추출하여 target에 저장하는 부분입니다. 빈칸을 채워 코드를 완성하시오. 단, data에서 17열을 삭제해야 합니다.

```python
target = data.[          ](17)
```

HINT 데이터프레임에서 속성을 추출하고 원본의 속성은 삭제하는 함수를 사용합니다.

(3) 다음은 특성인 data와 타깃인 target을 훈련 세트와 테스트 세트로 나누는 부분입니다. 빈칸을 채워 코드를 완성하시오.

```python
from sklearn.model_selection import train_test_split

X_train, X_test, y_train, y_test = train_test_split([          ], [          ],
random_state=0)
print(X_train.shape, y_train.shape)
print(X_test.shape, y_test.shape)
```

```
(352, 17) (352,)
(118, 17) (118,)
```

(4) 다음은 훈련 세트 특성과 테스트 세트 특성의 스케일링을 진행하는 부분입니다. 빈칸을 채워 코드를 완성하시오.

```
from sklearn.preprocessing import StandardScaler

scaler = StandardScaler()
X_train = scaler.[        ](X_train)
X_test = scaler.[        ](X_test)
```

(5) 다음은 딥러닝 모델을 정의하고 컴파일하는 부분입니다. 빈칸을 채워 코드를 완성하시오.

```
from tensorflow.keras.models import Sequential
from tensorflow.keras.layers import Dense

model = Sequential()
model.[        ](Dense(30,activation='relu', input_dim=[        ]))
model.[        ](Dense(1,activation=[        ]))

model.[        ](optimizer='adam', loss=[        ], metrics=['accuracy'])
```

(6) 다음은 훈련 세트를 이용해서 모델을 학습시키는 부분입니다. 빈칸을 채워 코드를 완성하시오. 학습횟수는 30, 모델을 갱신하기 위해 처리되는 배치 사이즈는 5, 검증 데이터는 테스트 세트로 설정합니다.

```
history = model.fit(X_train, y_train, [        ]=30, [        ]=5,
[        ]=(X_test, y_test))
```

```
Epoch 1/30
71/71 [==============================] - 1s 5ms/step - loss: 0.6974 - accuracy:
0.5369 - val_loss: 0.5484 - val_accuracy: 0.7203
Epoch 2/30
71/71 [==============================] - 0s 3ms/step - loss: 0.5502 - accuracy:
```

```
0.7443 - val_loss: 0.4405 - val_accuracy: 0.8644
⋮
Epoch 30/30
71/71 [==============================] - 0s 4ms/step - loss: 0.3295 - accuracy:
0.8551 - val_loss: 0.3411 - val_accuracy: 0.8814
```

(7) 다음은 모델의 훈련 세트에서의 성능과 테스트 세트에서의 성능을 평가하는 부분입니다. 빈칸을 채워 코드를 완성하시오.

```
print(          (X_train, y_train))
print(          (X_test, y_test))
```

```
11/11 [==========================] - 0s 2ms/step - loss: 0.3229 - accuracy: 0.8665
[0.3229207694530487, 0.8664772510528564]
4/4 [==========================] - 0s 3ms/step - loss: 0.3411 - accuracy: 0.8814
[0.3410968482494354, 0.8813559412956238]
```

(8) 다음은 모델의 훈련 세트에서의 성능과 검증 데이터에서의 성능을 그래프로 나타내는 부분입니다. 빈칸을 채워 코드를 완성하시오.

```
import numpy as np
import matplotlib.pyplot as plt

epochs = np.arange(1, len(history.history['loss']) + 1)

plt.figure(figsize=(5,3))
plt.plot(epochs, history.history[          ], label='Training loss')
plt.plot(epochs, history.history[          ], label='Validation loss')
plt.plot(epochs, history.history[          ], label='Training acc')
plt.plot(epochs, history.history[          ], label='Validation acc')
plt.xlabel('Epoch')
plt.legend()
plt.show()
```

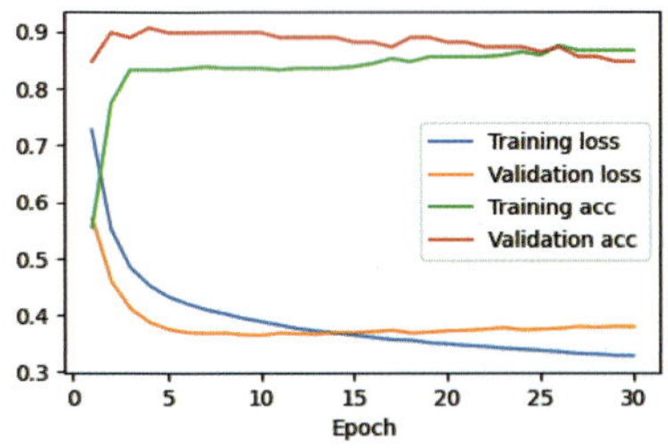

04 **딥러닝 모델을 이용해서 키로 몸무게를 예측하는 프로그램을 만들고자 합니다. 사용할 데이터 세트는 ○○초등학교 학생들의 신체 측정 데이터이고, 이 책의 부록으로 제공합니다. 이 데이터 세트는 학생 671명의 성별, 키, 몸무게, 나이로 이루어집니다. 키가 특성에 해당하고 몸무게가 타깃입니다.**

(1) 다음은 신체 측정 데이터 세트인 '신체측정자료.csv' 파일을 읽어와서 df에 저장하여 처음 5행을 확인하는 부분입니다. 빈칸을 채워 코드를 완성하시오. 데이터 파일의 한글 인코딩 방식은 EUC-KR입니다.

```
import pandas as pd

df = pd.read_csv('신체측정자료.csv', [          ])
display(df.head())
```

	성별	키	몸무게	나이
0	여성	124.6	23.0	8세
1	여성	118.4	23.7	8세
2	여성	133.6	31.4	8세
3	여성	123.2	25.9	8세
4	여성	129.4	34.5	8세

(2) 다음은 df 데이터프레임에서 키 속성을 추출하여 data에 저장하고 몸무게 속성을 추출하여 target에 저장하는 부분입니다. 빈칸을 채워 코드를 완성하시오.

```
data = [          ]('키')
target = [          ]('몸무게')
```

(3) 다음은 df 데이터프레임의 키 속성을 저장한 data와 몸무게 속성을 저장한 target을 훈련 세트와 테스트 세트로 나누는 부분입니다. 빈칸을 채워 코드를 완성하시오.

```
from sklearn.model_selection import train_test_split

data = df.pop('키')
target = df.pop('몸무게')

X_train, X_test, y_train, y_test = train_test_split(          ,           ,
random_state=0)
print(X_train.shape, y_train.shape)
print(X_test.shape, y_test.shape)
```

```
(503,) (503,)
(168,) (168,)
```

(4) 다음은 딥러닝 모델을 정의하고 컴파일하는 부분입니다. 빈칸을 채워 코드를 완성하시오.

```
from tensorflow.keras.models import Sequential
from tensorflow.keras.layers import Dense

model = Sequential()
model.add(Dense(64, activation='relu', input_dim=          ))
model.add(Dense(64, activation='relu'))
model.add(Dense(          ))

model.           (optimizer='adam', loss='mse', metrics=['mae'])
```

HINT 회귀 문제이고 각 샘플의 특성 개수는 1입니다.

(5) 다음은 훈련 세트를 이용해서 모델을 학습시키는 부분입니다. 빈칸을 채워 코드를 완성하시오. 학습횟수는 100회이고 검증 데이터는 테스트 세트로 설정합니다.

```
history = model.fit(X_train, y_train, [          ], [          ])
```

```
Epoch 1/100
16/16 [==============================] - 2s 25ms/step - loss: 107.0592 - mae:
8.1445 - val_loss: 72.5293 - val_mae: 7.1123
Epoch 2/100
16/16 [==============================] - 0s 7ms/step - loss: 95.1045 - mae:
7.9898 - val_loss: 72.0271 - val_mae: 6.9826
⋮
Epoch 100/100
16/16 [==============================] - 0s 5ms/step - loss: 91.0725 - mae:
7.6542 - val_loss: 68.9502 - val_mae: 6.7355
```

(6) 다음은 모델의 훈련 세트에서 테스트 세트에서의 성능을 평가하는 부분입니다. 빈칸을 채워 코드를 완성하시오.

```
print(model.evaluate([          ]))
print(model.evaluate([          ]))
```

```
16/16 [==========================] - 0s 2ms/step - loss: 91.0815 - mae: 7.4933
[91.08150482177734, 7.49331521987915]
6/6 [=========================] - 0s 4ms/step - loss: 68.9502 - mae: 6.7355
[68.95022583007812, 6.735538482666016]
```

(7) 다음은 모델의 훈련 세트에서의 손실값과 검증 데이터에서의 손실값을 그래프로 나타내는 부분입니다. 빈칸을 채워 코드를 완성하시오.

```
import numpy as np
import matplotlib.pyplot as plt

epochs = np.arange(1, len(history.history['loss']) + 1)

plt.figure(figsize=(5,3))
plt.plot(epochs, [          ], label='Training loss')
plt.plot(epochs, [          ], label='Validation loss')
plt.ylim(50,110)
plt.xlabel('Epoch')
plt.legend()
plt.show()
```

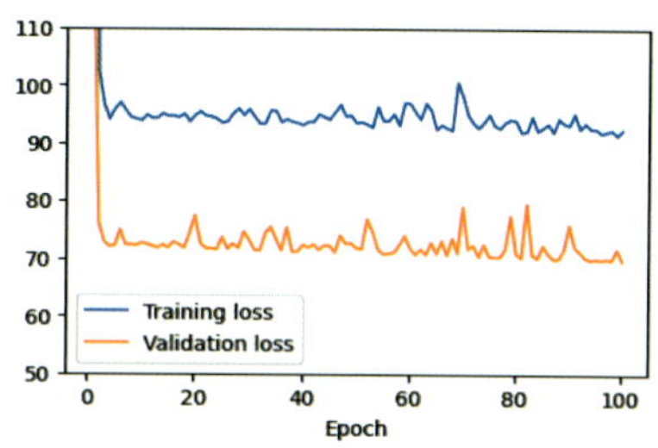

프로그래밍 문제

01 딥러닝을 이용해서 와인을 분류하는 프로그램을 작성하시오. 13장의 [LAB]에서도 사용한 와인 분류 데이터 세트는 이탈리아의 한 지역에서 3명의 경작자가 재배한 포도로 만든 와인을 화학적으로 분석한 결과입니다. 특성은 13가지이고 타깃은 0, 1, 2로 경작자를 기준으로 와인을 분류할 수 있습니다.

HINT 와인 분류 데이터 세트는 사이킷런 라이브러리에서 제공하며 다음과 같이 불러올 수 있습니다.

```
from sklearn import datasets
wine = datasets.load_wine()
```

02 딥러닝을 이용해서 연료 종류가 휘발유 차량에 대해 배기량과 복합 연비로 CO_2 배출량을 예측하는 프로그램을 작성하시오.

HINT 11장 '플러스 예제: 자동차 배기량과 CO_2 배출량 상관관계'와 13장 연습문제에서도 사용한 국내 판매 자동차 데이터 세트는 공공데이터포털(https://www.data.go.kr/)에서 다운로드할 수 있으며 이 책의 부록에서 'car 20240731.csv'라는 파일로 제공합니다.

03 딥러닝을 이용해서 분류 문제를 해결하는 타 교과 융합 프로그램을 작성하시오.

프로그램 이름	
학교급 및 관련 교과	*(예시) 대학교 일반물리학*
프로그램 설명	
프로그램 소스	

04 딥러닝을 이용해서 회귀 문제를 해결하는 타 교과 융합 프로그램을 작성하시오.

프로그램 이름	
학교급 및 관련 교과	*(예시) 대학교 일반물리학*
프로그램 설명	
프로그램 소스	

A B

C

D

E

F

G H